KB203094

신앙과 이성의 새로운 화해

길희성 "종교와 영성 연구" 전집 11
신앙과 이성의 새로운 화해
〈신앙과 이성 사이에서〉 증보개정판

2015년 10월 20일 초판 1쇄 발행
2023년 2월 7일 증보개정판 1쇄 발행

지은이   길희성
펴낸이   김영호
펴낸곳   도서출판 동연
등 록   제1-1383호(1992. 6. 12)
주 소   (03962) 서울시 마포구 월드컵로 163-3
전 화   (02)335-2630
이메일   yh4321@gmail.com
페이스북   https://www.facebook.com/dypress/
인스타그램 https://www.instagram.com/dongyeon_press

Copyright ⓒ 길희성, 2023

ISBN 978-89-6447-711-3 04200
ISBN 978-89-6447-700-7 (전집)

신앙과

이성의

새로운 화해

길희성 지음

동연

전집을 펴내며

　지난해 5월 세브란스병원에서 건강검사를 마치고 집으로 돌아오는 길에 차 안에서 동연출판사 김영호 사장과 전화 통화를 할 기회가 있었다. 마침 그분도 세브란스 병원에 입원 중이라는 말을 듣고 깜짝 놀랐다. 다시 한번 생로병사의 고통을 말씀하시면서 인생의 지혜를 일깨워 주셨던 부처님의 말씀이 생각났다. 사실, 입원이 여의치 않아 거의 뜬눈으로 병실에서 검사를 기다리며 지내다 보니, 온통 환자들과 가운을 입은 의료진만을 볼 수밖에 없었다. 그러다 보니 내가 산 지난날의 모습을 회상하게 되었다. 지금은 근 80년을 산 셈이니, 이제 흙 속에 묻혀도 여한이 없겠다는 생각, 세상에는 몸이 아파 고통을 받는 사람이 너무 많구나 하는 생각이 새삼스럽게 들었고, 하느님께서 나의 삶을 비교적 순탄케 이끌어 주셨구나 하고 감사하는 마음도 절로 생겼다. 무엇보다도 병마에 고통스러워서 소리를 지르는 사람들을 보면서, 병마의 고통을 간접적으로나마 느껴보는 것도 그리 나쁘지 않은 경험이라는 생각이 들어, 내가 그동안 받은 많은 복을 너무 당연시하며 철없는 삶을 살았다는 반성도 하게 되었다. 여하튼 김영호 사장님의 쾌차를 빌면서 대화를 마쳤다.

　그동안 나의 부족한 책들을 내시느라 노고가 많았던 분도, 소나무, 세창, 서울대학교출판부, 민음사 그리고 철학과현실사 등의 사장님들과 편집진에게 깊이 감사한다. 특히 애써 만들어 출판한 책을 이번 전집에 포함시킬 수 있도록 흔쾌히 동의해 주신 너그러우심에 대해 감사하지 않을 수 없다. 아무쪼록 이 너그러움과 어려운 여건 속에서도 저의 책을 사랑하는 마음으로 전집 발간을 해주시는 동연의 김영호 사장님의 용단이 합하여, 우리나라의 열악한 출판계와 학계의 발전에 큰 기여가 되기를 기대한다.

전집 발간을 계기로 그동안 출판한 책들과 글들을 모두 다시 한번 읽어 보게 됨에 따라 눈에 띄는 오자, 탈자를 바로잡았다. 또 불가피한 경우에는 약간의 수정을 가하거나 아예 새 문장/문단으로 대체하기도 했다. 전집 발간은 자서전 쓰는 것과 유사하다. 자기가 쓴 글이라도 마음에 드는 글과 안 드는 글이 있기 마련이지만, 마치 정직한 자서전을 쓰는 사람이 자기가 살면서 저지른 잘못된 행동을 감추어서는 안 되듯이, 전집을 내는 것도 이제 와서 자기 마음에 안 든다고 함부로 누락시킬 수 없다. 이런 점에서 자서전과 전집은 정직을 요한다.

지금까지 자기가 쓴 줄도 모르고 있던 글도 있고, 자기 뜻과는 다른 논지를 편 글도 있을 수 있지만, 할 수 있는 대로 다 전집에 담으려 했다. 그러다 보니 전집의 부피가 커질 수밖에 없고, 마음에 안 드는 글은 빼려 하니 독자들을 속이는 것 같았다. 고심 끝에 양극단을 피하려 했지만, 결과는 만족스럽지 못했고, 결국 후학들이나 독자들의 판단에 맡기게 되었으니, 너그러운 양해를 구한다.

참고로, 현재까지 나온 책 12권과 앞으로 출판을 계획하고 있는 책 8권과 나머지 7권—공저 세 권과 종교학 고전 번역서 세 권 포함—의 이름들은 다음과 같음을 알려 드린다.

2022. 10.

길희성

종교와 영성 연구 전집 (총 27권: 잠정적)

1.『종교 10강 — 종교에 대해 많이 묻는 질문들』
2.『종교에서 영성으로 — 탈종교 시대의 열린 종교 이야기』
3.『아직도 교회 다니십니까? — 탈종교 시대의 그리스도교 신앙』
4.『지눌의 선 사상』
5.『일본의 정토 사상: 신란의 절대 타력 신앙』
6.『마이스터 에크하르트의 영성 사상』
7.『인도 철학사』
8. 길희성 역주.『범한대역 바가바드 기타』
9.『보살예수 — 불교와 그리스도교의 만남』
10.『포스트모던 사회와 열린 종교 이야기』
11.『신앙과 이성의 새로운 화해』
22. 길희성·류제동·정경일 공저.『일본의 종교문화와 비판불교』
(이하 출간 예정)
12.『인문학의 길: 소외를 넘어』
13-15.『불교 연구』1·2·3
16-18.『영성 연구』1·2·3
27.『영적 휴머니즘』(증보개정판, 2023)

공저
19. 길희성·김승혜 공저.『선불교와 그리스도교』(바오로딸, 1996)
20. 길희성 외 3인 공저.『풀어보는 동양사상』(철학과현실사, 1999)
21. 길희성 외 3인 공저.『전통, 근대, 탈근대의 철학적 조명』(철학과현실사, 1999)

종교학 고전 번역
23. 루돌프 오토/길희성 역.『성스러움의 의미』(분도출판사, 1987)
24. 윌프레드 캔트웰 스미스/길희성 역.『의미와 목적』(분도출판사, 1991)
25. 게르하르트 반델레우/길희성·손봉호 공역.『종교현상학』(분도출판사, 2007)

기타
26.『대담 및 단상』

머리말

고등학교를 졸업할 무렵, 그리스도교 신앙에 대한 고민을 안고 철학과의 문을 두드린 지 근 60년의 세월이 흘렀다. 철학을 공부하기로 한 것도 앞으로 신학 공부를 하겠다는 마음에서였다. 대학을 졸업하고 군 복무를 마친 후 신학 공부를 위해 미국 유학길에 올랐다. 신학대학원에서 공부하던 중 마음의 변화가 일어나 박사학위는 비교종교학을 전공하기로 결정하고, 진로를 바꾸게 되었다. 나의 학문 인생과 삶의 중대한 전환점이었다.

그 후로 나에게 철학, 신학, 종교학의 구별은 사실상 별 의미가 없게 되었다. 단지 공부하는 자세와 학문 방법상의 차이 정도만 의식했을 뿐, 이것저것 가리지 않고 공부한 셈이다. 돌이켜 보면 "나의 도는 하나로 일관된다"는 공자님의 말씀은 나에게도 해당되는 것이었다고 감히 말할 수 있을 것 같다. 이것은 내가 무슨 큰 도라도 깨우쳤기 때문에 하는 말이 아니라 나의 삶과 학문을 관통하는 하나의 일관된 관심이 있었다는 뜻에서 하는 말이다. 그것은 곧 고등학교 시절부터 나의 관심을 사로잡아 왔던 신에 대한 관심이었다. 그간 신을 둘러싸고 제기되는 문제의식에 두 가지 변화가 있었다.

하나는 유신론, 무신론을 논하기 전에 신에 대한 관념에 대한 모종의 견해 없이는 논의 자체가 무의미하다는 사실이다. 지금 생각해 보면 당연한 말이지만, 당시 나는 물론 내가 성장해 온 개신교 교회에서 주입된 신관, 그것도 주일학교 시절의 신관을 크게 벗어나지 못한 것을 전제로 신의 존재 여부를 따지는 논란에 임했으니, 그러한 신의 존재를 방어하느라 시간을 낭비했다는 생각이 든다. 여하튼 어떤 신을 두고 혹은 전제로 해서 문제에 접근해야 하는가가 선결문제라는 것이 자명한데도, 이것을 무시하고 문제에 달려들었던 지난날의 나의 어리석음을 이제 와서 후회한들 소용이 없다는 허탈감마저 든다.

또 하나의 깨우침은 신학자 폴 틸리히(P. Tillich)가 즐겨 사용하는 '궁극적 관심'(ultimate concern)이라는 말을 접했을 당시 내가 경험했던 충격과 해방감이었다. 틸리히에 따르면 신과 신앙이라는 말은 현대인들에게 거의 무의미하게 될 정도로 흔해 빠진 말이 되어 버렸기 때문에 이제는 새로운 개념을 가지고 문제에 임해야 한다는 것이다. 틸리히에 따르면 신앙은 우리가 가지고 있는 궁극적 관심이고, 신은 인생의 모든 부차적 관심에 우선하는 무조건적이고 절대적인 관심의 대상이다. 이렇게 보면 무신론자는 실제상 존재하지도 않는다. 이러한 관점은 내가 나중에 성 토마스 아퀴나스나 중세 스콜라 철학적 신관을 접하면서 더 심화되었다. 신은 인간이 추구하는 궁극적인 선(summum bonum, 힌두에서는 nihsreyas, 즉 '더 좋은 것은 없는', 다시 말해 지고선[至高善])이다. 이러한 신관에 따르면 신은 최고의 선, 즉 최고의 가치로서 모든 인간이 추구하는 선(good)이고 행복이다.[1] 지금은 이러한 신관이 나에게 상식이 되다시피 했지만, 이 관념이 한동안 나의 젊은 시절에 도피처가 된 것은 부인할 수 없다. 요즈음 나는 거기에 더 보태서 신은 우리가 추구하는 모든 선과 행복의 원천이고, 인생의 의미의 토대라는 신

---

1 영어나 서구 언어들에서는 선(善, bonum)이라는 말이 악의 반대(good and evil)와 나쁨의 반대(good and bad)라는 두 가지 의미를 다 가지고 있지만, 우리말에는 주로 악의 반대인 선을 뜻한다. 이 점은 우리가 앞으로 보겠지만, 사상사적으로 매우 중요한 의미를 지닌다. 여하튼 우리는 선(good, 그리스어 agathon)이라는 말이 지닌 이러한 포괄적 의미—악의 반대일 뿐 아니라 좋음의 반대, 즉 선(善)이라는 말이 좋음 또는 행복의 뜻—도 가지고 있다는 사실에 유의할 필요가 있다. 사실 지고선(至高善)이라는 우리말에도 후자, 즉 '좋다', '행복하다'는 뜻이 있다.

관을 사람들에게 종종 말하기도 한다.

신이라는 궁극적 화두와 더불어 젊은 시절부터 나의 삶을 관통하는 문제가 있었다면 무엇보다도 삶의 의미 문제였다. 인생의 '거대 의미' 같은 문제가 젊은 시절부터 나를 사로잡고 괴롭히기 시작한 이래, 한 번도 나의 관심에서 멀어진 적이 없다고 말할 수 있을 정도다. 나에게 신의 존재 문제는 인생과 역사 전체를 아우르는 의미의 문제와 불가분적이다. 신이 존재하지 않는다면 인생의 거대 의미 같은 것은 있을 수 없다고 생각하기 때문이며, 지금도 이 생각에는 변함이 없다. 우리 삶에는 물론 각자가 추구하는 다양한 선 혹은 가치라는 것이 있기 마련이고, 거기에 따라 각자의 삶에 소소한 재미와 의미들이 있기 마련이다. 나 자신도 예외가 아니다. 하지만 나는 그러한 인생의 '사소한', '사적' 혹은 개인적 의미나 목적 그리고 그런 것을 추구하고 성취하는 데서 오는 행복 같은 데는 큰 관심이 없었다. 그보다는 만약 모든 사람의 인생 전체, 역사와 세계 전체를 아우르는 어떤 궁극적인 '거대 의미' 같은 것이 없다면, 우리 각자가 추구하는 소소한 의미나 가치는 시시하고 우연적인 것에 지나지 않는다는 생각을 떨쳐 버리지 못하고 평생을 살아왔다.

하지만 나의 신관은 이러한 관심과 신관에 머물지만은 않았다. 궁극적 관심이라는 매력적인 단어가 나를 사로잡았고, 최고의 행복을 추구하지 않는 사람, 즉 무신론자는 실상 존재하지 않는다는 신관이 지닌 매력에도 불구하고 이러한 신관은 결국 내가 좋아하고 추구하는 선이 곧 신이라는 주관주의 내지 상대주의로 귀결될 수밖에 없다는 의구심이 남을 수밖에 없다. 따라서 나는 여전히 철학적 논증을 통한 어느 정도라도 합리적인 신관을 추구하지 않을 수 없었다. 이것이 결국 지금 내가 이 책을 쓰게 된 이유 가운데 하나다. 이러한 문제의식이 나로 하여금 일종의 '종교철학적 신관'을 제시하는 책을 쓰게 만든 동기가 된 것이다. 자신의 지적 역량의 부족을 의식하면서도 나는 한편으로는 각종 무신론, 유물론, 환원주의적인 과학적 세계관과 생물학적 인간관을 거부하고, 다른 한편으로는 포스트모더니즘적인 사고 내지 각종 상대주의 등 나의 생각에는 우리가 직면한 문제들에 대한 '안이한' 해결책들을 비판하면서 우리가 합리적으로 수용할 수 있는 새로운 신관을 제시해 보고자 하는 강한 충동을 느끼게 되었다. '무모한' 시도인 줄 알면서도 피할 수 없는 절실한 시대적 과제라는 생각도 이 책을 서두르게 만든 이유 가운데 하나다.

생각이라는 것을 좀 하면서 사는 사람이라면 누구나 경험하겠지만, 나의 삶도 정신적으로는 결코 순탄하지 않았다. 그것은 내가 남들과 달리 무슨 특별한 삶의 위기를 맞았다거나 유난히 굴곡진 인생을 살아서가 아니다. 60의 나이에 5년을 앞당겨 은퇴하기 전까지 대학 주변을 떠나본 적이 없는 나의 삶은 외양적으로는 비교적 평탄하고 평온한 삶이었다. 하지만 나의 내면의 삶, 특히 그리스도교 신앙의 문제를 둘러싼 나의 삶은 그렇지 않았다. 그것은 내가 유난히 신앙에 의심이 많았기 때문도 아니고, 내가 경험한 교회 생활에 유독 문제가 많았기 때문도 아니다. 젊은 시절부터 서양 고전음악을 무척 좋아했기에 나의 감수성은 평균 이상이었다고 스스로 생각하며, 지금 칠순을 훌쩍 넘은 나이지만 조그마한 일에도 감동해서 자꾸만 눈물이 나와 민망하고 당혹스럽게 느낄 정도다. 그러나 누군가가 지성과 감성이 반비례하는 것이라고 말한다면 나는 언제든 이의를 제기할 준비가 되어 있다. 이 역시 나의 지성이 유난히 날카롭다고 생각해서 하는 말이 아니다.

간단히 말해 70이 넘도록 나의 신앙생활을 괴롭혀 온 것은 그리스도교라는 종교가 인간의 상식과 지성에 반하는 면이 너무 많다는 것으로 이는 누구나 잘 아는 사실이다. 그리스도교는 인간의 지성에 부담을 주는 종교, 아니 지성에 '폭력'을 가하는 종교라는 생각이 나의 뇌리를 떠나지 않았다. 나는 늘 이 점을 의식하면서 '신앙생활'이라는 것을 해 왔기 때문에, 이것이 내가 가져온 신앙의 고민이고 인생의 화두라면 화두다. 철학자든 신학자든, 무신론자든 유신론자든, 내가 공부한 서구 사상사를 장식한 위대한 사상가 치고 이 문제를 가지고 씨름하지 않은 사람은 거의 없다. 결국 나는 앞으로 살날이 그리 많이 남았다고 생각되지 않는 나이에 이 문제를 한번 본격적으로 정리해 보아야겠다는 '무모한' 결심을 하게 되었다.

비합리성 내지 초합리성의 요소들은 그리스도교 신앙의 매력이고 힘이지만, 동시에 많은 사람을 괴롭히는 독이다. 바로 이 점이 문제를 복잡하게 만든다. 인간의 이성을 넘어서는 것을 말하지 않는 신앙은 신앙이 아닐지도 모른다. 그리고 이 문제에 걸려서 진지하게 고민해 보지 않은 사람은 필시 그리스도교 신앙의 문턱에도 가 보지 못한 사람일 가능성도 있다는 생각을 감히 해 본다. 만약 그리스도교 신앙에서 합리적인 것만 추려서 취한다면, 그것은 더 이상 신앙이 아닐지도 모른다. 그야말로 있으나 마나 한 '물 탄' 신앙이 되고 말 것이다. 톡 쏘는 맛이 사라진 김빠진 신앙, 인생의 모든 것을 걸 정도로 '무모한' 도박을 감행하는 실존적 결단과 비약이라는 것이 결여된 '신앙 아닌 신앙'만 남을 것 같다. 여기에 쉽게 해소되기 어려운, 아니 쉽게 해소해서도 안 될 신앙과 이성 사이의 딜레마가 있다.

하지만 나는 과거 서구 철학사와 신학 사상사를 되돌아보면서 그리고 현대 세계가 당면한 문명사적 과제와 현대 사상계의 움직임을 감안해 볼 때, 신앙과 이성의 새로운 화해를 모색하는 일이 시급하고 필수적이라는 결론에 이르렀다. 그리고 이를 위해서는 한편으로는 전통적인 그리스도교 신관의 대폭적 수정이 불가피하다는 결론에 이르렀고, 다른 한편으로는 세계와 인간의 초월적 차원에 문을 닫고 얄팍하게 되어 버린 근대적 이성이 다시 그 폭과 깊이를 회복하는 길을 모색해야만 한다는 결론에 이르렀다. 무엇보다도 현대 세계와 미래 인류 문명이 요구하는 새로운 신관의 구성을 위해서는 서구 신학과 철학만으로는 부족하고, 불교, 힌두교 그리고 동아시아의 전통 사상들과도 폭넓고 심도 있는 대화가 필수적이라는 생각을 하게 되었다. 나는 이 새로운 신관을 서구 사상과 신학의 가장 근본적 특징이자 최대 문제인 그리스도교 전통의 초자연주의적인 신앙과 무신론 내지 유물론적인 자연주의(naturalism)의 대립을 넘어서는, 제3의 길에서 찾아야 한다는 생각에 이르게 되었다. 이러한 입장을 나는 19세기 낭만주의 영국 문학에 대한 어느 연구서의 제목에서 힌트를 얻어 '자연적 초자연주의'(natural supernaturalism)라고 부르기로 했다.[2]

자연적 초자연주의 신관은 종래 서구 사상사의 중심 주제였던 신앙과 이성의 대립을 넘어 현대 세계 그리고 앞으로 전개될 인류 문명이 지향해야 할 길을 제시하는 제3의 길이라고 나는 믿는다. 따라서 책이 출판된 지 몇 년―정확히 5년―도 지나지 않은 시점에서 서둘러 나오게 된 증보개정판의 이름을 "신앙과 이성의 사이에서" 대신 "신앙과 이성의 새로운 화해"라는 좀 더 적극적이고 대담한 제목으로 바꾸어 내게 되었다.

그리스도교 사상의 전성기인 중세 시대를 대표하는 토마스 아퀴나스는 신앙과 이성을 종합하는 위대한 사상적 종합의 금자탑을 세웠다. 하지만 그의 종합은 현대를 사는 우리의 관점에서 볼 때 세 가지 면에

---

2 M. N. Abrams, *Natural Supernaturalism: Tradition and Revolution in Romantic Literature* (New York: W. W. Norton and Company, 1971).

서 근본적인 한계를 보인다. 첫째 한계는 앞으로 우리의 논의가 보여주겠지만, 마땅히 극복되어야 할 '자연'(이성)과 '초자연'(계시, 신앙)이라는 명확한 구별을 전제로 한 종합이었다는 사실이다. 둘째는 오늘날 현대인들에게 이성을 대변하는 것은 더 이상 철학이 아니라 과학, 그것도 뉴턴의 고전적 물리학이 아니라 다윈의 진화론, 아인슈타인 이후의 일반상대성원리와 새로운 중력 이론 그리고 양자역학이라는 아인슈타인 같은 천재 물리학자에게도 수수께끼 같았던 새로운 입자물리학의 등장 같은 것이다. 현대 물리학에서는 실로 과학의 혁명 시대라고 해도 과언이 아닐 정도로 놀라운 이론과 발견들이 속속 이루어지고 있다. 세 번째 한계는 토마스 성인이 알았던 이성 혹은 철학이 주로 플라톤·아리스토텔레스를 중심으로 한 고대 그리스철학이었다는 사실이다. 하지만 오늘날 우리는 중국과 인도를 중심으로 하는 다양한 동양의 철학 사상들을 알고 있다. 특히 불교나 노장 사상과 같이 현대 서양 철학자들이나 사상가들을 매료시킬만한 깊은 사상을 알고 있다는 사실이다. 이에 더하여 어떤 철학이나 종교든, 문화 상대성과 역사적 상대성을 초월하지 못한다는 하나의 상식화된 진리를 우리는 더 이상 무시하지 못한다. 이 점에서 토마스의 사상적 한계는 명확하다. 이제 우리는 이러한 세 가지 한계점을 넘어 이성과 신앙의 새로운 화해를 모색하지 않을 수 없게 되었다.

이 책은 주로 그리스도교 전통의 신관과 신앙의 문제를 다루고 있지만, 그렇다고 그리스도교 신관에 국한된 책은 결코 아니다. 신앙과 이성의 문제는 서구에서는 주로 그리스도교 신관과 신앙에 대한 이성적, 철학적 고찰을 하는 종교철학 내지 철학적 신학에서 다루는 고전적 주제이지만, 이 책은 종래 서구에서 출간된 종교철학 서적들과는 다섯 가지 면에서 크게 다르다. 첫째는 이 문제를 먼저 서구 '사상사적'

관점에서 고찰한다는 점이고, 둘째는 그리스도교 신앙과 신관의 문제를 중점적으로 다루면서도 폭넓은 비교종교학적, 비교철학적 안목에서 동양 사상들 그리고 서방 교회의 신학뿐 아니라 동방 정교회의 신학 사상도 간간이 반영하면서 논하고 있다는 점이다. 셋째는 현대 세계에서 그리스도교 신앙과 신관이 처한 위기의 근본 원인이 형이상학의 포기와 그 배후에 있는 근대 과학적 사고와 세계관에 있다는 인식 아래 동·서양의 오랜 형이상학적 사상을 현대적 안목에서 새롭게 해석하면서 대안적 신관을 모색하고 있다는 점이다. 그러기 위해서 이 책은 우선 동·서양의 일원론적 형이상학(monistic metaphysics) 혹은 형이상학적 일원론의 가치를 재발견하여 현대 문명이 당면한 정신적·영적 빈곤을 타개하는 밑받침으로 삼아야 한다는 생각으로 문제에 접근하고 있다. 넷째, 다른 한편으로는 인류의 심오한 일원론적 형이상학의 전통을 과감하게 현대의 진화론적 사고와 연계시켜 해석하고 있다는 점이다. 다섯째, 아울러서 나는 나의 과학적 지식과 소양이 부족함을 의식하면서도 뉴턴 이후의 물리학계, 특히 우주물리학계의 움직임을 주시하고, 할 수 있는 한 반영하는 신관을 모색하고 있다는 점이다.

신앙과 이성의 화해와 조화를 추구하던 과거의 종교철학이나 철학적 신학과 궤를 같이하면서도 그 내용과 성격은 판이하다는 점을 강조하고 싶다. 따라서 이 책은 그리스도교 신앙과 사상 문제에 관심을 가진 사람들뿐 아니라 여러 다른 종교의 가르침을 따르고 있는 신앙인들 그리고 현대 인류가 처한 문명의 위기와 정신적 곤경에 관심을 가지고 있는 사람이면 누구나 공감하는 면이 있을 것으로 생각된다. 비전공자들에게는 딱딱하고 어렵게 느껴질 수밖에 없는 신학·비교종교학 내지 비교철학의 문제들을 다루고 있지만, 가독성을 높이기 위해서 할 수 있는 대로 평이하게 글을 쓰려고 노력했다. 그러다 보니 같은 생각을 여러 가지 언어나 개념으로 표현하고 반복하는 부분도 적지 않다. 하지만 이러한 노력이 이 책의 접근성과 가독성을 조금이라도 높이는 데 도움이 되길 바란다.

이 책을 쓰게 된 직접적 계기는 한국연구재단에서 주관하는 인문학 대중화를 위한 석학 초청 인문학 강좌로부터 받은 강연(2014년) 초청 때문이었다. 한참 망설이다가 강연을 수락했지만, 〈신앙과 이성 사이에서〉라는 제목으로 하겠다고 결정하는 데는 그리 많은 시간과 고심이 필요하지 않았다. 그만큼 이 주제와 문제의식이 나의 뇌리에 오랫동안 맴돌아 왔기 때문이다. 또 나의 삶과 학문 인생을 점철해 온 문제라고도 말할 수 있을 정도로 중요한 주제라는 생각이 있었기 때문이다. 다만 상당한 용기가 필요했다. 책 한 권을 마치고 보니, 나의 생각을 정리할 수 있는 소중한 기회를 제공해 준 한국연구재단에 고마움을 표하지 않을 수 없다. 그리고 넓은 서초동 강당을 훈훈한 열기로 가득 채워주셨던 많은 참가자께도 깊은 감사를 드린다.

한국연구재단과의 약속도 있고 해서 서둘러서 2015년 가을에 출판한 책이었기에 여러모로 부족하고 아쉬운 점이 많았다. 또 많은 사람의 서평과 조언도 있어서 이번에도 또 서두르는 줄 알면서도 책 제목과 내용을 수정하고 보강해서 증보개정판을 내게 되었다. 주제가 주제이다 보니 앞으로도 계속해서 다듬고 보완하게 될 것 같다. 독자들의 너그러운 이해를 바랄 뿐이다.

마지막으로 교황 프란시스께서 어느 강연에서 하셨다는 말씀을 인용하면서 이 머리글을 마치고자 한다.

"우리를 성장하게 해 주지 않는 신앙은 그 자체로 성장해야 할 믿음이다. 질문하지 않는 신앙은 질문을 받아야 할 신앙이다. 잠든 우리를 깨우지 않는 신앙은 깨어나야 할 신앙이다. 우리를 뒤흔들지 않는 신앙은 뒤흔들려야 할 신앙이다. 머릿속에만 머물며 미온적인 신앙은 '신앙'이라는 개념일 뿐이다."

2019년 여름, 강화도 심도학사에서

길희성

차례

1장

신앙이란 무엇인가?

I. 인간 존재의 특이성과 신앙

신앙은 인간 존재의 특이성에 기인한다. 인간은 여타 동물과 달리 단순히 존재할 뿐 아니라 자신의 존재와 자신을 의식하는 자의식을 지닌 특별한 존재다. 인간이 이런 특성을 지니게 된 것은 오랜 진화 과정을 통해 의식을 지닌 존재, 언어를 사용하는 존재, 적어도 호모 사피엔스(homo sapiens)가 출현한 후의 일일 것이다. 여하튼 인간은 자연계에서 존재와 의식, 몸과 마음, 육체와 영혼이라는 이중구조를 지닌 특이한 존재다. 이러한 특이 구조로 말미암아 인간은 주위 환경에 밀착해서 사는 동물과 달리 환경을 의식하고 벗어날 수 있는 초월적이고 자유로운 존재가 되었다. 결과적으로 인간의 생활 반경은 정해진 서식지에 순응하며 사는 동물과는 비교할 수 없을 정도로 넓다. 인간은 자연계의 예외적 존재, 어느 정도 자연환경의 지배를 벗어날 수 있는 능력을 지닌 초월적인 존재다.

하지만 인간은 바로 이러한 특이성 때문에 불안한 존재가 되었다. 인간의 모든 인간다운 활동과 업적이 자유로운 존재이기 때문에 가능하지만 바로 이 자유로 인해 인간은 자연계에서 예외적이고 '부적합한' 존재가 되어 방황하고 고민하는 존재가 된 것이다. 자연계에서 자기 존재를 의식하는 인간만이 죽음이 닥치기 전부터 죽음을 의식하며 존재론적 불안(ontological anxiety)을 느낀다. 인간이 이룩한 모든 문화는 어쩌면 자연에 부적합자로 살 수밖에 없는 인간 존재의 취약성을 극복하려는 노력의 산물일지도 모른다. 영국 신학자이며 과학자인 피콕은 자연계 안에서 인간 존재의 부적합성을 다음과 같이 묘사하고 있다.

그러나 묘하게도 인간 · 인격과 환경 사이에는 다른 피조물에서는 볼 수 없는 일종의 부적합성의 징표들이 있다. 우리 인간만이 생물의 세계에서 개인적으로 자살이라는 것을 하며, 우리 인간만이 장례 의식들을 통해 존재에 다른 차원의 감각을 드러내 보인다. 오늘날 사람들이 '자아실현'과 '개인의 발전'을 추구하는 데서 보듯이 인간들만 무언가 불완전한 성취감을 가지고 산다. 우리는 음식, 휴식, 숙소, 성욕 그리고 번식과 새끼 돌보는 일이 가능한 환경 등 기본적인 생물학적 요구들을 훨씬 능가하는 것과 같은 것들에 대한 필요와 열망들을 가지고 있다. 인간은 죽음과 고통과 고난을 다룰 방법을 찾으며, 자기 자신의 잠재적 가능성들을 실현할 필요를 느끼며, 삶을 헤쳐 나갈 길들을 찾을 필요를 느낀다. 자연적으로 주어진 환경은 이러한 열망들을 충족시킬 수 없고, 자연과학도 그것들을 묘사하거나 정확하게 식별해서 충족시킬 수 없다. 생물계 안에서 우리의 현존은 자연과학이 답할 수 있는 범위 밖의 문제들을 제기한다. 우리는 다른 피조물들이 전혀 알지 못하는 행복과 불행을 경험할 수 있기 때문이다. 이로 인해 우리는 우리의 진화된 상태에서 불편함을 드러낸다. 설명을 요구하고 가능하면 치유를 요구하는 일종의 부적합성 같은 것이다. 우리는 인간의 역사와 활동으로 인해 황폐화되고 있는 이 지구라는 위성을 생각해 볼 때, "무언가가 잘못된 것이 아닌가?"라는 물음을 묻지 않을 수 없다.[1]

---

1 Arthur Peacocke, *Theology for a Scientific Age: Being and Becoming - Natural, Divine,*

나는 인간이 자연의 상태를 벗어남(이탈, 초월)으로 인해 경험하는 이러한 부적합성에서 오는 가장 근본적인 문제를 인간의 '존재론적 불안'이라고 부른다. 자기 존재의 결핍과 불확실성, 취약성과 무상함의 자각에서 오는 불안이다. 종교와 신앙은 바로 이러한 인간 존재의 특성에 뿌리를 두고 있다.

심리학자이며 사상가인 프롬(E. Fromm)은 몸과 마음, 존재와 의식이라는 인간의 이중구조에서 종교의 기능을 찾는다. 이중구조로 인해 자연의 예외적 존재가 된 인간은 분열된 자아를 재통합하고, 존재론적 불안을 극복하기 위해 어떤 궁극적 '헌신의 대상'과 '삶의 정향의 틀'을 필요로 하며, 이런 것을 제공해 주는 것이 바로 종교의 기능이라고 프롬은 말한다.[2] 신학자 틸리히는 이러한 헌신과 그 대상을 엄격하게 구별하지 않고, 단순히 '궁극적 관심'(ultimate concern)이라고 불렀다. 관심과 관심의 대상, 관심의 주체와 객체의 구별을 넘어서는 개념이다. 틸리히는 이 말로 종래의 신앙이라는 말을 대체하자고 제안한다. 신앙이라는 말이 서구 사회에서 너무나 흔하게 사용되다 보니 깊은 의미를 상실하게 되었다는 이유에서다. 틸리히에 따르면 궁극적 관심은 우리의 삶에서 다른 어떤 부차적 관심들에 우선하는 관심이며, 우리의 크고 작은 잡다한 관심들에 통일성을 부여함으로써 인격의 중심을 형성하고 삶에 의미를 제공하는 관심이다.[3] 궁극적 관심은 또 틸리히에게는 그 관심의 대상, 즉 프롬이 말하는 헌신의 대상을 지칭하는 말이기도 하다. 궁극적 관심은 무조건적인(unconditional) 관심과 그 대상, 우리의 궁극적 헌신과 그 대상, 우리가 지고선(至高善, the highest good,

and Human (Minneapolis: Fortress Press, 1993), 77.

2 Erich Fromm, *Psychoanalysis and Religion* (New Haven: Yale University Press, 1950).

3 Paul Tillich, *A History of Christian Thought* (New York: Simon and Schuster, 1967), 246-247.

summum bonum)으로 여기고 추구하는 것을 동시에 뜻하는 말이다.

틸리히에 따르면 인간에게는 누구나 이러한 궁극적 관심이 있기 마련이며, 그 대상이 무엇이든 그것이 곧 그 사람에게 신앙의 대상, 즉 신이 되는 셈이다. 문제는 절대적이지 못한 것을 절대적인 관심의 대상으로 삼는 데 있다는 것이다. 이것이 우상숭배로서 결국 인생을 파멸로 몰고 간다. 신앙의 반대는 불신(unbelief)이다. 불신이란 틸리히에 의하면 그리스도교의 어떤 교리나 성경의 이야기들을 사실로 믿지 않는 지적 의심이 아니라, 자기 존재의 궁극적 원천 · 토대인 하느님을 외면하고 하느님과의 관계를 차단하는 마음의 자세이며 삶의 태도다. 사실 우리가 신앙을 이렇게 이해한다면 전통적 신관에 따른 유신론과 무신론의 구별은 무의미하게 된다. 누구나 명시적이든 암묵적이든 자신의 인격의 중심이 되는 어떤 궁극적 관심을 가지고 살기 마련이며, 이런 궁극적 관심에 사로잡힌 사람은 그 대상이나 내용에 상관없이— 그것이 신이든 돈이나 명예나 스포츠 혹은 사랑이든— 사실상 신을 믿는 신앙인으로 간주될 수 있기 때문이다.

궁극적인 것, 절대적인 것에 대한 관심과 헌신은 눈에 보이는 것들로 구성된 세계를 초월하는 어떤 절대적 실재를 지향하는 형이상학적 갈망이고 사랑, 즉 형이상학적 에로스(metaphysical eros)다. 인간은 자신의 의존성과 유한성—존재, 능력 등—을 의식하는 순간 그리고 자기 존재의 우연성을 자각하는 순간, 존재론적 불안을 경험하게 되며 이와 더불어 무한한 것을 의식하게 되고, 영원한 것을 향한 관심과 갈망이 시작된다. 사실 유한성의 자각만 그런 것이 아니라 불완전성의 자각도 완전성에 대한 직관적 의식을 수반한다. 아니, 무한한 것과 완전한 것의 의식이 유한하고 불완전한 것의 의식에 선행할지도 모른다. 종교철학자 클레이튼의 분석대로 "무한한 것과 유한한 것의 관계는 이중적 의존이 된다. 의식에서뿐 아니라 존재에서도 의존한다."[4]

이상과 같이 인간은 몸과 마음, 존재와 자의식이라는 이중구조를 가진 존재라는 인간관에 근거한 프롬과 피콕의 종교 이론은 종교의 본질보다는 기능에 대한 설명이다. 매우 설득력이 있는 이론이고, 누구나 수용할 수 있는 일반적인 인간 이해에 기초한 이론이라는 생각이 든다. 나는 이러한 종교 이론을 수용하면서 다른 한편으로는 인간은 하느님의 모상(imago dei)으로 창조되었다는 그리스도교의 신학적 인간관에 기초해서 종교를 인간의 종교적·영적 본성의 발현으로 보는 시각을 논할 것이다. 이러한 종교적, 형이상학적 인간관에 따르면 인간은 본성적으로 하느님을 갈망하고 사랑하는 영적 본성을 지닌 종교적 존재(homo religiosus)로서 이러한 영적 본성의 실현이야말로 인간의 최고 행복이고 종교의 본질이다.

이러한 종교적·영적 인간관은 비단 그리스도교뿐 아니라 세계의 유수한 종교들 모두가 공통적으로 제시하고 있는 인간관이다. 가령 힌두교의 아트만(Ātman, Self, 혹은 purusa, Spirit), 불교의 불성(佛性, Buddha-nature)이 그렇고, 유교 성리학에서는 인간의 본연지성(本然之性)이 하늘로부터 품수 받은 영명(靈明)한 천성(天性)이라고 본다. 이러한 종교적·형이상학적 인간관에 따르면 종교는 인간의 영적 본성 자체에 기초한다. 따라서 종교의 목적은 인간이 자신의 본성을 깨달음으로써 참자기·자아를 실현하는 데 있다. 참사람이 되는 것이 종교의 궁극 목적이고, 참사람이 된다는 것은 곧 인간에 내재하는 신성을 발현하는 것이다. 즉, 신 혹은 하늘(天)과 하나가 되는 신인합일(神人合一, divine-human unity) 또는 천인합일(天人合一)을 실현하는 것이고 이것이 구원이

---

4 Philip Clayton, *The Problem of God in Modern Thought* (Grand Rapids, Michigan: William B. Eerdmans Publishing Company, 2000).

다. 나는 이것을 영적 휴머니즘(spiritual humanism)이라고 부르며, 현대의 세속적 휴머니즘(secular humanism)과 구별한다.

인간에게는 몸과 마음이라는 구성 요소 외에 영적 본성을 이루는 제 삼의 요소가 있다는 것이 종교적, 영적, 형이상학적 인간관이다. 나는 이 책 전체를 통해서 이러한 통찰과 가르침을 기회가 있을 때마다 언급할 것이며, 거기에 입각해서 영적 휴머니즘을 주창한다. 그리고 이 영적 인간관에 근거한 영적 휴머니즘이야말로 공허하게 된 현대의 세속적 휴머니즘을 보완·보강할 수 있는 사상임을 강조한다. 인간으로 하여금 단지 수시로 변하는 몸과 마음의 건강을 넘어 영원하고 절대적인 실재를 갈망하고 찾도록 끊임없이 부추기고 추동하는 것은 바로 이러한 인간의 영적 본성이다. 인간이 사회적 관계망으로 형성된 탈(persona)에 만족하지 못하고, 사회적 자아를 넘어 자신의 참 자아를 찾는 것은 이 때문이다. 자기 존재와 만물의 유한성과 인생무상을 자각하고, 절대적 실재를 찾는 것은 인간 존재를 떠받치고 있는 영원하고 궁극적인 근원·토대(ground, Grund)에 대한 형이상학적 에로스와 관심 때문이다. 이러한 관심과 갈망이 절대적 실재에 대한 헌신으로 이어져 종교적·영적 삶을 살도록 만들고 종교문화를 건설하게 만드는 힘을 제공한다. 유한성의 자각, 삶의 무의미성과 허무성에 대한 자각은 우리를 향한 무한자의 부름이고 초대라고 종교들은 다양한 언어로 증언하고 있다. 틸리히는 말하기를 "신은 인간의 유한성 속에 함축되어 있는 질문에 대한 대답이다. 신은 인간에게 궁극적 관심이 되는 것에 대한 이름이다"라고 한다.[5]

사실 인간만 그런 것이 아니라 생멸하는 모든 유한한 사물이 만물

---

5 Paul Tillich, *Systematic Theology* vol. One: *Reason and Revelation, Being and God* (Chicago: The University of Chicago Press, 1951), 211.

의 근원이자 고향을 그리워하고 닮고자 하며, 그리로 되돌아가려는 형이상학적 에로스와 귀소본능을 가지고 있다고 토마스 아퀴나스 등의 형이상학자들은 말한다. 아퀴나스는 피조물들이 신을 닮고자 한다고 말한다. 만물은 존재의 근원·근거로부터 떨어져 나오는 '형이상학적 추락'의 순간부터 왔던 곳으로 되돌아가려고 한다는 것이다. 마치 수만 킬로미터나 되는 험한 바닷길을 헤치면서 태어났던 곳으로 회귀하는 연어들처럼 인간을 포함한 모든 유한한 존재들은 형이상학적 회귀 본능을 가지고 산다. 이 본능은 유한하고 덧없는 존재들이 자신의 뿌리를 찾으려는 충동이고 갈망이다. 절대적 실재에 참여함으로써 영원한 생명에 참여하려는, 그 품에 안겨 영생을 누리려는 갈망이다. 하지만 이런 사랑과 갈망을 의식하고 안타까워하는 존재는 필시 인간뿐일 것이다.

II. 신앙의 두 가지 의미

　궁극적 관심과 사랑과 헌신으로서의 신앙은 명시적이든 암묵적이든 그것이 향하고 있는 대상, 즉 신 혹은 궁극적 실재에 대한 모종의 관념이나 견해를 가지기 마련이다. 신앙의 행위나 마음의 자세는 일차적으로 신을 향한 마음의 태도이고 속성이지만, 모종의 신관을 전제하지 않는 신앙은 실제상 존재하지 않는다. 신앙이란 일차적으로 궁극적 관심의 대상, 즉 하느님을 믿고 사랑하고 신뢰하는 마음의 자세 내지 태도로서 신앙은 일차적으로 하느님을 향한 것이지 하느님에 대한 어떤 지적 내용, 즉 교리나 신앙 내용을 향하는 것은 아니다. 신앙은 나 자신에서 벗어나(ecstatic) 초월적 실재인 하느님을 향하는 마음의 자세 내지 상태이며, 인간과 하느님을 연결하는 끈과도 같다. 하지만 많은 사람이 신앙을 그리스도교의 영향 아래 신앙 그 자체보다는 신앙의 대상, 즉 그 내용에 대한 지식이나 지적 동의를 신앙으로 생각하는 경향이 있다. 사실 세계 종교 가운데서 그리스도교만큼 하느님에 대한 성경의 이야기나 교회의 교리를 인정하고 받아들이는 지적 동의를 신앙으로 간주하는 경향이 강한 종교는 없다. 하지만 이러한 지적 인정 내지 수용이 신앙 자체는 아니다. 신앙과 신앙의 대상에 대한 앎 자체는 불가분적이지만 엄연히 구별해야 한다.

영어에는 유감스럽게도 신앙(faith)이라는 단어가 명사만 있지 동사는 없다. 동사는 'believe'라는 단어를 사용하는데, 이 동사에는 두 가지 용법이 있다. 하나는 'believe that…'이고, 다른 하나는 'believe in'이다. 'believe that…'은 'that' 이하에 나오는 목적절, 즉 진술의 내용을 참이라고 인정하고 수용하는 지적 행위인 반면, 'believe in'은 인격적 신뢰(trust), 누군가를 믿고 자신을 맡기는 일차적 의미의 믿음이다. 그리스도교 신학은 이 두 종류의 믿음을 태도로서의 믿음(fides qua creditur), 믿는 내용으로서의 믿음(fides quae creditur)으로 구별한다. 후자는 곧 교리적 믿음(belief) 혹은 신앙고백의 내용을 믿는 믿음이다.

이 두 가지 종류의 믿음은 서로 밀접하게 연관되어 있지만, 신앙 자체의 더 근본적이고 그 본래적인 의미는 관심, 갈망, 사랑, 신뢰 또는 헌신으로서의 우리 마음의 어떤 태도 내지 성질을 가리킨다. 가령 "나는 너만 믿는다"거나 혹은 단순히 "너를 믿는다"고 할 때의 신뢰 같은 것이 믿음의 일차적 의미다. 예수 그리스도를 통해 계시된 은총의 하느님께—이 말은 이미 믿음의 내용을 포함하고 있지만— 자신의 전 존재와 삶을 의지하고 맡기는 마음, 나아가서 그런 하느님을 사랑하고 헌신하는 마음의 태도가 신뢰로서의 믿음이다. 마르틴 루터는 이러한 신뢰(trust, fiducia)의 믿음을 성경 이야기들의 역사적 사실을 믿는 믿음(fides historica)과 구별했다.[1]

인격적 신뢰로서의 믿음은 사랑처럼 개인의 마음 상태 내지 속성으로서 그리스도교에서는 소망과 사랑과 함께 인간을 하느님과 연결시켜 주는 세 가지 덕목—믿음, 소망, 사랑— 가운데 하나다. 틸리히는 복음의 은총을 강조하는 루터의 신앙 개념을 이어받아 이런 신뢰하는 믿음을 죄에도 불구하고 인간을 품는 은총의 하느님을 받아들이는 철

---

1 Paul Tillich, *A History of Christian Thought*, 246.

저한 수동적 행위로 간주한다. 그에 따르면 신앙의 본질은 신앙의 어떤 구체적 내용, 가령 성경 말씀이나 그리스도교 교리를 수용하는 행위라기보다는 은총의 하느님께 자신의 전 존재와 삶을 맡기는 행위이며, 이러한 신앙은 우리의 존재 자체와 삶 자체를 사랑하고 긍정하는 절대적 믿음이며 존재의 용기다.[2] 그는 이러한 신뢰로서의 믿음을 하느님이 죄인인 우리를 받아들이셨다는 것을 우리 편에서 받아들이는 행위, 즉 'acceptance of acceptance'라고 표현하기도 했다.

그러나 명시적이든 암묵적이든 신앙의 대상에 관한 모종의 관념이나 내용에 대한 지적 믿음이 전혀 없는 신앙은 존재하지 않는다. 특히 그리스도교의 경우는 교리적 믿음이 매우 중요한 위치를 점하는 것이 사실이다. 이 때문에 많은 교리 논쟁에 휘말리게 되었고 교회의 분열을 야기하는가 하면, 이런 지적 수용을 하지 못하거나 거부하는 사람을 신앙이 없는 자로 매도하기도 했다. 예수 자신의 경우를 보면 우리는 이러한 변화를 쉽게 알 수 있다. 인간 예수는 당시의 어느 경건한 유대 청년처럼 하느님을 향한 경건한 신앙의 사람이었다. 그러나 하느님의 나라(Kingdom of God) 운동을 중심으로 해서 살았던 그의 삶과 십자가의 죽음 그리고 부활로 인해 예수가 그리스도, 즉 메시아로 인정받고 '하느님의 아들'로 간주됨에 따라 신앙의 대상이 되었다. 따라서 그리스도교 신앙은 단순히 하느님을 향한 인간 '예수의 신앙'뿐 아니라 예수가 곧 그리스도이며 하느님의 아들이라는 신앙고백과 삼위일체 같은 교리에 대한 믿음, 즉 '예수에 대한 신앙'이라는 양면성을 가지게 되었다. 이 둘은 그리스도교에서 분리되거나 구별되기 어려울 정도로 얽혀 있다. 유대교 사상가 부버(M. Buber)는 이러한 그리스도교 신

---

2 'Courage to be,' 같은 책, 247. 틸리히는 '존재의 용기'라는 말을 사용하기도 한다. *The Courage to be* (New Haven & London: Yale University Press, 1952) 참고.

앙의 특성에 대해 다음과 같이 말하고 있다.

신앙에는 두 가지, 궁극적으로 오직 두 가지 유형만 존재한다. 물론 신앙의 내용은 아주 많지만, 신앙 자체는 단 두 가지 근본 형태로 우리는 알고 있다. 이 두 가지 형태 모두 우리의 삶에서 주어지는 단순한 사실로부터 이해될 수 있다. 하나는 우리가 누군가를 신뢰한다는 사실이며, 그를 신뢰할 충분한 이유들은 제시할 수 있는 것이 아니라는 사실이다. 다른 하나도 마찬가지로 우리가 충분한 이유를 제시할 수는 없어도 어떤 것을 참이라고 인정한다는 사실이다. 이 두 경우 모두 우리가 충분한 이유를 제시할 수는 없지만, 이것은 우리의 사고가 지닌 결함 때문이 아니라 우리가 신뢰하는 사람 또는 참이라고 믿는 것에 대한 우리의 관계가 실제로 가지고 있는 특이성의 문제 때문이다. 이 관계는 본성상 '이유들'이 있어서 생기는 것이 아니듯이 이유들에 근거하는 것도 아니다. 우리는 물론 이유를 밝히라고 촉구할 수 있지만, 그 이유들은 결코 나의 신앙을 충분히 설명하지 못한다. … 나의 합리성, 나의 이성적 사고 능력은 나의 본성의 일부이고 특정한 기능에 지나지 않는다. 그러나 내가 '믿을 때'는 두 가지 믿음 모두에 나의 전 존재가 개입되며, 나의 본성 전체가 그 과정 속으로 들어간다. 실로 이것이 가능한 이유는 오로지 신앙이라는 관계성이 나의 전 존재가 관여되는 것이기 때문이다.[3]

부버에 따르면 예수 자신의 신앙은 하느님에 대한 인격적 신뢰로서의 신앙이었던 반면, 그리스도교 신앙은 사도 바울로부터 시작해서 예수 그리스도에 대해 어떠어떠한 사실 내지 교리를 참이라고 믿는 지적

---

3 Martin Buber, *Two Types of Faith* (New York: Harper & Row, Publishers. 1961), 7-8.

내용을 수반하는 신앙으로 변형·변질되었다. 두 가지 신앙 형태 모두 우리가 충분한 합리적 근거를 제시할 수 있는 것은 아니지만, 그렇다고 맹목적인 것도 아니다. 이 문제를 좀 더 고찰해 보자.

신뢰로서의 믿음은 예수 자신이 가졌던 믿음이고, 그가 사람들에게 가지도록 촉구했던 믿음이다. "회개하여라, 하느님의 나라가 임박했다"는 그의 메시지에서 회개(metanoia)는 단지 악한 행동을 멈추는 정도가 아니라 하느님을 등지고 살았던 지금까지의 삶의 방향을 완전히 바꾸어 하느님을 향해 사는 근본적 삶의 전환을 의미했다. 예수는 믿음을 어린아이가 부모에 대해 가지는 단순하고도 절대적인 신뢰 같은 것으로 여겼다. 이는 무엇보다도 예수가 하느님을 부르는 호칭인 '아빠'(abba)라는 말에 잘 드러난다. 예수 자신이 사용하던 언어인 아람어로 '아빠'는 당시 어린아이가 아버지를 부르는 애칭 같은 것이었기에 하느님을 아빠로 부르는 행위는 예수가 하느님에 대한 인간의 믿음을 어린아이가 아빠에 대해 가지는 절대적이고 전적인 신뢰 같은 것으로 여겼음을 보여 준다.

'아빠'라는 말은 또 예수가 하느님을 조건적 사랑이 아니라 무조건적이고 절대적인 사랑과 은총의 하느님으로 신뢰했음을 나타낸다. 예수는 이러한 단순하고 소박한 믿음을 가졌던 분이었고, 다른 사람들에게도 바로 그러한 믿음을 가지고 살기를 촉구했다. 예수가 제자들을 향해 '믿음이 적은 자들'이라고 꾸짖을 때나 "너의 믿음이 너를 낫게 했다"고 말했을 때 역시, 믿음은 성경 이야기가 전하는 어떤 사실을 믿는 행위나 교회의 교리에 동의하고 수용하는 지적 행위가 아니라 하느님께 자신의 존재와 삶을 온전히 내맡기는 신뢰의 믿음을 가리키는 말이었다. 반대로 불신도 지적 의심이나 확신의 결핍보다는 이러한 신뢰의 결핍이다. 약한 믿음, 의심하고 흔들리는 믿음이다.

단순했던 예수의 하느님 중심적인 신앙이 예수 자신을 하느님의 아들로 믿는 신앙이 되면서 그리스도교는 하느님과 예수의 관계를 놓고 수많은 신학적 논쟁과 교리적 다툼을 낳았다. 결과적으로 교회의 일치가 깨어지게 되었고, 그리스도교는 인류 역사상 유례가 없을 정도로 교리 위주의 종교가 되었다. 이른바 정통(orthodoxy)과 이단(heresy)을 명확하게 가르는 종교가 된 것이다. 교회의 일치를 위해서 자유로운 사상을 탄압하고, 이단 신앙을 전파하는 사람을 색출해서 파문하는가 하면 심지어 화형에 처하기까지 했다. 현대 세계로 오면서 그리스도교가 봉착한 어려움 가운데 하나는 바로 이러한 정통교리를 강조하는 신앙의 위기에서 온다 해도 과언이 아니다. 여하튼 그리스도교는 하느님을 신뢰하는 신앙과 함께 성경이 전하고 있는 역사적 사건들이나 예수 그리스도의 정체성에 대해 교회가 가르치는 교리를 믿고 수용하는 신앙의 종교가 되었다.

III. 종교의 두 유형

　인간의 삶에서 정신적 초석과도 같은 역할을 수행하는 종교는 신관에 따라 크게 두 유형으로 나뉜다. 하나는 위에서 말한 유대교, 그리스도교, 이슬람처럼 우주 만물을 창조하고 인간의 생사화복을 주관하는 하느님을 믿는, 계시를 통해 자신을 드러내고 사후 심판을 통해 영생을 약속하는 하느님을 믿는 유일신 신앙(monotheism)의 종교들이고, 다른 하나는 잡다한 현상세계의 배후에 있는 하나의 궁극적이고 통일적인 존재의 근원·토대를 추구하는 존재론적 신관, 즉 일원론적 형이상학(一元論的 形而上學)에 기초한 철학적 종교들이다. 주로 힌두교, 불교, 유교, 도교 같은 동양 종교들이 이 유형에 속하며, 서양에서는 플로티누스(Plotinus, 205~270)의 신플라톤주의(Neo-Platonism) 철학이 매우 중요한 역할을 했다. 그러나 이 두 유형은 그리스도교나 힌두교처럼 한 종교 내에 공존하기도 하면서 갈등을 빚기도 하고 상호 보완적이 되기도 했다.[1]

　유일신 신앙의 종교들이 다신신앙(polytheism)을 철저히 배격한 것과 달리 일원론적 형이상학의 종교들은 대체로 다신신앙에 관대했다.

---

1 불교가 형이상학적 실재를 믿는 종교라는 견해에 대해 논란이 있을 수 있다. 이에 대해서는 추후에 더 논의할 기회가 있을 것이기에 여기서는 피한다.

비록 저급하다고 여겼지만, 다신신앙이 대중을 위해 불가피하다고 여겨 용인해 왔기 때문이다. 유일신 신앙의 종교든 일원론적 형이상학의 종교든, 둘 다 변화무쌍하고 잡다한 현상세계의 근저 혹은 그 너머에 있는, 단 '하나'의 궁극적 실재를 믿는다는 점에서는 일치한다. 그러나 유일신 신앙이 이 통일적 실재를 피조물의 세계와 엄격히 구별되는 '초자연적인'(supernatural) 실재로서 인간에 준하는 성격을 지닌 인격신으로 간주하는 반면, 일원론적 형이상학에 기초한 종교들은 만물의 궁극적 실재를 인격성을 초월하는 탈인격체적 또는 초인격체적(transpersonal) 실재로서 간주한다. 그리고 만물에 내재하는 실재로 간주한다. 신이 어떤 뜻과 의지를 가지고 세계를 주관하는 분인 반면에, 일원론적 형이상학의 신은 만물의 존재론적 근원·토대이지만 역사의 세계나 개별적 존재들의 운명에 관심을 가지고 관여하는 분은 아니다.

무엇보다도 가장 근본적인 차이는 신과 세계의 관계를 어떻게 보느냐다. 구약성경에 뿌리를 둔 인격신관은 하느님이 자유로운 의지에 따라 세계를 창조했다고 본다. '창조'를 마치 인간이 물건을 만드는 행위나 건축가가 집을 짓는 행위와 유사하게 본 것이다. 건축가는 자기가 계획한 설계도에 따라 재료·질료를 사용하여 집을 짓는다. 이러한 제작 모델(maker model)의 창조론이 지닌 근본적 문제들 가운데 하나는 이 질료가 도대체 어디서 왔는지를 설명하기 어렵다는 점이다. 더 본질적인 문제는 창조가 신의 자유의지에 따른 행위라면 신은 세계를 창조하지 않았을 가능성도 있었다는 말인데 신은 무슨 이유로 세계를 창조했는가라는 의문이 생긴다. 만약 이에 대한 만족할만한 답을 제시하지 못할 경우, 세계의 존재는 그야말로 우연성을 띠게 된다. 세계는 존재하지 않을 수도 있지만 존재하기 때문이다. 문제는 아무 부족함이 없는 자족적인 신이 무엇 때문에 세계를 창조했는가 하는 물음이다.

내가 아는 한 이에 대해 만족할 만한 설명은 없다. 신학자들은 흔히 하느님의 사랑을 창조의 이유로 들지만, 이것은 답이 될 수 없다. 사랑은 대상을 요하기 때문이며, 창조 전에는 사랑의 대상이 존재하지 않았으므로 사랑이 성립되지 않기 때문이다. 그렇다고 하느님이 창조의 원인이나 동기 없이 그냥 창조했다고도 말할 수 없다. 이는 곧 무신론자들이 주장하듯이 세계의 존재가 그야말로 아무 이유나 목적이 없는 무의미한 것이라는 말과 같기 때문이다.

제작 모델의 창조 개념은 또 하나의 어려운 문제를 낳는다. 신은 세계를 창조하기 전에 도대체 무엇을 하고 계셨나 하는 다소 우스꽝스러운 질문인데 성 아우구스티누스는 이에 대해 일찍이 하나의 명답을 제시했다. 그에 따르면 하느님은 세계를 시간과 더불어(with time) 창조하셨지, 시간 속에서(in time) 창조하신 것이 아니라는 것이다. 다시 말해서 피조물과 시간은 둘 다 피조물이며 항시 같이 간다는 것이다. 최근에 많이 회자되는 빅뱅(Big Bang) 우주발생론에 대해 제기되는 물음, 도대체 빅뱅 이전에는 무엇이 있었는가를 묻는, 질문이 성립되지 않는다는 이론과 유사하다. 빅뱅 우주론자들은 빅뱅을 시간과 물질이 모두 시작되는 특이점(singularity)이라고 부른다. 따라서 빅뱅 '이전'이라는 시간 개념을 적용할 수 없다고 한다. 빅뱅은 시간적 사건이 아니라는 말이다. 이와 유사하게 성 아우구스티누스에 따르면 하느님의 세계 창조도 하나의 시간적 사건(temporal event)이 아니다. 말하자면 '사건 아닌 사건'과도 같다.

신을 존재 자체(esse ipsum, being itself)이며 모든 존재자의 존재와 생명의 근원으로 보는 일원론적 형이상학의 신관에서는 이런 문제들이 발생하지 않는다. 세계는 신의 창조이기보다는 어머니가 자식을 낳는 것과 같이 신의 본성에 따른 자연스러운 출산의 결과와도 같기 때문이다. 말하자면 신이 세계를 낳는다, 방출한다는 출산(birthing) 모델의 창조론이다. 신은 우주의 알파와 오메가로서 세계 만물은 신에서 흘러나왔다가(流出, emanatio, 出源, exitus) 신으로 복귀한다(還源, reditus, 復歸). 신과 세계는 무한과 유한, 영원과 시간, 절대와 상대의 차이는 있지만, 결코 양자 사이에 존재론적 단절과 분리는 없다. 마치 어머니 없는 자식이나 자식 없는 어머니가 존재할 수 없듯이 신이 없는 세계는 물론이고 세계 없는 나 홀로 신도 생각하기 어렵다. 신에서 산출된 만물은 존재할 수도 있고, 존재하지 않을 수도 있는 우연적(contingent) 존재들이지만, 신의 창조적 본성에서 흘러나온 세계 자체의 존재는 어떤 면에서는 필연적이고 영원하다. 세계의 창조는 신에게 선택의 문제가 아니라 신은 본성상 세계를 산출할 수밖에 없기 때문이다.

서방 교회 그리스도교 신학에 친숙해진 가톨릭이나 개신교[2] 신관에서는 이러한 신과 세계의 관계, 특히 세계의 창조가 신의 본성에 의한 것이고 필연적이라는 생각은 매우 낯설게 보이겠지만, 우리는 이와 유사한 생각을 그리스 사상의 영향을 강하게 받은 오리게네스(185~254)나 그의 사상에 영향을 받은 동방 정교회 신학자들에서도 발견할 수 있다.[3] 오리게네스에 따르면 창조 행위는 하느님의 불변하는 '본질' 혹은 본성에 속한 것이기에 세계의 존재는 당연히 필연적이고

---

2 '개신교'라는 말은 영어로 'Protestant Church(Christianity)'를 가리키지만, 가능한 한 사용하지 않는 편이 좋다. 무슨 종교 이름으로 들리기 때문이다. 우리나라에서는 기독교라고 하면 주로 개신교를 가리키는 말로 사용하지만, 이것은 문제다. 하지만 사회적 통념에 따라 기독교라는 말을 사용했다. 특히 '그리스도교'라는 말을 가톨릭과 개신교를 모두 아우르는 말로 사용할 경우, 또는 가톨릭과 구별해야 하는 경우에는 불가피하게 '개신교'라는 말을 사용했다.

3 존 메이엔도르프/박노양 옮김, 『비잔틴 신학: 역사의 변천과 주요 교리』(정교회출판사, 2010). 253-257. 오리게네스의 사상은 553년에 개최된 제5차 콘스탄티노플 에큐메니칼 공의회에서 이단으로 정죄되었지만, 그의 영향은 동방 정교회의 전통에서 완전히 사라지지는 않았다.

영원하다. 하느님은 창조 활동을 하지 않은 때가 없기 때문에 세계의 존재 역시 영원하다. 창조는 성경에서 말하는 것처럼 하느님의 자유로운 '의지'에 따른 선택적 행위가 아니라 신의 영원한 본성에 따른 것이라고 보기 때문이다.

그리스도교는 하느님이 창조 이전에 존재하는 어떤 태초의 물질 같은 데서 창조 행위를 시작했다는 고대 근동 지방에서 유행하던 창조 개념을 수용할 수 없었다. 따라서 그리스도교 신학자들은 하느님이 세계를 아무것도 없는 순전한 무로부터 창조했다는(creatio ex nihilo) 교리를 주장하게 되었다. 하지만 일원론적인 형이상학적 신관에서는 신은 세계를 자기 자신으로부터 창조한(creatio ex deo) 셈이 된다. 인격신관의 관점에서는 형이상학적 신은 인간과 소통하고 사랑의 교제를 나눌 수 있는 인격성을 쉽게 수용할 수 없다고, 창조주와 피조물의 차이를 무시하고 피조물을 절대화하는 우상숭배에 빠지기 쉬운 위험성이 있다고 비판한다. 반면에 형이상학적 신관의 관점에서는 인격적 유일신관은 신을 인간과 같이 유한한 개체로 보게 할 위험성이 다분히 있는 유치하고 저급한 신관으로 보인다. 신을 전지전능한 '초월적 타자'로 간주하면서 섬기기 때문에 인간을 비하하기 쉬운 권위주의적 신관이라고 비판한다.

여하튼 위와 같은 두 가지 유형의 신관과 창조론 그리고 이에 근거하여 신과 세계의 관계를 어떻게 이해하는가는 단지 신관의 문제가 아니라 우리가 세계와 인생을 어떻게 보며 살아야 하는지에 대해서도 엄청난 차이를 초래했고, 이 차이는 인류의 문화·문명에 심대한 영향을 끼쳤다. 프랑스 사상가 파스칼은 "아브라함과 이삭과 야곱의 하느님은 철학자들의 하느님이 아니다"라는 유명한 말을 남겼지만, 이 두 가지 유형의 신관이 반드시 배타적 선택의 대상일 필요는 없고, 실제로 한 종교 내에서도 공존해 왔다. 그리스도교 신학에서도 마찬가지다. 오늘날 신관이 직면하고 있는 가장 중요한 문제는 인류 대다수의 삶의 토대가 되어 온 이 두 신관을 어떻게 현대적 안목에서 설득력 있게 조화시킬 수 있는가에 달려 있다고 해도 과언이 아니다.[4] 인간이 여전히 종교적 존재(homo religiosus), 형이상학적 존재로서 삶의 궁극적 토대를 신 혹은 어떤 절대적 실재에 정초시키려고 하는 한 그렇다.

우리는 일원론적 형이상학에 기초한 종교적 영성의 가장 오래되고 전형적인 예를 인도의 성전(聖典) 베다(Veda)의 우파니샤드(Upanisad)에 나오는 짤막한 기도문에서 잘 볼 수 있다: "비실재(the unreal, asat)로부터 실재(the real, sat)로, 어둠에서 빛으로, 죽음에서 영생으로 나를 인도하소서."[5] 이 짧은 기도문에 모든 형이상학적 영성의 핵심이 들어 있다 해도 과언이 아니다. 형이상학적 영성이 추구하는 것은 실재, 빛(진리), 영생이다. 우파니샤드 철인들의 궁극적 관심은 우주 만물의 궁극적 실재인 브라만(梵, Brahman)에 집중되었고, 그들의 형이상학적 영성은 이 궁극적 실재가 곧 인간의 참 자아 아트만(Ātman)이라는 범아일여(梵我一如)의 진리를 깨달아 앎으로써 그것과 하나가 되는 해탈(解脫, moksa)의 지고선을 성취하는 데 있다.

형이상학적 영성은 근본적으로 신에 대한 신앙을 통해 각종 세속적 욕망을 충족시키려는 이른바 '기복신앙'이나 기적 신앙과는 거리가 멀다. 영원불변의 실재를 앎으로써 거기에 참여하는 것을 인생 최고의 목적으로 간주하는 순수한 영성이다. 하느님만을 최고선이자 궁극적 관심으로 사랑하는 영성이다. 우파니샤드에 따르면 인간을 "비존재에서 존재로, 어둠에서 빛으로, 죽음에서 영생으로 인도하는" 궁극적 실

---

4 이 문제를 해결하려는 가장 잘 알려진 철학적 시도 가운데 하나는 John Hick, *An Interpretation of Religion* (London: Macmillan, 1989)이다.

5 *Brhadāranyaka Upanisad* I, 3, 28.

재인 브라만은 만물의 근원·토대이고 정수이며, 동시에 인간 존재의 근원·토대, 즉 인간의 참 자아(眞我, Ātman)다. 우주 만물의 근원인 브라만이 인간 존재와 생명의 뿌리인 아트만과 조금도 다르지 않고 하나라는 이른바 범아일여의 진리는 우파니샤드의 핵심 사상이다. 이 사상은 우리가 아는 한, 인류 역사상 신인합일(神人合一) 혹은 신과 인간의 '신비적 합일'(unio mystica)을 지향하고 대담하게 선언한 가장 대표적이고 오랜 신비주의(mysticism) 영성 사상이다.

우파니샤드에서는 우주 만물의 알파이며 오메가와 같은 영원불멸의 실재(sat), 만물이 거기서 출원하여 거기로 환원하는 원천이자 목적지인 브라만을 아는 길은 바로 인간 자신의 내면 깊이에 있는 자아인 아트만, 즉 순수 정신 혹은 의식(cit)이고 순수 존재이며 순수 희열이다. '샷칠아난다'(Satcitānanda)라고 우파니샤드는 말한다. 브라만·아트만은 우리가 한시도 떠날 수 없고, 부정하려야 부정할 수 없는 우리 존재의 토대이며 세계 만물의 궁극적 실재다. 우리의 모든 정신 활동과 인식 활동을 비추는 배후의 빛과도 같은 깊은 실재이며, 결코 그 자체는 여타 사물과 달리 대상화해서 인식할 수 없는 인간의 절대적 주체이자 참 자아다.

그리스 형이상학적 전통에서처럼 우파니샤드의 일원론적 형이상학에서도 존재는 곧 선이고, 존재의 결핍은 곧 선의 결핍이다. 인도의 고전어 범어(梵語)에서 선 혹은 좋음을 가리키는 말은 존재 혹은 실재를 가리키는 말과 동일한 'sat, sant'다. 플라톤 철학에서도 영원불변하는 실재 중의 실재는 선(the good)의 이데아(idea)이며, 플로티누스라는 신플라톤주의(Neoplatonism) 철학자가 말하는 우주 만물의 근원인 일자(一者, the One, to hen) 역시 선(善, agathon)으로 불린다. 또 서양 중세의 스콜라 철학에서도 하느님은 존재하는 모든 것의 근원·토대인 존재 자체이고 선 자체다. 하느님은 모든 존재자와 크고 작은 모든 선의 원천이고 존재의 토대이기 때문이다.

고대나 중세적 사고에서는 변하는 시간적 존재들은 모두 불완전하고 불만족스러운 것이고 실재하는 것이 아니다. 사물들은 존재하는 한 선하고, 선한 만큼 존재한다. 수시로 변하는 구체적 사물들은 그만큼 존재와 선을 결핍한 것들이기에 존재와 선의 원천인 신을 갈망하고 닮고자 한다. 이러한 사고방식은 변화하는 구체적 사물들이야말로 실재하는 것으로 생각하는 현대인들의 사고와 얼마나 동떨어진 것인지를 여실히 보여 준다.

서구에서 철학자들과 신학자들에게 지속적으로 큰 영향을 끼쳐 온 일원론적 형이상학의 가장 중요한 흐름은 플라톤 철학을 계승하면서 아리스토텔레스와 스토아학파의 사상 등을 종합해서 새로운 사상 체계를 수립한 플로티누스의 신플라톤주의 철학이다.[6] 신플라톤주의는 또 서구 철학과 그리스도교 신학을 넘어 유대교와 이슬람의 유일신 신앙의 인격신관과 병존하면서 세 종교 모두에 특히 신과 신비적 합일을 추구하는 신비주의 전통과 영성에 심대한 영향을 끼쳤다.

공자와 맹자의 원시유교 사상을 철학화한 성리학(性理學, 朱子學)이나 노자, 장자 사상을 중심으로 하는 도가(道家) 철학도 일원론적 형이상학의 범주에 속한다. 부처님 당시부터 형이상학적 사변을 배격하고 항구 불변의 자아를 부정하는 무아론(無我論, anātman)을 주창해 온 불교가 일원론적 형이상학의 범주에 포함될 수 있는지에 대해서는 논란의 여지가 있지만, 나는 개인적으로 불교 사상도 예외가 아니라고 본다. 특히 대승불교의 불성(佛性)이나 여래장(如來藏, tathāgata-garbha) 사

---

6 플로티누스의 신플라톤주의 사상에 대한 간략한 소개와 성 아우구스티누스의 창조론과의 차이에 대해서 선한용, 『시간과 영원: 성 아우구스티누스에 있어서』 (대한기독교서회, 1988), 40-50 참고.

상은 힌두교 우파니샤드의 아트만 개념과 다르지 않다.7 다만 불교는 이 궁극적 실재에 대해 주로 부정적 언사를 즐겨 사용하는 '부정의 길'(via negativa)을 선호하는 특징이 강하다. 불교적 용어로 표현하면 파사(破邪)를 통한 현정(顯正), 또는 파사가 곧 현정이라는 정신으로 궁극적 실재를 추구하고 논하는 경향이 강하다. 하지만 적어도 상좌(上座, Theravāda)불교에서만큼은 열반(涅槃, nirvāna)은 변하는 조건들에 따라 생성하는 무상한 유위법(有爲法)이 아니라 무위법(無爲法, asamskr-ta-dharma)으로서 인간의 최종적 피난처다. 또 대승불교의 불성 사상은

---

7 이에 대한 보다 상세한 논의는 길희성, "반야에서 절대지로,"『마음과 철학: 불교편』(서울대학교 출판문화원, 2013) 참고. 또 길희성, 정경일, 류제동,『비판불교 연구』(대한민국학술원, 2017)를 참고할 것. 특히 제4장 "비판불교의 대승불교 사상 비판"(II)을 볼 것. 일본에서 일고 있는 비판불교 운동의 주도자인 마츠모토 시로(松本史郎)는 임제(臨濟, 867년경 사망) 선사가 말하는 무위진인(無位眞人)이 힌두교 우파니샤드의 아트만과 동일한 것임을 정교한 문헌학적 연구를 통해 의심의 여지없이 밝히고 있다. 나는 비판불교 운동이 동아시아 대승불교의 토대와도 같은 불성(佛性) 사상, 여래장(如來藏) 사상, 본각(本覺) 사상 그리고 나아가서 이에 근거한 선불교가 연기설(緣起說)을 중심으로 하는 붓다의 본래 사상을 배반했다는 이유로 불교가 아니라고 보는 비판불교의 편협한 불교관에는 결코 동의할 수 없다. 하지만 불성 개념이 곧 힌두교의 아트만 개념과 동일하다는 마츠모토 교수의 주장에는 동의한다. 중국불교가 공종(空宗), 상종(相宗)을 거쳐 성종(性宗, 佛性宗)을 불법(佛法)의 최고 진리로 보게 되었다는 사실은 중요하다. 한국 사찰의 승려 교육기관인 강원(講院)의 필독서인 종밀(宗密) 선사의『仙源諸詮集都序』(간단히 都序)나 지눌(知訥) 선사의『法集別行錄節要』(간단히 節要)는 이러한 이해에 기초한 저술들이다.

나는 이 문제에 대한 나의 입장을 여기서 밝혀둘 필요가 있다. 앞으로도 불교학계에서 많은 논란의 대상이 되고 있는 이 문제에 대해 언급할 기회가 또 있을 것이지만, 무엇보다도 불교가 일체의 형이상학적 사고를 부정하는 '무신론'(atheism)적 종교라는 '천박한' 견해와 독단에 밀접히 연계되어 있기 때문이다. 나는 석가모니 부처(붓다, Buddha)가 그와 거의 동시대에 형성된 사상이고 문헌인 우파니샤드의 아트만(Ātman) 개념을 잘 알고 있었으며 그것을 부정했다고는 생각할 수 없다. 붓다는 다만 우리의 번뇌와 집착, 즉 이기심의 대상이 되고 중심이 되는 좁은 자아의 실체성을 부정했고, 그것이 우리의 자아가 될 수 없음을, 즉 무아론이 아니라 인간을 구성하는 다섯 가지 요소들의 묶음(五蘊) 가운데 어느 것도 아트만이 아니라고 가르쳤지—이것이 그가 흔히 무아론(anātman)으로 번역되어 온 진리의 올바른 이해다— 우파니샤드의 아트만 자체, 즉 인간 우주 만물의 영원한 정수인 형이상학적 실재와 자아를 명시적으로 부정했다고는 생각하지 않는다. 하지만 붓다가 아트만을 적극적으로 설하거나 옹호한 적도 없다.

물론이고, 공(空)도 만물의 실상(諸法實相)을 드러내 주는 데 궁극 목적이 있다는 점에서 나는 넓은 의미로 형이상학적 사고의 범주에 포함시킨다.

여하튼 유일신 신앙의 하느님은 일원론적 형이상학에서 추구하는 궁극적 실재와는 여러 면에서 대조적이다. 구약성경의 신명기에 나오는 말, "들어라, 이스라엘아. 주님은 우리의 하느님이시요, 주님은 오직 한 분뿐이시다. 마음을 다하고 뜻을 다하고 힘을 다하여, 주 하느님을 사랑하라"(신 6:4)는 말은 이스라엘의 철저한 유일신 신앙을 잘 표현해 주고 있다. 유대인들은 예루살렘 성전이 파괴된 후 세계 곳곳에 흩어져 살면서도 아침저녁으로 회당(synagogue)에서 드리는 예배에서 "들어라, 이스라엘아"(shema)로 시작하는 이 신앙고백을 하면서 오랜 인고의 세월을 살았다. 만물과 인간을 지으신 오직 한 분이신 하느님을 혼신의 힘을 다해 사랑하는 신앙이며, 기나긴 고난의 세월을 통해 줄곧 그들을 지켜 준 신앙이다. 오죽하면 유대인들은 이 말씀을 "자녀에게 부지런히 가르치며, 집에 앉아 있을 때나 길을 갈 때나 누워 있을 때나 일어나 있을 때나 언제든지 가르치십시오. 또 당신들은 그것을 손에 매어 표로 삼고, 이마에 기호로 삼으십시오. 집 문설주와 대문에도 써서 붙이십시오"라고 했겠는가?

복음서에 따르면 예수도 이 말을 사랑했다. 그는 율법 가운데 어느 계명이 가장 중요한가라는 바리사이파 사람의 질문에 "네 마음을 다하고, 네 목숨을 다하고, 네 뜻을 다하여, 주 너의 하느님을 사랑하라"는 계명과 "네 이웃을 네 몸과 같이 사랑하라"는 두 계명을 들면서 이것이 율법과 예언서 전체의 본뜻이라고 답했다. 이슬람에서도 샤하다(shahada)라는 신앙의 증언이 있다. "하느님(Allah) 외에는 하느님이 없다. 무함마드는 하느님의 사자(使者, messenger)다"라는 이 간결한 신앙의 증언은 모든 무슬림이 반드시 지켜야 하는 신앙의 5대 의무 가운데 으뜸이다. 무슬림들은 아기가 태어날 때 이 말을 귀에다 속삭여 준다고 한다. 네가 사람으로 태어나서 이것만은 반드시 알고 살아야 한다는 뜻일 것이다. 무슬림들은 또 다른 신앙의 의무로서 매일 메카를 향해 다섯 번 기도를 드리는데, 모스크의 첨탑에서 구성진 음성으로 흘러나오는 기도의 초대에도 이 증언이 수차 선포된다.

오직 한 분이신 하느님, '하나'이신 하느님을 믿는 유일신 신앙은 오늘날 인류의 절반에 육박하는 사람들이 간직하고 사는 신앙이며, 그들의 신관과 세계관과 인생관을 지배하는 신앙이다. 인류 역사를 통하여 이보다 더 큰 영향을 끼친 신앙이나 사상은 아마도 없을 것이다. 따라서 개인적으로 이 신앙을 좋아하든 싫어하든, 또 이 신앙의 역사적 공과가 어떠하든 유일신 신앙에 대한 바른 이해는 누구에게나 필수적이다. 특히 그리스도교를 통해 전수된 유일신 신앙은 서구 문명을 이해하는 열쇠이며, 현대 세계에서 서구 문명과 여러 면에서 대척점에 있는 이슬람 역시 유일신 신앙을 떠나서는 상상조차 하기 어려운 종교다. 유일신 신앙의 원조는 고대 히브리 민족이지만, 그들의 신앙을 담고 있는 구약성경은 그리스도교는 물론이고 이슬람에서도 하느님의 계시로 간주되는 쿠란(Quran)에 지대한 영향을 미쳤다. 세 종교 모두 아브라함(Abraham)을 유일신 신앙의 원조로 추앙하고 있는 '아브라함 종교들'로서 기본적으로 구약성경을 통해 유일신 신앙의 전통과 정신을 공유하고 있다.

유대교, 그리스도교, 이슬람은 공통적으로 우주 만물을 창조한 창조주 하느님(Creator)을 믿는 종교들이다. 만물을 자유로운 의지에 따라 창조한 하느님과 피조물(creature) 사이에는 건널 수 없는 존재론적 차이가 있다. 신은 무한하고 영원하고 절대적인 반면, 피조물들은 유한하고 상대적인 존재들이며 한시도 신을 떠나 독자적으로 존재할 수 없다. 신은 시작과 끝이 없는 무시무종의 실재인 반면, 피조물은 존재와 생명의 근원인 신에 의존해서 존재하다가 사라지는 무상한 시간적 존재들이다. 인간을 포함하여 모든 피조물은 언제 어디서 무엇을 하든 세상만사를 주관하는 신의 뜻과 섭리 아래 있다.

창조주 하느님과 피조물의 세계를 엄격하게 구별하는 유일신 신앙은 고대 세계를 지배한 다신 숭배 문화와 치열한 대결을 벌이면서 형성되었다. 본격적인 다신 숭배는 신들의 이야기인 신화(神話), 신들의 형상을 새긴 신상(神像), 신상을 안치하고 제사를 드리는 신전(神殿) 그리고 제사 행위를 주관하는 사제(司祭)라는 필수 구성 요소들을 가지고 있다. 다신 숭배의 삶의 자리는 주로 비옥한 농토에서 농사를 업으로 하는 농경사회의 문화였고, 그들이 섬기는 신은 주로 자연의 힘과 관계된 자연의 신들이었다. 이와 대조적으로 유일신 신앙의 삶의 자리는 사막과 같은 척박한 땅에서 정착지 없이 목초지를 따라 이동하며 사는 유목민들의 불안정한 삶이었다. 고대 이스라엘 민족의 유일신 신앙은 한편으로는 가나안 지방의 농경 신 바알(Baal)을 숭배하는 신앙을 거부하면서 자신의 정체성을 형성해 나갔는가 하면, 다른 한편으로는 모방을 통해 그들의 문화와 타협하고 때로는 자신들만의 삶의 방식과 신앙을 형성해 갔다. 사울(Saul)이 왕으로 추대되면서 이스라엘이 부족연맹체에서 왕정국가로 전환하는 과정에서 겪은 갈등이나 솔로몬왕 시절에 건축한 예루살렘 성전을 둘러싼 이스라엘 민족의 내부적 갈등도 이런 배척과 흡수의 역사를 잘 반영하고 있다. 여하튼 유일신 신앙을 인류에게 전수하게 된 이스라엘 민족의 신앙은 사막을 배경으로 한 척박한 환경 속에서 생존을 위해 치열한 싸움을 해야만 했던 그들의 삶의 자리를 떠나서는 이해하기 어렵다.

유일신 신앙의 종교와 일원론적 형이상학의 종교 사이에는 신 혹은 절대적 실재를 아는 인식의 문제에서도 큰 차이를 보인다. 형이상학적 신관에서는 인간이 자신의 영혼과 이성으로 신을 알 수 있고, 신성에 참여하거나 신과 완전한 일치를 이룰 수 있다고 믿는 반면, 유일신 신앙에서는 신이 자신을 드러내는 계시(啓示, revelation) 없이는 인간은 신을 잘 알 수 없다고 생각한다. 유일신 신앙의 종교들은 공통적으로 인간의 이성이나 지혜보다는 신의 말씀(word, logos)과 계시에 근거한 종교다. 신의 계시라 해도 신은 자신의 본질이나 본성을 계시하기보다는 주로 그의 뜻과 의지를 계시한다. 신의 본성은 인간에게 영원한 신비 속에 감추어져 있다고 생각하기 때문이다. 신과 인간 사이에는 의지의 일치 또는 사랑의 일치 같은 '관계의 일치'는 가능하지만 '존재의 일치'나 '본성의 일치'는 불가능하고 바람직하지도 않다고 본다. 다만 그리스도교는 하느님의 아들 예수 그리스도에게서만 예외적으로 성육신(成肉身, Incarnation) 사건을 통해서 완벽한 신과 인간의 일치, 즉 존재와 본성의 일치가 이루어졌다고 믿는다. 이러한 차이 때문에 그리스도교와 유대교, 이슬람 사이에는 신학적 긴장이 존재한다.

일원론적 형이상학을 기저로 하는 종교들에서는 인간은 만물의 궁극적 실재를 아는 지혜나 깨달음을 통해서 신의 본성에 참여하고 신과 완전히 하나가 될 수 있다고 생각한다. 아니, 신과 하나가 '되는' 것이 아니라 이미 하나임을 깨닫는 것이 중요하다. 이들은 공통적으로 신인합일(神人合一) 내지 천인합일(天人合一)의 경지를 인간이 도달해야 할 궁극적 경지로 간주한다. 형이상학적 영성은 궁극적으로 신과 인간의 신비적 합일을 추구하는 신비주의(mysticism)의 영성이다. 유일신 신앙의 종교에서도 이러한 신비주의의 흐름이 존재하지만 어디까지나 방계 내지 비주류다. 신비적 합일이라 해도 신과 인간의 본성이나 존재의 일치보다는 주로 신과 인간 사이의 사랑을 통한 관계의 일치에 머무는 '사랑의 신비주의'(mysticism of love)가 주종을 이룬다.

유일신 신앙의 종교들은 근본적으로 인간이 어떻게 살아야 하는지에 대한 실천적 관심이 강하다. 그들은 인생의 선은 인간 스스로 이성을 통해 알기보다는 인간을 창조한 신의 계시를 통해 제대로 알 수 있다고 믿는다. 유일신 신앙의 종교는 신의 계시를 믿는 '신앙'의 종교이며, 이 계시에 대한 신앙을 바탕으로 하여 신의 뜻에 따라 사는 삶과 행위를 중시하는 실천적 성격이 강한 종교다. 명상이나 관조, 깨달음이나 '지혜' 혹은 조용한 자기 성찰을 중시하는 성격이 강한 동·서양의 형이상학적 종교들과 매우 다르다는 사실을 알 수 있다.

유일신 신앙의 종교와 일원론적 형이상학의 종교는 또 다른 본질적 차이를 보인다. 형이상학적 영성이 주로 시간과 역사의 세계를 초월하는 영원을 갈구하는 영성이라면, 유일신 신앙의 영성은 하느님이 창조한 물질세계와 인간의 삶이 전개되는 시간과 역사의 세계를 긍정적으로 보며 거기에 적극적 가치와 의미를 부여하는 경향이 강하다. 하느님은 인간의 구체적 삶이 전개되는 역사의 세계에 지대한 관심을 가지고 있으며, 인간은 역사적 경험 속에서 하느님을 만나는 경험을 한다. 인간은 역사의 무대에서 하느님의 윤리적 뜻과 명령에 따라 살아야 하며, 궁극적으로 하느님 앞에서 자기 삶에 책임을 져야 하는 존재다. 유일신 신앙의 종교들, 특히 그리스도교는 하느님이 인간 역사에 지대한 관심을 가지고 개입하고 인도하는 '역사의 하느님'(God of history)을 믿는 신앙의 종교다.

유일신 신앙의 관점에서 보면 형이상학적 영성은 물질세계와 인간의 육체를 폄하하고, 세계로부터 도피하는 영성으로 보인다. 반면에 형이상학적 영성의 관점에서는 초월적 신을 믿는 신앙은 역사의 세계에 대한 관심과 밀접히 연계되어 있기 때문에 너무나 현실적이고 세속적인 종교로 보인다. 개인적이든 집단적이든 인간의 이기적 욕망과 집착을 버리지 못한 저급한 신앙으로 간주되는 것이 사실이다. 적어도 비합리적이고 비철학적인 종교라고 여긴다.

앞서 말했듯이 유일신 신앙의 삶의 자리는 사막과 같은 척박한 땅이었으며, 수시로 목초지를 따라 이동하는 유목민의 고달픈 삶이었다. 그들은 길이 없는 곳에서 방황하기 일쑤였고 때로는 생사의 갈림길에서 중대한 결단을 내려야만 했다. 이런 위기를 돌파하는 길은 하느님과 대화하면서 그의 음성에 귀를 기울이고 그의 지시를 따르는 일이었다. 그들에게는 철학적 사변과 사유를 전개할 여유가 없었고, 침묵과 명상도 그들의 삶과는 거리가 멀었다. 유일신 신앙에 기초한 계시 종교들은 갈 길을 잃고 헤매는 인간이 하느님의 계시에 따라 사는 실천적 성격이 강한 종교다. 신앙의 종교들에서는 신이 명하는 것이 선이지, 선이기 때문에 신이 명하는 것이 아니라는 생각이 강하다. 무조건적인 절대복종을 중시하는 종교들이라는 인상을 주기 쉽다.

IV. 역사의 하느님

　이스라엘 민족의 신앙의 근본 성격은 구약성경에 묘사된 그들의 조상 아브라함(Abraham)의 삶을 통해 잘 드러난다. 바빌로니아 하란 지방에 거주하던 아브라함은 "너는 네가 살고 있는 땅과, 네가 난 곳과, 너의 아버지의 집을 떠나서, 내가 보여 주는 땅으로 가거라. 내가 너로 큰 민족이 되게 하고, 너에게 복을 주어서, 네가 크게 이름을 떨치게 하겠다. 너는 복의 근원이 될 것이다. … 땅에 사는 모든 민족이 너로 말미암아 복을 받을 것이다"(창 12:1-3)라는 하느님의 지시와 약속을 믿고 고향을 떠나 가나안으로 향한다. 이 간단한 이야기 속에 이스라엘 민족의 신앙적 성격이 잘 드러난다. 하느님은 한 특정 지역에 묶인 토착신이 아니고 조상의 전통에 묶인 과거의 신도 아니다. 오히려 토착적 연고와 삶의 근거지를 과감히 끊고 미지의 땅으로 가라는 명과 함께 미래를 약속하는 하느님이다.

　아브라함은 하느님의 약속을 믿고 식솔들을 데리고 가나안으로 이주하지만, 기근을 만나 당시의 강대국 이집트로 내려가 몸 붙여 살게 된다. 이스라엘 민족은 이집트 땅에서 제법 큰 민족으로 성장했지만, 심한 노역에 시달리다 못해 모세의 영도 아래 홍해를 건너 이집트를 탈출하게 된다. 이른바 출이집트(exodus) 사건이다. 그들은 이 과정에서 두 가지 결정적 경험을 하게 된다. 하나는 그들이 겪는 고난의 역사에 개입해서 그들을 이집트 제국의 압제에서 해방시켜 주시는 해방의 하느님, '역사의 하느님'을 만나는 민족적 경험이고,[1] 다른 하나는 하느님의 백성으로 살겠다는 하느님과 맺은 언약(covenant, 계약)과 더불어 모세를 통해 하느님으로부터 받은 십계명으로서 하느님의 백성으로 살아야 할 구체적 삶의 지침을 담고 있다.

이집트 탈출의 경험은 이스라엘의 민족적 정체성과 신앙에 결정적 의미를 지닌 사건이었다. 이스라엘의 하느님은 자기 백성 이스라엘의 역사에 지대한 관심을 가지고 그들의 역사를 인도하는 하느님이다. 그들이 믿는 '역사의 하느님'은 역사의 고난과 시련을 외면하거나 시간의 피안에 계시는 하느님이 아니라 약소민족 이스라엘이 당하는 고난의 역사에 개입해서 자기 백성을 해방시켜 주는 하느님이다. 이스라엘 민족의 신앙은 역사를 주관하는 하느님, 역사 '안에서' 구원을 베푸는 하느님에 대한 신앙이다. 이스라엘의 하느님은 태양이나 별들, 천둥번개나 바람, 산이나 강 같은 자연의 성스러운 힘에서 느끼는 자연의 신이 아니고, 천지 만물의 조화로운 질서나 이법을 관찰하고 관조하는 지혜를 통해서 아는 철학자들의 하느님도 아니다. 또 인간 영혼의 깊이에서 만나는 신비주의자들의 하느님도 아니다. 성경에 이러한 면들이 없는 것은 아니지만, 이스라엘의 신앙의 특징은 어디까지나 한 개인이나 한 민족이 구체적 삶의 경험과 고난의 역사 속에서 만나는 구원의 하느님에 대한 신앙이다.

이러한 역사적 신앙은 성경 전체를 관통하는 일관된 기조다. 아브

---

1 '역사의 하느님'(God of history)이라는 단어는 앞으로도 이 책에서 종종 사용될 것이다. 성경이 증언하는 하느님은 우주 만물을 창조한 하느님일 뿐 아니라, 한 특정한 민족이나 개인의 역사에 지대한 관심을 가지고 개입하고 인도하는 하느님이며, 특정한 역사적 사건을 통해 자신의 뜻을 드러내는 계시(revelation)의 하느님이라는 의미다.

라함을 비롯하여 족장들의 삶과 12지파의 연합체 시대나 왕정 시대의 역사를 보는 성경 기자들의 신앙적 역사관이나 위기에 처한 민족의 역사를 진단하고 해석하는 예언자들의 메시지와 역사의식에도 일관되게 나타나는 신앙이다. 이스라엘 민족의 신앙이 삶의 구체적 이야기와 민족의 역사 이야기 형태를 통해 고백되는 이유가 여기에 있고, 구약 성경이 일종의 '역사책'처럼 보이는 이유도 여기에 있다. 고대 이스라엘의 대표적인 신앙고백을 들어 보자.

내 조상은 떠돌아다니면서 사는 아람 사람으로서 몇 안 되는 사람을 거느리고 이집트로 내려가서, 거기에서 몸 붙여 살면서, 거기에서 번성하여, 크고 강대한 민족이 되었습니다. 그러자 이집트 사람이 우리를 학대하여 괴롭게 하며, 우리에게 강제노동을 시켰습니다. 그래서 우리가 주 우리 조상의 하느님께 살려 달라고 부르짖었더니, 주님께서 우리의 울부짖음을 들으시고, 우리가 비참하게 사는 것과 고역에 시달리는 것과 억압에 짓눌려 있는 것을 보시고, 강한 손과 편 팔과 큰 위엄과 이적과 기사로, 우리를 이집트에서 인도하여 내셨습니다. 주님께서 우리를 이곳으로 인도하여서, 이 땅 곧 젖과 꿀이 흐르는 땅을 우리에게 주셨습니다. 주님, 주님께서 내게 주신 땅의 첫 열매를 내가 여기에 가져 왔습니다(신 26:5-10).

'역사의 하느님'을 믿는 이스라엘 민족의 전형적인 신앙고백이다. 이스라엘의 신앙은 형이상학적 사변이나 역사의 세계를 초월하고 외면하는 영성과는 거리가 멀다. 그들의 신앙은 역사의 소용돌이와 고통스러운 삶의 한복판에서 부딪치고 상처받고 울부짖으면서 만난 하느님에 대한 신앙이다. 이집트 제국의 폭정에 시달리던 약소민족 이스라엘을 구해준 역사의 하느님 이야기는 그 후 성서적 신앙을 전수받은 모든 신앙인의 유산이 되었다. 약자의 하느님, 정의의 하느님, 해방의 하느님을 믿는 신앙으로서 오늘날도 이스라엘과 그리스도교의 울타리를 넘어 억압받는 민족들의 희망을 고취하고 역사를 변혁하는 힘으로 작용하는 신앙이다. 성경은 하느님을 믿는 신앙의 눈으로 해석된 이스라엘의 역사서라 해도 과언이 아닐 정도로 하느님과 역사는 분리할 수 없다.

이집트를 탈출한 후 시나이(Sinai)반도에서 방황하던 이스라엘 백성에게 일어난 또 하나의 중요한 사건은 모세가 시나이산에서 하느님의 계시를 받는 사건이다. 이스라엘 민족이 '하느님의 백성'으로 살아가기 위해서 반드시 지켜야 하는 삶의 구체적 지침을 담은 십계명과 기타 훈계들로서, 여기서도 십계명을 주기 전에 하느님이 모세에게 하신 말씀, 즉 "나는 너희를 이집트 땅 종살이하던 집에서 이끌어 낸 주 너희의 하느님이다"라는 말이 주목을 끈다. 이 말을 통해서 우리는 이스라엘의 신앙이 어디까지나 역사적 사건을 통해 자신을 알리는 '역사적 계시'의 하느님에 대한 신앙임을 볼 수 있다.

역사적 사건을 통해 자신의 뜻을 계시하는 하느님 신앙과 더불어 이스라엘의 신앙이 지닌 또 하나의 특징은 조금 전 아브라함의 예에서 본 '약속의 하느님'에 대한 신앙으로서 언약, 즉 계약·언약의 하느님에 대한 신앙이다. 하느님은 이집트를 탈출한 모세에게 다음과 같이 말한다.

이제 나는 이집트 사람이 종으로 부리는 이스라엘 자손의 신음소리를 듣고, 내가 세운 언약을 생각한다. 그러므로 너는 이스라엘 자손에게 말하여라. "나는 주다. 나는 이집트 사람들이 너희를 강제로 부리지 못하게 거기에서 너희를 이끌어 내고, 그 종살이에서 너희를 건지고, 나의 팔을 펴서 큰 심판을 내리면서, 너희를 구하여 내겠다. 그래서 너희를 나의 백성으로 삼고, 나는 너희의 하느님이 될 것이다"(출 6:5-7).

약속과 계약의 하느님은 고대 세계에서 일반화된 토착신이나 부족의 신과는 근본적으로 성격을 달리한다. 특정 지역이나 거기에 뿌리박고 사는 민족과 운명공동체를 형성하는 신과는 달리 계약으로 맺은 하느님과의 관계는 언제든 파기될 수 있는 가능성을 안고 있다. 이스라엘과 하느님이 맺은 언약은 고난에 처한 민족을 먼저 긍휼히 여기고 구해 주는 하느님의 은총에 대한 이스라엘 민족의 응답으로 맺어진 계약의 관계다. 이스라엘에 부과된 계약의 조건은 하느님의 백성답게 그의 윤리적 의지에 따라 살라는 요구다.

구약성경은 물론이고 성경 전체를 관통하는 메시지를 한마디로 표현하자면 이스라엘 민족은 하느님의 뜻에 따라 그의 백성으로 살겠다는 약속을 번번이 배반하지만, 하느님은 그럼에도 불구하고 약속을 파기하지 않고 끝까지 지키는 신실하고 의로운 분이라는 것이다. 이러한 신앙이 신약성경에 와서는 하느님이 마침내 자기 아들 예수 그리스도를 보내서 그를 통해 하느님과 인간이 끊어질 수 없는 새로운 관계로 들어가게 하셨다는 그리스도교 신앙으로 이어진다. 여하튼 우상숭배를 금하고 사람과 사람 사이에 지켜야 할 가장 기본적인 도덕 질서를 밝힌 십계명을 위시해서 하느님이 모세를 통해 이스라엘에게 준 윤리적 가르침은 현대적 관점에서는 미흡한 점이 있지만, 당시 인류의 도덕적 수준을 감안할 때 실로 혁명적인 면이 있다. 예를 들어 보자.

너희는 너희에게 몸 붙여 사는 나그네를 학대하거나 억압해서는 안 된다. 너희도 이집트 땅에서 몸 붙여 살던 나그네였다. 너희는 과부나 고아를 괴롭히면 안 된다. 너희가 그들을 괴롭혀서, 그들이 나에게 부르짖으면, 나는 반드시 그들의 부르짖음을 들어주겠다. … 너희가 너희 가운데서 가난하게 사는 나의 백성에게 돈을 꾸어 주었으면, 너희는 그에게 빚쟁이처럼 재촉해서도 안 되고, 이자를 받아도 안 된다. 너희가 정녕 너희 이웃에게서 겉옷을 담보로 잡거든, 해가 지기 전에 그에게 돌려주어야 한다. 그가 덮을 것이라고는 오직 그것뿐이다. 몸을 가릴 것이라고는 그것밖에 없는데, 그가 무엇을 덮고 자겠느냐? 그가 나에게 부르짖으면 자애로운 나는 들어주지 않을 수 없다. … "너희는 근거 없는 말을 해서는 안 된다. 거짓 증언을 하여 죄인의 편을 들어서는 안 된다. 다수의 사람들이 잘못을 저지를 때에도 그들을 따라가서는 안 되며, 다수의 사람들이 정의를 굽게 하는 증언을 할 때에도 그들을 따라가서는 안 된다. 너희는 가난한 사람의 송사라고 해서 치우쳐서 두둔해서도 안 된다. … 너희는 원수의 소나 나귀가 길을 잃고 헤매는 것을 보거든, 반드시 그것을 임자에게 돌려주어야 한다. … 너희는 가난한 사람의 송사라고 해서 그에게 불리한 판결을 내려서는 안 된다. 거짓 고발을 물리쳐라. 죄 없는 사람과 의로운 사람을 죽여서는 안 된다. 나는 악인을 의롭다고 하지 않기 때문이다. 너희는 뇌물을 받아서는 안 된다. 뇌물은 사람의 눈을 멀게 하고, 의로운 사람의 말을 왜곡시킨다(출 22:21-23:8).

V. 예언자 정신

사회적 약자에 대한 배려와 정의에 대한 관심을 하느님 자신의 뜻
으로 여기는 '윤리적 유일신 신앙'(ethical monotheism)[1]의 정신은 무엇
보다도 구약성경 예언자들의 메시지에 강하게 나타난다. 정의의 예언
자 아모스가 부패한 이스라엘 사회를 신랄하게 고발하는 목소리는 대
표적이다.

너희는 공의를 쓰디쓴 소태처럼 만들며, 정의를 땅바닥에 팽개치는 자들이
다. 묘성과 삼성을 만드신 분, 어둠을 여명으로 바꾸시며, 낮을 캄캄한 밤으
로 바꾸시며, 바닷물을 불러 올려서 땅 위에 쏟으시는 그분을 찾아라. 그분
의 이름은 '주님'이시다. 그분은 강한 자도 갑자기 망하게 하시고, 견고한 산
성도 폐허가 되게 하신다. 사람들은 법정에서 시비를 올바로 가리는 사람을
미워하고, 바른말 하는 사람을 싫어한다. 너희가 가난한 사람을 짓밟고 그들
에게서 곡물세를 착취하니, 너희가 다듬은 돌로 집을 지어도 거기에서 살지
는 못한다. 너희가 아름다운 포도원을 가꾸어도 그 포도주를 마시지는 못한
다. 너희들이 저지른 무수한 범죄의 엄청난 죄악을 나는 다 알고 있다. 너희

---

1 종교사회학자 막스 베버(Max Weber)의 표현.

는 의로운 사람을 학대하며, 뇌물을 받고 법정에서 가난한 사람들을 억울하게 하였다. 그러므로 신중한 사람들이 이런 때에 입을 다문다. 때가 악하기 때문이다. 너희가 살려면, 선을 구하고, 악을 구하지 말아라. … 너희는 망한다! 주님의 날이 오기를 바라는 자들아, 왜 주님의 날을 사모하느냐? 그날은 어둡고 빛이라고는 없다. … 캄캄해서, 한 줄기 불빛도 없다. "나는, 너희가 벌이는 절기 행사들이 싫다, 역겹다. 너희가 성회로 모여도 도무지 기쁘지 않다. … 너희는, 다만 공의가 물처럼 흐르게 하고, 정의가 마르지 않는 강처럼 흐르게 하여라(암 5:7-24).

도덕적 삶을 무시하는 어떠한 화려한 종교적 행사도 하느님께 무의미하다는 강한 윤리 의식이 담긴 메시지로 아모스뿐 아니라 예레미야나 이사야 같은 다른 예언자들의 메시지를 통해서 인류 종교사와 역사에 획기적 자취를 남기게 되었다. 오늘날에도 여전히 모든 종교가 귀를 기울일 수밖에 없는 날카로운 종교 비판이다. 근대 세속주의자들의 종교 비판과 달리 하느님의 이름으로 한 종교 내적, 신앙적, 종교 비판이라는 데 큰 의미가 있다.

VI. 종말의 예언자 예수와 그리스도교 신앙의 탄생

　예수도 이러한 구약성경의 예언자적 정신을 이어받은 사람이었다. 그리스도교라는 종교 혹은 교회 공동체가 형성되기 이전의 예수, 다시 말해 예수가 '신앙의 그리스도'로 추앙받기 이전의 역사적 인물 예수는 한마디로 '종말의 예언자'(eschatological prophet) 같은 존재였다. 예수의 삶과 행위와 가르침은 당시 이스라엘 민족이 처했던 고난을 떠나서는 이해할 수 없다. 예수는 세례자 요한과 마찬가지로 당시 로마의 정치권력과 이스라엘의 종교 권력이 손을 잡고 지배하는 불의한 사회, 불의한 역사가 종말을 고하고 의로운 하느님이 직접 통치하는 '하느님의 나라'(the Kingdom of God), 곧 천국이 이 세상에서도 이루어진다는 절박한 종말 의식과 신앙에 사로잡힌 사람이었다.

　요즈음 우리나라에서는 '종말론'이라고 하면 사람들은 한때 우리 사회를 떠들썩하게 했던 시한부 종말론이나 아마겟돈(Armageddon) 같은 끔찍한 인류 멸망의 장면을 연상하지만, 예수 당시 종말론은 하느님의 정의와 사랑이 넘치는 새로운 세상을 갈망하는 사람들을 위한 희망의 메시지였고 구원의 메시지였다.[1] 예수의 말과 행위는 그가 전개

---

1 지금 이 글을 쓰고 있는 한국 사회에서도 코로나19라는 바이러스가 전 세계적 대유행

한 하느님의 나라 운동을 떠나서는 이해할 수 없을 정도로 그는 하느님의 나라 운동에 전적으로 헌신한 사람이었다. 하느님의 나라를 이 땅 위에 앞당기려던 그는 당시 권력자들의 손에 의해 십자가에 매달려 죽는 극형을 당하고 삶을 마쳤다. 그는 '하느님 나라의 복음'을 단지 말로만 전파하고 다닌 사람이 아니라 병든 자들을 치유하고 사회에서 천대받고 내쳐진 사람들을 하느님의 아들(딸)로 대변하고 복권시키는 삶을 살았다. 사람들은 그의 권위 있는 말에서 하느님 자신의 말을 들었고, 사회적 약자들과 '죄인들'과 함께하는 그의 사랑에서 하느님 자신의 무조건적인 사랑을 느꼈다. 예수를 따르던 무리는 그의 말과 행위 가운데 하느님의 나라가 이미 생생하게 모습을 드러내기 시작했다고 믿었고, 예수 자신도 그렇게 생각했다.

예수의 파격적 행보는 당시 로마 권력과 예루살렘 성전을 중심으로 한 세력에 위협으로 느껴졌고, 그는 결국 십자가형에 처해지는 비극적 죽음을 맞았다. 그러나 억울하게 죽은 의로운 예수를 의로운 하느님께서 외면하지 않고 죽은 자 가운데서 일으켜주셨다는 부활 신앙이 전파되면서 그의 가르침과 행위, 삶과 죽음은 전부 새롭게 이해되고 평가되었다. 예수의 부활은 역사의 종말과 더불어 모습을 드러낼 만인의 부활의 예표로 간주되었고, 그는 곧 세상에 다시 와서 공의로 심판하고 하느님의 나라를 완성할 것이라고 그를 따르던 사람들은 믿었다. 부활한 예수는 그리스도(Christ), 즉 인류를 구원하는 메시아(Messiah)로 선포되었고 하느님의 아들로 고백되었다. 하느님 나라의 복음을 전파하고 다니다가 비극적 삶을 마친 예수가 부활 사건과 신앙을 통해 복음의 대상으로 선포되게 된 것이다. 그리스도교라는 종교는 이렇게

(pandemic)을 할 정도로 온통 사람들의 관심의 대상이 되고 있는 가운데 유독 '신천지' 운동을 하는 일종의 시한부 종말론 신앙에 기초한 신자들 가운데 확진 환자가 많이 나와 온 나라의 걱정을 사고 있다.

탄생했다.

이스라엘의 역사적 신앙은 예수의 하느님 나라 운동과 십자가의 처형 그리고 그의 부활의 소식과 더불어 탄생한 그리스도교에 이르러 새로운 국면을 맞게 되었다. 첫째, 이제부터는 더 이상 이스라엘이 하느님의 백성이 아니라 예수가 그리스도이며 주님이라고 고백하는 그리스도교 신자들이 새로운 하느님의 백성으로 등장하게 되었다. 유일신 신앙이 지닌 보편성에도 불구하고 민족 신의 성격을 완전히 탈피하지 못했던 이스라엘의 신앙이 교회의 형성과 더불어 명실상부하게 보편성을 띤 신앙공동체로 탄생한 것이다.

둘째, 이집트의 종살이에서 민족이 해방되는 '역사적' 구원을 경험한 이스라엘의 신앙이 이제는 정치적 · 역사적 구원을 넘어 역사 자체, 타락한 세상의 질서 자체를 초월하는 '새 하늘과 새 땅'을 꿈꾸고 기다리는 '종말적' 구원의 신앙으로 바뀌게 되었다. 이것은 결코 초기 그리스도교 신앙이 탈역사화되고 탈정치화됨으로써 현세를 외면하는 내세주의 신앙으로 변질되었다는 것을 뜻하지 않는다. 예수가 꿈꾼 하느님의 나라는 하느님의 뜻이 "하늘에서 이루어진 것처럼 땅에서도 이루어지는" 나라다. 종말론적 신앙공동체인 교회가 기다리는 구원은 단순히 역사적 사건을 통한 구원을 넘어 '새 하늘과 새 땅'(new heaven and earth)이 열리는 새로운 창조(New Creation)의 세계다. 그러나 초대교회 그리스도교 신자들은 결코 세계를 탈출해야 할 감옥으로 간주하지 않았다. 새로운 창조는 오히려 물질세계와 인간의 역사 자체가 근본적으로 변하는 세계다. 그리스도교는 세계 자체의 변화와 '몸이 다시 사는' 구원을 바라는 신앙을 끝내 포기하지 않았다. 죽음 이후의 개인의 영생은 물론이고, 세계 자체가 질적으로 변화되는 새로운 세계가 실현될 것이라는 종말론적 꿈과 희망을 포기하지 않았다. 그 후 2000

년이 지나도록 그리스도교는 이 꿈을 완전히 망각한 적은 없다.

셋째, 그리스도교의 출현과 더불어 예수에 대한 신앙과 하느님에 대한 신앙의 관계가 새로운 문제로 등장하게 되었다. 예수에 대한 신앙도 물론 예수 사건을 일으킨 역사의 하느님에 대한 신앙, 예수라는 역사적 존재를 통해 계시된 하느님을 믿는 유일신 신앙의 전통 아래 있다. 다만 그리스도교에서는 하느님의 결정적인 계시가 출이집트 같은 민족의 '역사적' 사건이 아니라 예수라는 한 인간을 통해서 주어진 '인격적 계시'가 되었다. 따라서 그리스도교 신앙은 무엇보다도 예수라는 역사적 인물을 통해 주어진 하느님의 인격적 계시를 믿는 신앙의 성격을 띠게 되었다. 이에 따라 예수의 정체성이 중요한 신학적 문제로 부상하게 된 것이다. 예수라는 인격 자체가—그의 말과 가르침, 그의 행위와 삶 그리고 무엇보다도 그의 죽음과 부활 사건— 인류를 위한 하느님의 뜻을 드러내는 결정적인 계시의 사건으로 간주되었기 때문이다. 이 문제는 너무나 중요하기 때문에 다소 긴 논의를 필요로 한다.

유대 청년 예수 자신은 철저하게 하느님 중심의 신앙을 가진 존재였다. 그가 만약 자신을 신앙의 대상으로 여긴 후세 교회의 신앙을 알았다면, 그는 결코 동의하지 않았을 것이라고 나는 확신한다. 아니 아연실색하고 분노했을지도 모른다. 그러나 하느님 신앙과 예수 그리스도에 대한 신앙이 같이 가게 된 그리스도교에서는 예수라는 한 인간과 하느님과의 관계를 어떻게 이해하느냐가 핵심적인 신학적 문제로 등장했다. 잘 알려진 대로 니케아(Nicaea) 공의회(325년)에서 정립된 삼위일체(Trinity) 신론이나 칼케돈(Chalcedon) 공의회(451년)에서 제정된 기독론(Christology)이 결국 그리스도교의 정통 교리로 승리하게 되었다.

여하튼 그리스도교 신앙에 따르면 우리가 하느님을 알려면 예수를 알아야 하고, 예수를 제대로 이해하려면 하느님을 알아야 한다. 다만 예수와 하느님과의 관계를 어떻게 혹은 어느 정도로 가깝게 파악하고 표현해야 할지가 그리스도교 역사를 통해 끊임없는 논쟁을 야기했고, 교회의 분열과 사상적 탄압의 계기가 되기도 했다. 문제의 핵심은 다음과 같다. 하느님에 대한 신앙과 헌신의 삶을 산 예수를 단지 하느님이 보낸 예언자, 또는 철저히 자기 자신을 비워 하늘 아버지의 뜻에 순종한 사람이었기에 은유적 의미로 '하느님의 아들' 정도로 간주한다면 별문제가 없었겠지만, 그리스도교의 교리는 이러한 선을 넘었다. 유일신 신앙 자체를 위협할 정도로 예수와 하느님 사이에 뜻과 의지의 일치(Willenseinheit)를 넘어 존재와 본성의 일치까지 주장하게 된 것이다. 예수는 단지 뜻과 의지에서 하느님과 일치를 이룬 분이 아니라 그의 본성과 존재 자체가 하느님과 완벽한 일치를 이룬 분이었다는 삼위일체 교리가 교회의 정통 교리로 자리 잡게 된 것이다.

이러한 교리의 정립에 결정적 계기를 제공한 성서적 기반은 요한복음의 첫 장에 나오는 성육신(成肉身, Incarnation) 사상이다. 즉, 하느님의 영원한 말씀(Logos)이 예수라는 한 인간의 몸을 취해서 지상에 태어난 사건이다.

태초에 '말씀'이 계셨다. 그 '말씀'은 하느님과 함께 계셨다. 그 '말씀'은 하느님이셨다. 그는 태초에 하느님과 함께 계셨다. 모든 것이 그로 말미암아 창조되었으니, 그가 없이 창조된 것은 하나도 없다. 창조된 것은 그에게서 생명을 얻었으니, 그 생명은 사람의 빛이었다. 그 빛이 어둠 속에서 비치니, 어둠이 그 빛을 이기지 못하였다. … 그 말씀은 육신이 되어 우리 가운데 사셨다. 우리는 그의 영광을 보았다. 그것은 아버지께서 주신, 외아들의 영광이었다. 그는 은혜와 진리가 충만하였다(요 1:1-14).

나는 위에서 성육신을 '사건'이라고 했지만, 보는 관점에 따라 어떤 '사상'적 관점에서 해석된 교리로 볼 수도 있다. 하지만 그리스도교 신앙의 관점에서는 성육신은 단순히 사상이나 신화적 관념이 아니라 하느님이 실제로 한 인간의 몸이 '된'(egeneto) 사건이다. 다시 말해서 세계 창조의 원리인 보편적이고 영원한 하느님의 말씀이자 지혜인 로고스(Logos)가 한 인간의 몸으로 시간과 역사의 세계로 들어온 엄청난 사건이다. 하나의 '역사적' 사건이라고 말하기에는 너무나도 엄청난 사건이기에 신학자들에 따라서는 그것이 단순히 하나의 사건이기보다는 신화에 나오는 이야기처럼 어떤 일반적 사상이나 관념, 혹은 어떤 추상적 진리를 나타내는 이야기, 적어도 그러한 사상을 통해 해석된 사건일 것으로 생각하는 사람도 있다. 사실 성육신 사건뿐 아니라 성경에 나오는 숱한 역사의 하느님 이야기들은 현대의 세속주의적인 관점에서 보면 사실성이 의심되는 이야기들이 허다하다. 그것들이 사실이라 해도 신앙적 관점에서 해석되고 채색된 이야기들로 들리는 것은 부정하기 어렵다.

예수가 지금으로부터 약 2,000년 전에 한 역사적 존재로서 인간의 몸으로 태어났다는 것은 확실한 사실이다. 하지만 그는 동정녀 마리아의 몸에 수태되었다는 이야기 그리고 탄생 이전부터, 아니 세계 창조 이전부터 선재하는 영원한 로고스의 육화였다는 신화 같은 이야기의 주인공이 되었다. 일반인들에게는 신화 같은 이야기지만, 그리스도인들은 결코 신화로 간주하지 않고 실제로 한 인간에게서 일어난 사건으로, 기적 중의 기적으로 믿는다. 그리스도교를 둘러싸고 제기되는 모든 사상적, 신학적 문제들은 여기서 발생한다 해도 과언이 아니다.

성경학계에서 잘 알려진 대로 동정녀 탄생 이야기는 복음서 가운데 가장 일찍 형성된 마가복음에는 없고 마태, 누가 두 복음서에만 나온다. 요한복음은 이보다도 한 걸음 더 나아가서 예수의 탄생을 하느님 자신의 탄생, 적어도 그의 아들 또는 그의 영원한 말씀이자 창조의 원리인 로고스가 한 인간의 몸으로 탄생한 사건이라고 한다. 복음서들의 형성 과정으로 보면 예수 탄생을 둘러싼 위의 두 이야기, 즉 그의 동정녀 탄생과 성육신 이야기는 확실히 뒤늦게 출현한 관념의 빛 아래서 만들어진 신화 같은 이야기들이다. 적어도 오늘날 우리가 '역사적' 사건이라고 부르는 것의 범주에는 들지 못할 이야기들이다.

만약 예수의 부활 이야기 혹은 적어도 부활 신앙이나 모종의 부활 사건이 없었다면 필경 그의 동정녀 탄생 이야기나 성육신 이야기는 생겨나지도 않았을 가능성이 크다. 그렇다면 부활이 과연 '역사적' 사건이었냐는 문제가 제기된다. 유감스럽지만 나는 이 문제를 여기서 자세히 논할 여유가 없다.[2] 다만 한 가지 분명한 사실은 적어도 부활 '신앙'이 없었더라면 예수가 "그리스도요 살아 계신 하느님의 아들"이라는 신앙고백 같은 것은 없었을 것이고, 그 위에 세워진 그리스도교 교회도 결코 탄생하지 않았을 것이라는 사실이다.

그리스도교의 성서적 신앙의 독특성은 어떤 추상적 관념의 진리에 있기보다는 그러한 진리가 구체적인 역사적 사건 내지 사실에 기초하고 있다는 데 있다. 따라서 이 사건이나 사실을 의심하면 그것이 드러내고자 하는 진리도 함께 부정되기 쉽다. 그리고 만약 성경의 메시지가 그 이야기를 떠나서 다른 방식으로 이해되거나 사실로 입증될 수 있다면 성경의 권위, 적어도 성경 자체의 특성이나 매력은 크게 손상되든지, 아니면 아예 불필요한 것으로 무시될지도 모른다.

역사의 하느님에 대한 그리스도교 신앙은 구약성경의 이야기들과 함께 예수 그리스도라는 한 인간을 중심으로 하여 전개된 일련의 기적

---

2 예수의 부활에 대한 더 자세한 논의는 이 책, 제4부 9장을 볼 것.

적 사건들, 즉 그의 탄생—동정녀 수태와 성육신 사건—과 그가 행한 수많은 이적 그리고 그의 죽음과 부활 사건에 기초하고 있다. 이런 사건들을 중심으로 하느님의 인류 구원의 드라마, 이른바 구원사(Heils-geschichte)의 드라마가 펼쳐졌다는 것이 그리스도 신앙의 증언이다. 이 구원의 드라마에서 클라이막스를 장식한 것이 예수 그리스도 사건이다. 신학자 쿨만(O. Cullman)의 표현대로 예수는 '역사의 중심점'으로 간주되었다.[3] 예수는 그 이전에 전개된 이스라엘 민족과 전 인류 역사의 의미는 물론이고, 그 후에 전개되는 인류 역사 전체의 의미를 비추어 주는 결정적 열쇠가 된다는 것이 그리스도교 신앙의 증언이다.

여하튼 성육신 사건·사상·신앙을 떠나서는 전통적 그리스도교의 교리나 진리는 성립되지 않을 정도다. 예수는 한 인간, 한 역사적 존재를 넘어 태어나기 전부터 하느님과 함께 계시는 영원한 하느님의 말씀·지혜 자체이며, 그를 통해서 우주 만물이 창조되었다는 것이다. 그는 또 만물의 '생명'이고 '빛'이다. 예수는 단지 한 인간, 한 역사적 존재가 아니라 하느님 말씀의 성육신(肉化)이며 삼위일체의 제2격인 성자 하느님으로 간주되었다. 단지 은유적 의미 이상으로 그는 '하느님의 독생자'라고 그리스도교 신자들은 믿는다. 요한복음의 성육신 사상 이후로는 인간 예수가 하느님과 같은 영원한 실재, 우주 만물의 창조의 원리이고 생명이라는 엄청난 주장을 떠나서는 그리스도교의 교리나 진리를 논할 수 없게 된 것이다.

무엇보다도 주목할 만한 점은 성육신 사상을 통해 그리스도교의 구원의 진리가 역사의 한 우연적 존재라고 할 수 있는 인간 예수에 매였던 특수성을 과감히 돌파하여 우주 만물의 존재론적 원리이자 영원한 진리로 보편성을 확보할 수 있게 되었다는 사실이다. 역사의 예수가

---

3 "The midpoint of history," Oscar Cullmann, *Christ and Time* (Wipf and Stock, 1957).

'우주적 그리스도'(Cosmic Christ)로 자리매김된 것이다. 이를 통해서 그리스도교 신앙의 진리는 이제 그리스 철학의 지혜나 이성적 진리와 당당히 맞설 수 있게 되었을 뿐 아니라 오히려 진리의 원천으로서 우월성까지 주장할 수 있는 근거가 마련된 셈이다. 이런 점에서 성육신 사상이 그리스도교 역사와 서구 사상사에서 지닌 중요성은 아무리 강조해도 지나칠 수 없다.

우리가 제4부에서 본격적으로 신론을 개진할 때 더 논의가 있겠지만, 성육신 사상은 '자연적 초자연주의'라고 할 수 있는 우리의 신관에도 핵심적 의미를 지닌다. 왜냐하면 성육신은 인간 예수의 탄생과 더불어 신과 인간, 초자연과 자연이 하나가 되었다는 진리를 보여 주는 사건이기 때문이다. 이 진리는 또 우리가 지향하고 있는 신인합일의 영성이 추구해야 할 궁극 목표이고 진리라는 점을 뒷받침해 주는 사상이고 진리다. 성육신은 보다 더 넓게는 신과 세계, 신과 인간, 자연과 초자연의 일치, 즉 인간과 자연 속에서 초자연을 추구하는 영성을 뒷받침해 주는 가장 중요한 성서적, 신학적 기반이다.

다만 나는 성육신의 진리가 비단 예수 그리스도 한 사람에게만 이루어진 그야말로 기적 중의 기적, 하느님으로부터 일방적으로 주어진 초자연적 은총의 사건으로 이해하기보다는 그것이 지닌 인류 보편의 진리와 의미, 범종교적이고 초종교적인 의미를 더욱 강조하는 입장을 취한다. 사실 예수 그리스도를 로고스의 육화로 간주하는 전통적인 그리스도교 신학이 지닌 배타적 한계성은 이미 후기 신약성경의 글에서도 분명하게 의식되고 있다. 즉, 우주적 그리스도론의 등장으로서,[4] 요한복음이 강조하는 창조의 원리인 로고스 개념의 연장선상에 있다. 다만 나는 이 개념을 현대적 시각에서 본격적으로 더 확대 발전시킴으

---

4 골로새서 1장 15-21절은 대표적이다.

로써 문자 그대로 창조 세계 전체, 모든 인간, 모든 종교가 추구하는 가치에 적용한다. 다시 말해서 나는 만물이 정도와 위상의 차이에도 불구하고 모두가 성육신이고 모든 인간이 신인합일을 실현할 수 있는 존재라는 '보편적 성육신'을 주장한다. 이 점이 전통적인 그리스도교 사상과 결정적으로 다른, 차이점이다. 나는 이 점을 앞으로 대담하게 부각시키고 전개해 나갈 것이다. 나는 기본적으로 하느님의 세계 창조, 성육신, 부활과 같은 성경에 나오는 그리스도교 구원론의 핵심이 되는 사건과 주제들이 모두 하느님과 세계, 자연과 초자연, 영원과 시간, 신과 인간이 만나는 순간에 실현되는 진리라는 시각에서 이해한다는 점을 미리 밝혀둔다.[5] 이러한 신과 인간의 일치가 하느님의 은총으로 이루어지는지, 아니면 우리의 수행의 노력으로 이루어지는지는 중요한 문제가 아니다. 마이스터 에크하르트가 말한 듯이 은총이든 노력이든 모두 하느님으로부터 오기 때문이다.

넷째, 유일신 신앙과 예수 그리스도에 대한 신앙이 불가분적으로 연계되면서 신앙 개념 자체에 미묘하지만, 근본적인 변화가 초래되었다. 이제부터는 신앙이 명시적으로 두 가지 형태를 띠게 된다. 하나는 우리가 이미 논한 신뢰로서의 신앙, 즉 하느님을 신뢰하고 사랑하고 헌신하는 믿음이고, 다른 하나는 예수 그리스도에 대해 성경이 전하는 이야기들과 교회의 가르침을 지적으로 인정하고 수용하는 믿음이다. 이것이 서구 사상사에 초래한 결과는 실로 엄청나다. 비서구 문명이나 동양 문화에서는 보기 드물게 신앙과 이성, 계시와 철학, 초자연적 진리와 자연적 진리가 확연히 구별되게 되었고, 더 나아가서는 교회와

---

5 예수 그리스도의 탄생이 신과 인간의 완벽한 일치가 이루어진 성육신(Incarnation) 사건이라는 믿음은 그리스도교 신학의 초석이지만, 이에 대한 새로운 현대적 해석과 이해가 필요하다는 것이 필자의 입장이다. 이에 대해 길희성, "하느님은 왜 인간이 되셨나?," 『아직도 교회 다니십니까』 (동연, 2021)를 참고할 것.

국가, 종교와 문화, 성과 속 등 일련의 이원적 대립이 서양 문명을 특징
짓는 사상적 배경이 되었기 때문이다.

VII. 유일신 신앙의 유산

지금까지 살펴본 유일신 신앙의 성격에 비추어 우리는 그 역사적 의의와 공과를 종합적으로 평가해 볼 필요가 있다. 우선 유일신 신앙이 인류 역사에 대해 지니고 있는 긍정적인 의미를 몇 가지로 정리해 본다.

첫째, 창조주 하느님을 믿는 유일신 신앙에 따르면 존재하는 모든 것은 선하고 좋다. 하느님이 세상을 창조한 후 "보시기에 좋았다, 참 좋았다"는 창세 설화에 나오는 말은 우리가 살고 있는 이 세계가 결코 악이 지배하는 세계가 아니며, 선과 악이 대등한 세력으로 끊임없이 투쟁하는 전쟁터도 아니라는 말이다. 세계는 선하신 하느님이 창조한 아름답고 좋은 세계이며, 우리 인생도 따라서 근본적으로 좋은 것이라는 긍정적 신앙을 담고 있다. 한마디로 말해, 우리는 살 만한 세상에서 살고 있는 살 만한 인생이라는 것이 창조주 하느님에 대한 신앙이 의미하는 소중한 진리 가운데 하나다. 물질계와 인간의 육체를 포함해서 존재하는 모든 것이 한 분 하느님이기에 각기 존재 이유와 가치가 있는 귀한 것들이다. 들에 핀 백합화와 공중에 나는 새 한 마리도 하느님께서 돌보는 귀한 존재들인데, 하물며 인간이야 말할 것 있겠는가라는 예수의 말씀도 창조 세계를 긍정하는 신앙을 반영하고 있다.

아무리 하찮은 존재라도 하느님으로부터 존재를 부여받아 생명을 누리고 있는 한, 모두가 귀하고 아름다운 존재다. 그 가운데서도 특히 '하느님의 모상'(imago dei)으로 지음을 받은 인간은 귀하고 존엄한 존재다. 인간은 모두 하느님을 닮은 하느님의 자녀들이라는 것이 예수의 증언이다. 인간이 하느님의 모상으로 창조되었다는 말은 인간이 하느님을 닮은 존엄한 존재라는 말이지, 하느님이 온갖 약점을 지닌 우리 인간들의 욕심 많은 모습을 닮았다는 말은 아니다.

둘째, 우주 만물을 지은 창조주 하느님에 대한 믿음은 존재하는 모든 사물이 서로 차이가 있고 막힌 것 같지만 실은 하나의 힘, 하나의 원리, 하나의 실재로 통하고 통합된다는 진리를 함축한다. 특히 신이 하나라는 신앙은 곧 인류가 하나라는 진리를 함축한다. 흔히 그리스도교가 지닌 배타성의 원인으로 간주되는 유일신 신앙은 오히려 인간이 종족, 민족, 부족의 차이에 따라 서로 다른 신을 믿는 것이 아니라 한 분 창조주 하느님의 피조물임을 믿는다는 점에서 배타성과는 거리가 멀다.

이러한 신앙을 이어받은 예수는 남녀노소나 사회적 신분의 차이를 넘어 모든 사람이 한 분이신 하늘 아버지의 자녀들임을 핵심적 진리로 가르쳤다. 인간의 근본적인 정체성은 혈연이나 지연에 따른 집단적 정체성에 있는 것이 아니라 하늘 아버지를 모시고 그의 뜻에 따라 살아야 하는 하느님의 자녀들이고 한 가족이라는 데 있다. 모든 사람이 귀한 하느님의 아들과 딸로서 형제자매다. 이러한 예수의 정신을 이어받은 바울 사도도 말하기를 "그리스도 안에는 유대인이나 이방인, 남자나 여자, 주인이나 노예의 차이가 없다"고 선언했다.

따라서 유일신 신앙을 가지고 사는 신앙인들은 원칙적으로 세계 어느 곳 어느 민족에게 일어나는 일이든 관심을 가질 수밖에 없고, 나의 가족이나 친족을 넘어 모든 인간의 운명에 관심을 가질 수밖에 없다. 하느님은 가족이나 부족, 민족이나 종족에 묶인 신이 아니기 때문이다. 하느님이 자신의 피조물인 만물을 품고 보듬으며 만인을 사랑하듯, 유일신 하느님을 믿는 신앙인도 하느님의 보편적 관심과 사랑을 가지고 살아야 한다는 것이 유일신 신앙에 내포된 진리다.

유일신 신앙의 하느님은 인간을 각종 집단적 정체성에 따라 가르고 차별하는 하느님이 아니다. 인간은 종교 여하를 막론하고 모두 하느님 앞에서 평등한 존재다. 십계명을 비롯한 하느님의 윤리적 명령은 남녀노소, 사회적 신분의 고하를 막론하고 누구나 따라야 할 보편적 윤리 강령이다. 이러한 인간의 존엄성과 도덕적 평등성은 모든 인간을 하느님의 자녀로 보는 예수에 이르러 더욱 심화된다. 인간의 평등성과 존엄성에 대한 믿음은 이슬람에서도 마찬가지다. 사실 우리는 인류 역사상 인간을 피부색이나 인종에 따라 차별하지 않는 가장 평등주의적인 종교가 있다면 이슬람이라는 사실에 주목할 필요가 있다. 여하튼 유일신 신앙의 하느님은 그리스도교 신자가 아니고, 그리스도교의 전유물이 될 수 없다는 것은 자명하지만 많은 기독교 신자들이 그런 착각 속에서 '신앙생활'을 영위한다.

셋째, 유일신 신앙은 어떤 피조물이나 인간도 하느님의 자리를 대신하거나 차지할 수 없다는 엄숙한 진리를 내포하고 있다. 인간은 창조주 하느님 외에 그 어떤 인간이나 피조물도 하느님처럼 섬겨서는 안 된다. '우상'이란 단지 돌이나 나무로 만든 형상이나 조각을 가리키는 말이 아니라 인간이 만든 각종 제도나 문물까지 포함해서 무엇이든 절대화하고 섬기면 우상이 된다. 오직 하느님만을 하느님으로 섬기라는 유일신 신앙의 정신은 지극히 배타적 신앙으로 오해받기 쉽고, 때로는 인간을 하느님의 절대적 권위에 복종시킴으로써 인간을 비하하는 것으로 보일 수도 있다. 하지만 그 참뜻은 오히려 인간은 스스로 만든 제도나 질서를 절대화하지 말고 그 노예가 되어서는 안 된다는 인간 해방의 정신을 담고 있다. 이스라엘의 예언자들은 이러한 의미를 가장 잘 이해했던 사람들이었다. 그들의 사회비판과 종교 비판의 정신은 유일신 신앙이 인류에게 준 최대의 선물 가운데 하나다. 이러한 비판 정신은 중세 가톨릭교회의 부패한 교권에 대항하여 종교개혁을 주도한 개혁가들의 신앙에도 잘 드러난다. 모든 피조물을 초월하는 창조주 하느님에 대한 신앙은 인간으로 하여금 세속적 질서는 물론이고 종교적 제도의 권위마저 상대적인 것으로 만드는 힘이 있다.

넷째, 유일신 신앙은 인류에게 고도의 윤리 의식을 고취했다. 성서적 신앙에서는 하느님을 믿는다는 것은 곧 정의, 평화, 사랑을 요구하는 하느님의 윤리적 명령 아래 서 있다는 것을 뜻한다. 예언자들의 날카로운 사회비판 의식은 정의, 평화, 사랑을 명하는 하느님의 윤리적 명령 앞에서 종교마저도 예외가 될 수 없다는 의식을 보여 준다. 이스라엘 민족이 이집트의 종살이에서 탈출하면서 만난 하느님은 억압받는 약소민족이나 집단, 고향땅을 떠나 고달픈 나그네 삶을 사는 힘없는 민족이나 가난한 사람들, 고아와 과부 등 사회적 약자에 대한 특별한 관심과 배려를 명하는 하느님이다.

예수도 하느님의 도덕적 의지를 가차 없이 자기 자신의 민족이나 종교에 적용한 예언자들의 비판 정신을 이어받았다. 하느님은 제사보다는 자비를 원한다는 그의 말이나 안식일이 사람을 위해 존재하지, 사람이 안식일을 지키기 위해 존재하는 것이 아니라는 선언은 인간을 일체의 제도나 전통, 권위와 억압에서 해방시키는 위대한 인간 해방의 선언이었다. '윤리적 유일신 신앙'이라는 이름이 붙을 정도로 유일신 신앙의 전통에서는 하느님과 도덕성은 분리해서 생각할 수 없다.

다섯째, 성경의 유일신 신앙에 따르면 하느님과 인간, 인간과 자연 사이에는 확실한 존재론적 계층의 차이가 있다. 하느님과 인간과 여타 피조물의 존재론적 구별을 명확히 하는 창세 설화에서부터 성경은 이 점을 분명히 하고 있다. 하느님의 모상으로 창조된 인간은 하느님과 자연 사이에 위치한 존재이지만, 자연보다는 하느님께 속한 초월적 존재다. 자연의 여러 힘을 두려워하고 섬기는 다신 숭배 신앙과 달리 유일신 신앙의 종교들은 인간이 자연을 무대로 해서 하느님의 뜻에 따라 살아가야 할 주체적 존재임을 말해 준다.

인간이 하느님의 모상으로 창조되었다는 인간관은 하느님이 인간을 닮은 존재라고 생각하는 조잡한 신인동형론(神人同形論, anthropo-morphism)적 사고를 조장할 위험성에도 불구하고 인간이 하느님을 닮아서 자유롭고 존엄한 존재임을 말해 준다. 사실 우주의 창조주 하느님을 인격적 실재로 보는 성경의 인격신관은 인간의 온갖 편견과 저급한 욕망을 하느님께 투사하게 만들기에 편리하다는 위험에도 불구하고 하느님과 인간을 인격적 대화와 협력의 파트너로 본다는 점에서 고대 세계에서 인간의 위상을 높이는 데 엄청나게 긍정적인 역할을 수행했다.

여섯째, 이와 밀접히 연관된 사항이지만, 다신 숭배를 거부하는 유일신 신앙은 하느님 외에 일체의 성스러운 힘들을 부정함으로써 자연계로부터 성스러운 힘들과 영적 존재들을 추방해 버림으로써 자연의 탈성화(脫聖化, desacralization)와 세계의 탈주술화(disenchantment of the world)[1]에 기여했다. 역사를 주관하고 인도하는 하느님을 믿는 신앙은 고대 세계의 다신교 종교문화에 만연했던 자연 숭배, 즉 자연에 대한 경외심과 두려움을 떨쳐 버리게 했고, 자연을 역사의 무대로 삼는 적

---

1 종교사회학자 막스 베버(Max Weber)의 표현.

극적 인생관과 세계관을 형성하는 데 기여했다. 심지어 일부 사상사 학자들은 유일신 신앙이 고대나 중세 세계에서 온갖 주술적 힘에 대한 믿음을 자연으로부터 추방해버림으로써 근대 과학이 발달할 수 있도록 정지 작업을 했다는 평가를 내리기도 한다. 성경의 유일신 신앙과 인격신관이 자연에 대한 주술적 태도가 만연한 고대 세계에서 자연을 두려움 없이 순수한 과학적 이해와 탐구의 대상으로 삼는 근대 과학의 정신이 탄생하는 토양을 제공했다는 평가다. 철학자 화이트헤드는 이러한 견해를 대표하는 철학자이다.[2]

일곱째, 성경의 유일신 신앙과 그리스도교의 종말론 신앙은 자연 정향적인 종교들과 달리 시간과 역사를 끝없이 반복되는 회귀의 과정으로 보는 순환적 시간관에서 벗어나 시간을 창조로부터 종말을 향해 움직이는 직선적 과정으로 보았다. 역사적 사건과 경험을 통해서 하느님을 만나는 성서적 신앙은 시간과 역사의 세계를 두려워하거나 도피하는 영성이 아니라, 오히려 역사의 현장에서 부딪치고 갈등하면서 만나는 하느님 신앙을 통해 하느님의 구원을 기다리는 미래지향적 희망의 영성이다. 역사의 세계를 정면에서 직시하면서 역사의 변화 속에서 하느님의 뜻을 헤아리는 역사의식을 낳았다는 점에서 서구의 근대적 역사관이나 역사와 시간의 세계에 대한 적극적 자세를 낳는 데 큰 영향을 끼쳤다. 성서적 역사관과 시간관은 종교적 의례와 축제를 통해 주기적으로 반복되는 고대 세계의 신화적이고 순환적인 시간관과 달리 시간의 세계를 두려워하지 않았다. 고대나 중세 시대의 형이상학적 사고에서처럼 무시간적 영원에서 영혼의 도피처를 찾지도 않았다.

하지만 이상과 같은 유일신 신앙의 역사적 공헌에도 불구하고 오늘

---

2 Alfred North Whitehead, *Science and the Modern World* (New York: Macmillan, 1950), 1장(Religion and Science)과 12장(The Origin of Modern Science) 참고.

날은 이 신앙이 많은 비판에 직면해 있다는 사실도 우리는 간과할 수 없다. 또 시각에 따라 그리고 시대에 따라 위에 열거한 유일신 신앙의 역사적 공과에 대한 평가도 사람마다 다를 수 있다. 나는 다음 절에서 유일신 신앙, 특히 역사의 하느님 신앙이 서구 사상사에서 제기해 온 세 가지 철학적, 이론적 문제를 고찰하고자 한다. 이에 앞서 우선 성서적 유일신 신앙에 대한 현대적 비판 두 가지에 대해 잠시 언급하고자 한다. 특히 유일신 신앙의 긍정적 유산으로 간주될 수도 있는 면도 오늘의 세계에서는 오히려 비판의 대상이 되고 있다는 사실에 우리는 주목할 필요가 있다. 두 가지 중대한 비판이 제기되고 있다.

첫째는 창조주와 피조물을 엄격하게 구별하는 유일신 신앙은 세계로부터 하느님을 분리시킴으로써 자연계에서 신성성을 박탈하고 자연에 대한 경외심이 사라지게 만들었다는 비판이다. 그 결과 유일신 신앙의 신관·세계관이 사람들로 하여금 성스러운 힘이 사라져 버린 자연계를 마음대로 지배하고 착취하게 하는 결과를 초래했다는 것이다. 심지어 유일신 신앙이 오늘날의 환경생태계 위기를 초래한 이념적 뿌리라고까지 주장하는 견해도 있을 정도다. 사실, 유일신 신앙은 자연으로부터 하느님만 분리시킨 것이 아니라 자연에 깃든 크고 작은 신들과 신령들을 몰아냄으로써 세계의 탈성화, 탈주술화에 기여했다는 점은 부인하기 어려울 것 같다. 그 결과 하느님 자신도 끝내 설 자리를 상실하게 되었다고도 할 수 있다. 그렇다면 자연에서 성스러운 깊이와 신비를 벗겨 버리고 신들을 추방함으로써 철저히 세속화된 세계를 구축하는 데 기여한 유일신 신앙은 스스로의 무덤을 파버린 셈이라고까지 말할 수 있을지 모른다.

둘째 비판은 유일신 신앙이 가부장적 권위주의를 낳았다는 비판이다. 창조주와 피조물을 엄격히 구별하는 유일신 신앙은 만물을 낳고 품고 기르는 어머니 같은 하느님보다는 만물 위에 군림하고 명령하는 군주나 엄격하고 권위적인 가부장제를 강화하는 데 큰 역할을 했다는 비판이다. 성경의 '아버지' 하느님이 권위적 가부장의 모습으로 이미 지화됨으로써 인간 가부장의 권위를 강화하고 고착화하는 데 역할을 했다는 것이다. 또 그러한 신을 믿는 신앙인들 역시 자기들이 믿는 하느님의 모습을 닮아 힘을 추구하는 권위주의적 존재가 될 가능성이 크다는 비판이다. 성경의 유일신 신앙이 하느님을 빈번하게 '주님', '아버지', '왕', '만군의 주'라는 호칭을 사용하는 것은 부인할 수 없는 사실이다. 사실, 하느님이 인간과는 비교가 안 될 정도로 막강한 절대 권력을 지닌 초월적 타자라면, 하느님은 그 존재 자체만으로도 인간의 주체성과 자유를 위협하고 억압할 가능성을 다분히 안고 있지 않을지 생각해 볼 문제다.

VIII. 역사의 하느님과 신의 섭리

그리스도교의 성서적 신앙의 매력은 '역사의 하느님'에 대한 신앙에서 온다. 구약성경에 나오는 이스라엘 민족의 신앙은 역사적 사건과 경험을 통해서 만나는 하느님에 대한 신앙이다. 이스라엘의 하느님은 역사의 고난과 시련을 외면하거나 시간의 피안에 계시는 하느님이 아니라 약소민족 이스라엘이 당하는 고난의 역사에 관여하여 자기 백성이 내는 고통의 신음을 듣고 강대국의 압제에서 해방시켜 주는 하느님이다. 역사를 주관하고 역사 속에서 구원을 베푸는 하느님, 개인의 삶과 함께하고 삶을 인도하는 '아브라함과 이삭과 야곱의 하느님' 신앙이다.

이스라엘의 하느님은 태양이나 별들, 천둥 번개와 바람, 산이나 강 같은 자연의 성스러운 힘에서 느끼는 신이 아니며, 천지 만물의 조화로운 질서나 이법을 관찰하고 관조하는 지혜를 통해서 아는 철학자들의 하느님도 아니고, 인간 영혼의 깊이에서 만나는 신비주의자들의 하느님도 아니다. 성경에 이런 면들이 없지는 않지만, 성서적 신앙의 특징은 어디까지나 한 민족의 역사 속에서 혹은 한 개인의 구체적인 삶의 현장과 경험 속에서 만나는 하느님에 대한 이야기들에 있다. 종교철학자 올스턴의 말대로,

신의 행위가 그리스도교 전통의 핵심에 있다는 것은 하나 마나 한 이야기다. 그리스도교의 하느님은 무엇보다도 행위하는 하느님이다. 이 행위는 우주의 창조나 보존 같이 (세계) 전체에 관한 것에 국한되지 않고 특정한 시간과 장소에서 특정한 방식으로 행위하는 것으로 묘사된다. 하느님은 그의 일을 하도록 백성과 민족들을 부른다. 구체적 방식으로 그들이 일을 하도록 도와준다. 예를 들어, 그들의 입에 할 말을 넣어주고 그들의 적들을 혼란스럽게 만든다. 그는 교회의 생각들과 결정들을 인도한다. 가장 극적으로, 그는 나사렛 예수의 삶과 죽음과 부활 속에서 인류의 구원과 자신과의 화해를 위해 일한다. 더 광범위하게, 하느님은 그에게 향하는 사람 모두와 대화하는 인격적 관계 속에서 상호작용을 한다. 우리가 만약 하느님이 이와 같은 방식으로 행위 한다는 것을 부정하면, 그리스도교 전통에서 가장 결정적으로 멀어진다는 것은 확실하다.[1]

성서적 신앙은 한 집단의 역사나 개인의 삶에 지대한 관심을 가지고 '행위하는'(act) 하느님, 개입하고 인도하는 하느님 그리고 역사적 사건들을 통해 자신을 계시하는 하느님에 대한 신앙이다.[2] 시간과 역사의 세계를 도외시하거나 초월하는 경향이 강한 형이상학적 종교들과 확연히 다른 성서적 신앙의 특징이다.

그러나 바로 이 점이 동시에 성서적 신앙이 현대 세계에서 처한 위기의 원인이 되기도 한다. 역사의 하느님 신앙이 제기하는 두 가지 근

---

1 William P. Allston, "Divine Action: Shadow or Substance?," in *The God Who Acts: Philosophical and Theological Explorations*, ed. Thomas F. Tracy (University Park, Pennsylvania: The Pennsylvania State University Press, 1994), 41-42.

2 'God who acts in history.' 성경학자 G. Ernest Wright의 *God Who Acts: Biblical Theology as Recital* (London: SCM Press, 1952)은 역사의 하느님이라는 시각에서 성경을 해석하는 대표적인 책 가운데 하나다.

본 문제가 있다. 하나는 역사의 하느님 신앙이 과학적 세계관이 지배하는 현대인들에게 제기하는 문제로서 자연이든 역사이든 세계 어디서 누구에게 일어나는 사건이든, 반드시 자연적 원인이 있다고 생각하는 과학적 상식으로는 특정 사건이 하느님이 하신 일 혹은 행위라는 생각이 이해하기 어렵고 믿기 어렵기 때문에 생기는 문제다. 또 다른 문제는 하느님이 역사의 세계를 인도하신다 해도 세상에 발생하는 하느님의 뜻과 섭리에 반하는 듯한 숱한 악과 도덕 부조리의 문제를 어떻게 하느님 신앙과 조화시켜 이해할 것인가 하는 문제다.

신학자 길키는 역사에 대한 현대인의 이해가 달라진 상황 속에서 역사에 개입하면서 행위하는 하느님 신앙에 대해 아래와 같이 말한다.

이러한 행위의 주체로 역사의 세계에서 행위하시는 하느님에 대한 성서적 신앙은 다른 용어로 말하면, 하느님의 섭리에 대한 믿음이다. 그리스도교 신학은 신의 섭리를 세계 전체를 다스리고 인도하는 일반 섭리(general providence)와 특정 민족의 역사나 개인의 삶에 개입하여 은총을 베푸는 특별 섭리(special providence)로 구별한다. 성경은 이런 특별 섭리의 이야기들로 가득하며, 이것이 성경이 다른 종교들의 경전과 구별되는 현저한 특징 가운데 하나다.

신약성경의 예수 이야기로 오면, 역사의 하느님에 대한 신앙은 극치에 이른다. 예수라는 한 유대 청년이 하느님의 아들이고 말씀이며, 그에게 일어난 사건이 인류 구원의 사건이라고 믿는 것이 그리스도교 신앙의 핵심적 진리이기 때문이다. 예수가 행한 수많은 이적, 무엇보다도 그의 십자가의 죽음과 부활 사건 그리고 하느님이 한 인간의 몸을 취해서 역사의 세계에 직접 들어오셨다는 성육신 이야기에서 성서적 '역사의 하느님' 신앙은 절정에 이른다.

하느님의 특별 섭리에 대한 믿음은 성경에 나오는 이야기에 그치지
않고, 역사의 하느님을 믿는 모든 신앙인의 개인적 삶에도 그대로 적
용된다. 사실, 신앙인들은 성경 이야기를 읽을 때마다 자신이 처한 상
황과 입장, 자신의 인생 경험을 염두에 두면서 읽는다. 성경 이야기들
은 단지 그 주인공들만의 이야기가 아니라 그 이야기를 읽는 신앙인들
자신의 삶의 이야기로 읽힌다.

우리는 특정인 혹은 특정 집단의 삶과 역사를 인도하는 하느님의
섭리에 대한 믿음의 배후에는 신앙인들의 삶의 경험이 있다는 사실을
간과해서는 안 된다. 하느님의 섭리는 어떤 추상적 개념이나 사변이기
에 앞서 그 배후에 삶의 시련과 고난 속에서 하느님의 도움을 갈구하
는 신앙의 열정과 고뇌가 깔려 있다. 고난과 시련에도 불구하고 살아
남은 자들의 생생한 삶의 경험과 증언이다. 성경 이야기들이 사람의
마음을 사로잡는 것도 이 때문이다. 사실 우리는 종종 삶에서 전혀 계
획하지 않았고 예기하지도 못했던 사건의 발생과 결과를 경험한다. 그
런 경험을 한 사람은 자신의 경험을 우연이나 행운에 돌리든지, 아니
면 전지전능하신 하느님의 섭리의 손길에 돌리든지 하게 된다.

그래도 우리는 묻지 않을 수 없다. 과연 하느님의 특별 섭리라는 것
이 존재하며 작용하는가? 정말 신앙인들이 말하는 것과 같은 놀라운
사건들에서 신앙인들이 믿고 고백하는 대로 하느님의 특별한 섭리의
손길이 작용했을까? 하느님이 과연 우리 인간들처럼 '행위'를 한다는
말인가? 도대체 '하느님의 행위'(act of God)라는 말이 무슨 뜻이며, 그
것을 식별할 수 있는 어떤 방법이라도 있을까? 신앙인들이 말하는 '특
별한' 사건이란 단지 우연이나 행운이 아닌지, 혹은 작은 경험을 침소
봉대한 것은 아닌지 의문이 든다. 그런가 하면 그런 행운을 경험도 못

하고 절망 속에서 무너져 버린 인생이 세상에는 얼마나 많은가? 세상의 수많은 사람에게 일어나는 불행한 사건과 그들이 경험하는 감당하기 어려운 고통을 감안할 때, 소수의 선택받은 사람에게만 주어지는 듯한 하느님의 특별 섭리의 손길을 경험했다는 주장이나 신앙 간증은 아전인수식 논리, 아니면 자기 위주의 '얌체' 같은 이야기로 들리기 쉽다. 우리가 삶과 역사에서 흔히 목격하는 수많은 사람의 고난과 악의 경험에는 눈을 감고 소수의 사람에게만 구원의 손길을 펴는 역사의 하느님에 대한 신앙은 우리의 맹목적인 삶의 의지나 희망이 만들어 낸 이야기가 아닌지 의문이 드는 것이 사실이다. 세상에는 그런 신앙고백을 할 수 없는 형편에 처한 사람들이 비교할 수 없을 만큼 훨씬 더 많다는 것이 엄연한 사실이다. 자기만 경험한 이야기, 자기 집단만 경험한 특수한 사건을 하느님의 특별한 배려와 은총으로 여기는 신앙은 자칫하면 지극히 자기중심적인 이야기로 들리기 쉽다.

이런 문제들을 야기하는 역사의 하느님 신앙은 현대인들에게 장점보다는 단점이 더 많은 신앙처럼 보인다. 특히 지성인들이나 철학자들에게는 더욱더 큰 지적 부담을 주는 신앙이다. 성경의 구원사(Heilsgeschichte, salvation history) 이야기든 신앙인들이 개인적 삶에서 직접 경험하는 이야기든 역사에 관여하고 행위하시는 하느님 신앙이 제기하는 문제들을 다시 한번 정리해 보면 다음 네 가지로 정리된다.

첫째는 대다수 사람이 경험하는 악의 문제, 둘째는 하느님이 세계 창조와는 별도로 특정한 시간과 장소에서 어떤 특정한 사건·사태를 국소적 개입을 통해 일으킨다는 믿기 어려운 기적의 문제, 셋째는 설사 그런 특별한 일이 실제로 가능하다 해도 특정인들에게만 일어난 사건이 어떻게 모든 인류를 위한 보편적 진리가 될 수 있을지 하는 문제, 넷째는 유일신 신앙의 세 종교가 믿고 주장하는 하느님의 계시와 구원의 이야기들이 그 내용상 상이하다는 사실이 제기하는 문제다. 모두가 성서적 신앙과 유일신 신앙의 종교들이 제기하는 핵심적 문제들이기 때문에 논의가 길어지겠지만 하나씩 좀 더 깊이 고찰해 보기로 한다.

첫째는 악의 문제다. 역사의 세계에서 행위하는 하느님, 역사적 사건에 개입하는 하느님에 대한 신앙은 이른바 신정론(神正論, theodicy)의 문제를 야기한다. 아마도 이것이 오늘날 사람들이 성경이 전하는 역사의 하느님, 행위하는 하느님을 믿는 데 가장 큰 걸림돌이 아닐까 한다. 전능하고 선하신 하느님, 사랑과 정의의 하느님이 어째서 무고한 자들의 고난을 지켜만 보고 계실까? 왜 하느님이 기도를 들어주실 수 있는 분인데, 고통받고 있는 착한 사람들의 간절한 기도를 외면하실까? 역사의 세계에서뿐 아니라 자연계에도 끊임없이 발생하는 비극적 사건이 그치지 않는 것을 보면서 신앙인들은 과연 의롭고 선하신 하느님이 세계를 주관한다고 믿을 수 있을까? 600만 유대인이 학살당한 홀로코스트 같은 사건에도 불구하고 그것도 하느님의 '선민'을 자처하던 유대인들이 참혹한 죽음을 맞았는데도 침묵만 지켰던 하느님을 사람들은 여전히 사랑의 하느님으로 믿을 수 있을까? 홀로코스트 같은 참극이 아무리 우리 인간이 저지른 악이기에 어디까지나 인간의 책임이라 해도 그것을 지켜보기만 하시는 전지전능하신 하느님은 범죄자 인간들만큼이나 용서하기 어려운 신이라는 비난은 피하기 어려울 것 같다. 상상을 초월하는 그런 악을 보상하거나 정당화할 만한 것은 세상에 아무것도 없을 것 같다는 생각이 들기 때문이다.

신이 아예 역사의 세계와 무관하고 시간의 피안에 계시는 분이라면, 신앙에서 악의 문제는 깨끗이 사라진다. 하느님의 도움을 기대하지 않고 기다리지도 않을 것이기 때문이다. 그러나 역사의 하느님을 믿는 신앙에서는 문제가 다르다. 또 영지주의(靈知主義, Gnosticism)처럼 물질세계 자체를 탈출해야 하는 감옥으로 간주하면서 그런 세계를 창조한 하느님 역시 악한 신이라고 생각한다면, 삶에서 겪는 고난이 신앙의 시련으로서 신과 직결되지는 않는다. 처음부터 물질계와 역사의 세계를 포기해 버린 것이나 다름없기 때문이다. 그런가 하면, 힌두교의 베단타(Vedānta) 사상의 일파에서처럼 세계가 순전히 우리의 무지(avidyā)가 만들어 낸 환상(māyā)에 지나지 않는다면, 악의 문제 역시 발생하지 않고, 발생한다 해도 그 충격이 심각하지 않을 것이다. 물질세계나 개인적 자아란 어차피 실재하지 않는 환상에 지나지 않는다고 여기기 때문이다. 하지만 물질의 세계나 역사의 세계를 리얼하게 보는 '성서적 사실주의'(biblical realism)나 역사의 하느님, 정의로운 하느님을 믿는 그리스도교 신앙과 유일신 신앙 일반에서는, 그치지 않고 일어나는 악과 도덕적 부조리는 하느님의 존재와 섭리를 의심하게 만든다. 역사의 하느님을 믿는 신앙이나 종교가 져야만 하는 무거운 짐이다. 이 문제는 너무나 중요한 문제이기 때문에 이 책 4장에서 다시 논할 것이다.

둘째, 역사의 하느님이 특정인과 특정 집단의 역사 속에 선별적으로 개입한다는 것이 과연 어떻게 가능하며, 어떤 식으로 이루어지는지, 특히 그런 기적을 믿는 신앙이 오늘의 과학적 상식으로 납득할 수 있을지 하는 문제다. 이는 긴 논의를 필요로 하는 매우 어려운 문제이지만, 성서적 신앙에 기초한 그리스도교의 사활이 달린 문제이기 때문에 좀 더 상세한 논의를 요한다.

토마스 아퀴나스에 따르면 하느님은 모든 현상의 가장 근본적인 일차적 원인(primary cause)이다. 이 일차적 원인은 이차적 원인들(secondary causes), 즉 다른 피조물들을 매개로 해서 간접적으로 작용한다.[3] 신은

---

3 신이 이러한 두 가지 종류 내지 형태의 원인을 통해서 세계에 관여한다는 토마스의 견해는

또 이차적 원인을 통하지 않고 특정 사건에 직접 개입할 수도 있다. 이른바 '기적'이라는 것이고, 신학에서는 신의 특별 섭리라고 해서 일반 섭리와 구별한다. 간단히 말해, 유물론적인 성격이 강한 근대 과학은 우선 일차적 원인이라는 것이 실재하는지, 대체로 회의적이다. 그런 실재를 믿는다 해도 과학자들의 작업에는 아무런 의미가 없다고 생각한다. 과학은 사물과 사물, 사건과 사건 사이의 인과관계에만 관심을 갖기 때문이다. 자연과학의 대전제는 자연에서 발생하는 사건은 예외 없이 자연적 원인으로 설명할 수 있어야만 한다는 것이다. 신이라는 '초자연적' 실재를 설명의 가설로 끌어들일 필요가 없을뿐더러, 그래서도 안 된다는 생각이 과학계 일반의 전제이고 과학적 사고의 상식이다. 이것은 물론 물리 세계가 우리가 파악할 수 있을 정도로 모든 현상이 투명하게 이해된다는 것을 의미하지는 않는다. 세계의 존재와 근본 성격 자체는 여전히 많은 신비를 간직하고 있다. 하지만 자연계나 역사의 세계에 발생하는 사건들에는 모두 일어날 만한 자연적 원인이 있고 그것을 통해 설명하고 이해되어야 한다는 생각이 현대인들의 사고에 자리 잡은 지 이미 수백 년의 세월이 지났다. 성 토마스의 용어로 말하면 근대 과학은 주로 제2차적 원인들에만 관심을 기울인다. 과학자들의 작업은 물리적 원인들을 굳이 제2차적 원인이라고 부를 필요조차 없다. 그들의 작업은 사물과 사물 사이의 물리적 인과관계에만 관심을 기울이기 때문이다.

신앙적 관점에서는 나무랄 것이 없지만, 가장 근본적인 문제는 이러한 일차적 원인과 이차적 원인의 관계 그리고 어떻게 이차적 원인이 물리적 인과율이 지배하는 세계에 작용할 수 있는지가 또다시 핵심적 문제로 부상한다. 이에 대한 큰 틀의 논의로, John Polkinghorne, *Faith, Science and Understanding* (Yale University Press, 2000), 제6장(God in relation to Nature: Kenotic Creation and Divine Action)을 볼 것. 우리가 나중에 보겠지만, '일차적 원인'과 '이차적 원인' 개념은 신의 '주 행위'(master act)와 '부차적 행위'(subsidiary acts)라고 부르는 것과 유사하다.

만약 과학자들이 단지 그들의 작업 방법론상으로 보이지 않는 제일 원인의 존재를 도외시한다면 모르지만, 이보다 더 나아가 제일원인의 존재 자체를 아예 부인하는 자연주의(naturalism)나 무신론을 진리로 주장한다면, 유일신 신앙과의 심각한 대립은 피할 수 없다. 성경에는 '자연'(自然, nature)이라는 말이 존재하지도 않는다. 세계는 '자연,' 즉 '저절로 그러한 것'이 아니라 하느님의 창조라는 생각이 성경에서는 당연시되고 있기 때문이다. '창조'(creation)라는 말 자체에 이미 자연의 존재와 성격은 당연하지 않고 하느님이 만드신 것이라는 사고가 깔려 있다. 어떤 '원인'—형이상학적 용어로는 '제일원인' 혹은 가장 근본적 원인이라는 생각—이 있을 것이라는 사고다. 과연 자연주의적 무신론이 세계의 존재와 성격에 대한 최종 진리인지는 물론 별개의 문제이다. 우리는 이 책 3장(신앙과 이성의 화해를 향하여)과 4장(내가 믿는 하느님)에서 이 문제에 대해 좀 더 자세히 논할 것이다.

여하튼 성경에는 신앙인들을 구원해 주는 하느님의 특별 섭리의 행위에 대한 이야기들이 허다하다. 하느님이 특정 개인이나 집단의 역사에 지대한 관심을 가지고 그들의 삶에 직접 개입하여 자신의 뜻을 이루는 이야기들로서 성서적 신앙의 근간이다. 다시 한번 올스턴의 표현을 빌리면,

> 전통적 관념에 따르면 신은 우주의 역사 속 특정 사건과 장소에서 특정한 의도들을 실행한다. 신은 모든 피조물의 존재와 지속적 활동에 책임을 지는 근본적 역할을 넘어, 때로는 사건들의 특정한 상태를 의도적으로 초래하는 행위자로서 [사건들이 진행되는] 과정 속으로 들어간다.[4]

---

4 Alston, "Divine Action," 44.

앞서 지적한 대로 근대 과학은 세계에서 벌어지는 모든 현상에는 반드시 '자연적' 원인이 있다고 믿는다. 우리가 아직 그 원인을 모른다 해도 과학이 더 발달하면 언젠가는 밝혀질 것이라고 믿는다. 현대식 교육을 받은 사람은 초자연적 개입에 의한 기적의 가능성을 부정하거나 인정하기를 꺼린다. 설령 신의 '일반 섭리' 정도는 인정할지 몰라도 어느 한 특정 개인이나 집단을 위해 신이 국소적으로 개입하는 '특별 섭리'의 사건에 대해서는 대체로 회의적이다. 사실 모든 사건은 전후 좌우로 그물망처럼 얽혀 있기 때문에 개별 사건이라 해도 언제나 전후 좌우의 맥락 속에서 발생한다. 따라서 신이 어떤 한 특정 사건만을 목표로 해서 국소적으로 관여하려면, 여타 관계된 사건들 모두를 움직여야만 한다. 이런 사실에 비추어 볼 때, 신의 국소적 개입으로 이해되는 특별 섭리에 대한 믿음이 현대 세계에서 난관에 봉착한 것은 당연하다.

근대 서구 신학의 역사는 과학이 발달하면 발달할수록 세계에서 하느님이 설 자리가 점점 더 축소되는 경향을 보여 왔다. 이에 따라 신의 특별한 섭리의 행위를 믿는 성서적 이야기에 대한 신앙도 수세에 몰리게 되었다. 현대인들은 이제 과학적 상식에 반하는 이야기들은 믿기 어려운 신화나 허구로 간주한다. 현대인들은 성경의 기적 이야기들을 접하자마자 종교적 의미보다는 그게 '사실'인가를 묻는다. 현대인들은 사실적 진리만을 진리로 여기는 경향이 강하기 때문이다.

바로 이러한 근대 과학적 세계관을 배경으로 해서 출현한 것이 18세기 계몽주의 사상가들 사이에서 유행하기 시작한 이른바 이신론(理神論, deism)이라는 신관이다. 이신론에 따르면 신은 한 치의 오차도 없이 작동하는 시계 제작자와 같은 존재로서 일단 물리적 인과율이 지배하는 질서 있는 세계를 창조한 후에는 더 이상 세상사에 관여하지 않고 또 할 수도 없다. 이신론의 하느님은 마치 부재지주나 실직자같이 더 이상 할 일이 없는 '한가한 신'(deus otiosus)이다. 많은 사람이 아직도 암암리에 이신론적 신관을 가지고 있지만, 역사의 하느님을 믿는 성서적 신앙을 가진 사람들에게는 수용하기 어려운 신관이다. 더군다나 대다수 신자가 드리는 기도가 신이 어떤 구체적 소원을 들어주기를 간구하는 청원 기도라는 사실을 고려할 때, 이신론의 신은 신앙인들의 삶과는 너무나 동떨어진 신이다.

그렇다고 이신론이 흔히 생각하듯이 지나치게 합리화된 메마른 신관이라고 무조건 폄하하거나 도외시해서도 곤란하다. 가령 루소가 『에밀』에서 어느 사보야르(Savoyard) 신부의 입을 빌려 피력하고 있는 이신론적 · 자연신학적 신관은 여전히 감동적이고 영감에 차 있다.5 동양 사상에서 이신론에 가까운 개념은 아마도 천(天)에 대한 믿음에 근거한 천도(天道)나 천리(天理) 개념을 중심으로 하는 성리학(性理學)적 신관과 세계관일 것이다. 다만 천도, 천리 개념을 중심으로 하는 성리학적 이신론은 자연과학의 물리(物理) 혹은 천리(天理)보다는 천륜(天倫)과 인륜(人倫)을 중심으로 하는 도덕적 질서의 하늘을 강조하는 이신론의 성격이 강하다. 여하튼 서양의 이신론은 한편으로는 보편적인 도덕을 종교의 핵심으로 간주하는 경향이 강한 신론이지만, 다른 한편으로는 과학적 사고에 입각해서 그리스도교의 초자연주의 신관과 대립하면서 긴장 관계를 형성해 왔다. 그러다가 현대 세계에 와서는 결국 세계를 완전히 신과 무관하게 이해하는 무신론적 자연주의 내지 유물론적 세계관으로 이어지게 된 것이다. 그 결과 성서적 인격신관을 중심으로 한 그리스도교의 정통 신학 · 신앙은 이신론을 폄하하고 배격하게 되었다.

하지만 오늘의 시점에서 지적할 수 있는 한 가지 분명한 사실은 서

---

5 J. J. Rousseau, *Emile, trans. by Allan Bloom* (New York: Basic Books, 1979), 266-366.

구 계몽주의 이후의 현대 신학이나 종교 사상은 결코 이신론—그리고 이와 연관된 '이성 종교'(Vernunftreligion), '자연종교'(natural religion), 자연신학(natural theology), 자연법(natural law), 도덕적 신앙 등—을 가벼이 여겨서는 안 된다는 점이다. 현대인의 신관은 적어도 이신론 아래로 밑돌아서는 안 되고, 현대 과학의 움직임을 주시하면서 새로운 형태의 이신론을 모색할 필요가 있다. 이에 대한 논의는 이 책 4장에서 좀 더 상세하게 할 것이지만, 다른 것은 몰라도 신이 우주 만물과 인생의 합리적 이법(理法)과 진화 과정에 필수적 역할을 한다는 견해는 자연과학에 종사하는 사람이라도 쉽게 포기하기 어렵다고 나는 생각한다. 더군다나 이신론은 신이 자연의 질서뿐 아니라 인생의 도덕적 질서의 토대라는 신관을 제시한다는 점에서 현대 세계에서도 결코 가벼이 여길 신관은 아니다.

그런가 하면 뉴턴에 이르러 정교하게 다듬어진 고전 물리학의 결정론적이고 기계론적인 세계관의 영향 아래 있으면서도 이신론과는 대조적으로 하느님과 자연을 완전히 하나로 일치시키는('신 또는 자연', deus sive natura) 스피노자식 범신론(汎神論, pantheism)도 하나의 대안적 신관으로서 지성인들 사이에 많은 관심을 끌고 있다. 스피노자에 따르면 신은 만물을 '산출하는 자연'(natura naturans)이고 자연은 '산출된 자연'(natura naturata)이다.6 자연의 모든 현상은 신의 다양한 양태들이고 얼굴들이다. 스피노자는 당시 과학의 기계론적 · 결정론적 사고의 영향 아래 인간의 자유뿐 아니라 신의 자유도 인정하지 않았다. 신과 자연을 완전히 일치시키는 스피노자식 범신론은 만물을 성스럽게 여기는 신관 · 세계관이며, 라이프니츠, 레싱, 슐라이어마허, 셸링, 헤겔 등 많은 현대 사상가에게 영향을 끼쳤다. 그러나 이들은 공통적으로 스피

---

6 또는 능산적(能産的) 자연과 소산적(所産的) 자연으로 번역하기도 한다.

노자의 결정론적 자연관은 수용하지 않고 신의 자유와 인간의 자유를 긍정하는 쪽으로 신론을 전개했다. 스피노자의 사상은 오늘날 심층생태학(deep ecology)에 종사하는 많은 학자나 아인슈타인과 같은 과학자의 관심도 많이 끌고 있다는 사실은 우리의 주목을 끈다.

오늘날 고전 물리학의 기계론적 세계관이 아인슈타인의 일반상대성이론, 하이젠베르크(W. Heisenberg)의 불확정성 원리 그리고 무엇보다도 양자역학의 발달로 근본적인 수정을 겪게 된 것은 비교적 널리 알려진 사실이다. 이와 더불어 양자(quantum)의 세계는 엄격한 인과율의 지배를 받는 기계론적 체계가 아니라는 비 결정론적 세계관, 적어도 어떤 주어진 상태에서 물질의 움직임이 앞으로 어떻게 전개되고 어떤 결과를 낳을지를 과학자들이 정확하게 예측하기 어렵거나 아예 불가능하다는 견해가 과학자들 사이에서도 힘을 얻고 있다. 이 같은 상황을 반영하여 신학자들 가운데서는 신의 특별 섭리의 행위가 자연계에 영향을 미칠 수 있는 방식에 대한 새로운 모색도 논의되고 있다.[7] 더 나아가서 뇌 과학이나 전자물리학 그리고 우주물리학의 영역에서도 종래 상상조차 하지 못했던 새로운—기존의 과학적 상식으로는 거의 불가사의한— 현상들이 일어난다는 사실이 밝혀지면서 과학과 신학의 대화 가능성에 새로운 지평이 열리고 있다.[8]

현대 과학계에서 물질의 움직임에 대한 불확정성과 예측불가능성

---

7 필자가 아는 한, 이러한 현대 과학의 새로운 동향들과 그 신학적 의미에 대해 비전문가들도 비교적 알기 쉽게 소개하고 논하는 가장 좋은 책은 Arthur Peacocke, *Paths From Science Towards God: The End of All Our Exploring* (Oxford: Oneworld, 2001)이다. 필자의 논의도 이 책을 많이 참고했다. 우리가 지금 논하고 있는 신의 섭리와 행위 문제와 관련해서는 특히 제5장(God's interaction with the world)을 볼 것.

8 빅뱅(Big Bang), 블랙홀(black hole), 힉스(hicks) 입자, 중력파 등의 존재가 실험과 관측을 통해 사실로 입증되고 있지만, 필자의 무지 때문인지는 몰라도 아직은 그 신학적, 철학적, 신학적 함의가 충분히 논의되고 있지는 않다.

의 원리는 주로 두 가지 방향에서 논의되고 있고, 신의 역할에 대한 신학자들의 논의도 주로 거기에 초점을 맞추고 있다. 하나는 양자역학에서 다루는 양자들의 마이크로(微時, micro) 세계, 즉 소립자들에 관한 것이고, 다른 하나는 이른바 복잡한 구조를 가진 체계들(complex systems), 예컨대 인간의 두뇌나 신경계 그리고 기후나 생태계 변화 같은 이른바 매크로(macro) 영역에서 발생하는 불가능에 가까울 정도로 예측하기 어려운 현상들을 중심으로 하는 논의다. 우선 양자들의 움직임이 우리가 관찰하고 측정하는 행위 자체에 영향을 준다는, 종전의 과학적 상식으로는 도저히 이해할 수 없는 현상이 벌어진다는 것이 확인되면서 과학자들을 당혹하게 만들고 있다. 이런 이해하기 어려운 양자의 움직임은 아직 우리의 지식의 부족에서 오는 '인식론적 비결정성'으로 해석하는 아인슈타인의 입장도 있었지만, 대다수 과학자는 이른바 '코펜하겐 해석'에 따라 '존재론적 비결정성'(ontological indeterminacy)으로 간주하고 있다. 이에 따라 적어도 양자의 세계만큼은 기계적 움직임이 지배하는 폐쇄적인 결정론적 세계가 아니라는 사실이 드러난 셈이다.

일부 신학자들이나 과학자들은 이러한 양자의 레벨이야말로 신의 특별한 섭리가 영향을 미칠 수 있는 개연성이 있는 영역으로 간주하기도 한다.9 그런가 하면 흔히 '카오스 이론'으로 불리는 것에 따르면 매크로 체계에서도 그 최초 조건들(initial conditions)에 극히 미세한 변동만 있어도 시간이 경과하면서 엄청나게 확대되어 도저히 예측하기 어려운 결과가 초래된다는 사실도 드러났다. 이른바 '나비 효과'로 알려

---

9 Polkinghorne, *Faith, Science and Understanding*, 119-120. 여기서 폴킹혼은 양자역학을 통해서 신이 역사의 세계에 개입할 수 있다는 견해가 지닌 몇 가지 어려움을 지적하면서 양자역학이 다루는 마이크로 영역보다는 기후 변화 같은 매크로 현상의 예측 불가능성을 말하는 카오스 이론에 더 많은 논의를 할애하고 있다. 같은 책, 120-123.

진 현상이다.

결과적으로 양자들의 마이크로 세계는 물론이고 매크로 영역들에서도 과학의 존재 이유와도 같았던 예측 가능성에 대한 믿음이 흔들리면서 신이 개입할 공간이 원칙상 배제될 수 없다는 견해가 신학자들과 과학자들 가운데서도 힘을 얻어가고 있다. 종래 고전 물리학에서 대전제로 통했던 기계론적이고 결정론적인 세계관이 흔들리게 되었기 때문이다. 세계가 비록 "법칙의 틀 내에서이기는 하지만 어느 정도의 개방성과 신축성을 가지게 된 것이다."[10] 물론 우리는 컴퓨터 과학을 위시하여 앞으로 과학이 더 정교하게 되면 이러한 예측상의 어려움도 해소될 수 있을 것이라고 낙관적 전망을 가질 수도 있다. 그러나 문제의 성격상 그러한 가능성은 거의 불가능에 가까울 정도로 희박하다는 데 대다수 과학자의 견해가 일치하고 있다. 적어도 양자역학이 보는 세계에서는 항구적 예측 불가능성을 인정할 수밖에 없다는 것이 정설로 굳어지고 있다. 무엇보다도 양자의 움직임을 관찰하는 사람의 행위 자체가 관찰되는 대상, 즉 양자들의 움직임 자체에 영향을 준다는 놀라운 사실이 드러나면서 종래 객관적 지식을 담보해 주던 과학에 대한 믿음이 흔들리게 된 것이 사실이다.

그렇다고 우리는 양자의 영역이야말로 신의 역할이 가능한 영역이라고 쉽게 속단할 수도 없다. 설사 신이 양자의 레벨에서 물질계에 국소적으로 관여할 수 있다 치더라도 신이 과연 그런 방식으로 자신이 만든 세계에 '개입하거나'(intervene) 영향을 미칠지는 여전히 문제로 남는다.[11] 나는 오히려 피콕이 제안하는 다른 방식의 인과성(causality), 즉 세계 전체와 부분의 관계에서 신이 세계 전체를 섭리하는 가운데

10 피콕, 위의 책, 102.
11 같은 책, 104-106.

부분들에 간접적으로 영향을 미친다는 하향식(top-down) 인과론에 더 많은 관심이 간다.[12] 신은 자신의 뜻을 이루기 위해 이런저런 부분(특정 개인이나 집단)에 산발적으로 '개입'하기보다는 세계 전체를 경영하는 일반 섭리를 통해서 세계와 지속적인 관계를 맺으면서 무수한 부분들에 영향을 미친다는 견해다. 다만 나는 피콕이 여전히 국소적 현상들에 대한 신의 '의도' 같은 것을 언급하고 있다는 점에서는 그와 견해를 달리한다.

나는 기본적으로 양자의 세계에서 발견되는 예측불가능성과 '창발적 진화'(emergent evolution) 과정에 필수적인 우연성(chance)의 역할이 본질적이고 항구적이라고 믿기 때문에 향후 과학이 아무리 발달해도 이 불확실성은 사라지지 않을 것이라고 생각한다. 자연의 법칙적 질서 자체가 신이 창조한 세계의 근본 성격이라는 사실을 감안할 때, 신이 굳이 국소적인 초자연적 개입(supernatural intervention)을 통해서 자신이 창조한 세계에 영향을 미칠지에 대해 나는 회의적이다. 오히려 우리는 예측 불가능한 불확정성과 우연성이 자연계에서 새로운 차원의 현상들이 출현하도록 하는 '창발적'(emergent) 진화에 필수적 요소라는 사실을 감안할 때, 신이 어떤 사건에 특별한 관심을 가지고 '개입'하기보다는 자연이 일정한 법칙적 질서에도 불구하고 우발적 사건들이 발생할 수 있을 정도로 느슨한 법칙이 지배하는 세계를 창조하지 않았을까 하는 생각도 가지게 된다. 다시 말해서 법칙적 필연성과 우연성이 절묘하게 협동하여 작용하는 세계가 신이 창조한 세계일 수도 있다는 새로운 형태의 이신론적 사고이다. 물리학자 데이비스(P. Davies)는 이

---

12 같은 책, 108-115. 폴킹혼 역시 위로부터의 인과성, 즉 전체가 부분에 미치는 인과성 개념에 관심을 가지고 있지만, 피콕과의 차이에 대해서도 논하고 있다. 좀 더 구체적 논의와 폴킹혼 자신의 최종적 해결책으로 보이는 신의 자기 비움(kenosis)의 시각에서 신의 창조와 행위를 이해하는 견해 등에 대한 논의는 Polkinghorne, 121-129 참고.

러한 견해를 비교적 설득력 있게 제시하면서 자신의 이론을 이미 설득력을 상실한 다윈 이전의 목적론과 구별해서 '목적론 아닌 목적론'이라고 부른다.[13] 앞으로 우리의 논의가 진행되면서 점차 드러나겠지만, 나 자신도 이러한 사고를 반영하여 '진화적 창조'(evolutionary creation)라는 일관된 틀 안에서 신이 세계에 영향을 미치는 방식에 대해 좀 더 논하고자 한다.

여하튼 나는 신에게는 세계 전체를 향한 일반 섭리가 부분들을 향한 특별 섭리에 우선한다고 보며 신은 전체를 움직이는 가운데 부분들에 영향을 준다고 생각한다. 하느님은 세계 전체의 존재와 변화의 제일원인이고 궁극적인 원인이며, 세계 전체를 위한 목적을 실현하는 일반적 섭리 가운데서 무수한 부분과 개별 사건들에 영향을 미친다. 과학자들은 사물들 사이의 인과관계를 연구할 때 주로 부분이 전체에 영향을 주는 상향적(bottom-up) 인과성에 주목하지만 우리는 신과 세계의 관계를 논할 때 상부의 움직임이 하부 단위들에게 영향을 주는 하향적(top-down) 인과성에도 주목할 필요가 있다.[14] 현대 과학은 하부의 부분들을 통해 상부의 전체 구조를 설명하는 상향적이고 환원주의적인(reductionism) 접근 방식이 생명 현상이나 인간의 두뇌 같은 복잡한 체계(complex system) 그리고 기후나 환경 변화 같은 거대한 현상을 이해하는 데 명백한 한계를 지닌다는 사실을 인식하게 되었다. 전체는 부분들의 총합 이상이고, 부분에 없었던 새로운 속성들을 지니게 되는

---

13 Paul Davies, "Teleology without Teleology: Purpose through Emergent Complexity," in *In Whom We Live and Move and Have Our Being: Penentheistic Reflections on God's Presence in a Scientific World*, eds. Philip Clayton and Arthur Peacocke (Grand Rapids, Michigan: William B. Eerdmans, 2004).

14 아서 피콕(Arthur Peacocke)은 그의 *Theology for a Scientific Age*에서 이러한 하향적 인과성에 대해 논하면서 신의 섭리의 문제를 다루고 있다. 그는 이러한 입장을 신의 행위를 인격적 주체의 행위에 준해서 이해하는 보다 일반적인 견해와 절충하고 있다.

창발성이 있다. 생물학자 모로위츠는 이 두 가지 접근법의 차이를 다음과 같이 간단히 설명한다.

창발(emergence)은 그렇다면 환원주의(reductionism)의 반대이다. 후자는 전체에서 부분들로 눈을 돌려 지금까지 엄청난 성과를 거두었다. 전자는 전체가 지닌 속성들을 부분들의 이해에서 얻으려고 한다. 이 두 가지 접근법은 상호적이면서도 각기 일관성을 지닐 수 있다.[15]

우리는 우주 만물의 궁극적 실재인 하느님께는 개별적이고 부분적인 사건들보다는 피조물 전체의 섭리와 운명이 우선적일 것임을 쉽게 수긍할 수 있다. 그러나 전체의 변화가 부분들의 변화 없이 이루어질 수 없듯이, 부분들의 변화를 수반하지 않는 전체의 변화도 없다. 다만 우리의 제한된 지식으로는 전체의 변화가 무수한 개별적 사건 하나하나에 구체적으로 어떤 영향을 어떻게 미치는지 알기 어렵다는 것이 문제다. 전체와 부분의 상호적 역학관계에 대한 보다 치밀하고 상세한 과학적 탐구와 논증이 필요하지만 아무래도 이것은 신의 영역으로 남아 있을 것 같다.

여하튼 현대 과학계의 새로운 동향에도 불구하고 근대 과학적 사고가 상식화된 오늘의 세계에서 성경에 나오는 허다한 '역사의 하느님'

15 Harold J. Morowitz, *The Emergence of Everything*, 14. "전체로부터 부분들로 눈을 돌린다"는 표현은 자칫하면 '하향적 인과성'을 가리키는 말로 오해될 수 있지만, 전체를 부분들로 해체한 다음 전체가 지닌 속성들을 부분들의 합으로 설명하는 환원주의적-상향적 연구 방법을 가리킨다. 부분들이 모여 전체의 새로운 속성들이 출현하게 된다는 하향적 인과성이다. 창발(創發, emergence)은 생명의 세계는 물론이고 복잡한 물질 체계에서도 출현하는 비결정론적 현상으로서 모로위츠가 '결정론적 카오스'라고 부르는 상태에서 새로운 현상(novelty)이 출현하는 현상을 말한다. 생명계의 진화는 무수한 돌연변이(mutation) 같은 우연을 통해 기존의 것과는 다른 새로운 것이 출현하는 과정이기에 창발적 진화일 수밖에 없다.

의 '행위' 이야기들이 적어도 교육받은 현대인들로서 믿기 어려운 황당한 이야기로 들리는 사실은 부인하기 어렵다. 또 신자들 자신에게도 당혹감을 안겨준다는 사실도 부인하기 어렵다. 이는 현대 그리스도교가 처한 사상적, 신학적 위기의 본질적 요인 가운데 하나라 해도 과언이 아니다. 우리는 다음과 같은 신학자 카우프만의 말에 동의하지 않을 수 없다.

> 우리 현대인들이 역사를 경험하고 이해하는 것이 자연을 경험하고 이해하는 것에 못지않게 세속적인 한, '하느님의 행위'라는 개념은 더 이상 자연계보다는 역사적 사건들과 관련해서 쉽게 이해되기 어렵게 되었다. 그러나 서양의 신 관념을 형성하고 그 특성을 부여하는 근본 메타포가 최고의 행위자라는 메타포이기 때문에 우리에게 신 관념이 공허하게 되고 "신이 죽었다"는 것은 전혀 이상한 일이 아니다.[16]

우리는 물론 신의 '행위'라는 개념을 문자적 의미로 이해할 필요는 없다. '행위'란 우리 인간들이 하는 일이고, 신에 대해서는 어디까지나 유비(analogy) 내지 은유(metaphor)적 표현이다. 그리고 신을 닮은 하느님의 모상인 인간에게 자유로운 행위가 가능하다면, 우리는 이에 준해서 인간을 출현시킨 신에 대해서도 유비적 의미로 '행위'를 말할 수 있다는 추론도 가능하다. 하느님이 창조한 세계가 인간이라는 자유로운 행위의 주체(agent)가 출현하게 했다면, 세계를 창조한 하느님이 인간보다 못한 존재일 수는 없고 적어도 인간에 준하는 어떤 인격적 속성이 있을 것이라는 추론은 자연적이다. 이런 의미에서 신의 행위도 가능할 것이라는 생각이다.[17]

---

16 Gordon Kaufman, *God the Problem* (Cambridge: Harvard University Press, 1972), 124.

이러한 유비에는 물론 한 가지 명백한 전제가 있다. 이 세계는 물리적, 기계적 인과관계가 철저히 지배하는 '닫힌 체계'가 아니라 인간의 자유로운 행위가 가능할 정도로 열린 체계라는 것, 따라서 인간의 자유가 환상이나 착각이 아니라 실제로 가능하다는 전제들이다. 이 문제는 지금도 철학이나 과학, 특히 뇌 과학에서 뜨겁게 논의되고 있는 문제이지만, 나는 인간의 정신이 두뇌를 중심으로 신체에 의존하고 있다는 명백한 사실 못지않게 인간이 행위의 주체라는 사실도 자명하다고 본다. 우리는 또 인간의 자유로운 행위가 물리적 인과관계를 어기지 않고 이루어지듯이, 신의 자유로운 행위도 반드시 자연의 법칙적 질서를 어기거나 일시적으로 정지시키는 '초자연적 개입'으로 이루어진다고 여길 필요는 없다고 생각한다.

> 우리는 행위를 통해서 필연적이지 않은 사건들이 발생할 수 있도록 하는 필수조건들—그것이 빠지면 우연일 수밖에 없는—을 야기할 수 있다. 그러나 인간이 이렇게 자연의 과정에 개입할 수 있다면, 하느님도 그렇게 하지 못할 이유가 어디 있는가? 따라서 세계 속에서 신의 행위도 인간의 행위와 마찬가지로 자연의 질서를 범하는 기적적 개입의 형태를 취할 필요는 없다.[18]

다만 이러한 신과 인간의 자유로운 행위에 대한 유비적 이해가 지니는 가장 큰 문제점은 인간의 행위는 두뇌를 통해 사고하고 신체를 통해 물리적 힘을 가하기 때문에 우리가 그 결과를 눈으로 확인할 수 있지만, 신은 두뇌도 몸도 없고 신의 마음이나 의도 같은 것이 실제로

---

17 폴킹혼도 이러한 접근법을 취하고 있다. 이 문제에 대한 전반적 논의와 그 자신의 견해에 대해서, Polkinghorne, 제2장(Embodiment and Action)을 볼 것.

18 Vincent Brummer의 말. Peacocke, 150에서 인용.

작용했다는 증거 같은 것도 볼 수 없다. 또 가시적 증거가 있다 해도 곤란하다. 신의 행위가 물리적 인과관계의 한 고리처럼 여겨질 가능성이 크기 때문이다. 여하튼 위의 유비에 따르면 신은 세계의 영혼 혹은 정신이고, 세계는 그의 신체이어야 한다.

신을 세계의 영혼, 세계를 신의 몸으로 간주하는 견해는 성경 일반의 사상이라고 할 수는 없지만, 과거 신학자들에게도 없지는 않았다. 11세기의 힌두교 비슈누(Visnu)파 신학자 라마누자(Rāmānuja)에 의하면 영혼이 몸의 주인이듯이 신도 세계의 주인·자아·영혼이고, 세계는 신의 몸이다. 무한한 정신인 신이 유한한 인간 영혼의 주인 혹은 '내적 지배자'이듯이 신은 자신의 몸인 세계의 영혼이고 내적 지배자라는 것이다.[19] 데카르트도 이와 유사한 견해를 표명한 바 있다.[20] 그러나 라마누자에게 신과 세계의 관계는 이러한 의존 관계를 넘어선다. 물질계는 개물로 분화되기 전에는 태초의 원초적인 물질(prakrti)로 신에 내재하다가 창조의 때가 이르면 신으로부터 전개되어 나온다. 신은 따라서 세계를 지배하고 다스리는 능동인(efficient cause)일 뿐 아니라 질료인(material cause)이기도 하다. 이런 의미에서 세계는 신으로부터 출현한 신의 몸이다. 사실 이러한 견해—전변설(parināma-vāda)이라고 불리는—는 라마누자뿐 아니라 우파니샤드 이래 인도 사상의 일반적 견해다. 물질계를 신(Brahman)에서 출현한 것으로 본다는 점에서 세계가 일자(一者)로부터 흘러나온다고 보는 신플라톤주의 사상과 근본적

---

19 라마누자의 철학·신학에 대한 간단한 소개는 길희성, 『인도 철학사』(동연, 2022), 267-272; Keith Ward, *Concepts of God: Images of the Divine in Five Religious Traditions* (Oxford: Oneworld Publications, 1987), 제2장: Ramanuja and the Non-Dualism of the Differentiated 참고. 또 워드(Ward)의 간단한 논의, "The world as the Body of God," in *In Whom We Live and Move and Have our Being: Panentheistic Reflections on God's Presence in a Scientific World*도 참고.

20 폴킹혼, 23-24.

으로 유사하다. 우리가 나중에 보겠지만 우리가 제시하고자 하는 새로운 신관도 이러한 사상에 많은 영향을 받았다.

신을 세계영혼(World Soul)으로 그리고 세계를 신의 몸으로 보는 신관은 스피노자의 범신론이나 신플라톤주의 사상의 영향을 받은 17~18세기 영국의 그리스도교 플라톤주의자들, 이른바 '케임브리지 플라톤주의자들' 사이에서도 유행했다.[21] 이들에 따르면 영혼이 몸 안에 있는 것이 아니라 몸이 영혼 안에 있다. 마찬가지로 세계는 세계영혼인 신 안에 있다. 그리고 영혼이 몸에 편재하듯이 신 역시 세계에 편재한다. 다만 이들은 대체로 인간의 몸과 마음을 이원론적으로 보는 데카르트적 인간관과 거기에 기초한 기계론적 세계관을 가지고 있었기 때문에 19세기 낭만주의 사상가들과는 달리 세계영혼을 물질계에 생명을 불어넣는 생명력으로 이해하기보다는 세계의 합리적 질서의 토대인 우주의 마음 정도로 보는 경향이 강했다. 그들은 힌두교 신학 일반이나 데카르트처럼 인간의 몸이나 물질계(자연)에 대해 낭만주의자들이나 현대 사상가들처럼 긍정적인 생각을 가지고 있지 않았다. 또 의식과 물질 사이에 위치해 있는 생명계에도 큰 비중을 두지 않았다.

그러나 주체와 객체, 인간과 자연의 대립적 구도를 낳은 계몽주의 사상을 극복하려는 낭만주의 사상가들이나 환경·생태계 위기를 맞고 있는 현대 세계로 오면서 일부 신학자들 사이에는 본격적으로 세계를 신의 몸으로 간주하는 신관·세계관이 진지한 관심을 끌고 있다. 특히 과정신학에 영향을 받은 신학자들 가운데서 그러하다.[22] 이들은 현대의 전인적(holistic) 인간관에 따라 신에게도 영혼과 몸이 존재한다는

---

21 이들에 대한 간단한 소개는 John W. Cooper, *Panentheism: The Other God of the Philosophers* (Grand Rapids, Michigan: Baker Academic, 2006), 72-74 참고.

22 이에 대해서는 Sallie McFague, *Models of God: Theology for an Ecological, Nuclear Age* (Philadelphia, Fortress Press, 1987), 69-78의 전반적 논의를 볼 것.

생각 아래 신을 세계의 영혼과 몸, 정신과 물질을 아우르는 우주의 전인적 인격체로 간주한다. 이러한 신관의 대표적 철학자는 화이트헤드의 영향을 받은 과정철학자 하트숀(C. Hartshorne)이다. 그에게 세계는 신의 몸이고, 신은 세계의 영혼이다.[23] 인간의 몸과 영혼이 서로 영향을 주듯이 하트숀에게도 하느님과 세계는 상호작용을 하면서 영향을 주고받는다. 여하튼 맥페이그는 신도 몸이 있다는 생각에 대해 다음과 같이 말한다.

> 몸이 인간에 필수적이라는 인격에 대한 현대의 전인적 이해를 감안할 때, 몸을 지닌 신이 몸이 없는 신보다 더 믿기 어려운 것은 아니다. 사실 더 믿기 쉽다. 마음과 몸, 영혼과 육신이 별개로 분리될 수 있다고 믿는 이원론적 문화에서는 몸이 없는 인격신이 더 믿을 수 있었을지 모르지만, 우리 문화에서는 그렇지 않다. 이 말은 신에게 몸이 있다는 관념을, 그것이 지닌 구체적인 문제들은 별도로 하고, 그 자체로 말도 안 된다고 생각해서는 안 된다는 것을 뜻한다.[24]

나는 세계를 신의 몸으로 보는 신관이 여러 면에서 획기적인 현대적 의의가 있다고 보기 때문에 비교적 우호적인 편이다. 신을 하늘의 군주처럼 여기는 전통적 그리스도교의 신관과 달리 신과 세계의 관계가 인간의 몸과 마음의 관계처럼 훨씬 더 가깝고 내적이며, 세계의 신성성을 회복하는 데도 큰 의미를 지닌다고 생각하기 때문이다.[25] 세계

---

23 하트숀의 신관에 대한 간단한 논의는 John W. Cooper, *Panentheism: The Other God of the Philosophers*, 177-185를 볼 것. Grace Jantzen도 세계를 신의 몸으로 간주하는 현대 신학자다. *God's World, God's Body* (London: Darton, Longman and Todd, 1984). Sallie McFague, Models of God, 69-78의 전반적 논의 참고.

24 Sallie McFague, 71.

를 죽은 물질의 체계로 보는 데카르트식 기계론적 세계관을 넘어 물질
계에서 추방되었던 생명과 정신을 회복하는 데 큰 의미를 지닐 수 있
기 때문이다.

하지만 나는 신의 내재성보다도 한 걸음 더 나아가서 세계를 신의
현현(顯現, manifestation)으로 간주하는 일원론적 형이상학의 신관·세
계관을 지지한다. 따라서 나는 물질을 포함해서 존재하는 모든 것, 즉
세계 만물을 신의 육화(embodiment, 성육신, incarnation) 또는 신현(神顯,
theophany)으로 간주한다. 이에 대해서는 앞으로 더 자세히 논하게 되
겠지만, 우선 나는 개인적으로 세계를 신의 몸, 신을 세계영혼으로 보
는 신관에 동의하지 않는다는 점을 밝혀둔다. 가장 근본적인 이유는
인간의 경우든 신의 경우든 영혼이 몸의 근원이 될 수는 없고, 몸 또한
영혼의 육화가 될 수 없다는 생각 때문이다. 나는 오히려 인간의 몸과
영혼, 물질과 정신이 모두 신의 유출이라는 점에서 신의 육화(성육신)
내지 연장이고, 이런 뜻에서 정신과 물질을 포함한 우주 만물 전체가
신의 몸, 곧 신의 육화라고 생각한다. 나는 신이 단지 세계의 영혼 또는
정신이라는 생각은 수용할 수 없다. 신은 몸과 영혼, 물질과 정신 모두
의 원천이고, 양자의 구별과 대립을 넘어서는 더 깊은 실재라고 보기
때문이다.[26]

더 근본적으로 나는 신의 인격성과 자유로운 행위를 인정하지만,
신의 '행위'가 성경에서처럼 신이 간헐적으로 행하는 일련의 특별한
행위들이기보다는 신의 진화적 창조의 전 과정과 인류 역사의 전 과정
을 관통하면서 전개되는 단 하나의 지속적이고 일괄적인 '행위', 단 하
나의 주 행위로 보아야 한다는 입장을 취한다.[27] 물론 우리는 이 전체

---

25 위의 책, 69-78의 논의를 참고.
26 필자 자신의 신관에 대해서는 이 책 3장, 특히 "내가 믿는 하느님"을 볼 것.

적 섭리의 과정에서 발생하는 사건들 모두가 동등한 가치나 의미를 지닌다고 생각할 필요는 없다. 어떤 한 특수한 사건은 여타 사건들보다 훨씬 더 특별하고 중요한 의미를 지닐 수도 있다. 하지만 우리에게는 어떤 사건이 신의 특별한 행위에 해당하는지를 확실하게 식별할 수 있는 눈이 없다. 이런 점에서 우리는 신의 '행위'를 마치 인간의 행위처럼 이해하기보다는 세계와 인류 역사 전체를 움직이는 신의 일반적 섭리의 일환으로 이해해야 한다고 본다. 여기서 '움직인다'는 말은 특정한 행위를 통해 어떤 사물이나 사태에 영향을 준다는 뜻이 아니라 앞으로 우리가 '진화적 창조' 개념을 통해서 보듯이 만물의 출현과 진화 과정이 신의 로고스와 창조적 힘의 결과인 한, 신에게는 진화 과정 자체가 그의 행위이며, 행위가 진화 과정을 통해 이루어진다는 뜻이다.

우리는 신의 일반 섭리를 진화론적 시각에서 이해할 필요가 있다. 창조가 진화적 창조라면 우리는 "지구 표면에서 진행되고 있는 진화 과정이 [신이] 미리 고안한 계획을 실행에 옮기는 것이기보다는 엄청난 낭비를 수반한 시행착오 속에서 더듬어가는 과정에 더 가깝다"는 신학자 맥쿼리의 말에 동의할 수밖에 없다.[28] 나는 이 책 제4장에서 동·서양의 오랜 일원론적 형이상학적 신관과 세계관을 현대의 진화론적 사고와 통합하는 진화적 창조론을 모색하고 있다. 역사의 하느님도 아니고 이신론도 아니며 그렇다고 스피노자식 범신론도 아니다. 또

---

27 현대 신학자 가운데서 이런 식으로 신의 행위 개념을 이해하는 대표적인 신학자는 Gordon Kaufman, *God the Problem* (Cambridge: Harvard University Press, 1972)이다. 또 Maurice Wiles, *God's Action in the World* (London: SCM Press, 1986)도 유사한 견해를 제시한다. 다만 나는 근본적으로 유출식 창조 개념을 따른다는 점에서 나의 신관은 이들의 견해와 근본적으로 차이가 있다. 이들은 창조를 신의 출산 행위와 같은 '자연적인' 현상이기보다는 그의 의도·의지에 따른 지속적이고 일관된 '행위'로 간주한다.

28 John Macquarrie, *Principles of Christian Theology* (New York: Charles Scribner's Sons, 1966), 236.

신을 세계영혼으로 보는 신관도 아닌 새로운 철학적·형이상학적 신관이다.

역사의 하느님과 신의 행위와 섭리의 문제에 대한 지금까지의 긴 논의를 통해서 우리가 내릴 수 있는 잠정적인 신학적 결론은 우선 신과 세계의 관계에 대한 전통적인 신관의 대폭적 수정 없이는 만족스러운 현대적 신관을 제시하기 어렵다는 점이다. 문제의 핵심은 신이 자연 세계를 초월해 존재한다는 초자연주의적인 신관에 있다. 신을 세계와 별도의 '초자연적' 존재로 간주하는 한, 신의 행위는 세계와 인간 역사에 외부적이고 초자연적인 '개입'(intervention)으로 간주되기 마련이다. 따라서 우리는 이 문제를 근본적으로 해결하는 차원에서 신의 세계 창조와 초월성을 인정하되 전통적인 초자연주의적인 신관을 지양하는 내재적 초월의 신관을 대안으로 모색하게 된다. 신의 '행위'도 우리는 이러한 신관에 따라 새롭게 이해할 필요가 있다. 이러한 새로운 이해를 기초로 해서 우리는 신과 세계의 관계, 세계에 관여하는 신의 특별 섭리의 개념도 새롭게 이해하게 될 것이다. 그래야만 무고한 자의 고통과 악의 문제도 어느 정도 우리가 납득할 만한 해결을 볼 수 있을 것으로 보인다. 전통적인 신관의 과감한 수정 없이는 신정론의 문제는 물론이고 역사의 세계에 관여하는 '역사의 하느님', '행위하시는' 하느님에 대한 설득력 있는 이해가 불가능하다고 생각하기 때문이다.

내가 아는 한, 이러한 신관의 과감한 전환을 모색한 사람은 철학자 화이트헤드(A. N. Whitehead)다. 하지만 나는 그의 과정철학과 그 영향 아래 형성된 이른바 과정신학(process theology)이 전통적 신관에 비해 지나치게 다른 신관을 제시하기 때문에 신앙인들 일반이 수용하기는 매우 어렵다고 본다. 나는 개인적으로 과정신학의 신봉자가 아님을 우선 밝혀 둔다. 나는 특히 세계의 전 과정이 신으로 수렴된다고 보는 신의 '결과적 본성'(consequential nature)이라는 과정신학의 개념을 수용하기 어렵다. 자연과 역사에서 일어나는 모든 사건, 모든 과정을 자신의 본성으로 수렴하는 신의 결과적 본성 개념은 일반적으로 생각하는 신관과 너무 거리가 멀기 때문이다. 이 책이 모색하고 있는 신관은 그 대신 진화적 창조론에 따라 세계를 신의 보편적 육화, 보편적 계시로 보는 새로운 신관이다. 얼핏 보면 신의 결과적 본성을 말하는 과정신학과 유사하다는 인상을 주기 쉽지만, 그렇지 않다. 여하튼 이 문제는 추후에 다시 논할 것이다.

결론적으로 말해 개인이나 집단의 역사에 관여하는 하느님의 섭리에 관한 성경 이야기들은 신앙인들에게 지닌 매력에도 불구하고 여러 면에서 현대 지성인들이 수용하기 어려운 면이 많다. 나는 하느님의 특별 섭리를 일반 섭리의 테두리 내에서 해석하는 관점을 제시할 것이고, 특별 섭리에 관한 한, 사후의 회고적 신앙고백의 언어라는 신앙주의(fideism)적 관점을 견지한다는 점을 우선 밝혀 둔다. 가령, 한 개인이 그의 삶 전체를 회고하면서 지금까지 자기 삶을 인도해 주신 하느님의 섭리의 손길이 있었음을 고백하는 언어다. 하지만 그가 겪은 수많은 좋은 일과 궂은일을 두고서 어느 것이 어떻게 하느님의 뜻과 섭리를 반영하는 것인지를 구체적으로 아는 듯 섣불리 떠드는 일은 인간으로서는 불가능하기 때문에 삼가야 한다고 보면, 이 섭리를 객관적으로 입증하는 것 역시 불가능할 뿐 아니라 필요하지도 않다는 입장이다. 신의 일반적 섭리를 믿는 신앙이 세상에서 발생하는 무수한 악과 부조리한 사건들에 의해 도전을 받고 흔들리지만, 그렇다고 자기 자신이나 자기 집단만을 위한 특별 섭리를 고집하는 '얌체 같은' 아전 인수식 논리나 신앙도 악의 문제에 대한 답은 되지 못한다. 자신과 주변, 아니면 나라들에서 일어나는 일에도 눈을 감지 않고 신의 섭리와 선함을 긍정하고, 세계와 인생이 살만한 곳이라는 긍정적 사고와 일반 섭리에 대한 믿음을 가지고 사는 일만 해도 신앙인들에게 쉽지 않다. 누구보다도 신의 전지전능성을 강조하고 신의 섭리에 대한 절대적 신뢰를 강조한 칼뱅의 말을 인용하면서 신의 행위와 섭리에 대한 긴 논의를 일단 마친다: "일이 좋은 방향으로 되었을 때에 감사한 마음을 갖는 것, 역경 가운데 인내하는 것, 미래에 대한 불안에서 자유롭게 되는 것은 바로 이러한 섭리의 지식에서 비롯된다."29

셋째, 특별한 역사적 사건을 통해 자신을 계시하는 역사의 하느님, 일련의 특수한 사건들을 통해 인류 구원의 경륜을 펼치는 하느님에 대한 신앙은 지금까지 고찰한 악의 문제나 신의 행위와 섭리 문제, 특히 기적의 문제 외에도 또 하나의 근본적인 문제를 야기한다. 이번에는 철학적 문제다. 이 문제 역시 이 책의 주제인 신앙과 이성의 문제에서 핵심적인 관심사이기 때문에 신의 행위의 문제 못지않게 상당한 논의를 요한다.

특정한 사건 위주의 하느님의 계시와 구원의 이야기들이 불가피하게 지닐 수밖에 없는 특수성은 그 사건을 직접 경험하지 않은 개인이나 그 이야기를 공유하지 않는 집단들에게는 자신들과 무관한 이야기로 들릴 수밖에 없다. 우리는 이것을 역사의 하느님을 믿는 신앙이 지닌 '특수성의 스캔들'이라고 부를 수 있다. 따라서 어떻게 그런 특수한 역사적 사건이 우리 모두를 위한 보편성을 지닌 의미 있는 진리가 될 수 있을지, 어떻게 한 특정한 집단이 경험한 역사적 구원의 이야기가 전 인류를 구원하는 보편적 힘과 의미를 지닌 구원의 진리가 될 수 있을지 근본적인 문제가 제기된다. 설령 성경이 전하는 기적 이야기들이

---

29 John Calvin, *Institutes of the Christian Religion*, 2 vols., ed. John T. McNeill (Philadelphia: Westminster Press, 1960), 1.17.7. 나에게 칼뱅의 이 멋진 말을 상기시켜 준 사람은 장로회신학대학의 윤철호 교수다.

역사적으로 '사실'이라 해도 어떻게 하나의 특수한 사건이 모든 사람을 위한 보편적 구원의 의미와 힘을 가질 수 있는지, 근본적인 의문이 생기는 것이다.

결국 그리스도교는 그런 사건들이—가령 예수의 탄생과 죽음과 부활 같은— 인류를 구원하기 위한 하느님의 뜻에 따라 이루어진 특별한 계시와 구원의 사건임을 믿고 수용하는 '신앙'을 요구하게 된다. 이러한 신앙은 보편적 진리를 추구하는 '이성'과 불가피하게 긴장을 형성하게 된다. 이 문제는 서구 지성사와 신학 전체를 관통하는 가장 중요한 주제 가운데 하나다. 특수성을 띤 '역사적 사건'과 보편성을 띤 '이성의 진리' 사이의 긴장과 대립 그리고 조화 내지 종합이 서구 지성사 전체의 주요 주제로 등장한 것이다. 이것은 또 그리스도교 진리가 철학적 성격이 강한 동양 종교들에는 낯설기 때문에 많은 문제를 야기하기도 하며, 악의 문제와 더불어 현대인들로 하여금 그리스도교를 떠나 동양 종교를 선택하게 만드는 이른바 '동양 종교로의 전회'(turning East)의 중요한 이유 가운데 하나다.

문제의 핵심은 특수한 역사적 사건을 통한 하느님의 특별계시, 즉 성경의 이야기들에 기초한 역사적 계시가 우리의 '이성'으로 알 수 있는 보편적 진리가 아니라 '신앙'으로 받아들여야 하는 진리라는 데 있다. 역사적 계시에 근거한 신앙의 진리와 이성의 진리는 근본적으로 성격과 차원이 다르다. 이성의 진리는 비록 나 자신이 개인적으로 동의할 수는 없다 해도 그것이 의미가 있는 것이라는 사실 자체는 의문시되지 않는다. 그러나 특정한 역사적 사건의 이야기가 보편적 의미를 지니려면 우선 그것이 하느님의 계시로 주어진 특별한 사건임을 믿고 수용하는 신앙이 요구되며, 더 나아가서 그러한 이야기가 지닌 보편적 의미에 대한 해석과 이해가 추가적으로 요구된다. 그래야 비로소 성경

이야기들이 모든 사람이 마음으로 받아들일 수 있는 진리로 인정받게 되는 것이다.

그리스도교는 전통적으로 우리가 창조 세계를 통해 알 수 있는 하느님에 대한 지식을 추구하는 신학을 '자연신학'(natural theology)이라고 부르면서 하느님의 계시의 말씀, 즉 예수 그리스도와 성경에 입각한 '계시신학'과 구별하고 폄하해 왔다. 그러면서 인간의 이성을 통해 아는 하느님에 대한 보편적인 지식이 아무리 합리적이라 해도 하느님을 아는 데는 불충분하다고 여겼다. 세계의 존재와 성격과 구조로부터 미루어 알 수 있는 하느님에 대한 앎은 극히 제한적이기 때문에 인간의 구원을 위해서는 불충분하다는 것이 그리스도교의 전통적인 가르침이다. 따라서 그리스도교는 성경에 기록된 역사의 하느님 이야기들을 통해 아는 하느님에 대한 구체적 앎, 즉 하느님의 특별계시에 근거한 신앙의 초자연적 진리를 인간의 구원을 위해 필수적이라고 여긴다. 이 특별한 계시를 통해 주어진 초자연적 진리를 통하지 않고는 하느님을 제대로 알 수 없다고 본다. 성경에 기록된 역사적 계시를 중심으로 하는 그리스도교 신앙이 세계와 인생에 대한 일반적 진리를 가르치는 동양의 지혜 중심적이고 철학적 성격이 강한 종교들과 달리 신앙을 유독 강조하는 이유가 바로 여기에 있다. 이로 인해 역사적 계시 중심의 그리스도교 신앙이 지배하는 서구 그리스도교 문화에서는 지혜의 종교들이 지배하는 동양의 종교문화와 달리 신앙과 이성, 계시와 이성 그리고 신학과 철학이 두 영역으로 명확하게 구별되면서 이 둘의 관계가 사상사·지성사의 중요한 주제로 등장하게 된 것이다.

문제의 성격을 보다 명확히 하도록 성경 이야기들을 소재로 신자들에게 설교 또는 강론을 하는 한 그리스도교 성직자의 경우를 상상해 보자. 그는 필경 성경 이야기들이 단지 남의 이야기가 아니라 우리 모두의 이야기, 즉 우리 모두를 향한 보편적 메시지를 지닌 이야기라는 데 관심을 기울일 수밖에 없다. 성경 이야기들이 우리 모두의 이야기가 될 수 없는 한, 우리가 굳이 그 이야기를 알 필요가 없기 때문이다. 설교자는 성경 이야기가 역사적 사실인가 아닌가 하는 문제보다는 그것이 지닌 보편적 의미가 무엇이냐 그리고 이 의미가 과연 우리가 아는 세계와 인간에 대한 진리에 부합하는가 하는 문제에 치중할 수밖에 없다. 그러나 위해서 설교자들은 이런저런 예화를 많이 들지만, 예화는 어디까지나 예화일 뿐이기 때문에 진리의 문제에 관한 한, 그 한계가 분명하다.

오늘날 대다수 신자는 물론 성경의 기적 이야기를 듣는 순간 그것이 '사실'인지를 먼저 묻는다. 과학적 사고가 일반화된 현대인들은 사실적 진리를 진리의 전부로 여기거나 사실이 곧 진리라고 여기는 사고에 길들여져 있기 때문이다. 성경 이야기가 역사적 사실이 아니라고 듣는 순간, 아예 관심을 접어 버리는 사람도 있다. 사실도 아닌 황당한 기적 이야기들을 왜 우리가 굳이 알아야 하는지, 아니 왜 '믿어야' 하는지 도무지 이해가 가지 않는다는 생각이 들기 때문이다. 심지어 그런 이야기가 사실이 아니라고 생각하는 것을 억지로 믿는 행위를, 아니 그리스도교 성직자들이나 지도자들은 자연스러운 의문을 품거나 제기하기조차 금기시하고 무조건 믿어야 한다는 식의 '묻지마 신앙'을 신자들에게 신앙인 양 강요하는 잘못을 오랫동안 저지르기도 했다.

하지만 이렇게 이야기의 보편적 의미의 문제로 관심의 방향이 향하게 되면 사정은 좀 나아진다. 이야기의 사실적 진리 못지않게 그것이 전하고자 하는 의미가 무엇인지에 대해 더 큰 관심을 가지게 되기 때문이다. 어떤 때는 이야기의 깊은 의미와 진리를 깨닫고 나면 그 이야기의 사실적 진리 여부는 관심의 뒷전으로 물러날 수도 있다. 특히 성경 이야기가 나 자신의 삶과 깊이 관련되어 있고 인간 모두에게 보편적 의미가 있다고 사실을 깨닫게 되면 더욱 그렇게 된다.

우리는 신화를 읽을 때 이러한 사실을 알게 된다. 신화를 놓고서 아무도 그것이 '사실' 이야기라고 생각하지 않는다. 신화가 사실이냐 아니냐의 문제보다는 그 의미가 무엇이냐고 사람들은 묻는다. 그렇다고 성경 이야기들을 차라리 신화로 간주하는 편이 더 낫다는 말이 아니다. 그럴 수도 있고 그렇지 않을 수도 있다. 그리고 후자의 경우라도 그것을 단순히 신화라고 치부해 버리는 사람도 많지만, 그리스도교 신학자들 가운데 대다수는 쉽게 동의하지 않을 것이다. 왜냐하면 그리스도교 신학은 성경이 전하는 특별한 사건들 가운데 어떤 것은 실제로 일어났던 역사적 사건이라고 보며, 하느님이 그런 사건을 통해 자기 자신을 특별히 계시한다고 믿기 때문이다. 신앙은 결코 신화적 관념이 아니라고, 신앙적 진리 역시 단지 관념상의 진리가 아니라 실제로 하느님이 일으킨 특별한 계시적인 사건·사실에 근거한다고 믿고 주장하기 때문이다. 하지만 설령 성경 이야기가 사실이라 해도 그것이 우리 자신에게 의미가 없다면 그래서 어쨌다는 말이냐는 식의 냉소적 반응을 낳기 쉽다.

이야기의 의미가 어느 정도 이해되었다 해도 남는 문제는 하나 더 있다. 의미가 우리가 아는 세계와 인생에 대한 보편적 진리에 부합하는가 하는 진리의 문제가 남는다. 이야기의 사실성도 믿을 수 있고 보편적 의미와 진리도 깨달을 수 있고 마음으로 받아들일 수 있다면 가장 최상이고 이상적이겠지만, 이것이 쉽지 않다는 데 성서적 신앙의 근본 문제가 있다. 예를 들어 보자.

그리스도교 신앙의 두 주춧돌과 같은 이야기는 하느님의 아들 예수가 처녀의 몸에 수태되어 한 유대인의 몸으로 탄생했다는 성육신 이야기와 부활 이야기다. 하느님의 아들이 예수라는 한 유대인이 되셨다는 성육신 이야기나 하느님의 아들이 십자가에서 처형당한 후 부활해서 하느님과 함께 영생을 누리는 구원의 주님이 되셨다는 이야기는 그야 말로 기적 중의 기적 이야기다. 과학적 상식을 가진 사람들에게 이 두 기적 이야기가 '신화'라면 몰라도 실제로 일어난 '사건'이었다고 믿는 것은 거의 불가능에 가까울 정도로 어려운 일이다. 설령 그 이야기들이 '사실'이라 해도 문제가 거기서 끝나는 것이 아니다. 먼 옛날 2000년 전에 예수에게 일어났다는 두 사건이 오늘의 나와 무슨 상관이 있느냐는 문제, 즉 그 이야기가 우리 모두에게 지니는 보편적 의미가 문제로 대두되기 때문이다. 좀 퉁명스럽게 말한다면 예수가 부활했다고 내가 부활하는 것도 아닌데, 왜 그렇게 호들갑을 떠느냐고 되묻는 사람도 있을 것이다. 예수가 부활했기로서니, 그래서 어쨌다는 말이냐고 냉소적인 반응을 보이는 경우다. 또 하느님의 아들이 한 인간이 되었다고 믿기로 서니, 그것이 나와 무슨 상관이 있느냐는 의문도 제기될 수 있다. 부활 이야기든 성육신 이야기든 나와 우리 모두의 인생에 대해 지니는 의미가 무엇이냐 하는 문제가 이야기들의 사실성 여부 못지않게 중요한 것이다.

구약성경에는 본래 부활 사상이 없었다. 인간이 죽은 후에 다시 살아나서 하느님의 심판을 받고 영생을 누린다는 부활 사상 혹은 신앙 자체가 존재하지도 않았다. 그러한 관념이 외부로부터(아마도 페르시아 로부터) 들어와서 예수 당시처럼 상당수 이스라엘 사람들 사이에 퍼지게 된 것은 구약시대 말기의 일이었다. 예수 당시에도 사두가이파 사람들은 예수나 바리사이파 사람들과 달리 부활을 믿지 않았다. 중요한 사실은 역사의 종말과 더불어 만인이 부활해서 하느님의 심판을 받게 될 것이라는 종말론적 관념이 없었다면—이러한 사상이 옳으나 아니

나는 차치하고— 예수의 부활 이야기는 필경 생겨나지도 않았을 가능성이 크다. 설령 예수의 부활 사건이 실제로 발생한 엄청난 기적이라 해도, 그것이 단지 예수라는 한 인물에게만 일어난 매우 독특한 사건인 한, 그 이야기를 전해 듣는 모든 사람에게 의미가 있는 인류 구원의 사건이라는 의미를 지닌 사건으로 간주되기는 어려웠을 것이다.

사실, 부활 신앙에 관한 가장 오래된 성경의 증언은 바울 사도가 쓴 고린도전서 15장에 나오는 그의 부활에 대한 '논증' 같은 것인데, 거기서 우리가 주목할 점 가운데 하나는 만인의 부활이 없다면 예수의 부활이 없었을 것이고, 예수가 부활하지 않았다면 만인의 부활도 없을 것이라는 식의 순환논법을 바울이 사용하고 있다는 사실이다. 이 사실이 암시하는 바는 부활이란 전후좌우의 역사적 맥락 없이 예수라는 한 개인에게 어느 날 갑자기 일어난 기적이 아니라는 것이다. 사람들 사이에 만인의 부활을 믿고 기다리는 종말론적 기대와 희망의 분위기가 없었다면, 예수의 부활은 실제 일어났다 해도 사람들은 무척 놀라기는 했겠지만, 그리스도교를 믿는 신앙의 종교를 탄생시킬 정도의 큰 의미는 가지지 못했을 것이다. 만인의 부활이라는 일반적 관념과 예수의 부활이라는 한 특수한 사건 사이의 관계는 너무나 밀접해서 어느 것이 먼저인지 분간하기 어려울 정도로 얽혀 있었다는 사실에 우리는 주목할 필요가 있다. 하나가 없이는 다른 하나도 없었을 것이라는 게 바울 사도의 논증 가운데 하나다. 그렇지 않았다면, 예수 부활의 소식이 그렇게 급속히 전파되지도 않았을 것이라고, 또 인류 구원의 소식이라고 여겨지지도 않았을 것이라고 우리는 추측해 볼 수 있다. 무엇보다도 초기 그리스도교 신자들이 보인 무모할 정도로 용감한 행동, 즉 로마 당국이 십자가의 중벌로 처형한 죄수를 하느님께서 '일으켜 세우신' 그의 아들이고 이스라엘 백성을 구원할 메시아라고 공공연히 떠들고 다니는 일도 없었을지 모른다.

그렇다면 문제는 과연 이런 만인의 부활이라는 종말론적 관념 자체가 우리가 아는 세계와 인간에 대한 지식에 비추어 볼 때, 과연 설득력이 있는 진리가 될 수 있을까 하는 문제가 또 하나의 문제로 제기된다. 도대체 부활의 정확한 의미가 무엇이기에 예수의 부활이든 만인의 부활이든, 그런 일이 있을 수 있고 있을 법한 이야기인가 하는 의문에다가 더하여, 이제는 부활이라는 것이 정말로 온 인류를 구원하는 보편적 진리의 힘을 가질 수 있을까 하는 문제가 제기되는 것이다. 그리고 이 문제야말로 그리스도교 신학자들이 본격적으로 정면에서 다루어야 할 문제다.

성육신 이야기도 마찬가지다. 마이스터 에크하르트는 성 아우구스티누스를 인용하면서 하느님의 아들이 수백 번 인간으로 태어난들, 우리 영혼에 태어나지 않으면 무슨 의미가 있는가라는 수사학적 질문을 던졌다. 성육신은 문자 그대로 하느님의 아들인 영원한 로고스가 한 유대인 아기 예수의 몸이 '되어' 태어났다는 사건인데, 이런 엄청난 기적 중의 기적을 사실로 믿지는 못한다 해도 우리 영혼에서라도 '아들'의 탄생을 경험할 수 있다면, 그나마 성육신의 보편적 의미는 확보되는 셈이다. 몸이 아니라 영혼에 탄생하는 하느님의 아들은 물론 반쪽짜리 성육신이지만, 적어도 성육신 이야기가 나와 무슨 상관이 있고 나에게 무슨 의미가 있는지 하는 생각은 하지 않을 것 같다.

나중에 더 언급할 기회가 있겠지만, 나는 세계를 신의 유출 내지 현현으로 보는 진화적 창조 개념에 따라 예수뿐 아니라 모든 사람이, 아니 만물이 신에서 출현한 혹은 신이 낳은 자식과도 같은 신의 육화임을 주장한다.[30] 말하자면 보편적 성육신 사상이다. 우주 만물이 하느

---

30 이에 대해서는 이 책 4장 '내가 믿는 하느님'에서 더 자세히 논하게 될 것이다. 길희성,

님으로부터 출현하는 장구한 세월에 걸친 진화적 창조 과정의 정점에서 출현한 인간은 예외 없이 모두 하느님의 성육신으로서 귀하디귀한 존재라는 것이다. 성육신은 2,000년 전에 예수라는 단 한 사람에게서만 일어난 예외적 사건이 아니라, 인간 모두에 해당하는 보편적 의미와 진리를 가진 사건이라는 말이다. 사실 나는 하느님의 아들 예수의 성육신보다도 더 놀라운 사건은 우주 138억 년의 진통 끝에 호모 사피엔스(homo sapiens)라는 존재가 출현한 사건이라고 생각한다.

그리스도교 신학은 "하느님은 왜 인간이 되셨는가?"(cur deus homo)라는 고전적 질문에 대해 "인간이 하느님이 되게 하기 위함"이라고 대담하게 답했다. 인간이 신이 되는 신화(神化, deification, theosis) 개념은 인간의 죄악을 지나치게 강조하는 경향이 강한 서방 교회의 신학과는 달리 동방 정교회와 러시아 정교회 구원론에서는 중심적인 사상이다. 사실 하느님의 모상으로 창조된 인간이 그리스도를 닮아 자기 비움(kenosis)을 통해서 그리스도와 같이 신인합일을 이룬다는 것은 비단 그리스도교만의 가르침이 아니라 많은 종교, 특히 동양 종교들이 궁극적으로 추구하는 영적 진리다. 성육신은 단지 예수 그리스도에게서만 일어난 예외적 사건이 아니라 인류 전체를 위한 보편적 의미를 지닌 진리를 드러내는 사건이라는 것이다.[31] 물론 부활의 경우와 마찬가지로 이러한 사상 자체가 우리가 아는 신과 세계와 인간에 대한 인식에 비추어 볼 때 과연 진리인가 하는 문제는 여전히 별개의 문제로 남는다.

다음으로 제기되는 또 하나의 중요한 문제는 만약 성경 이야기들이 전하는 신앙의 진리가 우리의 신비적 경험이나 이성으로 알 수 있는 보편적 진리와 일치한다면, 우리가 굳이 성경을 읽고 성경 이야기들을

"하느님은 왜 인간이 되셨나," 『아직도 교회 다니십니까』(동연, 2021) 참고.
31 이에 대한 좀 더 자세한 논의는, 길희성, 앞의 글 참고.

통해서 그러한 진리를 알아야 할 필요가 있을까 하는 물음이다. 더욱이 성경이 전하는 이야기들이 아무리 하느님의 특별한 계시적 사건이라 해도 상식적으로 믿기 어려운 것들인데, 우리가 굳이 그런 이야기를 통해서 간접적인 방식으로 그것이 지니고 있는 보편적 의미와 진리에 접근해야 할 이유가 무엇인가라는 의문이 생길 수 있다.

성경 이야기들이 단지 추상적 사고를 할 능력이 없는 어린아이들이나 무지한 사람들을 위한 교육적 방편 정도라면 문제가 없다. 실제로 스피노자 같은 유대인 철학자는 성경의 그림 언어가 교육적 방편 정도의 가치를 지닌다고 보았고, 헤겔 같은 철학자도 그림 언어로 된 성경의 진리가 자신이 전개한 사변적 철학의 추상적 진리와 일치하지만, 철학보다는 열등하다고 여겼다. 또 저명한 중세 이슬람 철학자 아베로스(Averroes)는 그가 최고의 진리로 숭상한 아리스토텔레스 철학과 쿠란의 진리 사이의 갈등을 이중진리론으로 풀었다. 그에 따르면 철학은 진리를 명확하게 개념적으로 이해하지만, 쿠란은 동일한 진리를 알레고리적으로 표현한다는 것이다.[32]

마이스터 에크하르트 역시 알레고리적 성경 해석을 통해서 철학과 신학, 이성과 신앙의 대립의 문제를 해결하다시피 했다. 따라서 그는 근본적으로 양자의 대립과 갈등을 인정하지 않았다. 우리가 신화를 문자적으로 이해하지 않고 어떤 보편적 의미나 진리에 초점을 맞추듯이, 성경의 알레고리적 해석 역시 문자적 의미를 넘어 그 속에 담긴 어떤 보편적인 영적 메시지 내지 진리를 도출할 수 있게 한다. 나는 여기서 성경 이야기들의 알레고리적 해석을 옹호하려는 것이 아니다. 또 위에서 언급한 철학자들이 성서적 신앙과 철학적 진리를 조화시키는 방법

---

32 Copleston, *A History of Philosophy*, vol. 2, Mediaeval Philosophy, part I, 224. 코플스톤도 이 점에서 아베로스와 헤겔의 유사점을 지적하고 있다.

에 찬동하려는 것도 아니다. 중요한 점은 그들이 가졌던 문제의식이다. 즉, 역사적 사건의 특수성과 이성의 보편적 진리—혹은 영적 진리— 사이의 괴리를 해결하려는 노력 자체가 우리의 주목을 끄는 것이다.

앞에서 언급한 대로 그리스도교 신학은 이 문제를 이성과 신앙, 이성과 계시, 자연과 초자연, 혹은 자연과 은총의 문제로 다루어 왔고, 이는 서구 지성사를 관통하는 가장 큰 주제 가운데 하나다. 서구 지성사는 양자의 구별, 대립, 대화, 조화, 종합 그리고 분열과 대립 또는 재통합의 노력 그리고 한 쪽(근현대 세속적 이성)이 다른 쪽을 몰아내고 일방적으로 승리하는 역사라 해도 좋을 정도다.

다음 장에서 문제를 좀 더 본격적으로 고찰하기에 앞서 역사의 하느님과 하느님의 특별계시에 대한 성서적 신앙과 밀접하게 연관된 또 다른 문제를 잠시 언급할 필요가 있다. 하느님의 계시를 강조하는 세 유일신 신앙의 종교들 사이의 갈등 문제다. 이 세 종교 모두 역사적 특수성의 제약 아래 있는 하느님의 특정한 계시를 모든 인간을 위한 보편적 진리로 주장하는 데서 오는 갈등이다. 세 종교 모두 철학적 지혜의 종교가 아니라 구체적인 역사적 사건과 경험을 통해 주어진 하느님의 특별계시를 믿는 종교이기에 상이한 계시의 통로와 내용을 만인을 위한 보편적 진리로 주장하기 때문이다.

그리스도교와 이슬람 신앙에 자연스럽게 흡수된 유대교 신앙과 달리 그리스도교와 이슬람은 각기 하느님으로부터 받은 특수한 계시가 하느님의 결정적이고 최종적인 계시이며, 만인을 위한 보편적 진리라고 주장한다. 계시 사건의 역사적 특수성이 지닌 제약에도 불구하고 두 종교 모두 자기 종교의 신앙이 기초하고 있는 계시가 온 인류를 위한 하느님의 최종적이고 보편적인 진리라고 주장한다. 민족적 성격이 짙은 유대교를 넘어섰다고 주장하는 두 종교의 보편주의가 오히려 지독한 배타성의 원인이 되고 있다는 것은 실로 아이러니라 하지 않을 수 없다.

그리스도교의 경우, 한 유대인 예수가 하느님의 아들이며 그를 통해 주어진 하느님의 특별한 계시가 인류 구원의 초석이라고 주장하는 반면, 이슬람에서는 무함마드를 통해 아랍어로 주어진 쿠란(Quran)을 하느님의 최종 계시로 간주하고 쿠란의 영원성까지 주장한다. 유대교 입장에서는 두 종교 모두 순수한 유일신 신앙을 배반했다고 보지만, 특수한 역사적 사건을 통한 하느님을 믿는 유대교가 애당초 이 모든 것의 원인을 제공했다는 사실은 부정하기 어렵다.

오늘의 세계에서 세 유일신 신앙의 종교에 공통적으로 제기되는 비판은 모든 인간을 내신 창조주 하느님을 믿는 신앙이 오히려 인류의 분열과 갈등을 조장하는 데 큰 역할을 해 왔다는 비판이다. 유일신 신앙의 종교들 사이에 벌어진 오랜 역사적 갈등과 대립, 하느님의 이름으로 자행된 수많은 전쟁과 범죄는 말할 것도 없고, 현재도 세 종교가 심각한 집단적 갈등에 직간접으로 연루되어 있기 때문이다. 그리스도교와 유대교를 배경으로 하는 미국과 쉬아파 이슬람 세력 간의 갈등, 이스라엘과 팔레스타인의 그칠 줄 모르는 유혈 분쟁, 격렬했던 북아일랜드의 가톨릭 신도들과 개신교 신도들 사이의 싸움 등은 모두 유일신 신앙과 무관하지 않다. 신앙이 집단적 갈등을 야기하는 원인의 전부는 아니지만, 적어도 갈등을 증폭시키는 요인이라는 사실은 부인하기 어렵다. 이런 모습을 보면서 많은 사람이 유일신 신앙 자체에 의심의 눈초리를 던진다. 사랑과 일치의 하느님이 증오와 분열의 하느님으로 작용한다는 인상을 피할 수 없기 때문이다.

IX. 맺는말

　우리가 아무리 하느님의 행위나 이와 연관된 일련의 관념들—하느님의 말, 생각, 뜻, 의지, 의도, 관심, 인도, 개입, 심판, 용서, 구원 등—을 상징 혹은 또는 은유로 이해한다 해도 우리는 성경 이야기들을 읽을 때마다 그런 말들이 과연 무엇을 뜻하는지 묻게 된다. 인간을 내신 하느님 자신이 인격체성을 지닌다 해도 천지를 지은 하느님이 실제로 우리 인간처럼 사고하고 말하고 행동한다고 믿는 사람은 어린아이가 아니라면 거의 없을 것이다. 그렇다면 도대체 그런 표현들이 뜻하는 바는 무엇일까 하는 근본적 문제가 제기된다. 하느님은 어떤 의미, 어떤 방식으로 역사의 세계에 관여하며 인간과 소통하는가? 또 성경에 나오는 수많은 기적 이야기들을 우리는 어떻게 이해해야 좋을까? 문자 그대로 믿기도 어렵지만, 그렇다고 사실이 아니라고 주장한다 해도 탈이다. 또 사실의 문제는 중요하지 않고 의미의 문제에만 관심을 기울여야 한다는 주장도 문제에 대한 솔직한 해결책은 못 된다. 이것은 적어도 역사의 세계에 관여하는 성경의 하느님, '역사의 하느님'에 대한 정직한 신앙은 아니기 때문이다.

　신학자들이 무어라고 말하든 성경의 이야기들이 전하는 역사의 하느님은 더 이상 현대인들에게 소박한 신앙이나 진지한 신앙의 대상이 되기를 기대하기 어렵게 되었다. 신화나 동화책에나 나올 법한 유치하고 조잡한 신인동형론적 사고의 산물이라는 인상을 지우기 어렵기 때문이다. 그나마 신화라면 그것이 말하고자 하는 의미만 생각하면 그뿐이지만, 그리스도교 신앙은 성경에 등장하는 '역사'의 하느님 이야기들을 결코 '신화'로 간주하지 않는다.

무엇보다도 무수한 인간이 겪는 고통과 절망의 소리는 현대인들로 하여금 더 이상 세상사와 인간 역사를 주관하는 하느님과 그의 섭리를 믿기 어렵게 만들고 있다. 무고한 자들이 당하는 고통의 소리를 외면하는 하느님, 전지전능한 분이기에 세상의 고통과 악에 궁극적 책임을 질 수밖에 없는 하느님을 현대인들은 더 이상 믿기 어렵게 된 것이다. 따라서 많은 사람이 역사의 하느님 신앙을 아예 포기하거나 역사의 세계에 환멸을 느끼고 아예 관심을 접어 버리는 것이 상책이라고 생각이 들기도 한다. 시간과 물질의 세계 자체를 악으로 간주하는가 하면 아예 존재하지도 않는 환상으로 간주하는 사상도 있다. 물질과 몸의 세계를 포기하고 영혼의 탈출만을 구원으로 여기는 현대판 영지주의도 사람들의 마음을 끈다. 또 이와는 정반대로 자연의 무한한 창조력을 절대화하고 숭배하는 현대판 여신(shakti) 숭배 혹은 기(氣) 일원론이라는 '유물론 아닌 유물론'에 심취하는 사람도 있다. 이 모든 것이 결국은 근대 서구 사회와 문화에서 성서적 인격신관과 역사의 하느님 이야기에 기초한 그리스도교 신앙의 실패와 위기를 방증한다 해도 과언이 아니다.

현대 그리스도교는 이제 성경의 인격신관과 역사의 하느님 이야기들에 기초한 신앙을 과감하게 수정하거나 놓아 버릴 때가 되었다. 많은 지성인이 거기에 걸려 넘어지거나 아예 그리스도교 신앙을 떠나 버리지만, 신자들은 여전히 이런 믿기 어려운 형태의 인격신관의 이해를 가지고 '불편한' 또는 '맹목적인' 신앙생활을 영위하고 있다. 그리스도교는 성경에 기록된 역사적 사건들을 통한 계시를 하느님의 초자연적 계시로 간주하면서 오랫동안 그 관리자로 자처해 왔다. 그 가운데서도 '오직 성경'이라는 구호 위에 서 있는 개신교, 특히 조잡한 인격신관의 이해에 따라 하느님을 마음대로 자신들의 이기적 욕망을 충족하기 위한 수단으로 삼고 있는 한국 개신교계의 일반적인 신앙 행태와 풍토는 많은 지성인들의 비판의 대상이 되고 있다. 조잡한 형태의 인격체신과 역사의 하느님 신앙은 세속적 욕망을 부추기는 기복신앙에 매우 편리한 신앙이다. 역사에서 행위하는 하느님을 말하는 성서적 인격신관과 기복신앙이 무관하지 않다는 점에서 둘은 함께 극복되어야만 한다. 이를 위해서는 무엇보다도 전통적인 그리스도교 신관의 과감한 수정이 필요하다고 나는 본다.

그리스도교 역사를 되돌아볼 때 한 가지 분명한 사실은 만약 그리스도교가 플라톤·아리스토텔레스, 신플라톤주의 등 그리스 철학과 형이상학의 세례를 받지 않고 소박한 이야기 중심의 성서적 신앙에 머물렀다면, 그리스도교는 결코 보편적 진리의 기치 아래 그리스·로마 세계를 정복한 세계 종교로 우뚝 서지 못했을 것이라는 사실이다. 특수한 역사적 계시에 매달리는 '신앙'과 영원하고 보편적인 형이상학적 진리를 추구하는 철학적 '이성'이 만나 서로를 자극하고 강화하고 보완해 온 것이 서구 그리스도교 신학의 역사라 해도 과언이 아니다. 현대 세계를 주도하고 있는 미국을 포함한 서구 사회가 누리는 경제적 번영과 물질적 풍요에도 불구하고 현대인들이 정신적 빈곤의 늪에 빠진 이유는 크게 말해서 성경 이야기들에 대한 소박한 신앙과 이성(reason)과 계시(revelation)의 종합을 통해 그리스 철학과 성공적으로 결합되었던 중세 그리스도교의 사상 체계가 무너지면서 초래된 정신적 공백에서 비롯되었다고 나는 본다.

　다음 장에서부터 우리는 이 문제를 서구의 사상사적 관점에서 좀 더 본격적으로 검토하고자 한다. 아울러서 전통적인 신관의 붕괴로 인해 초래된 현대인들이 경험하는 신앙의 위기와 삶의 무의미성의 문제를 논한 다음, 현대 사상과 신관이 지향해야 할 근본 방향과 성격에 대해 고찰하고자 한다.

2장

신앙과 이성: 종합과 균열

역사의 특수한 사건들을 하느님의 계시이자 인류를 위한 구원의 드라마로 믿는 성서적·그리스도교적 신앙은 역사적으로 세 가지 커다란 도전을 만나 패러다임의 전환을 하게 되었다. 이 장에서는 주로 이 문제를 고찰하면서 현대 세계가 당면한 정신적 문제들을 논하고자 한다.[1]

성서적 그리스도교 신앙이 봉착한 첫 번째 도전은 그리스 철학과의 만남에서 온 것이며, 고대 교부들과 중세 신학자들은 이 도전을 주로 계시(신앙)를 이성과 대비시키면서 양자의 대화와 종합을 통해 비교적 성공적으로 극복했다. 역사의 하느님을 믿는 신앙의 종교가 이성의 보편적 진리를 추구하는 그리스 철학의 도전에 직면하여 형이상학적 그리스도교 내지 그리스도교 철학을 발전시킴으로써 근 1,500년간 서양의 지성계를 주도하게 된 것이다. 만약 이러한 발전이 없었다면, 그리스도교는 결코 그리스·로마 세계를 정복하고 중세 후기의 찬란한 문명을 건설하지 못했을 것이다. 하지만 중세 신학 안에서 특히 성 아우구스티누스적인 신학 전통 내부로부터 유명론(唯名論, nominalism)적

---

1 이 세 가지 도전에 대한 논의는 나의 스승이었던 캐나다의 종교학자 윌프레드 캔트웰 스미스 (Wilfred Cantwell Smith)의 통찰에 힘입은 바 크다. 그의 논문, "The Christian in a Religiously Plural World," *Religious Diversity: Essays by Wilfred Cantwell Smith*, ed. Willard G. Oxtoby (New York: Harper & Row, Publishers, 1976)을 참고할 것.

사고가 고개를 들면서 중세 형이상학적 그리스도교 신학에 큰 타격을 가하게 되었다. 이에 더하여 루터와 칼뱅이 주도한 종교개혁은 그리스도교 신앙의 새로운 패러다임을 제시하면서 중세 그리스도교 체제에 봉합하기 어려운 균열을 일으켰다.

그리스도교의 성서적 신앙과 형이상학적 체계에 대한 결정적인 타격은 근대 과학에서 왔다. 근대 과학의 세계관과 사고방식은 비단 역사의 하느님에 대한 성서적 신앙이나 초자연적인 신관에 타격을 가했을 뿐 아니라, 중세 철학·신학의 목적론적 세계관을 무너트리는 데 결정적인 역할을 했다. 근대 과학적 세계관과 이와 밀접하게 연관된 실증주의적 사고는 더 나아가서 동·서양의 모든 형이상학적 전통까지 위협하게 되었다. 이 위협은 현재도 진행 중이다. 나는 서구의 근현대 철학과 신학이 힘을 상실하게 된 근본 원인이 과학적 세계관의 도전 앞에서 세계에 대한 이해를 몽땅 과학에 양도해 버린 데 기인했다고 본다. 그 결과 철학은 주로 인식론이나 논리학, 언어 분석, 현상학 그리고 최근 유행하고 있는 각종 포스트모더니즘적인 사고에 치중함으로써 철학의 본령인 형이상학을 포기해 버리게 되었다. 이러한 서구 철학의 위기는 현대 철학에서 '신의 죽음', '주체의 죽음', '세계의 실종' 등 다양한 이름의 사상적 흐름과 유행에서 극에 달했다. 나는 존재하는 것은 텍스트(text)뿐이고 그것이 가리키는—또는 관계하는— 외적 실재(대상세계)는 없다는 포스트모더니즘식 사고는 철학의 자기파괴라고 생각한다. 또 모든 것이 언어의 유희뿐이라는 일종의 언어 관념론(linguistic idealism)도 철학을 헤어나기 어려운 늪에 빠트려버렸다. 대상 세계는 존재하지 않고 오직 인식뿐이라는 불교의 유식무경(唯識無境) 사상이나 대상세계는 우리의 무지(avidyā)가 만들어 낸 환상(māyā)에 지나지 않는다는 힌두교 일각의 사상도 현대 세계에서 사상적 유행을 타고 있다. 여하튼 현대 서구 철학이 인생관과 가치관을 제시하고 뒷받침해 줄 만한 형이상학 내지 존재론을 포기해 버리고 위기에 봉착한 것만은 확실하다.

그리스도교 신앙이 봉착한 세 번째 도전은 다원화된 현대 세계 자체다. 현대인들은 사회와 문화가 다원화되고 개인의 권리와 자유가 극도로 발달한 세계에 살고 있다. 가치관과 인생관이 다원화되고 종교도 다원화됨에 따라 현대인들은 이제 모든 것이 개인의 자유로운 선택에 맡겨진 세계 속에서 살게 되었다. 이러한 사실이 종교나 철학의 진리 주장에 미치는 영향은 가늠하기 어려울 정도로 심대하다. 이 문제 역시 그리스도교를 넘어 진리를 주장하는 모든 종교 사상과 교리가 공통적으로 대면할 수밖에 없는 새로운 도전이다.

I. 형이상학적 신관과 그리스도론

  인간의 역사에 개입하며 특별한 사건들을 통해 자신의 뜻을 계시하는 하느님을 믿는 성서적·그리스도교적 신앙은 고대로부터 현대에 이르기까지 서양 지성사를 통해 이성의 보편적 진리를 추구하는 철학적 사고와 긴장과 갈등의 역사를 연출했다. 동양의 종교나 문화와 달리 서구 문화와 사상은 두 가지 이질적인 뿌리를 가지고 있다. 종교와 신앙은 히브리적·성서적 전통에 기초하고 있는 반면, 철학과 이성은 주로 그리스·로마적인 전통에 뿌리를 두고 있다. 서양 문명에서는 따라서 종교와 문화, 계시와 이성, 초자연과 자연, 성과 속 그리고 교회와 사회 또는 국가가 확연히 구별된다. 서양 문화사는 단순화시켜 말하면 이 두 영역이 대립하고 통합되고 다시 분리되는 역사라 해도 과언이 아니다. 바로 이러한 이중구조가 서양 역사와 지성사를 역동적으로 만든 요인 가운데 하나이기도 하다.

  유대교의 한 분파처럼 시작된 그리스도교가 하나의 독자적 종교로 자리 잡으면서 제일 먼저 봉착한 문제는 유대교의 율법을 어떻게 할까 하는 문제였다. 예수를 그리스도, 즉 메시아로 믿는 신자들의 대다수가 유대인이었던 초기 그리스도교에서는 이것이 별문제가 되지 않았다. 그러나 그리스도교 복음이 이스라엘을 벗어나 지중해 지역의 '이방'(비유대인들) 지역들로 전파됨에 따라 그리스도인들이 여전히 유대교 율법을 준수해야만 하는지가 중요한 문제로 부상한 것이다. 독실한 유대교 신자로서 유대교 율법에 정통했던 사도 바울은 이방 전도에 치중하였기 때문에 이 문제와 치열하게 씨름하지 않을 수 없었다. 그는 복음(gospel)과 율법(law)을 날카롭게 차별화하면서 예수 그리스도 복음과 더불어 유대교 율법의 시대는 종말을 고했다는 점을 확실히 했다. 그럼으로써 바울은 그리스도교 선교의 길을 활짝 여는 데 결정적인 공헌을 했다.

그리스도교가 그리스·로마 세계로 퍼짐에 따라 봉착했던 또 하나의 중요한 문제는 역사적 사건을 통해 자신을 계시(啓示)하는 역사의 하느님에 대한 신앙의 진리를 어떻게 그리스 철학적 사고에 친숙했던 지식인들에게 이해시킬 수 있을까 하는 문제였다. 역사의 하느님, 인격적 의지와 행위의 하느님을 어떻게 그리스 철학의 존재론적·형이상학적 사고와 조화시키고, 어떻게 역사적 사건들의 이야기에 근거한 신앙의 진리를 철학의 보편적 개념으로 이해하고 표현할 수 있을까 하는 문제였다. 다행히도 두 가지 상이한 사고방식과 세계관을 접맥시킬 수 있는 토대가 이미 복음서 자체에 마련되어 있었다. 그중에서도 특히 우리가 앞 장에서 인용한 바 있는 요한복음 1장에 나오는 로고스(Logos) 기독론이 중요한 역할을 했다. 즉, 예수 그리스도라는 한 역사적 존재가 본래는 영원한 하느님의 자기 현시이자 세계 창조의 원리인 하느님의 말씀(Logos) 혹은 지혜의 육화(肉化)라는 성육신(成肉身) 사상이 결정적인 기반을 제공했다.

성육신 사상에 의하면 예수는 단지 한 인간, 한 역사적 존재가 아니라 태어나기 전부터 하느님과 함께 계시는 영원한 하느님의 말씀이고 지혜다. 만물이 그를 통해 창조되었고, 그는 만물의 생명이고 만인을 비추는 진리의 빛이다. 한 역사적 존재인 인간 예수가 하느님과 같은 영원한 실재이자 창조의 보편적 원리이고 생명력이고 진리라는 엄청난 주장이다. 이러한 성육신 사상을 통해서 그리스도교 메시지는 하느님의 나라 운동을 펼치다가 십자가에서 억울하게 처형당한 예수를 하느님께서 다시 살리셨다는 이야기를 복음으로 선포하던 단순한 신앙의 종교에서 세계 창조 이전부터 선재하는 창조의 영원한 원리인 '우주적 그리스도'(cosmic Christ) 개념에 기초한 철학적, 형이상학적 종교로 변모하게 된 것이다. 로고스 그리스도론을 통해서 그리스도교는 예수라는 한 인간의 이야기를 중심으로 하던 메시지가 특수성의 제약을 벗어나 철학적 종교, 형이상학적 진리의 보편성을 주장하고 확보할 수 있는 종교로 변모하게 된 셈이다.

이를 바탕으로 초기 그리스도교 교부들과 신학자들은 대담하게 그리스도교 진리의 보편성을 주장하는 호교론을 전개할 수 있었고, 일종의 '그리스도교 철학'까지 발전시킬 수 있게 되었다. 순교자 유스티누스(Justinus, 167년경), 알렉산드리아 신플라톤주의학파의 클레멘트(Clement, 150~215년경)와 오리게네스(Origenes, 182~251년경) 같은 사람들이 대표적 인물이었다.

클레멘트의 사상은 그리스도교 신앙의 진리와 철학적 진리를 통합한 가장 대표적인 예이다. 그에게 로고스로서의 그리스도는 세계의 이성이며 만인을 비추는 빛이다. 클레멘트에 따르면 그리스도교의 진리는 인식적 믿음 또는 믿음에 근거한 인식으로서 가장 완전한 앎(gnosis)이다. 인간은 이 앎을 통해 하느님에 참여하며, 이 앎의 기초는 바로 로고스다. 하느님의 자기 현시인 로고스는 하느님과 세계, 하느님과 인간을 매개하는 영원한 신적 원리로서 언제, 어디서든 인간의 마음속에 작용하고 있고, 모든 철학적 진리의 원천이다. 유대교 율법이나 그

리스 철학은 모두 그리스도교의 진리를 위해 로고스에 의해 준비된 것들이라고 클레멘트는 보았다.[1]

로고스 개념을 통해 그리스도교 진리의 보편성을 확보하고자 한 초기 서방 교회의 대표적 호교론자는 순교자 유스티누스(Justinus, 2세기)였다. 그에 따르면 그리스도교는 보편적 진리의 원천인 로고스 자체에 기초한 종교이고 최고의 철학이다. 그리스도교의 진리는 따라서 여타 사상이나 철학들이 파악하는 진리와 모순되지 않고 모두를 수용할 수 있다. 유스티누스는 말하기를 "누구든 진리에 대해 말한 것은 우리 그리스도인들에게 속한다"고 했고, 또 "로고스에 따라 사는 사람은 모두 그리스도인들이다"라고 주장했다.[2]

그리스도론뿐 아니라 신론도 형이상학적 언어로 표현되는 변화를 겪게 된다. 역사에 개입하는 특수한 행위를 통해 자신을 계시하는 성경의 인격신관이 형이상학적 근거를 확보하게 된 것이다. 이런 신관의 변화에서 가장 중요한 역할을 한 성경 말씀 가운데 하나는 출애굽기 3장에 나오는 모세와 하느님의 대화에서 하느님이 모세에게 알려준 자신의 이름, 즉 "나는 곧 나다"라는 이름이다.[3] 서력기원전 3세기부터 시작된 구약성경의 70인 그리스어 번역본(Septuagint, 70人譯)에서는 이 말을 "나는 스스로 존재하는 자다"라고 번역하고 있다. 이에 따라 그리스도교 신학은 전통적으로 하느님을 다른 어떤 존재에도 의존하지 않고 스스로 존재하는 자존자(自存者), 또는 그의 본질과 존재가 일치하는 필연유(necessary being)로 이해해 왔다. 반면에 피조물들은 무

---

1 Paul Tillich, *A History of Christian Thought: From its Judaic and Hellenistic Origins to Existentialism*, ed. Carl E. Braaten (New York: A Touchstone Book, 1972), 55-56.
2 Paul Tillich, 같은 책, 27-28.
3 "I am who I am." 또는 "나는 존재하는 자다"(I am who am) 등 히브리어 원문이 다양하게 영역된다.

에서 창조된 존재들이기에 존재할 수도 있고 하지 않을 수도 있는 우연유(偶然有, contingent being)로서 필연유인 하느님께 의존해서만 존재할 수 있다. 하느님은 다른 어떤 존재에 의존하지 않고 스스로 존재하는 유일한 실재이며, 있다가 없어지거나 없다가 생겨나는 존재가 아니라 시작도 끝도 없는 존재, 존재하지 않을 수 있다고는 생각할 수 없는 필연적 존재라는 것이다.

이러한 사고의 배후에는 세계가 존재한다는 사실, 아무것도 존재하지 않고 도대체 무언가가 존재한다는 사실을 당연시하지 않고 존재의 신비를 의식하고 그 의미를 묻는 새로운 차원의 사고가 깔려 있다. 무로부터의 창조(creatio ex nihilo) 개념을 암시하거나 전제로 하는 새로운 유형의 존재론적 사유가 출현한 것이다. 저명한 중세 사상사가 질송은 이를 표현하기를 그리스 사상가들이 "자연이란 무엇인가?"라고 물었다면, 그리스도교 사상가들은 "존재란 무엇인가?" 또는 "존재한다는 것이 무엇인가?"를 물었다는 것이다.[4]

다음과 같은 성경의 말씀도 형이상학적 신관의 토대가 될 수 있었다는 점에서 주목을 끈다.

"만물이 그로부터 왔고 그를 통해 존재하며 그를 향해 있다."[5]
"우리는 하느님 안에서 살고, 움직이고, 존재하고 있다."[6]

만물은 하느님으로부터 와서 하느님을 통해 존재와 생명을 누리다가 하느님께로 되돌아간다. 하느님은 만물의 알파(원천)와 오메가(귀착

---

4 Etienne Gilson, *God and Philosophy* (New Haven and London: Yale University Press, 1941), 44. 질송은 J. B. Muller-Thym 교수의 말을 인용하고 있다.

5 "For from him and through him and to him are all things"(롬 11:38).

6 "In him we live and move and have our being"(행 17:27).

지)이며, 피조물들은 한시도 하느님을 떠나서는 존재할 수 없고, 언제나 "하느님 안에서 살고 움직이고 존재한다"(행17:28). 하느님은 인간을 비롯해서 우주 만물의 존재의 원천이고 토대이고 귀착지다.

물론 초기 그리스도교 신학자들 가운데는 철학적 이성과 성서적 계시의 차이를 강하게 의식하면서 완전히 대립적으로 보는 사람도 있었다. 대표적으로 2세기 서방 교회 신학자 테르툴리아누스(Tertullianus)를 들 수 있다. "아테네와 예루살렘이 무슨 상관이 있는가? 아카데미와 교회 사이에 무슨 일치가 있겠는가?"라는 그의 말은 유명하다. 그는 그리스도교의 역설적 진리를 강하게 의식했으며, 철학을 세상의 어리석은 지혜라고 맹공하기도 했다. "하느님의 아들이 죽었다. 이것은 어떻게든 믿어야만 한다. 왜냐하면 불합리하기 때문이다"라는 그의 말은 신앙의 역설적 진리를 웅변적으로 표현한다. "나는 불합리한 고로 믿는다"[7]라는 말도 흔히 그가 한 말로 간주되지만, 사실은 그렇지 않다. 신학자였던 그 역시 이성의 중요성을 부정하지 않았다. 그는 스토아 철학과 로고스 개념을 수용한 사람이었다. 그는 인간의 영혼은 본성상 그리스도적이라고까지 생각했다.[8]

동방 교회든 서방 교회든 대다수 초기 교부들은 성경의 언어와 그리스 철학의 언어를 자유롭게 혼용하면서 그리스도교 진리의 보편성을 확보하고자 했다. 사실, 니케아(Nicea) 공의회(325)에서 제정된 삼위일체(Trinity) 교리나 칼케돈(Chalcedon) 공의회(451)의 기독론과 같은 그리스도교의 정통 교리들도 하느님과 예수 그리스도의 밀접한 관계를 성서적 인격신관에 따른 인격적 의지의 일치를 넘어 실체(ousia, substantia)나 본성(physis, natura) 같은 그리스 철학적 개념들을 통해 본

---

7 "credo quia absurdum est."
8 "Anima naturaliter christiana." Paul Tillich, *A History of Christian Thought*, 98.

성과 존재의 일치로 규정하고 있다.

이러한 형이상학적 신관은 적어도 14세기에 이른바 유명론(唯名論)이 본격적으로 대두하기 전까지 그리스도교 신학에서 당연시되었다.9 성 아우구스티누스(Augustinus)와 성 토마스 아퀴나스(Thomas Aquinas)를 비롯해서 거의 모든 중세 신학자에게 하느님은 존재(esse) 자체, 선(좋음, bonum) 자체, 참(진리, verum) 자체, 지성(intellectus) 자체다. 신학자 틸리히의 표현대로 신(deus)이라는 종교적 절대와 존재(esse)라는 철학적 절대가 하나가 된 것이다.10

인간을 비롯해서 모든 피조물은 신을 떠나서는 잠시도 존재할 수 없으며, 인간은 진리(참)를 떠나 생각하거나 말을 할 수가 없다. 신은 우리가 추구하는 존재와 선과 진리의 원천이고 토대다. 신은 우리가 욕망하고 사랑하고 추구하는 일체의 선 가운데 최고선이며 모든 선과 행복의 원천이다. 이러한 형이상학적 신관에서는 따라서 '무신론자'란

---

9 유명론을 대표하는 프란시스코 수도회 출신의 신학자이자 철학자인 윌리엄 오컴(William Ockhams, 약 1285~1349)으로서 그의 사상에 대해서는 다음 절에서 상세하게 논하게 될 것이다.

10 Paul Tillich, "The Two Types of Philosophy of Religion," *Theology of Culture* (New York: Oxford University Press, 1964), 12. 틸리히의 이 논문은 서구 종교철학의 두 가지 유형, 즉 아우구스티누스 계열의 유형과 토마스 아퀴나스 계열의 유형 사이의 차이를 밝히면서 자신의 입장이 전자에 있음을 밝히고 있는 유명한 논문이다. 전자는 인간이 하느님의 모상(*imago dei*)으로 창조되었다고 하는 그리스도교의 신앙적 인간학에 기초한 것으로서 신은 인간 영혼의 본성과 모든 움직임, 가령 진, 선, 미를 추구하는 모든 활동에—이미 그 무조건적인 요소(unconditional element), 틸리히가 말하는 신율적 차원(theonomous dimension)으로— 전제되고 있다는 종교철학적 입장 내지 접근 방식이다. 나 자신도 이러한 틸리히의 입장에 찬동한다.
나는 이 책에서 이러한 인간학적 전제에 서 있는 신학적·종교철학적 입장을 세속적 휴머니즘(secular humanism)과 구별하여 영적 휴머니즘(spiritual humanism)이라고 부른다. 하지만 나는 이 두 유형의 종교철학적 접근 방식이 틸리히가 생각하는 것처럼 대립적이라고 보지는 않기 때문에 반드시 양자택일할 필요가 없다고 생각한다. 이 책의 논의가 진행됨에 따라 앞으로 이러한 나의 입장이 더 드러날 것이지만, 독자들의 이해를 위해 미리 이 점을 밝혀 둔다.

존재할 수도 없다. 신을 몰라서 피조물을 사랑하고 거기서 행복을 찾는 사람은 있을지언정, 신은 사람들이 찾고 있는 모든 선과 행복의 근원이기 때문이다. 사람들은 실은 자신도 모르게 하느님을 찾고 있다는 것이다.

진리도 마찬가지다. "나는 진리를 발견하는 곳에서 진리 자체이신 하느님을 발견했다"는 성 아우구스티누스의 고백대로 인간은 모든 참된 것의 원천인 하느님을 떠나서는 잠시도 사고할 수 없고, 진리를 찾고 논할 수도 없다. 진리를 찾고 사랑하고 논하는 우리 마음의 일체 활동은 진리의 빛이자 지성 자체인 하느님을 떠나서는 이루어질 수 없기 때문이다. 심지어 진리를 의심하고 부정해도 우리는 진리의 이름으로 그리고 진리이기 때문에 한다. 틸리히는 이를 표현하기를 "신은 신에 대한 질문의 전제다: 이것이 종교철학의 문제에 대한 존재론적 해결이다. 신이 질문의 토대가 아니라 대상이 되면, 우리는 결코 신에 도달할 수 없다"고 한다.[11]

물론 이러한 사고는 이미 하느님에 대한 신앙을 전제로 하고 있다. 중세 사상가들에게 하느님의 실재와 교회의 가르침에 대한 믿음은 당연시되었다. 그들은 또한 하느님이 인간에게 준 이성의 진리가 하느님의 계시에 근거한 신앙의 진리에 배치될 수 있다고는 결코 생각하지 않았다. 그들은 오히려 신앙을 전제로 해서 신앙의 진리를 이해하고자 했다. 이른바 '앎을 추구하는 신앙'(fides quaerens intellectum)의 길이다. "나는 알기 위해 믿는다"[12]는 안셀무스의 유명한 말대로 중세 신학자

---

11 같은 곳, 13. '존재론적 해결'이라는 말은 안셀무스(Anselmus, 1033~1109)의 존재론적 유형의 신의 존재 증명을 가리키는 말로서 신이라는 개념 자체가 그의 존재를 필연적으로 함축한다는 식의 논리다. 틸리히는 위의 논문에서 이 논증을 세계의 성격으로부터 신의 존재를 논증하는 토마스 아퀴나스의 접근법과 차별화하고 있다.

12 "Credo ut intelligam."

들은 주로 성경과 교회의 권위를 인정하는 신앙 위에서 진리를 탐구하고 논했다.

중세 스콜라 철학에서 존재, 선, 참, 지성 같은 범주들은 특정한 사물이나 현상에 국한된 속성이 아니라 존재하는 모든 것을 포괄하는 보편성을 지닌 초월범주들(transcendentalia)로서 신을 표현하기에 가장 적합한 범주로 간주되었다. 이런 범주들로 이해되는 신은 결코 한 특정한 개체나 인격체만의 속성이 아니라 모든 존재와 모든 참되고 선한 것의 근원·토대가 되는 보편적 실재다.

성 아우구스티누스의 정신을 따르는 중세 프란시스코 수도회의 전통에 따르면 인간의 영혼은 적어도 암묵적으로 이런 초월범주들에 대해 직접적인 인식을 갖고 있다. 이 인식은 우리 영혼에 있는 '신의 빛'(divine light)으로서 창조된 것이 아니다.[13] 인간은 이 빛을 통해 초월적 원리들에 참여하며, 다른 모든 사물의 인식도 이 신의 빛을 전제로 해서 이루어진다. 신은 진리의 토대 내지 원천으로서 우리가 진리를 인식하든 부정하든 이 진리의 원천을 떠나서는 할 수 없다는 것이다.

보나벤투라(Bonaventura, 1221~1274)는 진리가 존재하지 않는다고 말하는 것은 그 자체로 모순이라고 했다. 그런 말 자체가 영혼의 빛인 진리를 전제로 하고 있기 때문이다. 신의 존재를 부정하는 것은 진리의 원천에서 오는 마음의 활동이 그 원천 자체를 부정하는 모순적 행위라는 말이다. 인간의 영혼은 하느님의 모상으로서 다른 어떤 사물보다도 그 속에 가장 가까이 현존하는 하느님을 알 수 있는 능력이 있다. 우리의 영혼이 행복을 갈망하고 찾는 것은 이미 최고선이신 하느님이 자신에 대한 모종의 앎을 영혼 안에 심어 놓았기 때문이다.[14] 전혀 모

---

13 Tillich, *A History of Christian Thought*, 184.
14 Copleston, *A History of Philosophy*, vol. 2. Mediaeval Philosophy, part I, 284.

르는 것은 찾을 수도 없다. 우리의 영혼 안에 이미 완전성의 관념이 심어져 있지 않다면, 우리는 피조물의 불완전성을 의식조차 하지 못할 것이고, 완전한 것을 찾으려고 하지도 않을 것이다. 우리의 영혼이 이미 신의 빛의 조명 아래 완전성의 관념을 받았기 때문에 우리가 신을 찾는다는 것이다.

이 신의 빛은 결국 하느님의 자기 인식인 로고스며, 피조물의 원형 (exemplar, 플라톤의 이데아)들을 품고 세계를 창조하는 하느님의 말씀의 빛이다. 인간의 이성(영혼의 고차적 능력)은 이 신적인 빛의 조명 아래 사물을 인식하고 하느님을 안다. 영혼은 이 로고스를 통해 자기 자신과 외계의 사물들을 알며, 존재 자체이신 하느님을 관조하고 신과 합일을 이루는 경지에까지 이른다.[15] 보나벤투라에게, 진리를 추구하는 이성의 전 과정은 시작부터 완성까지 계시의 빛 아래서 이루어지며 또 그래야만 한다. 그에게 참다운 철학은 곧 그리스도교 철학이다.[16]

나는 개인적으로 이성과 신앙이 근본적 일치 속에서 같이 가던 이 시기가 그리스도교 사상의 관점에서 보면 아마도 가장 행복했던 시절이 아닐까 생각한다. 그 후로는 이성과 신앙의 균열과 대립의 역사가 전개된다. 이 불행한 역사는 성 토마스 아퀴나스가 이성과 신앙을 가지고 '이층집'을 짓는 데서 비롯했다고 말할 수 있다. "은총은 자연을 파기하는 것이 아니라 완성한다"는 정신 아래 그가 이룩한 이성과 신앙, 철학과 계시, 자연과 초자연, 혹은 자연(natura)과 은총(gratia)의 종합 체계는 실로 중세 사상의 금자탑이며, 오늘날까지도 가톨릭 신학의 초석이다. 토마스 자신은 신앙 없는 이성주의나 이성 없는 신앙주의도 거부했지만, 불행하게도 서구 지성사는 그가 의도했던 것과는 전혀 다

---

15 같은 책, 321.
16 보나벤투라의 사상에 대한 논의는 주로 Copleston, 같은 책, 280-287에 근거했다.

른 방향으로 전개되면서 신앙과 이성이 완전히 길을 달리하게 되었다. 일 층과 이 층 사이에 균열이 생기더니 두 집이 완전히 분리되고 만 것이다. 결국 이성은 독자적인 길을 걷게 되면서 세속화되었고, 신앙의 자리는 점점 축소되면서 세속화된 이성의 압도적 승리로 귀결되었다. 이제 이 과정을 좀 더 자세히 살펴본다.

II. 신앙과 이성의 종합

위와 같은 아우구스티누스적인 사상은 주지주의 전통이 강한 도미니코회 신학자 토마스 아퀴나스의 견해와 사뭇 대조적이다. 토마스에게도 신은 물론 존재 자체, 선 자체, 진리 자체 그리고 지성 자체다. 하지만 그는 인간 영혼에 이런 초월적 범주들의 하느님을 의식하는 능력이 잠재적이나마 선험적으로 존재한다고 생각하지는 않았다. 다른 모든 중세 사상가처럼 토마스도 이성과 계시, 자연과 초자연, 또는 자연과 은총, 철학과 신학 사이에 모순이란 있을 수 없다고 생각했다. 양자 모두 하느님으로부터 오는 것이라고 믿었기 때문이다. 토마스 역시 계시와 신앙의 진리를 전제로 해서 이성의 진리를 추구했다. 하지만 그는 신앙과 이성, 계시와 이성의 두 영역을 일단 명확하게 구별하고 각각의 역할을 규정한 다음 양자를 아우르는 종합적 체계를 구축하고자 했다. 그에 따르면 은총(계시)은 자연(이성)을 전제로 하며, 자연을 파기하지 않고 완성한다: "은총이 이성을 전제로 하듯이, 신앙은 자연(이성)을 전제로 한다."[1] 이성과 신앙, 자연과 은총, 철학과 신학은 결코 모순되지 않으며, 이성의 진리는 신앙의 진리를 위한 준비가 되고, 신

---

1 Thomas Aquinas, *Theological Texts*, selected and trans. by Thomas Gilby (Oxford: Oxford University Press, 1955), 6.

앙의 진리는 이성의 진리를 증대시키고 완성한다.

> 은총의 선물들이 더해지는 것은 자연(이성)의 선물들을 앗아가기 위해서가
> 아니라 증대시키기 위해서다. 이성의 자연적 빛은 우리에게 무상(無償)으
> 로 비추어진 신앙의 빛에 의해 지워지지 않는다. 따라서 그리스도교 신학은
> 철학과 학문들의 도움을 얻는다. 이성만으로는 결코 신앙이 지각하는 진리
> 를 발견할 수 없다. 다른 한편, 이성은 그 자체의 본래적인 [이성의] 자연적
> 진리들과 신의 계시에 의한 진리들 사이에 어떠한 불일치도 발견할 수
> 없다.[2]

토마스는 이성이 하느님을 아는 데 불충분하다고 생각했지만, 이
성이 아무런 신앙의 전제나 개입 없이 독자적으로 누구나 인정할 수
있는 하느님에 대한 지식, 특히 세계를 창조한 신의 존재와 신은 오직
한 분이라는 진리를 독자적으로 입증할 수 있다고 생각했다. 이런 의
미에서 그는 이성이 신앙을 위한 준비 내지 서론이 될 수 있다고 여긴
것이다. "신이 존재한다는 것 그리고 자연적 이성으로 알 수 있는 다른
신학적 진리들은 신앙의 조항들이 아니라 신조들을 위한 서론이다."[3]
우리는 토마스가 이성의 진리와 신앙의 진리, 신학과 철학을 일단
명확히 구별한다는 사실에 주목할 필요가 있다. 신의 존재는 그에게
더 이상 자명한 진리가 아니라 이성을 통해 사물에 대한 인식을 거쳐
도달해야 할 결론인 셈이다. 다음과 같은 토마스의 말은 이 점을 잘
보여 준다.

---

2 같은 책, 7.
3 같은 책, 5-6.

어떤 것을 아는 데는 두 가지 길이 있다. 그 자체로 알려지는 것과 우리에 의해 알려지는 것이다. 그러므로 "하느님이 존재한다"는 명제는 하느님이 자기 자신으로 머무시는 한 그 자체로 알려진다. 왜냐하면 술어가 주어와 동일하기 때문이다. 하느님은 자기 자신의 존재(스스로 존재하는 분)이시기 때문이다. … 그러나 우리는 하느님이 무엇인지 알지 못하기 때문에 이 명제는 우리에게 그 자체로 알려지는 것(자명한 진리)이 아니라, 더 잘 알려진 것들을 통해 입증되어야만 한다. 즉, 그가 남긴 결과(피조물의 세계)를 통해 알려져야만 한다.[4]

토마스에게는 신이 존재한다는 진리가 더 이상 당연시되는 자명한 진리, 즉 신이 존재 자체라는 개념에 함축된 당연한 진리가 아니다. 술어가 주어 속에 포함되어 둘이 완전히 일치하는 필연적[5] 진리가 아니며, 성 아우구스티누스처럼 영혼의 직접적이고 직관적인 앎의 대상도 아니다. 토마스에게 신의 존재는 우리에게 감각을 통해 주어진 외부 세계에 대한 인식에서 추론을 통해 간접적으로 도달해야 할 결론이다. 존재 자체, 선 자체 같은 초월범주들도 아우구스티누스적인 전통에서처럼 인간 영혼에 내재하는 신적인 것이 아니고, 인간 안에 있는 어떤 '창조되지 않는 빛'이 아니다.[6] 신의 존재를 입증하려는 토마스의 유명한 다섯 가지 논증은 이런 맥락에서 나왔다. 하지만 그런 논증을 통해 간접적으로 도달한 만물의 제일원인(prima causa)이자 필연유인 신은 최고 존재자(ens realissimum)는 될지언정 여전히 하나의 존재자(ens, a

---

4 Paul Tillich, "The Two Types of Philosophy of Religion," 16-17에서 인용.
5 철학적 용어로는 분석판단(analytic judgment)이라고 부른다. 술어가 주어의 개념 자체로부터 분석적으로 도출되는 판단이라는 뜻이다.
6 같은 책, 17.

being)이며, 더 이상 존재 자체 혹은 존재의 힘(the power of being) 같은 것이 아니라는 것이 틸리히의 비판이다.[7]

여하튼 토마스에 따르면 우리가 이렇게 피조물의 세계로부터 추론을 통해 알 수 있는 하느님에 대한 지식은 단지 그의 존재만 알 뿐, 그의 성격이나 속성은 알지 못한다. 후자는 오직 하느님의 계시를 통해서만 가능하다. 토마스는 따라서 신을 아는 지식에서 우선 이성과 신앙, 자연과 초자연, 철학과 신학의 두 길을 확연히 구별한 다음, 양자를 종합하고 조화시키는 길을 택했다. 이러한 접근은 그 후 가톨릭교회의 공식적 입장과 전통으로 자리 잡게 되었다.[8]

이미 언급한 대로 신앙 없는 합리주의나 이성을 무시하는 '신앙주의'를 거부하고 철학과 신학을 종합하려는 토마스의 사상은 이성의 독자적 역할을 제한적 범위에서나마 인정함으로써 그가 의도한 것은 아니었지만, 결국 이성이 신앙과 분리되다가 급기야 서구 지성사에서 완전히 세속화되는 단초를 제공했다. 더 나아가서 계시를 지성적 이해와 분리시킴으로써 신앙의 진리가 우리의 지성으로는 이해하지(intelligere) 못하고 계시를 믿는(credere) 신앙으로 수용해야만 하는 불행한 결과를 낳았다. 결국 신앙이 교회의 권위에 의존하는 '타율적' 행위로 간주되게 된 것이다.

이러한 결과는 오늘날까지도 수많은 그리스도인을 괴롭히는 문제로 남게 되었다. 신앙이 하느님의 계시나 교회의 가르침을 수용하는 의지의 대상이 되었고, 지성의 희생을 요하는 타율적 행위로 간주되게

---

7 이것은 틸리히의 비판이지만, 토마스에게 이러한 신관만 있는 것은 아니다. 그에게도 신은 여전히 존재 자체이며 선 자체다. 두 가지 견해가 그의 신학에 혼재한다.
8 우리는 신앙과 이성의 관계에 관한 이러한 가톨릭의 입장과 정신을 교황 요한 바울 2세가 재위 20주년을 맞은 1998년에 공표한 회칙 '신앙과 이성'(Fides et ratio)에서도 잘 볼 수 있다. 이에 대한 개략적 소개로, 최현근, 『신앙과 이성』(쿰란출판사, 2007), 343-392 참고.

된 것이다. 이는 많은 지성인이 신앙을 외면하게 만드는 결과를 초래했다. "머리로 이해할 수 없는 것은 가슴으로도 사랑할 수 없다"는 미국 성공회의 스퐁(Spong) 감독이 한 말은 지성과 의지, 머리와 가슴의 분리가 가져온 현대 그리스도인이 처한 딜레마, 아니 그 위기를 잘 표현해 주는 말이다.

신앙과 이성의 독자성을 인정하면서도 양자의 명확한 구별과 최종적인 조화를 꾀했던 토마스의 위대한 기획은 한때는 성공한 듯했지만, 불행하게도 그의 의도와는 달리 '세속화된 이성'과 '도그마화한 신앙'의 대립을 초래하는 씨앗이 되었다. 결국은 서구 지성사가 보여주듯이 돌이키기 어려운 신앙과 이성의 균열로 이어진 것이다. 철학 없는 신학과 신학 없는 철학의 시대로 길을 터준 셈이다.[9] 서구 근대 철학은 신학과 무관하게 점점 더 독자적인 길을 밟게 된 것은 물론이고, 신학도—특히 개신교 신학— 더 이상 이성을 통해서 신앙의 진리를 옹호하려 하지 않았다. 아니, 할 수도 없는 처지에 놓이게 되었다고 말하는 것이 더 합당할지 모른다. 신앙의 진리가 이성의 뒷받침을 받을 수 없고 또 받을 필요가 없고 받을 수도 없다는 기독교 신학 일각에서 제기되는 이른바 신앙주의(fideism)의 관점, 아니면 신앙의 진리를 종교적 감정이나 경험에 호소하거나 신비적 통찰이나 도덕적 경험, 또는 사회적 실천에서 찾는 길을 따르는 쪽으로 개신교 신학은 나아가게 되었다.

---

9 Etienne Gilson, *Reason and Revelation in the Middle Ages* (New York: Charles Scribner's Sons, 1954), 94-95.

III. 종합 체계의 붕괴

신앙과 이성의 진리를 구별하면서 종합하는 토마스 아퀴나스의 사상 체계는 중세 신학의 최고봉이자 동시에 점차 몰락을 예고하는 출발점이기도 했다. 토마스가 이룩한 종합 체계는 그와 동시대의 중세 신학·철학 내부에서부터 도전을 받기 시작했다. 이러한 움직임을 주도한 사람은 프란시스코 수도회 출신의 두 급진적인 신학자·철학자였다. 한 사람은 둔스 스코투스(Duns Scotus, 1265~1308), 다른 한 사람은 서양 철학사에서 유명론(唯名論, nominalism)으로 잘 알려진 윌리엄 오컴(Wil- liam Ockham, 1285~1349년경)이었다. 이 둘의 사상에서 우리는 이미 이성과 계시(권위) 사이의 날카로운 균열을 목격한다. 간단히 말해 이 두 신학자에게 지성은 더 이상 계시와 신앙의 진리를 담보하지 못한다. 따라서 지성으로부터 유리된 신앙은 순전히 성경과 전통(교회)의 권위에 순종하고 그 가르침을 수용하는 행위가 된다.

이런 사상의 배후에는 토마스가 속했던 도미니코 수도회의 주지주의(主知主義, intellectualism) 전통과 달리 지성(intellectus)보다 의지(voluntas)와 사랑을 신과 인간의 근본적 성격으로 강조하는 프란시스코 수도회의 주의주의(主意主義, voluntarism) 전통이 깔려 있다. 스코투스나 오컴 모두 프란시스코회 출신의 수도사들이었다는 사실은 우연이 아니다.

둔스 스코투스에 따르면 신은 우주 만물을 산출하는 창조적 의지이고, 세계와 사물들은 신의 의지를 따를 뿐이다. 신의 의지는 그 자체 말고는 아무런 이유가 없다. 그의 의지를 결정하는 것은 신 말고는 아무것도 없기 때문이다. 따라서 우리는 신의 의지에 대해 '왜냐'고 물을 수 없다. 어떤 것이 선한 이유는 신이 그렇게 뜻했기 때문이지, 선하기 때문에 신이 뜻하는 것이 아니다. 신의 의지를 규제할 필연성을 띤 이성이나 사물의 법칙 같은 것은 존재하지 않는다. 신에게는 자기 자신이기를 그치는 것 말고는 모든 것이 가능하다. 신은 그야말로 무소불위의 절대적 권능(potentia absoluta)을 가진 분이다. 세계와 사물들이 현재의 모습으로 존재하는 것은 오직 신의 의지에 따른 것이지, 그렇게 되어야 할 어떤 필연성이 있기 때문이 아니다. 신의 절대적 권능은 원하기만 하면 사물의 질서를 언제든지 바꿀 수도 있다. 스코투스는 신이 실제로 그렇게 하리라고는 생각하지 않았지만, 그런 가능성 자체를 부정하지는 않았다.[1]

주어져 있는 것들은 신의 뜻 말고는 다른 어떤 원리로부터도 도출될 수 없다. 자연의 질서나 법칙은 모두 신의 권한의 결과라는 이러한 사고는 주어져 있는 사실을 있는 그대로 겸손히 존중하고 수용해야만 한다는 실정주의적(實定主義, positivism, 實證主義)인 사고와 경험주의적(empiricism) 태도를 낳게 된다. 틸리히의 지적대로 신의 절대적 권능이라는 관념은 모든 실정주의의 뿌리다.[2] 신이 지성이 아니라 의지로 정

---

1 어떤 것도 제약할 수 없는 신의 절대적 권능을 강조하는 입장은 순수한 유일신 신앙을 표방하는 이슬람에 오면 더욱 극단적이 된다. 원자주의(atomism)라고 불리는 이 입장에 따르면 사물들은 모두 각기 신의 직접적 의지의 지배를 받기 때문에 사물들 간의 인과관계(causal relationship)를 아예 부정하는 입장이다. 사물들은 모두 각기 분리되어 있고 그들 사이에는 어떤 내적 연관도 없다. 있다면, 신의 절대적 권한에 반한다는 이유 때문이다. 이즈츠 도시히코/조영렬 옮김, 『이슬람 문화』 (에이케이커뮤니케이션즈, 2018), 71-81.

의되는 한, 세계는 예측불가능하고 불확실하고 불안전한 곳이 되며, 인간은 실제로 주어져 있는 것들을 따를 수밖에 없다. 이런 점에서 스코투스는 서양 사상사에서 하나의 획기적 전환점을 이룬 인물이라고 틸리히는 평한다.3

이러한 실정주의적 사고가 신앙의 문제에 적용되면, 신앙은 이성과 무관하게 성경의 말씀과 교회의 가르침에 의해 주어진 것을 권위로 여기고 무조건 복종하는 타율적 행위가 된다. 결과적으로 스코투스에게는 두 가지 실정주의가 존재한다. 하나는 교회의 권위를 신앙으로 받아들이는 종교적 실정주의이고, 다른 하나는 주어진 것들의 경험에 근거해서 사물을 귀납적인 방법으로 인식하는 경험주의적 실증주의다.4

이러한 주의주의 전통에 따라 둔스 스코투스와 유사한 사고를 철학적으로 더욱 정교하게 발전시킨 사람은 윌리엄 오컴이다. 이른바 유명론을 통해서 중세적 사유에 종지부를 찍은 신학자·철학자로 평가되는 인물이다.

성서적 신앙의 진리를 보편적 이성의 진리로 파악하는 중세 형이상학적 신관의 기초는 신을 존재 자체, 진리 자체, 선 자체라는 이른바 초월범주들로 이해하는 사고방식이다. 존재하는 모든 것을 포괄하는 이 초월범주들은 중세 스콜라 철학자들에게는 하느님과 동의어나 마찬가지였다. 이러한 철학적 신관의 배후에는 플라톤 철학의 본질주의

---

2 Tillich, *A History of Christian Thought*, 191. 여기서 '실정주의'로 번역된 영어의 'positivism'이라는 단어는 흔히 '실증주의'로 번역되지만, 이미 존재하는 것은 무엇이든 그대로 인정하고 수용한다는 의미에서 실정주의(實定主義)로 번역하는 것이 더 적합하다. 가령 법학에서 자연법(natural law)과 구별해서 한 사회에서 실제로 통용되는 법을 '실증법'이라 하지 않고 '실정법'(positive law)이라고 부르는 것과 마찬가지다.

3 같은 곳.

4 같은 책, 187.

(essentialism)적 사고가 깔려 있다. 신은 이런저런 구체적 존재자가 아니라 존재 자체이며, 이런저런 선이 아니라 선 자체라는 사고는 플라톤주의에서 존재의 이데아나 선의 이데아가 모든 개별적 존재나 사물에 내재하는 모든 선의 본질이라는 생각을 전제로 하고 있다. 플라톤적 본질주의 철학이 말하는 이데아들이 개별자나 구체적 사물을 넘어서는 보편적 실재라는 사고가 깔려 있는 것이다. 그러나 오컴에 따르면 신을 표현하는 이런 초월범주들은 단지 우리의 추상적인 개념일 뿐이다. 그것들은 신의 마음에 존재하는 것이 아니라 우리의 마음에 존재하는 개념들이다.

이러한 견해는 이미 둔스 스코투스에서도 발견된다. 그는 존재 자체라는 개념이 단지 말뿐이라고 주장했다. 유한한 사물에 적용되는 존재라는 개념을 우리가 단지 유비적으로 무한한 신에게 적용하는 것일 뿐, 그 자체가 어떤 무한한 실재나 힘을 지칭하는 말이 아니라는 것이다.[5] 오컴은 이러한 사고를 초월범주들뿐 아니라 다른 모든 보편개념(universals)에도 적용했다. 추상적 개념은 모두 그 범주에 속하는 개별자들 사이에 존재하는 공통성 내지 유사성을 지칭할 뿐이지, 그 이상 아무것도 아니다. 초월범주들을 위시해서 모든 보편개념은 단지 우리 마음 안에 존재할 뿐이다. 우리가 언어를 사용하는 한, 보편개념들은 불가피하고 자연적이라고 오컴은 생각했다.

그리스도교 신학은 전통적으로 플라톤주의의 영향 아래 사물의 이데아들 혹은 원형들(archetypes)은 만물이 창조되어 존재하기 전부터 (universale ante rem) 신의 마음속에 존재하는 관념들이라고 생각했다. 신은 이 불변하는 사물의 본질들을 모델로 해서 개물들의 세계를 창조했다는 것이다. 인간의 경우, 하느님은 인간성이라는 인간의 영원한

---

5 같은 곳.

본질·본성에 따라 인간을 창조했고, 인간은 이러한 인간성을 실현하는 삶을 사는 것이 마땅한 도리다. 인간은 자신의 본성에 따라 그리고 신의 마음에 실재하는 객관적이고 자연적인 도덕규범과 질서에 따라 살아야 하는 존재다. 오컴은 바로 이러한 사고를 부정했다. 보편개념들은 단지 우리의 사고와 인식 활동의 산물일 뿐, 어떤 식으로나 우리 마음 밖에, 즉 사물이나 신의 마음속에 실재하는 것이 아니라고 주장했다. 보편범주들이 실재하지 않고 단지 개별자들만 존재한다고 보는 오컴의 입장을 서구 철학에서는 '유명론'(唯名論)이라고 부르는데, 보편자들은 실재하지 않고 단지 이름(nomen)뿐이라는 뜻이다.

유명론적 사고의 배후에는 신의 자유와 전능성을 옹호하려는 신학적 동기가 깔려 있다.6 그는 본질주의 형이상학과 신의 자유는 양립할 수 없다고 생각했다. 만약 사물의 영원한 본질들이 신의 관념으로서 신의 마음 안에 존재한다면, 신의 자유는 구속받을 수밖에 없다는 것이다. 신의 의지와 행위도 자신 안에 존재하는 본질의 질서와 논리를 어길 수 없고 거기에 종속될 수밖에 없기 때문이다. 이는 마음만 먹으면 무엇이든 할 수 있는 무소불위의 전능하신 하느님, 무제약적 자유를 행사할 수 있는 신앙의 하느님이 아니라는 것이다.

더군다나 성서적 신앙의 하느님은 단지 사물의 보편적 본질에만 관여하는 분이 아니라 개인과 개체들의 운명에까지 섭리의 손길이 미친다고 오컴은 생각했다. 따라서 그는 보편개념들이 신의 관념으로서 존재한다는 생각을 부정했다. 신의 관념이라는 것 자체를 인정하지 않은 것이다. 다시 말해서 오컴에게는 신과 세계의 사물들 사이에 신의 관념 같은 중간적 매개체가 설 자리가 없다. 신은 개물들을 직접 창조했

---

6 Frederick Copleston, *A History of Philosophy*, vol. 3. Late Mediaeval and Renaissance Philosophy, Part I (Garden City, New York: Image Books), 61.

고, 개물 하나하나에 대해 영원한 관념을 가지고 있다. 신은 물론 이러한 관념들에 따라 피조물들을 창조한다. 신의 관념은 어디까지나 개물에 대한 관념일 뿐이다.

개체만 실재한다는 오컴의 유명론적인 사고는 신 자체에도 적용되었다. 오컴은 신도 개별자라고 생각했다. 신은 가장 중요하고 특이한 개체(ens singularissimus)라는 것이다! 우리는 이러한 오컴의 유명론에서 이미 근대 개인주의의 확실한 맹아를 발견하며, "실존이 본질에 우선한다"는 실존주의자 사르트르(J. P. Sartre)의 유명한 선언도 엿볼 수 있다.

본질주의 형이상학을 거부하는 오컴의 유명론적인 사고의 의의는 무엇보다도 그의 도덕철학에서 잘 드러난다. 인간성이라는 보편적 실재를 부정하는 그에게 도덕은 인간성에 기초한 질서라든가 인간성의 실현을 위한 것이라는 생각은 없다. 이런 점에서 오컴이 중세 사상가들의 일반적 관념이었던 자연법(natural law) 사상, 즉 하느님이 창조한 세계에는 이미 자연적으로 주어져 있는 도덕적 규범이 존재하며, 우리는 이성을 통해 그것을 알 수 있다는 입장을 부정한 것은 그로서는 당연한 일이었다. 보편적 도덕규범 자체를 그는 인정하지 않았기 때문이다. 우리는 이미 여기서 근대의 탈가치화된 자연과학적 세계관의 일면을 엿볼 수 있다. 오컴에게 도덕적 질서란 어떤 인성론적 기반이나 존재론적·형이상학적 기반을 지니고 있는 것이 아니라 오로지 전지전능하신 신의 자유로운 뜻과 의지에 기초해 있을 뿐이다. 신의 뜻과 의지가 도덕의 기반이다. 신이 무엇이든 할 수 있는 자유로운 존재이듯이, 인간도 도덕을 따르거나 거부할 의지의 자유가 있다. 하지만 인간의 자유는 창조된 것이고, 인간에게는 창조주 하느님의 뜻과 명령을 따를 의무가 있다.

유명론적 사고에서는 하느님은 어떤 것이 선하기 때문에 명하는 것이 아니라 그가 명하는 것이 무조건 선이다. 그 반대도 마찬가지다. 하느님이 금하는 것이 악이지, 악이기 때문에 하느님이 금하는 것이 아니다. 선이든 악이든 하느님의 자유와 주권은 인간의 이성으로 알 수 있는 어떤 일반적 도덕규범이나 원리에 종속될 수 없다. 하느님의 자유는 자기 자신 이외의 다른 어떤 존재에도 종속되지 않으며, 어떠한 법칙이나 질서도 준수할 의무가 없다. 하느님 자신의 자유로운 의지가 도덕의 규범이고 질서이기 때문이다. 신은 논리적으로 모순되는 것 외에는 무엇이든지 명할 수 있다. 이렇게 전적으로 하느님의 무제약적 자유의지에 기초한 도덕은 따라서 우리에게는 자의적으로 보이고, 우연성을 띤 것으로 보인다. 도덕이란 오컴에게 아무런 제약도 받지 않는 하느님이 계시를 통해 정해준 규범들을 의무적으로 따르는 행위일 뿐이다.

신의 뜻과 의지에 의존하는 도덕철학과 달리 오컴에게도 다른 한편으로는 아리스토텔레스의 사상과 여타 스콜라 철학자들이 공유했던 도덕 사상처럼 도덕적 의지와 행위가 인간의 올바른 이성(recta ratio)과 양심의 명령에 따른 것이라는 이론도 존재했다. 양립하기 어려운 것처럼 보이는 이 둘 사이의 관계를 우리가 어떻게 이해하는가는 곤혹스러운 문제다. 마치 그에게 철학적 도덕론과 신학적 도덕론이 따로 노는 것 같은 인상을 주기 때문이다. 그러나 인간이 올바른 이성과 양심에 따라 행동해야 한다는 것 자체도 하느님의 뜻이라는 점에서 우리는 신의 계시에 입각한 권위주의적 윤리관이 그의 최종적 입장이라고 볼 수 있다.7 사실 그의 도덕철학은 그가 자연의 질서를 하느님의 뜻에 기초한 우연성을 띤 것으로 보는 견해와 궤를 같이한다. 도덕적 질서든 자

---

7 이 미묘한 문제에 관해서, Copleston, 같은 책, 117-122쪽의 논의 참고.

연의 질서든 오컴에게는 궁극적으로 하느님의 의지에 근거한다. 둘 다 우연성을 띤, 따라서 비합리적인 질서다.

이상과 같은 신관과 윤리관에서는 신은 당연히 무엇이든 마음대로 명할 수 있는 그야말로 우주의 폭군과도 같은 자의적 존재다. 전통적인 신관은 물론 신의 의지가 결코 자의적인 것이 아니라고 믿었다. 토마스 아퀴나스에 따르면 신의 마음에 존재하는 보편개념들은 신의 본질과 별개의 것이 아니라 신이 자신의 본질을 인식하는 것에 지나지 않는다.8 도덕은 신의 본질 내지 본성에 기초하기 때문에 신의 도덕적 의지는 자신의 본성과 본질을 벗어나지 않고 결코 자의적일 수가 없다. 이미 지적한 대로 오컴은 그러나 창조주와 피조물 사이에 신의 마음에 존재하는 본질들이나 관념들이라는 중간적 존재를 인정하지 않았다.

여하튼 오컴의 방식대로 신의 자유와 의지가 도덕적 질서에 종속되는 것이 아니라면, 예부터 신앙인들을 괴롭혀 온 신정론(神正論)의 문제도 단칼에 해결되는 셈이다. 즉, 전능하고 선한 하느님이 어찌해서 세상의 도덕적 부조리를 용납하는가 하는 문제인데, 오컴에게는 신의 뜻과 섭리는 처음부터 인간의 이성으로 헤아릴 수 없는 신비다. 우리는 결코 신의 뜻을 우리 인간의 이성이나 도덕적 잣대로 재단하려 해서는 안 된다. 성경에도 이와 같은 신정론 아닌 신정론, 말하자면 신의 절대적 주권과 인간의 이해를 초월하는 신의 섭리에 호소하는 신정론이 없는 것은 아니다. 신의 의지를 토기장이에 비유하는 사도 바울의 논리가 전형적인 예다. 토기장이가 자기 마음대로 크고 작은 토기들, 잘생기고 못생긴 토기들을 만들 수 있는 자유가 있는 만큼, 토기들이 왜 자기를 그렇게 빚었냐고 불평할 수 없다는 식의 생각이다.

---

8 같은 곳.

서구 사상사적 관점에서 무엇보다도 중요한 사실은 오컴이나 종교
개혁자들도 토마스 아퀴나스처럼 자신들의 의도와 상관없이 철학과
신학을 완전히 분리시킴으로써 철학적 지성의 세속화에 크게 기여했
다는 점이다. 다만 차이가 있다면 루터나 칼뱅이 신학은 철학에 의존
하거나 도움을 받을 필요가 없다는 생각 때문에 철학 자체에 별 관심
을 두지 않았던 반면, 신학자이면서 철학자였던 오컴은 철학을 신학의
종살이—이른바 신학의 시녀(ancilla theologiae) 노릇—에서 완전히 해
방시킴으로써 철학의 세속화에 결정적으로 기여했다는 점이다. 이런
면에서 우리는 오컴이 13세기 스콜라 철학의 전성기와 15~16세기 종
교개혁의 시대 사이에 위치했던 인물답게 과도기적 지성을 잘 대표한
다고 말할 수 있다.

IV. 오컴, 종교개혁
그리고 근세의 태동

    중세 말부터 시작된 이성과 신앙의 균열과 중세적 종합 체계의 붕괴는 결국 종교개혁에 이르러서는 신앙을 철학이나 이성으로부터 해방시킬 뿐 아니라 가톨릭교회의 전통이나 타율적 권위로부터도 해방시켰다. 그리고 다른 한편으로 세계와 사물의 인식에 있어서도 이성은 더 이상 스콜라 철학으로 대변되지 않고, 성경이나 교회의 가르침에도 구속받지 않은 채, 근대 과학으로 중심 이동을 하게 된다. 이에 더하여 교황과 황제의 권력에서 서서히 독립적 힘을 행사하는 지역이나 나라들이 출현하여 교회의 공식적 교리에 어긋나는 '이단' 사상가들—오컴이나 루터 같은—을 비호하면서 중세 질서는 사상적으로뿐 아니라 정치권력 면에서도 심각한 타격을 입게 되었다.

    이성과 신앙의 균열은 오직 믿음(sola fide), 오직 은총(sola gratia), 오직 성경(sola scriptura)를 외치는 종교개혁자들의 신앙에 이르러 절정에 이르렀다. 사실 아퀴나스에 의해 이룩된 신앙과 이성의 종합 체계는 오컴의 유명론보다는 종교개혁자들에 의해서 더 큰 타격을 받았다고 할 수 있다. 종교개혁자들의 사상은 가톨릭 신앙의 뿌리 자체를 향했기 때문이다.

우리는 우선 오컴식 유명론과 종교개혁자들의 사상 사이에 모종의 친화성이 존재한다는 사실에 주목할 필요가 있다. 양자 모두 스콜라 철학과 토미즘으로 대표되는 가톨릭 신학을 배척했고, 인간 이성에 의존하는 자연신학이나 철학으로는 신의 존재조차도 알 수 없다는 입장을 취했다. 둘 다 신앙의 진리는 어디까지나 신앙으로 받아들여야 한다는 신앙주의적인 입장에 서있다고도 할 수 있다. 다만 오컴이 여전히 신앙을 교회의 권위에 대한 순종으로 간주하는 권위주의적 신앙관을 가졌던 반면, 루터(M. Luther)를 비롯한 종교개혁자들에게 신앙은 어디까지나 개인적 경험이고 확신이라는 점이 큰 차이다. 또 오컴에게는 루터처럼 인간의 원죄 개념이나 죄에 묶인 의지의 예속성 같은 개념이 없었다. 따라서 '오직 은총'을 강조하는 신학도 찾아보기 어렵다.

그럼에도 불구하고 합리적 제약을 벗어나는 신의 절대적 자유를 강조하는 오컴의 신관과 인간의 합리성과 도덕적 판단을 초월하는 예측 불허의 의지를 지닌 하느님을 말하는 루터나 칼뱅의 신관 사이에는 간과할 수 없는 친화성이 존재한다. 이 두 사람 다 신의 지성보다는 의지를 강조하는 아우구스티누스적인 신학 전통에 속한 인물이었다는 사실 그리고 루터가 오컴을 스승으로 여길 정도로 존경했다는 사실은 결코 우연이 아니다. 루터에게 신은 역설로 가득 찬 존재다. 가장 작은 것보다도 더 작고, 가장 큰 것보다도 더 크며, 한없이 위대하고 강력하지만 동시에 한없이 연약하고 무력하다. 신의 의지와 활동은 예측 불가능하고, 신과 인간의 관계도 사랑과 진노, 무서운 심판과 한없는 자비와 용서 등 반대적인 것들의 대조와 역설로 점철된다.[1]

우리는 인간의 합리성을 초월하는 오컴식 신관의 또 다른 예를 루터와 쌍벽을 이루었던 종교개혁자 요한 칼뱅(J. Calvin)의 신관에서도

---

1 루터의 신관에 대한 틸리히의 논의, *A History of Christian Thought*, 247-249를 볼 것.

볼 수 있다. 칼뱅의 신관은 신의 초월성과 전능성, 위대성과 영광을 일방적으로 강조하는 특징을 보인다. 인간과의 관계에서도 "신의 영광이 신의 사랑을 대체하며, 신의 사랑도 구원을 받도록 선택된 자들에 대한 사랑"[2]임을 강조한다. 신이 구원 받을 사람을 예정해 둔다는 그의 유명한 예정론(predestination)은 신의 비합리적 의지를 강조하는 신관의 극치라 해도 좋을 것이다.

이 선택의 이유는 무엇인가? 오직 하느님의 의지뿐이고 아무 다른 이유도 없다. "그러므로 만일 우리가 그가 자기 백성에게 왜 자비를 베푸는지 묻는다면, 단지 그가 원한다는 것 외에 아무런 이유를 댈 수 없고, 우리는 또 그가 다른 사람들을 책망하는 이유에 대해서도 역시 그의 의지 말고는 아무런 이유를 발견할 수 없다." 예정의 원인은 하느님의 비합리적 의지이다. 이것은 우리를 절대적 신비로 이끈다. 우리는 하느님의 의지에 대해 아무런 책임을 물을 수 없다. 우리는 그저 그것을 순수하게 받아들여야만 하고, 선과 참된 것에 대한 우리의 기준을 포기해야만 한다. 만약 어떤 사람이 이를 불공정하다고 말한다면, 칼뱅은 답하기를 우리는 신의 의지를 넘어 신을 결정하는 어떤 본성에도 호소할 수 없다고 할 것이다. 왜냐하면 신의 의지는 다른 어떤 것에도, 심지어 그 자신 안에 있는 어떤 것일지라도 의존할 수 없기 때문이다. 여기서 우리는 하느님의 의지가 그가 행하는 것의 유일한 이유라는 그리고 다른 어떤 이유도 없다는 윌리엄 오컴과 둔스 스코투스의 생각을 볼 수 있다.[3]

우리는 또 보편개념을 부정하고 개체 내지 개인을 중시하는 오컴과 종교개혁자들의 사상 그리고 나아가서 근대의 개인주의적인 사고 사

---

2 같은 책, 270.
3 같은 책, 268.

이에도 공통성을 발견할 수 있다. 사실 보편자의 실재뿐 아니라 사물들 사이의 관계도 개별자들 말고는 아무런 실재성이 없다는 유명론적 사고에서는 가족이나 친족 집단, 각종 전통적인 신분사회의 집단이나 국가도—그리고 오컴 자신은 인정하지 않았겠지만, 심지어 교회 공동체마저도— 공동체(community)의 성격을 벗어나 순전히 개인들이 이익과 관심에 따라 형성한 연합체 내지 사회단체(society) 같은 성격을 지닐 수밖에 없다. 개인들을 초월해서 그들이 '속하는' 진정한 의미의 공동체란 오컴에게 존재하지 않는다.4 그의 사고가 여전히 가톨릭교회의 권위 내에 머물고 있었지만, 교회의 전통과 권위에 맞서 개인 신앙의 진정성을 강조하는 종교개혁자들의 사상은 이런 점에서 오컴의 유명론적인 사고와 연관된 개인주의가 종교와 신앙의 영역에까지 영향을 미치게 된 것이라 해도 크게 어긋나지 않을 것이다.

---

4 틸리히는 이 점을 특히 강조한다. 같은 책, 200. 그는 이러한 현상이 유명론적 사고가 특별히 강했던 영미 문화권에서 더욱 강했음을 지적한다.

V. 계시와 이성에서
신앙과 과학으로

　중세의 종합 체계와 질서가 무너지면서 진리의 문제나 삶의 의미에 관해서 현대인들에게 남은 선택은 더 이상 중세 사상을 지배했던 이성과 계시의 문제가 아니라 철학이나 이성의 뒷받침 없는 벌거벗은 성서적 신앙과 새롭게 태동한 자연과학의 문제로 대체되게 되었다. 철학 역시 아리스토텔레스 사상에 기초한 스콜라 철학의 형이상학이 아니라 과학을 진리 인식의 준거로 삼게 되었다. 중세 철학이 '신학의 시녀'였다면, 근대 이후의 철학은 서서히 '과학의 시녀'로 변하게 되었다고 해도 크게 틀리지 않는다. 이로 인해 근대 철학은 진리의 문제에 관한 한, 독자적 발언권을 포기하고 무력화되면서 점차 그 존재 이유를 상실하게 되었다. '오직 성경'을 외치는 그리스도교 신앙 또한 철학처럼 과학의 눈치만 보면서 세계와 사물의 인식의 문제에 대해서는 발언권을 포기하거나 상실하게 되었다.

　이러한 변화된 위상을 반영하는 것은 데카르트 이후로 특히 칸트에 의해 서구 근대 철학을 지배하게 된 이른바 '인식론적 전회(轉回)'다.[1] 철학은 이제 더 이상 자신 있게 세계의 근본 성격이나 인간에 대한 형

---

1 영어로 'epistemological turn'이라고 부른다.

이상학적 진리나 존재론적 통찰을 제시하지 못하고, 그 대신 우리의 사고가 사물을 있는 그대로 반영해서 참된 인식을 낳을 수 있는지를 묻고 성찰하는 '인식에 대한 인식', 혹은 '사고에 대한 사고' 행위로 전환하게 되었다. 근대 철학의 주된 관심은 더 이상 세계나 인간에 대한 통찰이 아니라 인식 주체의 사고의 명료성과 엄밀성을 확보하기 위한 방법과 절차에 관한 논의가 되었다. 현대 영미 철학이 철학과 과학의 언어를 분석하는 분석철학 내지 메타(meta) 학문적 성격을 띠게 된 것도 결국 철학이 세계와 인간에 대한 인식의 권리를 포기하고 과학에 양도하다시피 한 데서 오는 궁여지책이라고 볼 수 있다. 또 현대 사상에서 유행하고 있는 니체니 포스트모더니즘이니 하는 자기 파괴적이고 자기 부정적인 상대주의 사조들 역시 이러한 비판을 면하기 어렵다. 나는 현대 세계에서 철학이 사는 길은 여전히 과학에 양도해 버린 세계와 인간에 대한 인식과 통찰을 어떤 식으로든 되찾고 거기서 깊은 영성의 지혜를 터득하는 데 있다고 본다. 이를 위해서는 결국 철학이 현대 과학과 대화하는 가운데 동·서양의 형이상학적 전통에서 새로운 길을 모색해야 한다고 나는 생각한다. 다음 장에서부터 이 문제에 대해 더 상론하겠지만, 나는 신이 떠나고 전통적 형이상학이 붕괴된 자리를 메우려는 각종 근대적 이성의 기획들이 실패했다고 보며, 형이상학적 신관과 인성론의 토대 없이는 종교도 영성도 도덕도 제대로 서기 어렵다는 생각이다. 철학과 신학이 사는 길은 근현대 과학의 성과와 공헌을 인정하되, 결코 과학주의에 빠지지 않고 동·서양의 형이상학적·존재론적 전통을 새로운 안목으로 대담하게 살려 나가는 데 있다고 본다.

사실 나는 좀 더 심하게 말해서 유명론과 종교개혁과 근대 과학의 충격으로 토마스가 이룩한 중세적 종합 체계가 붕괴되면서부터 그리스도교 신학은 이미 종말을 고한 것이나 다름없다고 본다. 그뿐 아니라 현대 세계가 노출하고 있는 온갖 정신적 문제도 거의 다 이 시점에서 이미 모습을 드러내기 시작했다고 본다. 유명론과 종교개혁과 과학이라는 삼중 펀치를 얻어맞은 토마스적 종합 체계는 사실상 종말을 고하게 되었다. 이 과정은 좀 더 넓은 시야에서 보면 다섯 단계로 진행되었다.

첫째는 토마스가 이층구조의 집을 지은 것 자체가 문제의 발단이다. 이성과 계시, 자연과 초자연을 명확하게 구별하고 역할 분담을 배정하는 데서부터 이성의 독립과 세속화의 단초가 제공되었기 때문이다. 둘째는 둔스 스코투스와 윌리엄 오컴의 유명론, 셋째는 종교개혁 그리고 넷째는 근대 과학, 다섯째는 세계에 대한 이해를 과학에 몽땅 양도하고 형이상학과 존재론을 포기한 칸트 이후의 근대 철학 자체다. 이후로 전개되는 서구 사상사는 나쁘게 말하면 게임이 다 끝난 후의 뒤풀이 내지 한풀이 정도이며, 좋게 말하면 무너진 건축물을 신 대신 이성의 토대 위에 새롭게 세워보려는 대안적 기획의 연속이다. 나는 개인적으로 이 근대적 기획이 눈부신 과학기술의 성과나 개인의 존엄성과 권리를 제도적으로 보장해 주는 민주주의라는 성과에도 불구하고 수많은 난제를 낳은 반쪽짜리 성공이라고 본다. 왜 그러한지를 먼저 고찰한 후 남은 이야기를 계속한다.

IV. 유명론, 도덕실재론
그리고 목적과 의미가 사라진 세계

우리는 과연 유명론으로 세계와 인생을 다 설명할 수 있을까? 가령 우리가 추구하는 정의라는 이상이 과연 단지 이름뿐일까? 그렇지 않다는 생각이 든다. 나는 우리가 끝없이 추구하고 있는 이상적 정의(ideal justice)가 어떤 식으로든 실재한다고 믿는다. 이런 점에서 나는 여전히 플라톤식 본질주의에 대한 미련을 완전히 버리지 못하고 있다. 나는 또 인간의 경우, 불변하는 인간성(humanitas)이라는 것이 본질로 존재한다고 믿으며, 인간의 진정한 행복은 이 인간성을 완전히 실현함으로써 실존(existence)과 본질(essence)의 괴리를 극복할 때 비로소 완성된다고 본다. 그리스도교의 경우, 인간의 본질 내지 본성은 하느님의 모상(imago dei)이고, 불교에서는 인간 모두의 참나(眞我)인 불성, 진심(眞心), 본각진성(本覺眞性)이다. 힌두교에서는 그것을 아트만(ātman)이라고 부르며, 성리학에서는 하늘로부터 품수 받은 하늘의 명(天命) 또는 인간의 본연지성(本然之性)이다.

나는 이런 본질주의적 사고 없이 유명론만으로 인생의 도덕적 질서나 가치를 잘 설명할 수 있을지 회의적이다. 나는 자연의 법칙이 객관적으로 존재하듯이 도덕적 질서와 가치도 객관적 실재라고 생각한다.

자연의 법칙적 질서나 인생의 도덕적 질서를 전지전능한 하느님의 자의적 의지에 두는 오컴의 도덕론을 수용할 사람은 일부 근본주의 신앙을 가진 그리스도인들이나 하느님의 절대적 권능을 굳게 믿는 이슬람 신자들을 제외하고는 별로 없을 것 같다. 선악 시비의 기준을 하느님의 절대적 자유와 주권에 맡기는 이론은 이성과 상식에 반한다. 조금이라도 양식이 있는 사람이라면, 하느님이 명하는 것이 선이고 하느님이 금하는 것이 악이라는 단순한 사고에 동의하지 않을 것이다.

한 걸음 더 나아가서 나는 인간의 자유와 초월성 그리고 주체성을 부정하는 사상을 거부하며, 주체와 객체의 구별과 이에 근거한 인식론적 진리 개념 역시 피할 수 없다고 본다. 진리는 우리가 사용하는 언어나 진술, 말과 생각이 언어 밖의 대상과 얼마나 일치하는가에 달려 있다는 상식적이고 고전적인 실재론(realism)—토마스의 정의대로 진리란 '사물과 지성의 일치'(adequatio intellectus et rei)라는—의 입장을 나는 따른다. 우리가 어떤 생각을 하든, 어떤 말을 하고 어떤 주장을 펴든 이 모든 것은 나의 마음 밖에 존재하는 대상이나 사태(Sache)와 합치하는 것이 참이라는 생각을, 누구도 자기모순을 범하지 않고는 부정할 수 없고 피할 수 없다고 나는 본다. 가령 어떤 사람이 이런 입장을 부정한다면 그러한 견해 자체가 역시 하나의 인식이며, 어떤 객관적 사실·사태에 부합해야 한다는 생각은 피할 수 없다. 이 사실이 우리 마음 안에 존재하는 어떤 심리적 사실이든, 혹은 마음 밖에 존재하는 어떤 상황이나 사태나 사물이든 누구도 이러한 생각을 무시하거나 피할 수 없다. 언어의 의미란 어디까지나 대상을 지칭하는(refer) 데 있다는 고전적 생각은 화자가 의도적으로 거짓을 말하지 않는 한 그리고 자기모순을 범하지 않는 한, 피하기 어렵다는 말이다.[1] 언어가 그것이 지칭하

---

1 나는 이런 의미에서 철학자 비트겐슈타인(L. Wittgenstein)의 저술 가운데서 초기 논리실증

는 사물이나 사태와 실제로 합치하는지 여부에 대해서는 이견이 있을 수 있겠지만, 모두가 말을 할 때 이러한 합치를 지향하거나 전제로 하며 이것은 누구도 피할 수 없다.

그렇다고 우리는 인식 활동에서 우리의 마음이나 두뇌가 수행하고 있는 복잡한 역할과 기여를 무시하거나 과소평가해도 된다는 말이 아니다. 우리의 의식은 우리의 감각기관이 외계로부터 유입되는 온갖 감각 정보를 있는 그대로 반사하는 투명한 거울 같은 존재가 아니다. 김주환 교수는 최근 뇌 과학자들이 밝혀 주는 성과를 요약해서 다음과 같이 말하고 있다.

> 우리의 의식은 마치 거울처럼 외부의 사물이나 사건을 그대로 투명하게 반영한다는 느낌을 준다. 의식이 보고 듣고 경험하는 것이 세상에 존재하는 '실체'라는 착각을 심어 주는 것이다. 그러나 우리의 뇌는 외부로부터 유입되는 온갖 감각 정보에 내적 모델을 적극적으로 적용해서 과감하고도 적극적인 '예측'을 끊임없이 한다. 그리고 그러한 예측의 실수를 줄이고자 계속 내적 모델을 수정하는 작업을 해 낸다. 이러한 일들은 우리의 의식에는 잘 떠오르지 않는다. 우리가 그러한 적극적인 예측을 의도하는 것도 아니다. 다만 뇌

주의의 언어관을 대표하는 책, *Tractatus Logico-Philosophicus*의 입장을 여전히 지지한다. 언어의 의미를 다양한 삶의 형태들(forms of life)이나 언어의 다양한 용법(use)에 돌리는 그의 후기 사상도 그런 주장이 옳은 주장이라면 '사실'과 부합해야만 참이기 때문이다. 언어의 의미는 어디까지나 대상에 있다는 생각은 누구도 부정할 수 없다고 나는 본다. 누군가가 이를 부정한다면, 이 부정 역시 모종의 사실, 즉 어떤 '대상 세계'에 부합하는 주장이어야 한다. 설령 극단적 인식 상대주의를 주장해도 마찬가지다. 상대주의가 옳다는 주장만은 상대적일 수 없다. 마치 누구의 충고도 듣지 말라는 말처럼 말을 하는 순간 자기모순에 빠지고 만다. 이른바 '수행적 자기모순'이다. 또 하이데거가 존재자(Seiende)와 존재(Sein)를 구별하면서 사용하는 존재에 대한 다양한 언어나 사변도 결국 어떤 사실 혹은 사태와 부합하지 않는다면 무의미하다. 심지어 순전히 시적 표현이라 해도 나는 그것이 의미가 있으려면 시인 자신의 내면에 있는 심적 사실이나 자기 밖에 있는 어떤 사물이나 사태를 지칭하지 않는 한, 무의미하고 시를 읽는 사람과 소통도 불가능하다고 본다.

의 기능적 특성상 이러한 예측과 수정은 우리의 의식 저 밑바닥에서 끊임없이 작동한다. 그럼으로써 우리의 의식이 마치 외부 사물을 거울처럼 비춰낸다는 느낌을 주는 것이다.[2]

정녕 인식 작용에는 우리 마음이 이미 가지고 있는 주관적 요소들—'내적 모델', 과거로부터 축적된 기억과 경험, 칸트가 말하는 인식의 선험적 구조 혹은 언어적 구성 같은 것들—이 피할 수 없이 개입된다. 하지만 도대체 우리의 두뇌가 이 '내적 모델'을 애당초 어떻게 구성하게 되었는가를 물으면 이야기는 달라진다. 내적 모델은 결국 오랜 진화 과정을 거치면서 수많은 시행착오를 통해, 즉 우리의 지각이 외부 세계에 부합하는지를 아는 판단을 통해 형성되는 것이 아닐까? 온갖 감각 정보에 적극적으로 '적응'하면서 과감한 '예측'을 끊임없이 하고, 예측의 실수를 줄이고자 내적 모델을 계속해서 '수정'하는 작업을 해낸다"는 말은 이를 암시하는 말이 아닐까 한다. '실수'를 줄인다는 것, 예측을 수정하는 것은, 결국 자신의 인식이 대상에 부합하는지를 아는 경험을 통해 이루어진다. 두뇌의 작용이 감각 정보가 전해 주는 외부 사물과 부합하느냐 아니냐가 '실수'와 '수정'이라는 말에 이미 전제되고 있는 것이 아닐까? 그렇다면 진리란 결국 우리의 지성이나 의식—여기서는 뇌의 작용과 어떤 경로를 통해서 이미 형성되어 있는 모델—이 외부 사물과 일치하는 것이라는 고전적인 실재론적 인식론은 피할 길이 없어 보인다.

---

2 필자는 출간 예정인 김주환의 저서 중 중요 부분을 미리 받아볼 수 있는 특권을 가지게 되었다. 인용한 글은 저자의 허락 아래 사용한 것임을 밝혀 둔다. 우리의 지성이 대상 세계를 투명한 거울처럼 비추는 것이 아니라는 철학적 입장—뇌 과학이 아니라—을 대변하는 책으로, 이미 현대의 고전이 되었다고 해도 좋을 Richard Rohrty의 *Philosophy and the Mirror of Nature* (Princeton University, 1979)가 있다.

나는 우리의 인식이 외부 세계를 있는 그대로 반영한다고 주장하는 혹은 우리가 경험하는 것이 사물 그대로의 모습이라고 생각하는 이른바 '어리석은 실재론'(naive realism)을 옹호할 의사는 전혀 없다.[3] 그런 것은 칸트의 비판적 인식론 이래 이미 폐기된 지 오래다. 하지만 분명한 사실은 우리가 무엇을 안다는 것은 인식 주체가 인식 대상과 구별되고 분리되어 있다는 것을 전제로 한다. 어린아이들은 바로 이러한 능력이 발달하지 않았기 때문에 '어린아이'라고 하는 것이 아닐까? 그리고 우리의 인식 활동에는 주객의 분리와 대립 못지않게 주객의 교호 작용도 항시 개입되기 마련이기에 주관적 요소의 개입은 불가피하다는 사실 또한 부정할 수 없다. 인간의 인식은 정교한 두뇌의 기능을 포함해서 어쩌면 자신의 생존에 필요한 만큼 대상 세계를 인식하도록 진화했을지도 모른다. 하지만 바로 이러한 사실을 안다는 것, 다시 말해서 우리의 인식이 인식하고자 하는 대상이나 사태와 어긋나기 때문에 잘못일 수도 있다는 사실을 인식한다는 것, 말하자면 인식의 인식이 가능한 존재는 인간의 특권이다. 물론 동물에게도 언어와 판단 활동이라는 것이 있다면 그리고 반복되는 시행착오를 통해서 이전의 잘못된 행동을 의식하고 수정한다는 사실을 우리는 본다. 결국 '인식'이란 동물의 차원이든 인식을 재차 인식하고 숙고적 반성을 할 수 있는 인간의 차원이든 어떤 '사실·사태와의 부합'이라는 결론은 피할 수 없다. 이런 점에서 나는 '비판적 실재론'(critical realism)을 따른다.

동서고금을 막론하고 인류의 대다수는 우리의 일상적인 인식 활동

---

3 어리석은 실재론(naive realism)은 흔히 '소박한 실재론'으로 번역하지만 여기서 '소박한'이란 어리석고 바보 같다는 부정적 뉘앙스를 가지고 있는 말이다. 따라서 '단순한' 혹은 '순진한'이란 말은 사실상 어리석다는 뜻이다. 물론 '소박하다' 혹은 '순진하다'는 말이 부정적인 뜻만 있는 것은 아니지만, 그래도 '소박하다' 보단 '어리석다'는 말이 영어 '나이브'(naive)가 지니고 있는 부정적 뉘앙스를 좀 더 잘 드러내 준다.

이 우리 마음 안의 혹은 마음 밖의 대상을 향하고 거기에 부합한다는 상식적인 전제를 가지고 살아왔다. 또 대다수 사람은 자신들의 행동이 객관적으로 실재하는 도덕규범이나 법칙에 의거하고 있으며 거기에 부합한다고 생각하면서 도덕적 삶을 영위한다. 도덕적 가치들도 결국은 자기 마음 밖에 있는 사물의 세계 혹은 자연계 자체를 반영한다고 믿고 행동한다. 대다수 인간은 사물의 인식이든 가치에 대한 믿음이든 거의 '실재론적' 입장을 상식으로 여긴다. 종교 사상이나 교리에 대한 믿음도[4], 이른바 심미적 판단이나 '주관적' 견해라는 것도 그러한 판단을 하는 사람들에게는 사실·사태와 부합한다는 전제 없이는 하지 않는다. 심지어 객관적 진리 인식이란 불가능하다는 회의론도 그러한 주장 자체가 어떤 사실·사태에 부합한다고 믿기 때문에 하는 주장이다. 요컨대 그 어떤 인식이나 주장, 진술이나 언술도 의도적으로 거짓을 한다면 모르지만, 당연히 우리 밖에 존재하는 어떤 대상, 아니면 우리 안의 어떤 심리적 현상에 부합한다는 전제 없이는 하지 않는다는 말이다. 현대 지성계에 만연한 각종 반 실재론적 인식론 내지 상대주의— 그것이 언어 관념론(linguistic idealism)이든 비트겐슈타인이 말하는 '삶의 형태들'(forms of life)에 의거하든 혹은 진리는 권력욕에서 자유롭지 않다는 니체식 비판이나 모든 판단은 관점 나름이라는 관점주의(perspectivism)든— 모든 입장이나 주의·주장은 사실과의 부합이라는 실재론적 사고를 비켜 가지 못한다.

철학자들이 무어라고 비판하든, 뇌 과학자들이 우리의 복잡한 뇌 신경의 작용이 우리의 인지나 인식 활동에 미치는 영향에 대해 무어라

---

4 종교의 교리나 사상이 단지 우리의 어떤 특수한 감정이나 직관에 의거한 것이 아니라 인식적 주장(cognitive claim) 내지 진리 주장을 한다는 입장에 대해서 나는 John Hick의 견해를 따른다. 그의 *An Interpretation of Religion*, Part Three: Epistemological의 논의를 볼 것.

고 말하든, 이 모든 주의·주장은 결국 자신들의 믿음과 명제가 옳다고 믿기 때문에 하는 것이다. 옳다는 말은 결국 언술 밖의 사실이나 사태, 혹은 심적 현상에 부합한다는 생각을 전제로 한다. 모든 진리 주장은 거짓이다, 우리의 인식은 허상(fiction), 망상(delusion, illusion, māyā)이며 '권력 의지'를 벗어나지 못한다는 비판이라 할지라도 그 자체는 진리라고 생각해서 하는 말이다. 모든 진리에 대한 담론은 아무리 비판적이고 회의적이라 해도 그런 주장과 시각이 또 하나의 진리 주장임을 부정할 수 없다는 말이다. 심지어 진리는 존재하지 않는다는 말, 거짓이라는 말도 하는 순간 자기모순에 빠진다. 모든 것이 상대적이라는 상대주의 자체도 그 말만은 상대적이라고 주장하지 못하는 것과 유사하다. 진리란 결국 인간의 마음의 현상이나 마음 밖의 사물, 주체와 대상, 판단하는 행위와 판단의 대상이 얼마나 일치하는가에 달려 있음은 누구도 부정하지 못한다. 모든 입장, 모든 발언, 모든 주의나 주장은 모종의 '사실'에 근접하려는 노력들이다. 이상과 같은 관찰에 따라 나는 결국 비판적 실재론(critical realism)의 입장을 취하지 않을 수 없다.

이러한 실재론적 입장은 도덕의 문제에서도 예외가 아니다. 하느님이 명하는 것이 무조건 선이고 도덕적이라고 믿는 신자는 그리 많지 않을 것이다. 오히려 하느님이 설마 비도덕적인 일, 악을 명하리라고는 생각조차 하지 않을 사람이 대다수일 것이다. 단적으로 말해, 대다수 사람은 인식 활동이나 도덕적 행위에서 실재론자들이라는 말이다. 이를 신학적으로 말하면, 도덕 법칙이나 가치들은 하느님의 로고스에 내재하는 질서로서 하느님의 본성, 아니면 적어도 인간의 본성에 속한다고 믿는다는 말이다. 동아시아 문화권에 사는 사람들은 도덕이 하늘의 질서, 즉 천리(天理)이며 인륜이 곧 천륜(天倫)이라고 생각하면서 수천 년을 살아왔다. 철학적으로 유명론을 주장하는 오컴 자신도 물론 하느님을 믿는 신앙인이었기에 도덕이 하느님의 뜻이라는 것을 의심하지 않았을 것이다. 다만 유명론이라는 그의 존재론적 입장이 도덕이 객관적 실재라는 일반적인 상식을 부정하게 만들었고, 신은 절대 권능(potentia absoluta)을 지닌 특이한 존재이기 때문에 반드시 우리의 합리적 기준을 따를 필요가 없다고 생각하도록 만든 것이다.

우리는 여기서 이미 현대 세계가 처한 도덕적 위기를 예감할 수 있다. 플라톤적 본질주의에 근거한 도덕실재론이나 도덕적 인성론에 기초한 유교적 도덕철학이 힘을 잃고, 유일신 신앙과도 별 인연 없이 사는 현대인들에게 도덕의 객관성을 담보하거나 도덕적 가치의 보편성을 확보할 수 있는 설득력 있는 이론이 제시될 수 있을지 의문이다. 사실, 플라톤적 도덕실재론이 서양에서 오랫동안 힘을 발휘할 수 있었던 것도 실은 그것이 그리스도교적으로 수용되었기 때문이다. 도덕적 질서나 가치가 하느님의 로고스에 자리 잡고 있다는 것을 부정하는 유명론은 바로 이러한 신과 도덕의 연결고리를 잘라 버리고 도덕을 신의 무제약적이고 자의적인 의지에 맡겨 버린 거나 다름없다.

현대인들에게 도덕적 가치와 질서가 실재한다는 소박한 믿음에 유명론보다 더 심각한 타격을 준 것은 근대 과학적 세계관과 사고방식 자체다. 근대 과학적 세계관이 플라톤주의적인 본질철학이나 성리학의 도덕 형이상학 그리고 도덕이 기초하고 있는 인성론적 기반, 즉 인간의 도덕적 본성에 대한 믿음 자체를 무력화시켰기 때문이다. 과학은 인생에 도덕적 질서와 의미가 존재한다는 믿음, 도덕적으로 사는 것이 인간의 본성에 부합하는 행복한 삶이라는 믿음에 의도적이든 아니든 회복하기 어려운 타격을 주었다. 과학적 세계관과 사고에 영향을 받은 현대인들에게 도덕은 존재론적·인성론적 기반을 상실하고, 인간들이 사회적 필요에 따라 합의나 계약을 통해 만들어 낸 정도로 생각하게끔 길을 터 주었다.5 도덕은 이제 과학이 말해 주는 세계나 사물의 성격이나 인간의 본성과는 무관한 자의적인 것이 되어 버렸다. 도덕이 사회적 합의나 계약에 근거하고 있다는 생각은 합의와 계약이 실제로 어떻게 이루어지는가의 복잡한 문제를 야기할 뿐 아니라, 설령 합리적 주체들이 어떤 식으로 해서 그런 합의에 이른다 해도 과연 모든 인간이 도덕의 문제에 있어 그렇게 초연한 합리적 판단을 할 수 있는지의 문제 그리고 합의를 한다 해도 과연 모두가 자신의 이기적 욕망을 넘어 합의를 지킬 수 있는 정도의 권위를 가질 것인지, 여러 의문을 자아낸다. 도덕이 신의 뜻, 아니면 적어도 자연의 법칙처럼 세계 자체의 질서라기보다는 인간끼리의 합의 정도라면 도덕의 권위는 보장되기 어렵다는 것이 나의 판단이다. 자신에게 유리하면 언제든 어겨도 된다는 생각, 특히 강자의 경우는 아무런 제재도 받지 않고 그야말로 손바닥 뒤집듯 합의나 계약을 어길 것 같다. 현대인들은 따라서 도덕적 판단과 신념을 정초할 만한 신관, 인간관, 세계관 내지 존재론적 기반을 상실했음에도 불구하고 여전히 도덕적으로 살아야만 하는 딜레마를 안고 있다. 도덕적 신념과 가치들이 과학을 통해 알게 된 사실의 세계와 무관하게 되어버렸기 때문이다. 이른바 사실(fact)과 가치(value) 사이에 건너기 어려운 괴리가 발생한 것이다.

근대 과학은 일반적으로 세계를 한 치의 오차도 없이 작동하는 시계처럼 보는 기계론적 세계관을 가지고 있다. 비록 이러한 기계론적 세계관이 양자역학 등 새로운 과학 혁명에 의해 낡은 사고방식으로 치부되고 있지만, 매크로 세계에 대해서는 여전히 대다수 과학자는 물체와 물체 사이에 예외 없이 물리적 인과관계가 지배한다고 보면서 그들

---

5 이런 현대 계약론적 윤리이론에 대한 포괄적 연구로 박정순 『사회계약론적 윤리학과 합리적 선택: 홉스, 롤즈, 고티에』 (철학과현실사, 2020) 참고.

의 작업을 수행하고 있다. 따라서 종교가 말하는 자연의 신성성이나 기적 신앙 같은 것은 과학자들은 물론이고 일반 대중 가운데서도 설 자리를 잃게 되었다. 과학적으로 이해가 되지 않는 현상은 모두 초자연적인 현상으로서 '미신'으로 배격하는 실증주의적 사고가 현대인들 가운데 상식이 되었다. 근대 과학은 오로지 사실의 세계에만 관심을 가지며, 오로지 사실의 인식만을 추구한다. 과학이 인식하는 사실의 세계는 도덕이니 가치니 하는 인간적 관심에 대해서는 아무것도 말해 주지 않는다. 연구 활동의 엄격한 가치중립성을 표방하는 과학자들 자신은 개인적으로 경건한 신앙인일 수 있고 도덕적 질서를 준수하면서 삶을 살고 있겠지만, 정작 그들이 보고 파악하는 세계는 도덕적 가치들이나 질서와는 무관하다.

과학적으로 파악되는 세계는 어떤 영적 실재나 도덕이나 가치와 무관한 탈성화되고 탈주술화된 세계 그리고 도덕적 가치나 의미가 사라진 탈가치화된 세계다. 어떤 현상이든 과학자들이 하는 질문은 '어떻게'(how) 그런 현상이 일어났는지 물리적 원인을 규명하는 데 있지, 그런 현상이 '왜'(why) 혹은 그 배후에 무슨 목적과 뜻이 있는지, 혹은 그 사건이나 사태의 의미가 무엇인지에 대해서는 관심도 없고 묻지도 않는다. 아니, 묻는다 해도 답을 할 수 없다. 왜냐하면 그들이 보는 세계 자체가 의미니, 가치니 하는 것과는 무관한 세계이기 때문이다. 아직 의미나 가치 같은 것이 과학자들에게 관심사로 남아 있다면, 그것은 전통과 관습으로, 아니면 순전히 개인적이고 주관적인 선택의 문제로 남아 있다. 세계를 이해하는 데 목적론적(teleological) 사고는 과학자들에게는 금물이다. 현대 과학은 목적과 의미가 사라진 사실의 세계만을 다루기 때문이다.

이런 중대한 변화에도 불구하고 신에 대한 믿음이 아직 남아 있다면, 그것은 이신론(理神論)의 신이고, 실제로 이신론은 18세기 계몽주의 후로 지식인들 사이에서 널리 유행한 신관이다.6 신은 과학이 가능할 정도로 법칙적 질서와 조화가 있는 세계를 창조한 후에는 더 이상 세계에서 일어나는 일에 관여하거나 개입하지 않고 그럴 수도 없는 '한가한 신'(deus otiosus), 말하자면 실직자처럼 '노는' 신을 믿는 신관이다. '신앙 아닌 신앙' 같은 것에 부합하는 신관이라는 비판을 받는다. 이신론의 신이 역사의 세계에 지대한 관심을 가지고 관여한다고 믿는 성경의 하느님 신앙에 배치된다고 여기기 때문이다. 과학자들은 연구에 종사할 때, 도덕적 관심이나 영적 관심 같은 것은 연구에 방해만 될 뿐이라고 생각하기 때문에 가능한 한 배제한다. 과학이 인식하는 사실의 세계는 근본적으로 인간의 도덕적 관심과는 무관한 탈가치화된 세계다. 세속화된 사람들은 가치니, 도덕이니 하는 것이 더 이상 신의 뜻이라고 믿지 않고, 자연의 질서나 인간성 자체에 기초한다고 생각하지도 않는다. 그럼에도 현대인들은 여전히 도덕적으로 살아야만 하는 딜레마를 안고 산다.

현대 윤리학이 제시하는 도덕 이론들은 바로 이 문제를 해결하기 위한 시도들이라 해도 과언이 아니지만, 나는 이러한 이론들이 모두 인간의 도덕적 삶이나 헌신과 열정을 설명하는 데 실패했다고 본다.7 신이 사라진 세계, 도덕적 가치와 의미나 목적 같은 것이 사라진 것이 정말로 세계의 실상이라면, 다시 말해서 과학이 세계에 대해 최종적 진리를 말한다고 믿는다면, 도덕이 설 기반은 사라져버렸다고 믿기 때문이다. "신이 없다면 모든 것이 허용된다"라는 도스토옙스키(Dostoev-sky, F. M.)가 남긴 말은 이러한 상황을 반영하는 말이라고 나는 이해한

---

6 바버(Ian Barbour)는 이신론 발전의 초기 세 단계를 말한다. *Religion and Science*, 36-38.
7 이 점에서 나는 A. MacIntyre, *After Virtue* (University of Notre Dame Press, 1984)에서 진단하는 현대 윤리학의 빈곤에 대해 공감하는 편이다.

다. 이 말은 우리가 신을 믿지 않으면 선악 시비를 가리지 못한다는 뜻이 아니다. 우리가 선악 시비를 가린다 해도 도덕이 그 권위를 지니기 어렵기 때문에 도덕적 허무주의(moral nihilism)를 피하기 어렵다는 뜻으로 나는 이해한다.

현대인들은 이제 목적과 의미가 사라진 세계, 성스러운(sacred) 것이나 도덕적 가치들이 사라진 세계에서 무엇을 어떻게 추구하며 살아야 할지 아무것도 말해 주지 않는 세계에서 살게 되었다. 과학기술의 발달로 현대인들은 인류가 출현한 이래 유례없는 물질적 풍요와 번영을 누리며 살지만, 세계 자체에서 목적이나 의미 같은 것을 읽어내지 못하는 데서 오는 삶의 무의미성(meaninglessness of life)이 삶을 위협하는 새로운 문제로 부상하게 되었다. 현대인들의 삶을 위협하는 것은 더 이상 불교에서 말하는 인생무상도 아니고 그리스도교에서 말하는 죄의 문제도 아니다. 인생이 세계에서 발견하고 추구할 가치와 목적이 사라져 버린 데서 오는 삶의 무의미성과 외로움이다.[8] 도덕적 허무주의(moral nihilism)가 도사리는 데서 오는 삶의 무의미성이다.

이러한 상황이 현대인들에게 엄청난 선택의 자유를 안겨 준 것도 사실이다. 하지만 이와 동시에 감당하기 어려운 정신적 방황과 부담도 안겨 주었다. 신도 사라지고 도덕적 가치나 의미도 사라진 세계는 현대인들에게 자율적 삶의 자유와 해방감을 선사했지만, 신이나 자연과의 유대가 사라지고 전통적인 사회적 관계나 공동체로부터 풀려나서 고립된 주체로 살게 된 현대인들은 이제 인생의 무의미성이라는 새로운 복병을 만나 힘겨운 싸움을 벌여만 하는 부담을 안게 된 것이다.

현대인들에게 아직도 삶의 의미라는 게 있다면, 그것은 신의 섭리가 지배하는 세계나 역사에서 발견할 수 있는 어떤 '거대 의미' 같은

---

8 틸리히(P. Tillich)는 『존재의 용기』(Courage to be)에서 이 점을 강조하고 있다.

것이 아니고, 자연이 주는 메시지도 아니다. 인생과 역사 전체를 아우르고 세계의 성격과 구조 자체에 뿌리를 둔 어떤 큰 의미는 더 이상 찾기 어렵게 되었다. 더욱이 개인주의가 극도로 발달한 시대를 살고 있는 현대인들에게 자기 삶은 어디까지나 자기가 알아서 살아야 하고, 내가 '좋아하는 것'이 인생의 선이다. 좀 지나친 표현일지 모르지만, '나의 인생', '내가 좋아한다'고 하면 가치나 삶의 의미에 대한 대화는 사실상 끝난 것이나 다름없다. 왜 좋아하는지 근거를 묻기 어렵고 답하기는 더욱 어렵다. 부모도 친구도 인생을 그렇게 살아서는 안 된다고 설득하기 어렵고, 설득을 한다 해도 통하지 않는 시대를 우리는 살고 있다. 자기 자신도 어떻게 살아야 할지 모르고 가치에 대한 확신이 사라졌는데, 누가 누구를 설득한다는 말인가?

우리나라처럼 아직도 전통과 인습의 힘이 어느 정도 남아 있고, 혈연이나 지연, 학연 같은 집단적 정체성과 유대가 강하게 남아 있는 사회라 해도 실질상 모든 설득은 개인이 선택하게 된 가치와 삶의 방법 앞에서 무력하기 짝이 없다. 그 근본 원인은 개인의 자유와 권리가 법으로 보장된 민주사회에서 우리가 살고 있다는 데에도 있지만, 더 근본적으로는 도덕적 질서나 가치가 신의 뜻이라거나 세계 자체의 성격과 인간의 본성에 기초한 것이라는 믿음이 무너져 버렸기 때문이다.

현대 세계는 인간의 본성을 논해도 주로 동물적 욕망의 해방을 마치 구원의 복음인 양 선포하고 찬양한다. 마치 금욕적 삶이 아무리 자발적 선택에 의한 것이라 해도 무언가 '비정상'적이고 잘못된 것인 양 백안시하거나 의아하게 여기는 반금욕주의적 정서가 일반화된 사회에서 생활하고 있다. 감각적 욕망의 충족은 물론 인간의 본성이자 모든 사람이 당연히 누릴 권리다. 중세를 지배했던 자연법(natural law) 사상이 붕괴되자 이른바 '자연 상태'(the state of nature)라는 가상적 상태를 상정하여 동물적 욕망만이 지배하는 무규범적인 상태를 전제로 하여 거기서부터 도덕 이론을 도출하고자 하지만 성공할 리 없다. 토마스 홉스나 프로이트 같은 사상가들이 사용하는 표현대로 자연 상태는 '늑대들이 서로 으르렁대는 상태'(homo homini lupus)라고 가상하면서 거기서 모든 사람이 합리적 선택에 의한 혹은 계약에 기초한 도덕의 원칙을 도덕의 출발점으로 삼는 이론들이 등장한다. 이러한 생물학적 인간관을 전제로 하는 도덕이나 사회 이론이 제시하는 도덕이나 사회적 규범이 인간성에 반하는 '억압적인' 기제로 여겨지는 것은 너무나도 당연하다. 나는 현대 사상을 지배하다시피 유행하는 다윈이나 니체, 쇼펜하우어나 프로이트 같은 기라성 같은 현대 사상가들이 제시하는 이른바 '인간 해방'의 메시지가 모두 이러한 '생물학적' 인간관에 기초하고 있다고 본다.

최대 다수의 최대 행복(쾌락, pleasure)을 선의 척도로 삼는 공리주의 (utilitarianism)는 유교적으로 말해 의로움(義)보다는 이로움(利)을 앞세우는 도덕 이론으로서 우리가 왜 자신의 이익을 희생하면서 최대 다수의 행복을 고려해야만 하는지를 설명하기 어렵다. 사실 칸트의 의무론적 도덕론을 제외하고는 현대 윤리학자들에 의해 제시된 도덕 이론들은 대체로 우리가 왜 자신의 이익을 희생할 수밖에 없는 도덕적 원리나 규범에 따라 살아야 하는지 도덕적 삶의 이유나 동기를 제시하는 데 실패했다고 나는 생각한다. 중세의 종언과 더불어 고개를 들기 시작한 근대 생물학적 인간관은 결코 이 문제를 해결할 수 없다. 도덕을 인간의 실천적 이성에 정초하는 칸트식 의무론적(deontological) 도덕론이 그나마 순수하고 설득력이 있지만, 인류 보편의 도덕 이론이 되기에는 그 문화적 한계가 분명하다.[9]

9 나는 이상과 같은 현대 윤리학 일반의 위기를 2018년 8월, 북경에서 개최된 세계철학대회에

다시 한번 문제를 정리해 보면, 자연에서 신성이 사라지고 인간이 자연과 교감할 수 있는 여지를 허락하지 않는 기계론적 자연관이 근대의 지배적 세계관으로 자리 잡으면서 자연은 이제 인간의 도덕적 관심이나 의미 따위와는 무관하게 움직이는 체계가 되었다. 인간은 신이 사라져 버린 탈성화되고 탈가치화된 세계 속에서 스스로 삶의 방식을 찾고 세계와 인생의 의미와 목적을 찾지 않으면 안 되게 되었다. 삶의 의미와 목적, 삶의 방식이나 지혜 그리고 도덕적 규범을 더 이상 세계 자체에서 발견하거나 읽어내지 못하고 자기 자신으로부터—그것이 이성이든 감정이든 직관이든, 아니면 자연에 대한 신비적 느낌이든— 찾을 수밖에 없게 된 것이다.

이로 인해 현대인들은 엄청난 자유를 누리지만, 동시에 유례없는 정신적 부담을 안게 되었고 방황과 불안을 느끼며 살게 된 것이다. 탈성화된 세계가 현대인들에게 어느 정도 개인의 주체성과 자율성과 함께 자유와 해방감을 안겨 준 것은 부인할 수 없는 사실이지만, 현대인들은 이제 성스러운 권위가 사라진 세계에서 사회적 관계망이나 공동체, 신이나 자연과의 유대에서 풀려나서 고립된 주체로 홀로 세계와 인생의 무의미성과 씨름하여 살아야 하는 엄청난 정신적 부담을 안게 되었다. 자유가 현대인의 새로운 짐이 된 셈이다.

서 한국철학회가 설치한 기금강좌 〈다산기념 철학 강좌〉 제1회 강연에서 논한 바 있다. 이 강연에서 나는 맹자가 인간이면 본성상 누구나 가지고 있다고 주장하는 측은지심(惻隱之心)에서 도덕의 기초를 모색하는 대안을 제시하면서 칸트의 의무론적 도덕론이 지닌 문화적 한계성에 대해서도 논했다. 길희성, "Sympathy as the Foundation of Morality," 『대한민국학술원 논문집』 제57집 2호(2018) 참고.

VII. 위기에 처한 성서적 신앙

　유명론의 대두로 초래된 그리스도교 형이상학의 붕괴는 루터나 칼뱅 같은 종교개혁자들의 신학을 통해 가속화되면서 서구 사상사에서 신앙과 이성의 균열을 더 이상 봉합하기 어려운 단계로 이끌었다. 이에 따라 형이상학적 이성의 기반을 상실한 그리스도교의 성서적 신앙도 아무런 서방 교회적 보호막 없이 스스로를 방어해야만 하게 되었다. 성서적 신앙의 위기는 성경과 교리적 전통에 대등한 가치를 부여하고 자연(nature)과 초자연적 은총(supernatural grace)을 보완의 관계로 보는 가톨릭보다는 '오직 성경'을 외치는 개신교 신앙에 더욱 첨예화될 수밖에 없다. 사실, 종교개혁자들의 신학, 특히 칼뱅주의에서 초자연과 자연, 은총과 자연의 대립은 극에 이르렀고, 인간의 죄악성을 강조하면서 서방 교회와 이성을 폄하하는 개신교 신앙은 자연(이성)을[1] 완전히 부정하는 편협한 신앙이 되고 말았다.

　칼뱅주의는 그리스도교 사상에서 은총과 자연의 과격한 분열을 초

---

1 그리스도교 신학에서 자연(nature)이라는 개념은 우선 초자연적 은총(supernatural grace)이라는 말과 대비되며, 하느님의 계시(revelation) 또는 계시를 수용하는 신앙(faith)과도 대비되는 자연적 이성(ratio naturalis)을 가리키는 말이다. 이성은 신이 모든 인간에게 부여한 자연적 능력이기 때문이다. '자연'이라는 단어는 물론 넓은 의미로 하느님의 창조질서, 즉 세계 자체를 뜻하기도 하지만 인간의 이성을 지칭하는 말이다.

래했다. 칼뱅주의는 자연을 전적으로 타락한 것으로 보았다. 자연에는 신에 대한 '자연적 앎'이나 신과의 관계를 지탱해 줄 신의 어떤 현존도 남아 있지 않다. 칼뱅에 의하면 '자연이라는 책'과 인간의 양심이 비록 한때 하느님을 드러냈지만, [아담의] 타락 이후 창조 세계를 통해 하느님을 알 수 있는 능력은 파괴되었다. 하느님을 아는 구원의 지식은 오직 그리스도 안에 있는 구속(救贖)의 사업을 말해 주는 성경에 계시된 말씀으로부터만 올 수 있다. 창조와 구속, 우주적 로고스와 예수 그리스도 사이의 연결이 이원화될 정도로 단절된 것이다. 이는 또 우리가 예술이나 신비주의, 혹은 자연의 경험에서 하느님을 경험하기를 기대할 수 없다는 것, 비그리스도인들 가운데서는 하느님에 대한 진정한 지식의 흔적이 있을 수 없다는 것을 의미한다.2

칼뱅주의로 대표되는 개신교 신학은—성공회나 루터교회는 약간 다르지만— 가톨릭 신앙을 거부함과 동시에 스콜라 철학과 형이상학적 신학도 거부함으로써 자연에 대한 인식을 과학이 전유하도록 하는 데 기여했고, 결과적으로 자연을 세속화하는 데 크게 기여했다.

현대 세계에서 성서적 신앙이 처한 위기를 논하기에 앞서 우선 주목해야 할 사실이 하나 있다. 그것은 성경이 하느님의 말씀으로서 그리스도교 신앙에서 절대적 권위를 지니고 있다는 점은 부정할 수 없는 사실이지만, 성경이 사제나 신학자들의 손을 넘어 실제로 일반인들이 쉽게 접하고 읽을 수 있게 된 것은 적어도 16세기 초 마르틴 루터의 독일어 성경 번역 그리고 그 당시 확산되기 시작한 인쇄술의 발달 이후라는 사실이다. 그전에는 천 년이 넘도록 서방 그리스도교에서는 4세기 말엽에 제롬(Jerome, H)이 번역한 라틴어 성경, 이른바 불가타(Vulgata) 성경

---

2 Rosemary Radford Ruether, *Gaia and God: an Ecofeminist Theology of Earth Healing* (New York: Harper SanFrancisco, 1994), 192.

을 주로 사용했고, 당연히 라틴어를 아는 학식 있는 사람들만 읽을 수 있었다.

따라서 성경이 실제상 일반 신자들의 신앙생활에 직접 영향을 미치게 된 것은 그리 오래된 일이 아니다. 또 마르틴 루터의 독일어 성경이나 킹 제임스(King James)본 영어 성경이 나왔다고는 하지만 당시의 높은 문맹률을 감안하면 일반 신도들이 성경을 직접 읽을 수 있게 된 것은 길어야 2~3백 년 전부터였다 해도 과언이 아니다. 그럼에도 우리가 앞 장에서 보았듯이 특정한 역사적 사건을 통해서 자신을 계시하는 역사의 하느님을 믿는 성서적 그리스도교 신앙과 이성의 보편적 진리를 추구하는 철학적 지성의 관계를 어떻게 볼 것인가 하는 문제는 명시적이든 암묵적이든 교부 시대부터 신학자들의 중대한 관심사가 되었다.

성경의 하느님은 이스라엘이라는 특정 민족을 선민으로 택하여 그들의 역사에 관여하고 인도하는 하느님이다. 특히 인류 구원을 위해서 그의 아들 예수 그리스도를 세상에 보내서 그의 행위와 가르침, 십자가의 죽음과 부활이라는 특별한 사건들을 통해 자신을 계시하고 인류를 구원하는 하느님이다. 성경은 힌두교나 불교, 유교 등 다른 동양 종교들과 달리 주로 특정한 개인들의 구체적 삶의 이야기나 특정 민족의 역사 이야기들을 담고 있다. 또 성경은 인간의 언어를 매개로 하여 전해지는 하느님의 말씀, 즉 계시를 담고 있으며, 하느님의 특별한 섭리의 행위로 간주되는 수많은 기적 이야기들을 담고 있다. 신학자 프라이(H. Frei)는 성경의 준역사적이고 비교적 사실적(realistic) 이야기들과 일반적 역사 이야기 사이의 차이점을 다음과 같이 서술한다.

이런 모든 점에서… (성경의) 사실주의적 이야기는 역사 이야기와 유사하다. 이는 물론 이 두 종류의 이야기 사이에 차이점이 없다는 말은 아니다. 예를 들어 현대 역사가들은 물론 사건들을 기적에 호소해서 설명하는[성경 이야기들의] 방식을 당연히 편향된 눈으로 볼 것이다. 거의 모두가 동의하는 현대적 역사 서술은 일어났다고 믿는 사건들의 순서를 만족스럽게 서술해야 하며, 사건들 사이의 연관관계를 초자연적 행위자에 의존하지 말고 서술해야만 한다. 이와는 대조적으로 성경 이야기들 속에는 기적이 아닌 이야기들과 기적 이야기들이 항시 섞여 있다. 그러나 우리가 내린 원칙에서 볼 때는 기적 이야기들조차도 묘사된 행위 대신 다른 어떤 것을 상징하지 않는 한 결국 사실주의적이고, 역사 이야기와 유사하다 (그렇다고 역사적 사건들이라는 말 그리고 이런 뜻에서 사실적으로 참이라는 말은 아니지만). 다시 말해서 그런 기적적인 사건들조차도 묘사된 행위가 하느님이든 인간이든 어떤 특정한 사람이나 특정한 이야기에 없어서는 안 된다는 점에서 역사 이야기와 유사하고 사실주의적이라는 말이다. (그리고 사실 성경의 기적들은 종종 놀라울 정도로 비상징적이다.)[3]

일반적 상식을 가진 사람들이 성경을 이해하는 데 가장 큰 걸림돌이 되는 것은 하느님의 '말씀'과 '행위'라는 의인적(擬人的, anthropomorphic) 표현들이 무수히 많이 등장한다는 사실이다. 이런 표현들을 신자들이 문자 그대로 취하지 않는 한—어린아이일 때는 흔히 그렇게 하지만— 그런 말이 과연 실제로 무엇을 뜻하는지, 어떻게 이해해야 할지 위대한 신학자라 해도 일반인들이 납득하기 쉽게 설명하기는 쉽지 않다.

---

3 Hans W. Frei, *The Eclipse of Biblical Narrative: A Study of Eighteenth and Nineteenth Century Hermeneutics* (New Haven and London: Yale University Press, 1974), 14.

하느님에 대해 우리가 사용하는 언어의 성격 문제에 대한 가장 표준적인 견해는 토마스 아퀴나스에 의해 제시된 유비적(analogical, 類比的) 의미론이다. 그에 따르면 하느님의 행위나 말씀이라는 개념은 인간의 행위나 말과 완전히 동일한 의미(一義的, univocal)로 사용될 수 없고, 그렇다고 완전히 다른 의미(異義的, equivocal)로 사용되는 것도 아니다. 양자 사이에 있는 어떤 유사성에 입각해서 유비적 의미로 사용할 수밖에 없다는 것이 그리스도교 신학에서 일반적으로 인정하는 견해다. 다른 말로 하면 하느님에 대해 사용하고 있는 우리의 언어는 모두 상징적이고 메타포(metaphor)로 이해해야 한다는 것이다. 예를 들어 우리가 어떤 사람을 '곰'이라고 할 때, 누구도 그가 문자 그대로 곰이라고 생각하지는 않는다. 그렇다고 곰이라는 말이 전혀 그 사람과 무관한 말이라고 생각하지도 않는다. 곰이라는 말 말고는 다른 어떤 말로도 표현하기 어려운 어떤 면이 그에게 분명히 존재하기 때문에 그렇게 부르는 것이다. 이러한 상징적 언어의 용법을 유비적이라고 부른다.

하지만 물론 일반 신자들이 언제나 이런 사실을 염두에 두면서 성경 이야기들을 읽거나 하느님에 대해 말을 하고 있는 것은 아니다. 오히려 대다수 사람은 통상적으로 성경 이야기들을 문자적이고 사실적인 의미로 읽는다. 그러나 성 아우구스티누스를 비롯하여 고대나 중세 시대의 위대한 신학자들은 성경의 말씀이 문자적으로 이해하기 어려운 경우에는 비유적(figurative) 또는 상징적 해석, 심지어 알레고리(allegory)로 해석하기를 주저하지 않았다. 루터나 칼뱅 등 종교개혁자들과 개신교 정통주의 신앙을 추종하는 신학자들이 문자적 이해를 고집하고 있는 것은 사실이지만, 그들 역시 성경의 이야기들 사이의 연관관계나 구약성경과 신약성경의 관계 그리고 성경 전체를 관통하는 어떤 일관된 신학적 주제나 메시지—가령 예수 그리스도, 율법과 은총, 예언과 성취 등—를 읽어내기 위해서는 문자적 이해를 넘어 비유적 이해에 의존할 수밖에 없었다. 그런가 하면 그리스도교 신비주의자들, 예컨대 마이스터 에크하르트 같은 14세기 도미니코 수도회 신학자는 성경의 깊은 영적 메시지를 읽어내기 위해서 대담한 알레고리적 독법을 사용하는 데 주저하지 않았다.

문제는 근대 과학의 발전과 계몽주의적 합리주의가 보편화됨에 따라 성경을 접하게 된 일반인들의 경우다. 현대인들은 우선 사실의 언어에 익숙해 있고 문자적 의미에 길들여져 있다. 현대인들은 성경의 '사실주의적' 이야기들, 특히 기적 이야기들을 대하자마자 그것이 '사실'이냐 아니냐를 먼저 묻고 따진다. 그 영적 의미나 신앙적 진리는 뒷전이고 문자적 의미와 사실적 진위에 관심을 쏟는 경향이 강하다.

사실, 성경 이야기들이 만들어졌을 당시의 사람들 그리고 근대의 과학적 합리주의가 보편화되기 이전 시대에 성경을 읽었던 일반 신자들은 사실적 진리와 신앙적 의미의 진리를 구별조차 하지 않았다. 그럴만한 문제의식이 없었기 때문이다. 이 둘을 명확하게 구별하는 것 자체가 이미 사실적 의미에 편향된 현대인의 시각을 반영하고 있고, 사실적 의미와 별도로 성경 이야기들의 신앙적 의미나 진리를 논하는 신학자들 역시 이미 현대적 사고의 영향을 반영하고 있다.

이전의 개신교 성경 해석의 역사에서는 우리가 본 대로 본문의 문자적이고 종교적인 의미와 그 사실적 정확성이 전적으로 합쳐져 있었다. 중요한 점은 그것들이 서로 조화를 이룬다고 여기는 정도가 아니라, 서로 다른 종류의 문제라는 생각조차 하지 않았다는 것이다. 둘이 아니었다는 것이다. 18세기가 끝나감에 따라 이러한 상황은 점점 더 과거의 일이 되어 버린다. 계시가 사실이냐는 문제가 하나의 독립적이고 비판적 탐구의 대상이 되었기 때문이다. 이제부터는 역사적 사실,

문자적 의미, 종교적 진리 사이의 조화가, 잘해야 입증되어야 할 문제, 최악의 경우에는 사실적 묘사처럼 보이는 것들의 종교적 진리를, 그 묘사의 사실적 정확성 내지 진리성에 대한 부정적 판단에 비추어 어떤 식으로든 설명해야만 하게 되었다.[4]

여하튼 근대 과학적 세계관과 사고 그리고 계몽주의적 합리주의가 보편화된 이후로 사람들은 성경의 이야기들을 접하는 순간부터 그 사실적 진위 문제에 신경을 쓸 수밖에 없게 되었다. 현대인들에게는 이 문제가 성경 이야기들을 이해하는 데 최대의 걸림돌이라 해도 과언이 아니다. 성경에 대한 역사·비평적 연구나 슐라이어마허(F. Schleiermacher) 이후 현대 신학이 하느님과 그리스도에 관한 성경의 메시지를 이해하는 방식, 가령 불트만(R. Bultmann)의 유명한 탈신화화(demythologizing) 같은 실존주의적(existential) 성경 이해도 모두 이 문제와 관련이 있다.

오늘날 성경을 읽는 사람들은 신학자든 일반 신자든 성경의 사실적 진리와는 별도로 그 종교적 의미와 신앙적 진리 문제를 안고 씨름할 수밖에 없게 되었다. 그리고 이 둘의 관계를 어떻게 이해하느냐에 따라 보수와 진보, 정통과 이단 그리고 그 중간 내지 절충 등 다양한 신학적 입장들이 제시된다. 이 문제를 집중적으로 연구한 한스 프라이의 분석을 다시 한번 들어 본다.

만약 성경이 전하는 종교적 진리들의 의미가 본래 그것들을 통용시키게 된 [성경 이야기들의] 역사적 사건들에 전적으로 의존한다면, 성경은 물론 즉시 사실에 대한 정보와 종교적 의미에 있어서 없어서는 안 될 원천이 된다. 더욱 이 성경이 종교적 진리의 원천이 된다는 것은 성경이 역사적 사건들에 대한

---

4 같은 책, 56.

지식의 원천이 된다는 것에 전적으로 의존한다는 것을 의미한다. 그러나 만약 성경의 종교적 의미가 성경 이야기들과 사건들에 논리적으로 의존하지 않는다면, 확실히 성경은 사실상 없어도 되는 것이다. 그런 경우 [성경 이야기들의] 역사적 사실은 종교적 진리에 아무런 영향도 미치지 못하기 때문이다. 그렇다면 성경은 종교적으로는 없어도 무관한 것인가? 대답은 원칙상으로는 '그렇다'이다. 다만 우리는 모든 영적 관념들이 인류의 발전 과정에서 모종의 가시적 형태로 전달하는 수단이 있어야 한다는 점은 감안해야만 한다. 그러나 우리가 이미 본 대로 성경이 종교적으로 불필요하다는 것은 그것이 무의미하다는 것을 뜻하지는 않고, 단지 성경의 종교적 의미의 기준이 성경 이외의 것에서 와야 한다는 것을 뜻한다. 성경의 의미성이 그 자체의 특정한 언술이나 신념들보다 더 광범위한 종교적 맥락에 의존한다는 말이다. 성경은 종교적 진리를 포함하지, 규정하는 것은 아니라는 레싱의 주장은 성경이 비록 종교적으로 없어서는 안 되는 것은 아니라 해도 여전히 종교적으로 의미가 있다는 [당시 독일 지성계의 일반적] 입장의 전형적인 예이다.[5]

프라이는 여기서 18세기부터 성경 이야기들이 처하게 된 근현대적 딜레마를 날카롭게 분석하고 있다. 나는 이 분석이 성경 이야기들이 처한 오늘날의 상황에도 그대로 타당하다고 여긴다.[6] 한마디로 말해 성경이 없어도 우리가 종교적 진리를 아는 데 아무런 지장이 없게 되었다는 것이다. 비록 성경 이야기들이 종교적 진리와 모순되지 않는다 해도 그렇다. 특히 성경 이야기들의 사실성이 의심되는 경우라도 사람들은 종교적 진리를 알기 위해서 굳이 그런 이야기들을 상대할 필요를

5 같은 책, 118.
6 그래서 나는 위의 영어 원문이 과거형으로 서술되었지만, 의도적으로 현재형으로 번역했다.

느끼지 않게 되었다는 것이다.

한 걸음 더 나아가서 설령 우리가 성경이 전하는 이야기들의 사실성 여부와 상관없이 그 이야기가 전하고자 하는 어떤 종교적 메시지나 영적 의미를 발견한다 해도 여전히 제기되는 문제는 그러한 의미가 과연 현대 과학이 말해 주고 있는 세계관이나 인간관에 비추어 볼 때 '참'(true)인가 하는 문제가 여전히 남는다. 다시 말해서 의미의 진리성이 여전히 문제로 남는다는 것이다. 현대 과학적 세계관과 사고방식이 성경 이야기들의 사실성은 물론이고 우리의 경험을 초월하는 어떤 종교적 메시지나 진리도 의심스럽게 만들기 때문이다. 현대인들에게는 사실적 진리 말고는 더 이상 다른 차원의 영적 진리에는 관심이 없을 정도가 되었다. 그리스도교의 신앙적 진리뿐 아니라 눈에 보이지 않는 초월적 세계나 진리 같은 것을 말하는 종교는 의심의 대상이나 관심 밖의 문제가 되어 버린 것이다.

나는 지금 여기서 이 문제에 대한 현대 성경학자들이나 신학자들의 대응을 고찰하려는 것이 아니다. 앞서 논한 윌리엄 오컴의 유명론적 사고와 마찬가지로 나의 관심은 과학적 합리성이 일반화된 세계에서 성경의 권위가 붕괴되면서 초래된 서구 사상과 문명의 위기의 문제에 있다. 근대 과학의 세계관과 사고방식은 서구인들의 세계관과 사고방식을 탈그리스도교화했을 뿐 아니라 탈형이상학화되었고, 그 결과 현대 서구인들이 기댈 수 있는 두 가지 전통적인 정신적 기반이 무너지게 되었다. 성서적 신앙과 형이상학적 사고 그리고 거기에 의거했던 목적론적 세계관이 붕괴된 것이다. 그 후로 전개된 서구 근대 사상사는 이렇게 무너져 버린 삶의 정신적 토대를 인간의 이성 위에 새롭게 구축하려는 계몽주의 정신과 사상, 이러한 기획에 대한 반발과 비판 그리고 계몽주의적 이성의 한계와 문제점들을 극복하려는 시도들의 역사라 해도 무방하다.

우리는 여기서 다시 한번 성서적 신관과 신앙의 특성을 상기해 볼 필요가 있다. 성경의 하느님은 역사에 개입하고 행위하는 하느님으로서 그리스도교 신앙은 인간의 자연적 이성을 초월하는 하느님이 특수한 역사적 사건들을 통해 자신을 드러내는 '초자연적' 계시(supernatural revelation)를 믿는 신앙이다. 바로 이러한 성서적 신앙이 근대 과학적 세계관에 의해 무너지게 되는 결정적 계기를 맞게 된 것이다. 갈릴레오·뉴턴·다윈 등으로 대표되는 현대 과학은 세계와 인간을 이해하는 고대와 중세의 그리스도교 세계관에 심대한 타격을 가했다. 이 타격은 그리스도교 신관과 신앙을 뒷받침해 주던 고대와 중세의 형이상학적 사고를 무너트린 오컴의 유명론(唯名論)보다도 훨씬 더 실제적이고 강력했다. 그리스도교 신앙의 핵심을 점하는 역사의 하느님 신앙과 계시에 대한 믿음을 정면에서 도전했기 때문이다. 이 도전은 중세 형이상학적 사고에 근거한 목적론적 세계관뿐 아니라 성경의 신관 자체를 뿌리채 흔들 수 있는 위협이었다.

세계가 엄격한 물리적 인과율에 의해 지배된다고 보는 근대 과학은 성경에 나오는 '초자연적' 기적 이야기들에 대한 믿음이 설 자리를 앗아갔다. 이에 따라 '사실주의적' 성격을 지닌 성경 이야기들에 대한 믿음은 직격탄을 맞은 것이나 다름없이 흔들리게 되었다. 일련의 기적적 사건들을 통해 전개되는 하느님의 인류 구원의 드라마와 경륜이 사실적 근거가 없는 믿기 어려운 이야기로 전락하게 되었고, 세상사에 개입하면서 역사를 주도하는 하느님의 존재와 섭리에 대한 믿음도 바닥에서부터 흔들리게 된 것이다. 현대인들은 이제 초등학교만 나와도 과학적 사고와 세계관의 영향 아래 산다. 사람들은 기적 이야기를 듣자마자 그게 '사실'이냐고 물으며, 사실이 아니라고 판단되면 일고의 가치도 없는 허탄한 이야기로 치부해 버리고 관심을 접는다. 결국 현대 신앙인들은 과학을 믿느냐 아니면 성경이 전하는 과학적 상식을 뛰어 넘는 기적적 사건들을 행하는 하느님을 믿느냐 하는 불행한 선택을 할 수밖에 없게 되었다.

그래도 성경의 이야기들을 믿는 신앙인들이 있다면 그들은 또 다른 시련에 봉착한다. 설사 하느님이 지금도 나의 삶을 인도하시고 나의 기도를 들어주시며 나를 곤경과 절망에서 구해주실 수 있는 분이라면, 왜 나에게 그리고 수많은 신앙인에게 이해하기 어렵고 감당하기도 어려운 고통과 시련이 그치지 않는가 하는 고민을 안고 사는 신앙생활을 하게 되었다. 이 문제는 오래된 것이지만, 현대인들의 신앙을 위협하는 가장 중요한 요소들을 꼽으라면 나는 여전히 아무런 주저 없이 두 가지 문제를 꼽을 것이다. 한편으로는 '역사의 하느님' 신앙에 기반을 둔 기적 이야기들에 대한 소박한 믿음을 무너트린 근대 과학적 사고 그리고 다른 한편으로는 그나마 하느님의 섭리에 대한 믿음을 굳건히 지키고 사는 경건한 신앙인들이 자신의 삶 속에서 경험하거나 아니면 자기 주변의 사람들이나 부조리한 역사 속에서 수많은 사람이 경험하는 감당하기 어려운 시련과 고통의 문제다.

이런 맥락에서 보수적 근본주의(fundamentalism) 신앙을 지닌 그리스도인들이 성경문자주의를 고집하는 이유도 이해가 간다. 성경 이야기는 문자 그대로 사실로 믿어야 한다는 신앙관, 그렇지 않으면 그리스도교 신앙이 무너진다는 생각이 신자들의 생각을 지배하고 있기 때문이다. 또 '창조과학'이라는 신학도 아니고 과학도 아닌 '괴물'이 경건하고 소박한 신앙인들이나 과학자의 마음을 끄는 것도 같은 맥락에서다. 그렇다면 신앙이란 것이 과학적 상식과 지성의 희생 위에서만 가능하다는 말인가? 이 문제에 대한 정직하고 설득력 있는 대답에 현대 그리스도교의 사활이 걸려 있다 해도 과언이 아니다.

　여하튼 성경의 사실주의적인 이야기들에 대한 소박한 믿음과 거기서 오는 감동이 당연시되던 시절은 이제 갔다. 교육받고 교양을 갖춘 현대인들에게 성경의 권위는 회복하기 힘들 정도로 타격을 받고 무력화되었다. 이런 사실을 무시하고 묻지마식 성경문자주의 신앙을 고집하는 '근본주의'나 맹목적 '성경 숭배' 같은 것은 문제의 본질을 외면할 뿐 아니라 오히려 계속해서 문제를 증폭시킬 뿐이다. 적어도 하느님의 '초자연적인' 개입에 의해 일어난 것으로 간주되는 일련의 기적적 사건들을 통해 자신을 특별히 계시하고 인류를 구원하는 성경의 하느님 신앙은 설 자리를 잃어버리게 되었다는 것은 이제 부정하기 어렵게 된 것이다.

VIII. 스피노자와 칸트 이후의 그리스도교 신학

　초자연적 계시의 하느님에 대한 신앙과 이에 근거한 성경과 정통 신학의 권위가 붕괴되면서 계몽주의 시대 사상가들에게 남은 종교적 선택은 크게 보아 두 가지뿐이었다. 첫째는 신을 인정하지만, 역사의 하느님, 행위하는 하느님, 일련의 기적적 사건을 통해 자신을 계시하는 초자연적 하느님을 부정하고, 대안적 신관을 수립하는 길이었다. 이신론(deism)과 스피노자처럼 신과 자연을 완전히 일치시키는('신 또는 자연', deus sive natura) 범신론(pantheism), 또는 자연 속에서 신의 현존을 느끼거나 역사 전체를 신(Geist)의 현현 · 현시(manifestation) 과정으로 보는 느슨한 형태의 범신론 계통의 새로운 신관들이다. 둘째는 성경과 그리스도교 신앙의 핵심을 도덕적 가치에 대한 믿음 혹은 도덕적 인격의 완성에서 찾는 길이다. 이것은 칸트(I. Kant)와 그 후 20세기 초까지 전개된 개신교 자유주의 신학(liberal theology)이 걸어 온 길이었다. 또 20세기 초에 유행했던 실존주의(existentialism) 계열의 신학도 하나의 대안으로 제시되기도 했다. 하지만 바르트(K. Barth)의 신정통주의(Neo-orthodox) 신학은 이 모든 흐름에 찬물을 끼얹었다.

　계몽주의 시대 사상가들까지만 해도 성경의 권위나 성경 이야기들의 가치를 완전히 부정하지는 않았다. 다만 그들은 성경의 이야기들이 무지한 대중으로 하여금 이성의 고차적 진리를 알기 쉽게 이야기 형태로 전달함으로써 그들을 교화하는 교육적 효과가 있다고 보았다. 하지만 그들은 대체로 성경 이야기들이 과학적 상식이나 역사적 진실에 위배된다고 보았다. 따라서 그들은 이성적 기준에 부합한다고 여겨지는 몇몇 핵심적인 지적 내용만을 골라 담은 이른바 보편 종교(universal religion) 혹은 이성 종교(Vernunftreligion)라는 것을 성경과 그리스도교의 핵심적 가르침으로 제시했다. 가령 이신론적 의미로 이해된 창조주 하느님의 존재, 인간 영혼의 불멸성, 개인 인격의 존엄성이나 정의와 사랑 같은 보편적인 도덕적 가치들에 대한 믿음 등이다.

우리는 이러한 생각을 이미 17세기 중반에 활약한 유대인 철학자 스피노자에게서 발견한다. 그에 따르면 성경 메시지의 핵심은 "정의와 자선을 사랑하고, 구원을 얻고자 하는 사람이면 누구든 순종해야 하는 지고의 존재인 하느님이 계신다는 것, 이 존재를 경배하는 길은 이웃을 향해 사랑과 정의를 실천하는 데 있다"는 가르침으로 귀결된다.[1] 스피노자는 그것이 성경 여기저기서 발견되는 핵심 내용이며, 성경 이야기들의 참다운 의미는 역사적 사실들에 있는 것이 아니라고 생각했다.[2] 성경의 이야기들은 오히려 역사적으로 의심스럽고, 설령 믿을 만하다 해도 그것이 성경의 참된 내용이나 주제는 아니라고 스피노자는 생각했다.[3]

더욱 중요한 것은 스피노자에 따르면 정의나 사랑 같은 성경의 핵심적 가르침은 반드시 성경으로부터 배울 필요가 없고, 성경이 전하는

---

1 Hans W. Frei, *The Eclipse of Biblical Narrative* (Yale University Press, 1980), 43.
2 같은 곳.
3 같은 곳.

어떤 이야기들의 사실성에 의존하지도 않는다.[4] 그것은 인간의 본성과 일반적 관념들로부터 도출될 수 있다고 스피노자는 믿었다.

> 역사적 이야기의 진리는 아무리 확실하다 해도 우리에게 하느님을 아는 지식이나 이에 따른 하느님에 대한 사랑을 줄 수 없다. 왜냐하면 하느님 사랑은 하느님에 대한 앎에서 오며, 하느님을 아는 지식은 그 자체로서 확실하고 알 수 있는 일반적 관념들에서 오기 때문이다. 따라서 [성경의] 역사적 이야기의 진리는 우리가 최고선을 얻는 데 필수적이라는 것과는 상당한 거리가 있다.[5]

여기서 스피노자는 이미 이야기 중심의 성서적 신앙이 겪을 운명을 예고하고 있다 해도 과언이 아니다. 성경의 핵심 메시지는 정의나 사랑 같은 윤리적 가르침에 있다. 자유로운 의지에 따라 세계를 창조한 하느님, 기적적 사건들을 통해 자신의 뜻을 간헐적으로 계시하는 하느님 그리고 세계와 역사를 일정한 목적을 향해 인도하고 섭리하는 하느님에 대한 신앙은 철학적·형이상학적 사고를 할 능력이 없는 대중을 위한 '그림의 언어'일 뿐이다. 그들로 하여금 바람직한 도덕적 삶을 살도록 유도하는 의미는 있을지언정 사실성이 의심되고, 하느님을 아는 지식이나 사랑에 필수적인 것이 아니라고 스피노자는 보았다.

한편 그가 수립한 범신론적 신관은 성경의 대중적 인격신관에 만족할 수 없는 사람들을 위한 하나의 과감한 철학적 대안이었기에 그 후 많은 지성인에게 음으로 양으로 영향을 주었다. 신앙과 이성 사이에서 고민하는 사람들로 하여금 대안적 신관을 모색하게 하는 자극제가 된

---

4 같은 곳.
5 같은 책, 44.

것이다. 당시 자연과학의 결정론적 세계관의 영향 아래 있었던 스피노자에게 세계와 역사는 더 이상 신과 인간이 자유로운 행위의 주체로서 함께 엮어가는 장이 아니다. 그는 인간의 자유뿐 아니라 신의 자유도 인정하지 않았다. 그에게 신은 '산출하는 자연'(natura naturans), 자연은 '산출된 자연'(natura naturata)이다. 만물은 신의 다양한 양태와 얼굴들이며, 자연계에 신의 의도나 목적 같은 것이 개입할 여지는 전혀 없다.

스피노자에서는 범신론과 결정론적인 과학적 세계관이 하나로 합치되었지만, 그 후 20세기 초까지 전개된 서구 신학의 역사는 크게 보아 셋 중의 하나를 선택하지 않으면 안 되게 되었다. 첫째는 그의 범신론적 사고의 영향 아래 자연의 모든 현상에서 신의 현존을 보는 '낭만주의적' 신관 내지 자연관 혹은 자연과 역사의 전 과정을 신의 현시로 보는 길이고, 둘째는 이신론(deism)의 길, 셋째는 세계에 대한 형이상학적 인식을 포기하고, 종교와 신앙을 오로지 인간의 도덕적 삶에 정초하려는 칸트식 사고다. 첫째 선택이 스피노자의 사상적 영향을 받은 레싱, 신학자이자 종교철학자인 슐라이어마허 그리고 일련의 19세기 낭만주의 사상가들과 시인들 그리고 셸링이나 헤겔 같은 철학자들이 따른 길이라면, 둘째 선택인 이신론은 스피노자와 마찬가지로 기계론적 세계관을 따르면서도 세계의 합리적 질서를 만든 창조주 하느님은 인정하는 계몽주의 사상가들 가운데서 유행했던 신관이다. 이미 앞장에서 소개한 대로 이신론에 따르면 하느님은 한 치의 오차도 없이 작동하는 시계 제작자와 같은 분이다. 신은 일단 물리적 인과법칙이 지배하는 세계를 창조한 후에는 더 이상 세상사에 개입하지 않으며 할 수도 없다. 현재까지도 지성인들 가운데는 이런 신관을 가지고 있는 사람이 제법 있다. 또 막연하게나마 '하늘의 뜻과 섭리'(天理, 天道) 같은 것을 믿는 유교 문화권에 속한 사람들 가운데서도 적지 않은 사람들이 암묵적으로 가지고 있는 일종의 도덕적 신관이다.

세 번째 선택은 칸트와 그의 철학에 영향은 받은 19세기 자유주의 신학이 걸었던 길이다. 칸트도 뉴턴 물리학으로 대표되는 기계론적이고 결정론적인 자연관을 따르기는 스피노자나 이신론자들과 매한가지였지만, 이신론과는 달리 그는 도덕(morality)에 중점을 두는 길을 택했다. 칸트는 창조 세계의 법칙적 질서와 조화를 통해 신의 존재를 입증하려는 형이상학적 시도를 거부했고, 가능하지도 않다고 생각했다. 그는 신앙을 인간의 도덕적 삶에 정초하고자 했다. 칸트는 말하기를 "종교는 다름 아니라 신학을 도덕에 적용한 것이다"라고 말할 정도였다.6 칸트는 『순수이성비판』을 통해서 감각적 경험에 의존할 수밖에 없는 인간의 유한한 이성으로는 신의 존재조차 알 수 없다고 주장했지만,『실천이성비판』에 와서는 인간의 도덕적 삶이 가능하기 위한 선험적 요청(Postulat)의 차원에서 신의 존재와 영혼의 불멸성 그리고 인간의 자유를 수용했다.7 칸트에 따르면 신의 준엄한 도덕적 명령은 실천이성의 '무조건적인 명령' 혹은 양심의 소리로서 인간의 마음에 내재한다. 도덕적 주체로서의 인간의 도덕적 경험과 인격의 완성에 신앙의 초점을 두는 칸트의 종교 사상—그의 실천철학, 종교철학, 도덕신학—에 영향을 받은 19세기의 '자유주의 신학'(liberal theology)은 범신론이나 낭만주의 계열의 신학과 마찬가지로 20세기 초에 등장한 칼 바르트의 신정통주의 신학의 출현에 의해 큰 타격을 입게 되었다.

여하튼 칸트와 더불어 지식과 신앙, 이성과 계시 그리고 이론과 실천 사이의 균열은 재통합의 가능성이 완전히 차단될 정도로 커지게 되었다. 형이상학은 아예 지식의 범주에서 배제되었고, 철학이나 그리

---

6 Philip Clayton, *The Concept of God in Modern Philosophy*, 267에서 인용.

7 물론 이러한 요청이 신, 영혼의 불멸성, 인간의 자유에 대한 주관적 확신은 될지언정 그 객관적 실재성을 입증하는 것이 아님은 자명하다.

스도교 신학도 형이상학을 포기하다시피 했다. 신앙은 지적, 이론적, 철학적, 형이상학적 기반을 상실한 채 인간의 종교적 경험과 직관 혹은 실천이성의 무조건적인 도덕적 명령(그가 '정언명령'[categorical imperative]이라고 부르는)에서 찾았다.

한편 위의 세 가지 길과는 달리 신학자이며 종교철학자인 슐라이어마허는 메마른 칸트식 도덕주의와 교리 중심의 정통 신학을 거부하면서 그리스도교 신앙을 인간의 영적 직관이나 종교적 경험에 정초하고자 했다. 슐라이어마허 이후 20세기 초에 활약했던 오토(R. Otto)는 칸트의 선험주의적인 인식론의 영향과 슐라이어마허의 영적 직관의 정신을 이어받으면서도 그와는 달리 동양 종교 사상, 특히 힌두교 사상에도 정통했던 신학자·종교철학자였다. 그는『성스러움(das Heilige)의 관념』에서 '두렵고 매혹적인 신비'(mysterium, tremendum et fascinans) 경험을 종교 특유의 경험으로 묘사하면서 종교를 이러한 '누멘(numen)적' 경험에 정초하려고 했다.[8]

종교적 경험에 초점을 맞추는 슐라이어마허와 오토의 종교철학은 20세기부터 본격적으로 발달하기 시작한 종교학 내지 세계 종교사 연구에 큰 자극을 주었다. 종교와 신앙의 핵심은 교리도 철학도 도덕도 아니다. 종교는 인간의 어떤 특이한 종교적 경험이나 영적 직관에 근거한다. 이런 입장은 종교의 진리가 객관적 보편성을 확보하기 어렵다는 문제를 안고 있지만, 그렇다고 종교적 감정이나 직관에 호소하는 슐라이어마허나 오토의 입장이 전적으로 주관주의적인 것은 아니다. 적어도 그러한 경험을 촉발하는 어떤 절대적 실재가 있음을 그들은 부정하지 않았다. 사실, 신에 대한 언어를 지식의 범주에서 추방했던 칸

---

8 루돌프 옷토/김희성 역,『성스러움의 의미』(das Heilige) (분도출판사, 1987). 나는 독일어 원 제목, das Heilige의 훌륭한 영문 번역본(The Idea of the Holy)에 따라 '성스러움의 의미'라고 의역했다.

트 자신도 그의『판단력비판』에 이르러서는 '숭고함의 감각'(the sense of the sublime)을 논하면서 무한한 실재나 세계에 대한 어떤 목적론적 통찰을 암시했고, 감각적(sensible) 세계와 초감각적(supersensible) 세계를 매개하려는 입장을 취했다는 것은 의미심장한 일이다."9

하지만 감각이나 직관은 아무래도 보편적 인식이 되기는 힘들다는 사실은 부정하기 어렵다. 여하튼 칸트 이후로 신앙을 철학적으로, 이론적으로 정당화하려는 노력은 전반적으로 쇠퇴할 수밖에 없었고, 그 대신 도덕이나 종교적 감정에 신앙을 정초하려는 노력이 한동안 서구 기독교 신학과 사상계를 지배하게 되었다. 이렇게 신앙의 문제에서 합리적 근거 찾기를 포기하거나 거부하는 '주관주의적' 접근은 20세기로 접어들면서 서구 사상계에 풍미하기 시작한 실존주의(existentialism) 계통의 신학과 사상에서도 마찬가지였다. 신앙은 이론적 정당화보다는 개인의 실존적 결단과 비약(이른바 '신앙의 비약', the leap of faith)을 필요로 한다는 입장이다. 또 실존주의의 영향 아래 현재도 종교철학의 한 흐름을 형성하고 있는 신앙주의(fideism) 역시 신앙의 문제에 관한 한, 합리적 논증이나 객관적 근거를 제시할 필요가 없고 할 수도 없으며, 또 해서도 안 된다는 입장을 취한다.

여하튼 근대 과학에 의해 곤경에 처하게 된 성경의 초자연주의적인 인격신관과 세계관은 성경을 가르치고 해석하는 교회 지도자들이나 신학자들에게 큰 고민을 안겨 주게 되었다. 그들은 우선 교육받은 사람들의 지성을 당혹하게 만드는 성경 이야기들의 사실적 진리 문제를 정면에서 다루는 대신 이야기들이 담고 있는 어떤 보편적 의미나 관념 혹은 메시지에 관심을 돌렸다. 경우에 따라서 성경 외적으로 얻은 어떤 보편적인 종교적 관념이나 통찰 그리고 영적, 실존적 메시지를 성

---

9 Philip Clayton, *The Problem of God in Modern Thought*, 327-346 참고.

경 이야기들에서 발견하기도 하고 그 속으로 읽어 들어가기도 했다. 하지만 그렇다고 문제가 속 시원히 해결되는 것은 아니다. 성경 이야기들이 지닌 사실성의 문제가 여전히 남을 뿐 아니라 성경 이야기들에서 읽어내는 일반적 종교적 관념과 영적 메시지 자체의 진리 여부도 여전히 문제로 남기 때문이다.

무엇보다도 성경 이야기들의 사실적 진리와 종교적 메시지의 진리 사이의 관계가 여전히 문제로 남는다. 성경 이야기들은 이제 정말 없어도 되는 것인가? 아니면 그것들만의 독특한 진리를 담고 있는 것일까? 이미 지적한 대로 성경에서 어떤 보편적이고 항구적인 종교적 진리나 영적 메시지를 발견하려는 현대 신학자들의 노력과는 상관없이 많은 현대인은 이미 성경을 외면하고 있다. 문자적 진리와 의미의 진리가 분리되는 순간부터 성경의 권위는 사실상 붕괴되기 시작한 것이나 다름없다. 성경 밖에서도 더 잘 얻을 수 있는 일반적인 영적 진리를 —그것이 신화적 진리든, 철학적 진리든 혹은 다른 종교들을 통해서 얻을 수 있는 어떤 영적 통찰이든— 굳이 성경을 통해 우회적으로, 그것도 지극히 믿기 어려운 이야기들의 표피를 뚫고 들어가는 번거로운 해석학적 작업을 거쳐서 얻을 필요가 없기 때문이다.

설상가상으로 계몽주의적 합리성이 성경 연구자들이나 신학자들에게도 영향을 미치게 되면서 성경에 대한 역사 비평적(historico critical) 연구가 도입되자 성경의 문자적, 사실적, 역사적 신빙성에 대한 믿음은 더욱더 흔들리게 되었다. 특히 복음서들에 대한 역사 비평적 연구는 복음서들이 어떤 경로를 통해 형성되었는지를 소상히 밝혀 주었고, 한 역사적 존재였던 유대 청년 예수가 어떻게 온 인류를 구원하는 신앙의 그리스도, 천상의 그리스도로 고백되었는지 그리고 급기야 하느님의 영원한 말씀(로고스)의 육화로 신격화되었는지를 여실히 보여 준다. 이에 따라 도그마화된 그리스도에 대한 신앙을 전제로 해서 형성된 복음서들의 역사적 신뢰성은 물론이고, 예수가 본래부터 하느 님 말씀의 육화이고 하느님의 아들이라는 믿음과 그것을 전제로 한 '정통' 신학도 흔들리게 되었다. 예수의 신성에 대한 믿음이 전제되었 던 시절에는 예수가 행한 숱한 기적들이 당연한 일로 여겨질 수 있었 지만, 근대 과학적 사고와 역사 비평적(historico-critical) 성경 연구가 발 달한 후로는 더 이상 자명한 진리가 되지 못할 뿐 아니라, 오히려 신앙 의 걸림돌로 작용하게 된 것이다. 최근 신학계에서 많이 논의되고 있 는 '역사의 예수'와 '신앙의 그리스도'의 구별 문제도 이러한 맥락에서 생겼다. 그 결과 삼위일체 신론에서 출발하는 전통적인 '하향적 그리 스도론'과 달리 인간 예수 혹은 '역사의 예수'로부터 시작해서 그가 인 류의 구원을 위해 행한 사역의 의미와 그의 초월적 정체성을 이해하려 는 '상향적 그리스도론'이 점차 더 설득력 있는 대안으로 등장하게 되 었다.[10]

---

10 독어로 'Christologie von oben', 'Christologie von unten'(Christology from above, Christology from below).

IX. 세속주의자들의 종교 비판

현대 세계에서 역사의 하느님에 대한 성서적 신앙을 곤경에 처하게 만들고, 형이상학적 토대 위에 구축된 그리스도교 신학을 붕괴시킨 것은 과학적 세계관과 사고방식뿐이 아니다. 현대 세계로 오면서 무신론적이고 공격적인 세속주의자들(secularists)의 날카로운 종교 비판도 적지 않게 한몫했다. 그들은 초월적 실재나 종교적 세계관을 부정하는 세속적 휴머니즘(secular humanism)을 표방하면서 인간 해방의 기치 아래 신 중심적이고 타계 중심적인 그리스도교 신앙을 맹공했다.

초월적 세계나 실재를 말하는 종교를 인간의 욕망의 투사로 보는 포이어바흐(L. Feuerbach)의 비판을 거쳐 종교를 '민중의 아편'으로 고발하는 마르크스(K. Marx)에 이르러 본격화된 세속주의적인 종교 비판은 대표적이다. "독일에서 종교 비판은 기본적으로 끝이 났고, 종교 비판은 모든 비판의 전제다"라는 마르크스의 대담한 선언(1843)은 이를 잘 대변해 주고 있다. 여기서 비판의 핵심은 인간의 구원의 문제, 즉 신과 인간, 인간과 인간의 화해 그리고 인간의 자유가 예수 그리스도라는 특정 인물과 필연적으로 연결되는가 하는 핵심 문제에 집중된다.[1] 마르크스에 따르면 종교는 인간을 해방하기는커녕 오히려 비인

---

1 Hans Frei, *The Eclipse of Biblical Narrative*, 224.

간화한다. 종교가 인간을 만드는 것이 아니라 인간이 종교를 만들었고, 인간은 스스로 만든 종교라는 제도에 의해 해방은커녕 진정한 인간성에서 소외되고 억압받는다. 하늘의 환상적 행복을 약속하는 그리스도교 신앙은 땅 위에서 인간이 마땅히 누려야 할 진정한 행복(real happiness)을 위한 노력을 가로막는 '민중의 아편'이다. 민중으로 하여금 가짜 행복을 구하도록 하는 부조리한 사회·경제적 조건을 개선하려는 노력을 잠재운다고 마르크스는 비판했다.

신의 죽음을 선포한 니체와 인간의 본능적 욕구를 억압하는 종교(주로 그리스도교)의 폭력과 위선을 고발하는 프로이트 등의 종교 비판도 마르크스 못지않게 신랄했다. 이에 더하여 다윈 이후로 본격화된 진화론이나 최근의 신다윈주의는 그리스도교의 전통적 세계관과 인간관에 심각한 위협으로 등장했다. 근대 자연과학의 기계론적 세계관이나 계몽주의 사상만 해도 인간의 초월성과 존엄성을 부인하지 않았지만, 진화론은 이런 믿음을 위협했다. 다양한 생물 종(種, species)이 자연선택(natural selection)의 원리 아래 전개된 오랜 진화 과정을 통해서 형성되었다는 생각은 종들이 하느님이 창조한 불변하는 본질을 가지고 있다는 생각, 인간 출현을 정점으로 하는 종들 사이의 차이와 위계질서가 불변한다는 종래의 관념에 치명적 타격을 가했다. 진화론은 이런 점에서 오컴과 더불어 출현한 유명론, 즉 존재하는 것은 사물이나 생명의 불변하는 본질이나 범주가 아니라 돌연변이라는 무수한 우연으로 진화하고 변하는 개별자들뿐이라는 생각을 최종적으로 입증한 셈이다.2

진화론은 무엇보다도 인간이 하느님의 모상으로 창조된 존귀한 존

---

2 한스 요나스(Hans Jonas)/김종국·소병철 역, 『물질, 정신, 창조』(철학과현실사, 2007). 144. 김종국의 '역자 해제'에서 재인용.

재이며 하느님의 특별한 섭리와 배려의 대상이라는 성서적 인간관을 흔들어 놓기에 충분했다. 인간도 여타 생명체들과 마찬가지로 철저히 자연에 '속한' 존재라는 사실, 끊임없이 생존을 위한 투쟁과 자연선택의 결과로 출현하게 된 존재라는 냉혹한 사실을 진화론은 여실히 보여 주었기 때문이다. 인간의 출현은 신의 섭리에 따른 특별한 의미나 목적을 지닌 현상이 아니라 무수한 돌연변이(mutation) 같은 우연의 연속에 의해 이루어진 우발적 현상에 지나지 않는다는 냉혹한 진리다.

진화론은 또 불변하는 질서의 체계로 간주되던 자연계, 생명계에도 변화의 '역사'라는 것이 존재한다는 사실을 밝혀 주었다. 진화론적 사고는 더 나아가서 생명계에만 적용되지 않고 인간이 만든 역사적 산물 모두, 즉 사회문화적 제도나 관습이나 사상에까지 적용되었다. 신이 제정해 준 절대적이고 불변하는 것은 더 이상 존재하지 않고, 모든 것이 시간 속에서 출현해서 끊임없는 진화 과정을 통해 형성되는 것이라는 견해가 상식이 되었다. 이러한 진화론적 사고의 도전 앞에서 그리스도교 신학은 전통적 창조론을 수정 없이 고수하기는 매우 어렵게 되었다. 현대 신학은 적어도 '창조의 진화'와 '진화의 창조'를[3] 함께 논할 수밖에 없게 된 것이다. 이러한 시도는 이미 다윈 이후에 얼마 되지 않은 시점에서부터 다양하게 시도되었다. 가령 하버드 대학의 칼뱅주의 신학자로서 진화론적 '자연주의'(naturalism)를 수용한 그레이(Gray, A)는 다윈 이전에 유행하던 디자인(design) 개념을 폭넓게 해석하면서 말하기를 "창발(Emergence)은 도매로 계획된 디자인으로서 [인간의] 마음과 도덕적 인격이 출현하게 된 과정이다. 이 과정은 아무렇게나 움직이는 물질로는 설명이 되지 않는다"고 했다.[4]

---

3 신학자 몰트만(J. Moltmann)의 표현.
4 Ian Barbour, *Religion and Science* (New York: HarperCollins, 1997), 59쪽에서 인용.

근대적 세계관과 인생관이 중세 신본주의의 질곡에서 인간을 해방시켰다는 것, 그리하여 땅을 무시하고 하늘에만 매달려 살던 삶, 현세를 비하하고 내세만을 바라보고 살던 삶, 육체와 욕망을 폄하하고 영혼에만 매달렸던 삶에서 인간을 해방시켰다는 주장들은 모두 쉽게 부인하기 어려운 면이 있다. 해방된 근대인, 자유와 주체성을 확보한 인간이 실제상으로는 그리 많지 않을지 모르지만, 그것이 모든 인간의 당연한 권리이며 쟁취해야 할 이상으로 자리 잡게 되었다는 것은 부정하거나 외면할 수 없다. 따라서 이제부터는 개인들이 각자 무엇을 어떻게 추구하며 살아야 할지, 어디서 삶의 의미를 찾아야 할지, 새로운 삶의 질서와 권위는 어떻게 구축해야 할지에 대해 현대 사상은 아직 확실하고 설득력 있는 답을 제시하지 못하고 있다. 아니, 그런 것은 불가능할 뿐 아니라 필요하지도 않다는 체념 혹은 모든 것이 개인의 자유로운 선택의 대상이라는 극도의 개인주의가 상식이 되는 세계에서 현대인들은 살게 되었다.

X. 다원화된 현대 세계 속의 종교

　우리는 지금까지 그리스도교가 역사적으로 직면해 온 두 가지 거대한 도전, 즉 그리스 철학의 도전과 근대 과학의 도전에 대해 고찰했다. 그리스 형이상학의 도전은 그리스도교가 비교적 성공적으로 극복하고 이성과 신앙을 종합하는 중세적 사상 체계를 이룩했다는 것, 그러나 역사의 하느님을 믿는 성서적 신앙과 마찬가지로 형이상학적 사고도 근대 과학적 세계관의 도전을 받아 붕괴되거나 고사할 형편에 처하게 되었다는 것을 논했다. 이제 그리스도교가 처한 세 번째 도전에 대해 생각해 볼 차례다. 사상과 이념, 가치관과 종교가 다원화된 현대 사회가 그리스도교의 절대적 진리 주장에 대해 제기하는 도전이다.

　우리는 앞에서 이미 그리스도교 신학계의 한 가지 중요한 동향 가운데 하나가 인간의 종교적 경험이나 영적 체험에 중점을 두는 종교연구, 즉 종교학(Religionswissenschaft, Comparative Study of Religion)이 서서히 등장하게 되었다는 사실을 언급했다. 이러한 동향은 먼저 그리스도교 신학 내에서 주목을 받다가 지금은 전 세계적인 추세가 되었다. 이는 서구 학계나 일반 지성인들 사이에서 불교를 위시한 동양 종교들에 대한 관심이 부쩍 증가하고 있다는 사실과 무관하지 않다. 또 제2차 세계대전 이후 서구 제국주의의 지배를 벗어나 독립한 국가들이나 신

생국들은 자기들의 문화와 종교 전통에 새로운 자긍심을 가지게 되었다는 사실 또한 매우 중요하다. 여하튼 이러한 세계 종교들에 대한 관심과 비교종교학적 연구가 종래의 그리스도교 중심적 종교관에 미친 영향은 근대 과학적 세계관 못지않게 크고, 앞으로도 점점 더 커질 가능성이 있다. 그리스도교 신학을 중심으로 하던 종교 연구나 담론의 시대는 영구히 갔다는 사실만은 누구도 부정하지 못한다.

종교 다원화 현상은 종교를 보는 현대인들의 시각에 중대한 변화를 초래했다. 이 도전은 과학적 세계관과 마찬가지로 비단 그리스도교만의 문제가 아니라 모든 현대 종교가 직면할 수밖에 없는 문제다. 사실 종교뿐 아니라 각종 철학 사상이나 이념, 인생관과 가치관 그리고 모든 사회 제도나 문화도 새로운 시각에서 보도록 하는 도전이다. 적어도 어떤 절대적이고 불변하는 이념적 정체성을 고수하고자 하는 집단들—세속적이든 종교적이든—에게는 더 이상 피할 수 없는 위기이자 엄청난 기회가 될지도 모를 도전이다. 간단히 말해서 사상과 이념이 다원화된 세계에서 배타적 절대성이나 독점권을 주장할 수 없게 되었다는 사실이 주는 충격과 도전이다. 종교들은 이 도전에 어떻게 대응해야 할지 전례 없던 새로운 문제에 직면하게 된 것이다. 사상의 진위 여부는 둘째 문제다. 인류의 다수가 한 개인이나 특정 집단이 믿는 신념이나 이념과 전혀 다른 세계관과 가치관을 가지고 산다는 사실 자체가 한 종교의 가르침이나 진리 주장의 보편성과 절대성에 심각한 타격을 줄 수밖에 없기 때문이다.

모든 사상은 명시적이든 암묵적이든 진리임을 주장한다. 자기가 따르는 사상을 거짓이라고 생각하는 사상은 없다. 굳이 '사상'까지 들먹일 필요도 없다. 우리는 입을 열어 어떤 말을 하는 순간, 명시적이든 암묵적이든 자기가 하는 말이 참(true)임을 이미 전제한다. 가령 "지금

비가 온다"고 누가 말할 때, 그 사람은 "지금 비가 온다는 나의 말은 참이다"는 주장이 이미 그 말속에 포함되어 있는 것이나 다름없다. 아무도 자기 말이 거짓이라고 생각하면서 주장하는 사람은 많지 않다. 적어도 의도적으로 거짓말을 하거나 허풍을 떠는 경우가 아니라면 그렇다. "진리란 존재하지 않는다, 모든 것이 거짓이다"라고 말하는 사람도 이 주장만큼은 진리라는 것을 전제로 하면서 그렇게 말한다. 진리에 대한 전폭적인 회의주의나 상대주의, 또는 이데올로기적 비판—마르크스, 니체, 프로이트식 이른바 '의심의 해석학'(hermeneutics of suspi-cion)—이 직면하게 된 딜레마도 바로 여기에 있다. 최근 우리나라 지성계에서 유행하고 있는 포스트모더니즘의 이성 비판 역시 마찬가지다. 이성의 비판도 이성의 이름으로 이성적으로 할 수밖에 없다. 근대 이성이 아무리 억압적이고 비인간적이라 해도 이성의 비판 역시 이성에 호소할 수밖에 없고, 진리에 대한 모든 비판 역시 진리의 이름으로 할 수밖에 없는 것이다.

어떻게 우리는 이렇게 종교와 사고방식이 다원화된 사회에 살게 되었을까? 우리는 우선 우리가 이런 다원화된 사회 속에 살고 있다는 사실 자체를 결코 당연시해서는 안 된다. 지나친 일반화는 경계해야 하지만 근대 이전의 전통 사회에서는 언제나 다수가 믿고 따랐던 지배적 종교 내지 주류 종교라는 것이 존재했다. 다수가 믿고 따르던 가치와 삶의 방식이 있었고, 이 종교의 가르침이나 삶의 방식에 대해 다수가 회의를 품지 않고 당연한 진리로 여기면서 살았다. 동물들은 삶의 방식이 태어날 때부터 유전자에 담겨 있는 정보에 따라 움직이면 생존이 가능하지만 인간은 다르다. 몸과 마음, 존재와 의식이 분리될 수 있는 인간은 자유로운 존재로서 동물과 달리 훨씬 넓고 다양한 방식의 사고와 행동이 가능하며, 언제나 선택의 자유와 부담 그리고 책임을 안고 산다. 하지만 인간도 매 순간 모든 일에서 선택을 하며 살 수는 없다. 우리의 사고와 행위를 규제하는 일정한 틀이 없으면, 인간도 길을 잃고 방황하며 불안해한다. 종교 그리고 문화가 수행하는 필수적 기능 가운데 하나는 바로 우리의 삶의 방식과 사고방식에 일정한 방향을 제시해 주는 정향(定向)의 틀을 제공하는 일이다.[1] 종교와 문화는 따라서 인간의 삶에서 동물에게는 선천적이고 본능적으로 주어져 있는 것을 대신하는 역할을 수행한다고도 볼 수 있다. 말하자면 문화와 종교는 인간의 제2의 본성과도 같다.

그런데 바로 이러한 정향의 틀이 종교와 문화가 다원화되는 현대 사회에서 위기에 처하게 된 것이다. 현대인들이 겪는 엄청난 정신적 부담과 혼란은 바로 이런 상황에 기인한다 해도 과언이 아니다. 불과 100년 전 조선시대에 살던 우리 조상들의 삶을 한번 생각해 보라. 엄격한 유교 윤리와 신분사회에서 개인이 추구해야 할 가치나 사상이나 행동 방식에 무슨 선택의 자유가 있었겠는가? 그러나 이제 한 종교가 사회 구성원 다수의 사고와 행동을 규제하던 시대는 사라졌고, 앞으로도 다시 오지 않을 것이 거의 확실하다.

이제 우리는 다양한 세계관, 인생관, 가치관, 사상 그리고 종교 등이 경연을 벌이는 세계에서 각자 알아서 선택하고 살아야 하는 엄청난 자유를 누리게 되었지만, 그 대가 또한 만만치 않다. 우리가 여기서 주목해야 할 점은 삶의 방식의 다원화보다도 의식의 다원화 현상이다. 현대 시민 사회에서 살고 있는 현대인들은 싫든 좋든 자기가 모르는

---

1 우리는 이미 이 점을 이 책 초두에서 에리히 프롬(Erich Fromm)은 그의 *Psychoanalysis and Religion* (New Haven: Yale University Press, 1950)의 종교관을 소개하면서 언급한 바 있다. 그에 따르면 종교의 기능을 우리가 헌신해야 할 대상(an object of devotion)과 살아가는 삶의 방향을 제시하는 정향의 틀(a frame of orientation)을 제공하는 일이라고 보았다.

'타자'들을 매일 같이 접하면서 살 수밖에 없다. 다수가 나와는 전혀 다른 생각, 다른 사고, 다른 가치관과 인생관 그리고 다른 종교와 이념을 가지고 사는 사람들과 함께 산다. 이러한 사실이 함축하는 것은 실로 아무리 강조해도 지나치지 않는다. 그들이 어느 지역 출신, 어떤 가문, 어떤 직장, 어떤 성장 과정, 어떤 종교 배경과 가치관, 어떤 신념을 가진 사람인지 전혀 모르고 관심을 가질 필요나 여유 없이 살 수밖에 없다. 더 나아가서 나의 사고방식이나 가치관, 생활방식 그리고 내가 따르는 종교가 내가 사는 사회에서 다수의 종교가 아닐 가능성이 크다. 이런 상황에서 자기가 믿고 따르는 종교의 가르침의 절대성을 주장하기 어렵고, 주장한다 해도 사람들이 믿기 어려울 것은 불을 보듯 뻔하다. 우리는 이러한 현상을 종교의 다원화에 따른 '소수 집단 의식'이라고 부를 수 있다. 지구촌 시대에 사는 현대인들은 누구든 소수자이고, 소수자 의식을 갖고 살 수밖에 없는 것이다.

한국인은 다수가 아직도 유교 전통이 많이 남아 있고 비교적 단일 언어, 단일 민족, 단일 역사적 경험 그리고 동질적 문화 속에 살고 있지만, 적어도 개인들이 따르는 가치관이나 인생관 그리고 종교는 누구의 경우든 소수 집단(minority)의 것일 수밖에 없다. 불교, 개신교, 천주교와 같이 우리 사회의 주류 종교들이라 해도 결국 인구 전체를 보거나 세계 전체를 보면 소수 종교일 수밖에 없다. 세계화라는 오늘날의 현상은 적어도 교육받은 현대인들 모두에게 종교적, 문화적 소수자 의식을 불어넣고 있다. 시시각각 전파를 타고 전해지는 세계 각국의 정치, 경제, 사회, 문화, 종교에 대한 엄청난 양의 정보를 접하고 사는 현대인들의 의식이 어떻게 100여 년 조금 넘은 조선시대에 살던 사람들의 것과 같을 수 있겠는가? 또 현재도 인도 12억 인구, 중국 13억 인구, 이슬람 사회문화 속에 살고 있는 10억 이상의 인구를 생각할 때, 나의 의식과 사고방식, 가치관과 삶의 방식 그리고 내가 속해 있는 종교가 아무리 옳고 좋다고 해도 어디까지나 소수의 것일 뿐이라는 사실이 우리의 의식 속에 확실하게 각인된다. 이러한 사실이 지닌 의미를 이제는 어느 종교, 어느 집단도 무시하거나 외면할 수 없게 된 것이다. 간단히 말해 현대 종교들은 모두 문화상대주의, 역사 상대주의가 상식이 된 사회에서 자기 종교의 '절대성'을 주장하는 어려운 상황에 처해 있다.

소수의 사고방식 혹은 삶의 방식이기 때문에 나쁘거나 틀렸다는 말이 아니다. 하지만 조금이라도 합리적 사고를 하는 사람이라면, 자기 것을 무조건 고집하거나 최고라고 주장하기가 어렵게 된 것만은 누구도 부정할 수 없다. 적어도 교육받은 사람이라면 더 이상 우물 안 개구리식 편견이나 독단 그리고 맹목적 배타성을 가지고 살 수 없게 되었다. 우리는 이제 한국 사회에 살면서도 세계와 호흡을 하면서 살고 있다. 옛날의 촌락공동체나 마을공동체 같은 폐쇄적 사회 속에서 사는 것이 아니다. 물론 아직도 그런 폐쇄적 사회에서 살던 때의 편협한 사고방식을 고집하고 사는 사람도 우리 주변에서 흔히 볼 수 있다. 그뿐 아니라 다원화된 사회가 초래한 정신적 혼란 속에서 사람들은 닫힌 사고, 닫힌 가치관, 닫힌 종교를 고집하고 싶은 유혹을 더욱 크게 받을 수도 있다. 오늘날처럼 다원화된 세계 속에서도 도저히 상식적으로 용납할 수 없고 말도 안 되는 극단적이고 폐쇄적인 사고 집단이나 개인들 그리고 배타적 공동체들이 여기저기서 기승을 부리고 있다는 사실을 우리는 적어도 이해할 수는 있다.

현대 학문의 두 축은 자연과학과 역사학이다. 우리는 이미 근대 자연과학이 그리스도교에 초래한 위기를 고찰했다. 현대 과학은 비단 그리스도교뿐 아니라 다른 종교들의 사상이나 믿음도 위협한다. 특히 세계를 창조하고 주관하다가 마지막에는 심판하는 유일신 신앙에 기초한 세 종교의 경우는 문제가 더욱 심각하다. 그러나 현대 세계에서 과학 못지않게 전통적 종교나 철학에 도전이 되는 것은 현대의 역사적 사고방식과 세계관일지도 모른다. 역사적 사고방식은 우리가 사회와 문화를 보는 시각을 획기적으로 바꾸어 놓았기 때문이다.

역사적 사고에 따르면 모든 사상과 제도, 심지어 종교까지도 예외 없이 특정한 역사적, 문화적 상황 속에서 생겨났고, 우리 인간들 가운데 누군가의 손에 의해 만들어진 역사적 산물이다. 예전에는 불변하는 신의 창조 질서라고 여겨졌던 것들이 모두 역사적 산물임이 의심의 여지없이 밝혀지게 된 것이다. 이제 인간의 문물, 제도, 철학, 종교 등 어느 것 하나 절대적이고 불변하는 것은 없다. 모든 것이 시대에 따라 변해 왔고, 앞으로도 변할 수 있고, 또 변해야만 한다는 생각이 일반화되고 있다. 전통 사회와 문화에서 우리의 의식을 지배해 왔던 신화적 사고가 힘을 잃고 신화(myth)와 역사(history)가 확연히 구별되기 시작했다. 신화의 사회적 유용성은 인정받을 수는 있을지 모르지만, 절대적 진리로 여기는 사람은 별로 없을 것이다. 믿기 어려운 허구 정도로 치부하지나 않으면 다행일 것이다. 인간의 제도나 문물, 사상이나 가르침이 신화적 기원이나 신적 권위를 지닌 신성한 것이라는 말은 더 이상 통하지 않는다.

신화적 사고에 따르면 세계와 인생에 주어져 있는 가장 근본적 현상들—가령 세계의 기원이나 질서, 군주제, 남녀의 차이나 결혼, 가족 제도 등—은 모두 우리 인간이 만든 것이 아니라 신(들)이 제정해 준 영원한 질서다. 바로 이러한 믿음이 현대의 역사적 사고와 역사의식에 의해 흔들리게 된 것이다. 세상에 영원한 것은 아무것도 없고, 모든 것이 시간과 역사의 산물이라는 사고가 현대인의 의식을 지배하면서 더 이상 신성하고 절대적 권위를 지닌 것은 아무것도 남지 않게 되었다.

예를 들어 예전에는 상상하기조차 어려웠던 동성애자들의 결혼 같은 것도 점점 더 당연시되고 있는 시대를 우리는 살고 있다. 이제는 모든 것이 인간의 자유와 권리와 해방의 이름으로 적어도 원칙상으로는 허용되고 있는 실정이다. 특히 타인에게 해만 주지 않는다면, 사회통합을 심하게 위협하지만 않으면, 자유민주주의 사회에서는 별문제 없이 허용되고 있는 것이 일반적인 추세다.

영원불변하고 절대적인 것이 존재하지 않는 세계에서 모든 것은 인간의 합리적 판단과 편의에 따라 바뀔 수 있고, 또 바뀌어야만 한다. 그 어떤 제도나 사상도 그 어떤 사회 체제나 질서, 가치나 권위, 전통이나 관습도 투명한 합리적 비판에서 제외될 수 없고, 이성에 반하는 것은 언제든 사회적 합의에 따라 바꿀 수 있다고 사람들은 생각한다. 이것이 18세기부터 서구 사회에서 본격적으로 전개되기 시작한 서구 계몽주의(enlightenment) 사상이다. 현대인들은 이러한 혁명적 변화의 시대, 역동적 해방의 시대를 살고 있다. 모든 것이 인간의 행복을 위해 존재하며, 거기에 반하는 것은 무엇이든 고치거나 제거할 수 있다는 생각이 상식으로 정착되어 가고 있다. 고등교육을 받고 계몽된 인간은 이제 스스로 만들어 놓은 오래된 제도의 족쇄와 전통의 권위에서 벗어나게 되었다. 불합리한 전통과 관습 때문에 억눌렸던 자유와 권리를 되찾게 되었고, 인간을 소외시키는 그 어떤 제도도 용납할 수 없게 된 것이다. 이에 따라 보편적 인권, 개인의 주체성과 자유와 평등이 현대인의 양도할 수 없는 신성한 가치로 자리 잡아 가고 있다. 아직도 이 모든 것이 사회마다 차이가 있고 전통적 규범이 더 많이 남아 있는 사회에서는 사정이 많이 다른 것이 사실이지만, 대세는 거스르기 어려울 것이라는 게 나의 판단이다. 인간의 보편적 인권, 자유, 평등, 정의 등 서구 계몽주의 사상이 표방했던 가치와 이념은 이제 세계 어느 나라도 무시할 수 없게 되면서 전 세계로 확산되고 있다. 그리고 이러한 가치들을 적어도 법적으로, 정치적으로 보장하는 자유민주주의라는 정치 체제가 비록 사회마다 사정이 다르지만 다양한 형태로 자리 잡아 가고 있다. 계몽주의의 이념과 이상, 민주주의, 세속적 휴머니즘(secular humanism) 그리고 이와 함께 자본주의와 시장경제 체제가 근대 이후로 등장한 '새로운' 종교로 자리 잡아 가고 있다 해도 과언이 아닐 것 같다. 모든 종교가 그렇듯이 이 새로운 종교도 지역과 문화마다 다양한 형태와 양상을 보이고 있고, 어디서나 사상과 실천, 이념과 현실의 괴리 문제에서 자유롭지 않고 앞으로도 그럴 것이지만, 역사의 대세는 어느 사회도 거스를 수 없을 것이다.[2]

현대 사회의 특징 가운데 하나인 종교의 자유와 다원성은 현대 종교들의 운명에 큰 도전이 되고 있다. 이미 앞에서 보았듯이 서구 문명의 토대인 그리스도교적 세계관 그리고 이를 뒷받침해 주던 고대와 중세의 형이상학적 사고와 세계관이 과학적 이성의 도전 앞에서 무력화된 지 이미 오래다. 성 토마스 아퀴나스에 의해 구축되었던 중세적인 사상의 질서, 특히 이성과 신앙이 동거하는 이층집이 무너지면서 홀로 남게 된 성서적 신앙은 더욱 힘을 잃게 되었고, 다양한 종교 사상과 신관마저 유행하는 시대를 우리는 살고 있다. 하지만 그리스도교 신앙에 대한 근대 과학의 도전 못지않은 마지막 도전은 역사의식과 역사적 사고방식의 발달에서 왔다. 이 도전 또한 성서적 신앙과 그리스도교의 권위에 심대한 변화를 초래했다.

성서적 '신화들,' 하느님 이야기들이 세계와 인생을 설명해 주던 권위를 상실하게 되었고, 성경 연구가들은 역사적 연구를 통해 성경이

---

2 '세속적 휴머니즘'은 어떤 특정한 종교적 이념이나 사상의 도움 혹은 배경 없이 모든 사람이 단지 사람이라는 이유 하나만으로 차별 없이 존중받아야 하며, 적어도 인간으로서의 기본권을 누려야 한다는 사상이라고 간단히 정의할 수 있다.

언제 어떤 경로를 통해 형성되고 편집되고 그 권위를 인정받게 되었는지를 소상하게 밝혀 주고 있다. 이에 따라 성경과 전통(교리)의 절대성에 대한 믿음은 더 이상 지탱하기 어렵게 되었다. 현대 신학은 이러한 역사적 연구에 입각해서 그리스도교의 전통적 교리와 사상을 일단 해체한 다음 새롭게 재구성할 수밖에 없게 되었다.3 역사적 연구들은 또 그리스도교의 교권주의가 어떻게 인간의 자유로운 사고를 억압했고 봉건적 질서를 신성한 것으로 정당화했는지도 밝혀 준다. 그리스도교가 저지른 수많은 죄악상도 낱낱이 폭로한다. 교회가 어떻게 하느님의 이름으로 인간성을 배반하고 인권을 짓밟았는지, 어떻게 내세를 약속하면서 현세를 희생시켰는지 그리고 어떻게 하늘을 위해 땅을 소홀히 했고, 영혼을 위해 육체를 폄하했는지 낱낱이 파헤치고 고발한다. 그리스도교의 복음 대신 이제는 인간 해방과 복권을 외치는 세속적인 '해방의 복음'이 현대인의 마음에 더 호소력을 지니게 된 것이다.

현대의 역사의식과 지식 그리고 전 세계로 확대된 현대인의 문화적 상식은 그리스도교가 세계 여러 종교 가운데 단지 하나일 뿐이라는 사실을 사람들의 의식에 뚜렷하게 각인시켰다. 그리스도교의 경전, 제도, 전통, 신관과 기독론, 세계관과 인생관 등 모든 것이 세계의 다양한 문화 전통 가운데 하나일 뿐이라는 의식이 상식화되면서 그리스도교의 배타적 진리 주장은 점점 더 설득력을 상실하게 되었다. 역사적 상대주의, 문화상대주의 앞에서 모든 종교가 상대화되고 과거에 누렸던 절대적 권위가 무너지게 됨에 따라 종교 간의 차이는 이제 단지 문

---

3 현대 신학에서 주목을 끌고 있는 이른바 상향적 그리스도론(*Christologie von unten*)은 전통적인 하향적 그리스도론(*Christologie von oben*)과 달리 예수를 역사의 인물(historical Jesus)로 간주하는 시각에서 출발하여 신앙의 그리스도(Christ of faith), 도그마의 그리스도를 이해하고 재구성하려는 시도로서 현대의 역사적 사고의 산물이고, 그 전형적 예라고 할 수 있다.

화적 차이 정도 이상도 이하도 아니다. 오늘날 그리스도교에서 주목을 받고 있는 이른바 종교다원적 신학과 종교다원주의(religious pluralism)는 이러한 상황을 직시하면서 대담하게 새로운 신학적 담론을 전개하고 있다.

처음에는 주로 식민 통치의 일환으로 또는 그리스도교 선교의 목적으로 연구되던 동양의 역사, 문화, 언어, 종교에 대한 지식이 서구 사회 일반으로 퍼지면서 서구 지식인들 가운데는 불교, 힌두교 등 동양 종교에 매료되는 사람이 점차 증가하게 되었다. 오늘날 서양에서 동양 종교는 더 이상 소수 지성인의 지적 호기심이나 문화 연구의 차원에 머물지 않고, 상당수 사람에게 세속주의나 그리스도교 신앙을 대체할 만한 매력적 대안으로 자리 잡아 가고 있다. 특히 불교는 이런 점에서 가장 큰 관심의 대상이 되고 있다. 이에 따라 종래 그리스도교 중심의 종교관이나 배타적 신앙은 더욱더 통하기 어렵게 되었다.

동양 종교들의 도전은 과학적 세계관의 도전에 버금가는 도전으로서 그리스도교 신학에서는 동양 종교들을 신학적으로 어떻게 보고 평가할 것인가를 주제로 다루는 이른바 '종교신학'(theology of religions)이라는 것이 신학의 한 새로운 분야로 자리 잡아 가고 있다. 철학적 종교다원주의(relgious pluralism)나 종교다원적 그리스도교 신학은 이런 상황을 배경으로 하여 출현한 신학이다.4 그리스도교 중심의 종교관이

---

4 나는 지적 혼란을 피하기 위해 철학적 '종교다원주의'와 '종교다원적 신학'을 구별해야 한다고 본다. 전자는 어떤 특정 종교의 신앙을 전제로 할 필요가 없는 하나의 철학적 입장인 반면, 후자는 어디까지나 그리스도교적 신앙의 입장에서 신론, 그리스도론, 종말론 등 다양한 신학의 전통적 주제나 교리를 타 종교들의 사상과 통찰을 폭넓게 참고하면서 신학적 사고를 하는 열린 신학을 지향한다. 말하자면 다전통적 신학(multi-traditional theology)으로서 다전통적 영성을 추구한다. 종교다원주의자는 대체로 종교다원적 신학에 동조하는 편이지만, 종교다원적 신학자가 반드시 철학적 종교다원주의를 수용할 필요는 없다. 하지만 나는 개인적으로 종교다원주의도 하나의 철학적 입장으로 수용한다.

나 배타적 진리 주장이 더 이상 설득력과 현실성을 지니지 못하게 됨에 따라 그리스도교 신학자들은 타 종교들의 진리를 어떻게 볼 것인가라는 문제를 놓고 아직도 갑론을박을 벌이고 있다. 흔히 배타주의(exclusivism), 포용주의(inclusivism), 다원주의(pluralism)라는 세 가지 입장으로 정리되지만,5 성직자들이나 신학자들이 뭐라고 하든 양식 있는 신자들의 의식은 이미 암묵적인 종교다원주의자가 되었다 해도 과언이 아니다.

아무런 종교적 신앙의 헌신이 없는 지성인이나 철학자가 지적 관심이나 문화상대주의의 일환으로 종교다원주의를 주장한다면 당연한 이야기로 들린다. 하지만 자기 종교의 신앙적 진리를 따르면서 어떻게 다른 종교들의 가르침을 배우고 신학적 사고에 도움이 되도록 반영할 수 있는지는 새로운 신학적 도전이다. 하지만 지구촌화 되어 가는 오늘의 세계는 이러한 열린 신학적 사고와 영성을 요구하고 있다. 신론, 기독론, 종말론 같은 굵직한 신학의 주제들을 한 종교의 전통과 신앙의 눈으로만 보던 시대는 영구히 지나갈 것이다. 우리가 신(God)에 대해 무어라 생각하든 신 관념이나 신에 대한 담론이 한 종교의 독점물이 되던 시대는 지나갔다 해도 틀리지 않을 것이다. 교리에 대한 관심과 집착이 유난히 강하고 배타적 신앙의 성격이 매우 강한 종교인 그리스도교 내에서 종교다원적인 열린 신학이 제시되기 시작했다는 사실은 역설적이지만 매우 의미심장하다.

이 책의 마지막 장, '내가 믿는 하느님'에서 제시될 나의 신관은 그리스도교의 신관을 넘어 동·서양의 형이상학적 사유를 자유롭게 반영하는 일종의 '종교다원적 신학'이다. 하지만 종교다원주의를 하나의

---

5 이 세 입장에 대한 좋은 소개서로, Paul F. Knitter, *No Other Name?: A Critical Survey of Christian Attitudes Toward the World Religions* (Orbis Books, Maryknoll, New York, 1985): 변선환 역, 『오직 예수 이름으로만?』 (한국신학연구소, 1991)을 참고할 것.

철학적 이론으로서도 수용하고 있는 필자의 입장을 반영하는 신관이라 해도 무방하다. 여하튼 현대 종교 사상은 신학이든 종교철학이든 영성 사상이든 인류의 종교 유산을 폭넓게 반영해야만 한다. 한 종교만의 전통을 가지고 종교에 대한 사고와 담론을 펴던 일은 더 이상 통하지 않는 세계에서 우리는 살고 있기 때문이다. 그런 시대, 그런 신학은 영구히 갔고, 다시는 오지 않을 것이다.[6]

---

6 철학적 종교다원주의에 대한 필자의 입장은 "존 힉의 종교다원주의론," 「종교연구」 제15집 (1988), "종교다원주의: 역사적 배경, 이론, 실천," 「종교연구」 제28집(2002) 참고. 다만 이 두 편의 논문에는 '종교다원적 신학'과 '철학적 종교다원주의'를 구별하는 필자의 입장이 명시적으로 드러나 있지는 않다.

3장

신앙과 이성의 화해를 향하여

I. 현대 학문의 성격과 인문학의 위기

우리는 앞 장에서 현대인의 삶을 위협하는 가장 큰 문제는 삶의 무의미성이라고 했다. 이 무의미성은 인생무상의 느낌이나 삶에서 경험하는 고통 또는 죄의식 같은 데서 오기보다는 근대인들이 세계를 인식하는 근본 태도와 방식에서 온다는 특징을 가지고 있다. 근대적인 세계 인식, 특히 형이상학적 사고와 종교적 세계관의 붕괴, 특히 목적론적 세계관의 붕괴와 더불어 근대 과학의 기계론적 세계관의 대두는 세계와 인생에 의미와 목적이 있다는 사고에 결정적인 변화를 초래했다.

지금까지 우리는 중세 말 유명론의 대두, 종교개혁 그리고 근대 과학 혹은 학문—자연과학, 역사적 사고와 역사학 등—이 초래한 그리스도교의 성서적 신앙과 형이상학적 세계관의 붕괴를 사상사적으로 고찰하면서 현대의 정신적 상황을 진단했다. 이 장에서는 근대 학문 일반의 성격에 초점을 맞추면서 근대적 이성의 성격과 문제점을 조명하고, 현대 세계가 직면하고 있는 정신적 위기를 극복하는 길을 모색하고자 한다. 이를 위해서 나는 세속화된 근대 이성이 그 본래적인 종교적, 형이상학적 뿌리를 회복함으로써 이성과 신앙이 다시 화해할 수 있는 길을 새롭게 모색해야 한다고 생각한다. 그리고 이 새로운 화해에는 무엇보다도 새로운 신관의 모색이 필수적이라는 판단 아래 이 신관이 지향해야 할 방향을 가늠해보고자 한다.

지식을 산출하는 현대 학문은 자연과학이든 사회과학이든 인문학이든 모두 인식 대상과 인식 주체를 확연히 분리하고 '객관적' 거리 두기식 인식을 추구한다. 학자들은 구체적 자연인이 처한 생활세계—사회, 문화, 역사적 전통, 관습 등—에서 오는 일체의 '편견'을 버리고 냉정한 관찰자적 자세로 연구에 임한다. 자연을 냉철한 탐구 대상으로 여기는 근대 과학이 혁혁한 성과를 거둠에 따라 이러한 과학적 탐구 자세가 사회과학은 물론이고 인문학에까지 영향을 미치면서 모든 학문적 인식의 전범으로 간주되게 된 것이다.[1] 나는 이미 이러한 객관주의적인 인식, 곧 인식 주체와 대상의 일치—고전적으로 실재론적 인식론이라 불리는—를 진리로 간주하는 인식론, 토마스 아퀴나스의 유명한 표현대로 지성과 사물의 부합(adaequatio intellectus et rei)을 진리의 규범으로 간주하고 추구하는 일은 적어도 학문을 하는 사람 누구도 피할 수 없는 일임을 논한 바 있다. 어떤 사람이 의도적으로 거짓을 말하고자 하지 않는 한, 모든 사람은 자신의 언술이 어떤 객관적 사실 내지 사태—그것이 자신의 경험이나 심정이든 혹은 자기 밖의 사물에 관한 것이든—에 부합한다는 것을 전제로 해서 대화하고 학문을 한다. 하지만 진리를 추구하는 이러한 태도에 대한 비판적 시각과 반발도 있다. 특히 인간에 관한 학문인 인문학에서는 진리의 '비인간화' 혹은 탈인간화라는 비판이 강하다. 객관주의적 진리 추구는 자연과학적 연구에서는 큰 성공을 거두었지만, 인문학적 진리 탐구에서는 인문학을 변화시키지 못하고, 비인간적인 지식을 양산하는 학문으로 만든다는 문제를 안고 있다는 비판이다. 인문학도 학문인 한, 물론 객관적 학문의 정

---

1 나는 인문학계에까지 파고든 거리 두기식 인문학을 인간 소외에 근거한 학문으로 비판하는 입장을 개진한 바 있다. 길희성, 『인문학의 길: 소외를 넘어』(철학과현실사, 2020) I부(해석학적 인문학), 1. 인문학과 가치중립성의 문제 참고.

신을 무시하거나 방기할 수 없다. 예술을 논하든 사상을 논하든 종교를 논하든 가치문제를 논하든 인문학자들이 하는 모든 생각, 모든 판단, 모든 주장이나 말과 생각이 대상에 부합해야만 참이라는 규범에서 예외일 수 없다. 그러나 바로 이 점이 현대 인문학 일반이 처한 딜레마이고, 현대 인문학의 위기를 초래한 근본 원인이라고 나는 본다. 지금부터는 이 문제를 중심으로 현대 인문학의 위기 문제를 검토한다.

연구 대상을 객체화하고 연구자의 개인적 '편견'이나 선입견을 가능한 한 배제하는 객관주의적 사고와 연구 방식은 인간 문제를 다루는 인문학과 심지어 종교연구에까지 침투할 정도로 근대적 학문과 지식의 전범으로 자리 잡았다. 일체의 주관적 태도나 감정, 가치판단이나 선입견을 제거하고 대상을 있는 그대로 파악하려는 것이 오늘날 모든 학문이 추구하는 지식의 모델이 되었다. 이를 위해서는 우선 사실 판단과 가치 판단을 엄정하게 구별하고 '가치중립성'을 준수하는 것이 모든 학문의 정신이자 이상으로 간주된다.

근대 과학은 인간이 사물을 대하는 태도를 근본적으로 바꾸어 놓았다. 목적론적 세계관이 붕괴되고 세계 자체의 구조와 성격에 뿌리를 둔 것으로 여겨졌던 가치와 의미 같은 인간적 관심사와 문제의식은 철저히 배제되었다. 사실의 세계를 인식하기 위해서는 우리가 인간으로서 가지고 있는 일체의 가치나 목적, 의미에 대한 관심을 배제해야만 하는 과학적 연구 자세가 모든 학문적 인식의 전범으로 자리 잡으면서 역사와 문화, 종교, 예술, 철학, 사상 등 인간 현상을 연구하는 연구자들의 자세 또한 비인격화된다. 자연계의 탐구와 마찬가지로 인문학에서도 연구자 자신이 지닌 인간적 관심이나 가치 판단을 모두 배제하는 '거리 두기'와 중립적 자세가 필수적 조건으로 요청된다. 그렇지 않으면 '주관적'이라는 낙인이 붙고 학문성을 인정받지 못하는 것이 대학이나 연구기관의 일반적 실정이다. 오늘날 인문학이 점점 더 힘을 잃고 '인문학의 위기'가 세인들의 입에 회자되는 근본 원인도 나는 현대 인문학이 객관화된 인식을 추구하는 소외의 학문으로 변질되어 버린 데 있다고 본다. 인문학의 위기는 현대 인문학 스스로가 자초한 면이 강하다.2

이렇게 비인간화된 현대 학문이 실제로 '가치중립적'인지는 의문이다. 학문 연구의 방법과 과정은 엄정한 가치중립성을 표방하지만 적어도 그러한 연구를 지원해 주는 산업체나 기업체, 민간 연구소나 정부 기관들이 기대하는 연구의 목적과 성과 내지 활용성은 현대 학문이 엄격히 가치중립적이라는 주장이 허구일 수 있음을 보여 준다. 이러한 사정은 자연과학과 공학은 물론이고 사회과학과 인문학에서도 근본적인 차이가 없다. 오늘날은 인문학도 대중매체가 요구하는 관심과 대중의 소비 욕구에서 자유롭지 않다. 사실, 학문뿐 아니라 문화 활동 전체가 '문화산업'이라는 말이 자연스럽게 사용될 정도로 자본의 논리를 벗어나기 어렵게 되었다. 대형화되고 권력화된 종교 단체나 기관에서 수행하는 연구 프로젝트들은 말할 것 없고, 각종 명상이나 영성 수련마저도 기업화되어 가고 있는 실정이며, 명상이 건강에 미치는 영향 같은 것이 학자들이나 일반 대중의 관심을 끌고 있다.

인류의 소중한 정신적 유산에 담겨 있는 지혜의 보고를 대하는 태도에서조차 규범으로 요구되는 이러한 거리 두기와 가치중립성은 결국 소중한 정신적 유산을 대상화하고 타자화함으로써 연구자 자신뿐 아니라 인류가 당면한 삶의 문제들을 해결해 나가는 데 가질 수 있는 영향력을 처음부터 차단해 버리는 결과를 초래한다. 선대 인간이 목숨

---

2 이러한 현대 인문학의 문제에 대해 나는 이미 비판적 안목에서 진단한 바 있다. 길희성, "인문학과 가치중립성의 문제,"『인문의 길, 인간의 길』(한길사, 2016) 참고.

을 걸고 추구했던 세계와 인생의 진리가 후대 세대의 연구 활동에 의해 본질적으로 사물화되고 무력화되기 때문이다. 대상과 거리 두기식 연구에서는 과거가 단지 과거일 뿐이고, 현재 우리의 삶과는 아무런 관련이 없다고 본다. 연구 대상으로부터 거리 두기를 전제로 하는 현대 인문학은 과거를 현재화하려는 노력을 포기하고 과거를 단지 과거로 머물게 한다. 대상을 대상으로 남도록 하고, 연구자 자신의 삶과는 무관한 사물처럼 여기며, 결국 인문학에 종사하는 학자들도 대상에서 소외되면서 현대 산업사회, 자본주의 사회의 풍조와 요구에 따라 살게 되는 것이 오늘날 인문학자들이 처한 실태가 아니라고 누가 부정할 수 있겠는가?

오늘의 인문학자들은 대학이라는 제도에 안주하면서 '학문적 연구'의 이름으로 과거를 과거의 사실로 밝히는 일에 전념한다. 논문을 발표하고 연구 업적을 쌓는 데 몰두하는 사이에 철학은 대학의 강단 철학이 되어 버리고, 철학은 더 이상 '철학하는'(philosophieren) 작업이 아니라 철학사 '연구'로 변질되고 있다. 인문학은 더 이상 오늘의 삶의 문제를 가지고 씨름하는 살아 있는 학문이기보다는 과거의 사상이나 작품을 분석하고 연구하는 학문으로 변질되어 버리는 것이다. 역사학은 물론이고 문학도 문학 작품을 읽는 데서 오는 감동을 함께 느끼고 선사해 주는 대신 작품을 연구 대상으로 삼아 분석하는 전문화된 작업, 오직 전문 연구자들만을 위한 학문이 되어 문학에 관심이 있는 사람들조차 소외감을 느낀다.

해마다 동·서양의 사상을 연구하는 엄청난 양의 논문과 저서가 쏟아져 나오지만, 학자들의 '업적'을 쌓는 데는 도움이 될지 모르나 사람의 인격과 인생을 변화시키는 힘을 상실하고 사회를 변화시키는 힘은 더욱 없다. 점차 역사적 연구 혹은 문화 연구의 대상으로 변해가고 있는 종교도 더 이상 종교적 열정을 고취하고 실존적 결단을 촉구하는 힘을 발휘하지 못한다. 가치의 문제를 배제하고 중립성을 표방하는 현대 학문은 우리가 인간으로서 어떻게 살아야 하는지, 어떤 사회와 어떠한 세상을 꿈꾸고 만들어야 하는지의 문제의식을 외면하고 고도로 전문화되고 기술화된 연구 중심의 학문을 주업으로 삼는 전문가 집단의 전유물이 되어 버린다. 오늘날의 대학이 '지식산업체'로 전락해 버렸다는 소리가 들린 지 이미 오래지만, 절실한 인간의 문제를 다루어야 할 인문학이 '해서 무엇하냐'는 세인들의 조롱의 대상이 되고 인문학자들의 자조의 대상이 되면서 사람들에 의해 외면당하는 것도 따지고 보면 오늘의 인문학이 자초한 결과가 아닐까 하는 생각이 든다.

계몽주의에 대한 반발과 비판의식이 형성되는 19세기로 접어들면서부터 서구 인문학 내에서는 이러한 주객 분리에 입각한 과학적 학문 연구의 태도와 방법을 극복하려는 노력이 생기게 된 것도 사실이다. 낭만주의 문학의 대두 그리고 자연과학과 차별화된 인문학 고유의 연구 방법에 대한 모색이 이루어지기 시작했다. 이러한 문제의식은 오늘날도 계속되고 있다. 헤르더(Herder, J. G.)나 슐라이어마허 같은 낭만주의 계통의 사상가들에 의해 제시된 공감(Einfühlung)과 이해(Verstehen)의 해석학적 인문학, 이를 더 체계적으로 발전시켜서 이해(Verstehen)를 정신과학(Geisteswissenschaft)의 독자적 방법으로 제시한 딜타이(W. Dilthey) 그리고 실존주의(existentialism)의 대두와 더불어 유행하게 된 실존적 연구 자세 등은 모두 종래의 거리 두기의 인문학을 극복하려는 시도들이라고 할 수 있다. 지평융합(Verschmelzung der Horizont)을 인문학적 방법론으로 과감하게 제시한 가다머(H. Gadamer)의 철학적 해석학도 이러한 문제의식을 잘 반영하고 있다.3

---

3 나는 철학사 연구가 동양 철학을 연구 대상으로 삼는 일을 넘어 '살아 있는 철학'으로 되살릴

하지만 학문적 연구를 본업으로 내세우는 대학이라는 제도권 속에서 활동하는 인문학자들은 이 모든 비판의 소리에 아랑곳하지 않고 여전히 '연구' 중심의 인문학을 추구한다. 연구자 자신의 실존적 관심이나 삶의 문제와는 동떨어진 '직업화된' 연구가 교수들의 본업이 될 수밖에 없는 것이 부정하기 어려운 오늘의 현실이다. 내가 아는 한, 철학과의 문을 두드리는 학생들 가운데 누구도 철학의 한 분야에서 '전문가'가 되려는 포부를 품고 철학 전공을 선택하는 학생은 거의 없다. 대다수가 인생의 고민을 안고 철학의 문을 두드리지만, 오늘날의 강단철학은 그런 문제에 대해 해답은커녕 관심이나 문제의식조차 없고, 그런 실존적 고민을 할 여유도 허락하지 않는다.

수 있는 길을 모색하는 차원에서 가다머(H. Gadamer)의 철학적 해석학을 하나의 대안으로 고찰한 바 있다. 길희성, "동양 철학 연구 방법론의 一省察: 철학적 해석학의 관점에서," 「철학」 제21호(1984) 참고.

II. 근대적 자아, 자유, 무의미한 삶

　　연구 주체(subject)와 연구 대상(object)을 엄격히 구별하는 과학적 탐구 정신은 현대인의 자기 이해를 반영하고 동시에 강화한다. 자연이든 역사·문화이든 세계를 객관적 탐구와 지식의 대상으로 삼는 현대 학문의 연구자 상(像)이나 일체의 사회적 관계망에서 벗어나 고립된 주체로 살아가야 하는 합리적 주체로서의 인간상은 둘 다 서양 근대가 낳은 자아상이다.

　　근대 철학의 아버지로 불리는 데카르트의 '사유하는 주체'인 코기토(cogito)적 자아는 이런 근대적 자아상을 잘 대변했고, 그 앞날을 예고했다. 근대인은 종래 삶의 의미의 테두리 내지 도덕적 삶의 공간으로 작용하던 자연의 질서나 전통적인 사회적 관계망에서 풀려나 세계를 대상화하는 탈연고적 자아(disengaged self)[1]로 살면서 엄청난 자유를 향유한다. 하지만 이와 동시에 현대인들은 각자 홀로 자신의 삶의 의미를 찾고 개척하고 구축해야만 하는 엄청난 정신적 부담도 떠안게 되었다. 이러한 근대적 현상 자체가 이미 삶의 무의미성과 허무주의의 위험을 안고 있지만, 그렇다고 개인을 묶었던 일체의 전통적 속박과

---

1 찰스 테일러(Charles Taylor)의 표현. 그의 *Sources of the Self: The Making of the Modern Identity* (Cambridge, Mass.: Harvard University Press, 1989)는 이 문제에 대한 사상사적 고찰이다.

공동체적 연결고리에서 해방된 현대인들이 과거 전통 사회로 회귀하는 일은 가능하지도 않고 원하지도 않는다.

현대인은 오히려 전통 사회에서 형성된 정체성 대신 이 새로운 유형의 인간관에 입각한 자아의 이상과 가치를 적극적으로 주장하고 추구하기도 한다. 범할 수 없는 개인의 자유와 존엄성, 깊은 개인 내면의 발견과 존중, 자기만의 창조적인 삶, 개성의 존중과 자아실현 그리고 보편적 인권과 인간애 같은 새로운 가치들이 신성한 가치로 근대인의 의식에 자리 잡게 되었다. 구체적 인간을 규정하던 일체의 우연적 조건이나 연줄에 관계없이 인간을 단지 인간이라는 이유 하나만으로 존중하고 평등하게 대하라는 추상적 인간관에 근거한 이른바 보편인(universal man)의 이념이 일반화되고 있는 전대미문의 시대를 우리는 살고 있다.

이렇게 투명 인간처럼 보편인이 된 현대인에게 주어진 자유는 양면에 날카로운 날을 지닌 칼과 같다. 한편으로는 일체의 사회적 속박에서 풀려나 다원화된 사회가 제공하는 다양한 가치를 자유롭게 취사선택하고 향유하면서 자기만의 주체적 삶을 살 수 있는 자유를 누린다. 그러나 다른 한편으로는 이러한 자유를 마음껏 향유하고 구가하는 사람은 극소수에 지나지 않고 실제로는 대다수가 '자유를 위한 자유'라는 공허하고 무의미한 자유를 놓고 어찌할 바를 모르고 방황하며, 때로는 지난날에 대한 향수에 젖기도 한다. 하지만 대다수 현대인의 실상은 자본주의 경제 시스템이 지배하는 사회에서 소비와 향락을 누리는 자유를 진정한 자유로 착각하며 살고 있거나 새로운 집단적 정체성을 찾아 이곳저곳을 기웃거리고 있는 것이 부정할 수 없는 현실이다. 현대 자유민주주의 사회는 모든 사람이 일체의 속박에서 해방되는 소극적 자유(freedom-from)를 누릴 권리를 법적으로 보장 받는 민주사회의 시민으로 살지만, 실제로 자기가 원하는 가치를 선택하고 헌신하는 적극적 자유(freedom-for)를 누리며 살 수 있는 사람은 별로 많지 않다. 유감스럽게도 이러한 자유를 누리기 위해서는 상당한 경제적 조건이 받쳐주어야 하는 것이 현실이기 때문이다. 아니면 엄청난 시련과 고통을 감내하면서 '체제'에 도전하는 극소수의 용감한 사람만이 누릴 수 있는 값비싼 자유다.

18세기 계몽주의 시대로부터 보편화되기 시작한 이러한 일련의 근대적 가치들은 오늘날 전 세계로 확산되면서 사회나 문화의 장벽을 넘어 보편적 가치로 인정받아 가고 있다. 오늘날 세계의 어느 문화, 어느 종교도 이러한 근대적 가치들을 외면할 수 없을 뿐 아니라, 적극적으로 수용하지 않으면 안 되게 되었다. 여기서 우리가 주목해야 할 점은 개인 혹은 개체를 중시하는 근대의 보편적 가치들의 배후에는 그리스도교 전통이 깔려 있다는 사실이다. 현대 그리스도교가 여타 종교들과 달리 이러한 일련의 근대적 가치들을 자신의 가르침으로 적극적으로 수용하는 데 큰 어려움을 느끼지 않는다는 사실은 이 점을 간접적으로 드러내 준다. 탈그리스도교 시대를 살고 있는 현대인들은 이러한 사실을 망각하고 살지만, 이것은 엄연한 사실이다. 서구 사회와 문화가 아무리 세속화되었다 해도 서구인들이 삶과 죽음을 대하는 태도나 인간관, 특히 도덕적 사고와 가치관의 배후에는 여전히 그리스도교에 의해 형성된 인생관과 세계관이 암암리에 작용하고 있다. 바로 이러한 문화적 배경 속에서 근대적 가치들이 서구 사회에서 실제로 영향력을 발휘할 수 있는 것이다.

위에 열거한 일련의 근대적 가치들의 배후에는 개인의 발견에 의한 개인주의(individualism)가 자리 잡고 있다. 즉, 인간 한 사람 한 사람을 일체의 사회적 관계를 떠나 하나의 독립된 인격체로 간주하는 인간관,

개인의 인격과 인권을 신성시하며 개성을 존중하는 인간관, 개인들의 자기실현과 자기표현을 중시하는 인간관이다. 자연과의 교감을 중시하는 낭만주의도 집단보다는 개인의 감정과 직관을 중시하는 개인주의적 인간관의 다른 표출일 뿐이다. 이렇게 서구에서 가장 먼저 발달하게 된 개인주의적 사고와 가치관의 배후에는 그리스도교 신앙, 특히 개인주의적 신앙의 성격이 강한 개신교 전통이 결정적으로 중요한 영향을 끼쳤다.

개인을 중시하는 사고는 플라톤의 이데아 대신 개체를 실체(substance, ousia)로 보는 아리스토텔레스의 존재론에 이미 그 싹이 보인다. 그의 형상(form) 개념이 보여주듯이 그는 플라톤적 본질주의를 벗어나지는 않았다. 오컴의 유명론이야말로 본질주의를 거부하고, 본격적인 개체·개인 중심적인 사고의 출발을 알리는 사상이었다. 또 고대 말기에 그리스·로마 세계에서 크게 유행했고, 그리스도교에도 많은 영향을 끼친 스토아 철학에도 우리는 주목할 필요가 있다. 스토아 철학은 모든 인간이 로고스, 즉 이성을 지닌 존재라는 생각에 따라 개인의 존엄을 중요한 가치로 여겼다. 실제로 스토아 철학에 영향을 받은 로마 황제들 가운데는 모든 인간의 존엄성을 인정하고 실천에 옮긴 사람도 제법 있었다. 그들은 남녀노소나 사회적 신분의 차이를 넘어 피정복민과 노예에도 로마 시민권을 주었고, 민족과 인종의 차이를 초월하는 보편적 정치 질서를 구축하고자 했다.

그리스도교는 인간 존엄성의 근거를 이성에 두기보다는 모두가 하느님의 모상으로 창조된 존재라는 인간관과 모두를 하느님의 자녀로 보는 예수 자신의 가르침에 따라 인간 존엄성의 기반을 훨씬 더 확대하고 대중화했다. 하지만 스토아 철학과 그리스도교의 보편주의적인 인간관이 고대와 중세의 신분사회를 넘어 민주주의라는 정치 제도를 통해 보편적 인권이 뒷받침되기까지는 오랜 세월을 기다려야만 했다. 민주적 가치들의 실현은 비서구 사회들에서는 물론이고 제도로서의 민주주의가 정착된 서구 사회에서도 아직 미완의 과제로 남아 있다는 사실에 우리는 유의할 필요가 있다.

인간을 인종이나 민족, 남녀노소의 사회적 신분과 계급의 차이를 넘어 하느님의 자녀로 보는 그리스도교의 인간관은 실로 고대 사회에서 획기적 현상이었다. 그리스도교는 물론 교회 중심적 종교이지만, 교회는 본래부터 개인의 신앙, 즉 혈연이나 지연, 사회적 신분이나 조건과 무관하게 하느님과 개인의 직접적인 관계에 기초한 공동체였다. 구약시대의 예언자들도 인간이 하느님의 준엄한 윤리적 명령과 심판 아래 서 있다는 메시지를 전했지만, 그들의 날카로운 비판은 개인보다는 이스라엘이라는 민족공동체를 향했다. 율법을 강조하는 유대교는 개인의 신앙보다는 이스라엘 민족과 하느님과의 관계를 중시하는 민족적, 집단적 종교다. 이와는 달리 새로운 하느님의 백성임을 자처하고 나선 초대 그리스도교는 어디까지나 개인의 신앙적 결단과 선택을 바탕으로 해서 형성된 공동체다. 중세 가톨릭교회가 오랫동안 하느님과 인간을 매개하는 각종 제도와 의례를 중시하는 사제 중심의 종교로 그리스도교를 변모시켰지만, 종교개혁자들은 개인의 신앙을 중심으로 하는 초기 그리스도교의 정신을 되찾고자 했다. 개신교의 이러한 종교적 개인주의는 근대적 개인주의의 중요한 배경이 되었다.

하지만 이러한 종교적 배경은 서구 사회에서 근대적 가치들이 세속화됨에 따라 점차 힘을 잃거나 사라지게 되었다. 그 종교적 뿌리와 형이상학적·존재론적 기반이 사라지게 된 것이다. 서구인들의 삶에 아직도 그리스도교적 인생관과 가치관이 어느 정도나마 세속화된 형태로 남아 있는 것이 사실이고, 서구 사회에서 민주주의를 떠받치는 가치들과 연계되어 있지만, 미국의 남부 지역에 사는 미국인들이나 보수적인 근본주의(fundamentalism) 신앙을 가진 사람들을 제외하면 유의미한 정치적 영향력을 행사한다고 보기 어렵다. 대다수 서구인에게는 우리가 세속적 휴머니즘이라고 부를 수 있는 이념이 그리스도교 가치들과 동일시되거나 섞여서 힘을 발휘하고 있다고 보는 것이 더 정확한 판단일 것 같다. 여하튼 제도화된 그리스도교라는 종교와 교회의 영향력은 더 이상 독자적 세력이 못 된다. 세속적 휴머니즘이 외치는 구호들도 점점 더 호소력과 동력을 상실한 공허한 수사(修辭)로 변해 가고 있는 것이 오늘의 서구 사회의 현실이다. 근대의 민주적 가치들을 반영하고 뒷받침해 주는 사회적 · 정치적 제도들이 거의 완벽에 가까울 정도로 갖추어져 있음에도 불구하고 자본주의와 거기에 연관된 도구적 · 기술적 이성의 횡포는 서구인들의 생활세계(Lebenswelt)의 거의 모든 영역을 지배해 가고 있다. 세속적 휴머니즘의 구호들은 점점 더 공허하게만 들리는 것이 부인할 수 없는 것이 오늘의 실정이다.

따라서 우리는 묻게 된다. 인간은 정말 모두가 평등한 가치와 존엄성을 지닌 존재일까? 우리가 자신의 욕망을 제어하거나 희생하지 않고서는 결코 따르기 어려운 양심의 명령을 따라야 하는 이유는 도대체 무엇이고, 도덕적으로 살아야 하는 이유는 도대체 어디에 근거하는가? 우리가 추구하는 가치들 사이에는 우열이 없고 그것을 평가하는 잣대라는 것이 있을 수 있을까? 이런 질문들에 대해 현대 사상이나 세속적 휴머니즘이 과연 설득력 있는 답을 제시할 수 있을지에 나는 극히 회의적이다.

존재하는 모든 것이 타자화되고 일체의 연결고리가 단절된 채 홀로 고립된 삶을 살 수밖에 없는 현대인들, 삶의 거의 모든 영역과 인간관계가 상업화되고, 뭇 생명의 보금자리가 인간의 탐욕에 의해 회복 불가능하게 파괴되어 가는 전대미문의 환경생태계의 위기에도 불구하고 종말을 향해 미친 듯 질주하고 있는 현대 문명의 열차를 타고 멈추지도 뛰어내리지도 못하고 계속 달려야만 하는 현대인들이 진정으로 살길은 어디 있을까?

III. 극한 질문들
― 세속화된 근대 이성을 넘어

　나는 현대 문명의 병폐를 극복하는 데 가장 근본적인 것은 근대 서구 사회에서 길을 달리한 신앙과 이성이 다시 새로운 화해를 이루는 데 있다고 본다. 이를 위해서 무엇보다 중요한 과제는 서양 근대의 세속화된 이성이 다시금 그 존재론적 뿌리와 신성(神性)을 되찾는 일이고, 그러려면 이성이 자신의 문제점을 의식하고 스스로를 넘어서는 것이 필요하다. 이 장에서는 따라서 우리가 통상적으로 제기하지 않는 몇 가지 극한적 질문들을 제기함으로써 세속화된 근대적 이성이 망각하고 있는 이성의 보다 넓고 깊은 차원을 깨닫게 되는 계기가 될 수 있을 것이다.

　나는 최근 우리나라 지성계에 유행하고 있는 포스트모더니즘적인 반이성주의는 진정한 대안이 될 수 없다고 생각한다. 본래 인간을 전통의 굴레로부터 해방시키는 힘의 원동력이었던 근대적 이성이 인간의 주체성을 일방적으로 강조함에 따라 주체와 객체, 몸과 마음, 감성과 이성, 의식과 무의식, 개인과 공동체, 인간과 자연 그리고 신과 인간의 대립을 초래했고, 전통 사회가 지닌 문제점들과는 또 다른 형태의 억압과 소외를 낳게 된 것은 부인할 수 없는 사실이다. 그렇다고 우리는 근대적 개인의 발견과 주체의 자각을 없던 일로 해서도 안 되고 그렇게 할 수도 없다. 인간이 인간인 이상, 이성은 결코 방기할 수도 없고 해서도 안 된다. 이성의 비판도 이성의 이름으로 할 수밖에 없기 때문이다. 현대 문명의 병폐 또한 단순히 전통 사회로의 복귀나 무책임한 이성의 방기로 해결될 수는 없다. 이성의 비판은 자기 초월일 수밖에 없고, 이를 위해서는 근대적 이성 스스로가 자신의 한계를 인식할 필요가 있다. 아래 제기되는 극한적 질문들은 이를 위한 계기가 되기를 바라는 차원에서 제기하는 문제들이다.

현대 사상은 편협해진 인간의 이성과 주체성이 더 넓고 깊은 차원으로 확대되고 심화되어야만 한다. 이성에 대한 비판이 자기 파괴적이고 자기 모순적이 되지 않으려면, 이성 자체를 거부하는 것이 아니라 이성을 확대하고 심화하고 고양하는 길을 모색해야만 한다. 근대적 이성이 억압적이라고 해서, 마치 비합리성이나 무의식의 세계가 우리를 진정으로 인간화하고 구원할 수 있는 양 찬양하는 것은 무책임하다. 철저히 도구화된 근대 이성을 구하는 길은 메마른 기술적 이성으로 하여금 다시 그 본래의 존재론적 차원을 회복하고, 그 신적 깊이와 폭을 회복하도록 하는 데 있다. 이를 위해서 우리는 우선 근대 세계에서 당연시되고 있는 도구적 이성, 기술적 이성이 어떻게 그 본래적인 존재론적 깊이와 신성성을 상실하게 되었는지 그리고 이성이 어떻게 유물론적인 이성, 무신론적 이성이 되어버렸는지, 그러한 이성이 정말로 합리적인지를 되묻는 비판적 물음이 필요하다. 인간의 이성은 과연 스스로를 정당화할 수 있을까? 이성에 대한 믿음은 도대체 어디에 근거한 것일까?

우리는 물론 근대 과학적 이성, 도구적이고 기술적인 이성이 이룩한 혁혁한 성과들을 무시하지 않는다. 우리는 또 현대 세계에 난무하고 있는 각종 생물학적 인간관이 인간의 자연스러운 욕망을 억압함으로써 위선적 문화를 만들어 낸 전통적 금욕주의의 잘못에 대한 비판에서 비롯된 것이라는 점도 염두에 둘 필요가 있다. 우리에게 필요한 금욕주의는 인간의 자연스러운 욕망 자체를 죄악시하지 않고, 인간을 욕망의 노예가 아니라 진정으로 자유로운 주체가 되도록 하는 새로운 금욕주의이어야 한다. 우리가 시도해야 할 이성의 복권은 한편으로는 계몽주의 이전의 전통 사회와 문화가 가한 인간성에 대한 폭력의 역사를 무시하지 않으면서도 인간 내면의 깊숙이에 있는 인간의 영적 본성과 성향의 소리에 귀를 기울임으로써 근대적 이성의 편협성을 극복하는 제3의 길이어야 한다. 이 길은 근대적 이성에 대해 제기된 다양한 비판을 겸허하게 경청하면서 이성의 깊이와 신성성의 차원을 되찾는 길을 모색하는 어려운 길이다. 결코, 쉽지 않은 도전이지만, 이러한 문제의식 위에서 우리가 반드시 시도해야 하는 도전이다.

이 책 후반부는 이러한 시도에 대한 것이다. 진화론적 시각에 따라 인간의 이성도 생존을 위한 가치 때문에 발달한 것이라는 점도 우리는 어느 정도 수긍할 수밖에 없다. 하지만 사물의 세계 자체에, 자연계와 우주 자체에 인간의 이성으로 파악할 수 있는 법칙과 질서라는 것이 이미 존재하지 않았다면, 어떻게 인간의 이성이 작동할 수 있고 타당성을 가질 수 있을지 우리는 물을 수밖에 없다. 이성은 본래 세계 자체에 뿌리를 두고 있고, 더 나아가서 신적·우주적 기반을 가지고 있다. 이러한 존재론적 기반과 신적 깊이를 상실한 근대적 이성이 순전히 인간의 탐욕을 충족시키기 위해 도구화된 이성, 기술적이고 전략적이고 인간 중심적인 이성으로 전락하게 된 것은 결코 이상한 일이 아니다. 나는 존재론적 차원을 상실한 근대 이성이 그 한계를 인식하고, 다시금 그 깊이와 초월성을 되찾지 않는 한, 미친 듯 질주하고 있는 현대 문명의 위기는 결코 극복될 수 없다고 본다.

인간은 세계와 인간의 존재에 대해 과학만으로는 답하기 어려운 '왜 그러한가'라는 극한 질문들(limit-questions)을 던질 수 있는 존재다. 사람은 생존의 문제와 별로 관계가 없는 듯한 사변적 질문들을 붙잡고 씨름하기도 한다. 가령, 세계는 도대체 왜 존재하는가? 세계는 왜 합리적 탐구가 가능하고 우리의 이성이 파악 가능한 구조와 성격을 지니고 있는가? 왜 세계는 이토록 아름답고 눈부시게 찬란한가, 왜 그토록 다양한 존재들로 가득 차게끔 생산적인가(productive)? 어찌하여 세계는 가치들을 식별할 수 있는 인간이라는 존재를 산출하게 되었는가? 이런 유의 질문들이다.1 또 세계는 왜 그 자체를 향해 바로 이러한 질문들을 던질 수 있는 존재인 호모 사피엔스를 출현시켰는가 하는 물음도 또 하나의 극한 질문이다. 도대체 무수한 별들 가운데서 지구라는 행성이 존재한다는 사실이 그야말로 어마어마한 우연의 결과란 말인가? 그리고 이러한 방대한 우주를 바라보면서 138억 년에 걸친 오랜 전개 과정을 파악하고 그 신비와 아름다움을 느끼고 경탄할 수 있는 인간 존재의 출현이 순전히 무수한 우연의 소산이란 말인가? 생존과는 무관하게 보이는 이런 수많은 질문을 던질 수 있는 존재가 인간이다. 예로부터 신(God)은 이런 궁극적 질문에 대한 답으로 제시되었다.

아래 제기하는 일련의 극한 질문들은 근대 과학적, 기술적 이성으로 하여금 그 한계를 자각하고 다시금 이성의 깊이를 회복하기 위해서 생각해 볼 만한 질문들이다. 특히 현대 사회와 문명에 일반화된 유물론적 사고의 한계를 자각하는 일이 급선무다. 아래 제기된 극한 질문들은 유물론적 사고의 한계를 자각하는 계기가 될 수 있을 것 같다는

---

1 Arthur Peacocke, *Theology for a Scientific Age* (Minneapolis: Fortress Press, 1993). 피콕은 이러한 문제들을 제기하면서 그 의의에 대해 논한다. 87-90.

생각이 드는 문제들이다. 사변적이지만 근본적인 질문들이다. 적어도 우리로 하여금 우리 인간을 둘러싸고 있는 세계의 존재와 성격이 지닌 신비에 눈을 뜨게 하는 계기가 될지도 모를 물음들이라고 생각한다.

1) 나는 우선 다양한 사물로 구성된 세계에 부인하기 어려운 범주별 차이, 형태와 구조의 차이와 질서가 객관적으로 존재한다고 믿는다. 그런 질서가 없다면 인간도 동물도 생존 자체가 불가능하다. 인간의 지성은 사물에 내재하는 범주별 공통 형상(form)을 인지할 수 있는 능력을 갖추고 있으며, 이 능력을 바탕으로 인간은 언어 행위가 가능하고 추상적인 개념적 사고도 가능하다. 나는 인간의 언어와 이성이 사물의 질서를 반영하지, 그 역이·아니라고 생각한다. 다시 말해서 나는 우리의 언어나 사고의 구조가 사물에 질서를 부여하는 것이 아니라, 사물의 질서가 우리 마음의 투사나 구성의 산물이 아니라고 생각한다. 나는 우리의 인식이 사물의 질서를 반영한다고 믿는 고전적 실재론자이다. 나는 물론 우리의 지성이 사물의 질서를 항시 옳게 반영하지는 않고, 틀리게 인식하는 경우도 많다는 사실을 인정한다. 하지만 나는 플라톤의 이데아(idea)나 아리스토텔레스의 형상(form) 개념이 사물 자체의 구조와 형상을 반영하는 개념이라고 생각한다.

이런 점에서 나는 현대 철학에서 유행처럼 번지고 있는 각종 반(反)본질주의적인 사고에 대해 비판적이다. 나는 사물들이 범주별로 불변하는 본질 또는 본성을 가지고 있다는 경직된 본질주의는 반대하지만, 사물들 사이에 엄연히 범주별 차이가 존재하고 사물들은 상호 의존 관계에 있으면서도 여전히 상이한 본질들을 실현해 나간다고 본다. 특히 인간에게는 하늘·하느님이 부여한 본질 내지 본성이 있고, 이 본성을 완벽하게 실현함으로써 실존(existence)과 본질(essence)의 괴리를 극복하고 참사람이 되는 것이야말로 인간의 진정한 선이고 행복이라고 믿는다. 종교들은 그런 사람을 성인(聖人, 聖者, saint)이라고 부른다. 그리고 성인이 되는 것이야말로 전통적으로 모든 종교, 모든 인간이 도달해야 할 근본 목표라고 생각한다. 성인이 되는 길은 다름 아닌 자연 혹은 신이 부여한 인성 · 인간성(humanitas)을 완벽하게 실현하는 데 있다. 이런 의미에서 나는 세속적 휴머니즘(secular humanism)을 넘는 영적 휴머니즘(spiritual humanism)을 주창하는 고전주의자이다. 오랜 과거의 종교 전통들에서 현대적 영성의 길을 새롭게 길어 올리려는 복고주의자라고 해도 무방하다.

나는 사물의 본질들이 점차적으로 실현되어 간다는 점에서 또 신의 로고스가 우리가 아직 모르는 새로운 본질들이 출현할 가능성을 품고 있을 수도 있다는 점에서 '유연한 본질주의'(soft essentialism)를 지지한다. 나는 사물들 사이의 범주별 차이가 엄연히 존재한다는 사실, 그럼에도 현대 진화론적 사고는 생명체들과 사물들의 범주별 차이가 결코 불변하고 절대적인 것이 아니라고 본다는 사실을 감안할 때, 경직된 본질주의보다는 유연한 본질주의(soft essentialism)를 지지한다.

나는 인간이 하느님의 모상(imago dei)으로 창조되었다는 그리스도교의 인간관에 따라 인간 본성의 특이성과 초월성과 존엄성을 믿지만, 이러한 인간성을 지닌 존재가 지구상에서 호모 사피엔스(homo sapiens)로 출현하기까지는 수많은 종 사이의 벽을 무너트리는 오랜 세월에 걸친 무수한 돌연변이와 오랜 진화(evolution)의 과정이 필요했다는 점에서 우리가 인간만의 특성이라고 여기는 현상도 결코 자연계에서 고립된 혹은 예외적 현상이 아닐 수도 있다고 본다. 인간은 하느님을 닮은 존재이지만, 이에 못지않게 자연에 속한 존재다. 하지만 나는 생명의 진화 자체가 가능하다는 사실은 단순히 무수한 돌연변이의 연속만으로는 결코 설명이 되지 않는다고 본다. 이런 점에서 나는 철저한 무신론적 자연주의(naturalism)에 찬동하지 않는다.

나는 종들 사이의 차이는 근본적으로 종들이 하느님의 본성인 로고스(logos)에 참여하는 정도의 차이에서 온다고 본다. 인간은 따라서 신의 피조물 가운데서 하느님의 로고스, 즉 신성에 가장 높고 순수하게 참여하는 존재라고 생각한다. 그러나 다른 한편, 같은 종에 속한 생명체들이라도 개별자들은 천차만별이다. 그 이유는 개체들이 신의 로고스와는 대조적인 또 하나의 본성인 '원초적인 물질적 창조력'(primordial material creativity)이 개별자들에 균일하게 작용하지 않는다는 데 기인한다고 본다. 하느님의 창조는 궁극적으로 로고스와 물질적 창조력이 상호 제약 속에서 협동하는 교호작용(interplay)이다.

이러한 나의 신관과 창조론의 배후에는 동양의 음양(陰陽) 사상과 성리학의 이기론(理氣論)의 영향이 컸다는 점을 우선 밝혀둔다. 아울러서 나는 불교의 반 본질주의적인 사고에 완전히 동의하지는 않지만, 본질주의를 유연하게 해석하는 데 불교 철학과 진화론적 사고의 영향이 있었다는 사실도 인정한다. 여하튼 유연한 본질주의에 따르면 우리는 신의 로고스에 담긴 인성·인간성이라는 본질도 진화의 '최종' 단계로 볼 필요는 없다. 신의 로고스에는 앞으로 실현될지도 모를 새로운 종들의 가능성도 있을 수 있기 때문이다. 따라서 우리는 인간 존재를 포함해서 사물의 본질들이 궁극적으로 어떤 모습으로 실현될지에 대해 함부로 예단하기보다는 무수한 우여곡절과 우연의 모험을 겪으면서 진행되고 있는 진화 과정 전체를 지켜보는 지혜가 필요하다. 생명체들은 진화를 통해서 종(species)에 따라 정해진 본질을 실현해 가지만, 다른 한편으로는 무수한 돌연변이를 거치면서 환경에 적응하는 과정에서 끊임없이 새로운 형태의 생명체들을 출현시킨다. 우리에게는 신의 로고스에 있는 이데아들(ideas)에 대한 완벽한 지식이 없고, 동일한 종이라 하더라도 개별자들의 최종적 모습이 어떤 식으로 현실화될지에 대해서는 속단을 피하고 열린 자세를 가져야 한다고 생각한다.

2) 어느 정도의 자유와 자발성이 가능한 생명계와는 달리 물리계를 지배하는 자연의 법칙적 질서는 거의 불변에 가까울 정도로 훨씬 더 안정적이다. 뉴턴의 고전 물리학적 관점에서는 더욱 그렇다. 자연계 자체에 움직이지 않는 법칙이 존재하지 않는다면, 자연과학은 애초부터 불가능했을 것이다. 뉴턴은 "자연은 쓸데없는 짓을 하지 않는다는 사실이 그리고 우리가 세계에서 보고 있는 모든 질서와 아름다움이 어디서 오는가?" 하고 물었다 한다.[2] 이 물음을 통해서 뉴턴은 자연이 질서와 조화의 아름다움을 가지고 있다는 사실이 결코 당연하고 자명한 일이 아님을 암시하고 있다. 이 물음은 또 세계가 과학자들이 탐구하고 이해할 수 있는 합리적 질서와 구조를 가지고 있다는 사실이 경이로운 일이라는 것을 표하고 있다. 영국의 저명한 과학자이며 신학자인 폴킹혼은 이러한 경이로움에 대해 다음과 같이 말하고 있다.

세계가 이해 가능하다는 것은 세계에 관한 사소한 사실이 아니다. 우주의 기본적 법칙들과 상태와 과정이 당신과 나와 같은 복잡하고 흥미로운 체계들을 발전시키기에 필수적으로 보이는 미묘한 균형을 보이고 있다. 이러한 사실들이 단지 그렇다고 진술하는 것 이상의 심오한 이해가 가능한지 알아보는 일은 실로 불가피하다. 만약 우리가 그 이상의 이해를 얻고자 한다면, 그

---

2 "Whence is it that Nature does nothing in vain and whence arises all the Order and Beauty that we see in the World?" Polkinghorne, *Science and Creation: the Search of Understanding* (Philadelphia and London: Templeton Foundation Press, 1988), 36에서 재인용.

것은 과학이 제공할 수 있는 능력 밖의 일일 것이다. … 우리는 세계가 이해될 수 있다는 사실에 너무나 친숙해져서 그것을 당연시한다. 하지만 그것이 과학을 가능하게 하는 것이다. 하지만 그렇지 않았을 수도 있다. 우주는 질서 있는 코스모스보다는 무질서한 혼돈이었을 수도 있다. 또는 우주는 우리 인간이 접근할 수 없는 성격의 합리성을 가지고 있었을 수도 있다. … 우리 인간의 마음과 우주의 합리성, 우리 안에서 경험하는 합리성과 우리 외부에서 관찰하는 합리성이 합치한다. 이 합치는 근본적인 이론들을 수학적으로 명료화하는 작업뿐 아니라, 이에 못지않게 과학적 노력에 불가결한 암묵적 판단 행위─직관적인 기술로 행사되는─에까지 이른다.[3]

폴킹혼은 한 걸음 더 나아가서 우리 마음의 합리성과 우주의 합리성의 일치를 진화론적으로 설명하려는 이론들이 설득력이 없다고 비판하면서 결론 내리기를, 이 일치는 '창조주의 합리성'이라는 더 심오한 이유로밖에는 설명이 안 된다고 주장한다.[4]

과학자들은 통상적으로 자연에 법칙적 질서가 존재한다는 사실을 당연시하면서 연구에 종사한다. 과학자들은 자연의 법칙이 도대체 어디서 오는지, 따라서 과학 자체가 어떻게 가능한지에 대해서는 통상적으로 별 관심도 없고 묻지도 않는다. 이런 점에서 "세계의 영원한 신비는 그것이 이해(comprehend, 파악) 가능하다는 것이다. … 세계가 이해 가능하다는 것은 기적이다"[5]라는 아인슈타인의 말은 세계의 법칙적 질서와 조화를 신비롭게 여기는 사람이라면 누구나 한 번쯤 깊이 생각

---

3 John Polkinghorne, *Science and Creation*, 28-29.

4 'The Rationality of the Creator.' 같은 책, 29-31.

5 Arthur Peacocke, *Theology for a Scientific Age*, 81에서 재인용. A. Einstein, *Out of My Later Years* (repr. Westport, Conn.: Greenwood Press, 1970), 61.

해 볼 만한 말이다. 사실 과학이 그것도 수리물리학 같이 고도로 추상적인 수학 방정식이 물리적 세계에 적용 가능하다는 사실을 대다수 과학자가 세계가 수학적 구조와 성격을 띠고 있다는 신비를 별로 의식하지 않고 그냥 탐구하고, 그 결과를 깔끔한 방정식으로 정식화한다.

행여 과학이 어떻게 가능한가라는 물음에 과학자들이 관심을 가진다 해도 두 가지 태도가 통상적이다. 하나는 자연의 법칙적 질서를 또 하나의 고차적인 법칙으로 설명하든지, 아니면 자연의 법칙은 더 이상 근거를 물을 수 없는 순전한 주어진 사실, 즉 우연으로 간주하는 일이다. 어느 것도 만족스러운 태도는 아닐 것 같다.[6] 전자는 끝이 없는 과정으로 보이고, 후자는 답이라는 생각이 들지 않기 때문이다.

'우연'이나 '저절로'라는 말은 결코 답이 아니다. 성리학적으로 말하면, 기(氣)의 변화와 조직화를 주도하는 이(理)가 있어야만 하는데, 문제는 바로 이 법칙적 질서가 어디서 오는지 하는 것이다. 우연은 과학의 적이지만, 우리가 과학이 가능한 우주에서 살고 있다는 놀라운 사실 자체가 순전한 우연이라면, 그야말로 하나의 커다란 아이러니다. 하지만 철학자 라이프니츠의 충족이유율(the law of sufficient reason)이 암시하듯이 모든 현상에는 원인이 있을 것이라는 궁극적 믿음을 가진 합리주의자들에게는 이 우연성마저도 되묻는 극한적 물음의 대상이 된다. 예로부터 신은 그러한 믿음의 궁극적 토대로 간주되었다.[7] 창조주 하느님의 로고스, 즉 신의 지성이 우주적 합리성의 토대라고 믿었기 때문이다. '정신이 없는' 물질세계는 자체의 합리적 성격을 설명하지 못한다. 유물론적·무신론적 자연주의(naturalism)는 이런 점에서 명

---

6 이 문제에 관한 가장 명료하고 균형 잡힌 논의로 폴 데이비스(Paul Davies), "우주는 불합리한가?," 테드 피터스 엮음/김흡영 역, 『과학과 종교』 (동연, 1998) 참고할 것.
7 라이프니츠(Leibniz)의 충족이유율에 대한 단순하면서도 심오한 논의로 Philip Clayton, *The Problem of God in Modern Thought*, 188-189를 볼 것.

백한 한계에 부딪힌다.

과학자들은 자연에는 자기조직화(self-organizing, '스스로' 조직화)하는 성향이 있다고 하지만 이러한 성향이 도대체 왜 자연계에 존재하는지는 여전히 문제다. '우연'이나 '스스로' 혹은 '저절로'란 말은 결코 답이 아니다. 우리는 바로 그 이유를 묻고 있기 때문이다. 아인슈타인의 일반상대성이론과 양자역학을 통합하는 위업 그리고 물질계를 지배하는 4가지 기본 힘들을 통일하는 이른바 대통일이론(grand unified theory) 같은 것이 과연 달성될지 아직 누구도 모른다.[8] 호킹은 그러한 꿈이 실현될 날을 기대하면서 그의 유명한 『시간의 역사』를 다음과 같은 말로 끝을 맺고 있다.

> 그때는 철학자들, 과학자들 그리고 평범한 사람들까지 우리 모두는 왜 우리와 우주가 존재하는지에 대한 토론에 참여할 수 있을 것이다. 만약 우리가 이에 대한 답을 얻는다면, 그것은 인간 이성의 궁극적 승리가 될 것이다. 왜냐하면 그때 우리는 신의 마음을 알 것이기 때문이다.[9]

여기서 '신의 마음을 안다'는 말은 신의 존재를 부정하는 무신론자 호킹에게는 필경 수사적 표현일 것이다. 인간이 우주의 존재와 성격을 완벽하게 파악할 수 있다면, 우리는 굳이 모든 것을 아는 신이라는 가설을 도입할 필요가 없음을 암시하는 듯하다. 그러나 정말로 신의 마

---

8 물리학계에서는 물질이 미세한 입자들로 구성되어 있다는 종래의 이론 대신 계속해서 진동하고 있는 미세한 끈(string)들로 되어 있다는 이론이 이른바 '모든 것의 이론'(theory of everything)으로 거론되고 있지만, 아직은 학계 전체의 동의를 획득한 이론은 아닌 것으로 알고 있다. 적어도 지배적 이론이 되기에서는 다분히 사변적 성격이 강하고, 감추어진 차원이 몇 가지나 되는지를 비롯해서 끈 이론의 주창자들 사이에서도 설이 다양하다는 평이다.

9 Stephen Hawking, *A Brief History of Time* (New York: Bantam Press, 1998), 210.

음을 알고자 과학을 했던 한 사람의 고백이 있다: "나는 신이 어떻게 세계를 창조했는지를 알고 싶다. 나는 이런저런 분야나 다른 현상들에는 관심이 없다. 나는 신의 마음을 알고 싶다. 나머지는 세부적인 것이다."[10]

설령 대통일이론이나 다른 어떤 완벽한 과학 이론이 달성된다 해도 문제는 여전히 남을 것이다. 세계가 그러한 이론이 가능한 통일적 구조와 성격을 지니고 있다는 놀라운 사실이 재차 설명을 요하기 때문이다. 사실, 우리는 위 인용문에서 '우주의 존재'라는 호킹의 표현에 주목할 필요가 있다. 이 우주의 존재 문제는 조금 후에 우리가 더 논할 문제이지만, 호킹 자신도 묻기를 "대통일이론이 그 자체의 존재를 성립시킬 정도로 강력할까, 아니면 어떤 창조주를 필요로 하는가?"[11]라고 물을 때 그리고 위에 인용한 그의 말 두 구절을 함께 생각해 볼 때, 우주의 모든 현상을 설명하는 대통일이론이 가능하다면, 그는 이러한 이론이 그 자체의 존재는 물론이고 그러한 이론을 가능하게 하는 구조와 성격을 지닌 우주 자체의 존재를 설명할 수 있을 거라는 희망을 품고 있었을 것이라고 추측해 볼 수 있다. 그가 이 유명한 저서를 마무리하면서 한 말은 이를 암시하는 것 같다. 자신의 포부 혹은 자기가 해 온 물리 탐구의 대전제 내지 목적을 밝히는 말이 아닐까 한다.

도대체 빅뱅(Big Bang)은 왜 일어났을까? 아무것도 없는 순전한 무(無)의 상태에서 '쾅 했다'고? 어떻게 무로부터 유(有)가 나올 수 있는가라는 우파니샤드의 철인 온달라카(Uddālaka)가 약 2,500여 년 전에 던졌던 유명한 질문은 여전히 유효하다. 우리가 알지 못하는 '어떤 것'(something)이 이미 존재했다면, 빅뱅은 신에 의한 '무로부터의 창

---

10 아인슈타인의 말. Harold J. Morowitz, *The Emergence of Everything* (Oxford: Oxford University Press, 2002), 47에서 인용.
11 같은 책, 141.

조'(creatio ex nihilo)에 맞먹을 만한 우주의 절대적 시작이 아니라, 신이 우주를 창조하는 하나의 방식일지도 모른다. 우주의 기원에 대한 최첨단 과학 이론들이 많이 있지만, 빅뱅만큼 확실하게 입증되어 거의 모든 우주물리학자들의 보편적 인정을 받고 있는 이론은 내가 아는 한 아직 없다. 금세기 최고의 발견이라는 중력파의 존재가 발견됨으로써 100년 전 아인슈타인이 예언했던 것이 사실임이 입증되었다.

중력장·중력파는 고도로 압축된 블랙홀에서 출발해서 지금도 팽창을 계속한다고 한다. 그러나 이 팽창이 열역학 제2법칙, 즉 엔트로피 법칙에 따라 멈추고 나면 우주의 운명은 어떻게 될지 과학자들은 의견을 달리한다. 두 가지 사변적 시나리오를 상상한다. 모든 에너지가 소진됨으로써 우주는 해체되고 문자 그대로 종말을 맞게 된다는 생각, 아니면 빅뱅에 의한 팽창이 끝난 후에 우주는 재수축해서 엄청난 질량과 에너지를 지닌 블랙홀 같은 작은 점(특이점, singularity)으로 압축되었다가 또다시 빅뱅을 통해 우주의 팽창이 시작된다는 시나리오다. 인류와 모든 생명체가 이 두 가지 시나리오의 어느 운명을 맞든, '얼어 죽든지 불에 타 죽든지'(freeze or fry) 둘 중의 하나일 것이라고 표현하기도 한다.

나는 힌두교 신화에 나오는 매우 오래된 순환적(cyclical) 우주론에 따라 우주는 해체(pralaya)와 창조(sarga, 방출, 轉變, parināma)을 주기적으로 반복할 것이라는 데 나의 한 표를 보태고 싶다. 사변적이지만, 나는 우주가 다시 고도의 질량과 에너지를 가진 작은 점(블랙홀, black hole)으로 압축되었다가 때가 이르면 빅뱅을 통해 다시 팽창할 것이라고 추측한다. 힌두교의 잘 알려진 신화에 따르면 우주는 해체(pralya)기를 맞으며 브라마(Brahmā) 신의 하루에 해당하는 우주의 밤(cosmic night)을 맞는다. 그동안 비슈누(Visnu)는 쉐사(Sesa)라는 이름의 거대한 뱀 위에서 잠이 든다. 우주의 밤이 끝나면 브라마는 비쉬누의 배꼽에 핀 연꽃에서 브라마(Brahmā)라는 창조의 신이 출현하면서 세계는 다시 전개된다. 이 기간이 브라마의 하루에 해당한다. 이렇게 브라마의 밤과 낮이 주기적으로 교체하면서 우주는 해체와 창조를 반복한다.[12]

힌두교 신학자·철학자 라마누자(Rāmānuja, 11세기)에 따르면 해체된 우주는 원초적 물질(prakri)의 상태로 되고, 시간(kāla)과 인간의 개인 영혼(ātman)들과 함께 모두 신(Visnu) 안에 원인적 상태(causal state), 혹은 잠재태(원인적 상태)로 있다가, 때가 되면 세계는 다시 신으로부터 전변(轉變, parināma)을 통해 전개되어 나온다. 이것을 세계의 결과적 상태라고 한다.

호킹 박사의 책『시간의 역사』라는 제목 자체가 흥미롭다. 혹시 시간 자체가 시간적 기원이 있다는 것을 암시하는 말일까? 여하튼 호킹은 말한다. "우주에 시작이 있었다면, 우리는 우주에 어떤 창조주가 있었다고 생각할 수 있을 것이지만, 만약 우주가 경계도 없고 가장자리도 없이 완족(完足, self-contained)한 것이라면, 우주는 시작도 끝도 없을 것이다. 그렇다면 창조주의 자리가 어디 있겠는가?"[13] 호킹은 양자역학을 우주론에 적용하면서 후자의 가능성을 탐색하고 있지만,[14] 아직은 다분히 사변적 성격이 강하다는 평이다.[15] 물리학자이자 종교철학자인 데이비스가 지적하는 대로 세계가 일관된 물리 법칙을 통해 스스

---

12 길희성,『인도 철학사』(동연, 2022), 261-275(제18장: 한정불이론적 베단타 철학), 113-131(제7장: 상키야 철학과 요가 철학) 참고. 힌두교 신화의 이러한 순환적 세계관에 대해서, Heinrich Zimmer, *Myths and Symbols in Indian Art and Civilization* (New York: Harper Torchbooks, 1962)을 참고할 것.

13 같은 책. 140-41.

14 Paul Davies, 앞의 책, "우주는 스스로를 창조할 수 있는가?" 61-68.

15 호킹의 완족 이론에 대한 비판적 논의로, William Lane Craig, "Hawking on God and Creation," in *Theism, Atheism and Big Bang Cosmology*, William Craig and Quentin Smith, eds. (Oxford: Clarendon Press, 1995)를 참고할 것.

로의 존재를 설명할 수 있는 완족적인 체계라 해도 이러한 사실은 또다시 자연의 법칙이란 무엇이고, 어디서 오는지를 묻는 물음을 자극할 수밖에 없다.16 세계가 바로 그러한 과학적 이해와 설명이 가능한 가지성(可知性, intelligibility)을 띤 체계라는 사실 자체가 여전히 신비하기 때문이다. 앞으로 과학이 더 발전해서 위대한 성과를 거둔다 해도 과학을 가능하게 하는 자연의 법칙 자체가 어디서 오는지 그리고 우리가 과학적 설명이 가능한 세계에서 살고 있다는 사실만은 또 다른 과학적 이론으로 설명하기 어려운 순전한 사실로 남을 것 같다. 적어도 우리가 우주의 마음, 정신, 또는 지성 같은 것을 상정하지 않는 한, 과학적 설명이 가능한 세계의 존재와 근본 성격 자체는 원인도 근거도 없는 하나의 순전한 '우연'으로 남을 것 같다는 말이다.17

3) 지금까지의 문제 제기와 신학적 응답이 법칙적 질서를 지닌 자연, 그래서 과학적 이해가 가능한 성격을 띤 자연계를 중심으로 한 논의라면, 세 번째 제기되는 극한적 물음은 어째서 물질계가 생명을 잉태하고 탄생시킬 수 있는 놀라운 창조력과 생산성이 풍부한 체계일까라는 질문이다. 첫 번째 질문이 암시하는 신관이 주로 이신론적 신관이라면, 이번에는 물질계가 오랜 진화 과정을 통해 생명체들이 탄생하고 인간의 출현을 가능하게 하는 성격을 지니고 있다는 사실이 지닌 신학적 의미를 묻는 물음이다. 기계론적 세계관을 전제로 했던 종래의 이신론(理神論, deism)을 넘어서는 답을 요구하는 물음이다. 세계를 하나의 기계론적 체계로 보던 고전적 물리학의 세계관이 이신론적 신관

---

16 같은 책, 68-69.

17 현대 우주물리학을 중심으로 하여 제기되는 신에 대한 폭넓고 심도 있는 논의로 이미 인용한 바 있는 그의 명저, Paul Davies, *The Mind of God: The Scientific Basis for a Rational World*를 볼 것.

의 배후였다면, 이번에는 어째서 물질에서 생명, 생명에서 의식을 지닌 인간의 출현이 가능했는지, 진화를 당연시하기보다는 그 궁극적 원인을 묻는 물음이다. 어떻게 물질계가 생명의 향연이 펼쳐질 수 있는 풍요로운 세계가 되었는지를 묻는 물음이다.

물질이 생명을 출현시켰다는 사실은 하나의 신비다. 아직도 과학계는 생명의 기원을 속 시원히 밝히지 못하고 있다. 어찌해서 물질계에서 이런 '유기체적 복잡계'(organized complexity)인 생명 현상이 나타나는지가 문제다.[18] 원자가 일정한 형태를 갖추면 분자를 형성하고 분자도 일정한 형태를 갖추면 세포를 형성하는 것은 우리가 아는 사실이지만, 도대체 왜 물질에 애초부터 그런 형태를 갖추는 속성이 존재하는지를 묻는다면, 유물론적 과학자들은 쉽게 답하기 어려울 것이다. 다시 '저절로' 아니면 '우연'이라고 답할지 모르지만, 이번에는 왜 이러한 우연성이 법칙적 질서를 따르는 기계와 같은 물질계에서 가능한지가 새로운 문제로 제기된다.

이 글을 쓰고 있는 지금, 우리가 사는 지구와 매우 유사한 조건을 갖춘 행성이 발견되었다는 뉴스가 들려왔다. 지구로부터 약 1,400광년이나 떨어진 곳에 위치한 케플러 452로 명명된 행성으로서 거기서도 생명이 출현해서 우리와 유사한 인간(외계인)의 탄생으로 이어지지나 않았을까 하는 호기심을 자극하고 있다. 폴 데이비스(Davies, P.)는 이런 문제를 논하면서 다음과 같은 말로 생명의 기원과 의미에 관한 그의 책을 끝내고 있다.

우주의 다른 어떤 곳에 있을지도 모르는 생명의 탐색은 그러므로 두 가지 정

---

18 생명의 출현에 대한 간단한 논의는 Paul Davies, *The Fifth Miracle: The Search for the Origin and Meaning of Life* (A Touchstone Book. New York: Simon & Schuster, 2000), 138-142 참고.

반대된 세계관을 심판하는 시금석이 된다. 한편에는 [우리 인간이 추구하는] 목적들과는 무관한 비인격적 법칙들이 지배하는 무의미한 우주—생명과 마음, 과학과 예술, 희망과 두려움이 단지 돌이킬 수 없이 소멸해가는 우주의 양탄자 위에 수놓은 장식들에 불과한—라는 허무주의적인 철학을 지닌 정통 과학이 있다. 다른 한편에는 부정할 수 없이 낭만적이면서도 행여 참일지도 모르는 세계관으로서 물질로 하여금 생명과 의식을 향해 진화하도록 자극하는 기묘한 법칙들이 지배하는, 스스로 조직화하고 스스로 복잡화하는 우주에 대한 비전이다. 사유하는 존재들의 출현이 사물들의 전체적 구도에서 빠질 수 없는 근본적인 부분이 되는 우주, 그 속에서 [이 지구상의] 우리 인간만이 홀로 존재하지 않는 우주에 대한 비전이다.[19]

생명을 물질로 끌어내려 설명하는 환원주의적 설명은 언제나 부분적이고 추상적이다. 왜 우주를 구성하는 원초적 구성체들이 살아 있는 유기체로 진화하는 가능성과 경향을 지니는지를 답하지 못하는 문제가 남는다고 신학자 맥쿼리는 지적한다.[20] 이런 맥락에서 라이프니츠와 마찬가지로 유기체적 세계관을 대표하는 철학자 화이트헤드의 말도 경청할 만하다.

유물론적 철학의 출발점이 되고 있는 원초적 질료 혹은 물질은 진화가 불가능하다. 형상, 질서, 방향 같은 아주 넓은 의미의 '정신적' 요소는 세계에 우발적인 것이 아니라 본래적으로 주어진 것에 속한다. 자연에 질서가 있기 때문

---

19 Paul Davies, 위의 책, 272-73. 내가 아는 한, 데이비스 자신의 견해는 후자 편으로 기울고 있다. 이미 언급한 바 있고 잠시 후에 다시 언급할 그의 "목적론 없는 목적론"이라는 논문은 여기에 언급된 '기묘한 법칙들'의 존재 이유를 묻는 글이다.

20 John Macquarrie, *In Search of Deity: An Essay in Dialectical Theism* (London: SCM Press Ltd., 1984), 116.

에 세계가 존재하는 것이 아니다. 질서가 없다면 세계도 없을 것이다. 또 세계가 존재하기 때문에 질서가 있다는 것을 우리는 안다. 질서를 부여하는 존재는 세계가 보여 주는 형이상학적 상황에 필수적인 요소다.[21]

나는 세계의 법칙적 질서와 조화, 통일성과 아름다움이 결코 유물론(materialism)으로는 설명이 되지 않는다는 데 동의한다. 플로티누스의 물질(hyle) 개념을 논하면서 맥쿼리는 다음과 같이 말하고 있다.

… 플로티누스는 '물질'(hyle)이라는 말로 우리가 이해하는 것과는 아주 다른 것을 이해했다. 그에게 물질은 형상(form)이 없는 것, 아무런 성질도 없기에 실제상 무(無)와 구별할 수 없는 것이었다. 따라서 그는 유물론이란 불가능한 이론이라고 여겼다. 왜냐하면 그가 이해하는 바로는 물질로부터는 결코 질서가 있고 형상이 있는 우주가 발생할 수 없기 때문이다. 반면에 현대 물리학에서는 물질은 이미 형태를 갖춘 것, 사실 아주 복잡한 방식으로 갖춘 것이다. 오늘날 유물론이 근거가 있다면, 그것은 물질에 이러한 복잡한 구조가 존재한다고 여기기 때문이다. 하지만 물질의 개념이 너무 달라서 우리는 아마도 더 이상 유물론을 거론하지 말아야 할 것이다.[22]

우리가 거의 무(無)에 가까운 플라톤·플로티누스적 원초적 물질 개념을 인정하든 하지 않든, 플로티누스의 통찰은 유효하다. 맹목적 물질이 일정한 구조와 질서 그리고 통일성을 갖추고 있다는 사실은 유물론만으로는 설명하기 어렵다는 것이다. 맥쿼리는 유물론의 딜레마에 대해 다음과 같이 지적한다.

---

21 Macquarrie, 141쪽으로부터 재인용.
22 같은 책, 61.

형상 없는 물질은 없고, 형상은 마음 혹은 영의 특징이다. 따라서 이론적 유물론은 딜레마에 빠지며, 아마도 하나의 정합적 입장으로 개진될 수 없을 것 같다. 무신론은 철저하게 환원주의적이고 유물론적이 되면 될수록, 다시 말해서 더 진짜 무신론이 될수록 점점 더 설득력을 잃게 된다. 왜냐하면 플로티누스로부터 화이트헤드에 이르기까지 철학자들이 지적한 대로 무기력한 물질은 우리가 알고 있는 우주로 진화할 수 없기 때문이다. … 반면에 무신론이 물질에 형상, 창조성, 방향성 등을 도입하면 도입할수록 범신론과 만물에 내재하는 유사(類似)신 같은 쪽으로 접근하게 된다. 따라서 이론적 무신론은 심각한 반론에 직면한다.[23]

개인적으로 나는 자연에 법칙적 질서와 조화가 존재한다는 사실 못지않게 수학적 비율과 조화에 근거한 아름다운 음악이 이 세상에 존재한다는 사실 그리고 생명체가 출현할 수 있고 인간이라는 의식을 지닌 존재로 진화할 수 있다는 사실은, 결코 당연할 일이 아니라고 생각한다. 생각해 볼수록 신비롭고 경탄을 자아낸다.

무엇보다도 중요한 사실은 만약 물질계가 처음부터 철저한 물리적 인과관계가 지배하는 기계론적이고 결정론적인 체계였다면, 따라서 어떠한 우연이나 우발적 사건도 발생할 수 없는 인과율의 질서가 철저하게 지배하는 닫힌 시스템이었다면, 우연도 없었을 것이고 돌연변이를 통한 생명체의 진화도 없었을 것이다. 하지만 물질은 물리적 질서가 파괴되지 않을 정도의 한계 내에서 생명체들의 새로운 종들과 돌연변이들이 발생할 수 있는 여백의 '공간'을 허락할 정도의 알맞은 열린 체계다. 다시 말해서 물리계는 창발적 진화(emergent evolution)가 가능

---

23 John Macquarrie, 48-49.

할 정도로 적합하게 열린 체계라는 것이다.

폴 데이비스는 이것을 이전의 이신론적 신관을 낳은 배경이 된 물리적 인과성이 철저하게 지배하는 닫힌 체계를 전제로 한 옛 목적론과는 다른, 새로운 형태의 목적론, 말하자면 '목적론 아닌 목적론'(teleology without teleology)이라고 부른다. 그는 동일한 제목의 글에서 진화와 신의 설계가 조화될 수 있는 방법에 대해 논하고 있다.24 그에 따르면 물질계로부터 생명과 인간의 마음 같은 복잡한 구조를 가진 체계들이 출현하는 창발적 진화는 기계적으로 반복되는 물리적 법칙만으로는 설명이 안 되고, 무수한 우연(chance)이 함께 작동해야만 한다. 이것은 신이 물질계에 작동할 수 있는 여러 가능한 법칙 중에서 그러한 진화가 가능할 정도의 신축성을 허락하는 최적의 법칙들을 절묘하게 선택한 결과일 수도 있다는 것이다. 데이비스는 창발적 진화가 신의 연속적 개입에 의한 것이라는 고전적 목적론을 거부하고 자신의 이론을 '자연적 목적론' 혹은 '내재적 목적론'이라고 부를 수 있다고 한다. 자연에 수학적으로 파악할 수 있는 법칙들이 존재한다는 사실을 당연시하지 않을 뿐 아니라, 가능한 여러 법칙의 조합 가운데서 우연적 사건이 가능할 정도로 최적의 법칙을 '선택한' 신의 섭리도 인정한다는 점에서 일종의 새로운 디자인 이론이라고 할 수 있다. 하지만 자연에 대한 초자연적이고 국소적인 개입의 필요성을 인정하지 않는다는 점에서는 종전의 이신론 계열에 속하는 목적론이다. 하지만 결코 무신론적 물리학이나 진화론은 아니다.

---

24 Paul Davies, "Teleology without Teleology: Purpose through Emergent Complexity," in *In Whom We Live and Move and Have Our Being: Penentheistic Reflections on God's Presence in a Scientific World*, eds. Philip Clayton and Arthur Peacocke (Grand Rapids, Michigan: William B. Eerdmans, 2004).

4) 우리는 또 위와 유사한 목적론적 사고를 인간의 출현이라는 현상에 초점을 맞추어 논할 수 있다. 이른바 인간 출현의 원리(anthropic principle)라는 것이 진화 과정에 작용했을 것이라는 가설이다. 우주의 기원과 근본 성격과 법칙적 질서가 이 모든 사실을 바라보면서 경탄하고 지적으로 파악할 수 있는 능력을 갖춘 인간 존재의 출현으로 귀결되었다는 놀라운 사실은 엄청난 우연에 돌리기에는 너무나 믿기 어려울 정도의 사실이라는 것이다. 우주에 주어진 최초의 불변하는 상수(常數)들이—다시 말해 최초에 주어진 조건들(initial conditions)이— 인간의 출현이 가능하도록 처음부터 누군가에 의해(물론 신에 의해!) 지극히 정교하게 조율되었을(fine-tuned) 것이라는 목적론적 사고를 반영하는 논증이다. 다시 말해 우주에는 처음부터 인간 출현의 원리 같은 것이 작동했을 것이라는 가설이다. 가령 중력, 강한 핵력과 약한 핵력 그리고 전자기력 등 기본 상수들과 물리 법칙들이 우리가 현재 아는 수치들과 아주 극미한 정도라도 달랐더라면 지구의 탄생과 탄소를 기초로 하는 생명의 출현은 불가능했을 것이고, 이 모든 우주의 전개 과정을 파악할 수 있는 고도의 지성을 갖춘 인간의 출현도 불가능했을 것이라는 생각이다.[25] "우주는 어떤 의미에서 우리가 올 것을 [미리] 알고 있었음에 틀림없다."[26]고 말할 수 있을 정도로 우주의 근본 구조와 속성이 우연이라고 하기는 너무나도 밀접하게 연계되어 있다는 추측

---

25 인간 출현의 원리에 대한 가장 상세한 논증적 고찰은 J. D. Barrow & F. J. Tipler, *The Anthropic Cosmological Principle* (New York: Oxford University Press, 1986)이다. 간단한 소개와 논의로는, Arthur Peacocke, *Theology for a Scientific Age*, 77-80, John C. Polkinghorne, *Science and Creation: The Search for Understanding*, 31-43 그리고 인간게놈 프로젝트(HGP)를 주도했던 Francis Collins, *The Language of God* (New York: Free Press, 2006), 73-78을 참고할 것.

26 "The universe in some sense must have known we were coming" (Dyson Freeman).

성 주장이다.

물리학자이자 성공회 신학자인 폴킹혼(J. Polkinghorne)도 이러한 인간 출현의 원리에 대한 논증을 긍정적으로 여기면서 방대한 우주에서 생명이 출현하는 신비에 초점을 맞추는 논의를 전개하고 있다. 신을 정교한 시계 같은 우주의 시스템을 만든 제작자로 간주하는 전통적인 이신론과 달리 이 거대하고 황량한 우주에서 인간의 출현으로 이어지는 생명의 출현과 진화의 신비는 신이라는 우주적 지성이 배후에 있기 때문일 것이라는 새로운 형태의 자연신학(natural theology)적 논증이다. 생물학자 호트는 인간 출현의 원리와 관련한 폴킹혼의 입장을 다음과 같이 요약한다.

현재 성공회 신부인 존 폴킹혼은 현대 천문학과 물리학의 발전 덕분에 우리 별 위의 생명에 대한 전체 이야기를 완전히 새로운 빛으로 볼 수 있게 되었다고 주장한다. 우리는 생명체가 진화했다는 사실에 대한 우리의 이해를 더 큰 우주적 맥락 혹은 우주 전체의 역사와 따로 떼어서 생각할 수 없다. 우리는 생명체뿐 아니라 생명체들을 가능하게 하였던 물리적인 우주의 조건들을 오늘날의 천체물리학의 빛 아래서 해명해야 한다는 것이다. 이런 조건들 중에 생명 형성에 절대적으로 필요한 탄소와 여타 무거운 원소들이 왜 존재하게 되었는지에 대해 생각해 볼 수 있다. 초기 우주에는 수소와 헬륨만 가득했을 뿐 그런 원소들은 아직 나타나지 않았다. 따라서 생명 현상의 먼 기원을 이해하려면 우리는 마침내 생명이 존재할 수 있게끔 했던 화학적 조건들을 초래한, 과정을 돌이켜 보아야 한다. 초기 우주 상태에 대한 최근의 물리학적 발견으로 인해 이 과정은 매혹적으로 설명할 수 있게 되었다. 이로 인해―적어도 폴킹혼의 새로운 자연신학에 따르면― 우리는 다시 한번 우주의 기원 그 자체에 대해 지적 설계 같은 것을 말할 수 있게 되었다는 것이다. 우주의 전체적 진화에서 탄소와 다른 무거운 원소들의 등장은 우주의 빅뱅이 일어나던 바로 그 첫 몇백만 분의 일 초라는 순간에 형성된 우주의 상태에 의해 결정되었다. 오늘날 많은 과학자는 우주의 최초조건들과 근본적인 우주의 상수들이 분명히 탄소의 생성과 이로 인한 그 후의 생명의 탄생을 향한 방향성을 가지고 있었고, 이러한 사실은 생물학이 아니라 물리학에 토대를 둔 자연신학의 새로운 가능성을 말해 주고 있다고 본다. 생명이 가능하려면 우주의 팽창 비율, 중력의 힘, 양자의 질량에 대한 전자의 비율 그리고 여타 수없이 많은 다른 우주의 출생 지표가 현재 설정된 그것들의 값에 무한히 가깝도록 고정되었어야 한다. 그렇지 않으면 우주는 생명 탄생에 불가결한 수소 원자나 초신성, 탄소 그리고 여타 원소들을 결코 만들어 낼 수 없었다.[27]

이어서 호트는 다음과 같이 결론을 내린다.

자연신학과 다윈의 만남은 반드시 자연신학의 죽음으로 귀결되는 것이 아니며, 적어도 어느 정도 이상으로 하느님의 설계의 표식을 보여 주는 더욱 광대한 우주 환경에 대한 탐구를 가능하게 한다는 점을 지적하는 것으로 충분하다. 폴킹혼이 주장하듯이 [우주가] 이미 생명이 발생하여 결국 수많은 종으로 진화하도록 설정되어 있었고, 마침내 우리 인류의 단계에 이르러 이러한 사실을 의식하도록 되었다면, 우주의 시간이 시작되는 바로 그 순간부터 극히 높은 수준의 "있을 법하지 않은 질서"가 있었음에 틀림없다. 우리 인간의 이성은 이런 있을 법하지 않은 우주의 질서에 대한 설득력 있는 설명을

---

27 John F. Haught, *God after Darwin: A Theology of Evolution* (Boulder, Colorado: Westview Press, 2000), 박만 옮김(한국기독교연구소, 2011), 66-67. 앞으로 이 책에서 인용하는 부분은 모두 이 번역본을 사용하지만, 가독성을 높이기 위해 가끔 번역을 약간 수정했다.

요구한다. … 폴킹혼에 따르면 이런 자의적이고 완전히 근거 없는 사변(다중우주론과 같은)은 '지적 설계'(Intelligent Design)라는 신학적 사상에 비해 우아하지도 않고 형이상학적이지도 않다. 폴킹혼은 그의 수정된 자연신학이 신의 존재에 대한 '완벽한' 논증이 아님은 인정하지만 적어도 유신론적 신앙을 옹호하는 데 현대적 관련성과 적합성을 확보하고 있다고 본다. 어쨌든 여기서 우리는 자연신학이 진화생물학과 만남으로 인해 다윈 이전의 형태보다도 '더 넓은 목적론'(wider teleology)을 추구하고 있음을 보게 된다.[28]

폴킹혼의 이론은 물론 일종의 목적론적 사고에 따른 결과론적 해석이지만, 무시하기 어려운 이론이라는 생각이 든다. 목적론적 사고란 원인이 결과를, 즉 앞의 것이 나중 것을 결정한다는 기계론적 사고와 달리 실현되어야 할 목적이 처음부터 원인으로 작용하면서 목적의 실현 과정 전체를 추동한다는 식의 사고다. 아리스토텔레스 이래로 생물학적 세계관을 반영하는 사고방식으로서 이러한 사고는 능동성을 가진 생명의 진화 과정에 보다 적합한 사고였지만, 폴킹혼 유의 새로운 자연신학은 생명의 세계를 넘어 보다 근본적으로 물리계에서 생명의 탄생과 진화에 초점을 맞추면서 거기에는 그야말로 전혀 있을 법하지 않은 엄청난 우연(chance)이 작용했거나 아니면 창조주의 설계(design) 같은 것이 있었거나 둘 중의 하나일 것이라는 생각이다. 폴킹혼은 물론 후자를 선택한 셈이다. 호트는 한 걸음 더 나아가서 과학적 무신론자들은 이 엄청난 우연의 개연성을 높이기 위해서 우주가 무수히 생성소멸을 반복하는 가운데 어쩌다가 우발적으로 생명의 탄생으로 이어져서 지금과 같은 우주가 생겨났다는 '다중우주론'(multiverse) 같은 궁색

28 같은 책, 68-69.

하고 사변적인 이론까지 동원했다고 비판한다.[29]

우리가 앞으로 논하겠지만 나는 개인적으로 생물학적 모델, 즉 신이 우주를 디자인했다는 공학적 사고보다는 '낳았다' 혹은 출산했다는 (birthing) 모델에 따른 진화적 창조를 따르며, 이 진화의 과정에 깃들인 목적 내지 방향 같은 것이 있다는 사고를 선호한다. 하지만 나는 목적론이 반드시 생물학적 모델을 따를 필요는 없다는 데에도 동의할 수 있다. 폴킹혼식의 새로운 디자인 이론도 공학적 모델과 우주물리학의 성과를 반영하면서 가능하다는 생각도 나는 인정한다. 과거의 자연신학이나 이신론 그리고 현대에도 여전히 많은 그리스도교 신자들이 그런 생각을 가지고 있다. 하지만 전통적인 자연신학이 다윈의 진화론으로 인해 회복하기 어려울 정도의 타격을 입었다는 사실을 감안할 때, 호트의 지적대로 오늘날의 목적론은 진화론과 디자인 이론을 결합하는 새로운 형태의 '더 넓은' 목적론이어야 한다고 본다. 그레이(A. Gray) 역시 여전히 새로운 형태의 더 넓은 목적론적인 '지적 설계론'에 동조한다. 그는 말하기를 "자연의 전체 역사는 낭비와 투쟁에도 불구하고 목적론적 술어들을 통해 이해될 수 있다. 창발은 도매금으로 이루어진 설계이고, 이를 통해서 무작위로 운동하는 물질로는 설명할 수 없는 마음과 도덕적 인격체가 출현했다."[30] 이에 대해 바버(I. Barbour)는 "그레이는 진화를 통해 점차적으로 전개되는 설계에 따라 역사하는 창조주 관념을 제시했다"고 평하며, "그레이는 또 하느님의 섭리가 [진화에 필요한] 변이들을 알맞게 공급한다"는 점도 암시한다고 지적한다. 그러나 바버는 이어서 지적하기를 "다른 과학자들은 하느님이 [진화 과정에] 전혀 개입하지도 않고, 생명의 고등형태들이 출현하고 마침

---

29 같은 책, 68.

30 Ian Barbour, *Religion and Science* (New York: HarperCollins, 1997), 59쪽에서 인용.

내 인류가 출현할 수 있도록 과정 자체의 구조 속에 설계를 집어넣었다고 주장한다"고 지적한다.[31]

크게 말해 이상과 같은 일련의 새로운 목적론적 사고는 앞서 살펴본 '인간 출현의 원리' 같은 것을 인정하는 신학자들과 궤를 같이하는 사고라고 볼 수 있다. 지구 중심적이고 인간 중심적이었던 종래의 세계관을 뒤엎은 코페르니쿠스의 태양 중심적인 세계관 이후, 현대인들은 우주에는 무수한 은하계가 있고 이들 은하계는 또 무수한 태양계를 품고 있다는 엄청난 사실을 알게 되었다. 현대인들은 이 방대하기 그지없는 천체를 볼 때마다 경탄을 금할 수 없지만, 동시에 이 모든 것이 도대체 무엇 때문에 존재하는지, 도대체 이런 생각을 하는 '나'라는 존재의 의미를 묻게 된다. 특히 인간 존재의 왜소함과 무의미성마저 느끼면서 "우주의 침묵이 나를 전율하게 한다"는 파스칼의 말에도 공감하게 된다. 그러나 인류 출현의 원리가 설득력이 있다면, 이 모든 것이 다시 한번 뒤집어지는 놀라운 반전이 이루어지는 셈이다. 간단히 우주가 왜 존재하는지를 묻게 되면서 우주 138억 년의 역사가 생명을 잉태할 수 있는 지구의 탄생과 인간의 출현을 가능하게 하는 목적과 의미가 있는 진통의 과정일지도 모른다는 엄청난 생각을 하게 되는 것이다. 이것은 물론 엄격한 의미의 논증이기보다는 상당한 개연성에 호소하는 가설이다. 무엇보다도 인간의 출현으로 귀결된 우주 생성의 전 과정이 무신론자들의 최종 도피처와 같은 '우연'이 아니라는 것, 적어도 이 방대한 우주 속에 인간이 존재한다는 사실은 도저히 우연의 장난일 수 없고, 어떤 우주적 지성의 존재를 상정하지 않고서는 이해하기 어려운 엄청난 신비라는 생각을 금하기 어려운, 그야말로 기적 중의 기적과 같은 사실이라는 것만은 부인할 수 없을 것 같다.

---

31 같은 곳.

결론적으로 세계가 존재할 수밖에 없는 물리적 이유를 스스로 지니고 있지 않는 한 그리고 '정신이 결여된' 맹목적인 물질만으로는 사물의 구조와 질서를 설명하기 어렵고 생명의 출현과 진화 그리고 의식과 이성을 지닌 인간의 출현도 설명하기 어려운 일이라면, 우리는 우주 형성의 전 과정을 아우르는 어떤 우주의 합리적 지성 혹은 정신 같은 것을 상정할 수밖에 없을 것 같다. 한 걸음 더 나아가서 우주적 지성이 인도하는 인간 출현의 원리로부터 우리는 이 우주적 지성도 다른 어떤 인격적 속성들까지 지니고 있을지도 모른다는 추론도 가능할 것 같다. 이미 지적한 바 있지만, 인간 출현의 원리를 주도한 우주적 지성이 적어도 인간보다 못한 존재일 수는 없다는 생각이 들기 때문이다.

5) 나는 신의 존재를 증명하려는 전통적인 논증들, 가령 존재론적 (ontological) 논증이나 우주론적(cosmological) 논증 등이 그리 설득력이 있다고 생각하지 않는 편이다. 증명될 수 있는 신은 더 이상 신이 아닐지 모른다는 생각도 든다. 하지만 나는 모종의 신 관념이 우리 마음에 선험적으로 존재한다거나 신의 존재를 우리의 직관적 통찰 내지 종교적 경험이나 도덕적 경험에 호소하는 주장들이 개인의 '주관적' 느낌이나 직관적 통찰에 의존하는 취약성을 가지고 있다는 생각을 지우기 어렵다. 따라서 더 객관성 있는 논증의 뒷받침이 필요하다는 생각에 공감하기 때문에 사물과 세계의 구조와 성격으로부터 구체적 사물이나 존재자들을 초월하는 그 근거 혹은 그 너머의 어떤 궁극적 실재를 추론하는 일은 피할 수 없다고 본다.

우리는 이 점에서 맥쿼리가 논하고 있는 '통일성의 논증'(henological argument)이라고 부르는 새로운 형태의 논증에 주목할 필요가 있다.[32]

---

32 John Macquarrie, *In Search of Deity* (London: SCM Press Ltd, 1984), 203. '일원론적

이 논증은 기본적으로 동·서양의 일원론적 형이상학(monistic meta-
physics)의 전통을 따르는 우리의 신관에 매우 중요한 의미를 지닌다.
우리는 이미 인용한 바 있는 플로티누스의 말을 다시 한번 상기할 필
요가 있다: "만약 통일성(unity)이 존재하는 모든 것의 실체성에 필수적
이라면—그리고 하나가 아닌 것은 어떤 것도 존재하지 않는다면 —
통일성은 존재에 선행해야 하고 존재의 원인이어야만 한다."[33]

　통일성의 논증에 따르면 사물들은 다층적 통일성 내지 정체성
(identity)을 가지고 있다. 우선 개물·개체로서 그것을 구성하고 있는
부분들을 통합하는 통일성이다. 다음은 개물들이 고립되어 존재하지
않고 다른 개물들과 내적 관계를 형성하고 있는 통일성이다.[34] 더 나
아가서 이런 관계들도 세계라는 전체의 부분들이고, 더 큰 차원의 유
기체적 통일성을 형성하고 있다. 이 세 가지 차원 모두에서 부분들은
전체적 '하나', 즉 통일성을 형성하고 있다는 것은 부정할 수 없는 사실
이고, 전체의 유기적 통일성이 부분들을 존립하게 만든다는 것 또한
명백한 사실이다. 이러한 유기적 통일성은 결코 자명한 현상이 아니라
만물을 통일하는 신이라는 궁극적 근원·근거를 필요로 한다는 것이
통일성의 논증이다.[35] 허버트 리차드슨(H. Richardson)은 이 세 단계의
통일성을 각각 개체성(individuality), 관계성(relationality), 전체성(whole-
ness)이라고 부르며 신은 이러한 세 가지 통일성의 통일성(a unity of uni-

논증'이라고 번역해도 무방하다.

33　같은 책, 62에서 재인용.

34　불교는 이것을 연기(緣起, pratītya-samutpāda)라고 부른다. 즉, 모든 사물과 현상은
　　그것을 가능하게 하는 조건들에 의존해서 생긴다는 통찰이다. 이를 바탕으로 해서 불교는
　　사물들의 고유한 본성 내지 존재성(svabhāva)을 부정하지만(空, śūnyatā), 나는 그럼에
　　도 사물들이 약한 의미에서 각기 그리고 다른 존재들과의 내적 관계 속에서—불교에서
　　가유(假有) 혹은 묘유(妙有)라고 부르지만— 어느 정도의 정체성과 통일성을 가지고
　　있다고 본다.

35　Macquarrie, *In Search of Deity*, 203-207의 논의를 볼 것.

ties)이라고 주장한다.36

통일성의 논증은 다른 말로 하면 사물의 개체화와 본질에 따른 범주화(생명의 종까지 포함한) 그리고 이 모든 다양성을 넘어 세계 전체가 가지고 있는 질서와 조화와 통일성이 물질만으로는 설명할 수 없고, 다른 고차적 원리가 있어야만 설명이 가능하다는 논증이다. 철학자 야스퍼스(K. Jaspers)의 말대로 유한한 사물들은 모두 '통일성을 향한 가차 없는 충동'을 지니고 있으며, 인간은 "근본적인 통일성—이것만이 존재(being)이고 영원(eternity)인—을 향해 서두른다."37 야스퍼스는 이 근본적 통일성을 포괄자(das Umgreifende)라고 부른다.

사물의 통일성 개념은 사실 고대 세계에 일반적이었던 우주의 원초적 혼돈 상태인 질료(hyle) 개념과 마찬가지로 하나의 극한적 관념(limit notion)이다. 사물의 근본적 성격에 대한 극한적 사고에 의해 도달한 개념이라는 생각이 든다. 클레이튼은 슐라이어마허의 『변증법』에 관한 논의에서 '인간 이성의 한계들에 대한 현상학'을38 아래와 같이 설명하고 있다.

슐라이어마허는 지극히 강한 통찰력 있는 분석을 통해 어떻게 다양한 영역에서 그리고 몇 가지 상이한 유형으로 [인간 이성의] 극한이 발생하는지를 보여주고 있다. 예를 들어 그는 [만물의] 통일성을 향한 개념적 운동과 다양성을 향한 운동에서 [이성의] 극한을 본다. 다양성의 극한은 아무런 조직화(통일적)의 원리가 없는—형이상학 전통에서 그리스인들의 원초적 물질(hyle) 개념, 즉 형상(form, 꼴)이 전혀 없고, 분화되지 않은 실체로서 무엇이든 생

---

36 같은 책, 205.
37 같은 책, 206으로부터 인용.
38 'A Phenomenology of the Limits of Human Reason,' *The Problem of God in Modern Philosophy*, 359.

성되는 것은 일정한 꼴과 형상을 취하게 되기에 '어떤 것'으로 상정될 수밖에 없다는 아리스토텔레스의 생각을 통해서 우리에게 친숙한— 무한한 다양성일 것이다. 반대로 절대적 통일성은 두말할 필요도 없이 일체의 대조와 분화 너머의 일자(the One. 플로티누스 형이상학의 to hen)일 것이다.[39]

6) 세상에는 물리 법칙만 존재하는 것이 아니라, 도덕 법칙도 존재한다. 적어도 도덕이 개인의 주관적 생각이나 혹은 사회적 타협의 산물 이상이며 세계 자체의 성격에 기초한다고 생각하는 사람들에게는 도덕 법칙은 객관적 타당성을 지닌 물리적 차원보다 더 높은 차원의 실재(reality)다. 우리는 자연에 법칙이 존재한다는 사실을 당연시할 수 없듯이 인생에 도덕 법칙과 질서가 존재한다는 사실도 결코 당연시할 수 없다. 종교들은 이 도덕 법칙과 질서가 객관적 타당성을 지닌 것임을 여러 이론으로 뒷받침한다. 가령 자업자득을 믿는 불교나 힌두교에서는 도덕 법칙이 신의 존재 여부와 관계없이 작동하는 세계 자체에 내재하는 법칙으로 간주하며, 세 유일신 신앙의 종교들은 물론 도덕적 가치와 질서가 신의 뜻이라고 믿는다. 그런가 하면 동아시아의 유교 문화권에서는 도덕의 원리가 하늘의 이치(天理)이고, 인간의 도덕적 성품은 인간이 태어날 때부터 하늘이 부여한 천성(天性)이라고 말한다.

문화상대주의가 도덕에 대해 말하고 있는 것과 달리 인류는 동서고금을 막론하고 삶의 가장 기본적인 도덕 질서와 가치들에 대해서 놀랄 만한 일치를 보이고 있다. 가령 약속을 어겨서는 안 된다는 신의(信義), 거짓말을 해서는 안 된다는 정직, 사람을 부당하고 불공정하게 대해서는 안 된다는 정의감, 힘없는 어린아이나 노인에게 폭력을 가해서는

---

39 같은 책, 359-360.

안 되는 것은 물론이고 인간 외의 생명에 대해서도 함부로 불필요한 폭력을 사용하거나 잔인하게 해를 입혀서는 안 된다는 연민 혹은 측은지심 그리고 남이 나에게 해 주기를 바라는 대로 나도 남에게 하라는 이른바 황금률(golden rule)도 세계의 거의 모든 사회, 문화, 종교가 가르치는 보편적인 도덕률이다. 이에 근거해서 '지구촌 윤리'(world ethics)를 주장하는 사람도 있을 정도다.[40] 물론 이런 도덕적 원칙들에 대해 인류의 보편적 합의가 있다 해도 사람들이 이 원칙을 실제로 지키며 산다는 말은 아니다. 사람들은 때로는 복잡하게 얽힌 이해관계로 인해 현실적으로 여러 가지 갈등 속에 사는 것이 사실이기 때문이다. 하지만 이것은 별개의 문제다.

삶의 기본적 원칙에 대해 보편적 합의가 존재한다는 사실은 결코 당연시될 일이 아니라 설명을 요하는 현상이다. 나는 도덕의 이러한 보편성을 사회생물학(sociobiology)에서 주장하듯이 진화론적 입장에서 과연 만족스럽게 설명할 수 있을지 회의적이다. 생존본능과 생존가치(survival value)는 오히려 도덕적 질서와 가치를 무시하는 편이 더 크고 이롭지 않을까? 특히 집단 간의 관계에서는 더욱 그런 것 같다.

하지만 우리가 이미 본 대로 과학적 세계관이 보는 근현대 세계는 도덕과는 아무런 상관이 없다. 현대인은 도덕의 객관적 근거가 사라진 세계에서 여전히 도덕적 가치를 긍정하고 살아야 하는 딜레마에 빠져 있다. 현대인들이 사는 세계는 사실(fact)과 가치(value)가 유리된 탈가치화된 세계이기 때문이다. 도덕이 존재론적 기반과 인성론적 기반, 즉 세계관과 인간관의 지지대를 상실해 버렸기 때문이다.

---

40 Hans Küng, *Global Responsibility: In Search of a New World Ethic* (London: SCM Press Ltd., 1991). 특히 58-59쪽을 볼 것. 퀑은 칸트의 정언명령(定言命令, categorical imperative)이 여러 종교의 공통적인 가르침인 황금률의 '현대화, 합리화 그리고 세속화'로 이해될 수 있다고 지적한다.

나는 신이 사라진 현대 세계에서 도덕실재론의 붕괴는 당연한 결과이기에 도덕적 가치와 질서가 절대성을 확보할 수 있는 길이 사라졌다고 본다. 그나마 실천이성에 근거한 임마누엘 칸트의 의무론적(deontological) 도덕론이 거의 유일한 대안처럼 보인다. 하지만 이런 도덕론이 제시되고 먹혀들어 갈 수 있는 것도 칸트가 여전히 그리스도교적 풍토, 특히 그에게 강한 영향을 준 것으로 알려진 개신교 경건주의(pietism)의 엄숙주의적인 신앙 풍토에서 사고했기 때문일 것이다. 그가 말하는 실천이성의 명령은 절대로 거역해서는 안 되는 신의 도덕적 명령과 다름없고, 우리가 인간으로서 도저히 외면할 수 없는 양심의 절대적 명령 같은 것을 도덕철학으로 이론화한 것이나 다름없다. 이러한 종교적 배경 없이 칸트의 도덕 이론이 과연 인간의 뿌리 깊은 이기심을 극복할 만한 설득력을 발휘할 수 있을지 의문이다. 나는 여전히 신이 자연의 질서뿐 아니라 인간의 삶의 질서인 도덕의 궁극적 원천이고 토대라고 믿는다. 물론 도덕의 구체적 내용은 시대에 따라 달라질 수 있지만, 도덕의 원칙 자체는 우주적·신적 기반을 지닌다고 생각한다.

7) 삶의 도덕적 차원을 무시하지 못하는 것이 인간 존재의 특성 가운데 하나라면 맥쿼리가 언급하고 있는 또 하나의 논증도 우리의 주목을 끈다. 즉, 인간의 초월성에 주목하는 인간학적 논증(anthropological argument)이다. 이미 앞서 논한 인간 출현의 원리와 유사하지만 차이는 인간의 초월성에 초점을 맞추고 있다는 점이다. 이 논증은 세계의 존재도 신비하지만 바로 이러한 신비를 감지하고 의식하는 인간이 존재한다는 사실이야말로 신비 중의 신비라는 생각이다. 인간은 단지 신비를 감지하는 정도가 아니라, 그 작은 두뇌로 우주의

기원과 전개 과정 전체를 파악할 수 있을 정도로 고도의 지성을 갖춘 놀라운 존재다. 파스칼의 유명한 말대로 인간은 자연에서 가장 연약한 갈대와 같은 존재이지만, 인간은 '생각하는 갈대'다.

> 인간을 죽이기 위해 온 우주가 무장할 필요가 없다.
> 바람 한 점, 물 한 방울이면 인간을 죽이기에 족하다.
> 그러나 우주가 인간을 멸한다 해도,
> 인간은 그를 죽이는 우주보다 더 고귀할 것이다.
> 그는 자기가 죽는다는 것, 우주가 자기보다 더 힘이 세다는 것을 알기 때문이다.
> 우주는 이런 걸 모른다.
> 우주는 공간적으로 나를 에워싸고 있고
> 나를 마치 한 점처럼 삼켜 버린다.
> 그러나 나는 생각으로 우주를 에워싼다.[41]

인간은 단지 존재할 뿐 아니라 자기가 존재한다는 사실을 의식하며, 이 의식을 재차 의식할 수도 있다. 인간은 자연의 일부로서 자연에 속한 존재이지만, 결코 자연에 매몰된 존재는 아니다. 진화생물학자들은 물론 인간의 의식도 자연선택에 의해 진행된 생명의 오랜 진화 과정의 산물이라고 주장할 것이다. 또 현대의 각종 이론도 인간의 의

---

41 B. Pascal, 『팡세』(W. F. Trotter tr.) 최현·이정림 역(범우사, 1972), 138-139. 파스칼의 『팡세』는 매우 복잡한 텍스트다. 여기서는 이에 대한 복잡한 논의를 피한다. A. J. Krailsheimer, Pascal, Pensées, trans. with introduction(Baltimore: Penguin Books, 1966) 참고. 이 번역은 파스칼 자신이 1662년 사망 직전까지 손질하던 것을 그대로 전부 번역한 첫 영역본이다. 지금 인용한 파스칼의 말은 널리 알려져 있지만, 위 영문 번역에는 인간은 우주 공간에서 단지 '생각하는 갈대'(thinking reed)에 지나지 않는다는 말 그리고 인간의 위대성은 자신이 비참하다는 사실을 안다는 데 있다는 말만 발견된다(113절).

식이 결코 투명하고 중립적이지 않고, 무의식(프로이트)이나 경제적 하부구조(마르크스) 또는 권력 의지(니체) 같은 것에 의해 좌우된다고 폭로한다. 그럼에도 우리가 바로 이러한 의식의 진실을 안다는 사실 자체가 우리가 의식을 지닌 존재이기 때문에 가능하다는 사실은 변함없다. 의식을 지닌 인간은 역시 '초월적' 존재라는 생각을 지우기 어렵다.

물질만으로는 결코 이러한 의식의 초월성을 완전히 설명하지 못한다. 물질에서 생명, 생명에서 의식이 출현하는 진화가 도대체 어떻게 가능한지는 물질만으로는 결코 설명할 수 없다. 정신을 물질로 환원해서 설명하려는 현대 과학계의 끈질긴 노력에도 불구하고 우리는 아직도 어떻게 죽은 물질에서 자기 복제와 능동적 운동이 가능한 생명체가 출현했는지, 또 의식이 출현해서 자기 성찰을 할 수 있는 인간이 출현할 수 있었는지 생각할수록 신비하기 그지없다.[42] 과학자들은 '출현한다'(emerge)는 표현을 즐겨 사용하지만, 도대체 왜 물질의 움직임이 꽉 짜인 인과관계의 지배 아래 동일한 것만 반복되는 기계적이고 폐쇄적인 체계가 아니라, 주어져 있는 것에서 새로운 것(novum, novelty)들이 출현하는 창발적 진화(emergent evolution)가 가능한지, 왜 제반 자연의 법칙과 우연(chance)이 절묘하도록 알맞게 협동해서 다양한 만물을 산출하는지 우리는 묻게 된다.[43] 앞으로 더 논하겠지만 나는 물질이 탄

---

42 물질과 의식의 관계에 대한 종합적인 철학적인 논의로, David J. Chalmers, *The Conscious Mind: in Search of a Fundamental Theory* (Oxford University Press, 1996) 참고. 챌머스는 물질과 의식 현상 사이의 수반(隨伴, supervenience) 관계에 초점을 맞추면서 모든 물질적 조건이 동일하다 해도 반드시 거기에 상응하는 동일한 의식 현상이 수반되지 않는 경우를 예로 들면서 의식을 물질로 환원해서 설명하려는 물질주의를 비판한다. 제4장(Naturalistic dualism) 참고.

43 이 두 가지 조건이 창발적 진화를 가능하게 하는 물질의 근본 조건이다. 모로위츠는 창발(emergence)에 대한 그의 포괄적 논의에서 이 점을 밝히고 있다. 그는 철학과 종교에도 지대한 관심을 가지고 있지만, 이러한 극한적 물음을 제기하지는 않는다. Harold J. Morowitz, *The Emergence of Everything* (Oxford: Oxford University Press,

생하고 전개되는 전 과정을 추동하는 우주적 정신이 처음부터 작용했기 때문이라고 생각한다.[44] 현대 인도의 철학자 오로빈도(Aurobindo)의 사상으로는 물질계로 신의 하강이 먼저 있었기 때문에 상승이 가능하다는 것이다. 그렇다면 결국 정신이 정신을 낳게 되었다는 말이 된다. 물질계에는 처음부터 정신이 깃들어 있었고, 이 정신에 의해 진화가 추동되었을 것이라는 말이다. 신이 먼저 물질계로 하강(descend)했기 때문에 인간이 그 하강의 단계들을 역으로 거스르면서 신을 향해 오르는 상승(ascend) 운동이 가능하다고 오로빈도는 본다.[45]

여기서 우리는 맥쿼리의 또 다른 논증, 그가 인간학적 논증(anthro-pological argument)이라고 부르는 것에 접하게 된다. 세계의 존재도 신비하지만 바로 이러한 신비를 감지할 수 있는 인간 존재야말로 신비 중의 신비이기 때문이다. 아니, 단지 신비를 감지하는 정도가 아니라, 작은 두뇌로 우주의 기원과 전개 과정 전체를 파악할 수 있을 정도로 고도의 지성을 지닌 인간 존재의 출현은 실로 놀랍기 그지없다.

이런 점에서 나는 의식을 지닌 인간의 창조가 신에게 필요했다는 라이프니츠의 놀라운 통찰에도 귀를 기울일 필요가 있다고 본다. 이와 관련한 맥쿼리의 말을 들어보자.

신은 그의 신성을 인정하고 응답할 수 있는 합리적 정신들(esprits) 없이는 참으로 신이 아닐 것이며, 아마도 세계도 '왜'라는 물음을 물을 정신들 없이는 세계가 아닐 것이다. 신의 위대성과 선함이 정신들에 의해 알려지고 찬탄받지 않는다면, 신에게는 아무 영광도 되지 못할 것이다. 아마도 우리는 유

2002).

44 우선 이 장의 1)항과 2)항에서 논한 것을 다시 참고할 필요가 있다.

45 상승(ascent)과 하강(descent)은 본래 신플라톤주의 철학에서 사용하는 용어인데, 오로빈도 역시 거기서 차용했을 것이다.

한한 정신들이 신에게 필요하다고까지 말하지는 못하겠지만, 어떤 의미에서 유한한 정신들이 신을 온전케 하고 신의 존재를 더해 줄 수 있다고 말할 수 있다. 라이프니츠의 이러한 견해는 확실히 신은 너무나 완전하고 자족적이어서 창조는 신에게 아무 상관도 없다는 신학자들의 견해와 날카롭게 대립된다. 나는 이러한 신학적 편견이 반 우주적이고 아마도 비인간적인 것이라고 비판해 왔다.

맥쿼리는 계속해서 말한다.

라이프니츠 철학에서 인간에 대해서 지적할 두 번째 사항은 인간은 신을 반영하는 거울이라는 점이다. 우리는 가장 낮은 단계의 단자(monad)들조차도 희미하게나마 전 세계를 반영하고 있다는 것을 보았다. 그러나 단자들이 우주를 반영한다면, '정신들'은 신의 모상이거나 또는 그 자체가 자연의 저자로서 우주의 시스템을 알 수 있고 발명을 통해 그 저자를 어느 정도 모방할 수도 있다. 그래서 라이프니츠는 인간들 혹은 정신들은 각기 자기 세계에서 '자그마한 신'이라고 할 수 있다고 본다. 신과 피조물 인간 사이의 거리가 얼마이든 둘 사이에는 어느 정도의 유비가 존재한다. 왜냐하면 인간은 무한을 향한 갈망을 가지고 있기 때문이다. 인간은 따라서 자신 안에 우주 모든 존재의 계층들을 집약하고 있는 소우주일 뿐 아니라, 신과 존재의 유비(analogia entis)를 지니고 있다. 만약 우리가 이를 받아들인다면, 내가 다른 곳에서 논한 대로 이것은 신의 존재를 위한 인간학적 논증을 가능하게 한다.[46]

나는 이러한 생각이 물질이 탄생하고 생명과 정신을 지닌 인간 존

---

46 *In Search of Deity*, 122-123.

재가 출현하는 전 과정을 추동하는 우주적 정신, 즉 신의 로고스가 처음부터 작용했기 때문이라는 견해를 앞서 소개한 바가 있는데, 인간 출현의 원리와 유사한 면이 있다.[47] 인간의 정신이 지닌 초월성을 감안해 볼 때, 결국 우주의 정신이 인간의 정신을 낳은 것이 아닌가 하는 생각을 하게 된다. 물질계에는 처음부터 정신이 깃들어 있었고, 이 정신에 의해서 진화 과정이 추동되었을 것이라는 말이다. 이를 다른 말로 하면, 요나스(H. Jonas)의 말대로 물질은 아직 진화하지 않은 생명의 잠재태(potentiality)이고, 생명은 아직 깨어나지 않은 정신의 잠재태다.[48]

여하튼 나는 신에 이르는 길을 철학적 관점에서 논하자면 세계의 존재와 근본 성격으로부터 신에 이르는 길을 탐색하는 방법과 인간 영혼에서 신에 이르는 길을 탐색하는 방법이 있다는 신학자 틸리히의 의견에 동의하지만 나는 결코 이 둘을 배타적 선택의 문제로 보지 않는다는 점을 다시 한번 천명하고 싶다.

종교들은 신과 인간의 합일(神人合一)을 종교와 영성의 궁극 목표로 간주하지만, 한편으로 나는 인간의 영혼이나 마음을 전적으로 물질의 작용 내지 현상으로 설명하려는 환원주의적 유물론(reductionistic materialism)을 오류로 배격한다. 그러나 다른 한편으로 나는 신과 인간의 일치하는 점을 인간의 영혼과 육체(soul and body), 혹은 마음과 몸(mind and body)의 구별에 따른 영혼 혹은 마음보다는 더 깊은 차원에서 찾는다. 나는 인간 안에 흔히 말하는 영혼이나 마음보다 더 깊은 신의 정신(Spirit) 혹은 영(pneuma)이 존재한다고 보며, 거기서 인간 존엄성의 인간학적 기반을 찾는다. 나는 이러한 견해를 세속적 휴머니즘(secular

---

47 우선 이 장의 1)항과 2)항에서 논한 것을 다시 참고할 필요가 있다.
48 H. Jonas/김종국 · 소병철 역, 『물질, 정신, 창조』(철학과현실사, 2007) 참고.

humanism)과 구별해서 영적 휴머니즘(spiritual humanism)이라고 부른다. 이 영적 인간관의 근거는 종교 전통들에서 다양한 이름으로 불리지만, 나는 그러한 이름들 모두가 근본적으로 동일한 실재를 가리킨다고 본다. 모두가 하느님을 닮은 하느님의 모상(imago dei)인 인간의 초월성, 즉 인간의 참 자아(Spirit, Ātman, Purusa), 요한복음의 로고스(logos), 성 아우구스티누스가 말하는 하느님을 지향하는 고등 이성(ratio superior), 대승불교의 불성(佛性)이나 라마나 마하르시(Ramana Mahārsi)가 말하는 '나의 나'(I-I), 임제(臨濟) 선사의 무위진인(無位眞人), 마이스터 에크하르트의 지성(intellectus) 또는 참사람(ein wahrer Mensch) 그리고 지눌 선사의 공적영지(空寂靈知)와 진심(眞心), 왕양명의 양지(良知, 良心) 같은 개념들이 모두 인간에 내재하는 같은 실재를 가리키는 말로 간주한다.[49]

8) 나는 여기서 또 하나의 극한적 질문을 제기하고 싶다. 인생의 궁극적 의미에 관한 문제다. 우리는 우주 138억년이라는 장구한 시간을 거쳐 형성된 밤하늘을 수놓은 무수한 별들의 향연을 보면서 도대체 왜 나라는 존재가 하필 여기 있는가, 도대체 왜 아무것도 없을 수도 있었을 터인데 이 적막한 우주 공간에서 이런 부질없는 생각을 하고 있나? 이 거대한 우주 덩어리는 왜 존재하는가 하는 생각이 고개를 들 때가 있다. 얼핏 듣기에 말이 안 되는 질문들처럼 보이지만, 사실 이러한 의문은 누구도 피할 수 없다. 나라는 존재 그리고 우주의 존재가 자명하거나 필연적이지 않다는 누구나 다 아는 사실을 전제로 해서 제기되는 문제들이기 때문이다. "도대체 왜 아무것도 없지 않고 무언가 존재하

---

49 이에 대해서는 앞으로 좀 더 논할 기회가 있겠지만, 우선 이 책에서 이미 논한 물질적 창조력에 대한 논의, 특히 삼분법적(tripartite) 인간학에 대한 논의를 참고할 것.

는가[50]라는 질문은 나와 우주가 여타 사물들과 마찬가지로 존재하지 않을 수도 있는 우연유(偶然有)라는 의식을 전제로 한다. 만약 세계가 창조주 하느님에 의해서 창조된 것이라면, 세계는 반드시 존재해야 할 필연적 존재일 수 없고, 나와 같은 우연유일 것이기 때문이다.

라이프니츠가 제기한 세계의 존재 이유에 대한 이 형이상학적 물음은 유일신 신앙(monotheism)이 지배적인 종교문화 풍토에서나 생길 법한 질문이다. 유일신 신앙에서는 존재하는 모든 현상이나 사건에는 반드시 창조주 하느님이 뜻과 의지가 있다는 생각이 상식이기 때문이다. 라이프니츠의 유명한 충족이유율(the law of sufficient reason), 즉 존재하는 모든 것에는 충분한 원인이 있다는 생각도 단지 논리 법칙이 아니라 이와 같은 형이상학적 관심과 관련이 있을 것이다. 존재하는 모든 사물과 현상에 신의 뜻과 의지가 있다면, 목적과 의미도 있다는 세계관을 중세 사람들은 공유했다. 하지만 과학적 세계관이 지배하는 현대 세계는 그런 목적과 의미가 사라진 세계다. 세계 자체가 필연적으로 존재해야만 하는 이유, 목적, 의미 같은 것이 없는데, 인생 자체가 무의미하게 보이는 것은 당연하다. 유물론자 러셀이 의미가 사라져 버린 세계를 사는 현대인들이 느낄 수밖에 없는 삶의 무의미성에 대한 냉혹하면서도 웅변적인 말을 들어보자.

인간이란 도달하게 될 목적에 대해 아무것도 모르는 원인들의 산물이라는 것, 인간의 기원과 성장과 희망과 두려움, 사랑과 신념들은 단지 원자들의

---

50 "Why is there something rather than nothing?"(불어: "Pourquoi il y a plutot quelque chose que rien? 독어: "Warum ist überhaupt Seiendes und nicht vielmehr Nichts?). 철학자 하이데거는『형이상학이란 무엇인가?』(*Was ist Metaphysik?* Vittorio Klostermann Frankfurt A. M., 1960; Achte Auflage)라는 프라이부르크대학 교수 취임 강연에서 이 질문을 중심으로 형이상학적 사고의 본질에 대한 논의를 전개하고 있다.

우연적 배합의 결과일 뿐이라는 것, 한 개인의 그 어떠한 영웅적 행위, 제아무리 강력한 사상이나 감정도 그를 무덤 너머로 보존해 주지 못한다는 것, 시대에 걸친 모든 수고와 천재 인간들의 모든 헌신과 영감과 대낮처럼 찬란한 업적도 태양계의 거대한 죽음 속에 사라질 수밖에 없고, 인간들이 성취한 전당 전체가 파멸해버릴 우주의 잔해 속에 피할 수 없이 묻혀버릴 수밖에 없다는 것… 이 모든 것이 논란의 여지가 아주 없지는 않다 해도 거의 확실하기 때문에 이런 사실들을 거부하는 그 어떤 철학도 성립될 수 있기를 바랄 수 없다. 오직 이러한 진리들의 발판 위에서만, 오직 가차 없는 절망의 튼튼한 토대 위에서만 영혼의 안정한 주거지가 지어질 수 있다.[51]

나는 러셀의 이런 호언장담에 동의하기는커녕 오히려 되묻고 싶다. 만약 당신이 말하는 것이 참이라면 그리고 이것이 정말 '가차 없는 절망'이라면, 과연 그러한 냉혹한 진리를 발판으로 해서 우리의 영혼이 거할 수 있는 '안전한 주거지'를 지을 수 있을까?

나에게 인생은 거대한 의미(meaning)와 무의미(meaninglessness), 유신론과 무신론, 유물론과 정신의 우위성 사이의 싸움터다. 만약에 인생과 역사, 우주의 탄생과 소멸을 아우르는 어떤 '거대 의미' 같은 것이 존재하지 않는다면—곧 신이 존재하지 않는다면— 우리가 삶에서 추구하는 크고 작은 사적 의미들은 궁극적으로 시시하고 무의미하다는 생각이 들기 때문이다. 나에게 인생은 신을 두고 벌이는 전부 아니면 전무(all or nothing)의 한판 승부와도 같다. 모든 것을 얻든지 아니면 모

---

51 John Hick, *Death and Eternal Life* (New York, 1976), 150에서 재인용. 힉은 러셀의 이 말을 그의 *Mysticism and Logic* (Longmans, London, 1978), 47-48로부터 인용하면서 러셀이 1962년에 쓴 한 편지에서 자기가 젊은 시절에 쓴 위 말의 스타일이 화려한 수사였지만, "우주와 인생에 대한 나의 입장은 근본적으로 변한 것이 없다"고 밝히고 있음을 지적한다. 힉, 앞의 책, 167.

든 것을 잃든지 하는 신과 인생을 두고 벌이는 거대한 도박이다. "신의 존재에 베팅하면 손해 볼 일이 없다"는 파스칼의 도박론도 나는 이런 뜻으로 좋게 이해한다.

아직도 종종 신에 대한 믿음이 흔들리고 거대 무의미가 거대 의미를 삼킬 것 같다는 두려움이 들지만, 나는 젊은 시절부터 이런 생각을 하면서 살아 왔고 지금도 여전히 이 싸움에 모든 것을 걸면서 인생의 황혼기를 보내고 있다. 나에게 신·신성(God, Divinity)은 우주와 인생 전체를 아우르고 떠받치는 궁극적 의미(ultimate meaning)—크고 작은 일시적 의미나 부차적 의미들 말고—의 보루이고 토대다. 반대로, 만약 하느님이라는 영적 실재가 없고 물질로 모든 것이 설명될 수 있다면, 인생은 궁극적으로 무의미할 것 같다. 운 좋은 극소수를 제외하고는 인간다운 삶을 살아보지도 못하고 죽는 것이 대다수 사람의 인생이라면, 인간의 가치와 존엄성도 결국 공허한 관념에 불과할 것이다. 그래서 인생을 조용히 관조하며 사는 지혜로운 자들—철인들, 현자들, 냉소주의자들, 회의주의자들—에게는 인생이란 처음부터 끝까지 한 편의 어리석고 맹목적인 드라마 아니면 일장춘몽과 같기에 사는 날까지 큰 화나 당하지 않도록 몸조심하고 소소한 즐거움이나 맛보며 살다가 가는 게 최선일지도 모른다.

사실 우리가 처음부터 우주와 인생의 거대 의미 찾기를 포기한다면, 우리의 정신적 고민의 상당 부분이 사라질 것이다. 의미를 찾고 지켜야 한다는 정신적 부담에서 해방되어 엄청난 자유를 만끽할 수도 있을지 모르기 때문이다. 영국 작가 몸(S. Maugham)은 거대 의미 찾기를 포기한 무신론자의 자유를 매우 인상적으로 묘사하고 있다.

필립은 하느님에 대한 믿음의 하중이 그의 어깨를 누르지 않았던 소년 시절

처럼 기뻐했다: 마지막 책임감의 짐이 그에게서 사라진 것 같았고, 그는 처음으로 완전한 자유로움을 느꼈다. [우주 안에서] 그의 하잘것없음이 힘이 되었고 그를 핍박하는 듯했던 잔인한 운명과 자기가 갑자기 대등해짐을 느꼈다. 만약 인생이 무의미하다면 세계는 그 잔인성이 박탈당하기 때문이다. 그가 한 일이든 하지 못한 일이든 아무 의미가 없었다. 실패도 중요하지 않았고 성공도 아무것도 아니었다. 그는 잠시 지구 표면을 차지했던 저 떼거리 인류 가운데 가장 하잘것없는 존재일 뿐이다. 그는 혼돈으로부터 허무의 비밀을 알아냈기 때문에 전능한 존재가 되어 버렸다. 그는 펄쩍 뛰며 노래하고 싶었다. 몇 달 동안 그렇게 기쁜 적이 없었다.[52]

9) 인생의 의미에 대한 문제와는 다른 차원의 또 하나의 궁극적 물음이 있다. 곧 인간 존엄성의 근거 내지 이유가 무엇인가 하는 문제다. 현대인들은 일반적으로 인간의 존엄성과 평등성, 보편적 인권, 자유와 평등을 당연한 가치로 여기며 살지만, 정작 그 근거가 무엇인지, 특히 그러한 믿음을 뒷받침할 만한 인간학적 근거나 세계관의 토대를 상실한 채 살고 있는 현대인들이 어떤 근거로 인간의 존엄성과 평등성을 정당화할지 의심이 든다. 유감스럽게도 세속적 휴머니즘은 더 이상 이에 대한 설득력 있는 답을 제시하지 못하고 종종 공허한 레토릭이나 구호만 반복한다. 자연과학자들이 자연의 법칙과 질서를 당연한 것으로 여기듯, 마르크스주의자들이나 프로이트, 듀이, 러셀 그리고 최근의 도킨스 등이 제시하는 인간관이나 세계관을 추종하는 사람들, 특히 인간의 정신을 두뇌의 물질로 환원해 버리는 현대 뇌 과학들이나 유물론적 환원주의자들, 인간의 궁극적 목표가 동물과 마찬가지로 오로지

---

52 *Of Human Bondage*(1915), John Hick, 같은 책, 151에서 재인용.

자신의 유전자를 퍼트리는 데 있다고 보는 사람들은 인간의 존엄성을 어떻게 보장할 수 있는지 묻지도 않고 당연시해 버린다. 종종 자신들이 주장하는 철학적, 존재론적 입장과 자신들이 외치고 있는 인간 존엄성과 해방의 메시지 사이의 명백한 모순 내지 부조화를 도외시하거나 의식조차 하지 못한다. 영국 신학자 키스 워드는 이들을 '영혼의 파괴자들'이라 부르면서 다음과 같이 꼬집고 있다.

영혼의 파괴자들은 통상적으로 그들의 작업이 끝나면 자신들의 이론에 담긴 도덕적 함의로부터 눈을 돌려 버린다. 그리고는 전통적 도덕의 수정본과 같은 것을 복권하려고 전혀 설득력 없는 절뚝거리는 시도로 끝을 맺는다. 우리는 이것을 약간의 차이가 있기는 하지만 작크 모노(Jacque Monod)나 에리히 프롬(Erich Fromm) 그리고 칼 마르크스에서 보았다. 유난히 눈에 띄는 예는 리처드 도킨스(R. Dawkins)의 아주 흥미로운 책, 『이기적 유전자』의 마지막 페이지에서 볼 수 있다. 인간의 생명이란 전적으로 무의식적이고 맹목적인 복제자인 유전자들에 의해 지배를 받는다고 214쪽에 걸쳐 논증한 후, … 그의 맨 마지막 문장은 "지구상에서 오직 우리만이 이기적 복제자들의 횡포에 저항할 수 있다"고 말한다. 제기되는 질문은 뻔하다: 어떻게 합리적이고 책임 있고, 이타적이고 목적이 뚜렷한 의식적 행동을 그런 유물론적 이론으로 설명할 수 있는가 하는 것이다. 인간에게 정말로 도덕적 의무감 같은 것이 없다면, 도대체 왜 도킨스는 이타주의가 가능하다는 '희망'을 가지고 있는가? 그러면서도 도덕이 우리의 본성을 완성하는 것이 아니라 본성에 저촉된다고 보는 것은 이상하지 않은가?[53]

---

53 Keith Ward, *In Defense of the Soul* (Oxford: Oneworld Publication, 1992), 161.

결국 세속적 휴머니즘을 표방하는 사람들은 그리스도교나 스토아 철학과 같은 오랜 사상적 전통을 통해 형성된 인간 존엄성에 대한 종교적 휴머니즘의 후예들로서 그 열매는 따 먹으면서도 정작 그들이 주장하는 인간관은 인간 존엄성의 근거를 해체하는 모순을 범하고 있다는 비판을 면하기 어렵다.54

근대 민주주의는 인간의 존엄성과 평등성과 보편적 인권에 근거한 주권재민(主權在民)의 개념을 법적, 제도적으로 보장하는 정치 제도다. 한국을 비롯한 근대 민주 국가들의 법 제도는 고대 로마의 법까지 거슬러 올라가는데, 로마법에 스토아 철학의 평등주의와 자연법(natural law) 사상이 큰 영향을 미쳤다는 것은 잘 알려진 사실이다. 이에 더하여 중세 그리스도교의 평등주의적 인간관과 자연법 사상, 즉 인간은 하느님의 모상으로 창조된 존엄한 존재이며, 하느님의 창조 세계에는 인간 이성으로 알 수 있는 보편적인 도덕 법칙과 질서가 심어져 있다는 사상도 로마법 이래 서양의 법 사상과 제도에 큰 영향을 끼쳤다. 더 나아가서 여기에 존 로크(J, Locke)나 루소(J. J. Rousseau) 등의 자연법 사상이 가세하여 근대 민주주의 제도와 헌법에 큰 영향을 미치게 된 것이다. 법학자 김상용은 서구 민법 사상사에 대한 역사적 고찰에서 다음과 같이 말하고 있다.

이와 같이 로마법이 세계법의 역사적 연원이 된 것은 다른 어떠한 원인보다도 그 사상적 바탕이 자연법론이었다는 데 있다. 로마법은 생성 시에는 사해동포주의의 스토아 철학에 영향을 받았고, 학문적으로 연구될 때에는 중세

---

54 이러한 비판으로 과정철학자 Charles Hartshorne, *Beyond Humanism: Essays in the New Philosophy of Nature* (Lincoln, Nebraska: University of Nebraska Press, 1968), 영국 신학자 Keith Ward, 앞의 책 등을 볼 것.

기독교의 도덕신학의 영향을 받아 순화되었고, 근대 민법전을 제정할 때에는 인간중심의 법 사상이었던 근세 자연법론의 영향을 받았다. 그리하여 로마법의 내용은 인류보편의 가치를 담은 자연법적이고, 따라서 자연법론에 입각한 서양 대륙의 근대 민법전이 동양의 우리나라에까지 영향을 주었던 것이다.[55]

유감스럽게도 인간의 보편적 존엄성에 대한 믿음을 뒷받침해 주던 이러한 자연법에 대한 전제나 믿음, 그 사상적 기반이나 형이상학적 사고의 기반이 무너짐에 따라 근대 민법의 대전제가 되는 인간의 보편적 존엄성과 평등성에 대한 믿음 또한 공허한 수사가 되어 버린 것이다. 민주화된 근현대 사회에서 너무나 당연시되었기 때문일지도 모른다. 사실, 현대 한국 사회는 제도로서의 민주주의는 어느 정도 정착되어 가고 있지만, 인간 존엄성에 대한 믿음의 사상적 전통과 기반은 고사하고 근대 서구에서 세속화된 형태로나마 상식화된 휴머니즘적 가치들이 한국인들의 심성과 생활에 아직 배어 있지 못하고 있는 실정이다. 제도로서의 민주주의는 정착했지만, 제도를 뒷받침해 주는 인간관과 가치관 등이 한국인들의 마음과 인간관계 속에 아직 확고하게 자리 잡지 못했다는 말이다.

여하튼 나는 인간 존엄성을 외치는 현대 세속주의적인 휴머니즘의 구호가 공허하게만 들리는 까닭은 휴머니즘에 대한 믿음이 신적 · 우주적 차원을 상실해 버렸기 때문이라고 생각한다. 우리는 앞장에서 이러한 사상적 움직임이 중세 말에 출현한 윌리엄 오컴의 유명론적 사고에 이미 태동하고 있었음을 보았고, 근대 과학적 세계관과 사고방식을

---

55 김상용, "민법사상사: 로마법 발전에 영향을 미친 사상들,"「학술원논문집: 인문 · 사회과학 편」제53집 1호(2014), 312-313.

통해 더욱 공고하게 되었다는 것도 논했다. 오컴과 더불어 도덕이 세계 자체의 구조와 성격에 뿌리를 두고 있다는 믿음이 무너지기 시작했고, 근대 실증주의적 사고가 고개를 들기 시작하더니 이제는 현대인들의 사고를 지배하고 있다 해도 과언이 아니다. 이에 더하여 토마스 홉스와 더불어 본격적으로 등장하기 시작한 근대 생물학적 · 유물론적 인간관이 도덕의 존재론적 · 인성론적 기반을 정면에서 도전하면서 이기적 욕망의 충족을 인간의 진정한 행복으로 간주하는 사고가 오늘의 세계를 지배하기에 이르렀다. 과연 현대인들은 인간 존엄성과 평등성의 근거를 어디서 찾아야 할까?

나는 이 책 제5장(새로운 영성)에서 영적 휴머니즘(spiritual humanism)을 공허한 구호로 전락시켜 버린 세속적 휴머니즘(secular humanism)의 대안으로 제시할 것이다. 물론 계몽주의가 남긴 민주주의라는 정치적, 법적 제도와 이념은 아직도 유효하다. 민주주의는 아직도 세계 어디서나 미완성의 제도와 이념이고 완성을 향해 갈 길이 멀지만, 인류 역사에서 민주주의를 대체할 만한 새로운 정치적, 법적 제도와 이념은 아직 없다. 민주주의는 아직 세계 도처에서 도전을 받고 있으며, 완성을 한한 투쟁은 계속되고 있다.

10) 마지막으로 생각해 볼 극한적 문제는 이미 언급한 바 있는 본격적인 존재론적 문제다. 세계의 존재에 관한 문제로서 나는 이미 이 문제를 하이데거가 『형이상학이란 무엇인가』라는 그의 강연문에서 라이프니츠가 제기한 문제를 인용하면서 논하고 있는 질문임을 밝힌 바 있다. 다시 한번 극한적 질문을 한다면 "세계는 왜 아무것도 없지 않고 무엇인가 존재하는가?"라는 존재의 신비에 관한 물음이다. 이 문제는 존재론적 이성의 회복을 위해서 가장 중요한 극한적인 물음이라는 점

에서 좀 더 긴 논의를 필요로 한다. 앞서 제기한 극한적 질문들이 주로 세계 또는 사물의 본질(essence)과 질서를 중심으로 하여 제기된 문제라면 이번에는 사물들, 특히 세계 자체의 존재·실존(existence)의 이유를 묻는 극한적 질문이다.

우리는 자기 자신을 비롯해서 사물들이 존재한다는 사실을 의식한다. 하지만 존재한다는 것(to exist, to be)이 무슨 뜻이고, 왜 존재하는지를 묻는 순간 우리는 당혹감을 느끼게 된다. 존재의 신비에 접하는 순간이기 때문이다. 존재(being)라는 단어에는 명사적 의미와 동사적 의미가 있다. 명사로서의 존재는 어떤 특정한 사물(ens, a being)을 가리키며, 동사로서의 존재는 '존재한다는'(esse, exist) '행위' 내지 힘 같은 것을 가리킨다. 우리는 어떤 사물을 보고 이름을 지칭하는 순간, 그 사물의 일반적 성격과 본질을 인식한다. '사람'이라든지 '벚나무'라든지 하는 판단과 함께 개념과 범주를 인식하고 지칭한다. 그러나 그것이 '존재한다'는 엄연한 사실은 별로 의식하지 못한다. 암묵적으로 의식할지는 모르지만, 그것을 사유의 대상으로 삼지는 않는다. 어떤 것이 존재한다는 사실, 나아가서 사물들의 총합과도 같은 세계가 존재한다는 사실의 신비는 망각하기 쉽기 때문이다.[56]

현대 사상가로서 이 존재의 의미 내지 진리를 자기 철학의 일관된 문제로 삼고 끈질기게 사유해 온 사람은 두말할 필요도 없이 하이데거(M. Heidegger)다. 그는 서구 철학—형이상학과 신학, 그가 존재신학

---

[56] 이러한 '존재한다'는 행위(act, to exist)로서의 존재 개념에 가장 일찍이 철학적으로 주목한 철학자는 토마스 아퀴나스이다. 이에 대한 논의로, Copleston, *A History of Philosophy*, vol 2, part II. 52-55 참고. 아리스토텔레스의 철학을 높이 평가하고 따른 토마스는 개물이 실체로서 형상과 질료로 구성되었다는 아리스토텔레스의 견해를 따랐지만, 개물이 본질(essentia)과는 별도로 실존(existentia, to exist)한다는 현상에 주목한 것은 그리스도교의 창조 개념의 영향을 반영하는 토마스의 획기적인 철학적 전환이라고 본다. 이 점에서는 저명한 서양 중세 철학 연구가인 질송(E. Gilson)의 견해도 마찬가지다.

(Ontotheologie)이라고 부르는—의 전 역사가 존재(Sein)를 망각하고 존재자(Seiende)에 사로잡혀 온 역사라고 비판하면서 현대 기술문명의 뿌리도 거기서 찾는다. 나는 전통적 형이상학과 신학을 싸잡아 존재 망각의 역사로 비판하는 하이데거의 견해에는 찬동하지 않지만,[57] 그가 라이프니츠와 더불어 제기한 문제, "왜 아무것도 없지 않고 무언가가 존재하는가?"라는 궁극적 물음은 여전히 의미심장한 물음이라고 생각한다. 말이 안 되는 것 같으면서도 말이 되는 이 극한적 질문을 번안하면, "세계는 존재하지 않을 수도 있는 우연적인 것인데, 왜 하필 존재하는가"라는 물음이다.

철학자 비트겐슈타인도 말하기를 "세계가 어떻게 존재하는가가 신비로운 것이 아니라 세계가 존재한다는 것(사실)이 신비다"라고 했다.[58] 이 극한 질문은 존재자들의 세계에 함몰되어 살고 있는 우리로 하여금 무(das Nichts)와의 대면을 통해 존재자들의 세계를 넘어 존재의 신비에 대한 경외심을 일으킨다. 맥쿼리의 표현대로 '존재의 충격' 그리고 더 나아가서 존재 자체인 신에 대한 물음으로까지 이어질 수 있는 질문이다.[59] 하이데거의 말과 같이 우리가 비록 평소 의식하지 못하고 살아도 언젠가는 누구나 한 번쯤 이 질문에 숨겨진 문제를 스치고 지나가기 마련이다. 맥쿼리는 다음과 같이 말한다.

비트겐슈타인은 이 질문은 대답할 수 없고 물어도 안 되며, 다만 입을 다물어야만 한다고 생각했다. 고양이나 개가 나의 서재로 들어와서 책이 무언지 이해할 수 없는 것과 마찬가지로 우리는 세계에 존재하는 존재자들을 초월하

---

57 이에 대한 비판적 논의로, John Macquarrie, *In Search of Deity*, 153–163을 볼 것.
58 비트겐슈타인, "명제 4.66." 『논리철학 논고』(*Tractatus Logico-Philosophicus*), 1922.
59 라이프니츠가 제기한 이 문제와 관련된 신의 존재 문제에 대해서는 Macquarrie, 120–121를 참고할 것.

는 하나의 초존재자(superexistent)라는 관념도 만들 수 없다. 이 모든 경우에는 우리의 이해력을 넘는 실재의 차원이 있다. 그럼에도 사람들은 단순히 침묵만 지키고 있지는 않는다. 사람들은 언어를 극단으로까지 확장한다. 다시 비트겐슈타인의 말을 빌리면, 신비를 이해하기 위해서가 아니라 신비를 '보여주고' '가리키기' 위해서다. 종교적인 사람은 '하느님'이라는 말을 사용하지만, 하느님이 누구인지 혹은 무엇인지를 안다고 해서 그러는 게 아니다. 하이데거 같은 철학자는 존재(Sein)라는 말을 사용하고 있지만, 그는 존재에 대해서 단지 존재자들과는 '전혀 다른 것', 더 이상 그 배후를 물을 수 없고 세계가 단순히 주어져 있다는 사실, 즉 무(nothing)가 아니라 세계라는 것이 존재한다는 사실의 근원으로 상정되는 '내어줌'[60]의 궁극적 사건[61]이라고 할 뿐이다. 라이프니츠가 재치 있게 표현했듯이, "아무것도 없다(무)고 하는 것이 무언가(something)가 있다고 하는 것보다 더 단순하고 쉬운데 말이다."[62] 내가 이해하기로 이 말은 사물들이 그저 저절로 생기는 것이 아니라는 것, 만약 사물의 창조적 근원이 없다면 사람들은 자연히 아무것도 없을 것이라고 생각하게 될 것임을 뜻한다.[63]

나는 서구 형이상학과 신학의 전 역사가 존재 망각의 역사라고 비판하는 하이데거의 진단은 지나친 단순화라고 생각한다는 사실을 강조하고 싶다. 토마스 아퀴나스의 경우를 보아도 그의 형이상학에 그런 측면만 있는 것은 아니다. 질송(Gilson)이나 코플스톤(Copleston) 그리고 카푸토(Caputo) 같은 현대 학자들의 견해를 보면 그렇지 않음을 알

60 'giving'(es gibt).
61 'the ultimate event'(Ereignis).
62 "Car le rien est plus simple et plus facile que quelque chose."
63 Macquarrie, *In Search of Deity*, 173-174.

수 있다.[64] 질송에 따르면 토마스의 그리스도교 철학의 존재론적 사고를 아리스토텔레스를 비롯한 그리스 철학자들의 사고와 가르는 결정적 차이는 그리스 철학이 사물의 본질(essence)을 묻는 선에서 그쳤다면, 토마스는 본질들이 실존하도록(exist) 하는 행위 내지 힘을 물었다는 것이다.[65] 질송의 말을 들어 본다.

내가 단지 말하고자 하는 것은 한 사람[토마스]이 존재에 관한 모든 문제를 본질의 언어에서 실존의 언어로 전환했을 때, 하나의 결정적인 형이상학적 진전, 아니 오히려 하나의 진정한 형이상학적 혁명이 이루어졌다는 사실이다. 형이상학은 그 최초 기원에서부터 어렴풋하게나마 줄곧 실존적이고자 [실존의 문제를 의식하고 다루고자] 했다. [그러나] 토마스 아퀴나스 때부터는 형이상학이 언제나 그랬듯 실존성[실존의 문제의식]을 망각할 때마다 그 존재 자체를 잃어버렸을 정도가 되었다. 토마스 아퀴나스의 형이상학은 자연신학의 역사에서 하나의 정점이었고 지금도 그렇다. 그렇다면 형이상학이 곧 이 정점에서 추락하게 된 것은 놀랄 일이 아니다. 인간의 이성은 사물의 본질과 법칙들을 파악하고 개념들로 정의할 수 있는 세계에서는 편안하게 느끼지만, 실존들의 세계에서는 수줍고 불편하게 느낀다. 왜냐하면 존재한다는 것은 사물이 아니라 하나의 행위이기 때문이다. 우리는 이 사실을 너

---

64 Etienne Gilson, *God and Philosophy* (New Haven and London: Yale University Press, 1941); Frederick C. Copleston, *Aquinas* (London: Penguin Books, 1955); John D. Caputo, *Heidegger and Aquinas: An Essay on Overcoming Metaphysics* (New York: Fordham University Press, 1982).

65 *God and Philosophy*, 63-65. "dictur esse ipse actus essentiae"(to be is the very act whereby an essence is.). 토마스에서 본질(essence, essentia)로부터 실존 (existentia, existence) 혹은 존재(esse)로의 관심의 방향이 중대한 전환이 이루어졌다는 견해에 대한 간단한 논의는, Copleston, *A History of Philosophy*, vol. 2, Mediaeval Philosophy, Part II, Albert the Great to Duns Scotus (Image Books, New York), 27-29 참고.

무나 잘 알고 있다.[66]

나는 칠송의 깊은 통찰에 공감하면서 존재의 신비 문제를 하나의 극한 질문으로 제기하고 있다. 이런저런 본질과 성질을 지닌 사물들로 하여금 실존하게 하는 힘, 한때는 존재하지 않았지만, 지금은 나 자신을 포함해서 모든 존재자를 존재하게 하는 힘이 무엇이며, 더 나아가서 도대체 왜 아무것도 없지 않고 무언가가 있는지, 이 방대한 세계는 도대체 왜 존재하는가라는 질문 속에 감추어진 존재의 신비를 물을 때, 세상과 사물들 속에 함몰되어 있던 우리의 이성은 결국 궁극적 실재인 신의 문제에 봉착할 수밖에 없다고 생각되기 때문이다.

지금까지 우리가 10가지 극한 질문을 고찰한 것은 근대적 이성으로 하여금 그 본래적인 존재론적 차원을 회복하는 데 도움이 되도록 만들기 위해서다. 결국 우리의 과제는 존재론적 깊이를 상실하고 철저히 과학기술 문명과 자본주의 경제의 효율성을 높이고 경쟁력을 강화하는 데 수단이 된 근대의 도구적 이성(instrumental reason)으로 하여금 그 성스러운 깊이를 되찾고 세계의 초월적 차원에 개방된 이성이 되게 하려는 데 있다.

우리는 이성(理性, reason)이 플라톤 · 아리스토텔레스 철학이나 스토아 철학에서 우주적 · 존재론적 차원을 지닌 성스러운 것이었다는 사실을 언급한 바 있다. 서양 고대 철학에서 이성은 단지 우리 인간만의 속성이 아니라 존재 자체의 이법(理法)이다. 인간의 로고스는 우주의 로고스를 인식할 수 있는 능력이고, 우주의 로고스는 인간의 보편적 도덕 법칙(moral law)과 자연법(natural law)의 존재론적 토대다. 로고스

---

66 같은 책, 67.

는 인간의 특징이지만 동시에 세계 자체의 성격이고 이성의 존재론적 기반으로 간주된 것이다. 자연의 이법을 관조하는(theoria) 성격을 띤 이성은 실천적·실용적 이성보다 더 숭고하고 신성한 것이다. 스토아 철학에서 이성은 우주적 이성이며 인간 존엄성의 근거였다. 또 그리스도교에서도 이성은 신의 빛이고 지성인 로고스의 성격을 지니고 있다. 그리스도교의 신학적 전통에 따르면 로고스는 하느님의 창조의 원리이자 힘이며, 세상의 빛이고 생명이고 진리다. 그리스도교가 신이 주신 율법을 중시하는 유대교나 이슬람과 달리 신학, 즉 신에 대한 이성적 담론을 중시해 온 것은 결코 신의 자유로운 의지와 활동을 이성적 규범으로 묶으려는 것이 아니라, 이성이 신 자신의 성품 내지 본성이라고 믿기 때문이다. 이성의 초월적, 신적, 우주적 차원의 회복은 인간 존엄성의 회복과 직결된다.

동아시아 신유학에서는 인간의 이성 자체에 대한 담론이 서구 사상에서만큼 발달하지는 않았지만, 우주 만물의 질서 내지 이치로서의 로고스를 이(理) 또는 태극(太極)이라 불렀다. 태극은 인간을 포함해서 우주 만물에 하는 원리다. 하지만 바로 이러한 이성의 존재론적·인성론적 토대가 현대 세계로 오면서 사라지고, 이성은 단순히 도구적 이성, 기술적 이성, 상업적이고 타산적인 이성, 공학적 이성, 분석적 이성, 형식적이고 절차적인 합리성 정도로 격하되었다. 계몽주의 시대만 해도 이성은 적어도 전통 사회와 문화의 비합리적 요소를 비판하고 저항하는 해방적 정신과 열정으로 작용했지만, 현대로 오면서 이러한 이성의 해방적이고 도전적인 정신은 점차 약화되거나 사라지고, 현실을 있는 그대로 분석하고 파악하는 실증주의적 합리성으로 변하거나 법적·절차적 합리성 정도로 이해되었다. 신학자 틸리히는 로고스적인 이성이 지닌 가장 근본적인 의미와 그 우주적 차원에 대해 다음과 같이 말한다.

그리스인들은 어떻게 인간의 말과 언어가 실재를 포착할 수 있는지를 물었다. 그들의 대답은 모든 피조물의 보편적 형상이며 원리인 로고스가 실재 전체와 인간의 마음에 존재한다는 것이었다. 사람들이 언어를 사용할 때 말이 의미를 지니는 것은 언어가 실재를 포착할 수 있기 때문이고, 그 반대도 사실이다. 실재가 인간의 마음을 포착하기 때문에 사람들은 실재를 향해 말을 걸고 실재에 대해 말을 할 수 있는 것이다. 이것이 로고스로서의 이성 개념이다. 이 개념은 그리스도교 신학 어디서나 제일의 원리로 지속적으로 등장한다. 그것은 모든 실재의 질서와 구조의 원리다. 요한복음이 말하듯이, "만물이 그(로고스)를 통해 만들어졌고, 그가 없이 만들어진 것은 아무것도 없다." 로고스는 하느님이 세계를 창조한 원리다. 이것은 모든 고전 신학의 근본적 통찰이다. 실재와 마음은 로고스의 구조를 가지고 있다. 로고스는 실재와 마음의 구조로서 우리의 지식 능력과 윤리 의식 내지 양심 그리고 우리의 미적 직관을 포함한다. 이들은 모두 우리 안에 있는 로고스의 표현들이다.[67]

틸리히는 이성을 존재론적 이성(ontological reason)과 기술적 이성(technical reason)으로 구별하면서 존재론적 기반을 상실한 현대의 기술적 · 도구적 이성이 지닌 문제점에 대해 다음과 같이 지적한다.

우리는 존재론적 이성 개념과 기술적 이성 개념을 구별할 수 있다. 전자는 파르메니데스로부터 헤겔에 이르기까지 고전적 전통에서 지배적이었던 반면, 후자는 비록 철학 이전과 철학 사상에도 항시 존재했지만, 고전적 독일

---

67 Tillich, *A History of Christian Thought*, 326-327.

관념론의 붕괴 이후 그리고 영국 경험론의 대두 이후로 지배적이 되었다. 고전적 철학의 전통에 따르면 이성은 마음의 구조로서 마음으로 하여금 실재를 파악하고 변화시키게 하는 능력이다. 그것은 인간의 인식적, 미적, 실천적 그리고 기술적 기능들에 작용하고 있다. … 좀 더 직관적으로 이해되든 또는 보다 실천적으로 이해되든, 고전적 이성은 로고스(Logos)다. [사물을] 인식하는 성격은 다른 성격들과 함께 이성의 한 요소일 뿐이다. 고전적 이성은 인식적이지만 미적이기도 하며, 이론적이지만 실천적이고, 초연하지만 정열적이고, 주관적이지만 객관적이다. 고전적 의미의 이성을 부정하는 것은 그 신성에 반하는 것이기 때문에 인간성에 반한다. 그러나 존재론적 이성 개념은 언제나 기술적 이성 개념을 동반하거나 때로는 그것에 의해 대체되었다. 이성이 '합리적 사고' 능력으로 축소되는 것이다. 따라서 고전적 이성 개념 가운데서 인식적 측면만 남게 되었고, 인식적 영역 내에서도 목적을 실현하기 위한 수단들을 발견하는 [사고] 행위만 남게 된 것이다. 로고스적 의미의 이성이 목적들을 결정하고 단지 이차적으로만 그 수단을 결정하는 반면, 기술적 의미의 이성은 수단들을 결정하고 목적들은 '다른 어디로부터' 받아들인다. … 19세기 중엽으로부터 이러한 위험이 지배적이 되었고, 그 결과, 목적들은 [한 사회에 존재하는] 전통이나 권력 의지를 추구하는 자의적 결단 같은 비합리적인 힘들에 의해 결정되었다. 비판적 이성이 규범과 목적을 지배하는 기능을 상실하게 된 것이다. 이와 동시에 이성의 비 인식적 측면들은 순전히 주관적인 것으로 치부되면서 중요성을 상실하게 된 것이다.[68]

틸리히는 특히 "헤겔 이후 신격화된 이성의 추락은 우리 시대에서

---

68 Paul Tillich, *Systematic Theology* vol. One (Chicago: The University of Chicago Press, 1951), 73.

기술적 이성이 왕좌에 오르도록 했고, 존재론적 이성이 깊이와 보편성을 상실하는 데 결정적으로 공헌했다"고 지적한다.69

단적으로 말해 근대 이성이 살길은 그 본래적이고 풍부한 신적, 우주적, 존재론적 성격을 회복하는 데 있다고 나는 본다. 존재론적 차원을 상실하고 세속화됨으로써 단지 현실을 유지하고 관리하는 수단으로 전락해 버린 이성, 인간의 이기적 욕망을 만족시키고 자연을 정복하고 착취하며 동료 인간을 지배하기 위한 수단으로 변질된 이성의 극복에 있다는 것이다. 틸리히의 용어를 빌리면 기술적 이성의 지배를 받는 근대 이성과 학문은 인식 대상과의 따뜻한 교감과 일치에 근거해서 대상을 '수용하는 지식'(receiving knowledge)을 무시하고, 인식 주체와 대상의 거리와 소외를 전제로 하여 대상을 관장하고 분석하고 '조정하는 지식'(controlling knowledge)의 수단이 된 합리성으로 타락했다는 것이 문제라는 것이다. 낭만주의와 생철학과 실존주의 등 거센 반발이 없지 않았지만, 셋 다 또 다른 극단으로 흘러서 '참과 거짓을 식별하는 기준'의 문제를 해결하지 못하고 실패로 끝났다고 틸리히는 지적한다.70 나는 바로 이 진단이 최근 우리나라 지성계에 유행하고 있는 이성에 대한 무차별적 비판이나 반발, 포스트모더니즘적인 사고에도 타당하다고 본다.

여하튼 계몽주의 이후의 근대적 이성이 신의 자리를 대신해서 삶의 질서를 구축하려 했던 기획들이 실패하게 된 근본 원인은 이성이 그 존재론적 뿌리를 상실하고 목적과 가치의 정립에는 아무런 관심도 없고 관여도 하지 못한 채, 오로지 자의적으로 정해진 목적을 달성하기 위한 수단으로만 작용하는 도구화되고 기술화된 이성에 있다. 목적은

---

69 같은 책, 82.
70 같은 책, 97-100.

이기적 욕망이 정하고, 이성은 이러한 목표를 달성하기 위한 가장 효율적인 방법을 찾아내는 합리성 정도에 그치는—그 이상은 이성이 할 수 없는 영역으로 포기해 버리는— 기술적 이성이다. 나는 이러한 이성의 타락을 '이성의 세속화'라고 부른다. 따라서 지금까지 제기된 현대 문명이 당면한 근본 문제들—성서적 · 그리스도교 신앙과 고전적 형이상학의 붕괴, 근대적 주체성과 개인주의의 공과(功過), 삶의 무의미성의 문제, 탈가치화된 지식과 학문, 존재론적 기반을 상실한 현대의 도덕 이론들과 행위—을 해결하기 위해서는 무엇보다도 세속화된 이성이 다시금 그 신적 · 우주적 · 존재론적 뿌리와 깊이를 되찾아야 한다고 본다. 그럼으로써 이성과 신앙, 지성과 영성이 새롭게 화해하고, 삶의 모든 영역에서 주도적 역할을 수행할 수 있어야 한다.

틸리히에 따르면 기술적 이성이 그 본래적 깊이를 회복하는 길은 다양한 이성의 활동 속에 암묵적으로 현존하고 드러나는 이성의 궁극적 토대인 존재 자체, 진리 자체, 아름다움 자체, 사랑 자체를 발견하고 접하는 데 있다.[71] 틸리히는 말하기를 우리가 삶 속에서 경험하는 '무조건적인 요소'(신적 요소)는 이론적 이성에서는 진리에 대한 모든 근사치들의 규범인 진리 자체(verum ipsum)로 나타나고, 실천적 이성에서는 선에 대한 모든 근사치들의 규범인 선 자체(bonum ipsum)로 나타난다. 이 둘은 존재하는 모든 것의 존재 근거인 존재 자체(esse ipsum)의 현현 · 현시들(manifestations)이기 때문이다.[72] 틸리히는 그러면서 다음과 같이 결론 짓는다.

철학과 신학에서 그것들이 포함하고 있는 진리[자체]보다 더 중요한 것은 없

---

71 같은 책, 79-81의 논의를 볼 것.
72 같은 책, 206-207.

다. 즉, 이성과 실재의 구조에서 무조건적인 요소를 인정하는 것이다. 신율
적인 문화 이념과 종교철학의 가능성이 이 통찰에 달려 있다. 어떤 무조건적
인 것에서 시작하지 않는 종교철학은 결코 신에 도달할 수 없다. 근대 세속주
의는 주로 이성과 실재의 구조에 존재하는 무조건적인 요소를 더 이상 보지
못하기 때문에, 신 관념이 [인간의] 마음에 어떤 '낯선 것'으로 부과되게 되었다
는 사실에 근거한다. 이것(세속화된 이성)이 처음에는 타율적 복종을 낳았고
나중에는 자율적 거부를 낳은 것이다.[73]

이것은 서구 지성사 전체의—그리고 오늘날 전 세계적인— 비극에
대한 간단하면서도 깊고 날카로운 진단이다. 이 짧은 구절 하나에 틸
리히 신학의 전 사상의 핵심이 담겨 있다 해도 과언이 아니다. 또 현대
문명의 병폐에 대한 그의 처방도 담겨 있다. 즉, 전통 사회의 타율적
(heteronomy) 문화와 이에 대한 비판과 대립 속에서 형성된 근대 사회
의 자율적(autonomy) 문화가 신율(theonomy)적 차원을 회복해야만 한
다는 주장이다. 틸리히는 이러한 시각에서 서구 사상사 전체를 읽고
있지만, 특히 19세기 후반부터 기술적 이성이 삶을 전적으로 지배하
게 되는 공허한 자율적 문화와 전체주의적 정치체제가 지배하는 파괴
적인 타율적 체제의 극복을 강조한다.[74] 주목할 점은 틸리히가 말하는
이성의 신율적 차원이란 어떤 종교의 권위 같은 것을 가리키는 말이
아니라는 것이다. 그런 것은 타율이다. 진정한 신율은 이성이 그 자체
의 존재론적 차원과 깊이를 회복함으로써 달성된다.[75] 나는 이것이 세

---

73 같은 책, 208. 이 진술은 틸리히가 신의 존재에 대한 이른바 '존재론적 논증'(ontological
   argument)을 비판적이면서도 우호적으로 해석하는 가운데 한 말로서 이에 대한 그의
   좀 더 상세한 논의는 이 책 첫 장에서 소개한 바 있는 그의 논문, "Two Types of
   Philosophy of Religion"을 참고할 것.

74 같은 책, 85-86.

속화된 이성의 극복이라고 생각하며, 바로 이것이 이 책의 중심적 관심사이다. 좀 더 구체적으로는 근대 세계로 들어오면서 완전히 길을 달리한 신앙과 이성이 다시 화해하는 길이고, 이를 위해서는 우선 이성과 신앙의 균열을 초래한 장본인 격인 그리스도교의 전통적인 초자연주의 신관을 극복하는 것이 급선무다. 우리가 앞으로 제시할 새로운 신관의 핵심 과제다.

이러한 우리의 신관을 본격적으로 논하기 전에 틸리히가 밝히는 종교철학의 원칙에 대해 한 가지 밝혀 둘 점이 있다. "어떤 무조건적인 것으로부터 시작하지 않는 종교철학은 결코 신에 도달할 수 없다"는 말에 나는 기본적으로 찬동한다. 하지만 오늘날 세속화된 지성이 처한 상황은 틸리히가 살았던 시대보다 훨씬 더 심각한 상태에 있다고 생각하기 때문에 앞으로 전개될 인류 문명의 앞날에 대한 전망은 더욱 비관적이다. 따라서 나는 우리의 사고 행위와 우리가 추구하는 가치들의 전제가 되는 어떤 무조건적인 신적 차원을 자각하고, 거기서 출발하는 신에 대한 철학적 논의도 중요하지만 이에 못지않게 현대인들이 거의 무비판적으로 전제하고 있는 유물론적 사고와 세계관의 한계를 명확히 인식하고, 삶의 초월적 차원에 마음을 열게 하는 일이 매우 중요하다고 본다. 이런 점에서 나는 "어떤 무조건적인 것에서부터 시작하지 않는 종교철학은 결코 신에 도달할 수 없다"는 틸리히의 말에 전적으로 찬동하지는 않는다. 나는 틸리히가 말하는 종교철학의 아우구스티누스적인 접근 못지않게 신앙이나 어떤 신관의 전제 없이도 세속적 이성으로 하여금 삶과 세계의 신적 차원을 깨닫게 하는 현대적인 아퀴나스적 접근, 즉 세계의 구조와 성격에서 추론을 통해 적어도 어떤 우주적 정신의 존재 내지 그 최소한의 성격을 깨닫도록 하는 신관의 수립

---

75 같은 책, 84-86.

도 동시에 필요하다고 본다.76 이 책은 주로 이러한 입장에서 신앙과 이성의 관계를 논하면서 새로운 신관을 모색하고 있다.

이상에서 논한 극한 질문들은 유물론적 세계관을 넘어서는 사고를 촉진하기 위한 하나의 가설적이고 추측적인 논의이지 결코 어떤 구체적이고 확실한 신의 존재와 속성에 대한 인식에 도달하기 위한 논증이 아니다. 종교철학자 클레이튼(P. Clayton)은 슐라이어마허의 사상을 논하면서 우리가 지금까지 고찰한 '극한 질문'과 유사하게 '극한적 관념'(limit notion)이 지닌 신학적 유용성에 대해 말하고 있는데, 우리의 논의에도 타당하다고 본다.

방금 윤곽을 제시한 지식에 대한 슐라이어마허의 접근은 사고의 한계들이라는 관념이 가질 수 있는 새로운 역할을 암시한다. 잘 아는 대로 고전적으로 극한적 담론은 해결할 수 없는 문제를 대면하기 위해서 이루어졌다. 우리는 인간이 알 수 있는 것에 한계가 있다는 것을 인정한다. 하지만 이러한 한계들을 구체적으로 명시하고 알기 위해서는 이미 그것들을 넘어서야만 한다. 그래서 [무엇을] 인식하는 사람은 자신의 사고가 지닌 한계를 알 수 없다는 말이 있다. 그러나 이러한 비판은 슐라이어마허가 지적하는 숙고(reflecting, thinking)와 인식(knowing)의 결정적 차이를 간과하는 것이다. 확실히 우리는 인간의 사고가 좌절하거나 더 이상 나아갈 수 없는 것처럼 보이는 영역에 대해서 숙고는 할

---

76 틸리히는 그의 유명한 논문, "종교철학의 두 유형"에서 자기가 성 아우구스티누스적인 유형의 종교철학을 토마스적인 유형의 종교철학보다 선호한다는 점을 명확히 하고 있다. 하지만 나는 이 두 유형의 종교철학을 틸리히처럼 배타적 선택의 문제로 간주하지는 않는다. 적어도 이 책 다음 장에서 시도하는 나의 신관은 세계의 구조와 성격으로부터 신의 존재와 속성을 추론하는 접근법을 따르고 있기 때문이다.

수 있다. 그렇다고 이것이 우리의 지식의 명확한 경계선이고 그것을 넘어서는 것은 모두 인간의 마음으로 알 수 없다는 주장은 아니다. 이것은 오히려 입증하기 어려운 주장이다! 극한적 관념들을 다루는 신학적 기획은 그 대신 이성이 알 수 있는 것과 알 수 없는 것이 무엇인지에 대해 어떠한 독단적 주장에도 빠지지 않으면서 이성이 직면해서 어려움과 당혹감을 느끼는 영역들을 탐구하려는 것이다.77

나에게는 암암리에 현대 지성인들의 도그마처럼 되어 버린 무신론이나 유물론적 사고와 세계관 그리고 거기에 따른 허무주의는 더 이상 심각한 위협이 되지 못한다. 우주의 합리적 구조와 질서 그리고 물질의 움직임을 일정한 방향과 목적으로 인도하는 우주의 어떤 합리적 마음 또는 지성(intellect, Logos) 같은 것의 존재를 믿는 일은 그리 어려운 일이 아니라고 여기기 때문이다. 이보다 더 믿기 어려운 것은 그런 우주의 마음이 과연 성경이 증언하고 있는 인격신과 동일한 신일까 하는 문제다. 성경의 하느님도 물론 세계를 창조한 하느님이다. 그러나 이 창조주(Creator) 하느님은 동시에 역사의 하느님이고 구원의 주(Redeemer)로서 특정 민족과 개인의 삶에 관여하면서 자신을 드러내는 역사적 계시(historical revelation)의 하느님이다. 우주의 수학자 같은 하느님, 인생의 보편적인 도덕적 질서의 토대가 되는 이신론의 하느님에게 이 같은 인격성이 있을까? 전혀 없다고는 말할 수 없을지 모르지만, 성경이 증언하는 역사의 하느님 그리고 대다수 신앙인이 믿는 삶과 역사 속에서 '행위' 하는 살아계신 하느님은 이보다 훨씬 더 구체성을 띤 인격신이다.

나는 앞서 말한 대로 유물론에 입각한 무신론이—맥쿼리가 이론적

---

77 *The Problem of God in Modern Thought*, 359.

무신론(theoretical atheism)이라고 부르는— 내가 믿는 신에 대한 믿음에 심각한 장애가 되지는 않는다고 생각한다. 여전히 문제가 되는 것은 전지전능한 신에 대한 믿음이 인간의 주체성을 위협한다는 정서적 무신론(emotional atheism) 그리고 끔찍한 악의 현실이 제기하는 도덕적 무신론(moral atheism) 같은 것이다.[78] 나는 이 문제들이 전통적 초자연적인 신관의 과감한 수정 없이는 만족스럽게 해결하기 어렵다는 입장이다. 이것이 우리가 새로운 신관을 모색하게 된 중요한 동기다.[79]

이신론자들도 바로 이 문제로 고심하다가 결국 신을 자연의 이법을 제정한 우주적 정신으로 인정하는 선에서 그치고 말았다. 그런 신관은 결국 인간의 역사와 삶에 관여하는 성경의 살아계시는 하느님, 인간의 역사에 관여하는 하느님, 우리가 인격적으로 대화하고 기도를 통해 소통할 수 있는 성서적 하느님 신앙을 부정하는 무신론으로 귀결되도록 길을 깔아 준 셈이라는 중요한 통찰을 서구 지성사는 말해 준다. 역사와 삶에 관심을 가지고 개입하는 하느님은 동시에 자연계에도 영향을 행사할 수밖에 없기 때문에 결국 성경의 하느님은 자연계에 초자연적으로 개입하면서 기적을 일으키는 하느님으로 이해되기 쉽다. 따라서 이러한 신관은 무신론적 자연주의를 낳게 되었다는 것이 나의 판단이다.

성경의 인격신은 인간처럼 '행위'(act)를 하는 행위의 주체(agent) 같은 하느님, 자유로운 의지와 뜻을 가지고 행사하는 하느님이다. 자신이 만든 자연의 질서를 통해 자신을 계시하며 자연의 이법을 존중하는 신이지만, 동시에 거기에 묶이지 않고 능동적 의지로 세상사를 주관하고 섭리하는, 때로는 곤경에 빠진 자기 백성을 구원해 주는 구원의 주

---

78 John Macquarrie, *In Search of Deity*, 제4장, "Alternatives to Classical Theism"을 볼 것.

79 맥쿼리도 나와 유사한 입장이며, 대안적 신관으로서 변증법적 신관(Dialectical Theism)을 제시하고 있다.

넘이다. 이신론자들을 비롯해서 수많은 지성인이 부정하는 것은 바로 이러한 신이다.

하지만 나는 이신론을 넘어, 온 우주와 인간을 산출한 신이 적어도 인격적인 면을 가지고 있을 것이라는 점은 인정할 수 있다고 생각한다. 창조의 질서를 통해서 인간이라는 존재를 산출한 신이 적어도 우리 인간들보다도 못한 인격 이하의 실재일 수는 없다고 믿기 때문이다. 신학자이면서 과학자인 피콕의 말을 들어 본다.

> 인격적인 것은 물리적인 것, 정신적인 것 그리고 영적인 것을 통합하는 우리가 아는 최고의 단계이기 때문에 궁극적 실재가 적어도 인격적이라는 것, 혹은 초인격체적(supra-personal)이라는 점을 인정하는 것은 타당하다. 다시 말해 궁극적 실재에다가 인격적 술어들을 붙이는 것은 그렇게 하지 않는 것보다 덜 잘못된 일이라는 말이다. 가령, 궁극적 실재를 '힘' 또는 '권능' 또는 '절대' 혹은 심지어 단지 '이성'이라고 부르는 것보다는 낫다는 말이다. … 따라서 우리가 인격적 술어들을 언제나 그리고 민감하게 그러한 술어들이 지닌 한계들을 의식하면서 궁극적 실재인 신에게 붙이는 것은 정당화된다.[80]

신의 인격성 문제는 차후에 더 논의하기로 하고 내가 지금 여기서 강조하고 싶은 점은 인간의 이성이 아무리 위대하다 해도 세계 자체의 성격과 사물 자체에 이성이 내재하지 않는다면 아무것도 아니라는 사실이다. 또 인간의 이성은 우주적 지성을 반영하고 있고, 유물론은 세계와 인간을 이해하는 데 명백한 한계를 가지고 있다는 점이다. 이것이 우리가 이성의 신적 · 존재론적 근거를 묻고 확인하고자 하는 이유

---

80 Arthur Peacocke, 앞의 책, 42-43.

다. 세속화된 근대 이성으로 하여금 근본적 한계를 의식하고 넘어서
이성 본연의 깊이와 폭을 회복하도록 만들기 위해서다.

IV. 새로운 신관의 방향

　이성의 세속화를 극복하고 신앙과 이성의 대립을 넘어 상생과 화합을 할 수 있는 새로운 길을 모색하는 데 무엇보다도 중요한 것은 신앙이 추구할 관심과 헌신의 대상인 신에 대한 새로운 이해, 즉 새로운 신관이다. 왜냐하면 우리가 앞의 두 장을 통해 누차 강조한 문제들 가운데 하나는 성서적·그리스도교적 신앙이 처한 위기의 배후에는 초자연적인 신, 세계 '밖에서' 개인의 삶과 인류의 역사에 개입하면서 섭리하고 인도하는 하느님, 그러다가 간헐적으로 기적을 통해 역사와 자연에 특별하게 개입하는 하느님에 대한 믿음이 있기 때문이다. 바로 이러한 초자연주의적인 신관이야말로 근대적 이성으로 하여금 종교적 세계관과 형이상학에 등을 돌리고 무신론적·유물론적 자연주의를 선택하게 만든 근본 원인이기 때문이다.

　초자연주의적인 신관은 서구 사상사를 통해서 신학자들과 종교철학자들을 줄곧 괴롭혀 온 신관이다. 많은 사람에게 신앙의 걸림돌로 작용해 왔고, 서구 사상가들을 무신론적 자연주의로 내몬 신관이라 해도 과언이 아니다. 초자연주의적인 신관을 걸림돌로 여긴 철학자나 신학자들 가운데는 이신론이나 범신론 같은 대안적 신관을 선택한 사람도 있지만, 이 두 신관은 정통 신앙을 따르는 그리스도교 일반의 지지를 받는 데는 모두 실패했다.

사실, 서구에서 자연주의가 동양의 자연주의와 달리 자연을 아무런 영적 의미가 없이 순전히 물리적 인과관계에 의해 지배되는 기계적 체계로 이해하게 된 것은 그리스도교의 초자연주의 신관과 날카로운 대립각을 세우면서 쟁취한 전리품과도 같다. 결국 서구 사상에서 초자연주의적인 신관과 자연주의적 무신론은 동전의 양면과도 같다. 우리는 심지어 전자가 후자를 낳았다고까지 말할 수 있다. 따라서 초자연주의적인 신관의 극복은 도구적 이성이 지배하는 현대 세계에서 이성을 심화하고 신앙과 새로운 화해를 도모하기 위한 필수적 조건이고 과제다.

바람직한 현대적 신관의 모색은 크게 보아 자연주의적 무신론과 초자연주의적인 유신론, 성서적 신앙과 동·서양의 일원론적 형이상학, 성서적 인격신관과 이신론 또는 범신론의 대립을 넘어서는 제3의 신관을 찾는 데 있다. 특히 신은 초자연적 실재이기 때문에, 오직 그의 초자연적 계시(supernatural revelation)를 통해서만 제대로 알 수 있다는 그리스도교 신앙의 도그마는 이제 과감하게 넘어설 때가 되었다. 그리스도교는 바로 그런 도그마를 통해서 계시의 수호자를 자처하면서 서구 문화와 사회에 군림해 왔다. 하지만 신은 그리스도교의 독점물이 아니다. 나는 이제 그리스도교가 이러한 도그마와 배타주의의 오만을 깨끗이 포기할 때가 되었다고 생각한다. 그런 배타적 독점욕을 포기하면 그리스도교 신앙은 오히려 현대 세계에서 얼마든지 새롭게 출발할 수 있고, 죽어가는 그리스도교도 살리고 세계 문명도 살리는 데 크게 기여할 수 있을 것으로 나는 확신한다. 예수 도그마에 근거해서 신을 독점해 온 지금까지의 특권의식을 과감히 내려놓기만 하면, 다시 말해서 전통적 그리스도교가 과감하게 자기 해체를 감행하면, 그리스도교 신앙은 오히려 부활할 수 있다. 죽으면 살리라는 이른바 사즉생(死卽生)의 진리는 무엇보다도 그리스도교 자체에 해당한다. 이런 비상한 각오로 임한다면, 그리스도교의 활로가 열리리라는 판단은 비단 필자 개인만의 생각이 아니라 많은 신학자가 공유하는 견해다. 고사 위기에 처한 현대 그리스도교가 살길은 스스로 죽는 길을 선택하는 과감한 길이다. 이제 청산해야 할 교리와 신학의 유산은 과감히 떨쳐버려야만 한다. 죽어야 할 신은 죽고 새로운 신이 탄생하지 않으면, 그리스도교의 사망은 시간문제다.

이러한 자기 해체에 필수적인 작업은 내용적으로는 현대인들이 마음으로 수긍하고 사랑할 수 있는 새로운 신관의 수립이다. 지난한 작업이지만, 피할 수 없고 피해서도 안 되는 작업이다. 현대 신론은 지금까지 신론을 지배해 왔던 계시와 이성, 신앙과 지성, 은총과 자연 또는 초자연과 자연, 계시신학과 자연신학의 구별과 대립 구도를 과감히 청산하고 새로운 신관을 제시할 때가 되었다.

나는 앞으로 제시될 신론에서 이러한 가능성을 탐색해 볼 것이다. 이를 위해서 나는 최근에 부활하고 있는 서구의 자연신학 내지 철학적 신학, 현대 과학의 동향 그리고 무엇보다도 동·서양의 오랜 일원론적 형이상학의 전통들을 기반으로 하여 우주의 탄생에서부터 인간의 출현에 이르기까지의 전 과정을 '창발적 진화'의 과정으로 이해하는 세계관에[1] 입각해서 '진화적 창조'(evolutionary creation)론을 제시하고자 한다. 나는 현대인의 삶과 현대 문명이 신과 인간, 신과 세계의 관계를 새로운 시각에서 이해하는 신관을 모색하기 위해서 성서적 유일신 신관보다는 동·서양 사상을 관통하고 있는 고전적인 형이상학적 일원

---

1 Harold J. Morowitz, *The Emergence of Everything: How the world became complex* (Oxford: Oxford University Press, 2002)는 좋은 예다.

론의 전통, 특히 유출설로 이해하는 창조론을 근간으로 하되 여타 신관들의 장단점을 취사선택하는 길을 따르고자 한다. 워낙 엄청난 주제이기에 우선 오늘의 시점에서 나의 지식과 경험을 바탕으로 해서 나 자신이 정직하게 수용할 수 있는 신의 모습을 그려보고자 한다. "내가 믿는 하느님"이라고 제목을 붙였지만, "내가 '믿고 싶은' 하느님"이라고 해야 더 합당한지도 모른다.[2] 이에 앞서 우선 21세기가 요구하는 새로운 신관이 지향해야 할 근본 방향에 대해 다시 한번 정리해 보기로 한다.

나는 현대 문명의 최대 문제는 이성이 신적·존재론적 토대를 상실해 버리고 순전히 기술적, 도구적, 타산적이고 절차적인 이성으로 변질되어 버렸다는 데 근본 원인이 있다고 본다. 이를 극복하는 방안은 그러나 이성을 방기하거나 신에 대한 믿음을 포기하는 데 있다고 생각하지 않는다. 신에 대한 믿음이나 이성에 대한 믿음의 포기는 결코 선택의 문제가 아니라고 보기 때문이다. 우리는 이미 전통적인 성서적 유일신 신앙이 위기에 처하게 된 과정을 검토했고, 그 원인에 대해서도 고찰했다. 한마디로 말해, 전통적 그리스도교 신학은 창조주와 피조세계 사이에 건너기 어려운 '존재론적 간격'을 상정한 후, 오로지 하느님 쪽에서 오는 초자연적 계시를 통해서만 하느님을 제대로 알 수 있고 구원받을 수 있다는 편협한 구도 위에 서 있었다. 서구 지성사와 문명사를 특징지어 온 신앙과 이성, 계시와 이성, 은총과 자연, 초자연과 자연, 신학과 철학 그리고 나아가서 종교와 문화, 교회와 국가, 성

---

2 이런 이유로 필자는 '우리'라는 표현을 사용하는 학계의 관행을 떠나 '나'라는 표현을 주저 없이 사용한다. 이 책이 모색하고 있는 새로운 신관의 방향이 어디까지나 필자 자신의 개인적 신관이고, 일반적인 그리스도교 신관과 거리가 크다는 사실을 의식하고 있기 때문이다. 그렇다고 나의 신관이 아무런 근거가 없는 순전히 자의적인 신관이라는 오해는 없길 바란다.

과 속의 엄격한 구별과 대립 등도 모두 이러한 구도 위에 서 있다 해도 과언이 아니다.

나는 이러한 이중 구도 위에 서 있는 서구 문명의 특징이 지닌 강점과 장점을 부인하지 않지만, 다른 한편으로는 그런 구도가 더 이상 통할 수 없고 통해서도 안 되는 시대에 우리가 살고 있다는 사실을 직시해야 한다고 생각한다. 현대 세계가 당면한 절박한 문제들을 해결하기 위해서는 이성의 세속화를 초래한 위와 같은 대립적 구도가 극복되어야만 한다는 것이 나의 생각이다. 틸리히가 말하는 대로 이성, 철학, 문화 그리고 정치 등의 신율적(神律的) 차원을 발견하고 깨닫는 데 있다고 보는 견해다. 이와 아울러서 이러한 대립 구도 없이 수천 년의 세월을 버텨 온 동양 사상의 재발견도 매우 중요하다고 본다.[3]

서구 지성사는 서구 문명을 특징지어 온 이러한 대립 구도가 사실상 삶과 문명의 세속화를 초래했고, 삶의 전 영역에서 영적 차원이 무력화되거나 사라지는 불행한 결과를 낳았다는 사실을 보여 준다. 따라서 현대 신학과 종교 사상이 나아가야 할 길은 이제 명백하다고 본다. 초자연주의적인 신관을 창조적으로 극복하는 길이다. 이를 좀 더 부연하면 다음 몇 가지 사항으로 요약된다.

첫째, 21세기가 요구하는 새로운 신관은 전통적 그리스도교의 초자연주의적인 신관을 과감하게 수정하고 극복하는 방향으로 나아가야만 한다. 이를 통해서 신앙과 이성이 다시 화해하고, 철저하게 세속화된 이성이 그 본래적인 존재론적 폭과 깊이를 회복해야 한다.

둘째, 새로운 신관은 신과 세계, 신과 인간, 무한과 유한 사이의 차

---

3 나는 이 문제에 대해, "Asian Naturalism: an old vision for a new world,"이라는 영문 논문을 제22차 세계철학대회(서울, 2008)에서 발표한 적이 있다. 물론 틸리히의 전형적인 서구 신학적 견해와 시각의 차이가 있지만, 나는 둘의 조화가 가능하다는 입장이다. 길희성, 「학술원논문집」제49집(2010)에 실려 있다.

이와 구별은 있지만 거리와 단절보다는 화해와 일치를 가능하게 하는 신관이어야 한다. 이를 위해서 우리는 신인합일(神人合一) 또는 천인합일 같은 신비적 합일의 영성을 추구하는 동·서양의 오랜 사상에서 배울 점이 많다. 현대 세계가 요구하는 '초월'은 세계를 떠나는 초월이 아니라 세계 안에서 혹은 세계를 통해서 신을 만나도록 하는 '내재적 초월'이어야 한다. 무한과 절대가 유한과 상대를, 신이 세계를 감싸면서 초월하는 '포월적'(包越的) 초월이어야 한다. 우리는 이러한 신관과 세계관을 '자연적 초자연주의'(natural supernaturalism)라고 부른다.4

셋째, 이 점에서 동·서양의 전통적인 일원론적 형이상학(monistic metaphysics)의 재발견은 유일신 신앙을 새롭게 이해하는 데 매우 중요한 역할을 할 수 있다. 신과 세계를 구별하되 분리하지는 않는 존재론, 하느님 안에서 만물을 경험하고 하느님을 만나게 하는 신관, 일상사에서 성스러움과 신비를 발견하는 영성 그리고 진리와 선과 아름다움을 추구하는 우리의 모든 활동 속에서 신을 만날 수 있도록 하는 새로운 신관의 형성에 동·서양의 일원론적 형이상학이 공통적으로 따르고 있는 유출설(流出說)적인 창조론, 신관, 세계관이 필수적인 역할을 수행할 수 있다고 나는 본다. 이것은 동시에 전통적인 제작 모델의 창조론의 과감한 수정이 요구된다는 것을 뜻한다.

넷째, 현대 신관은 전통적인 초자연주의 신관이나 무신론적 자연주의가 아닌 제3의 길을 추구하되, 무비판적인 범신론이나 현대판 자연 숭배나 대지(Gaia, Mother Earth) 숭배, 혹은 기(氣) 일원론적인 사상이나 힌두교 일파인 여신(Shakti) 숭배는 답이 아니라고 생각한다. 전통적인 유일신 신앙과 초자연주의 신관이 문제가 많다고 하여 그 이전으로

---

4 M. H. Abrams, *Natural Supernaturalism: Tradition and Revolution in Romantic Literature* (New York: W. W. Norton and Company, 1971)에서 따온 개념.

되돌아가는 각종 사상이나 이론, 종교적 실천 등은 가능하지도 않고, 진지한 현대인들의 선택지는 아니라고 본다. 이런 사상들이 지닌 긍정적인 면은 수용하지만, 무비판적 수용은 경계해야만 한다. 현대 세계가 당면한 여러 심각한 문제들에 대한 안이한 태도라고 여기기 때문이다. '자연적 초자연주의'를 추구하는 새로운 신관은 신의 초월성과 신비를 인정하되, 세계와 단절되는 초월성이 아니라 세계 내적 초월성이어야 하며, 세계를 다시 재성화하는(resacralize) 신관이어야 한다. 변증법적 매개를 통과한 자연주의여야 한다.

다섯째, 인간중심주의를 극복하고 만물의 신성성을 발견하는 영적 자연주의(spiritual naturalism)를 추구하되, 계몽주의 이후로 서구 근대성의 소중한 자산으로 자리 잡아 온 인간의 존엄성과 도덕적 책임성을 계속해서 살려 나가는 신관을 모색해야만 한다. 공허한 세속적 휴머니즘이 아니라 인간의 영적 본성에 바탕을 둔 영적 휴머니즘을 회복해야 한다. 이를 위해서 인간에 내재하는 신성의 자각은 필수적이다. 신과 인간 사이에 의지의 일치(Willenseinheit)를 넘어 존재의 일치(Seinseinheit)로까지 나아가는 동·서양의 일원론적 형이상학과 신비주의 전통에 우리는 새롭게 주목할 필요가 있다.

4장

내가 믿는 하느님

나에게 신은 존재(esse)와 가치와 의미의 토대(ground, foundation)다.[1] 따라서 우리가 존재하고 생명을 누리는 것 자체, 진리(verum)와 선(bonum)과 아름다움을 추구하고 정의, 평화, 인권 등의 가치에 헌신하는 삶 자체가 신에 참여하는 길이다. 신은 우리가 추구하는 가치(value)와 의미(meaning)의 근거이자 완성이기 때문이다. 가치를 추구하는 우리의 삶은 좌절을 겪고 불완전하지만 궁극적으로 무의미하지 않고, 가치의 토대인 신을 통해 완성된다. 이런 의미에서 신은 의미의 토대이다. 아래 서술하는 나의 신관은 이에 대한 부연 설명이다.

---

1 'The Ground of Being, Value, and Meaning.' 여기서 '의미의 토대'를 추가하는 것은 존재와 진리를 추구하는 우리의 삶이 죽음으로 허무하게 끝나는 것이 아니라 하느님 안에서 최종 완성을 보게 될 것이라는 그리스도교의 종말론적 희망의 신앙을 반영한다. 의미의 문제 역시 신학자 틸리히가 강조하고 있는 점이다. 이러한 나의 신관은 중세까지만 해도 보편적으로 인정되는 신관이었지만, 지금은 물론 신앙을 전제로 하는 신관일 수밖에 없다. 틸리히가 말하는 종교철학의 두 가지 유형 가운데 아우구스티누스적 유형의 신관, 즉 신은 신의 문제에 대한 결론이 아니라 전제라는 사고를 반영한다.

I. 창조론의 두 유형

그리스도교 전통에는 크게 두 가지 유형의 창조론이 병존해 왔다. 하나는 성경의 주류로서 대중적인 창조론으로 창조(creation)는 신이 세계를 만들었다는 신의 초월성(transcendence)을 강조한 창조론이다. 비록 성경 자체에는 '초자연'(supernatural)이라는 말은 없지만, 구약성경 창세기는 처음부터 창조주 하느님과 피조물의 세계를 존재론적으로 확연히 구별하고 강조한다는 점에서 초자연주의적인(super- naturalistic) 신관이라고 할 수 있다. 하느님과 세계, 창조주와 피조물, 신과 인간 사이의 존재론적 차이를 엄격하게 하면서 신을 세계를 창조하고 다스리다가 구원으로 이끄는 전지전능한 존재로 간주하는 대중적인 신관이다. 다른 하나는 주로 신플라톤주의(Neoplatonism)의 영향 아래 세계를 신으로부터 흘러나온 유출(emanatio, emanation)로 간주하는 창조론이다. 여기서는 신과 세계 사이에 존재론적 연속성이 있고, 신의 내재성(immanence)이 강조된다. 신과 세계가 무한과 유한, 영원한 실재와 시간적 존재로 구별은 되지만 존재론적으로 분리되기는 어려운 내적 관계를 지닌다.

신과 세계의 관계를 이해하는 이 두 신관의 차이는 신의 세계 창조를 어떻게 이해하느냐는 문제에서 현저하게 드러난다. 하나는 신의 창조를 우리가 집을 짓거나 물건을 만드는 행위에 준해서 생각하는 제작(making, manufacturing) 모델의 창조론이다. 창조를 신의 계획과 의도에 따른 자유로운 의지의 행위로 간주하는 창조론이다. 다른 하나는 창조가 신의 자유로운 행위가 아니라 세계를 신의 역동적 본성에 따라 신 자신에서 흘러나온 유출(流出, emanatio) 혹은 출원(出源, exitus)의 산물로 보는 출산(birthing) 모델의 창조론이다. 창조는 신의 자유로운 선택적 행위이기보다는 신의 본성에 따른 필연적 결과로 간주된다. '필연적'이라고 하지만 신에게 창조를 하는 어떤 외적 강요가 있다는 뜻이 아니라, 창조가 신의 본성에 따른 자연스러운 필연성을 띤다는 말이다. 유출설에서는 신과 세계가 원인과 결과 무한과 유한, 하나(One)와 여럿(Many), 본체와 현상 그리고 필연과 우연 등으로 구별되지만, 이 둘이 존재론적으로 분리되지는 않는다. 어머니와 자식의 관계처럼 신 없는 세계나 세계 없는 신을 생각하기 어렵다.

　창조를 우리가 물건을 제작하듯이 하느님이 세계를 '디자인'해서 만드는 행위로 보는 전통적 창조론에는 몇 가지 해결하기 어려운 난점이 있다. 첫째, 우리가 물건을 제작하는 경우에는 당연히 제작자의 행위와 더불어 재료·질료가 먼저 있어야 하는데, 창조의 경우 이 질료가 어디서 왔는지를 설명하기 어렵다는 난점이 있다. 사물이 형태나 꼴을 갖추기 전의 어떤 '원초적인'(primordial) 혹은 태초의 질료 같은 것이 처음부터 존재했다고 가정하면, 질료가 하느님처럼 영원한 것이 된다는 문제가 생긴다. 전통적인 그리스도교 창조론은 따라서 '무로부터의 창조'(creatio ex nihilo)를 주장해 왔다. 하느님은 원초적 질료까지 포함해서 그야말로 아무것도 존재하지 않는 순전한 무의 상태에서 세계의 모든 것을 창조했다는 것이다. 플라톤의 『티마이오스』(Timaeus) 편에 나오는 세계의 조물주 데미우르고스(Demiurgos)가 이미 존재하는 어떤 원초적 물질·질료가 있는 태초의 혼돈(chaos) 상태에다 형상들을 부여하여 질서와 조화가 있는 우주(cosmos)를 창조하는 행위와 달리 이 태초의 물질 자체도 하느님의 말씀에 의해 무로부터 창조되었다고 본다. 여기서 주목할 점은 이러한 창조론이 물질 자체도 하느님이 창조로 보기 때문에 결코 물질은 그 자체가 악이 아니고 좋다(善, good)는 뜻을 함축하고 있다는 사실이다.

제작자 모델에 따른 창조론이 지닌 또 하나의 문제점은 창조가 하느님의 자유로운 의지에 따른 행위라면, 아무 부족함이 없는 하느님이 무슨 이유로 세계를 창조했느냐는 문제가 제기된다는 것이다. 내가 아는 한, 이에 대한 만족스러운 답은 없다. 신학자들은 흔히 하느님은 사랑이기 때문에 인간을 비롯한 피조물을 창조했다고 하지만 사랑은 어디까지나 이미 타자, 즉 피조물의 존재를 전제로 하는 '관계적 개념'이기 때문에 무로부터의 창조의 동기가 될 수 없다. 몰트만(J. Moltmann) 같은 현대 신학자는 삼위일체 하느님 간의 내적 사랑의 관계를 거론하지만, 신의 자기 사랑과 신의 세계사랑은 엄연히 별개다. 삼위일체 하느님의 내적 관계(perichoresis)는 세계 창조의 존재론적 바탕 내지 근거는 될 수 있을지 모르지만, 창조라는 인격적 행위의 동기가 되기는 어렵다.[1] 그렇다고 창조가 아무 이유 없이 이루어졌다고 할 수도 없다. 이것이야말로 바로 무신론자들이 하는 주장이기 때문이다. 세계의 존재가 그야말로 아무런 목적도 의미도 없는 것이 되어 버린다. 또 신은 세계를 창조하지 않을 수도 있었는데 창조했다면, 세계의 존재는 자의적인 것이 되고, 세계가 존재하든 말든 신 자신에게는 아무 상관도 없다는 말이 된다.

세계를 신의 유출로 보는 창조론에서는 이런 문제들이 발생하지 않

---

1 Jürgen Moltmann, *Trinität und Reich Gottes* (Chr. Kaiser, 1980).

는다. 창조는 신의 자유로운 의지에 따른 '의도적' 행위가 아니라, 어미가 자식을 낳는 것처럼 신의 본성에 따른 자연스럽고 필연적인 현상이기 때문이다. 무로부터의 창조가 아니라 신 자신으로부터의 창조(creatio ex deo)인 셈이다. 또 유출설에서는 창조가 신의 본성인 만큼 과거의 어느 시점에서 완결된 행위가 아니라, 어미가 자식을 키우고 돌보듯이 언제나 계속되고 있는 지속적 창조(creatio continua)가 된다.

  신이 아무것도 존재하지 않는 순전한 무의 상태에서 유를 창조했다는 전통적인 창조론은 또 하나의 어려운 문제를 야기한다. 곧 신은 세계를 창조하기 전에 무엇을 하고 계셨냐는 질문이다. 이에 대해 일찍이 성 아우구스티누스는 신은 세계를 시간과 '함께'(with time) 창조했지, 시간 '안에서'(in time) 창조한 것이 아니기 때문에 '창조하기 전'이라는 시간 개념 자체가 성립할 수 없다고 답했다. 최근 우주물리학에서 말하는 빅뱅(Big Bang) 이론이 말하듯이 빅뱅은 시간과 공간 자체의 시작점이기 때문에 그전에는 무엇이 있었냐 하는 시간 개념을 전제로 하는 물음 자체가 성립되지 않는 특이점(singularity)이라는 주장과 유사하다. 여하튼 성 아우구스티누스에 따르면 창조는 세계 안에서 발생하는 여타 사건처럼 과거의 어느 한 시점에서 발생한 또 하나의 시간적 사건(temporal event)이 아니다. 시간 자체의 시작인 창조는 말하자면 '사건 아닌 사건,' 혹은 과거, 현재, 미래라는 시간적 제약을 받지 않는 '영원한 사건', 이른바 영원한 현재(eternal now)에 준하는 지속적 사건이라고 할 수 있다. 따라서 '창조과학' 같은 사이비 과학, 사이비 신학이 주장하듯이 세계가 6,000년 전 혹은 4,000년 전에 창조되었다는 식의 터무니없는 주장 같은 것은 원천적으로 배제된다.

  유출설적 창조론과 세계관은 무엇보다도 현대 진화론적 세계관과 더 잘 조화될 수 있다는 중요한 장점이 있다. 나 자신의 신관도 동·

서양의 오랜 전통인 일원론적(monistic) 형이상학의 유출설적 신관과 현대의 진화론적 시각을 결합하여 세계를 '진화적 창조'(evolutionary creation) 과정으로 보는 신관을 제시하고자 한다. 최근에는 제작자 모델과 유출식 모델의 장점을 절충해서 창조의 제3의 유형을 제시하는 사람도 있지만,[2] 나는 기본적으로 진화적 창조론 하나로 신관의 주요 이론들이 가진 장단점을 수렴하고, 나아가서 그리스도교 신학의 두 주제인 창조(creation)와 구원(redemption)도 하나의 일관된 과정으로 이해하는 신관을 제시하고자 한다.[3]

유출설적 신관과 세계관에 대한 논의를 계속해보자. 잉게(W. Inge)는 신플라톤주의 전통을 따르는 중세 신학자 에리우게나(Eriugena, J. S., 810~877경)의 유출설적 창조론에 대해 다음과 같이 말하고 있다.

> 스코투스 에리우게나에게는 창조가 하느님과 같이 영원하고 하느님은 단지 창조의 원인으로서 앞설 뿐이다. "하느님이 만물을 만들었다고 할 때, 우리는 이 말을 단지 하느님이 만물 안에 계신다는 뜻으로 이해해야만 한다. 즉, 하느님이 만물의 존재로서 항존한다는 뜻이다." 하느님께는 행위와 존재가 동일하다. 세계는 무로부터 만들어진 것이 아니라, 하느님으로부터 만들어졌기 때문이다. 세계는 하느님의 생각이 밖으로 표출된 것이다.[4] 하느님은

---

2 대표적인 종교철학자는 독일 철학자 셸링(F. W. Schelling, 1775~1854)의 중후기 사상에 입각해서 이른바 범재신론(凡在神論, panentheism)을 주창하는 Philip Clayton이다. *The Problem of God in Modern Thought*, 471-480을 볼 것.

3 앞으로 차차 더 분명하게 드러나겠지만, 이 두 번째 유형의 창조론을 따르는 나의 신관에 결정적인 영향을 준 사상가 둘을 말하라면, 나는 주저 없이 중세 가톨릭 신학자이며 신비주의 영성의 대가인 마이스터 에크하르트(Meister Eckhart)와 인도의 현대 철학자로서 베단타(Vedānta) 철학의 전통을 현대적 시각에서 해석하면서 자신의 형이상학을 전개한 스리 오로빈도(Sri Aurobindo)를 꼽는다.

4 'Thinking out of God's thoughts.'

[세계의] 제일원인(prima causa)으로서 존재, 지혜 그리고 생명이다. 그는 이데아들(플라톤적)의 창조자이며, 이데아들은 현상계를 창조했다. 그러나 하느님은 이데아들을 통해서 가장 낮은 피조물들에게 하강하고, 피조물들은 하느님의 영원한 권능과 신성을 드러낸다. 이것은 플로티누스의 생각과 매우 유사하다. … 에리우게나가 플라톤의 지성(nous)과 동일한 속성들을 부여하고 있는 하느님의 말씀(Logos)은 세계를 창조하는 원리이고, 하느님은 영원부터 그리고 항시 세계를 창조하신다. "우리는 하느님이 세계를 창조할 때가 될 때까지 기다렸다고 생각해서는 안 된다. 하느님은 하느님이신 순간, 자기와 같이 영원한 아들을 낳자마자 세계를 창조하셨다." '독일신학'(Theologica Germanica)은 논하기를 하느님은 아무것도 하지 않고 노는 분이 아니며, 따라서 세계가 존재하지 않았던 적은 결코 없었다고 한다.[5]

앞으로 더 자세히 논하겠지만, 나는 여기서 세계가 신의 생각이 표출된 것이라거나[6] 로고스에 담긴 신의 이데아들이 현상계를 창조했다는 식의 창조론에는 동의하지 않는다. 세계의 창조는 신의 로고스뿐 아니라 이데아들을 구체적 사물로 실존하게(exist) 하는 신의 원초적인 (태초의) 물질적 창조력이라고 생각하기 때문이다.

여하튼 우주 만물을 신의 가시적 현시 내지 현현으로 간주하는 유출설에서는 창조는 신으로부터의 창조가 되며, 세계는 신이 '만드는' (making) 행위이기보다는 세계를 자식처럼 낳는 '출산'(birthing)과도 같다. 세계 만물은 신에서 출현하는 신의 자기 현시이자 자기 전개(unfolding)의 산물이다. 이러한 신과 세계의 관계를 좀 더 단순하고 과격

---

5 William Ralph Inge, *The Philosophy of Plotinus*, vol. I (London: Longmans, Green and Co., 1948), 146.

6 'thinking out of God's thoughts.'

하게 표현하면 신을 펼치면(explicatio) 세계이고 세계를 접으면(com-plicatio) 신이라고 할 수도 있다.[7]

유출설에서는 창조란 이런 점에서 처음부터 끝까지 신이 자신의 존재와 생명을 만물에 나누어 주는 자기 부정과 자기 비움 그리고 자기 초월의 '사랑'이며, 동시에 자신을 드러내는 자기 현시이자 자기 계시이다. 신의 물질적 창조력─단순히 창조력이라고 해도 무방한─은 무궁무진해서 결코 소진되거나 축소되는 일이 없다. 신은 존재 자체(esse ipsum, being-itself)로서 모든 유한한 존재자들의 존재론적 원천이자 토대(Ground of Being)다. 신의 창조력은 만물을 낳는 출산력으로서 신의 본성이다. 힌두교가 자연의 창조력, 즉 샥티(Shakti) 혹은 여신(Devī)으로 섬기는 신의 본성이며, 로고스가 신의 남성적 측면성이라면 물질적 창조력은 신의 여성적 측면이라고 할 수 있다.

신은 결코 존재하지 않을 수 있다고 생각할 수 없는 필연유(necessary being)이다. 반면에 신에서 출현한 만물, 즉 물질과 정신, 몸과 마음 그리고 시간과 공간 등은 모두 스스로 존재할 수 없고, 오직 유일 실체인 신에 의존해서만 존재한다. 생성되었다가 반드시 소멸하는 우연유(contingent being)들이다. 만물은 범주에 따라─예컨대 물질, 생물, 의식의 순으로─ 신의 존재, 특히 그의 로고스적인 본성과 물질적 창조력에 참여하는 정도의 차이가 있지만, 만물은 모두 신현(神顯, theophany)으로서 신의 연장 내지 분신, 또는 자손(offspring)과도 같다.[8]

---

7 니콜라스 쿠자누스(Nicolas Cusanus), 지오르다노 브루노(Giordano Bruno)가 사용하는 표현으로서 중세 그리스도교에 의해 '이단'으로 정죄된 사상이지만, 현대적 관점에서 새롭게 평가할 필요가 있다. 쿠자누스는 에크하르트 사상에 많은 영향을 받은 가톨릭 대주교였고, 브루노(1548~1600)는 이단으로 화형을 받은 불운한 사상가였다. 같은 진리를 좀 더 물리적이고 거친 메타포로 표현한다면, 우리가 손을 펴면 손바닥이 되고, 오므리면 주먹이 되는 것과 유사하다고 할 수도 있다.

8 만물을 신의 자손(offspring)으로 보는 견해는 성경에도 있다(행 17:28).

출산 모델의 창조론은 결코 조잡한 범신론(pantheism)이 아니다. 어머니와 자식이 구별되듯이 영원한 신과 끊임없이 생성·소멸하는 시간적 존재들 사이에는 엄연히 존재론적 위상의 차이가 있다. 무한과 유한, 영원과 시간, 하나(一)와 여럿(多) 사이에는 존재론적 연속성에도 불구하고 확실한 위계상의 차이가 존재한다. 신에서 출현한 우주 만물은 지속적으로 신에 의존해서만 존재할 수 있지만, 그럼에도 그들은 개체로서 상대적 독자성(relative independence)을 누린다. 만물 사이의 무수한 차별이 만물의 공통적 원천이자 토대인 신을 통해서 그리고 신 안에서 상대화된다. 그럼에도 만물은 각기 개체성과 차별성을 가지고 존재하여 상대적 독자성을 누린다. 만물은 일치성 속의 다양성(diversity in unity)을 연출한다. 우리는 이것을 불교『반야심경』(般若心經)의 표현을 빌려 사물이 모두 공(空)임에도 불구하고 가유(假有)로 존재한다는 색즉시공(色卽是空)과 공즉시색(空卽是色)의 진리로 표현할 수도 있다.

출산 모델의 창조론에서는 신과 세계 사이에 존재와 생명의 연속성이 있고, 하느님의 초월성은 '내재적 초월'이고, 하느님의 내재성은 '초월적 내재성'이다. 최근 신학계에서 많이 회자되고 있는 범재신론(panentheism), 즉 만물이 하느님 안에 있고 하느님이 만물 안에 있다고 말할 정도로 하느님과 세계는 존재론적 위상의 차이에도 불구하고 불가분적이다.9 바울 사도의 말대로 하느님은 "모든 사람에게 생명과 숨과 모든 것을 주시는" 분이고, "그 안에서 우리가 살고 움직이고 존재하는" 분이다(행 17:24-28). 범재신론은 신과 우주 만물을 단순히 동일시하는 범신론이 아니며, 피조물 위에 군림하면서 선택받은 특정 민족의

---

9 필자가 아는 한, 범재신론에 대한 가장 광범위한 논의는 Cooper, John W. *Panentheism: The Other God of the Philosophers* (Grand Rapids, Michigan: Baker Academic, 2006)이다.

역사나 개인의 삶에 초자연적 사건을 통해 간헐적으로 개입하고 인도하는 이른바 구원사(救援史, Heilsgeschichte, salvation history)의 하느님도 아니다.

앞으로 우리의 논의가 진행됨에 따라 신과 세계의 관계를 좀 더 자세히 논하게 되겠지만, 우선 여기서 특기할 사항이 하나 있다. 신의 유출인 세계의 전개 과정에서 발생하는 만물은 아무런 차별이나 다양성이 없는 동질적인 것이 아니라는 사실이다. 만물은 비록 하나의 원천에서 출현하지만 각기 차별성을 가지고 존재하며, 그 가운데서도 인간의 차별성은 특별하다. 인간은 자신의 의존성과 유한성 그리고 자신의 상대적 독자성을 의식할 수 있는 정신적 존재이기 때문이다. 인간이 지니는 이러한 특성의 차이는 근본적으로 만물이 범주별로 존재 자체인 신에 참여하는 정도에 차이가 있기 때문이다. 이 차이는 근본적으로 만물에 내재하는 신의 로고스와 물질적 창조력의 배합이 개체마다 그리고 사물의 범주마다 다르기 때문에 생긴다. 가령 신의 로고스는 무생물보다는 생명체, 생명체들 가운데서는 의식을 지닌 인간에게 상대적으로 더 높고 순수하게 내재한다. 인간만이 자신의 의존성과 유한성을 의식하는 가운데 자신의 존재의 뿌리인 신을 그리워하고 신으로 복귀하려는 영적, 형이상학적 에로스(metaphysical eros)를 지니고 있다. 이런 점에서 인간은 만물 가운데서 신의 로고스에 참여하는 정도가 가장 높고 순수한 존재다. 인간의 의식과 이성, 자의식과 주체성 그리고 자유 가운데서 신을 갈망하고 신과 하나가 될 수 있는 영성은 결국 하느님의 모상(imago dei)인 인간에 고유한 그리고 고차적으로 내재하는 신의 로고스적인 본성에서 온다.

유출설에 따라 우리는 세계가 신의 보편적 육화(embodiment), 즉 보편적 성육신(universal incarnation)이라고까지 말할 수 있다.10 만물이 신에서 출현했기에 모두가 성스럽고, 신에 참여하는 정도에 따라 존재하는 개체별, 범주별 차이에도 불구하고 불필요한 것은 하나도 없다. 모든 것이 하나의 근원에서 출현했기 때문에 사물들 사이에 단절이나 궁극적 모순이나 갈등 같은 것은 있을 수 없다. 세계는 빈틈이나 단절 없이 신에서 출현한 존재들로 충만하며, 하나의 거대한 유기적 연속체를 형성하는 성스러운 공동체다. 러브조이(A. Lovejoy)의 유명한 표현대로 세계는 하나의 '거대한 존재의 사슬'을 형성한다.11 무한자와 유한한 사물들, 하나와 여럿(One and Many), 신과 자연, 혹은 신과 인간 사이에 막힘이나 단절은 있을 수 없다. 쿠자누스(Nicolas Cusanus, 1401~1464)의 유명한 표현대로 '반대되는 것들이 일치하는'(co-incidentia oppositorum) 관계가 성립된다.

유출설에 따른 신과 세계, 무한과 유한 사이의 관계를 우리는 불교 화엄 철학의 표현을 빌려 이사무애(理事無碍)의 관계로 표현할 수 있고, 더 나아가서는 온 창조의 세계가 사물과 사물 사이, 범주와 범주 사이에 아무런 막힘이 없는 사사무애(事事無碍)의 진리가 실현되는 우주적 사랑의 공동체라고도 할 수 있다.12 다만 나는 이러한 화엄적 진리가 신이 창조한 자연계에는 타당하지만 자유로운 존재인 인간이 연출하는 죄악의 역사의 세계에까지 무비판적으로 적용되어서는 곤란하다고 생각한다. 모든 것이 막힘이 없고 모든 존재를 긍정하고 품는 낙천

---

10 앞으로 보겠지만, 내가 신의 보편적 성육신을 강조하는 데는 육화 또는 성육신 (Incarnation)을 유일회적 사건으로 간주해 온 전통적 그리스도교 신학의 문제점에 대한 비판과 대안이 담겨 있다.

11 Arthur O. Lovejoy, *The Great Chain of Being: A Study of the History of an Idea* (Cambridge: Harvard University Press, 1957).

12 쿠자누스의 사상에 지대한 영향을 끼친 마이스터 에크하르트에서도 우리는 이러한 화엄적 존재론의 통찰을 볼 수 있다. 길희성, 『마이스터 에크하르트의 영성 사상』(동연, 2021), 109-112 참고.

적 세계관과 영성은 어디까지나 인간이 망치기 전의 자연계에만 해당되는 진리라고 생각하기 때문이다.

　신에서 출현한 자연은 인간이 연출하는 역사의 세계와 달리 순수하고 죄가 없다. 자연에는 지체가 말하는 '생성의 때 묻지 않은 순수함'(das Unschuld des Werdens)이 깃들어 있다. 자연도 물론 때로는 우리에게 무섭고 끔찍한 얼굴로 나타나기도 하지만 자연은 아무것도 '의도하지 않고 행한다'(無爲). 그래서 우리는 자연이 갓난아기와 같이 우리에게 주는 고통까지 포함해서 순진무구하고 죄가 없다고 말하는 것이다. 누구도 자연을 탓하지 않는다. 자연악(natural evil)은 누군가가 의도하는 것이 아니고, 신이 의도하는 것도 아니라고 나는 생각한다.13 반면에 인간이 연출하는 역사의 세계는 폭력과 전쟁, 잔인한 테러와 공포가 그치지 않는다. 따라서 우리는 자연악과 도덕악을 구별할 수밖에 없다. 자연은 뜨겁게 달아오른 인간 역사의 열기를 식혀 주고 역사의 무거운 하중을 가볍게 해 준다. 인간이 만들어 내는 온갖 고통을 보듬어 주고 치유해 주는 힘이 있다. 자연은 문자 그대로 무엇이든 받아 주고 감싸 주는 포근한 '어머니 자연'(mother nature)의 품이다.

　앞으로 우리가 더 논할 기회가 있겠지만, 나는 화엄 사상의 사사무애가 실현되는 세계에 대한 비전을 그리스도교의 종말론적 신앙에 따라 세계 전체가 새로운 창조로 변화되고 영화되는(glorified) 세계, 곧 역사의 종말(eschaton)에 대한 희망으로 간직한다. 종말은 아마겟돈과 같이 하느님의 무서운 심판의 때가 아니라 우리가 희망과 인내로 기다리는 '새 하늘과 새 땅'(new heaven and new earth)이 열리는 순간이다. 더는 억울한 피와 눈물을 흘리는 일이 없고, 통곡의 소리가 사라진 세

---

13 자연악은 우리에게 고통을 준다는 점에서 '악'이지만 인간이 저지르는 도덕악(moral evil)과는 구별되어야 한다.

계다. 하느님의 정의와 평화, 사랑과 화해가 온전히 이루어지는 하느님의 나라로서 인간이 다스리는 폭력의 왕국이 아니라 하느님이 친히 다스리는 세계다. 종말은 역사와 시간의 종말이기에 역사의 시간과 하느님의 영원이 입을 맞추는 '시간 아닌 시간'이 열리는 순간이다. 만물이 새롭게 되고 하느님의 찬란한 빛으로 '영화롭게 변화된'(glorified, 榮化된) 세계로서 신에서 출현한 우주 만물이 신으로 복귀하여 신과 함께 영생을 누리는 세계다.

세계를 신의 유출로 보는 견해가 성경에도 없는 것은 아니다. 그 가장 대표적인 예는 "만물이 그를 통해서 그로부터이고 그를 향해 있다"는 바울 사도의 말이다(롬 11:36).[14] 그는 또 말하기를 "그러나 우리에게는 아버지 되시는 하느님 한 분이 계실 뿐입니다. 만물이 그로부터 왔고, 우리는 그를 향해 있습니다. 그리고 한 분 주님이신 예수 그리스도가 계십니다. 만물이 그분을 통해 있고 우리도 그분을 통해 있습니다"(고전8:6)고 말한다. 바울은 심지어 "우리는 신의 자손들이다"라고까지 말한다(행17:28). 또 성경에는 이러한 말씀도 있다: "그 아들은 보이지 않는 하느님의 형상이시요, … 만물이 그분 안에서 창조되었습니다. … 모든 것이 그분으로 말미암아 창조되었고, 그분을 위해서 창조되었습니다. 그분은 만물보다 먼저 계시고, 만물은 그분 안에서 존속합니다"(골 1:15-17).

이러한 말들은 모두 신과 세계의 존재론적 연속성과 불가분리성을 가리키며, 이런 의미에서 나는 주저 없이 만물이 모두 하느님의 육화, 즉 성육신이라고 말하는 것이다. 물론 사물들 사이와 범주들 사이에는 여러 차등이 있지만, 존재하는 모든 것이 선하고 성스러운 신의 '자손

---

14 성경전서 표준새번역 개정판(2001)은 "만물이 그에게서 나고, 그로 말미암아 있고, 그를 위하여 있습니다"라고 번역하고 있는데, 확실히 잘못된 번역이다. 번역을 담당한 학자들의 신학적 편견에 기인한 왜곡된 번역이 아닌지 의심이 든다.

들'이라는 점에서는 차등이 없다.

유출설에서는 따라서 유독 예수 그리스도만 하느님의 아들이 아니라 천지 만물이 모두 넓은 존재론적 의미에서 하느님의 아들들이고 자손들이다. 그 가운데서도 특히 하느님의 모상인 인간은 하느님의 아들딸들이다. 사실 이것은 예수 자신이 베푼 가르침의 핵심이다. 인간이 하느님의 모상으로 창조되었다는 이야기와 하느님이 흙에서 빚은 인간에게 자신의 생명의 영을 불어넣었다는 창세 설화는 신과 인간 사이에 모종의 특별한 존재론적 연속성 내지 동질성이 있음을 암시한다.

세계를 신의 보편적 성육신으로 보는 신관·세계관에서는 전통적인 그리스도교 신학의 양대 주제를 형성하는 창조와 구원이 별개의 것이 아니고, 굳이 따로 논할 필요도 없다. 창조는 신이 자신의 존재를 만물에 나누어 주는 '행위'이기에 그 자체가 이미 사랑이고 구원의 과정이다. 구원은 창조의 목적이고 완성이다. 세계 창조, 인간의 출현, 이스라엘의 역사, 그리스도의 탄생과 십자가와 부활 그리고 역사와 세계의 종말 등 성경에 기반을 둔 신학의 주요 주제들은 모두 신이 만물을 낳는 지속적인 진화적 창조 과정에 발생하는 일련의 특수하고 특별한 사건들이지만, 모두가 창조로부터 종말에 이르는 하나의 일관된 과정의 일환이다.

신은 우주 만물의 알파와 오메가이다. 만물은 신이라는 우주의 자궁(womb, matrix)에서 출원해서(exitus) 끊임없이 그리로 복귀하려는 (reditus) 본능을 가지고 있다. 만물은 하나(One, unum, 一者)에서 여럿 (many, multiplicity, 多)의 세계로 떨어지는 '형이상학적 추락'의 순간부터 고향을 그리워하고 회귀하려는 형이상학적 에로스에 이끌려 귀향을 서두른다. 전통적 유일신 신앙의 창조론에서는 신이 주로 군주나 제왕, 또는 가부장적 아버지나 주님으로 이미지화되지만, 유출설에서는 신이 어머니, 고향, 벗, 연인같이 친근하고 포근한 존재로 이미지화된다.

신과 세계의 관계를 이렇게 유출로 보는 신관 및 세계관은 동양 종교들에서는 매우 오래되고 친숙한 사상이다. 사실 동양 종교들에서는 엄밀한 의미의 '창조' 개념, 특히 '무로부터의 창조' 개념은 존재하지도 않고 생각하기도 어렵다. 힌두교에서는 창조를 방출(放出, srsti, sarga)이라고 부르는데, 마치 거미가 자기 몸에서 거미줄을 방출했다가 거두어들이듯 신(Visnu, Siva)이 만물을 자신으로부터 세계를 방출했다가 거두어들이는 과정으로 본다. 힌두교의 순환적 세계관에 따르면 이 과정은 유일회적이 아니라 무수히 반복된다. 힌두교의 신관과 세계관에서는 창조는 신이 세계를 만드는 의지적 행위이기보다는 우주 만물이 신·브라만의 전변(parināma) 내지 무한한 변형이다. 힌두교 신학·철학에서는 이러한 신과 세계와의 관계를 전변설(轉變說, parināma-vāda)이라고 부른다. 우파니샤드에 나오는 말대로 신은 "그것으로부터 이 존재들이 태어나는 것, 태어나서는 그것에 의해 살고, 떠날 때는 거기로 들어가는 것, 그것을 알고자 해라. 그것이 브라만(Brahman)이다."[15]

또 중국을 중심으로 하는 동아시아 문화권의 신관이나 세계관도 이와 본질적으로 다르지 않다. 만물은 하늘(天)이 낳은(生) 것이고, 하늘은 만물을 낳고 기른다(生育). 노자의 도(道) 역시 천지 만물의 어미(天地之母)와 같은 궁극적 실재로서 만물을 낳고 기르는 식모(食母)다.

하늘과 땅이 있기 전에 존재했던 어떤 분화되지 않고 완전한 것이 있었다.
소리도 없고 형상도 없지만, 아무것에도 의존하지 않고 변하지도 않는다.

---

15 "That verily, from which these beings are born, that, by which, when born they live, that into which, when departing, they enter. That, seek to know. That is Brahman." *Taittiriya Upanisad* III, I, l.

어디서나 활동하지만, 위험에 처하는 일이 없어 천하의 어미라 할 만하다. 나는 그 이름을 몰라 도라고 부른다. 굳이 이름을 붙인다면 위대하다고 이름하겠다.[16]

그리스도교 신학에서 하느님은 자기 원인(causa sui)이 되는 스스로 존재하는 자(自存者)이기 때문에 하느님은 누가 만들었는지, 혹은 어디서 왔는가라는 물음이 성립될 수 없다. 마찬가지로 동아시아 사상에서도 천(天)은 누가 만들었는지, 도(道)가 어디서 유래했는지 되물을 수 없다. 도는 하늘과 땅이 생기기에 앞서 존재하며, 스스로가 근본이고 뿌리(自本, 自根)이기 때문이다.[17] 만물은 무한한 창조적 근원인 도에서 출현하여 종국에는 도에 복귀한다.[18] 노자『도덕경』에 수차 나오는 복귀(復歸) 개념은 이와 같은 진리를 말해 준다.

유출설은 그리스도교 창조론의 주류는 아니지만, 오래전부터 신플라톤주의 사상의 영향을 받아 온 그리스도교 신학 내에 공존하면서 많은 신학자에게 영향을 끼쳐 왔다. 유대교와 이슬람에도, 특히 신비주의(mysticism) 사상에 깊은 영향을 끼쳤다. 유일신 신앙의 신관과 여러 면에서 대조적이고 대안적인 동·서양의 일원론적 형이상학(monistic metaphysics)의 신관들은 공통적으로 신의 초월성과 내재성, 하나(一)와 여럿(多), 무한과 유한, 영원과 시간 사이의 존재론적 연속성을 강조한다. 대승불교의 용어로 불성(佛性, 法身)에는 불변(不變)하는 체(體)와 조건에 따라 변하는(隨緣) 용(用), 성리학의 용어로 말하면 신에게는 세계의 합리적 구조와 질서를 설명하는 이(理)의 측면과 부단히 변

---

16 *Tao Te Ching*, trans. Wing-Tsit Chan, 144. 有物混成 先天地之生 寂兮寥兮 獨立而不改 周行而不殆 可以爲天下母 吾不知其名 字之曰道 强爲之名曰大(道德經 25장).

17 莊子, 大宗師篇.

18 '복귀'는 노자 사상의 중요한 개념이다. 『도덕경』 14장, 16장, 25장 등에 나온다.

화하고 형태를 달리하면서 만물을 생성하는 기(氣)의 측면이 있다.[19]

서구 신학에서 신의 양면적(dipolar) 성격을 말하는 신관 가운데 가장 유명한 것은 아마도 철학자 화이트헤드(A. N. Whitehead)의 과정철학에 기초한 과정신학일 것이다. 나는 개인적으로 과정신학의 신봉자는 아니지만, 신에게 불변하는 측면과 변하는 양면성이 있다는 근본적 통찰은 수용한다. 신학자 맥쿼리는 화이트헤드의 형이상학적 신관에서 그의 창조성(Creativity) 개념이 지닌 모호성을 지적하면서 다음과 같이 평하고 있다.

화이트헤드의 신관이 궁극적 창조성을 신 안으로 끌어들였더라면 훨씬 더 설득력이 있었을 것이라고 제안하고 싶은 마음이 든다. 그러면 그가 말하는 신을 정말로 궁극적이 되게, 그래서 신이 세계의 창조주라는 대다수 신앙인들의 믿음에 더 가깝게 만들었을 것이다. 그러나 이것은 양면성을 지닌 화이트헤드의 신을 삼위적인(triune) 신으로 변형해야 할 필요가 있음을 뜻하기도 한다. 이 삼위일체 또는 삼위의 첫째 구성 요소는 그가 창조성이라고 부르는 것, 즉 만물의 궁극적 범주이자 신비한 원천으로서 플로티누스의 일자(一者, the One)처럼 만물이 우리의 이해를 넘어 의문의 여지없이 존재하고 있다는 순전한 사실 그 자체가 될 것이다. 삼위의 둘째는 화이트헤드가 신의

---

19 불성 개념이 반드시 불교에서 절대적인 형이상학적 실재로 이해되는 것은 아니지만, 적어도 그것이 힌두교의 아트만과 유사하게 항구 불변의 영적·정신적 실체에 준하는 면이 있다는 점은 부인하기 어렵다. 이에 대해서는 길희성, "반야에서 절대지로," 『마음과 철학: 불교편』(서울대학교 출판문화원, 2013) 참고. 또 길희성, 류제동, 정경일, 『비판불교 연구』(대한민국학술원, 2017), 특히 제4장 "비판불교의 대승불교 사상 비판"(II)을 볼 것. 일본의 비판불교 운동의 주도자 가운데 하나인 마츠모토 시로(松本史郎)는 임제선사가 말하는 무위진인(無位眞人)이 힌두교 우파니샤드의 아트만과 동일한 것임을 의심의 여지없이 밝히고 있다.

원초적 본성(primordial nature)이라고 부르는 것으로서 세계가 전개되는 과정에서 그 가능성들을 결정하고, 그 범형(pattern)과 방향을 제시하는 영원한 관념·이념·이상들(ideas)을 저장하고 있다. 이 둘째 구성 요소는 분명히 플라톤주의에서 유래하는 철학들에서 말하는 로고스나 지성(Nous) 같은 것이다. 마지막 셋째 요소는 화이트헤드가 신의 결과적 본성(consequent nature)이라고 부르는 것, 즉 세계에 내재하는 영(Spirit) 또는 영혼(Psyche) 혹은 세계영혼(World-Soul)으로서 우주 안에서 이상적인(ideal) 가능성들을 실현하도록 힘쓰는 것이다.[20]

이러한 통찰에 비추어 나의 신관의 기본 구도를 우선 다음 열 가지 사항을 중심으로 하여 밝혀둔다.

---

20 John Macquarrie, *In Search of Deity In Search of Deity*, 151.

II. 새로운 신관의 기본 구도

첫째, 나는 유출설에 따라 화이트헤드의 '창조성'(Creativity)이라는 모호한 개념 대신 여전히 전통적인 유일신 신앙의 신(God)을 우주 만물의 궁극적인 존재론적 원천·토대로 간주하는 견해를 따른다. 아울러서 나는 신을 신플라톤주의의 일자(to hen, the One)와 그 밖의 동·서양의 일원론적 형이상학(monistic metaphysics)에서 말하고 있는 우주 만물의 궁극적 실재와 동일시한다. 그리고 이를 바탕으로 하여 신과 세계의 관계를 유출설의 입장에서 논한다.

둘째, 화이트헤드가 말하는 신의 두 가지 본성, 즉 '원초적 본성'(primordial nature)과 '결과적 본성'(consequent nature)에 대한 맥쿼리의 제안을 재수정해서 나는 신의 두 가지 본성을 신의 '로고스'(Logos)와 '원초적인 물질적 창조력'(primordial material creativity)이라는 두 개념으로 대체하여 신과 세계와의 관계를 파악한다. 여기서 '물질적'이라 함은 신자신이 물질의 측면을 지닌다는 말이 아니라, 신이 물질까지 포함해서 모든 피조물을 산출하는 존재의 원천으로서 그것들을 개체로 실존하게(exist) 하는 힘 혹은 창조력을 가리킨다. '원초적'이라는 말은 물질이 형태나 꼴을 갖추기 전 태초의 혼돈(chaos) 상태 같은 것을 가리킨다.

셋째, 나는 또 맥쿼리가 신의 통일성(하나 됨, unity)과 세 가지 양태

(modes)—원초적 양태(primordial mode), 표현적 양태(expressive mode), 합일적 양태(unitive mode)—를 구별하면서 자연신학적 관점에서 신의 삼위를 논하는 것과 달리 신의 원초적 양태와 표현적 양태 둘만을 인정한다. 나는 신에서 출현한 만물이 신과 하나가 되는 합일적 양태를 별도로 신의 제3의 양태로 간주하는 대신[1] 신의 원초적 양태와 표현적 양태 속에 포함시킨다. 이런 점에서 나는 과정신학과 마찬가지로 삼위일체(Trinity)의 하느님 대신 신의 두 가지 양태만 인정한다. 과정신학에서 말하는 신의 '결과적 본성'은 물론 신의 표현적 양태에 해당한다. 하지만 나는 신의 창조성(creativity)을 로고스와 물질적 창조력이라는 양면성을 지닌 신의 본성으로 간주하지만, 창조성의 산물인 피조물들이 신의 결과적 본성이라고까지는 생각하지 않는다. 이미 밝힌 대로 피조물은 신의 로고스와 물질적 창조력이 교호작용을 통해 출현하는 결과물이지만 신의 본성에 속하지는 않는다. 따라서 나는 과정신학이 말하는 신의 '결과적 본성' 개념을 수용하지 않으며, 로고스 개념을 중심으로 한 신의 '원초적 본성'과 물질적 창조력만 신의 본성이 지닌 두 가지 양태 내지 측면으로 논한다. 다시 말해 신의 결과적 본성이라는 개념을 도입하지 않고서도 신과 세계 만물의 관계를 동·서양의 일원론적 형이상학, 특히 신플라톤주의와 인도 베단타 철학의 통찰에 따라 단순히 만물의 '유출'과 '복귀'로 이해할 수 있다고 생각하기 때문이다.

넷째, 나는 신의 로고스를 우주 만물의 창조의 원리이자 만물의 빛과 생명과 진리로 이해하는 요한복음의 포괄적 개념을 따르되 다소 협의로 이해한다. 로고스는 플라톤적 이념·이상·원형(idea, form)들 그리고 아직 실현되지는 않았지만, 그 가능성들을 품고 있을지 모를 신의 지성·이성(Intellectus, Nous, Reason)으로서 주로 세계의 질서와 조

---

1 John Macquarrie, *In Search of Deity*, 174-175.

화, 합리적 성격과 가지성(intelligibility)의 근원이며, 물질계의 진화 과정 전체를 추동하고, 일정한 방향과 목적으로 인도하는 신의 지성이고 힘이라고 본다.

다섯째, 나는 신과 세계의 관계, 특히 창조 개념을 논하면서 신의 로고스(Logos) 개념을 그리스도교 신학의 전통적 이해와 다르게 다소 협의로 이해하며, 물질적 창조력을 로고스와 대조되는 신의 본성이 지닌 또 다른 측면으로 간주하는 신관을 제시하고자 한다. 내가 이렇게 전통적인 로고스 창조론을 근본적으로 수정하는 데는 동아시아 성리학의 이기(理氣) 개념이 주된 영향을 주었다. 성리학이 이(理)를 강조하는 것은 사실이지만, 이(理)는 결코 기의 원천이 아니다. 성리학은 이와 기의 관계를 불상잡(不相雜), 불상리(不相離)로 규정한다. 이와 기는 분리될 수 없지만, 결코 혼동해도 안 된다는 원칙이다.

비록 나중에 성리학의 기본 텍스트로 인정되고 있는 주돈이(周敦頤)의 『태극도설』(太極圖說)과 장재(張載)의 『서명』(西銘)은 바로 이러한 불상잡의 원리에 반하는 면이 있지만, 이학(理學, 즉 이 중심적 사고)의 원리를 확립한 정이천(程伊川)과 정명도(程明道)의 해석과 수정을 거쳐 성리학의 고전으로 수용되게 되었다. 나는 이기 이원론자는 아니지만, 기와 이를 신의 본성이 지닌 양면으로 파악하며, 이런 맥락에서 로고스 개념을 주로 성리학의 이 개념 중심으로 이해한다.

이(理)는 결코 기(氣)의 존재론적 원천이 되지 못한다. 마찬가지로 신의 로고스가 우주 만물과 물질계 자체를 산출하는 것으로 보는 견해는 설득력이 없다는 것이 나의 견해다. 따라서 나의 철학적 신관은 원초적인 물질적 창조력을 신의 창조적 본성이 지닌 또 다른 측면으로 간주하고, 로고스 개념을 전통적인 이해보다 제한적으로 이해한다는 점을 밝혀둔다.

다시 우리의 논의를 계속하자면 우리는 우선 로고스가 서구의 사상적 전통에서 유대계 철학자 필로(Judeus Philo, 서력기원전 20년~기원후 50년경) 이래 주로 이성, 정신, 합리성, 영혼 등의 개념들과 연계되어 있다는 사실에 따라 로고스 개념을 이해한다. 하지만 몇 가지 추가적 논의가 필요하다.

우리가 신과 세계, 특히 신과 인간의 관계에서 '영혼'이나 '마음'(mind) 혹은 단순히 '영'(spirit)이라는 용어를 의도적으로 피하는 데는 몇 가지 중요한 이유가 있다. 영·정신·영혼·마음이라는 일련의 관련된 개념들 모두는 현대 사상에서 극복되어야 할 데카르트적 이원론(Cartesian dualism)의 영향 아래 있다는 사실, 아직도 세계와 인간을 몸과 마음, 몸과 영혼(body and mind, body and soul), 혹은 정신과 물질(spirit and matter)이라는 이원적 대립 구도 속에서 파악하고 사고하는 경향이 매우 강하기 때문이다. 특히 서구 전통에서는 영(spirit)을 물질 혹은 몸과 대비되는 '정신'을 의미하는 것으로 이해하는 경향이 매우 강하다. 나는 신의 로고스를 영으로 간주하지만, 이 영은 'spirit'을 가리키기보다는 오히려 성령(Holy Spirit)의 영, 즉 프뉴마(pneuma)에 가까운 것으로 이해한다. 다른 말로 하느님의 영, 그리스도의 영으로서 존재와 생명의 영이다.

여섯째, 우리는 '영' 혹은 '정신'(spirit)이라는 단어가 그리스도교에서는 성령(Holy Spirit)이라는 말이 지닌 제약성, 즉 인간에게만 국한된, 그것도 그리스도인들이나 하느님의 특별한 은총을 받은 사람들에게만 주어지는 초자연적 은총(supernatural grace)으로 간주된다는 편협한 배타성을 지니고 있다는 사실에 주목하지 않을 수 없다. 나는 영(pneuma)이 하느님의 영으로서 모든 인간이 지니고 있는 '인간학적' 요소라고 생각한다. 다시 말해 몸과 마음과는 다른 제3의 요소라는 말이다. 나는 인간을 구성하는 한 요소인 영과 그리스도교에서 제한적으로 사용하는 성령(Holy Spirit) 사이의 본질적 차이를 부정한다. 모든 영이 거룩한 하느님의 영이며, 하느님의 영은 모든 인간의 영으로 인간에 내재한다. 나는 하느님의 영이 결코 배타적이거나 차별적이라고 생각하지 않는다.

나는 이러한 영을 인간에게만 적어도 호모 사피엔스(homo sapiens)에게만 존재하는 영혼, 혹은 스콜라 철학에서처럼 모든 살아 있는 생명체에 존재하는 생혼(生魂)이나 식물에는 없고 동물에게만 존재하는 지각 활동을 하는 각혼(覺魂)과 구별한다. 나는 영(pneuma)을 협의로 이해하며, 그리스 철학에서 말하는 이성 혹은 영(nous)에 해당하는 말, 성경에서 말하는 그리스도의 영과 동일하다고 본다. 영은 반성적 자의식과 숙고가 가능하며 도덕적 판단에 따라 자유의지를 행사하는 도덕적 주체인 인간의 자율성의 기초가 되는 이성(ratio, reason)과 밀접한 관계에 있지만, 결코 이성과 동일하지는 않다. 영은 무엇보다도 인간을 영적 존재(spiritual being), 종교적 존재이게끔 하는 인간학적 토대이고, 영적 존재인 인간의 본성이다. 인간으로 하여금 하느님 혹은 어떤 절대적·형이상학적 실재를 갈망하고 찾고 싶은 욕망을 부추기고 일으키는 하느님의 모상(imago dei)이다. 흔히 말하는 몸과 마음이라는 두 가지 요소를 초월하는 인간을 구성하는 제3의 요소다.

주목할 만한 사실은 성 아우구스티누스가 인간 영혼에 내재하는 두 가지 이성·지성을 구별하고 있다는 사실이다. 하나는 세상 사물을 접하고 관여하는 저등 이성(ratio inferior)이고, 다른 하나는 하느님을 찾고 갈망하는 고등 이성(ratio superior)이다. 나는 이 구별을 수용하여 고등 이성이 하느님의 모상 개념에 해당한다고 본다. 그리스 철학과 신플라톤주의에서 말하는 누스(nous) 개념이나 마이스터 에크하르트의 지성(intellectus) 개념, 더 나아가서 힌두교 우파니샤드에서 말하는 인간의 영원불변하는 참 자아인 아트만(Ātman)과 불교의 불성(佛性) 혹은 여래장(如來藏, tathāgata-garbha) 개념과 큰 차이가 없다고 본다.[2] 또 현대 힌두교가 배출한 걸출한 철학자 스리 오로빈도(Sri Aurobindo)의 초정신(supermind) 개념 그리고 유교 전통의 맹자나 왕양명이 말하는 양지(良知), 성리학에서 말하는 하늘(天)로부터 품수 받은 영명(靈明)한 도덕적 · 영적 본성(本然之性) 등과 대동소이하다. 이 모든 다양한 개념들이 가리키고 있는 것은 도덕성과 영성이 인간의 타고난 본성이라는 것이고, 이것이 세속주의적인 인간관과 구별되는 도덕적 · 영적 휴머니즘(spiritual humanism)의 토대다. 이러한 영적 인간관의 뒷받침 없이는 예수 그리스도에게서 주어진 신과 인간의 일치(divine-human unity)나 동방 정교회에서 강조하는 모든 인간이 추구해야 할 궁극 목표인 신화(神化, thosis, deification)도 공허한 말에 지나지 않을 것이다. 또 세계의 신비주의자(mystics)들이 추구하는 신과의 '신비적 합일'(unio mystica)도 실현 불가능한 이상이 될 것이다.

다시 한편 강조하지만 나는 이러한 인간 영혼에 대한 이해를 한편으로는 우리가 일반적으로 생각하는 정신이나 마음(mind) 개념과 차별화하며, 다른 한편으로는 그리스도교 신학에서 주장하는 대로 어떤 특정한 사람들에만 주어지는 하느님의 특별한 은사 · 은총이라는 배타적인 성령(Holy Spirit) 이해와도 다르다고 생각한다. 나는 하느님의 거

---

2 불성(佛性)을 영적 '실체'로 보는 견해에 대해서 길희성, 정경일, 류제동, 『비판불교 연구』(대한민국학술원, 2017), 제4장, "비판불교의 대승불교 사상 비판(II)"를 참고할 것. 무엇보다도 마츠모토 시로, 『선사상의 비판적 연구』(동경, 1994) 참고. 임제의 '무위진인'이 곧 불성을 가리킨다는 점 그리고 불성 사상은 인도 우파니샤드의 아트만 사상이 결국 동아시아 대승불교, 특히 선불교 사상에 스며든 결과라는 것이 일본의 뛰어난 불교학자로서 비판불교 운동을 주도한 사람 가운데 하나인 고마자와(駒澤) 대학의 마츠모토 시로(松本史郎) 교수의 정교한 문헌학적 연구에 의해 의심의 여지없이 밝혀졌다.

룩한 영이 인간에게 차별적으로 주어진다는 생각을 부정한다. 나는 영(pneuma)을 그리스도교적 제약성을 지니지 않는 보편적인 인간학적 개념으로 이해한다. 영은 인간에 내재하는 영적 본성으로 간주하기 때문이다. 신의 본성인 로고스에 기원을 둔 인간의 초월적이고 보편적인 본성으로서 인간을 영적 존재로 만드는 영성(spirituality)의 원천이고 토대다. 나는 모든 영이 그렇다고 보며, 성령과 무관한 인간은 존재하지 않고, 할 수도 없다고 생각한다. 성령은 신의 본성이자 동시에 인간의 본성이다.

나는 이와 같은 인간에 대한 영적 이해를 그리스도교 전통에 오랫동안 내재해 온 삼분법적(tripartite) 인간관에서 볼 수 있다고 생각한다. 그 기원은 바울 사도의 말, "평화의 하느님께서 친히 여러분을 온전히 거룩하게 해주기를 빕니다. 곧 여러분의 영(pneuma)과 혼(psyche)과 몸(soma)을… 온전하고 흠 없이 보존하기를 빕니다(1데5:23)"에 기원을 두고 있다. 여기서 바울은 분명히 '영'과 '혼'을 구별하고 있지만 그는 이 둘을 모두 인간을 구성하는 본성적 요소로 보고 있다. 다시 말해서 나는 하느님의 거룩한 영을 모든 사람이 공유하는 인간학적 개념으로 이해한다.

일곱째, 이러한 삼분법적(tripartite) 인간관은 동방 정교회의 영적 인간관에서 더욱 확실하게 부각된다. 바울 사도가 영과 성령의 관계를 어떻게 이해하는지는 미묘하고 다소 혼란스러운 점이 없지 않지만, 나는 그가 영이라는 개념을 통해 모든 인간이 가지고 있는 하느님의 거룩한 영, 즉 인간의 영적, 초월적 본성 내지 능력을 가리킨다고 본다.[3]

---

3 이 미묘한 문제에 대한 종합적인 논의는, Henri du Lubac, "Anthropologie tripartite)," *Theologie dans l'histoire*(1990), 115-147 참고할 것. 곽진상 역, "삼분법적 인간학(몸, 영혼, 영): 사도 바울에서부터 교부시대까지." 「가톨릭신학」 22집(2013). 문제의 핵심은 바울이 말하는 '영'(pneuma)이 성령(Holy Spirit)과 동일한가 여부에 있다. 뤼박은 둘을

동방 교회 신학 연구가 메이엔도르프는 말하기를 "동방 그리스도교에서 인간에 대한 가장 탁월한 이해는 '하느님에 참여한다'는 개념에 기초하고 있다. 인간은 스스로 자족하는 독립적 존재로 창조되지 않았다. 인간의 심오한 본성은 그것이 '하느님 안에' 혹은 '은총 안에' 있을 때에만 참으로 그 자체일 수 있다. 그러므로 은총은 인간에게 '본성의' 발견을 마련해 준다."[4] 동방 교회 신학에서는 서방 교회 신학에서처럼 본성(자연)과 은총에 대한 명확한 구별이나 대립보다는 은총을 모든 인간에 부여된 하느님의 창조의 은총, 말하자면 자연적 은총(natural grace)으로 여기는 경향이 강하다는 것이다. 이러한 영적 인간관에 기초해서 동방 정교회는 구원을 신화(神化, deification, theosis)라고 부른다. 신화란 인간이 하느님의 창조에 의해 부여된 자신의 본성을 완전히 실현함으로써 그리스도에서 이루어진 신인합일(神人合一)을 이룸으로써 신의 영원한 생명에 '참여'한다는 뜻이다.

영(Spirit, pneuma)을 인간의 몸과 영혼 외에 인간의 본성이 지닌 또한 면으로 간주하는 인간관, 즉 삼분법적 인간관은 신플라톤주의 철학, 특히 일자(一者)와 다양성의 세계를 매개해 주는 최고 원리인 정신

자연과 초자연으로 차별화하는 편이지만, 나는 결국 둘이 같다고 본다. 다시 말해서 나는 영을 인간의 보편적 본성의 일부라고 보며, 전통적 그리스도교의 성령관처럼 그리스도인들에게만 국한된 특별한 신의 초자연적 은총이 아니라고 생각한다. 영이 '초자연적인' 성령의 은사라 해도 본래부터 인간에게 하느님의 영에 열린 본성적 근거가 없다면 성령의 은사도 받기 어렵다고 본다. 영적 은사를 갈망하고 받을 수 있는 영적 본성이 모든 인간에 선험적으로 전제되어야만 인간의 영적 경험과 생활이 가능하다고 본다. 성육신 사건으로 완벽한 신인합일이 이루어졌다는 믿음은 그리스도교 신학의 초석이지만, 세계의 모든 종교가 추구하는 궁극적 진리라는 것이 나의 입장이다. 하지만 성육신 사건에 대한 새로운 현대적 해석과 이해가 요구된다. 김희성, "하느님은 왜 인간이 되셨나?," 『아직도 교회 다니십니까』 (동연, 2021)를 참고할 것. 이러한 새로운 이해는 나의 종교관의 핵심이자 '자연적 초자연주의'(natural supernaturalism) 신관을 추구하는 본서 전체를 관통하는 생각이다.

4 메이엔도르프/박노양 옮김, 『비잔틴 신학: 역사적 변천과 주요 교리』 (정교회출판사, 2010), 271.

(nous, Spirit) 개념의 영향 아래 카파도키아(Cappadocia) 교부들이나 이레네우스(Iraeneus, 2세기), 오리게네스(Origenes, 3세기), 에바그리우스(Evagrius, 4세기), 고백자 막시무스(Maximus the Confessor, 7세기) 그리고 그 후의 정교회 신학 전통에서 지속적으로 계승된다. 이러한 영적 인간관은 성 아우구스티누스 등을 통해 서방 교회의 신학 전통에도 없지 않다.[5]

나는 이와 아울러 그리스도교의 삼분법적인 영적 인간관에 해당하는 동양 철학의 전통적 인간관의 개념들을 과감하게 수용한다. 따라서 힌두교 베단타(Vedānta) 사상의 아트만(Ātman) 혹은 푸르사(pursa) 개념, 대승불교의 여래장(如來藏, tathāgata-garbha) 혹은 불성(佛性), 나아가서 현대 인도의 베단타 사상을 계승한 라마나 마하르시(Ramana Maharsi)의 '나의 나'(I-I), 임제 선사(臨濟 禪師)의 무위진인(無位眞人) 등도 이러한 인간의 영적 본성을 가리키는 말이라고 나는 생각한다.

동방 교회도 아담의 타락이나 인간의 죄악성을 무시하지는 않지만, 누스(nous) 개념을 통해 인간이 하느님의 모상으로 창조되었다는 인간관에 확고하게 서 있다. 누스는 하느님을 닮은 하느님의 모상이라는 인간관, 특히 창조의 원리인 성자 하느님 혹은 로고스 하느님을 닮은 신성이 인간에 내재한다는 영적 인간관의 초석이다. 서방 교회 신학에서도 성 아우구스티누스는 '저등 이성'(ratio inferior)과 구별해서 '고등 이성'(ratio superior)이라는 개념의 형태로 그리고 마이스터 에크하르트는 도미니코 수도회의 전통에 따라 지성(intellectus) 개념으로 인간 본성에 내재하는 영적, 신적 요소를 지칭한다.[6]

---

5 Henri de Lubac, 앞의 논문.

6 앞으로 이 책에서 내가 인간을 '영적' 존재라고 부를 때나 기타 일반적으로 '영적'이라는 말을 사용하는 경우, 데카르트적 소문자 'spirit'이 아니라 대문자 'Spirit'이라고 해야 더 적합할지도 모른다는 사실을 다시 한번 독자들에게 상기시키고 싶다. 하지만 번거로움을

사실 이러한 삼분법적 인간관은 인도 힌두교 사상의 기본이다. 흔히 오해하는 것과 달리 상키야(數論, Samkhya) 철학으로 대표되는 힌두교 인간관 내지 존재론은 인간을 결코 몸(body)과 마음(mind), 혹은 몸(body)과 영혼(soul)이라는 두 실제로 구성된다는 데카르트식 이분법적 인간관과 같지 않다. 세계를 물질(matter)과 정신(spirit) 혹은 연장이 있는 실체(res extensa)와 사고하는 실체(res cogitans)로 구별하는 이원론적 세계관과 분명히 다르다는 말이다. 환생과 윤회 역시 불멸하는 영혼이 한 몸에서 생을 마친 후 사후 다른 몸으로 다시 태어난다는 식으로 생각하는 일반인들의 이해처럼 단순하지 않다. 수론(數論, Sāmkya) 철학이 존재하는 모든 것을 푸루사(purusa)와 프라크르티(prakṛti)라는 두 존재론적 원리로 구별하는 이원론(dualism)인 것은 맞지만, 문제는 푸루사가 서양 철학이나 문화에서 말하는 영혼(soul)이나 정신(精神, spirit, Geist)에 해당하는 개념이 아니라는 사실이다. 달리 적합한 말을 찾지 못해서 학자들이 푸루사를 마치 물질에 대비되는 정신, 즉 '스피릿'(spirit)으로 번역하지만 정확한 번역은 아니다. 왜냐하면 푸루사는 베단타 철학의 아트만(Ātman)처럼 우리가 말하는 영혼이나 마음에 해당하는 개념이 아니기 때문이다. 아트만처럼 자아(Self)라고 번역해야 더 합당하다.

'자아'라고 하면 사람들은 곧 개인아, 즉 개체적 자아(individual self)를 생각하기 쉽기 때문에 완전한 오역이 될 수 있다는 것이 문제다. 아트만은 결코 개인아(jīva-atman, 命我)가 아니다. 오히려 모든 인간, 아니 우주 만물의 정수(精粹, essence)를 가리키는 말이며, 영원불변하는 인간의 영적 실체(spiritual substance)로서 인간의 참 자아(true self)를 가리키는 말이다. 이러한 인간관에 근거하여 우파니샤드는 아트만을 우

피하기 위해 굳이 그렇게 하지 않았다. 독자들의 오해가 없기를 바란다.

주 만물의 궁극적 실재인 브라만(Brahman)과 조금도 차이가 없이 하나라고 보는 범아일여(梵我一如)의 진리를 말하는 것이다. 힌두교에서 이 진리를 깨닫는 것보다 더 중요한 일은 없다. 다만 학파들에 따라 브라만이 인격적 속성과 성질을 띤 실재(saguna-Brahman), 즉 비슈누나 쉬바 같은 우주의 창조와 해체를 주관하는 인격신이냐, 아니면 일체의 속성이나 이름(nāma), 형태나 형상(rūpa, form)을 초월한, 따라서 무어라고 부르거나 규정하기 어려운 초인격체적 실재로 보느냐의 차이만 있다.7 이에 따라 아트만을 보는 시각도 조금씩 차이가 있다. 여하튼 우리가 흔히 말하는 '영혼'이나 정신, 마음 등의 개념은 인도서방 교회에서는 모두 프라크르티(prakrti), 즉 세계와 인간의 '물질적' 측면의 바탕을 이루는 원천인 원초적인 물질적 원리로부터 전개(轉變, parināma)되어 나오는 미세한 물질임을 우리는 기억해야만 한다. 더 자세히 말하면 마음(mind)에 해당하는 범어 용어는 '의근'(意根, manas), 즉 감각기관들(sense organs, indriya)이라고 하는 것인데, 여섯 번째 감각기관으로 간주된다. 인도서방 교회는 일반적으로 '안이비설신'이라는 외적 사물에 관여하는 오근(五根) 외에 인간의 '내적 감각기관'인 제6근, 즉 의근(意根, manas)를 말한다. 불교에서도 오근 대신 '안이비설신'의 의 육근(六根)을 말한다. 대승불교의 유식(唯識) 서방 교회는 이에 더하여 제7근 말나식(末那識, mano-vijñāna)과 제8식인 아뢰야식(阿賴耶識, ālaya-vijñāna), 즉 우리의 모든 정신 활동과 경험을 씨앗(bīja)의 형태로 저장하고 있는 '창고식'도 말한다. 서양 사상에서 말하는 영혼이나 정신 혹은 지성에 해당하는 인도 서방 교회의 용어를 들자면 우리는 의근(意根) 혹은 붇디(buddhi)라는 단어를 사용해야 한다. 이 모두가 물질

---

7 이러한 힌두교 사상 전반의 이해를 위해서는 길희성, 『인도서방 교회사』 (소나무, 2019)를 볼 것.

(prakṛti)의 전변(轉變, pariṇāma)의 소산이다. 순수한 영적 실체인 푸루사(puruṣa)와는 확연히 구별되어야 한다는 말이다. 푸루사나 아트만에 해당하는 그리스도교의 용어는 'pneuma'(靈) 혹은 하느님 또는 그리스도의 거룩한 영, 즉 성령이며, 신플라톤주의의 누스(nous) 개념에 가까운, 아니 해당하는 말로 보아야 한다.

여하튼 우리의 새로운 신관과 인간관에서 인간의 몸은 신의 '원초적인 물질적 창조력'이 지배적인 반면, 영혼(soul, anima)이나 마음(mind), 또는 이성(reason), 정신, 영(Geist, spirit) 등은 신의 로고스가 지배적인 것은 맞다. 신의 로고스는 그것을 담고 있는 몸, 즉 다양한 물질적 조건에 따라 만물에 계층적으로 내재한다. 따라서 영혼에는 자기복제가 가능한 모든 생명체가 공유하는 생혼(生魂), 식물에는 없고 동물과 인간이 공유하는 지각 능력인 각혼(覺魂) 그리고 인간에게만 고유한 좁은 의미의 영혼(靈魂, nous)이 있다.[8] 나는 특히 인간에게만 있는 이 세 번째 요소(nous)를 인간으로 하여금 로고스 하느님의 모상으로 불리게 하는 것, 힌두교의 아트만 개념에 해당하는 개념이라고 보아도 무방하다고 생각한다. 인간을 '영적' 존재로 만드는 요소다. 하지만 현대 철학에서는 영혼(soul)이 마음(mind)과 동의어로 사용되고 있기 때문에 오해의 소지가 있다.

더 나아가서 나는 수론 철학의 정신(puruṣa)이나 좁은 의미의 영 혹은 영혼(nous)을 하느님의 초자연적 은사로 간주하는 성령(Holy Spirit)과 차별화하지 않는다는 점을 강조하고 싶다. 영은 하느님을 그리워하고 찾는 영적 존재(spiritual being)인 인간 모두에 내재하는 신적 성품(神性)이며, 하느님과 일치(神人合一)를 이룰 수 있는 가능성을 지닌 인간의 영적 능력이다. 나는 영을 그리스도교의 성령과 차별화하지 않기

---

8 서구어로는 nous, intellectus, ratio, reason, Vernunft 등 다양한 이름으로 불려 왔다.

때문에 성령도 힌두교의 아트만처럼 모든 인간, 아니 모든 생명체와 우주 만물에 내재하는 생명의 영이라고 보며, 브라만(Brahman)과 조금도 다름없다고 본다. 힌두교 신관과 인간관을 수용하여 나는 그리스도교의 영을 이렇게 대폭 확대해서 이해한다. 영은 하느님의 영이고 우주적인 영이고 인간의 영이다. 성령에 대한 이러한 넓은 이해의 중요성은 아무리 강조해도 지나침이 없다. 앞서 잠시 열거한 인간을 구성하는 일련의 정신적 요소들의 위계적 차이는 피조물들을 구체적 존재들로 만드는 신체적·물질적 조건의 차이에 따라 신의 로고스에 참여하는 정도의 차이에 기인한다. 신의 원초적인 물질적 창조력의 산물인 인간의 신체를 포함한 우주 만물의 상이한 신체적·물질적 조건들은 말하자면 신의 로고스의 빛을 각기 달리 반영·반사하는 '용기'(用器, receptacle)와 같은 것들이라고 나는 본다.

나는 앞에서 소개한 스콜라 철학의 계층적 영혼관을 수용하면서도 그 가장 높은 요소, 즉 오직 인간에만 존재하는 영은 그리스도교의 영(pneuma, spirit), 하느님의 모상(imago dei), 플로티누스의 누스(nous), 아우구스티누스의 고등 이성(ratio superior) 그리고 마이스터 에크하르트가 말하는 지성(intellectus), 무엇보다도 힌두교의 아트만(Ātman)이나 푸루샤(Purusa), 현대 인도의 성자로서 불이론(不二論的) 베단타(Advaita Vedānta) 사상을 계승하고 있는 라마나 마하르시(Ramana Maharsi)가 말하는 '나의 나'(I-I), 불교의 불성(佛性) 그리고 신유학에서 말하는 인간의 본연지성(本然之性)이나 양지(良知) 개념 등과 대동소이하다는 점을 거듭 강조한다. 이 모든 개념은 하느님의 모상으로 창조된 모든 인간에 내재하는 초월적이고 영적인 본성을 가리킨다고 나는 본다. 모두가 인간의 참나, 즉 진아(眞我)를 가리키는 말로 인간의 존엄성과 신성의 토대를 지칭하는 말이다. 흔히 말하는 몸과 마음(body and mind), 영

(spirit)과 물질(matter)의 이원적 구별과 대립을 넘어서는 인간의 영적 본성을 가리키는 제3의 요소다.

나는 한 걸음 더 나아가서 위 개념들이 불교의 불성(佛性), 종밀과 지눌 스님의 공적영지지심(空寂靈知之心), 성리학에서 말하는 하늘이 부여한 영지불매(靈知不昧)의 마음, 양명학의 허령(虛靈)하고 영명(靈明)한 마음, 양지(良知)의 개념 등 모두 동일한 인간의 영성을 지칭하는 다양한 표현들이라고 생각한다. 불교는 무아설(anātman) 때문에 이러한 형이상학적 실재를 인정하지 않는다는 오해가 있지만, 나는 이와 견해를 달리한다.9 나는 오해를 피하기 위해서 붓다의 무아설을 비아설로 이해한다는 점을 여기서 확실하게 천명한다.

이 인간의 영적 본성인 참 자아가 신(God) 혹은 우주의 영원한 궁극적 실재(Brahman, 梵) 자체와 조금도 다를 바 없다는 힌두교의 베단타

---

9 이에 대한 더 자세한 논의는 길희성, 『종교에서 영성으로: 탈종교 시대의 열린 종교 이야기』 (동연, 2021), 3장, "종교에서 영성으로" 참고. 또 선불교의 핵심 사상인 불성 개념에 해당하는 임제(臨濟) 선사가 말하는 무위진인(無位眞人)이 힌두교의 아트만 개념과 조금도 다름 없다는 사실을 의심의 여지없이 문헌학적으로 밝힌 일본학자 마츠모토 시로(宋本史郎)의 연구도 참고할 것. 마츠모토 교수는 일본의 뛰어난 불교학자로서 비판불교 운동을 주도한 사람 가운데 한 명으로 고마자와(駒澤) 대학의 불교학 교수다. 길희성, 정경일, 류제동, 『비판불교 연구』(대한민국학술원, 2017), 제4장, "비판불교의 대승불교 사상 비판(II)," 마츠모토 시로, 『선사상의 비판적 연구』(동경, 1994) 참고. 나는 붓다(Buddha)의 무아설 (anātman)이 진아(眞我, 眞人)를 말하는 영적 인간관 일반에 예외라고 생각하지 않는다. 붓다의 무아설은 오온의 그 어느 것도 우리의 참 자아(진아)가 못 된다는 비아(非我)를 뜻하지, 진아가 없다는 말은 아니라고 본다. 붓다의 교설이 가지고 있는 매력은 진아에 대해 함부로 말하지 않고 침묵을 지켰다는 데 있다고 본다. 나는 붓다가 우파니샤드의 아트만 개념을 명시적으로 부정했다고 보지 않는다. 사실 나는 그가 과연 우파니샤드의 아트만 개념을 인지하고 있었는지에 대해서도 회의적이다.
유교 인간관은 이 영명한 인간의 영성을 여전히 이(理)보다는 기(氣)에 속하는 것으로 보기 때문에 그 초월성에 대한 관념이 약한 것이 사실이지만, 성리학에서도 기는 단순히 물질(matter)이라고 볼 수 없다는 것이 학계의 일반적인 견해이고, 인간의 본연지성은 분명히 이(理)다. 그리고 양명학의 '양지' 개념은 성리학보다 더 명확하게 인간에 '내재하는 초월적' 성품, 곧 영성을 가리키는 데 손색이 없다. 나는 그것이 보조국사 지눌(知訥) 스님이나 종밀(宗密) 선사가 말하는 공적영지(空寂靈知)와 별로 다르지 않다고 본다.

사상의 핵심인 범아일여(梵我一如)의 진리는 인류 역사상 가장 오래되고 숭고한 신인합일(神人合一) 혹은 신비적 합일의 진리를 선언하는 사상이다. 나는 하느님의 모상으로 창조된 인간은 남녀노소의 차이나 신분의 고하를 막론하고 모두 하느님의 자녀라는 예수 그리스도의 해방적 가르침도 이러한 사상적 배경 아래서 이해하며, 바울 사도가 말하는 새로운 존재(new being)나 '속사람', 선불교의 임제 선사(臨濟 禪師, 867년 사망)가 말하는 무위진인(無位眞人)도 인간의 영적 평등성과 존엄성을 증언하는 말이라고 본다. 또 퀘이커리즘(Quakerism)에서 말하는 인간 내면의 빛(inner light), 러시아 정교회의 영성을 대표하는 종교철학자 솔로비요프(Solovyov, 1853~1900)의 소피아론도 이러한 영적 인간관에 근거한 신인합일 혹은 신인(神人) 사상을 대변한다고 본다.10

인간이 신과 하나가 된다는 생각은 다양한 신학적 전통과 영적 인간관에 따라 조금씩 달리 이해되고 표현되어 왔지만, 나는 이 다양한 개념들이 대동소이한 경험에 근거한 관념들이라고 본다. 모두 인간의 보편적이고 초월적인 영적, 종교적 성향 내지 성품을 표현하는 말이다. 특히 그리스도교에서는 '하느님의 모상' 개념을 강한 의미와 약한 의미로 구별하는 견해가 있지만, 앞으로의 논의에서 혼란을 피하기 위해 나는 주로 약한 의미, 즉 하느님을 찾고 그리워하는 마음, 또 자신의 원형인 하느님께 복귀하여 영원한 하느님의 품에 안기고 싶은 마음, 하느님과 하나가 되고자 하는 인간 본성이 지닌 성향(inclination, propensity) 정도로 이해한다는 사실을 우선 밝혀 둔다.11 불교의 불성 개

---

10 *Divine Sophia: The Wisdom Writings of Vladimir Solovyov*, trans. by Judith Deutsch Kornblatt (Cornell University Press, 2009), Part I: "Who is Solovyov and What is Sophia?"를 참고할 것.

11 인간의 도덕적, 영적 본성을 이렇게 약한 의미로 이해하는 나의 견해는 다산 정약용의 성기호론(性嗜好論)과 유사하다.

넘이나 성리학에서 말하는 인간의 도덕적 본성 역시 나는 이러한 '약한' 의미로 이해한다.[12]

삼분법적 인간론에 대한 논의가 길어졌다. 워낙 중요한 문제이기 때문에 명확히 해 둘 필요가 있었다. 다시 신의 본성이 지닌 두 측면에 대한 논의로 돌아간다. 신의 본성에는 위에서 언급한 인간의 영적 본성과 밀접하게 연계된—모상과 원형처럼— 신의 로고스적인 본성과 천차만별의 구체적 사물·개물·개체·개인들을 산출하는 무궁무진한 신의 원초적인 물질적 창조력이라는 본성 두 가지 면이 있다.[13] 전자가 신의 남성적 측면이라면, 후자는 신의 여성적 측면이라고 말할 수 있다. 하지만 우리는 이 두 개념을 굳이 그리스도교 신학의 삼위일체신론에 배대(配代, match)할 필요는 없다.

여덟째, 나는 앞서 말한 대로 신의 창조력을 나타내는 개념으로서 '원초적인 물질적 창조력'이라는 개념을 선호한다. '원초적'이라 함은 물질이 어떤 형상·꼴을 취하기 전의 무정형적인 태초의 혼돈 상태에 있는 물질이라는 뜻이고, '물질적'이라 함은 신 자체가 물질적이라는 말이 아니라 물질을 기초로 해서 존재하는 모든 구체적 사물·개물·개체·개인들을 실존하도록(exist) 존재를 부여하는(dare esse) 신의 창조력을 가리키는 말이다.

나는 신플라톤주의에서 말하는 세계영혼(World Soul)이라는 개념을 별도로 수용하지 않는다. 이 개념은 세계를 살아 있는 유기체로 간주하는 장점이 있지만, 생명의 하느님인 신의 로고스와 물질적 창조력이

---

12 그리스도교 신학에서 이 문제에 대한 논의로 잘 알려진 신학자는 교부 이레네우스 (Irenaeus, 130~200)이다. 이 개념에 대한 그의 견해는 Hick, *An Interpretation of Religion*, 110-120의 논의 참고할 것.

13 '물질적 창조력'이라는 신의 본성에 대해서는 추후로 더 본격적인 설명과 논의가 있을 것이다.

라는 개념 속에 충분히 포함된다고 보기 때문이다.[14] 나는 범영혼주의 (panpsychism)의 신봉자가 아니지만, 힌두교 사상가 스리 오로빈도(Sri Aurobindo)나 여타 철학자들처럼 정신이나 영혼이 물질 자체에 잠재적으로 존재한다고 본다. 물질은 말하자면 아직 실현되지 않은 영혼이라는 것이다.[15]

현재 서구에서는 영혼(soul)을 대체로 인간의 마음(mind)이나 의식 (consciousness)과 거의 동의어로 사용하고 있다. 나는 인간의 비물질적 요소 내지 측면을 영혼이나 정신보다는 영(spirit, nous)이라는 말을 선호한다.[16] 나는 인간 영혼이나 정신이 현실적으로 몸과 물질계와 생명계에 의존하고 있다는 사실을 인정하지만, 영혼이나 정신을 물질로 환원해 버리려는 온갖 형태의 물리주의(physicalism)나 환원주의 (reductionism)적 사고를 단호히 거부한다. 물질은 영혼이나 정신이 존재하기 위한 '필요조건'이지 결코 '충분조건'까지는 되지 못한다.

최근 독일의 철학자 가브리엘(Gabriel, M.)은 『나는 뇌가 아니다』라는 저서에서 그가 '신경과학'이라고 부르는 일련의 환원주의적 사상을

---

14 여기서 독자들 가운데는 왜 나의 신관이 헤겔이 말하는 정신(Geist, Spirit)이라는 용어를 사용하지 않는지 의문을 가질 수 있다. 헤겔의 신학·철학에 대한 나의 견해는 후에 언급될 기회가 있을 것이다.

15 현대 철학자로서 이러한 견해를 표명하는 대표적 사상가는 한스 요나스(Hans Jonas)이다. 그의 『물질, 정신, 창조』, 김종국, 소병철 역(철학과현실사, 2007) 참고. 특히 김종국의 '역자 해제'를 볼 것.

16 앞서 나는 그리스도교의 삼분법적 인간관과 힌두교 철학에 따라 '영혼'(soul)과 영 (pneuma, nous, atman, purusa)의 개념을 엄격하게 구별하는 입장을 논했지만, 둘 다 인간의 비물질적인 측면들을 가리킨다는 점에서 때로는 사실상 명확한 구별 없이 사용하기도 한다는 사실을 인정한다. 현실적으로 특히 서구 문화에서 두 개념이 인간의 비물질적인 측면을 가리키는 말로 널리 사용되고 있다는 사실을 무시할 수 없기 때문이다. 나 역시 인간을 영적 존재(spiritual being)라고 할 때, 혹은 영적 휴머니즘(spiritual humanism)을 주장하면서 '영적'이라는 말이 지닌 특수한 의미를 강조하면서도 다른 한편으로는 인간을 구성하는 모든 비물질적 측면을 아울러서 지칭하는 포괄적 의미로 사용한다는 점을 여기서 밝혀둔다.

정면으로 비판하고 있다. 이러한 환원주의를 영미 철학에서는 흔히 '물리주의'(physicalism)라고 부르지만, 그는 '신경과학'이라는 말을 선호한다. 그는 그 근본 명제를 '나는 뇌다'라는 자극적인 말로 표현한다. 가브리엘은 현대 신경과학이 '신경강박증'과 '다원주의의 염증(炎)'을 앓고 있다고 비판하면서 인간의 의식과 자아, 존엄성과 자유를 옹호한다.[17] 그는 인간의 존엄성을 옹호하기 위해 다양한 논리를 편다. 뇌는 정신활동의 '필요조건'은 되지만 결코 '충분조건'은 되지 못한다는 것이다. 그는 예를 들어 말하기를 "뇌를 이해하면 우리의 정신을 완전히 이해하리라는 믿음은 우리가 다리를 이해하면 자전거 타기를 완전히 이해하리라는 믿음과 같다"고 비판한다. 그는 "왜 인간은 그저 무자비한 이기적 포식 동물에 불과하지 않은지—그런 동물로 행동할 수 있는데도!—라는 질문을 던지면서 인간은 다른 인간이 존중되어야 한다는 것을 통찰하는 능력을 가지고 있다"고 말한다.[18]

내가 앞서 소개한 스콜라 철학의 전통적인 계층적 영혼관을 사용하

---

17 마르쿠스 가브리엘, 『나는 뇌가 아니다 - 칸트, 다윈, 프로이트, 신경과학은 황당한 21세기를 위한 정신 철학』, 전대호 옮김(열린책들, 2018). 나는 이 책을 2018년 8월 31일자 「한겨레신문」에 게재된 김지훈 기자의 책 소개, "과학에게 정신은 하나의 수수께끼다"라는 글을 통해 알게 되었다. 하지만 솔직히 말해서 가브리엘의 문제의식은 타당하지만, 그의 해결책은 다분히 선언적이라는 인상을 준다. 보다 정교한 철학적인 논의가 필요하다. David J. Chalmers, *The Conscious Mind* (Oxford: Oxford University Press, 1996), Part II: The Irreducibility of Consciousness 참고할 것. 문제의 핵심은 일정한 선행하는 물리적 조건—뇌신경계의 변화 등—이 있다고 해서 반드시 거기에 부합하는 동일한 의식적 경험이 발생하는가 하는 것인데, 채머스는 여러 논증을 통해서 이를 부정한다. 가령 쌍둥이 좀비가 동일한 물리적 조건에도 불구하고 의식의 경험이 다른 경우를 예로 든다. 의식이 생기려면 물리적 토대(basis) 내지 조건(condition)이 있어야 하는 것은 부정할 수 없지만, 이 조건은 필요조건은 될지언정 필요충분조건까지는 못 된다는 것이다. 채머스는 특히 의식이 물리적 조건에 수반한다는(supervenience) 이론이나 신경과학이 어떤 경로로 뇌신경적인 현상이 특정 의식에 상응하는지는 밝힐 수는 있지만, 도대체 왜, 혹은 어떻게, 의식 경험 자체가 생기고 가능한지에 대해서는 아무것도 설명해 주지 못한다는 점을 강조한다.

18 같은 책,

는 이유는 오늘날 '영' 혹은 '영혼' 개념이 혼란스럽게 사용되는 경향이 강하기 때문이다. 더 나아가서 신과 세계에 대한 우리의 생각이 현대적, 데카르트적인 물질과 정신이라는 두 대립 개념으로는 충분히 표현되기 어렵다고 보기 때문이기도 하다. 특히 신을 닮은 인간의 초월적·영적 본성, 즉 신성을 가리키기에는 '영혼'이나 '마음'이라는 개념은 많이 부족하다. 앞서 잠시 언급했지만, 성 아우구스티누스는 영혼을 두 가지로 구별한다. 하나는 신체와 감각기관을 통해 눈에 보이는 세상 사물에 관여하는 '저등 이성'이고, 다른 하나는 세계의 근원이며 토대인 신을 찾고 신과 관계하는 '고등 이성'이다.[19] 고등 이성으로서의 영혼은 신의 로고스를 닮은 신의 모상이라고 나는 본다. 자신의 원형인 신을 갈망하고 신과 하나가 되고자 하는 성향과 능력을 본성으로 가지고 있는 차원 높은 이성이다.[20] 바울 사도가 말하는 인간 본성의 세 번째 요소, 즉 영(pneuma)에 해당하며, 신플라톤주의를 비롯해서 그리스 철학자들이 말하는 누스(nous) 개념에 해당하는 말이다. 모두 인간의 영적 본성을 가리키는 말로서 인간에 내재하는 신성, 특히 신의 로고스적인 본성을 가리킨다.

이상과 같은 인간관에 대한 견해는 복잡한 면이 있고 다소 혼란스러운 면이 있다. 나는 이러한 현상이 동·서양의 종교문화적, 철학적 차이에 기인한다고 본다. 그러나 다시 한번 나의 입장을 간단히 정리하자면 나는 '영'이라는 말과 '영적'이라는 말을 광의와 협의 두 가지 의미로 사용할 수밖에 없다. 광의로는 마음, 정신, 이성 등 인간의 비물질적인 측면 모두를 포괄하며, 협의는 하느님의 형상, 누스, 프뉴마,

---

19 길희성, 『마이스터 에크하르트의 영성 사상』(동연, 2021), 170-173 참고.

20 사실, 에크하르트에서 고차적 이성은 때때로 지성(intellectus)으로서 신성(Gottheit)과 구별하기 어렵다. 그런 경우, 고차적 이성은 신을 갈망하고 신과 하나 되는 능력 이상이다. 이에 대해서 위의 책, 제5장, "신과 영혼: 지성" 참고.

아트만, 푸루사 그리고 성 아우구스티누스가 말하는 '고등 이성'에 국한된 말이다. 이 모든 단어는 영적 휴머니즘의 핵심 개념들로서 후자, 즉 협의의 '영' 개념에 속한다.

이상과 같은 스콜라 철학의 계층적 영혼관을 비롯한 나의 영혼·정신 이해는 근본적으로 조명설(照明說, illumination)이라고 부르는 성 아우구스티누스의 진리론에 바탕을 두고 있다. 이에 따르면 신은 진리의 빛으로서 피조물들의 영혼이나 정신, 의식이나 인식 활동을 조명해 준다. 피조물들의 의식과 인식 능력의 계층적, 개별적 차이는 신의 물질적 창조력의 산물인 피조물들이 지닌 몸, 즉 물질적 토대가 지닌 다양한 범주별, 개체별 차이에 기인한다. 무생물과 생물, 식물과 동물, 동물과 인간의 차이 그리고 같은 종이라 해도 개별자들 간의 무수한 의식과 정신의 차이는 모두 신의 빛을 수용하고 반사하는 물질적 조건의 차이에서 온다. 신의 로고스의 빛 자체는 하늘의 태양처럼 만물을 동일하게 비추지만, 그것을 수신하는 지상의 안테나들, 혹은 그것을 수용하고 반사하는 신체적 조건과도 같은 그릇들, 즉 신적 빛을 수용하고 반사하는 '용기'(receptacle)들의 물질적 조건이 각기 다르다는 말이다. 성리학적 용어로 말하면 인간의 본연지성(本然之性)은 우리 모두에게 동일하지만, 기질지성(氣質之性)이 각기 다르기 때문에 무수한 개인과 개체들의 도덕적, 지적 차이가 존재한다는 말이다.[21]

단순히 진화론적 관점에서 혹은 사회문화적 관점에서 인간의 정신적 능력을 설명하고자 하는 사람 누구도 부인할 수 없는 소년소녀들의 타고난 천재적 재능 앞에서 모두 할 말을 잃게 된다. 우리는 믿기 어려운 신동 모차르트의 이야기를 많이 듣지만, 그런 천재들이 지금도 존

---

21 천차만별의 개체들 사이에 발견되는 기질의 차이는 물론 각자가 타고난 선천적 요인들의 차이, 개체들이 처한 상이한 환경의 차이 그리고 개인의 도덕적, 영적 수행과 노력의 차이에서도 온다.

재한다는 놀라운 사실이 지닌 의미에는 충분히 주목하지 않는다. 이런 어린 소년소녀들의 천재적 재능을 의심하는 사람이 있다면, 나는 그들에게 유튜브에 등장하는 꼬마 천재들의 이야기를 보라고 권하고 싶다. 그들이 보여 주는 믿을 수 없이 놀라운 재능을 보면서 인간이라는 존재의 위대성과 신비를 생각하지 않는 사람은 없을 것 같다. 그러면서 사람들은 어떻게 저런 일이 가능할지 한 번쯤 생각해 보게 된다. 기본적으로 두 가지 설명이 있을 수 있을 것 같다. 가장 유력한 가설은 그들이 문자 그대로 신동이라는 것이다. 신의 영감(inspired by God) 아니고는 도저히 생각하기 어려운 존재들이라는 견해다. 문자적 성경주의자들이 흔히 성경에 대해 축자영감설—성경의 말씀은 인간이 자기 생각을 담은 것이 아니라 하느님의 말씀을 직접 받아쓰기를 한 것이라는—같은 것을 주장하지만, 진짜 축자영감설을 믿고 싶으면 나는 성경이 아니라 이 꼬마 천재들을 보면 된다고 말해 주고 싶다. 이들의 천재적 재능이 깃든 몸과 마음, 또는 정신에는 우리가 로고스(Logos)라 부르는 하느님의 우주적 마음 혹은 정신이 물질의 방해를 가장 덜 받고 맑고 순수하게 흘러들었기 때문이라고 나는 본다. 그들의 마음·정신·영혼은 말하자면 신의 정신을 고스란히 그대로 받아서 담는 신체 또는 두뇌라는 용기(receptacle)가 너무나 맑고 투명하다고 말할 수도 있다. 또는 신의 빛을 그대로 가장 직접적이고 순수하게 반사하는 맑고 깨끗한 거울과도 같다고나 할까? 하지만 신의 빛을 반사하는 용기와 거울은 모두 신의 로고스 못지않게 물질적 조건, 즉 신의 물질적 창조력의 합작품이다. 굳이 꼬마 천재들을 들먹이고 싶지 않다면, 우리나라 피아니스트 손열음이 연주하는 영롱하고 물 흐르는 듯한 모차르트 피아노 협주곡을 들으면 예술적 재능이란 노력도 노력이지만 정말 '신의 특별한 선물' 혹은 은사(恩賜, charisma)라는 생각이 든다.

어린 천재들을 설명하는 또 하나의 가설은 불교, 힌두교 등에 널리 퍼진 다중인생(multiple life)론, 즉 윤회설(輪廻說)이다. 이에 따르면 어린아이들의 보이는 천재적 재능은 그 아이가 거친 수많은 전생(前生)을 가정하지 않으면 설명이 안 된다는 것이다. 이 두 가지 견해 가운데 어느 것을 수용하든, 한 가지 분명한 사실은 어린아이의 예외적인 천재성이 정녕 타고난 것이 맞는다면 유물론적인 설명이나 세속주의적인 사회문화적 설명은 배제될 수밖에 없다. 돌연변이? 그렇다. 하지만 이러한 돌연변이 역시 설명을 요한다면, 나로서는 '신의 선물' 말고는 다른 길을 생각하기 어렵다.

다시 한번 강조하지만, 세계 만물을 산출하는 신의 창조력을 '물질적'이라고 부르는 것은 신의 창조력 자체가 물질적이라는 말이 아니라, 원초적 물질과 거기서 전개되어 출현하는 모든 구체적 사물과 정신—마음·영혼 같은 것까지 포함하여—을 존재하도록 하는 가장 근원적인 힘이라는 뜻이다. 신의 무한한 물질적 창조력은 자연과 물질계가 수학적 합리성과 언어적·개념적 질서에도 불구하고 종종 예측하기 어려운 사건과 사태가 발생하는 어둡고 신비한 세계라는 사실이 가리키는 신의 비합리적 측면이다. 나는 이 창조력이 동·서양의 고대 사상에서 널리 상정하고 있는 우주의 원초적 물질(archē, prakṛti) 내지 태초의 혼돈(混沌, primeval chaos), 즉 일정한 형상(form, 형태, 꼴)과 한계성을 갖춘 구체적 사물들, 곧 모든 유(有)의 원초적 질료와도 같은 무 아닌 무(無, mē on), 도가(道家)의 원기(元氣), 또는 장재(張載)가 태허(太虛)라고 부르는 태초의 물질 개념이 나타내고자 하는 실재라고 본다. 힌두교에서는 이 태초의 물질을 프라크르티(prakṛti)라고 부르며, 자연의 무궁무진한 창조력을 샥티(Shakti) 혹은 여신(Devī)으로 간주하기도 한다. 스피노자의 개념으로 말하면 만물을 '산출하는 자연' 개념에 해당한다. 로고스가 신의 남성적이고 합리적 측면으로서 신의 광명 (divine light)이라면, 원초적인 물질적 창조력은 신의 여성적 측면으로서 여신이며, 신과 세계의 신비와 어두운 힘이고 신의 비합리적 측면이다.

아홉째, 종래의 그리스도교 신학은 예수 그리스도의 신성과 인성을 둘러싸고 쓸데없는 논쟁을 너무 많이 벌였다. 나는 예수 그리스도가 완벽한 신인합일을 이룬 신인(神人)이라고 믿지만, 오늘날 신학에서 신의 양면성을 논한다면 나는 예수 그리스도의 인성과 신성이라는 논의 못지않게 로고스라는 신의 남성성과 물질적 창조력이라는 신의 여성성에 대한 관심을 더욱 본질적인 문제로 논할 것이다. 이것이 더욱 중대한 신학적 관심사라는 말이다.

여하튼 이 점에서 또 하나의 특별한 주목을 요하는 개념은 인도의 철학 전통, 특히 수론(數論, Sāmkhya) 철학에서 줄곧 정신(Spirit, Cit)과 대비되는 원초적 물질(prakrti) 개념이다. 이미 밝힌 대로 이 개념은 흔히 서양 철학에서 말하는 데카르트적인 몸과 마음, 물질과 정신의 이원론적 대립을 넘어서는 개념으로서 그러한 구도로는 잡히지 않는 개념이다. 기(氣)라는 동아시아 사상의 핵심 개념이 단순히 서구어 '물질'이나 '정신'으로 번역하기 어려운 것과 마찬가지로 프라크르티 역시 서구 철학적 개념으로는 마땅한 말을 찾기 어렵다. 다만 초기 그리스 자연 철학자들이 상정하는 무 개념, 아무것도 존재하지 않는다는 뜻의 무(non-being, non-existence, ouk on)가 아니라 온갖 형상을 가진 유(有)들이 일정한 꼴을 갖추기 전의 원초적 물질의 혼돈(chaos), 만물의 근원 (archē) 또는 동아시아 사상의 원기(元氣) 같은 유 아닌 유, 무 아닌 무 (mē on)다.

프라크르티는 우리가 말하는 신의 '물질적' 창조력이라는 개념에 부합한다. 적어도 우리가 신의 물질적 창조력을 물질과 정신이라는 데 카르트적 이원론으로는 이해하지 않는 한, 그렇다. 하지만 우리가 서양 철학에서 '정신적'(spiritual) 현상이라고 지칭하는 것들—가령 의식, 마음, 지성, 지혜, 기억력, 인품, 마음의 태도 같은 것들—이 물질·물체보다는 더 높은 정도로 신의 로고스(Logos, Spirit, pneuma)를 반영하며, 신의 빛을 더 밝고 순수하게 반사한다고 여기기 때문에 우리는 그것들이 비록 영과 동일하지는 않지만, 물질보다는 '영적'(spiritual)이라고 말할 수 있다. 성리학적 관점에서는 인간의 본연지성(本然之性)은 이(理)로서 누구에게나 동일하지만, 기질지성(氣質之性)은 개인·개물마다 천차만별이다. 그리고 이 차이는 한편으로는 존재들의 물적 토대인 신의 태초적인 물질적 창조력, 즉 원기를 얼마만큼이나 어떤 식으로 부여받는가의 차이에 기인하며, 다른 한편으로는 우리가 자신의 몸과 마음을 닦는 수신(修身, 修己) 혹은 수행의 노력의 정도 차이에서 온다.

유한한 사물들이 지닌 특정한 형상이나 한계를 초월하는, 따라서 '무엇'이라고 규정하기 어려운, 신의 이 원초적 물질은 플라톤이나 고대 세계의 창조 신화들에서처럼 신의 세계 창조 이전에 신과 무관하게 별도로 존재하는 어떤 영원한 질료(hyle)이기보다는 신의 말씀, 곧 로고스의 인도 아래 전개되고 출현하는 무수한 존재를 산출하는 신의 무궁무진한 창조적 본성 자체다. 구체적 개별자들을 산출하는 존재의 무한한 힘이지만, 물론 그 자체가 어떤 구체적 형태를 띤 사물은 아니다. 이런 점에서 나는 물질과 사물까지도 신(一者, to hen, Brahman)에서 흘러나오는 혹은 전개되어 나오는 것으로 보는 신플라톤주의와 베단타 철학의 일원론적 신관과 창조론을 따른다.

아리스토텔레스의 철학적 용어로 말하면 로고스 하느님이 세계의 목적인(目的因, causa finalis)이라면, 무한한 물질적 창조력을 지닌 신은 세계의 질료인(質料因, causa materialis)이다. 다시 한번 강조하지만 이 질료인은 물질(matter)과 정신(spirit)이라는 이원적 대립을 넘어서는 매우 포괄적인 그야말로 만물의 근원·기원(origin)과도 같은 '원초적인'(primordial) 태초의 무엇이고 '물질 아닌 물질'이다. 신학자 워드는 신을 세계의 질료인으로 간주하는 인도의 신관과 서구 사상과의 차이에 대해 다음과 같이 진술하고 있다.

> 유럽 철학자들은 결과란 어떤 식으로든 원인과 유사할 것이며(아리스토텔레스에 의하면 사물은 자신과 전혀 다른 것의 원인이 될 수 없다), 원인은 적어도 그 결과만큼 큰 실재일 것이라고 생각해 왔다. 따라서 아퀴나스는 세계의 원인인 신이 자신의 존재 안에 피조물 모두의 본성들을 비록 더 고차적이고 완전한 방식이지만 포함하고 있을 것이라고 생각했다. 그럼에도 그들은 신이 세계의 능동인(efficient cause)이기는 하지만 질료인이라고까지는 생각하지 않았다. 세계를 구성하고 있는 질료, 즉 물질은 비물질적인 신과는 전적으로 다르다는 것이다. 따라서 유럽 철학자들은 비록 신과 세계가 어떤 의미에서는 유사하다고 생각했지만, 신과 세계가 다른 질료, 즉 신은 정신, 세계는 물질로 되어 있다고 주장한 것이다. 반면에 인도 철학자들은 종종 생각하기를 물질도 다른 모든 것과 마찬가지로 신에서 나와야 한다고, 따라서 물질이 반드시 신 안에 포함되어 있다고 생각했다.[22]

나는 이러한 인도 철학 일반의 통찰을 과감하게 수용하며, 동아시아 사상에서 원초적인 혹은 태초의 혼돈을 가리키는 원기(元氣) 개념을 만물을 창출하는 신의 원초적인 물질적 창조력으로, 즉 신의 본성

---

22 K. Ward, *Concepts of God*, 63.

의 일면으로 간주한다. 인도 철학의 전문용어로는 물질까지 포함해서 세계(결과)는 본래부터 원인(신) 안에 이미 원인적 상태(causal state), 혹은 잠재적으로 존재하다가 출현한다는 형이상학적 입장이다. 인도 철학에서는 이 입장을 인중유과론(因中有果論, satkāryavāda)이라고 부른다. 나는 이러한 신관에 의거해서 신의 물질적 창조력이 로고스의 인도 아래 특정한 형상과 본질을 갖춘 무수한 범주의 개물들이 동일한 범주에 속한다 해도 천차만별의 개인·개물을 실존(exist)하게 하는 힘이라고 본다. 이렇게 생성된 만물은 모두 성스러운 존재들이고, 신의 자손(offspring)들로서 신의 육화(肉化, embodiment) 내지 성육신(incarnation)이라고 나는 생각한다. 이 책 후반에서 나의 신관을 논할 때 다시 좀 더 상세하게 논할 것이다.

나는 인간의 영혼이나 다른 영적 요소들이 물질이나 육체를 벗어나야 할 속박으로 간주하는 인도 사상 일반이나 플라톤주의 사상은 수용하지 않는다. 물질계가 우리의 무지(avidyā)가 빚어낸 허망한 환상(māyā, illusion)으로 간주하는 불이론적 베단타(Advaita Vedānta)학파의 사상도 물론 수용하지 않는다. 나는 이런 사상이 인도 사상 전체를 오염시켜왔다고 생각한다. 나는 오히려 현대적 관점에서 신을 세계의 질료인으로 보는 형이상학을 과감하게 수용함으로써 물질계와 자연계의 신성성을 재발견하는 계기로 삼아야 한다고 생각한다. 이를 위해서 우리는 인간을 몸과 마음(body and mind) 그리고 세계를 물질과 정신(matter and spirit)의 대립적 구도로 보는 데카르트적인 이원론적·이분법적 사고도 근본적으로 극복해야 할 대상으로 여기며, 현대 사상의 필수적 과제 중의 과제라고 본다. 앞으로 서술할 우리의 신관·세계관은 이미 암시한 대로 신플라톤주의적인 사고와 동양 사상 일반의 일원론적 형이상학 그리고 현대의 진화론적 시각을 토대로 해서 제시될 것이다.

천도교 제2세 교주 해월신사(海月神師)의 핵심 사상으로 삼경(三敬) 사상이라는 것이 있다. 경천, 경인 그리고 경물(敬物) 사상이다. 경천과 경인은 전통적 유교 사상에서도 찾아볼 수 있는 가르침이지만, 경물 사상은 실로 해월신사의 독창적 사상이라 해도 과언이 아니다.[23] 해월은 인간만 하느님·하늘님을 모신 시천주(侍天主)가 아니라 모든 생명체가 시천주라고 했다. 오늘의 심각한 환경생태계 위기를 감안할 때, 실로 놀라운 가르침이라 하지 않을 수 없다. 현대인들의 영성은 다른 어느 곳에서보다도 생명력 넘치는 자연계에서 깊은 신성과 경외심을 느낀다. 인간의 존엄성 못지않게 온갖 생명과 풍요의 원천인 해와 달, 하늘과 땅, 흙과 물은 인간에게 끊임없는 영적 영감(spiritual inspiration)을 불어넣는다. 이 모든 것은 신의 물질적 창조력의 힘이고 은총이다. 이런 점에서 나는 인간의 좁은 영혼 개념과 이성 위주의 영성을 강조해 온 서구 그리스도교적 사상 전통이 동양 사상에서 배울 점이 많다고 본다.

물질적 풍요와 축복이 신의 물질적 창조력에서 온다면 자연이 주는 온갖 축복에 우리가 감사하고 겸손한 마음을 가지는 것은 당연하다. 자연은 결코 우리의 경배와 숭배의 대상은 아니다. 우리는 자연을 경외하는 마음은 가질 수는 있지만, 자연 자체는 결코 신이 아니다. 이런 점에서 나는 현대 세계에 유행하고 있는 자연의 생명력이나 힌두교의 여신(Devī) 숭배, 혹은 조잡하고 무차별적인 범신론에 대해서는 유보적이다. 우리가 추구하는 신관은 서구 사상을 점철해 온 자연과 초자연, 물질과 정신의 대립을 초월하여 자연계에서 마땅히 신을 만나고 경험하게 하는 '자연적 초자연주의'(supernatural naturalism)의 영성을 지

---

23 Hee-Sung Keel, "Asian Naturalism: an old vision for a new world," 「학술원논문집: 인문·사회과학편」 제49집(2010) 참고.

향하지만, 결코 자연 자체를 신으로 섬기지는 않는다. 자연 숭배는 이미 유일신 신앙에 의해 극복된 지 오래되었다. 우리는 결코 고대 종교의 다신 숭배신앙으로 퇴행할 수 없기 때문이고, 현대인의 바람직한 선택지가 아니라고 여기기 때문이다.[24]

열 번째, 우리는 신플라톤주의가 흔히 오해하듯이 물질 자체를 악으로 간주하지 않는다는 사실에 주목할 필요가 있다. 물질은 존재 자체이고 선 자체인 일자(一者)와 가장 멀리 떨어져 있는 대극이지만, 어디까지나 일자의 그늘 아래 존재하기 때문에 물질 역시 일자의 존재와 선에 의존한다. 그러는 한, 물질은 선의 극단적 결핍은 될지언정 그 자체가 독자적인 악의 원천이나 원리는 아니다.[25] 신플라톤주의 철학의 영향 아래 악을 선의 결핍(privatio boni)으로 간주한 성 아우구스티누스의 통찰처럼 물질도 일자의 존재와 선에 참여하는 한 선이다. 나는 이런 시각에 따라 육체와 물질, 감각적 욕망과 쾌락도 그 자체를 악이라고 생각하지 않는다. 다만 물질은 가치와 선의 위계질서에서 하위를 차지할 뿐이다. 일원론적 형이상학이나 유일신 신앙에서 악이 독자적 존재의 원리로 간주되거나 실재로서 차지할 자리는 없다.

여하튼 인증유과론적인 시각에서 신과 세계와의 관계를 이해하면, 물질까지 포함하여 존재하는 모든 유한한 것의 세계는 신 안에 원인적 양태 혹은 가능태로서 잠재하다가 전변과 진화의 과정을 거치면서 다양한 모습을 드러낸다. 존재의 무한한 원천인 신은 만물 안에 존재의 토대 내지 힘으로 지속적으로 내재한다. 그러나 신과 세계 사이에는 이러한 존재론적 연속성에도 불구하고 엄연히 무한과 유한, 원인과 결과 토대와 의존의 '질적 차이'가 있다. 세계는 시간의 지배 아래 있고

---

24 M. N. Abrams, *Natural Supernaturalism: Tradition and Revolution in Romantic Literature* (New York: W. W. Norton and Company, 1971)에서 따온 개념.

25 Macquarrie, *In Search of Deity*, 70-71 참고.

신에 의존한다는 점에서 그리고 신은 세계를 잠재적 형태로 품고 있다가 방출하지만, 세계를 초월하는 영원한 실재라는 점에서 존재론적 위상이 다르다. 이미 밝힌 대로 그렇다고 유한한 사물이나 현상들이 우리의 환상의 산물은 아니다. 현상 세계는 마야(māyā)가 아니고 현상계를 구성하는 유한한 사물들은 모두 신에 의존해서 존재하지만 동시에 '상대적 독자성'(relative independence)을 누린다. 세계는 결코 신과 동일하지 않고, 신의 부분도 아니고 결과도 아니고 신의 몸도 아니다. 환상은 더욱 아니다. 다만 사물들 간의 차이는 모든 사물을 아우르는 평등성의 원리인 신에 의존한다는 점에서 상대화된다. 일자인 신과의 관계속에서 보는 세계는 통일성 속의 다양성(unity in diversity) 혹은 다양성속의 통일성을 지닌다.

열한 번째, 나는 유출설에 따라 우주 만물의 출현과 창발적 진화의 전 과정을 신이 자신을 드러내는 신현·현시(神顯, theophany, manifestation)의 과정이라고 생각하지만, 세계를 화이트헤드가 말하는 '결과적 본성'으로 간주하지는 않는다는 점을 여기서 밝혀둔다. 신의 자기현시인 우주 만물은 신의 보편적인 자기 계시이자 성육신이라는 점에서는 모두 신성하다. 하지만 우주 만물은 신의 영원한 '본성'의 두 측면, 즉 로고스와 물질적 창조력의 교호작용에 의해서 전개되어 나오는 시간적 산물이지 신의 본성은 아니다. 이미 밝힌 바 있지만 이런 면에서 나는 화이트헤드와 달리 동·서양의 일원론적 형이상학의 전통에 따라 신과 세계의 관계를 세계가 신에서 전개되어 나왔다가 다시 신으로 복귀하는 관계로 본다. 신은 만물을 낳고 존재를 부여하는 창조성(creativity)을 본성으로 가지고 있지만, 창조성의 결과인 세계가 그대로 신의 본성은 아니다. 신의 결과적 본성(consequent nature)을 말하는 과정신학은 신을 만물의 제일원인으로 이해하는 전통적인 신관과 너무나 동떨어져 있다. 나는 과정신학처럼 신의 본성을 양면성(dipolar as-pect)을 지닌 것으로 보는 시각은 수용하지만, 신이 세계의 전 과정을 그의 결과적 본성으로 수렴한다는 생각은 인정하지 않는다. 다시 말해 나는 신의 두 가지 본성을 구별하는 과정신학의 근본적인 통찰 자체는 수용하지만, 그 내용은 오히려 두 본성을 섞거나 혼동해서는 안 되고(不相雜) 분리해서도 안 된다(不相離)는 성리학의 이기론(理氣論)적 원칙을 따른다. 이러한 성리학적 원칙에 따라 신의 두 가지 본성인 로고스와 원초적인 물질적 창조력의 교호작용으로 우주 만물을 이해하는 입장을 따른다. 이에 대한 상론은 앞으로 더 제시될 것이다.

마지막 열두 번째, 진화적 창조론을 전개하는 나의 신관은 물론 삼위일체의 구도를 지닌 전통적인 그리스도교 신관과 현격한 차이가 있다. 나의 신관이 전통적 신관에 익숙한 사람들에게는 생소하고 급진적이라는 인상을 준다는 사실을 나 자신도 잘 의식하고 있다. 하지만 다윈의 진화론 이후로 그리스도교 신학에서는 전통적 창조론과 진화론을 조화시키려는 많은 시도가 있어 왔다는 사실에 우리는 주목할 필요가 있다. 그 대표적 사례 몇 가지를 간단히 소개하는 것으로써 앞으로 본격적으로 제시된 신관의 기본적 윤곽에 대한 논의를 마치고자 한다.26

우선 우리가 주목해야 할 점은 진화론에 대한 다윈 자신의 입장이 그의 『종의 기원』 이후 시간이 지나면서 바뀌기 시작했다는 사실이다. 그가 비록 전통적인 그리스도교의 신학적 입장에서 떠난 것은 사실이지만, 그는 결코 스스로를 단순한 무신론자로 생각하지도 않았다. 바버(I. Barbour)는 그리스도교 신앙에 대한 다윈의 최종적 입장이 일종의

---

26 이 논의는 주로 Ian Barbour, *Religion and Science: Historical and Contemporary Issues* (HarperSanFrancisco, 1997)에 의존하고 있다.

불가지론(agnosticism) 같은 것이라고 본다. 하지만 다윈은 인간의 마음이 아주 비천한 기원을 가지고 있다는 사실 때문에 불편함을 느꼈던 것으로 보인다. 바버는 다윈이 말년(1879)에 쓴 자서전(1879)의 한 구절을 인용하고 있다.

> 나는 (진화)의 먼 과정을 더듬어보고 미래를 내다볼 수 있는 능력을 지닌 인간을 포함한 이 방대하고 놀라운 우주가 맹목적인 우연이나 필연의 결과라고 생각하기가 지극히 어렵다는, 아니, 거의 불가능하다는 점을 회상했다. 이러한 생각을 하면서 나는 우주의 제일원인 같은 것을 찾지 않을 수 없었고, 이 제일원인은 어느 정도 사람의 지성과 유사한 지성일 것이라는 생각을 하게 되었다. 나는 하나의 유신론자라고 부를 만했다. … 그러나 또 그 순간 의심이 일었다. 인간의 마음이라는 것이 내가 확신하기로는 제일 낮은 단계의 동물이 지닌 마음에서 진화한 비천한 것인데, 그러한 대단한 결론들을 내린다면 과연 신뢰할 만할까 하는 의심이다.[27]

바버는 진화론이 초래한 다양한 신학적 반응들을 논하면서 현대주의자들(modernist)의 견해를 다음과 같이 소개하고 있다.

> 현대주의자들의 신관은 진화 개념의 강한 영향을 받았다. 다윈 이후로 (신의) 창조 활동은 자연 외적인 것이 아니고 단번에 이루어지는 것이 아니라, 시간 속에서 이루어지는 지속적 과정으로 이해해야만 한다. 현대주의자들에게 신의 주 속성은 자연에 대한 초월성이 아니라 내재성이다. 신을 어떤 탈인격체적인 우주적 힘으로 간주하는 사람도 있었지만, 대다수 사람은 전

---

27 같은 책, 59에서 재인용.

통적인 인격신관을 가지고 있었다. 신과 세계와의 관계는 새롭게 이해되었다. 자연적 영역과 초자연적 영역을 나누는 이원론은 어떤 형태의 것이든 공격을 받았고, 신과 인간과 자연이 하나라는 생각은 높이 칭송되었다. 단 하나의 신적 정신이 우주에 스며들어 있다. 이러한 일원론의 강조에서 우리는 자연에 대한 진화론적 이해에 의해 수정된 낭만주의와 철학적 관념론에 친숙한 주제들의 울림을 듣는다.[28]

이와 같은 전통적인 창조론과 진화론적 사고를 조화시키는 현대주의자들의 입장은 대체로 우리가 지향하는 새로운 신관의 방향과 일치한다. 나는 이러한 입장을 '초자연적 자연주의'라고 부른다는 점을 이미 밝힌 바 있다. 다만 우리는 19세기 서구 낭만주의자들의 개인주의적이고 감성적인 접근보다는 좀 더 확고하고 객관적인 신관과 세계관을 21세기 인류 문명이 나아가야 할 방향으로 제시하지 않으면 안 된다는 생각에 지금 우리가 진행하고 있는 신관의 논의를 전개하고 있다.

---

28 같은 책, 66. 바버의 논의 "Diverging Currents in Theology," 63-72 참고.

III. 로고스와 원초적인 물질적 창조력

　신의 존재 문제는 누구나 살다 보면 한 번쯤은 심각하게 직면하는 문제일 것 같다. 적어도 죽음이 가까워진 시점에 이르면 누구든 한 번쯤 묻게 되는 질문이다. 신은 과연 존재하는가, 존재한다면 그 신은 어떤 존재이며 성품을 가졌을까 등 의문이 꼬리에 꼬리를 물고 일어난다.

　우리나라 사람들에게는 잘 알려지지 않은 인물이지만, 현대 힌두교 사상가로서 마하트마 간디 못지않게 전 인도인들의 존경을 받는 유명한 사람이 있다. 비베카난다(Vivekānanda)라는 사람인데, 그에 관한 일화 하나가 생각난다. 그는 젊은 시절, 인도의 유명한 사상가나 종교 지도자들을 만나고 다니면서 단도직입적으로 물었다고 한다. "선생님은 신을 보셨습니까?"(Did you see God) 만나는 사람마다 대답이 시원치 않아 실망했지만, 라마크리쉬나(Ramakrishna)라는 단 한 사람만은 확신에 찬 어조로 "그렇다, 나는 그를 보았다"(Yes, I saw him)고 답을 했다는 이야기다. 그 후로 비베카난다는 라마크리쉬나의 제자가 되었고, 라마크리쉬나 선교회(Ramakrishna Mission)라는 단체도 만들어서 그의 사상과 힌두교 사상을 세계에 전파하는 데 많은 공헌을 했다.

　한 구도심에 불이 붙은 청년이 오죽 알고 싶었으면, 그렇게 당돌하게 신의 존재를 물어보고 다녔는지 이해도 간다. 다행히 나는 아직 그런 사람을 만나지는 않았다. '다행'이라고 하는 이유는 솔직히 말해 내가 아직 자신 있게 답할 준비가 되어 있지 못하기 때문이다. 다만 내가 솔직하게 말할 수 있는 것은 신의 존재를 입증하거나 경험했다고 긍정적으로 대답할 자신은 없지만, 그 반대의 경우, 즉 만약 신이 존재하지 않는다면 우리 인생이 어떻게 될까 하는 물음에는 어느 정도 확신을 가지고 답할 수 있을 것 같다는 생각이다. 간단히 말해 신이 존재하지 않는다면, 우리 인생은 궁극적으로 무의미하다는 결론을 피할 수 없을 것이라는 생각이다. 다른 말로 하면 우리는 허무주의를 안고 살 수밖에 없을 것이라는 생각이다. 사실, 나는 대학 시절부터 "신이 존재하지 않는다면, 모든 것이 허용된다"는 도스토옙스키(Dostoyevski)의 말이 풀리지 않는 화두처럼 마음에 꽂혀서 지금껏 살아왔다는 사실만은 어느 정도 정직하게 말할 수 있다. 나는 도스토옙스키의 말을 신이 없으면 우리가 선과 악을 식별도 못 하고 아무렇게나 막살아도 된다는 뜻이 아니라, 우리가 설령 선과 악의 기준을 확실히 안다 해도 도덕이 존재론적 기반이 없기 때문에 결국은 권위를 상실하고 무력하고 무의미할 수밖에 없다는 뜻으로 나는 이해했다. 지금도 이 생각에는 큰 변화가 없다. 도대체 우리가 무엇 때문에 사는지 말하기도 어려울 정도로 우리가 추구하고 사는 모든 가치가 기반을 상실하고 무의미하게 될 것이라는 생각을 피할 수 없다. 이것이 오랜 고심과 방황 끝에 내가 겨우 도달한 현재의 결론이고 나의 솔직한 심정이다. 나는 청년 비베카난다의 물음에 말하자면 겨우 '반쪽짜리' 답만 가지고 산 셈이다.

무신론자들은 이러한 나의 생각에 여러 가지로 대꾸할 것 같다. "거봐, 인생이란 본래 그런 거야, 당신은 이러한 냉혹한 신 없는 세계의 실상을 직면하고 살 용기가 없는 비겁한 사람일 뿐이야. 그러니까 당신은 신이라는 허구를 필요로 하는 거야"라고 비아냥거릴지 모른다.

하지만 나도 그에게 할 말이 아주 없는 것은 아니다. "설사 내가 아주 용감하게 신 없는 세계에서 정의를 위해 나의 삶을 바친다 해도 도도하게 굴러가는 역사의 수레바퀴에 끼여서 죽은 무수한 억울한 인생의 복권은 영영 없을 것이며, 나 역시 허무하게 삶을 마칠 것이 뻔한데, 당신은 그런 부조리한 것이 정말로 우리가 사는 인생이고 역사와 세계의 실상이라고 인정하면서도 잡히지 않는 정의를 위해서 너의 삶을 바칠 수 있겠는가? 그럴 수 있다면 나는 정말 너를 존경하겠지만, 솔직히 나는 그렇게 못할 것 같아. 나는 무슨 이념이고 가치고 하는 골치 아픈 것들은 집어치우고 슬슬 눈치나 보면서 편하게 살다 갈 것이니까."

　나의 신관에 대한 본격적인 논의로 들어가기 전에, 먼저 '자연적 초자연주의 신관'이라고 부을 수 있는 나의 신관의 요체를 간단히 밝힌 후, 상론을 이어가고자 한다. 나는 신이 로고스와 원초적인 물질적 창조력이라는 양극적 본성(bipolar nature)을 지니고 있다고 본다. 이 양극적 본성은 결코 이원론이 아니다. 데카르트적 물질과 정신의 이원론은 더욱 아니다. 동양 사상의 이(理)와 기(氣) 개념처럼 둘은 확연히 구별해야 하고 뗄 수 없는 불상리(不相離) 불상잡(不相雜)의 관계, 상보적 관계에 있다. 우주 만물은 바로 신의 지닌 이 양극의 교호작용의 산물이다. 이 둘의 관계는 동양 사상에서 음기와 양기가 상호보완적 관계(complementary relationship)에 있듯이 신의 로고스적 본성과 물질적 창조력도 역시 상호보완적이다.

　우선 신의 로고스적 본성에 대해 고찰한다. 그리스도교 신학은 전통적으로 신이 세계를 창조하고 세계와 관계하는 가장 근본 원리로서 요한복음에 따라 신의 로고스(Logos)를 거론해 왔다. 로고스는 지성(intellectus)으로서의 신의 본성이며, 신이 자기 자신 안에 머물지 않고 스스로를 인식하는 지성이고 자신을 비추는 신의 반조적(返照的, reflex-ive) 의식이다. 빛의 은유로 표현되곤 하는 로고스는 일차적으로 신과 세계를 매개하는 신의 창조 활동의 본성이다. 그리스도교 신학에서는 성자 하느님, 혹은 하느님의 말씀(Word of God)이라고도 부른다. 로고스는 신이 침묵 가운데 홀로 머물지 않고 자신을 표출하도록 하는 자기 이탈과 분화의 원리다. 요한복음에서는 우주 만물을 출원시키는 신의 창조적 힘과 원리를 세계의 빛이고 생명이고 진리라고 한다. 하지만 나는 이미 밝힌 대로 로고스 개념을 이보다는 제한된 의미로 사용한다. 따라서 로고스와는 다른 신의 또 하나의 본성인 원초적인 물질적 창조력을 신의 세계 창조의 원리 내지 힘으로 상정한다. 신의 빛과 달리 어둡고 감추어진 면이다. 다시 말해서 나는 신의 창조적 본성이 지닌 양면성(bipolar aspect)를 인정해야 한다는 입장이다. 아리스토텔레스의 전통적인 원인 개념을 사용해서 표현하면 나는 신의 창조력이 세계 만물의 형상(form)과 본질(essentia)들을 품고 있는 로고스적 본성과 아리스토텔레스와 고전 그리스 철학이 거의 언급하고 있지 않았던 세계 만물을 존재(being, to exist)하도록 가능하게 하는, 혹은 존재를 수여하는(dare esse) 원초적인 물질적 창조력(primordial material creative power)으로 설정할 필요가 있다는 것이다.[1] 이에 대해서는 우리의 논의가 진행됨에 따라 앞으로 더 상세히 논할 기회가 있을 것이기에 지금은 단지 우리의 신관이 신의 창조적 본성을 로고스 개념 하나에 돌리지 않고, 로고스와 함께 신의 원초적인 물질적 창조력이라는 또 하나의 본성을 상정할 수밖에 없다는 점을 언급하는 선에서 그친다.

---

1 이러한 발상에는 요한복음의 로고스 개념에 더하여 토마스 아퀴나스의 존재론적 사유에 힘입은 바 크다. 그리고 이(理)와 기(氣)를 구별하지만 동시에 둘을 같이 상정하는 동아시아의 성리학적 사고—존재론, 세계관, 형이상학—도 큰 역할을 했다는 점을 밝혀둔다.

신에 대한 인간의 직관은 언제나 신의 심연(힘이라는 요소)과 그것이 안고 있는 충만성(의미의 요소)을 구별해 왔다. 즉, 신의 깊이와 로고스다. 첫째 원리는 신을 신이게끔 하는 신성(Godhead)의 기초로서 신의 위엄성의 뿌리이고, 접근할 수 없는 그의 존재의 강력함과 만물의 원천이 되는 그의 무궁 무진한 존재의 토대다. 모든 존재에 존재하는 힘을 주며 비존재에 저항하는 무한한 존재의 힘이다. 지난 몇 세기 동안 신학적 합리주의와 철학적 합리주의는 신 관념에서 이 첫째 원리를 박탈해버림으로써 신의 신성을 빼앗아버렸다. 신이 실체화된 도덕적 이상이나 실재의 구조적 통일성을 지칭하는 다른 이름이 되어 버림으로써 신성의 힘이 사라져 버린 것이다.

고전적 술어 로고스는 세계의 의미와 구조라는 신의 두 번째 원리·본성을 나타내기에 더 충분하다. 로고스는 [실재]의 의미 있는 구조와 창조성을 통합한다. 로고스는 신의 근저, 즉 그 무한함과 어두움을 개시(開示)해 주며, 그 풍성함을 구별과 규정이 가능한 한계성을 지니도록 만든다. 로고스는 신의 근저를 비추는 거울로 불리어 온 것으로서 신이 자신을 객관화하는(인식하는) 원리다. "로고스 속에서 하느님은 그의 '말씀'을 자기 자신과 자기 밖을 향해 발한다. 이 두 번째 원리 없이는 신의 첫 번째 원리는 혼돈과 타오르는 불은 되지만, 질서와 조화의 원천이 되지는 못한다. 두 번째 원리 없이는 신은 악마가 될 것이고, 절대적으로 고립된 [세계 없는] 성격을 지니게 된다. '벌거벗은 절대자'(루터)가 된다.[2]

여기서 틸리히가 말하는 신의 두 원리는 크게 보아 우리가 말하는 신의 원초적인 물질적 창조력과 로고스 개념에 부합한다. 그러나 나는 신의 로고스가 "구조와 창조성을 통합한다"는 틸리히의 견해에는 유

---

2 같은 곳.

보적이다. 구조와 창조성은 신의 본성이 지닌 두 측면이라고 보기 때문이다. 다시 말해서 세계의 구조적 성격은 신의 로고스로 창조성은 신의 태초의(원초적인) 물질적 창조력으로 보기 때문이다.

우선 나는 신의 '깊이'와 '어두움'이 스스로 존재하는 존재 자체(ipsum esse subsistens)인 신의 원초적인 물질적 창조력(Creativity)으로서 만물을 실존하게(exist) 하는, 혹은 존재를 부여하는(esse dare) 존재의 힘(the power of being)을 가리킨다는 틸리히의 생각에 전적으로 동의한다. 스피노자의 산출하는 자연(natura naturans)에 해당한다. 이와 대조적인 신의 본성인 로고스는 우주적 지성(intellectus)인 신이 자체의 어두운 힘을 조명해 주는 빛과 같다. 로고스는 아무런 형상이나 구별이 없는 어둡고 맹목적인 태초의 혼돈(primordial chaos) 내지 물질적 창조력에 형상과 질서, 방향성과 의미를 부여하는 밝음의 원리다.

틸리히는 위에 언급한 신의 두 측면 외에 신의 영(Spirit)을 제3의 원리로 말하고 있지만, 앞에서 밝힌 대로 나는 이 영의 역할이 신의 로고스나 물질적 창조력에 포함될 수 있다고 보기 때문에 별도의 원리로 간주하지는 않는다. 하느님의 영은 물질계를 단지 물질 이상으로 생명과 의식을 산출하도록 추동하는 신의 로고스적 본성에 속한다.

로고스는 신에서 출현하는 우주 만물에 형상과 구조와 질서를 부여하는 힘이다. 물질의 움직임을 규제하는 법칙적 원리다. 물질계의 수학적 합리성의 원천이고, 개념적 사고와 파악을 가능하게 하는 질서의 원리이다. 로고스는 또 만물이 진화 과정을 점차 더 높은 존재와 가치를 실현해가는 의미 있는 방향으로 추동하는 원리다. 불변하는 플라톤적 이데아들을—감각의 세계(sensible world)를 초월하는 가지적·지성적 세계(intelligible world)— 품고 있는 실재이며, 신의 자기 인식, 아리스토텔레스가 말하는 '인식의 인식'(noesis noeseos), 플로티누스나 마이스터 에크하르트가 말하는 지성(nous, intellectus)에 해당한다. 로고스는 신의 본성이 지닌 심연과 어두움을 비추는 빛이고 합리적 측면이다.

로고스는 또 신과 세계와 인간의 공통된 보편적 이성(Reason) 또는 정신(Geist)으로서 과정신학에서 말하는 신의 원초적 본성(primordial nature), 혹은 성리학에서 말하는 이(理, 天理) 또는 태극(太極) 개념에 해당한다. 아리스토텔레스 철학의 용어로 말하면 로고스가 세계의 형상인(形相因, causa formalis)이고 목적인(causa finalis)이라면, 신의 원초적인 물질적 창조력은 질료인(causa materialis)인 셈이다. 신의 지성인 로고스는 현존하는 세계를 구성하는 모든 사물의 본질들을 품고 있으며, 아직 현실화되지는 않았지만 앞으로 현실화될지도 모를 사물의 형상과 본질도 가능태로 지니고 있다. 로고스 없이는 신의 원초적인 물질적 창조력은 영원한 혼돈과 어둠 속에 머물 수밖에 없지만, 신의 물질적 창조력으로 하여금 다양한 형상과 본질을 형성하게끔 추동하고 규제하면서 세계에 일정한 질서와 조화, 구조와 아름다움, 목적과 의미를 지니도록 하는 힘은 신의 로고스에서 온다. 로고스는 '정신이 없는' 물질의 진화를 가능하게 하고 인도하는 힘으로서 물질에서 생명, 생명에서 의식의 출현을 추동하고 주도하는 힘이다. 신학자 맥쿼리는 따라서 로고스를 '의미'의 원천이고 토대라는 점을 강조하는 뜻에서 요한복음 초두에 나오는 로고스론을 다음과 같이 번안한다.

1) 의미는 모든 것에 근본적이다. 의미는 우리가 신이라고 부르는 것과 밀접하게 연관되어 있고, 의미와 신은 실로 사실상 같다. 2) 태초에 하느님이 계셨다고 말하는 것은 태초에 의미가 있었다는 말이다. 3) 만물이 의미 있게 만들어졌고, 무의미한 것은 아무것도 없었다. 4) 생명은 의미를 향한 충동이며, 창조적 진화를 통해 자의식을 지닌 의미의 유한한 담지자이고 수납자인 인간으로 출현했다. 5) 의미는 무

의미의 위협을 뚫고 빛났다. 무의미가 의미를 이기지 못했기 때문이다. 6) 모든 사람이 의미에 참여하며. 그 참 빛이 세상 속으로 들어오고 있었다. 7) 의미가 세상에 있었고, 세상 속에서 자신을 육화하고 있었지만, 세상은 의미를 알아보지 못했다. 8) 의미의 담지자인 인간들조차 의미를 거부했다. 9) 그러나 의미를 받아들이고 믿은 사들은 하느님의 자녀가 되게 하는 힘을 얻었다. 10) 이것은 진화의 자연적 과정 속에서 일어난 것이 아니며, 인간의 노력으로 된 것도 아니고, 하느님의 은혜로운 행위를 통해서 일어난 것이다. 11) 왜냐하면 은혜와 진리가 있는 한, 의미가 인간의 몸으로 육화되었기 때문이다. 12) 우리는 모든 것이 그를 향해 움직이는 영광을 그에게서 보았다. 13) 인격적 언어로 하느님의 아들로 인정할 수 있는 그로부터 우리는 풍요로운 은혜를 받았다. 14) 모세로부터는 율법의 명령이 왔고, 예수 그리스도를 통해서는 은혜와 진리가 왔다. 15) 하느님은 신비지만, 아버지의 생명에 참여하는 아들이 하느님을 계시했다.[3]

그리스도교 신학은 전통적으로 로고스를 신의 창조력 전체와 동일시해 왔지만, 이미 밝힌 대로 나는 로고스를 신의 원초적인 물질적 창조력과 구별하기 때문에 로고스에 제한적인 역할만을 귀속시킨다. 로고스는 사물의 합리적 질서와 통일성 그리고 아름다운 조화의 원리로서 진화의 전 과정을 일정한 방향과 목적(telos)을 향해 이끄는 목적성과 의미가 있는 과정(teleological process)으로 이끄는 힘이고 원리다. 이점에서 신의 로고스적인 측면에 관한 한, 우리의 신관은 신을 우주의 이법으로 간주하는 이신론(理神論, deism)에 가깝다고 할 수 있다.

나는 이와 관련해서 로고스가 중국철학, 특히 성리학에서 말하는

---

3 A. Peacocke, *Theology for a Scientific Age* (Fortress Press, Minneapolis, 1993), 297에서 재인용.

이(理) 개념에 그리고 물질적 창조력은 만물의 근원적인 태초의 물질적 힘인 도가의 원기(元氣) 개념에 해당하는 것으로 본다. 또 인도 철학에서 말하는 원초적 물질(prakrti) 개념에도 해당된다. 신의 물질적 창조력에 대해서는 앞으로 더 논하겠지만, 우선 로고스 개념을 중심으로 하여 나의 신관이 지닌 이신론적이고 자연신학적인 측면에 대해 좀 더 부연 설명한다.

이와 관련해서 우리는 우선 철학자 라이프니츠(G. F. Leibniz, 1646~1716)가 일찍이 중국의 자연신학적 신관에 대해 논한 것에 주목할 필요가 있다.4 일반적으로 라이프니츠가 중국철학에 깊은 관심을 가졌을 뿐 아니라 일종의 논문과 같은 책을 저술했다는 사실은 잘 알려지지 않은 사실이다. 18세기 유럽은 중국 문명과 철학에 대해 지극히 낮은 수준의 지식 밖에는 없었지만, 볼테르 등 계몽주의 사상가들이나 철학자들 가운데는 중국에 대한 관심이 많은 사상가가 제법 있었다. 그들은 중국의 철학 사상이나 종교에 대해 주로 마테오 리치(Matteo Ricci, 1552~1610) 신부 이후로 중국에서 활발하게 선교활동을 편 예수회(Jesuit) 선교사들이 유럽으로 보낸 보고서에 많이 의존했는데, 라이프니츠의 경우도 그 가운데 하나였다. 그는 특히 니콜라스 롱고바르디(Nicholas Longobardi, 1565~1655)라는 이탈리아 예수회 신부의 중국에 관한 자료에 많이 의존했다.

문제의 핵심은 중국인들의 신관인데, 여기서 라이프니츠는 중국어 원문까지 독해할 수 있는 능력을 가졌던 롱고바르디 신부가 보는 중국인들의 신관 해석을 비판하면서 오히려 오늘의 현대적 관점에서 보아도 롱고바르디 보다 더 날카로운 통찰력을 보여주고 있다는 사실을 볼

---

4 나의 논의는 주로 Gottfried Wilhelm Leibniz, *Discourse on the Natural Theology of the Chinese*, tr. with an Introduction, Notes and Commentary by Henry Rosemont, Jr. and Daniel J. Cook(Hawaii: The University Press of Hawaii, 1977)에 의거한다.

수 있다. 라이프니츠는 롱고바르디와 달리 이(理)와 태극(太極)이 동일한 것임을 주장했다. 또 라이프니츠는 롱고바르디가 모든 물리적 실체들의 원천인 원기(元氣) 개념에 의거하여 중국인들이 신을 물질로 간주한다고 여기는 오류를 범했다고 비판했다. 사실 롱고바르디가 그의 학식에 어울리지 않게 중국인의 신관을 유물론적으로 본 데는 필시 주돈이(周敦頤)의 『태극도설』(太極圖說)의 영향이 있었을 것으로 추측된다. 왜냐하면 『태극도설』은 별다른 설명 없이 태극에서 음양(陰陽)의 이기(二氣: 一陰一陽)가 나왔다는 식으로 말하고 있기 때문이다. 따라서 주돈이가 태극을 원기(元氣) 같은 것, 즉 원초적인 물질적 창조력으로 보았을 가능성이 충분히 있다고 나는 본다. 롱고바르디 역시 거기에 따라 태극을 원기로 본 것이 아닌지, 또 중국인의 신관이 물질적이라고 보았을 가능성이 크다고 본 것이 아닌지 하는 것이 나의 견해다.5

롱고바르디가 『태극도설』의 기 개념에 치중해서 중국인들이 신을 물질적이라고 본다고 잘못 해석했지만, 적어도 『태극도설』이 이(理)와 기(氣)를 확연히 구별하지 않았기 때문에 이 같은 오해의 소지가 생겼다고 나는 본다. 마치 태극 자체가 음양의 두 기를 품고 있다가 거기로부터 음양이 출현했다는 인상을 주는 것이 사실이다. 이러한 모호성을 우리의 신관에 적용한다면 우리는 다음과 같이 말할 수 있을 것 같다.

이(理)를 결코 물질로 간주할 수 없었던 라이프니츠는 이(理) 중의 이인 태극(太極)을 물질의 근원인 원기로 간주할 수 없었다. 그에 따르면 신은 전적으로 영적 실재 내지 실체로서 만물을 산출하는 원초적인 물질적 힘 같은 것이 아니라 로고스다. 그에게 신은 스피노자가 말하

---

5 사실 『태극도설』이 비록 정주학(程朱學)을 거치면서 태극이 이(理)를 뜻한다고 여기게 되었지만, 본래 주돈이 자신은 도가(道家) 사상에 더 가깝게 태극을 원기로 간주했을 가능성이 크다는 것이 오늘날 학자들의 일반적 견해다. 이 같은 생각은 사실 장횡거(張橫渠)의 『서명』(西銘)에 대해서도 마찬가지다.

는 만물을 '산출하는 자연'(natura naturans)이나 도가의 원기, 혹은 힌두교에서 말하는 만물을 산출하는 생산력(Shakti) 같은 것이 아니라, 만물의 움직임을 지배하는 어떤 합리적 질서의 원리인 로고스, 즉 이(理) 혹은 태극이다. 라이프니츠가 보기에 태극은 스콜라 철학이나 자연신학(natural theology) 혹은 이신론의 신 관념과 별반 다르지 않다. 물질의 움직임을 규제하는 이(理)는 만물의 질서와 조화의 원리이며, 사물의 본질과 이데아들(플라톤)을 품고 있는 신의 로고스다. 물질의 움직임에 방향성을 주는 창조의 원리다. 라이프니츠는 물론 제작자 모델의 전통적인 창조론을 따르고 있지만, 때로는 유출설적 창조론도 우호적으로 언급하기도 한다.

더 나아가서 라이프니츠는 자연신학의 관점에서 중국인들이 대중적으로 숭배하는 하늘(天)이나 상제(上帝)가 이(理)나 태극(太極)과 동일하다고 보면서 그리스도교의 창조주 하느님과 동일한 실재를 가리킨다고 보았다. 라이프니츠는 다음과 같이 말한다.

> 하늘을 노하게 하는 것은 이성에 반하는 것이고, 하늘의 용서를 바란다는 것은 자기 자신을 개혁해서 우리가 마땅히 복종해야 할 바로 이 이성의 법칙으로서 우리의 말이나 행동에서 진실로 돌아가는 것이다. 나로 말하자면 나는 이 모든 것이 아주 훌륭하고 자연신학에 완전히 부합한다고 본다. 여기에는 어떤 왜곡된 이해가 있기는커녕, 억지 해석이나 개찬한 것만 빼고는 비판할 만한 점이 아무것도 없다고 나는 믿는다. 우리 마음속에 새겨진 자연법을 새롭게 [확인]해 주는 한, 그것은 순수한 그리스도교다. 다만 계시와 은총이 우리의 본성(이성, 자연)을 개량하기 위해서 거기에 더해 주는 것만 제외한다면 말이다.6

하지만 나는 라이프니츠의 이(理) 중심적인 자연신학적 신관과 달리 신의 창조성을 신의 또 다른 본성으로 본다. 나는 신의 창조성 내지 창조력을 신의 원초적인(태초의) 물질적 창조력(primordial material creativity)이라고 부른다. 신의 본성의 일면을 '물질적'이라고 부르는 것은 신 자신이 물질적이라는 뜻이 아니라, 존재하는 세계의 사물들이 물질에 기초하고 있다는 현대의 일반화된 세계관을 반영한다. '원초적'이라 함은 물질이 음양오행(陰陽五行)이 상이한 비율로 구성된 구체적 사물들로 분화되기 전의 원초적 혹은 태초의 기, 즉 혼돈 상태의 원기(元氣) 개념에 해당하는 창조력이라는 뜻이다. 롱고바르디는 이 둘 가운데 후자, 즉 『태극도설』이 거의 무의식적으로 태극 개념에 포함시키고 있는 도가적 원기 개념에 초점을 맞추어 중국인들의 신관이 '물질적'이라고 잘못 판단했다고 나는 본다. 라이프니츠는 이 점을 간파하고 롱고바르디가 중국인들의 신관을 물질주의적이라고 오해했다고 비판한 것이다. 나는 창조를 전적으로 로고스에 돌리는 라이프니츠의 신관과 견해를 달리하고 요한복음의 로고스 개념도 좀 더 협의로 이해하지만, 중국인의 신관을 물질적이라고 보는 견해를 비판하는 라이프니츠의 관점은 옳다고 본다. 나는 물질적 창조력을 로고스와 구별되는 신의 본성이 지닌 또 하나의 원리 내지 힘으로 간주한다.[7]

어쨌든, 선교 열로 가득 차서 기(氣) 중심의 사고를 하는 듯한 일부 중국 철학자들의 신관이 유물론적이고 무신론적이라고 보는 예수회

---

6 같은 책, 106-107. 라이프니츠는 여기서 자연법(natural law) 사상에 입각하여 신앙과 계시(초자연, 은총)가 이성과 자연을 완성해 준다는 가톨릭의 신학적 입장에 따라 중국인의 자연신학과 신관을 긍정적으로 높이 평가하고 있다. 라이프니츠는 종종 텍스트가 자신의 해석과 어긋나는 경우, 본래의 텍스트가 후세의 '개찬'으로 인해 훼손되었기 때문이라는 주장을 폈다. 하지만 이는 물론 사실이 아니다.

7 특히 이 문제에 관한 라이프니츠의 견해는 앞의 책, 92-99(Chinese Opinion Concerning the Production of God or Prime Matter, and Spirits)를 볼 것.

신부 롱고바르디에 대한 라이프니츠의 비판은 날카롭다. 그는 신(神, spirit)에 대해 경이원지(敬而遠之)의 태도를 가지라고 가르치고, 내세에 대해서도 부정적인 듯한 공자 사상을 '무신론'으로 매도하는 해석에 대해서도 다음과 같이 반박한다.

> 내 생각으로는 공자의 이 침묵과 접근 방식이 [그러한 오해]의 요인이 되었고, 공자가 자신의 견해를 좀 더 밝혔었더라면 좋았을 법했다. 하지만 [중국의 현대인들]은 이 문제를 공자의 방법이 지닌 한계 이상으로 몰아갔다. 우리는 공자가 영들의 존재와 종교를 부인하기는커녕 다만 제자들에게 그런 문제에 대해 논란을 벌이기보다는 상제(上帝)와 영들(spirits)의 존재와 영향력에 감사하면서 그 성격에 대해, 또는 어떻게 활동하는지 그 방법에 대해 캐묻지 말고, [단지] 그들을 존중하고 기쁘게 하는 덕을 행하기를 원했다고 생각할 수 있다. 우리 [서양] 역사를 통해서도 아무런 악의 없이 이와 같은 충고를 준 그리스도교 저자들이 있어 왔다. 따라서 나는 고대 중국인에 대해 말한 모든 것 [선교사들의 비판의 말]이 단지 근거 없는 의심들이라고 생각한다.[8]

실로 놀랍도록 현대적이고 균형 잡힌 통찰이다. 왜냐하면 오늘날도 유교가 '무신론'이라거나 유교는 종교가 아니라고 매우 천박하고 피상적인 견해를 말하는 사람들이 동·서양을 막론하고 허다하기 때문이다.

---

8 같은 책, 132-133. 이어서 중국인들이 믿는 각종 크고 작은 신령들(spirits)이나 신앙의례 등에 대한 라이프니츠의 논의는 매우 주목할 만하다. 계몽주의 시대의 사상가로서 뛰어난 철학자이자 수학자였지만, 그가 얼마나 유교의 종교성에 대해 그가 접한 빈약하기 짝이 없는 자료에도 불구하고 매우 성숙한 견해와 통찰을 가지고 논하고 있다는 데 경탄을 금할 수 없다.

이와 관련해서 또 하나의 주목할 만한 사람이 있다. 나는 주돈이의 『태극도설』뿐 아니라 장재(張載, 張橫渠, 1020~1077)의 『서명』(西銘)도 비록 나중에 이학(理學)을 중심으로 하는 성리학에 수용되기는 했지만, 근본적으로 도(道)를 원기(元氣)로 보는 노자 사상이 농후하다고 본다. 다시 말해서 이(理)나 로고스보다는 오히려 원기, 즉 원초적인 물질적 창조력을 우주 만물의 근원으로 보는 존재론에 가깝다는 것이다. 장재에 따르면 존재하는 모든 사물은 원기가 특정한 형태들로 응축된 것들이다. 그는 이 원초적 기를 태허(太虛)라고 불렀다. 기가 응축되어 음양오행(陰陽五行)으로 분화된 구체적 사물들로 화하기 전의 원초적 혼돈(混沌, chaos) 상태를 가리키는 개념이다. 즉, 태허는 원기와 다르지 않다. 따라서 나는 기 중심적 사고가 강한[9] 장재의 태허 개념이 노자의 도 개념은 물론이고 인도 철학에서 말하는 물질의 원초적 상태인 프라크르티(prakrti)에 비견할 만한 개념이라고 생각한다. 프라크르티라는 원초적 물질은 그것을 구성하는 세 요소(sattva, rajas, tamas)의 완전한 평형 상태가 깨어짐으로 인해 구체적 형태를 지닌 사물들로 분화되기 전의 상태를 가리킨다. 나는 프라크르티가 신의 원초적인 물질적 창조력에 해당하는 것으로 간주하며, 신의 본성의 일면이라고 본다.

주목할 점은 장재 역시 세계를 이해하는데 마치 기 개념만으로는 부족하다는 듯이 태화(太和)라는 개념을 사용하고 있다는 사실이다. 하지만 그의 태화 개념은 그의 조카였던 정명도(程明道)와 정이천(程伊川)의 이학(理學)에서만큼 명확하게 정립되지는 못했다. 우주 만물이 분화되기 전의 원초적 상태인 태허를 기, 즉 '형이하'(形而下)로 보는 장재의 기 중심적 사고가 우주 만물의 형이상(形而上)적 토대인 태극(太極)마저 주돈이와 유사하게 도가(道家)의 원기처럼 보는 모호성을 보이

---

9 Ira E. Kasoff, *The Thought of Chang Tsai* (1020~1077), 36-37.

고 있기 때문이다. 이 때문에 그는 이(理) 개념을 명확하게 정립한 정이
천과 주자 성리학의 비판을 받았던 것이다.10

　여하튼 신에게는 로고스와 구별되는 원초적인 물질적 창조력이라
는 또 다른 본성이 있다. 곧 우주 만물을 산출하는 '원초적인(태초의)
물질적 창조력'(primordial creative power)이다. 이 창조력을 '물질적'이
라고 부르는 것은 물론 신 자체가 물질적이라는 말이 아니라, 신의 창
조력이 진화 과정을 통해 물질을 비롯한 다양한 구체적 사물과 현상을
실제로 존재(exist)하도록 하는 힘이라는 뜻에서 하는 말이다. 이 개념
은 첫째, 신의 로고스적인 본성과 확실히 구별하기 위해서 사용하는
개념이다. 둘째, 물질도 신에서 왔다는 점, 아니 물질을 산출하는 원초
적인 힘이 신의 본성의 일면이라는 것이다. 셋째, 신의 창조력은 먼저
물질로 표출되지만, 물질로 하여금 진화를 가능하게 하도록 부추기고
그 방향성을 부여하는 힘, 다시 말해서 물질로부터 생명을 출현하도록
하고, 생명으로부터 의식을 지닌 인간의 출현을 가능하게 하는 힘은
어디까지나 신의 로고스라는 뜻도 간접적으로 함출한다. 나는 로고스
개념만으로는 세상에 존재하는 무수한 개별적 사물·개물·개체·개인
의 차이와 존재를 설명하기 어렵다고 본다. 따라서 나는 모든 구체적
사물과 현상의 차별성을 가능태로 품고 있다가 끊임없이 산출하는 우
주 만물의 모태와도 같은 원천이자 근원적 힘으로서, 신의 물질적 창
조력을 신의 본성이 지닌 또 다른 면을 상정하지 않을 수 없다.
　이 창조력은 만물이 유한한 형태를 갖추기 전의 원초적인 물질, 즉
노자가 말하는 원초적인 혼돈(chaos) 내지 원기(元氣), 모든 유(有)를 산
출하는 무궁무진한 무(無)로서의 도(道)와 유사하다. 신의 본성이 지닌

---

10 같은 책, 39-43.

어둡고 감추어진 면이지만, 만물이 개체·개인으로 분화되어 실존(exist)하기 전의 원초적인 혼돈 상태의 물질이다. 만물을 낳고 기르는 어미 내지 모태와도 같은 신의 여성적 힘, 힌두교에서 여신(Shakti, Devī)이 지닌 창조력과 같다. 물질적 창조력은 제작(manufacturing) 모델의 창조 개념보다는 어미가 자식을 낳는 출산(birthing) 모델의 창조 개념에 더 적합하다. 신의 물질적 창조력은 플라톤이 말하는 조물주 데미우르고스(Demiurgos)와 달리 사물이 뚜렷한 형상을 갖추고 질서 있는 코스모스(cosmos)를 형성하기 전 태초의 혼돈(chaos)과도 같은 원초적 질료와 같은 물질이다.

나는 이 원초적 질료를 창조 이전부터 신과 무관하게 이미 존재하는 혼돈의 원리로 보는 플라톤과 달리 물질계를 산출하는 신의 또 다른 본성으로 수렴한다. 곧 일정한 형태·형상을 갖춘 유한한 사물들에 실존하도록 존재를 부여(esse dare)하고 출산하는 무궁무진한 신의 여성적 힘, 즉 모든 여신(들)의 창조력 또는 신의 여성적 원리다. 로고스가 신의 남성적 원리라면 물질적 창조력은 여성적 원리이며, 로고스가 신의 빛과 밝음의 본성이라면 물질적 창조력은 신이 지닌 신비스러운 어둠의 본성이다.

선한용은 성 아우구스티누스의 '정통' 그리스도교의 창조론을 플라톤의 이원론적 창조론이나 플로티누스의 일원론적 형이상학에 근거한 유출설과 차별화하면서 다음과 같이 말하고 있다.

> 이러한 신은 질료의 제한을 받고 있기 때문에 그리스도교의 신앙고백처럼 '전능하신 하나님'은 아니다. 또한 그가 만든 세계도 질료의 저항과 제한을 받으면서 이루어놓은 것이 아니기에 '심히 좋은 것'이 아니라 상대적으로 좋고, 상대적으로 안전할 뿐이다. 이와 같은 고대의 신화론적 우주관과 플라톤

의 이원론적인 사상에 반대하여 아우구스티누스는 철저히 유일신 사상을 주장한다. 즉, 세계 창조 이전에는 하나님과 대등한 어떤 존재론적 원리나 실재도 없었다는 것이다. 그는 만물을 형성하는 하느님의 활동(formative activity)과 창조하는 활동(creative activity)을 구별한다. 형성하는 활동은 이미 있는 질료를 어떤 계획(모형, 이데아)에 따라 형성하는 조각가나 목수 같은 역할을 하는 것이고, 창조하는 활동이란 하나님만이 하실 수 있는 것으로서 질료까지도 무(無)에서 만드는 제일원인이 되는 절대 신의 활동이다. 엄밀한 의미에서 무로부터의 창조란 후자의 활동에 속한 것이다. … 그러나 아우구스티누스는 이와 같은 이원론적 우주관만을 반대한 것이 아니다. 그에게 크게 영향을 주었지만, 그가 극복하고자 한 철학은 당시에 지배적인 사상이었던 신플라톤주의의 일원론이었다.[11]

나의 신관은 간단히 말해 만물을 '형성하는 신의 활동'을 그의 로고스적인 활동으로 간주하는 한편, 만물을 실존하게 하는 신의 '창조하는 활동'을 그의 원초적인 물질적 창조력에 돌린다. 요한복음 1장에 근거한 고전적 창조론이 신의 로고스 하나에 신의 창조 행위 전체를 귀속시키는 것과 달리 우리의 창조론은 우선 신의 '형성하는 활동'과 '창조하는 활동'의 구별을 수용하면서 전자를 신의 로고스적 본성에, 후자를 신의 원초적인 물질적 창조력에 귀속시킨다. 신은 이 두 가지 본성적 힘을 통해 세계를 창조하고 인도·섭리한다. 이에 더해서 우리의 신관은 신플라톤주의의 유출설적 창조 개념과 다윈 이후의 진화론

---

11 선한용,『시간과 영원: 성어거스틴에 있어서』(대한기독교서회, 1998, 개정판), 39-40.
   '이러한 신'은 플라톤의『티마이오스』에 나오는 태초의 질료로부터 세계를 창조한 신 데미우르고스(Demiurgos), 원문의 창조주 하느님의 '형성적 행위'와 '창조적 행위'를 '형성하는 행위'와 '창조하는 행위'로 바꾸었다.

적 세계관을 과감하게 연계시켜 '진화적 창조론'(evolutionary creation)을 개진한다.

신에서 출현한 물질계는 결코 허망한 환상이나 악이 아니다. 물질은 생명과 의식이 출현하기 위한 기층이 되는 필수조건이기에 신의 창조력은 우선 물질적 창조력으로 표출된다. 하지만 신의 물질적 창조력은 단지 물질계만 산출하지 않고, 로고스의 인도 아래 생명계와 의식계도 출현시킨다. 신의 창조력은 존재하는 모든 존재(실존, existentia)를 존재하도록(to exist) 하는 존재의 힘 자체다. 로고스로서의 신이 사물의 형상과 본질(essentia, essence)들을 품고 있는 세계의 '형상인'(形相因, causa formalis) 내지 '목적인'(目的因, causa finalis)이라면, 물질적 창조력으로서의 신은 본질들을 무수한 개별자들, 즉 구체적인 실존들로 존재하게 하는 만물의 질료인(質料因, causa materialis)이다. 사물을 개체화(individuation)하고 차별화하는 다양성과 풍요의 원천이다. 비유적으로 말하면 로고스가 신의 남성적, 합리적, 이(理)의 밝은 측면이라면 물질적 창조력은 신의 여성적인, 비합리적인 기(氣)의 어둡고 신비한 힘의 측면으로서 진화적 창조의 전 과정은 이 두 가지 존재론적 힘 내지 원리의 끊임없는 교호작용에 의한 것이다.

신의 물질적 창조력은 우주 만물이 일정한 꼴이나 형상(form)을 갖추기 전의 태초의 혼돈 내지 물질과 유사하게 그 자체는 어떤 한계성이나 꼴을 갖춘 구체적 유(有)가 아님은 물론이지만, 그렇다고 아무것도 존재하지 않는다는 의미의 순전한 무(ouk on, nonexistence)도 아니다. 그 자체가 어떤 형태를 갖춘 유한한 사물은 아니지만, 만물을 끊임없이 낳고 산출하는 무궁무진한 모태와도 같은 원천·원기(元氣)다. 이런 의미에서 신의 물질적 창조력은 '유(有, entity, existentia) 아닌 유'이고 '무 아닌 무'(無, mē on)로서 노자가 말하는 모든 유의 원천인 무 또는 원초적 혼돈으로서의 도(道)와 같다. 플라톤은 따라서 만물을 산출하는 무로서의 물질을 그 자체는 아무런 꼴도 갖추고 있지 않기 때문에 유(有)라고 할 수 없지만, 모든 구체적 사물을 가능태로 품고 있다가 산출하는 원초적인 신의 창조력이기 때문에 단순히 아무것도 없다는 뜻의 무(ouk on)와 구별해서 '창조적인' 혹은 생산적인 무(mē on)라고 했다. 그러나 우리의 신관과 창조론이 플라톤적 창조론과 결정적으로 다른 점은 형상을 띤 개물들이 출현하기 전의 원초적 질료를 신 자신이 지닌 창조력으로 간주한다는 점이다. 이런 점에서 우리의 창조론은 신플라톤주의적인 유출설에 기반을 두면서 과감하게 '신으로부터의 창조'(creatio ex deo)를 주장한다. 다시 말해서 우리의 신관은 원초적 질료 자체를 신과 별도로 이미 주어져 있는 원초적 혼돈의 질료로 보는 플라톤적인 이신론적 창조론과 결정적으로 다르다.

여기서 나의 신관이 지닌 헤겔(Hegel) 철학과의 차이에 대해서도 잠시 언급하고자 한다. 우선 신의 양면성을 말하는 나의 신관은 로고스 개념 하나로 신과 세계의 모든 것을 설명하는 헤겔의 범논리주의(panlogism) 철학과 근본적으로 차이가 있다. 나의 신관도 신의 로고스적인 본성에 관한 한, 헤겔처럼 세계의 현실(Wirklichkeit)과 역사 전체를 이성의 자기실현 과정으로 보는 견해와 유사한 점이 없지 않지만, 헤겔은 신의 물질적 창조력을 말하지 않고 로고스 개념 하나로 존재하는 모든 것을 설명한다는 점에서 내가 생각하는 신관과 근본적으로 차이를 보인다. 헤겔에 따르면 로고스는 세계의 현실과 역사의 전 과정에서 자신을 실현해가는 역동적 실재다. 세계 역사의 전 과정이 신의 로고스(이성 Vernunft 혹은 정신 Geist)가 실현되어 가는 목적론적(teleological) 정향성과 의미를 지닌다. 하지만 나는 헤겔과 달리 신의 로고스가 자신을 실현해가는 과정이 물질적 창조력이라는 신의 본성이 지닌 또 다른 측면에서 오는 예측 불가능하고 '비합리적인' 힘의 제약을 받는다고 본다. 이런 점에서 나는 "현실적인 것이 이성적이고, 이성적인 것이 현실적이라는" 헤겔의 유명한 말에 동의하지 않는다.[12] 로고스의 실현 과정은 언제나 물질적 창조력의 제약 아래서 이루어지기 때문에 결코 헤겔이 생각한 대로 정신의 변증법적 운동의 논리나 극단적인 합리적 체계 속에 갇히지 않는다. 역사의 진행 과정에는 이성의 논리로 예측하거나 이해할 수 없는 아주 특이한 사건들이나 우발적 사건들이 끊임없이 발생한다. 도저히 신의 섭리로 정당화하기 어려운 악이 끊임없이 발생하기 때문이다. 이 세계는 결코 라이프니츠가 주장하는 대로 '가능하다고 생각할 수 있는 최상의 세계'(the best possible world)도 아니고, 헤겔이 생각하는 대로 모든 일이 합리적으로 진행되는 세계도 아니다.

그리스도교 신학은 역사의 세계에 발생하는 시간적 사건들이 결코 균질적이 아니라고 본다. 시간의 균질적 흐름인 크로노스(chronos)적 시간과 구별하여 특별하고 특이한 사건이 발생하는 카이로스(kairos)적 시간을 구별한다. 답답하고 폐쇄적인 시간과 역사의 흐름에 획기적 변화를 초래하는 꽉 찬 시간, '때가 찬' 시간, 지루하고 동질적인 시간의 연속이 아니라 인간이 저지르는 악한 역사를 뚫고 들어오는 예기치 않는 신의 도래(advent)로서의 미래다.[13] 나는 이런 점에서 역사는 답답하고 꽉 막힌 폐쇄적 체계가 아니라, 그리스도교의 종말론적 신앙과 희망이 약속하는 대로 하느님의 미래를 기대하고 기다릴 수 있는, 전혀

---

12 이 유명한 말은 여러 의미로 해석할 수 있지만, 나는 여전히 이러한 의미로 취한다. Macquarrie, *In Search of Deity*, 135-136의 간단한 논의 참고.

13 이에 대한 고전은 Oscar Culmann의 *Christ and Time*이다. 나는 '하느님의 미래'라는 개념과 종말론의 신학적 중요성에 대해서 현대 신학자 몰트만(J. Moltmann)의 영향을 많이 받았다. 몰트만은 일반적 역사와 시간 안에서 필연적으로 발생하는 미래(futurum)와 전혀 예기치 않게 발생하는 신의 미래(advent)를 구별한다.

예기하지 못한 새로운 사건이 발생할 수 있는 열린 과정이라고 본다.

나는 신의 로고스에 내재하는 이념들, 즉 사물의 본질이나 이데아들이 결코 인간 이성으로 완벽하게 파악 가능하다고 생각하지 않는다. 신의 로고스는 결코 우리의 이성적인 논리 체계 속에 가둘 수 없고, 예측 불가능한 새로움(novum, novelty)의 가능성을 품고 있는 여백 내지 '공간'이 있다고 생각하기 때문이다. 로고스의 완전한 규제와 지배를 넘어서는 물질적 창조력이라는 신의 또 다른 본성이 작용하고 있기 때문이다. 인간이 자유와 신의 자유도 이러한 창조적 본성의 발로다. 이러한 생각은 궁극적으로는 하느님의 미래를 믿는 그리스도교의 종말론적 희망의 신앙과도 부합한다. 이런 점에서 우리의 철학적 신관은 신과 인간의 자유와 주권을 인정하는 성서적 신앙과 궤를 같이한다. 우리의 논의를 계속하자면 신의 물질적 창조력이 측량하기 어려운 신의 감추어진 어둠 내지 심연, 혹은 태초적인 혼돈의 힘이라면, 신의 로고스는 신이 스스로를 의식하고 드러내는 밝음의 원리이고 자기 현현 · 현시의 원리다. 로고스가 사물의 본질적 형상들과 질서의 원천이라면, 물질적 창조력은 이 형상들과 본질들로 하여금 각기 유한하고 무수한 개체들—우연유들(contingent beings)—로 현실화(actualize)하는 힘이라고 할 수 있다.[14] 구체적 사물론, 실존(exist)하도록 개체화하고 현실화하는 힘이라는 말이다. 신이 지닌 이 두 본성의 관계는 결코 이원적 대립의 관계가 아니라 성리학에서 말하는 음과 양의 관계처럼 상보적 이원성(complementary duality)의 관계다.

물질적 창조력은 생명의 창발적 진화(emergent evolution) 과정에 필

---

14 이 문제는 신의 섭리가 과연 어디까지, 더 직설적으로 말하면 신의 섭리가 개별자들의 운명 하나하나에까지 미치는지 하는 문제에 직결된다. 이에 대해서는 우리가 신의 섭리의 문제, 특히 신의 일반 섭리와 특별 섭리의 개념을 고찰할 때 다시 더 논할 기회가 있을 것이다.

수적인 무수한 우연성(chance)과 새로움의 원천이다. 자연계가 로고스에 의해 인도되는 안정적인 법칙적 질서에도 불구하고 무수한 돌연변이(mutation)를 통해서 기존의 종(種, species)들로 하여금 점차 더 복잡한 구조와 형태를 갖춘 새로운 존재로 출현하도록 하는 창발적 진화가 가능한 것은 우리가 예측하기 어려운 신의 무한한 창조력 때문이라고 나는 여긴다.15 하지만 애당초 물질이 진화가 가능한 것은 신의 로고스적인 본성의 작용이 있기 때문이다. 로고스는 생명의 진화 자체를 가능하게 하는 힘과 원리일 뿐 아니라 물질에서 생명, 생명에서 의식의 출현에 이르는 전 과정을 추동하고 이 과정을 의미 있는 일정한 방향으로 이끄는 힘이다. 진화가 가능하고 진화를 목적과 의미가 있는 목적론적 과정으로 만드는 것은 맹목적인 물질의 힘이 아니라 신의 로고스다. 이런 점에서 신의 로고스를 말하는 유신론은 모든 것을 순전한 우연에 돌리거나 모든 현상의 배후에 있는 물질의 법칙적 질서만을 탐구하는 유물론적 무신론 그리고 아무 일도 하지 않고 진화의 전 과정을 방관자처럼 지켜보기만 하는 '한가한 신'(deus otiosus)을 말하는 이신론과도 결정적으로 다르다.

만약 신의 창조가 그의 물질적 창조력 없이 로고스에 의해서만 이루어진다면, 나의 신관은 단지 세계의 합리적 구조와 질서를 만드는 지적 설계자 내지 디자이너로 보는 전통적인 자연신학의 이신론(deism) 같은 신관에 머물 수밖에 없을 것이다. 혹은 헤겔식으로 성서적 신관을 완전히 변증법적 운동의 논리나 체계 속에 가두어버릴 수도 있다. 하지만 신은 세계의 합리적 질서(order)의 원리일 뿐 아니라, 세계 만물이 분화되기 이전의 원초적 질료 내지 혼돈의 힘으로서 형상이

---

15 아리스토텔레스도 물질을 개체들 간의 차이를 설명하는 원리로 보았으며, 성리학에서도 사람의 본연적 성품(本然之性)은 동일하지만 기질(氣質之性)의 차이에서 개인들 사이에 무수한 차이에서 생긴다고 본다.

나 본질로 하여금 무수한 차이를 지닌 개물로 존재하게 하는 개체화의 힘이다. 이 힘은 로고스의 완전한 합리적 지배를 벗어난다. 무수한 돌연변이와 우발적 현상을 통해서 자연계에 '새로운' 개체들의 출현을 가능하게 하는 신의 창조력의 원천이다.

만약 신의 본성에 원초적 창조력 내지 혼돈의 힘이 없다면, 이 세계는 질서정연하지만, 물리적 인과의 법칙이 예외 없이 지배하는 결정론적이고 닫힌 체계가 되고 말 것이다. 새로운 것과 예측할 수 없는 우발적 사건이 끊임없이 발생하는 자연계의 진화는 물론이고, 인간의 자유로운 행위도 불가능하고 역사의 세계도 전개될 수 없을 것이다. 또 생명의 끊임없는 창발적(emergent) 진화나 그 과정에서 발생하는 무수한 자연재해 같은 악(고통)도 발생하지 않을지 모르지만, 세계는 무수한 돌연변이를 통해서 가능한 다채로운 생명의 종들이 화려한 향연을 펼치는 놀라운 곳은 되지 못했을 것이다. 더욱이 인간의 자유나 창조성(creativity), 또 신 자신의 자유와 창조성의 모험도 불가능할 정도로 꽉 막히고 답답한 폐쇄적인 체계(closed system)가 되고 말 것이다. 그러나 우리가 아는 세계는 결코 새로운 것의 출현이 불가능할 정도로 꽉 막히고 답답한 체계가 아니다. 자유의 모험이 불가능하고 변화를 갈망하는 희망이 필연적으로 배제되는, 따라서 역사의 획기적이고 혁명적인 변화나 우발적으로 보이는 엄청난 비극적 사건이 전혀 발생할 수 없는, 그야말로 답답한 '닫힌 체계'(closed system)가 아니다.

한 사물이 개체로 실존한다는 사실은 단순히 형상(form)이나 본질(essence, essentia) 개념만으로는 설명이 되지 않는다. 형상을 갖춘 천차만별의 무수한 개물들로 하여금 실존하게끔 존재를 부여하는(dare esse) 힘이 있어야 하며, 이런 힘은 곧 신의 원초적인 물질적 창조력에서 온다. 이런 점에서 우리가 요한복음의 로고스 창조론을 제한적으로 수용하면서 중국의 자연신학에 대한 라이프니츠나 헤겔 철학처럼 이(理), 즉 로고스 하나에 신의 창조력을 모두 돌리는 이론이나 혹은 플라톤·아리스토텔레스를 중심으로 하는 본질주의 중심의 그리스 형이상학의 한계를 인정하는 이유도 명백하다.16 본질들로 하여금 실존의 우발성과 비합리성에도 불구하고 천차만별의 구체적 존재자(ens, being)들로 실존(exist)하도록 작용하는 신의 물질적 창조력이라는 본성의 힘이 반드시 필요하기 때문이다.

구체적 존재자들은 모두 시간적 존재들이다. 무와 유 사이에 위치한 중간적 존재들이며 항시 존재의 근원이자 토대, 즉 자존하는 필연적 존재 자체(ipsum esse subsistens)인 신에 의존하여 일시적으로 존재를 향유하다가 사라지는 무상한 것들이다. 존재하지 않을 수 있음에도 존재하는 우연유(偶然有)들이다. 이런 점에서 우리는 모든 우연유가 존재와 비존재 사이에 위치한 채 각기 존재의 신비를 간직하고 일시적·임시적으로 존재하는 존재자들이라고 할 수 있다.

신학자 워드는 플로티누스의 신플라톤주의 철학의 강한 영향 아래 신학 사상을 전개한 동방 교회의 신학자이며 성 토마스 등 서방 교회 신학자들의 사상과 신비주의 흐름에 심대한 영향을 끼친 위 디오니시우스(Pseudo Dionysius)의 신관, 특히 신의 창조적 본성에 대해 다음과 같이 말하고 있다.

그럼에도 "일자의 본성은 만물을 낳는 것이다"(Ennead, 6, 9, 3). 그리고 "일자는 가장 뛰어난 것들의 원천이고 존재를 낳는 힘으로서 그 자체는 감소되지 않고 머물며, 속성들로 된 것이 아닌 [실체]다"(6, 9, 5). 신의 무한한 본성

---

16 이 점에서 독자들은 앞장에서 다룬 '열 가지 궁극적 질문들'에 언급한 그리스 형이상학의 근본적 한계, 즉 본질만 논하고 실존은 무시하는 문제점에 대한 논의를 다시 한번 참고할 필요가 있다.

은 모든 유한한 사물을 산출하지만, 그 자체는 변함이 없고, 어떤 식으로든 더해지거나 덜해지는 법이 없다. 디오니시우스는 말하기를 "다른 무수한 실존하는 힘들을 한없이 산출한다"(On the Divine Names, 8, 2). "그는 모든 것 안에 모든 것이 되지만, … 그의 생명인 저 그침 없는 하나의 행위에만 머문다"(9, 5). … "창조는 유출 또는 신의 선함에서 넘쳐 흘러나오는 것과 같다. 그러나 신의 본질은 여전히 변함없이 그 자체로 남아 있다."[17]

신의 물질적 창조력은 이렇게 그 자체는 줄지도 않고 늘지도 않는, 변함이 없지만, 끊임없이 만물을 낳는 일자(一者, the One)의 창조력이다. 노자가 말하는 도(道)와 같이 끊임없이 만물을 생성하되 그 자체는 결코 가득 차거나 고갈되는 법이 없다.

나는 구약성경의 창세기 신화에 나오는 원초적인 '혼돈', '공허', '어둠', '깊음', '물' 같은 표현들이 모두 신의 물질적 창조력을 가리키는 상징어들이라고 본다. 사실 성경 자체에는 엄밀한 의미에서 '무로부터의 창조'(creatio ex nihilo)라는 개념은 없다. 창세기 신화를 자세히 살펴보면 태초에 하느님은 그야말로 아무것도 없는 순전한 무(無)에서 세계라는 유(有)를 창조한 것이 아니라, 일정한 꼴과 형상을 갖춘 사물들이 형성되기 전의 원초적 혼돈 내지 흑암 상태 또는 '물' 같은 어떤 무정형적인 원초적 질료의 상태에 질서를 부여했다. 이 점에서 창세기 창조 설화도 고대 근동지역의 일반적인 우주 발생(cosmogony) 신화나 플라톤의 『티마이오스』(Timaeus) 편과 유사하게 창조를 원초적 혼돈(chaos)에 질서를 부여함으로써 코스모스(cosmos)를 형성하는 행위로 보고 있다고 나는 본다.

---

17 Keith Ward, *Concepts of God*, 156-157.

다만 이러한 창조 신화 일반이 가지고 있는 문제점은 첫째, 물질이 다양한 형태·형상·꼴을 갖추기 전의 원초적 혼돈 상태, 즉 원초적 질료 상태의 물질을 우리가 상정은 할 수 있지만 실제로 존재할 수는 없다는 사실이다. 존재하는 것은 아무리 미세한 것이라 해도 이미 일정한 형태와 꼴을 갖추고 있을 수밖에 없기 때문이다. 일정한 꼴을 갖추기 전의 물질 자체란 존재하기 어렵고, 우리가 다만 머리로 상정할 뿐이다. 성리학에서도 이(理) 없이는 기(氣)가 구체적 사물로 존재할 수 없다고 본다. 둘째, 고대 세계의 우주 발생 신화들은 일반적으로 이 원초적 물질이 어디서 온 것인지는 말하지 않고 묻지도 않는다. 이런 점에서 원초적 물질의 영원성을 인정할 수 없는 그리스도교 신학이 '무로부터의 창조'를 말하는 것은 설득력은 약하지만 대담한 발상이었다. 여하튼 원초적 물질도 하느님으로부터 온다는 생각은 창세기 창조 신화 자체의 생각은 아니고, '만든다'는 창조 개념과도 어울리지 않는다. 통상적으로 질료 자체는 우리가 어떤 것을 만들기 전에 이미 주어져 있기 때문이다. 따라서 나는 유출설에 입각해서 원초적 물질을 신의 넘쳐흐르는(ebullitio) 창조적 에너지로 본다.

나는 고대 세계의 우주 발생 신화들에 나오는 원초적 혼돈은 플라톤이 말하는 원초적 무(mē on), 노자가 말하는 무(無)로서의 도(道), 또는 도가의 원기(元氣)나 장재가 말하는 태허(太虛), 인도 철학에서 말하는 원초적 물질 개념인 프라크르티(prakrti) 그리고 신의 여성성, 즉 만물을 산출하는 힘인 샥티(shakti) 등이 지칭하는 것이라고 본다.[18] 이 모든 개념이 만물의 궁극적 원천이자 만물에 존재를 부여하는 자존자

---

18 11세기 힌두교 베단타 신학자 라마누자는 이 원초적 물질인 프라크르티가 만물로 전개되기 이전에는 원인적 양태(causal state)로 신 안에 있다가 창조와 더불어 현상계로 전개되어 나온다고 보았지만, 나는 그것이 신의 로고스와 마찬가지로 신의 영원한 본성이라고 본다.

이며 필연유인 신의 무궁무진한 물질적 창조력을 가리키는 개념들이라고 본다. 모두가 가상적이고 가설적 성격을 띤 개념들이기에 그 자체는 눈에 보이지는 않지만, 단순히 아무것도 없다는 뜻의 비존재(ouk on, non-existence)가 아니라 끊임없이 만물을 산출하는 무궁무진한 신의 창조력으로서 '무 아닌 무'다. 노자가 무에서 유가 나왔다고 말할 때의 '무'이며, 엄밀히 말해서 무도 아니고 유도 아닌 어떤 것—'어떤 것'이라고 불러도 곤란하지만—이다. 수없이 다양한 사물이 구체적 형상·꼴을 갖추고 각기 다른 이름을 가지고 출현하기 전의 무한한 가능성을 지닌 원초적 물질 내지 혼돈의 힘이다.

앞서 인용한 글에도 나오지만, 그리스도교 신학자 가운데 신이 지닌 이러한 역동성에 주의를 기울인 대표적인 신학자는 틸리히다. 그는 다음과 같이 말한다.

그러므로 [신의] 역동성은 존재하는 것이라고 생각할 수 없고, 그렇다고 존재하지 않는 것이라고도 생각할 수 없는 어떤 것이다. 그것은 형상을 지닌 사물들에 비해서는 존재의 가능성으로서 비존재(mē on)이며, 순수 비존재에 비해서는 존재의 힘이다. 이 고도로 변증법적인 개념은 철학자들이 만들어 낸 개념이 아니다. 그것은 대다수 신화의 바닥에 깔려 있는 것이며, 창조 이전의 [원초적] 혼돈, tohu-va-bohu, 밤, 어둠, 공허라는 말이 가리키고 있는 것이다. 형이상학적 사변에서는 야콥 뵈메의 '원초적 근저'(Urgrund), 쇼펜하우어의 '의지', 하르트만과 프로이트의 '무의식', 베르그송의 '생명력'(elan vital), 쉘러와 융의 '투쟁' [개념]으로 나타난다. 이 말들 가운데 어떤 것도 개념적으로 이해되어서는 안 된다. 모두가 이름을 붙일 수 없는 것을 상징적으로 가리키는 말이다. 만약 우리가 그것에 합당한 이름을 붙이면, 그것은 순수 형상의 요소와 대극을 이루는 존재론적 요소가 아니라 여타 사물

과 마찬가지로 형상을 지닌 한 존재자가 되어 버리고 말 것이다.[19]

우파니샤드의 철인 웃달라카(Uddālaka)는 "어떻게 무에서 유가 나올 수 있는가?"라는 유명한 질문을 던졌는데, 유의 우선성을 주장하기 위한 수사학적 질문이다. 그러나 물론 모든 구체적 사물의 원천인 유(有, 우파니샤드에서는 브라만 Brahman)는 또 하나의 구체적 유일 수는 없다. 그렇다고 단순히 아무것도 존재하지 않는 무일 수도 없다. 하나의 구체적 존재자가 아니라 모든 존재자의 원천·토대인 존재 자체(esse ipsum)이기 때문이다. 우리는 다음과 같은 틸리히의 말에 공감할 수밖에 없다.

> 신의 존재는 존재 자체다. 신의 존재는 다른 존재자들과 함께, 혹은 그것들 위에 존재하는 것으로 이해될 수 없다. 만약 신이 하나의 존재자(a being)라면 그는 유한성의 범주들, 특히 시간과 실체의 범주에 종속될 수밖에 없다. 신을 가장 완벽하고 '가장 강력한' 존재라는 의미의 '최고 존재자'라 불러도 상황은 달라지지 않는다. 신에게 적용될 때는 최상급들이 최하급들로 되고 만다. 신을 만물 위에 올리고자 하면서 다른 존재들과 같은 급에 놓게 되는 것이다. … 무한한 또는 무조건적인 힘과 의미를 최고의 존재자에 부여할 때마다 그것은 존재자이기를 그치고 존재 자체가 된다.[20]

이런 점에서 다석(多夕) 유영모가 하느님을 '없이 계시는 분'이라고 표현한 것은 실로 탁월한 표현이라 하지 않을 수 없다. 신의 원초적인 물질적 창조력은 유 아닌 유, 무 아닌 무이기 때문이다. 그래서 에리우

---

19 Paul Tillich, *Systematic Theology* vol. One, 179.
20 같은 책, 235.

게나(Eriugena)는 신을 '존재 이상의 존재' 혹은 '초존재'라고 표현한 것이다.[21]

신의 원초적인 물질적 창조력이 스피노자가 말하는 만물을 '산출하는 자연'(natura naturans)에 해당한다면 그리고 힌두교에서 여신으로 숭배하는 자연의 무한한 창조력인 샥티에 해당한다면 그러한 힘만으로는 세계를 충분히 설명할 수 없고, 세계를 산출하는 신에 대해서도 충분한 이해가 될 수 없다. 신의 본성에는 만물을 산출하는 물질적 창조력과 더불어 세계의 합리적 구조와 법칙적 질서의 원천·원리인 로고스도 있기 때문이다.

로고스가 신의 합리적 측면이라면 물질적 창조력은 신의 비합리적 측면이며, 로고스가 사물의 질서와 진화의 방향을 규제하는 신의 지성적 원리라면 물질적 창조력은 자연계에 종종 발생하는 신의 무질서와 자연악의 원천이며 예측하기 어려운 신과 인간의 자유로운 의지와 '맹목적'으로 보이는 우연성의 원천이자 존재론적 기반이다. 신의 물질적 창조력이 신의 감추어진 어두움과 심연이라면 로고스는 신의 밝음과 드러남의 측면이고, 신에서 출현하는 사물의 이념(idea)과 규범의 원리·원천이다. 로고스는 아울러 만물의 변화와 진화를 일정한 방향과 의미 있는 목적(telos)을 향해 자극하고 이끄는 원리이고 힘이다. 물질적 창조력이 세계의 질료인이라면 로고스는 우주 만물의 목적인이다. 하지만 로고스는 아직 실현되거나 드러나지 않은(unmanifest, avyakta) 형상들을 품고 있을지도 모를 신의 초월적 영역이고 가능성의 영역이기도 하다.

신의 로고스가 현실화됨에 따라 구체적 개물·개체들이 출현하기 위해서는 신의 물질적 창조력이 함께 작용해야만 한다. 로고스는 사물

---

21 'Qui plus quam esse est,' 'superesse.' John Macquarrie, *In Search of Deity*, 90.

들 간의 관계를 규정하는 규칙성과 법칙성 그리고 본질들의 원천이기에 어느 정도 보편성과 필연성을 띠는 반면,[22] 물질적 창조력은 무수한 개물이 지닌 구체적 차이들과 우연성의 원천이다. 신의 로고스가 사물의 본질과 범주별 차이와 질서의 원리라면 신의 물질적 창조력은 무수한 개물을 천차만별로 차별화시키는 개체화(individuation)의 힘이고 원리다. 더 나아가서 창발적 진화 과정에서 발생하는 무수한 우연과 돌연변이도 신의 물질적 창조력의 표출이다. 바로 이 우연성이 무기물에서 생명이 출현하고 생명에서 의식이 출현하는 창발적 진화 과정에 필수적인 요소가 된다. 돌연변이 같은 무수한 우연과 새로운 것 (novelty, novum)들의 출현을 가능하게 하는 '공간'을 제공하기 때문이다. 바로 이러한 공간으로 인해 세계는 엄격한 인과율이 작동하는 '닫힌' 체계가 아니라 창발적 진화가 가능한 '열린' 체계가 되며, 자유로운 존재인 인간의 출현과 행위도 가능하다. 자유로운 존재인 인간을 출현시키는 신의 물질적 창조력은 도덕성과 영성에도 필수불가결의 조건인 인간의 자유를 가능하게 하는 '공간'과 여백을 창출하는 힘이기도 하다는 사실에 우리는 주목할 필요가 있다.

　　진화 과정에는 우연성과 새로운 것의 출현이 필수적임을 강조하면서 신의 진화적 창조론 내지 진화적 신학(evolutionary theology)을 펼치는 현대의 대표적 신학자·과학자는 존 호트(John F. Haught)다.[23] 호트는 '지적 설계자' 하느님을 주장하는 신학자들과 그 유물론적인 대적자들에 대해 다음과 같이 비판하고 있다.

---

22 '필연성'은 논리적 필연성과 자연의 움직임을 규제하는 법칙적 필연성을 아울러 가리킨다.
23 *God after Darwin: A Theology of Evolution* (Westview Press, 2000). 박만 옮김, 『다윈 이후의 하느님. 진화의 신학』(한국기독교 연구소, 2011). 인용된 번역문을 약간 손질했음.

아이러니하게도 '지적 설계'의 주창자들과 그들의 유물론적 대적자들 모두 생명을 실제 있는 그대로 다루지 않는다. 그들은 모두 지적 명료성을 유지하기 위해 생명 과정의 특성인 새로움(novum)을 거부하는 실수를 저지르고 있다. 진정한 새로움의 등장은 정의상 언제나 현재의 설계를 위협하고 혼란과 무질서를 초래하기 때문에 그 존재를 지적으로나 종교적으로 거부하고 싶은 유혹이 생긴다. 유물론적 해석자들은 진화를 이미 현존하는 물리적 단위들(원자, 분자, 세포, 유전자 같은)의 뒤섞임으로 보고 싶어 하기 때문에 생명의 끊임없는 새로움에 대한 사람들의 본능적 느낌을 억누른다. 그들의 주장은 생명의 발생과 만개가 물리 법칙들의 불변성에 의해 제약을 받고 있다는 점, 생명의 발생이 결코 이런 법칙들을 깨트릴 수 없다는 점에서는 정당하다. 하지만 그들은 이러한 명백한 주장으로부터 아무런 근거 없이 생명의 진화가 마치 영원한(필연적인) 것처럼 보이게 하는 화학적·물리학적 법칙들을 어떤 식으로든 훼손할 수 없다고 보기 때문에 어떤 새로운 것도 결코 발생할 수 없다는 아주 빈약한 결론을 도출해 낸다.[24]

존재하는 사물은 무엇이든 신의 로고스와 물질적 창조력 가운데 하나가 완전히 결여된 것은 없다. 사물들 사이의 차이는 개물·개체들에 내재하는 신의 두 원리 내지 힘이 상이한 배합의 비율에 따라 작용하기 때문이라고 나는 생각한다. 이미 언급한 대로 인간의 경우, 누구나 공유하는 공통의 본질 내지 본성은 로고스가 지배적이지만, 개인들 간의 성품, 생김새, 성향과 소질의 차이 등은 모두 두 원리의 배합의 차이에 기인하기 때문이다. 물론 후천적 요인, 가령 그들이 접하는 사회 환경이나 자연 환경에서 오는 차이는 별개 문제다.

---

24 위의 책, 18-19.

호트는 이 창조적 우연성에 착안하여 그의 '진화의 신학'(theology of evolution)을 전개한다. 그는 세계가 데넷(D. C. Dennett)과 도킨스(R. Dawkins) 등 다윈 이후에 출현한 신다윈주의 진화론에 입각한 무신론자들이 주장하는 냉혹하고 무의미한 세계임에도 불구하고 여전히 창조주 하느님이 설 자리가 존재한다고 확신하면서 신학과 진화과학의 대화를 주창한다. 호트에 따르면 진화론과 신에 대한 믿음의 관계에 대해 세 가지 이론적 입장이 있다. 첫째는 둘이 양립할 수 없을 정도로 상호 모순적이기 때문에 신에 대한 가설이나 믿음은 깨끗이 포기할 수밖에 없다는 '과학적 유물론'의 입장이다. 물론 이에 대항해서 우주가 시계처럼 정교한 체계라는 사실을 강조하면서 이러한 우주를 디자인한 시계 제작자 하느님(watch-maker God)의 존재를 옹호하려는 전통적인 자연신학의 입장을 여전히 고수하는 페일리(W. Paley) 유의 신학자들도 있다. 둘째는 분리주의(separatism) 입장으로서 진화 과학과 신학은 전혀 다른 차원의 문제에 대한 다른 차원의 답을 다루고 있기 때문에 양자택일할 필요가 없다는 주장이다. 이런 입장은 특히 일련의 과학자들이 과학은 방법론상으로 무신론적일 수밖에 없다는 사실을 무시하고, 그 한계를 넘어 형이상학적 유물론을 주장할 때 신학과 충돌이 생긴다는 점을 강조한다. 그리고 신학자들 가운데서도 과학자나 철학적 대변인들이 한계를 넘어 반종교적인 형이상학적 유물론을 주장하거나 거기에 동조 혹은 논쟁을 벌이는 사람이 문제라고 호트는 지적한다. 셋째 입장은 상호 대화와 개입(engagement)이 가능하고 필요하다는 입장으로서 호트 자신의 진화적 신학이 대표적이다.[25] 호트는 다윈주의 진화론을 거부하는 신학에 대해 말하기를 "지난 150여 년 동안 종교 사상들은 진화를 거부하거나(반대) 무시했지만(분리), 어떤 신학

---

25 "다윈 이후의 신학," 『다윈 이후의 하느님』 제3장(48-82) 참고.

은 그것을 충분히 수용했다(개입). 이런 개입에는 분명히 어려움이 있지만, 우리는 그렇게 하지 않을 수 없다"고 호트는 강조한다.[26]

진화적 창조론을 기축으로 해서 논하고 있는 우리의 신론은 분명 마지막 셋째 유형에 속한다. 나는 진화론을 도외시하고 시계 제작자 같은 하느님 신앙을 옹호하려는 시대착오적인 자연신학을 넘어 진화 생물학의 통찰들을 수용하는 새로운 신론을 수립하려는 호트의 노력에 공감한다. 나는 또 빅뱅(Big Bang) 이론 등 현대 우주물리학의 성과도 반영하면서 새로운 형태의 디자인 이론과 신론을 펼치는 영국 신학자·과학자 폴킹혼의 새로운 자연신학(natural theology)도 우호적인 호트의 입장에도 동감한다.[27] 호트가 지적하듯이 "오늘날의 생물학적 진화에 대한 모든 진지한 신학적 성찰은 '우주의 진화'라는 더 확장된 맥락에서 이해되어야 한다. 신학을 신다원주의의 진화론과 연관시키되, 생명 탄생을 도왔던 물리적 우주 전체를 고려하지 않는 것은 지극히 인위적이라는 것이다."[28]

결론적으로 진화가 궁극적으로 무수한 우연의 연속인지, 아니면 진화 과정에도 하느님의 섭리의 손길이 작용하여 일정한 방향성과 의미를 지닌 과정이 되는지는 오늘날 모든 지성인 앞에 놓여 있는 매우 중대한 선택지다. '창조냐 진화냐' 하는 식으로 단순하게 문제를 제기하는 것은 더 이상 의미가 없다. 인류가 무지했던 시절에나 가능했던 잘못된 문제 제기다.[29] 몰트만의 표현대로 우리는 '진화의 창조'와 '창조의 진화'를 얼마든지 생각해 볼 수 있기 때문이다.

---

26 같은 책, 82.
27 나는 '극한 질문'을 제기하는 앞장에서 이미 존 폴킹혼(John Polkinghorne)으로 대표되는 이러한 새로운 유형의 자연신학에 대해 언급했다.
28 호트, 『다윈 이후의 하느님』, 69.
29 이에 대한 논의는, *Gott in der Schöpfung* (Chr. Kaier, 1985), 197-205 참고할 것.

하지만 다음 장에서 보겠지만, 나는 하느님의 은혜, 사랑, 계시, 신의 능력, 속량 등 그리스도교의 핵심적 개념들에 대한 과정신학적인 해석이나 신의 자기 제한, 자기 비움(kenosis), 신의 약함, 고통 등을 강조하면서 신에 대한 믿음을 옹호하는 몰트만의 신학에 의존하는 호트와 신학적 견해를 달리한다는 점을 우선 밝혀둔다.[30]

우리의 신관에 대한 논의를 조금 더 계속하자면 신의 로고스와 물질적 창조력은 상호 제약적이기 때문에 각기 발휘하는 힘이 무제약적일 수 없다. 둘의 관계는 성리학에서 말하는 이(理)와 기(氣)의 관계처럼 서로 분리될 수 없고(不相離), 혼동해서도 안 되는(不相雜) 관계다. 또음과 양의 관계처럼 상보적 이원성의 관계다. 하지만 성리학에서 우주의 궁극적 실재인 태극(太極)이 주로 이(理)로 간주되는 것과 달리 신의 본성에는 노자의 도(道)처럼 원초적인 무 혹은 만물의 원기(元氣)와 같은 측면도 있다. 로고스와 물질적 창조력은 신의 영원한 본성의 두 측면이다. 로고스가 신의 지성(intellectus)이라면 물질적 창조력은 신의 의지(voluntas)라고 할 수 있다. 하지만 인간의 자유는 물론이고 신의 의지와 자유도 결코 무제약적일 수 없고 어디까지나 로고스의 규제 아래 행사된다. 요즘 유행하는 말로 하면 로고스는 컴퓨터의 소프트웨어 또는 생명체들의 세포에 심어져 있는 유전자 정보(DNA)에 해당한다고 볼 수 있다. 또 로고스가 신의 남성적 원리라면, 물질적 창조력은 신의 여성적 힘이다. 세계를 신의 유출로 보는 신관에서는 신은 만물의 어머니 자연(Mother Nature)[31] 같은 다분히 '여성적' 창조력이며, 도가의 도나 힌두교의 샥티 그리고 스피노자의 만물을 '산출하는 자연'(natura naturans) 혹은 '어머니 자연'(Mother Earth)이라는 말이 드러내고자 하는

---

30 이에 대한 호트의 간략한 논의는 같은 책, 69-82(진화적 신학) 참고.
31 혹은 '어머니 대지'(Mother Earth). 萬物之母, 또는 만물을 출산하고 먹여 기르는 食母다.

것에 가깝다.

나는 신의 창조 행위를 마치 시계를 제작하는 행위처럼 생각하는 공학적 모델보다는 신이 세계를 품고 있다가 낳는 우주의 자궁(cosmic matrix, womb), 또는 어머니와 같이 우주 만물을 자식과도 같이 낳고 기르고(生育) 먹이는 식모(食母)와도 같은 도(道)에 비견하는 생물학적 모델을 선호한다.32 그렇다면 로고스는 어머니 신과 세계라는 유기체에 내장된 유전자 정보와 흡사하다고 보아야 합당할 것이다.

마지막으로 나는 러시아 종교철학자로 구신론자(求神論者)라 불리는 19세기 말 러시아 신학 사상과 영성의 부활에 큰 역할을 한 블라디미르 솔로비요프(Solovyov, 1853~1900) 사상의 중심 개념인 소피아(Sophia) 개념에 주목한다.33 소피아는 기본적으로 요한복음의 로고스 개념에 해당하지만 동시에 구약성서의 잠언에 나오는 신의 역동적 창조력인 여성성은 물론이고 물질성마저 띠고 있다. 우리가 지금까지 논한 로고스 개념의 남성성과 달리 솔로비요프의 소피아 개념이 로고스적이면서도 여성적 원리 그리고 물질 개념까지 포함하고 있다는 사실

---

32 '식모'라는 말은 노자 『도덕경』에 나오는 도에 대한 표현 중 하나.

33 우리말로 된 이에 대한 가장 간단한 좋은 연구논문은 박종소, "블라디미르 솔로비요프의 소피아론," 『러시아 연구』(1996)이다. 박종소 교수는 소피아 개념의 출처를 언급하고 있는데, 물론 전통적인 요한복음의 로고스 개념, 구약성경 잠언의 지혜(wisdom) 개념 그리고 독일 신비주의 사상가 야콥 뵈메(Jacob Boehme)를 언급하고 있다. 위의 논문, 각주 6, 22쪽을 볼 것. 좀 더 자세한 논의는 이명현, "솔로비요프의 신인성에 관한 강의와 소피아론," 『노어노문학연구』 23(3), 2011년 9월. 무엇보다도 솔로비요프 자신의 책, Divine Sohia: The Wisdom Writings of Vladimir Solovyov, trans. by Judith Deutsch Kornblatt (Cornell University Press, 2009)을 참고할 것. 이 번역서의 긴 서론, Introduction: Vision and Re-visions of Sophia, 3-97쪽은 솔리비요프의 소피아 개념의 다양성과 복잡성을 논하면서 플라톤, 필로, 플로티누스, 유대교 신비주의 사상, 성모 마리아 · 마돈나 신앙, 러시아 토착 영성, 야콥 뵈메, 괴테, 단테의 영향 그리고 물론 신의 육화인 예수 그리스도론과 삼위일체 신관 등과의 관련성을 논한다. 우리에게 특별한 관심을 끄는 것은 그가 소피아를 '신의 몸, 물질'이라고 부르기도 한다는 점이다. 9, 47.

은 실로 주목할 만하다.[34]

『러시아 정교』에서 석영중은 솔로비요프의 소피아 개념에 대해 다음과 같이 말한다.

솔로비요프의 종교철학의 핵심적 내용은 '신인성'(神人性)과 '소피아론'으로 요약된다. 신인합일은 선과 아름다움과 '완전하고 모든 것을 포괄하는' 진리로서 소피아는 이 전 우주적 합일의 전일성을 매개해 주는 원리다. '성스러운 지혜'로 번역되는 소피아는 헬레니즘적인 지혜의 여신과 성모 마리아, 러시아적인 '어머니 대지'가 결합된 개념으로 우주를 관장하는 '항구한 여성성'의 원칙이 현현된 것이라고 할 수 있다. 소피아는 여성의 이미지를 취한 거룩한 예지이고 '세계정신'이며, 천상과 지상의 중개자이자 신성과 인성의 합일이며, 그렇기 때문에 어느 단계에서는 소피아와 그리스도는 동일한 '신인'으로 이해되기도 한다. 소피아는 (러시아) 세기말 르네상스기의 가장 중요한 화두였으며, 여러 사상가와 시인들이 자기 나름의 소피아론을 발전시켰다.[35]

소피아는 그리스도와 '어느 단계에서 동일한' 정도가 아니라 전통적인 신학 용어로는 바로 로고스 자체이고 신의 말씀이지만, 동시에 로고스의 가시적 육화(embodiment, incarnation)다. 솔로비요프는 나의 신론과 유사하게 진리(眞)와 선(善)과 아름다움(美)은 물론이고 자연계와 인류 역사 그리고 무엇보다도 물질 자체를 로고스·소피아의 육화로 간주하는 파격적인 견해를 보이고 있다. 박종소는 이에 대해서 아래와 같이 말한다.

---

34 Kornblatt, 위의 책.
35 석영중, 『러시아정교: 역사, 신학, 예술』 (고려대학교 출판부, 2005), 167-168.

우리는 가시적 세계의 물질적 실체에 관해서 설명하기 위해 신 안에 '고유하고, 특이한 영원한 자연성'이 있다는 것을 인정할 수밖에 없게 된다. 그렇지 않으면 신에 대한 우리의 관념은 가시 세계에 대한 우리의 관념보다도 훨씬 빈약하고 추상화되기 때문이다. 이 '신성한 자연성' 속에서만 솔로비요프는 절대적 세계와 물질세계가 연결될 가능성을 찾는다. 소피아는 신성의 본질의 한 부분일 뿐 아니라 동시에 물질성의 등가물이다. 다시 말해서 분리된 두 세계의 중간적 원칙이다.[36]

특이한 점은 솔로비요프가 플로티누스의 유출설 가운데 세계영혼 (Weltseele) 개념을 매개로 한 보편적 성육신(肉化, embodiment)론을 전개하고 있다는 사실이다. 하지만 나는 개인적으로 이 세계영혼이라는 개념을 별도의 원리로 인정할 필요가 없다고 본다. 나는 물론 일자로부터 개물에 이르기까지의 전 진화의 과정을 유출론적 관점에서 보는 신플라톤주의적 사고가 지닌 장점을 무시하지는 않지만, 나는 신 혹은 일자의 본성 자체에 두 가지 면이 있다는 점을 줄곧 인정하기 때문에 세계 만물이 모두 직접적으로 로고스와 신의 물질적 본성의 결합에 의한 다양한 형태의 육화들이라고 생각한다. 나는 또 물질세계나 자연계를 신의 몸으로 보는 견해도 수용하지 않는다. 그렇지만 솔로비요프의 존재론이 나의 형이상학적 입장, 즉 소피아 개념을 통해 신의 여성성과 물질성의 관념에 근접한다는 점에서 이 책에서 개진하고 있는 신관과 유사하다고 할 수 있다.[37]

---

36 박종소, 위의 논문, 주 6, 22쪽.
37 유감스럽게도 필자는 러시아어를 모르고, 러시아 사상사에도 문외한이다. 하지만 필자가 석영중 교수나 박종소 교수를 통해 최근에 러시아 지성사를 다소나마 접하게 되었고, 특히 솔로비요프라는 사상가를 알게 된 것은 퍽 다행이라는 생각이 든다. 무엇보다도 소피아 개념이 로고스 개념과 달리 내가 상정하는 신성의 또 다른 측면인 '원초적인

소피아의 여성성은 석영중의 다음과 같은 말에 더욱 분명히 드러난다.

신적인 조화와 통일의 원리를 보여 주는 소피아는 아름다운 여성의 이미지로 구체화되는데, 솔로비요프는 소피아와의 개인적인 교감을 노래한 『세 번의 조우』에서 소피아를 다음과 같이 묘사한다.

"저는 모든 것을 보았습니다만 한 가지만이 존재했습니다.
아름다운 여성의 이미지 하나만이…
그 이미지는 무한히 켜졌습니다. …
제 앞에도, 제 안에도 오로지 당신 한 분뿐이었습니다."

또 솔로비요프의 『아름다운 부인에 관한 시』에서는 신비한 여성 '아름다운 부인'에 대한 그의 몽상적이고 황홀한 사랑을 묘사한다.

어두운 성전에 들어가
초라한 예배식을 올립니다.

물질적 창조력(primordial material creative power) 또는 신의 여성성과 매우 유사하다는 점이 인상적이다. 나는 이 점을 표현하여 신의 물질적 창조력은 로고스와 달리 사물 전체나 종(species)에 따른 일치와 조화의 원리보다는 구체적 개물·개인 별 차이, 즉 개체화(individuation)의 원리 같은 것이라고 본다. 하지만 솔로비요프의 소피아 개념은 다양한 측면을 가지고 있고, 때로는 모호한 점과 상호 모순적인 면도 있다는 인상을 준다. 박영은, "블라지미르 솔로비요프의 상승의 진화론: 로고스와 소피아의 결합체인 그리스도 양성론,"「슬라브학보」제19권 2호(2004년 12월)에서 솔로비요프 사상에 영향을 받은 러시아 학자들 가운데서 이러한 견해를 가진 사람이 적지 않음을 지적한다. 56쪽 각주 8. Judith D. Kornblatt는 소피아의 다양한 성격을 다음과 같이 결론짓는다: "솔로비요프의 목적은 신과 인간, 또는 영과 물질, 남성성과 여성성 등 다양한 생각들을 아무렇게나 섞는 혼합주의적 화해나 물질세계와 영들의 세계 가운데 하나만을 선택하는 조잡한 이원론이 아니라, 제3의 그리고 궁극적으로 신앙의 신비적 작용을 통해 온전히 화해시키려는 것이었다." *Op. cit.*, 33-34.

붉은 등불 명멸하는 그곳에서
아름다운 부인을 기다립니다.

높다란 기둥 그늘
문소리만 나도 제 가슴 설렙니다.
제 얼굴을 들여다보는 것은 환하게
밝혀진 이미지, 그분에 관한 꿈일 뿐입니다.

아, 영원한 부인, 그 고귀한 분의
옷자락에 저는 길들여졌습니다.
미소와 동화와 꿈이
저 높이 배내기를 따라 달립니다.

거룩한 분이시여, 촛불은 얼마나 다정합니까,
당신의 모습은 얼마나 큰 기쁨입니까!
한숨도 말소리도 들리지 않지만
저는 믿습니다, 내 사랑 당신임을.[38]

'신적인 조화와 통일의 원리'라는 말, 솔로비요프의 소피아 개념은 우리가 말하는 로고스 개념과 유사하고 전통적인 제4복음서의 로고스 개념과 일치한다. 그러나 더욱 인상적인 것은 솔로비요프가 이 소피아를 '여성적' 원리로 본다는 사실이다. 이런 점에서 나에게는 소피아가 힌두교의 여신(Devī, Shakti) 숭배나 단테의 베아트리체(Beatrice)

---

38 석영중, 169-170.

III. 로고스와 원초적인 물질적 창조력 · 387

를 연상시키기도 한다.[39]

　나는 소피아도 창조주 하느님과 이 세계를 매개해 주는 '원초적인 물질적 창조력'의 다른 표현 가운데 하나로 볼 수 있다고 생각한다. 특히 우리의 신관이 비록 로고스와 물질적 창조력을 신의 본성이 지닌 양면으로 구별하고 있지만, 로고스의 활동이 개입되지 않는 물질적 창조력은 없다는 점을 감안할 때, 소피아를 신과 세계 혹은 신과 인간의 매개 원리로 보는 솔로비요프의 사상은 나의 신관과 크게 어긋나지 않는다.

---

39 젊은 단테가 실제로 사랑했던 여인의 이름은 Beatrice Portinari로 알려졌다. Karen Armstrong, *A History of God* (New York: Ballantine Books, 1993), 235. 단테의 베아트리체 사랑에 대해서는 김운찬, "단테와 베아트리체," 서울대학교 중세르네상스사상 연구소 엮음, 『사랑, 중세에서 종교개혁기까지』(도서출판 산처럼, 2019). 이슬람의 수피즘 철학자 이븐 아라비(Ibn Arabi)도 니잠(Nizam)이라는 소녀를 보고 소피아의 화신·육화로 간주했다고 한다. Armstrong, 234.

IV. 창조 개념과 인과성의 문제

　지금까지 우리가 논한 신의 본성이 지닌 두 측면, 즉 로고스와 원초적인 물질적 창조력의 개념은 세계라는 결과로부터 미루어 보는 창조의 하느님에 대한 신관이다. 창조라는 개념이 이미 신과 세계 사이에 모종의 인과적 관계가 존재한다는 관념을 함축한다. 다시 말해서 창조주 하느님은 신 자체에 대한 논의는 아닐지도 모른다. 신의 본성에 대한 논의라 해도 어디까지나 세계와 인간의 근본 성격에서 미루어 본 신의 본성이다. '창조'라는 전통적인 그리스도교 신앙에 의거해서 세계라는 '결과'로부터 만물의 궁극적 원인인 신이 지닌 성격을 추론해 가는 방식을 따른 것이다.[1] 세계를 산출한 창조주 하느님(Creator God)의 존재와 성격을 세계의 존재와 성격이라는 결과로부터 미루어서 논하는 방식이다. 클레이튼의 표현을 사용한다면 로고스와 물질적 창조력은 '형이상학적 가설'의 성격을 띤 개념들이다.[2] 그렇지만 초월적인 —전통적으로 초자연적이라고 하는— 창조주 하느님과 피조물의 세계 사이에 과연 인과성이 있을 수 있을까에 대해 근본적인 회의를 보이는 시각도 있다. 있을 수 있다면 우리는 그 인과성을 어떻게 보아야

---

1 틸리히에 따르면 아우구스티누스보다는 토마스 아퀴나스의 종교철학적 접근 방식을 따른 것이라고 할 수 있다.

2 The Problem of God in Modern Thought, 358.

할까? 창조가 만약 신의 자유로운 선택적 행위의 결과라면 우리가 신과 세계 사이에 일반적인 과학적 인과성의 개념을 적용할 수 있을까? 시간을 초월한다는 신과 시간적 존재들인 피조물의 세계 사이에도 시간적 전후가 있는 인과관계가 성립될 수 있다는 것인가 하는 근본적 회의가 드는 것이다. 특히 신이 시간의 지배를 받는 피조물 가운데 하나가 아니고 신의 영원성이 시간 자체를 완전히 초월한 초시간적 영원성(timeless eternity)이라면 문제는 더욱 어렵게 된다.

철학자들 가운데서 신과 세계 사이에 이러한 상식적인 인과적 사고의 타당성을 부정한 사람은 다른 누구보다도 임마누엘 칸트였다. 그는 결과로서의 피조세계로부터 미루어서 그 최초원인(prima cause)인 신의 존재에 이르는 길을 인정하지 않았다. 대신 그는 신앙과 신학을 주로 인간의 도덕적 경험에 정초하고자 했다. 토마스 아퀴나스가 따른 종교철학적 길과는 확연히 대조적이다. 신학자 틸리히가 토마스적 종교철학과 아우구스티누스적인 종교철학을 대조적으로 보는 이유도 여기에 있다. "신은(신의 존재는) 신의 문제(존재의 여부 문제)의 결론이 아니라 전제"라는 그의 말은 이러한 입장을 반영한다. 하지만 나는 이 두 종교철학적 시각의 차이를 반드시 배타적 선택의 문제로 보지 않는다는 입장을 이미 표명한 바 있다.

또 칸트와는 다르지만, 다양한 피조물의 세계를 인간의 무지(avidyā)가 만들어 낸 순전한 환상(māyā, illusion)으로 간주하는 힌두교의 불이론적 베단타(Advaita Vedānta)학파의 입장(흔히 마야설 māyā-vāda이라 불리는) 역시 신과 세계의 관계를(一 과 多, One and Many, 本體界와 現象界 사이의)인과의 관계로 보는 시각과는 확연히 다르다.

나는 신의 창조를 그의 자유로운 선택에 따른 '행위'로 보는 일반적인 제작(making, manufacturing) 모델의 공학적 이해와 달리 신플라톤주의 철학자 플로티누스의 유출론적 이해에 따라 창조를 신의 '본성적 필연'으로 간주하는 생물학적 출산(birthing) 모델로 이해해야 한다는 입장을 천명한 바 있다. 창조가 신의 본성적 필연이라면 창조에 대해 제기되는 여러 가지 의문들—가령 신은 창조 이전에 무엇을 하고 계셨는지, 아무 부족이나 결핍이 없는 신이 도대체 무슨 이유로 세계를 창조했는지, 그것도 도덕적 부조리가 횡행하는 불완전한 세계를 창조하셨는지 하는 등—이 해소되거나 심각성이 완화된다. 여하튼 플로티누스의 신플라톤주의 철학과 유출론적 창조 개념은 유대교, 그리스도교, 이슬람이라는 3대 유일신 신앙의 신학, 특히 신비주의 사상과 영성에 깊은 영향을 끼치게 되었다. 신을 만물의 알파와 오메가로 보며 창조를 만물이 신에서 흘러나오는 유출로 보는 신플라톤주의의 일원론적 형이상학은 '영원한 철학'(philosophia perennis)이라고 불릴 정도로 인간의 형이상학적 갈망과 사고의 본능을 가장 잘 대표하는 사상이다. 일원론적 형이상학은 신플라톤주의뿐 아니라 인도의 베단타 철학이나 동아시아의 성리학과 도가 사상 등과도 친화적인 사상이며, 거의 세계 공통의 철학이라고도 할 만큼 보편적인 사상이다.

아래의 논의는 주로 이러한 유출론적 창조 개념의 시각에서 신과 세계, 창조주 하느님과 피조세계의 관계를 좀 더 고찰한다.

닛사의 그레고리(Nyssa of Gregory)나 고백자 막시무스(Maximus the Confessor) 그리고 위(僞) 디오니시우스(Pseudo Dionysius) 이래 그리스 정교회의 신비 신학 전통의 용어로 말하면 로고스와 물질적 창조력이라는 두 개념을 중심으로 논하는 우리의 신관은 어디까지나 인간의 인식과 언어를 초월하는 어둠의 신비, '침묵의 찬란한 어둠'(위 디오니시우스) 속에 가려져 있는 신의 본성(divine essence)에 대한 논의라기보다는'3 창조라는 신의 활동(divine energy, energeia)에 관한 논의다.4 신성

(Gottheit)과 삼위일체의 하느님(Gott)을 종종 날카롭게 구별하는 마이스터 에크하르트의 사상은 물론이고, 수피즘(Sufism) 철학자 이븐 아라비(Ibn Arabi, 1165~1240) 역시 신의 본질(essence)과 신의 이름들(Names)을 구별한다. 신의 본질은 우리의 인식을 초월하지만, 신의 이름들은 완전한 인간 아담(Adam)을 비롯한 하느님의 사자(使者, Messenger)들과 전 우주를 반영한다.5 신의 이름들은 신의 본질과 피조세계를 매개해주는 원리인 셈이다. 현대 러시아 종교철학자 솔로비요프의 소피아론 역시 "신과 지상 세계의 관계에 대한 해명을 과제로 삼는다."6 다른 말로 하면 '계시신학'이기보다는 우리가 오늘날 파악하고 있는 세계의 존재와 성격을 중심으로 해서 신을 논하는 새로운 형태의 자연신학 내지 '종교철학적' 성격을 띤 신론이다.

동방 정교회의 신학 전통에서는 인간의 이성이나 지성을 넘어서는 '빛보다도 더 밝은 어둠', '사람이 접근할 수 없는 빛'에 관한 논의는 하느님의 계시에 대한 신앙을 전제로 하는 신비 신학의 영역이다. 영원한 침묵과 영혼의 안식만이 지배하는 경지다.7 고백자 성 막시무스의

---

3 석영중, 『러시아정교』, 231.

4 이러한 구별을 동양 철학적 용어로 말하면 신의 체(體)와 용(用)의 구별이다. 이러한 그리스 정교회의 신비 신학 전통에 대한 간략한 논의로 존 메이엔도르프, 박노양 옮김, 『동방 교회의 신비 신학자 그레고리오스 팔라마스』 (누멘, 2009), 35-44를 참고할 것.

5 Binyamin Abrahamov, trans., *An Annotated Translation of the Bezels of Wisdom* (Ibn al-Arabi's Fusus al Hikam). Routledge, London and New York, 2015, 6. 이슬람은 최초 인간 아담과 마지막 사자로 간주하는 무함마드를 위시하여 쿠란에 나오는 27명의 신의 사자들을 인정한다. 흔히 예언자(prophet)로 불리지만, 신이 인간에게 보내는 메시지를 전달하는 심부름꾼과 같은 '사자'(messenger)라고 부르는 것이 더 적합하다.

6 이명현, 이미 인용한 논문, 186. 다만 우리는 불교를 철저히 세계 부정적인 사상으로 보는 솔로비요프의 허무주의적 불교 이해는 잘못된 편견이라는 점을 지적할 필요가 있다.

7 동방 교회 신비 신학에서 말하는 이러한 인간의 인식을 초월하는 신의 어둠으로서의 '창조되지 않은 빛'과 '예수기도'에 대해서 이에로테우스 대주교, 『예수기도: 아토스 성산의 한 은둔 수도승과 나눈 대화』 (정교회출판사, 2010). 151-186 참고.

말을 인용하면 "인식 중의 인식은 이성을 가진 영혼의 영적 휴식이다. 존재들 속에 [흩어져 있는] 가장 고귀한 로고스들(logoi)에서 자신의 지성을 다시 불러 모을 때, 영혼은 신비경을 통해 오직 하느님만을 덧입고, 신비 신학을 통해 온전히 하느님께 고정된다."[8]

우리는 이러한 맥락에서 마이스터 에크하르트가 강조하는 신성 (Gottheit)과 신(Gott)의 차이도 볼 수 있다. 에크하르트는 신과 신성의 차이를 하늘과 땅의 차이라고 하지만 그의 글을 읽어보면 항상 그런 차이를 강조하거나 철저하게 고집하지는 않는다는 사실을 볼 수 있다. 신성과 성부 하느님의 차이에 대해서는 더욱 그러하다. 하지만 분명한 점은 그의 신비주의가 신성으로의 돌파(Durchbruch)로까지 나아갈 때 는 신의 신비 앞에서 모든 긍정적 언사를 피하거나 '언어 아닌 언어'의 극치까지 가는 경향을 보인다. 그리고 이 점이 에크하르트 신비주의 사상의 특성 가운데 하나라는 것은 누구도 부정할 수 없다. 한마디로 말해 삼위의 옷을 입은 신을 넘어 '신의 벌거벗은 본질'(nuda essentia dei)로까지 돌파해(durchbrechen) 들어가는 그의 신비주의가 지닌 철저 성과 급진성은 삼위일체 하느님의 테두리 내에 머무르려는 동방 정교 회의 신비 신학의 금기를 과감히 초월한다. 계시된 삼위일체의 하느님 을 최고의 진리로 간주하는 동방 정교회 신학의 관점에서 볼 때, 에크 하르트의 신비주의가 넘어설 수 없는, 아니 넘어서는 안 될 선을 넘었 지만, 바로 이 점이 에크하르트 신비주의를 신비주의답게 만들었고 동 양적 신관에 접근하도록 만든 것이다.[9]

---

8 위의 책, 182-193.

9 마이스터 에크하르트의 '돌파' 신비주의에 대해서는 길희성, 『마이스터 에크하르트의 영성 사상』(동연, 2021), VI장 '초탈과 돌파' 참고. 신플라톤주의 철학의 강한 영향으로 동방 교회 신학에 일찍부터 내재한 신비주의 영성과 성서적 계시에 근거한 삼위일체 하느님 신앙 사이의 긴장의 문제는 서방 교회의 신학—가령 토마스 아퀴나스의 접근법—과는 다른 길, 다른 양상을 보였다. 메이엔도르프, 『그레고리오스 팔라마스』(누멘, 2009) 참고.

에크하르트는 심지어 신은 인간과 관계해서는 신이 되기도(werden) 하지만 피조물과의 관계를 떠나서는 신이 해체된다(entwerden)고까지 한다.[10] 이렇게 신의 신비의 극한까지 돌파해 들어가는 에크하르트의 신비 사상과 삼위일체 하느님의 정체성을 끝까지 고수하는 동방 정교회의 신비 신학 사이의 차이는 결국 전자가 신플라톤주의 철학에 근거한 신비주의 사상이라면, 후자는 신의 계시에 대한 신앙을 전제로 하는 신학의 차이, 성경의 영적 독해(lectio divina)와 예수 기도(Jesus Prayer)의 영성에 근거한 신비 신학의 차이에 기인한다고도 볼 수 있을 것이다.

사실 동방 정교회의 신비 신학도 에바그리오스(Evagrios)나 위 디오니시우스에서 보듯이 초기에는 신플라톤주의 철학의 강한 영향 아래 있었지만, 후대로 가면서 특히 15세기 초에 활약한 그레고리오스 팔라모스(Palamos)에 이르러 정통 삼위일체 신학과 새로운 조화를 모색하게 된다.[11] 그러면서 신플라톤주의에 근거한 마이스터 에크하르트식 신비 신학과의 차이가 더 크게 벌어지게 되었다. 지금 논하고 있는 나의 신론은 신플라톤주의의 일원론적 형이상학의 전통을 따르면서 동·서양의 사상적 전통과 현대 진화론적 사고를 아우르는 관점에 서 있다. 나는 신플라톤주의의 일원론적 형이상학의 시각에서 힌두교의 베단타(Vedānta) 신학이나 도가, 신유학 사상 그리고 동방 정교회 신학의 일부 통찰과 성 아우구스티누스나 성 토마스 그리고 마이스터 에크하르트 등 서방 교회 신학에 스며든 신플라톤주의 신관과 세계관을 현

---

10 길희성, 『마이스터 에크하르트의 영성 사상』 (동연, 2021), 260-261; 265-269.

11 이 점에서 동방 정교회 신학 사상을 대표하는 현대 신학자 가운데 한 명인 로스키(V. Lossky)도 예외는 아니다. 그 역시 정통적인 삼위일체 신학을 존중한다. *The Mystical Theology of the Eastern Church* (Crestwood: St. Vladimir's Seminary Press, 2002)을 볼 것. 다른 말로 하면 동방 정교회가 아무리 부정신학의 정신(negative theology)을 강조한다 해도 마이스터 에크하르트와 같이 이 부정을 삼위일체 신관에까지 적용하지는 않았다.

대 진화론적 관점과 연계하는 새로운 신관을 제기하고자 하는 것이다.

나는 신 자체와 창조주 하느님이 결코 다른 실재라고 생각하지는 않지만, 그래도 우리는 신에 대한 인간의 지식이나 논의와 신 자체 사이에는 피할 수 없는 간극이 존재한다는 점은 인정해야 한다고 본다. 이런 점에서 나는 힌두교의 불이론적 베단타 사상이 말하는 '속성을 지닌 브라만'(saguna Brahman)과 '속성을 여읜 브라만'(nirguna Brahman) 사이의 구별을 인정할 수밖에 없다고 생각한다. 사실 우리가 인식하는 일반 사물도 우리가 있는 그대로, 칸트의 표현대로 '사물 자체'(Ding an sich)를 인식할 수 없는데, 하물며 신에 대해서야 말할 것 있겠는가? 하나는 우리 인간의 생각과 경험에 잡히고 우리의 논의에 들어온 하느님, 그것도 간접적 추론으로 인식되는 하느님인 반면, 다른 하나는 우리의 논의로는 결코 잡히지 않는 하느님, 우리의 사고와 인식 저편에 계신 영원한 어두움과 신비의 하느님이다.

다시 우리의 논의를 계속하자면 이미 누차 천명했듯이 내가 '창조주' 하느님에 대해 논해도 나는 줄곧 창조를 만물이 신 자신으로부터 흘러나온다는 신플라톤주의의 유출설의 입장에서 논했다. 창조란 신의 자유로운 의지에 따른 '행위'라기보다는 그의 본성에 따른 당연하고 '자연스러운' 필연이라는 입장이다. 이러한 유출론적 창조론에서는 신과 세계는 무한과 유한의 존재론적 위상의 차이에도 불구하고 분리될 수 없을 정도로 밀접히 연계되어 있다. 나는 이 연계성을 대담하게 표현해서 우주 만물이 신의 '보편적 육화', 보편적 계시라고 했다. 그리고 만물을 출산하는 창조성이 신의 본성적 필연인 한, 우리는 세계 없는 신이나 신 없는 세계는 생각하기가 어렵다고 본다. 나 홀로 하느님은 생각하기 어렵다. 창조가 신의 본성적 필연이라는 것은 창조가 신 이외의 다른 어떤 것에 의해 강요된 것이 아님을 뜻하며, 그럼에도 무한(신)과 유한(피조물), 일과 다, 영원과 시간의 차이는 여전히 인정하는 입장이다. 하지만 만물을 신 자신의 유출적인 본성으로 보는 창조 개념으로 이해한다 해도 유출 개념 역시 영원한 하느님과 시간의 세계 사이의 관계를 표현하는 인간적 사고의 산물이고 하나의 '유비적'(ana-logical) 개념이기는 마찬가지다.

그러므로 우리가 창조 개념을 신과 세계의 관계를 이해하는 데 적용하려면 우리는 적어도 그것을 유비적 의미나 하나의 메타포로 이해할 수밖에 없다. 영원과 시간이 조우하는 창조의 순간은 모순적이지만 '비시간적 인과성'(nontemporal causality)이 작동하는 '순간'이라고도 할 수 있다. 이와 같은 관점은 신의 지속적 창조(creatio continua) 개념에도 타당하다. 신이 물리적 인과관계를 형성하는 하나의 시간적 존재(a temporal being)나 고리가 아닌 한, 신은 '초자연적'이라는 부정적 언사로 표현할 수밖에 없다는 사실은 변하지 않는다. 또 초자연적 하느님과 자연 사이의 상호 작용은 시간적 피조물 사이의 관계를 지배하는 인과성과는 다른 방식으로 이루어진다고 생각할 수밖에 없다. 이러한 통찰은 신의 세계 창조를 출산 모델에 따라 본성적 필연으로 이해해도 여전히 타당하다. 다만 창조는 우리가 어떤 물건을 제작하는 행위처럼 하나의 시간적 사건(temporal event)이 아니라는 것, 창조가 신의 본성적 필연에 따른 것이라면 창조의 이유 같은 문제는 제기도 되지 않을 것이라는 점은 유출론의 장점일 수밖에 없다.

여하튼 세계 창조가 비시간적 사건이라면 시간의 세계에 살면서 시간적 인과성에 친숙한 우리 인간이 그것을 어떻게 이해할 것인가 하는 것은 여전히 문제로 남는다. 철학적으로는 신의 영원성과 세계의 시간성, 근원적 일자(一者, One)로서의 하느님과 복수성(multiplicity), 즉 다(多, Many)의 세계를 산출하는 하느님을 이어 주는 매개의 원리를 어디서 찾을 것인가 하는 문제다. 전통적으로 '창조'가 이에 대한 답이었지만, 우리가 신의 영원성을 무시간적 혹은 초시간적 영원(timeless eternity)으로 보면 볼수록 영원한 신과 시간적 존재인 세계 피조물들과의 관계가 그만큼 더 이해하기 어려운 것은 자명하다. 더욱이 피조물의 세계 창조를 신의 행위로 보는 전통적이고 대중적인 창조론은 그만큼 더 이해하기 어렵게 된다. 나는 이러한 시각에 근거하여 창조를 신플라톤주의적인 유출론적 사고에 따라 신의 본성적 필연이라고 보는 입장을 견지하는 것이다.

그리스도교 신학에서는 전통적으로 신이 세계를 창조하는 행위의 원리를 신의 자기 인식인 로고스 개념과 이에 따른 신의 자기 분화(分化, self-differentiation)에서 찾았다. 그 결과 삼위일체(Trinity) 신관으로까지 나아갔다. 에크하르트는 유출론적 창조론에 의거하여 신성(Gottheit)에서 세계에 이르는 길을 두 단계로 구별했다. 첫 단계는 신성이 내적 비등(沸騰, bullitio, 끓어오름)을 통해 성부(창조주), 성자, 성령의 삼위일체 하느님으로 분화하는 단계이고, 두 번째 단계는 삼위일체 하느님이 넘쳐흐르는 에너지의 외적 끓어 오름(외적 沸騰, ebullitio)을 통해 우주 만물을 산출하는 유출(exitus, emanatio) 과정이다.[12] 하지만 신의 '내적 비등'이든 '외적 비등'이든 어디까지나 비유적이고 상징적인 표현이며, 결국 둘 다 창조신의 '행위'이기보다는 신의 넘쳐흐르는 창조적 본성에 따른 필연적 현상임을 암시한다. 이런 점에서 볼 때, 에크하르트가 신성과 삼위일체의 옷을 걸친 하느님의 차이를 때로는 하늘과 땅의 차이만큼이나 크다고 강조한다는 사실 그리고 신성으로부터 만물이 출현하는 과정을 두 단계로 구별하여 비유적으로 표현하는 것(bullitio와 ebullitio)은 그가 시간의 세계에서만 통용되는 물리적 인과성

---

12 길희성, 『마이스터 에크하르트의 영성 사상』(동연, 2021), 83-94.

을 신에 대해 직접적으로 적용하기를 주저했다는 사실을 암시한다고 보아도 좋을 것이다.

여하튼 우리는 신성이라는 극한적 개념을 넘어 창조를 신의 본성적 필연으로 보는 견해나 그 이상 혹은 그 배후를 더 묻기는 어려울 것 같다. 이것을 다른 말로 하면 신성은 유신론과 무신론 사이에 위치해 있는 극한적 단어로 볼 수밖에 없다는 말이다. 적어도 창조를 신의 자유로운 의지에 따른 의도적 행위로 보는 전통적인 신관이 지닌 문제점에 비해서는 신성의 신비로까지 파고드는 '돌파'를 말하는 에크하르트 신비주의 사상은 인간의 개념으로는 갈 데까지 다 간 것이라는 생각을 하게 된다. 그럼에도 삼위의 하느님과 신성의 관계마저 신성의 '유출'로 보는 신플라톤주의적인 에크하르트의 신관에서 인과성의 냄새나 잔재가 완전히 사라진 것은 아니라는 생각이 든다.

클레이튼은 셸링의 중후기 사상에 입각해서 무한한 존재 자체인 신과 인격적 창조주의 관계를 잠재태(potentiality)와 현실태(actuality), 드러나지 않은(unmanifest) 신과 드러난(manifest) 신의 관계로 해석하기도 한다.13 아마도 현대 신학에서 신과 세계의 관계를 가장 밀접하게 연계시킨 사상은 신의 두 가지 본성, 즉 영원한 '원초적 본성'(primordial nature)과 시간적 과정인 '결과적 본성'(consequent nature)을 말하는 화이트헤드(Whitehead)의 과정철학·과정신학일 것이다. 나는 신과 세계를 완전히 일치시키는 과정신학의 신의 '결과적 본성'이라는 개념을 수용하지 않는다는 점을 이미 밝힌 바 있지만, 우리가 과정신학이 말하는 대로 신의 양면성을 인정한다 해도, 신의 영원성이 시간의 세계로 전개되는 이유는 여전히 신비에 싸인 문제다. 과정신학이 강조하고 있는 창조성(Creativity)이라는 모호한 개념은 이에 대해 별다른 도움을

---

13 Philip Clayton, *The Problem of God in Modern Thought*, 487-489.

주지 못한다고 나는 본다.14

한편 신학자 몰트만은 유대교 신비주의자 루리아(I. Luria)의 사상을 빌려 신이 자발적인 자기 제한(Selbstbeschränkung)을 가해서 자기 비움 (kenosis)으로 피조물들을 위한 '공간'을 창출한다는 식으로 창조를 논하고 있다.15 이 역시 별로 설득력 없는 궁색한 사변적 이론이라는 생각을 지울 수 없다. 지금까지 열거한 '이론 아닌 이론들'은 결국 모두 창조가 신이 지닌 본성임을 지적하는 말에 지나지 않는다. 따라서 나는 그런 이론들보다는 차라리 틸리히처럼 아리스토텔레스 이래 서구 형이상학 전통에서 하나의 중요한 개념을 형성하고 있는 신의 자기 인식 내지 비춤인 로고스(Logos, Nous) 개념을 신의 분화와 창조성의 원리로 간주하는 사변적 이론이 그나마 더 의미가 있다고 본다.16 신 자신이 스스로를 비추고 인식하는 궁극적 실재라면, 즉 로고스 하느님이라면 신 혹은 일자는 자기 인식이 가능한 무한한 정신적 실재—빛의 원천인 태양에 비유되는— 자체일 것이다. 그리고 로고스, 즉 하느님의 말씀 또는 성자 하느님은 물론 성부 하느님의 창조 행위를 매개해 주는 원리일 것이다.

여하튼 한 가지 분명한 사실은 우파니샤드의 브라만(Brahman), 도가의 도(道), 플로티누스의 일자(一者, to hen) 그리고 마이스터 에크하르트의 신성(Gottheit) 등은 공통적으로 신을 시간성과 인과성을 초월하는 무한하고 무시간적인(timeless) 실재이자 동시에 끊임없이 만물을 산출하는 역동적 실재로 간주하고 있다는 사실이다. 그 자체는 늘지도

---

14 앞에서 언급한 바 있는 '창조성'에 대한 맥쿼리의 비판 참고, 같은 책, 110-111.

15 Jürgen Moltmann, *Trinität und Reich Gottes* (München: Chr. Kaiser Verlag, 1980), 123-27; *Gott in Schöpfung: Ökologische Schöpfungslehre* (München: Chr. Kaiser Verlag, 1985), 98-105.

16 이미 인용한 바 있는 틸리히의 말을 참고할 것.

않고 줄지도 않는 무궁무진한 실재로서 일체의 변화를 초월하지만, 끝없이 시간과 변화의 세계를 산출하는 무한한 창조적 힘(creative power)이다. 영원과 시간, 무한과 유한, 절대와 상대, 일(一)과 다(多)가 모순이 아니라는 것이 모든 일원론적 형이상학의 공통된 증언이다. 인도 철학의 용어로는 세계(결과)가 신(원인) 안에 이미 원인적 상태(causal state) 혹은 잠재태로 존재하다가 시간과 함께 전개되어 나왔다는 인중유과론(因中有果論)적 사고다.

우리는 또 신과 세계와의 관계를 대승불교에서 불성(佛性) 내지 진심(眞心)의 세계를 논하면서 사용하는 불변(不變)의 체(體)와 조건에 따라 변하는 수연(隨緣)의 용(用) 개념을 빌려 표현할 수도 있다.[17] 인도의 저명한 현대 철학자 오로빈도(Aurobindo)는 이러한 신의 양면성을 표현하기를 "침묵의 브라만과 활동적 브라만은 둘이 아니다. … 한 브라만의 두 측면이며… 서로에게 필요하다. 이 침묵으로부터 세계를 창조하는 말씀이 영원토록 출현하며, … 영원한 수동성이 영원한 신의 행위가 지닌 완벽한 자유와 전능성, 즉 그 자체의 역동적 본성이 지닌 무한한 풍요로움을 가능하게 만든다"고 말한다.[18] 이 말 역시 신과 세계의 관계가 '어째서' 그러한 관계에 있는지에 대한 설명이기보다는 단지 그 관계를 지적하는 말일 뿐이다.

맥쿼리는 존재 자체인 신의 세 가지 양태(modes)를 말하고 있다. 첫째는 신의 원초적 양태(primordial mode)로 신의 불가언적이고 파악 불가능한 가장 깊고 신비한 양태이며 신의 타자성과 초월성을 가리킨다.

---

17 이에 대해서는 길희성, 『지눌의 선 사상』(동연, 2021), 제Ⅲ장(心性論) 참고. 여기서는 물론 대승불교의 존재론이 크게 보아 일원론적 형이상학의 범주에 속하는지가 문제가 될 수 있지만, 나는 이에 대해 긍정적인 입장을 취한다. 하지만 그렇지 않다고 해도 우리는 불교로부터 개념만은 형식적으로 차용할 수 있다.

18 Keith Ward, *God and Creation* (Oxford: Clarendon Press, 1996), 91-92 재인용.

그 자체는 존재하는 것, 즉 하나의 존재자(Seiende)가 아니지만, 모든 존재하는 것의 창조적 원천인 초존재(superexistence)다. 둘째는 신의 표현적 양태(expressive)로서 우리가 이해할 수 없지만 가리킬 수는 있는 '근원적 내어줌'(es gibt)의 사건이다. 우리가 이 근원적 사건을 상정하는 이유는 주어져 있는 세계가 존재하기 때문이다. 신이 감추어진 궁극적 신비에서 나와 질서 있는 법칙들 아래 전개되는 코스모스를 존재하게 하고 그 가지성(可知性, intelligibility)으로 들어가는 것이다. 신이 이해할 수 없는 신비 속에 갇혀 있지 않고, 영원히 자신을 내어줌으로써 자신의 존재를 자기 아닌 존재들과 나누는 신의 양태다.[19] 셋째는 신과 피조물, 특히 신과 인간이 하나가 되는 합일의 양태(unitive mode)다. 신의 로고스의 창조 활동—우리의 신관에서는 신의 로고스와 원초적인 물질적 창조력—에서 출현한 세계가 그 원천으로 복귀하여 하나가 되는 양태로서 피조물이 신에 완전히 흡수되기보다는 신과 더 풍요로운 일치를 이루는 양태라고 맥쿼리는 말한다. 만물이 신에 복귀하지만, 특히 인간은 종교를 통해서 이를 의식하는 존재다. 맥쿼리는 종교의 기원에는 신에서 출현한 인간의 희미한 집단적 기억, 일종의 플라톤적 상기(想起, anamnesis) 같은 것이 있을 것이라고 상상해 본다.[20]

나는 신의 세 가지 양태에 대한 맥쿼리의 견해에 대체로 공감하는 편이지만, 세부적인 면까지 동의하지는 않는다. 맥쿼리는 유출설과 전통적 창조론 사이에서 다소 모호한 입장을 취하고 있다. 그는 또 신의 세 가지 양태가 그리스도교의 전통적 삼위일체론의 성부, 성자, 성

---

19 John Macquarrie, *In Search of Deity*, 174. 맥쿼리는 여기서 하이데거의 존재자(Seiende)와 구별되는 존재(Sein) 개념에 의거한 그의 신관을 약간의 의인적 표현을 사용해서 해석하고 있다. '근원적 내어줌'이란 세계가 존재한다는 신비를, 독일어 '존재한다'(Es gibt)는 말을 문자 그대로 취해서 '그것이 준다'는 뜻으로 독특하게 해석한 하이데거의 통찰을 맥쿼리가 신학적으로 번안한 것이다. 같은 책, 179 참고.

20 같은 책, 175.

령에 해당한다는 점을 암시하고 있지만, 우리는 굳이 이것을 수용할 필요는 없다. 맥쿼리의 신관은 지금 우리가 제시하고 있는 철학적·형이상학적 신관에 비해서 인격적 신관의 성격이 더 강하다. 여하튼 거기서 우리의 특별한 관심을 끄는 것은 신의 원초적 양태와 표현적 양태의 관계다. 맥쿼리 역시 신이 자신의 전적인 타자성과 초월성에 머물지 않고, 세계 만물을 통해서 자신을 드러내는 표현적 양태로 넘어가는 것은 우리가 이해할 수 없는 신비이지만, 세계가 존재한다는 사실로 볼 때 피할 수 없는 생각이라고 한다.

하지만 신이 세계 만물의 궁극적 '원인'이라 해도 신은 결코 물리적 인과관계를 구성하는 또 하나의 고리가 아니고, 유한한 사물(a being)이나 존재자(das Seiende)는 더욱 아니다. 우리가 로고스와 원초적인 물질적 창조력이라는 두 개념을 통해 세계를 산출하는 신의 역동적 창조성을 논하는 것은 세계의 존재와 근본 성격이 스스로를 설명할 수 있는 필연성(necessity)이 결여된 우연성(contingency)을 띤 것이기 때문에 어떤 필연성을 띤 궁극적 원인이 있을 것이라는 추론에 따른 것이다.[21] 만약 세계가 스스로 설명이 가능한 자명하고 완족적인 체계라면 세계 자체가 신처럼 필연적이고 영원할 것이지만, 이는 명백히 사실이 아니다.

우리는 여기서 하나의 보다 더 궁극적인 질문을 제기할 수도 있다.

---

21 세계의 우연성에 대한 신학적 논의로, Thomas Torrance, *Divine and Contingent Order* (Oxford: Oxford University Press, 1981), Keith Ward, God, *Chance and Necessity* (Oxford: Oneworld, 1996) 참고. 세계의 우연성은 또 세계의 모든 현상을 완벽하게 설명할 수 있는, 특히 세계가 존재한다는 사실을 과학적으로 설명할 수 있는, 이른바 '모든 것을 설명하는 이론'(theory of everything)이 근본적으로 불가능하다는 것을 의미하기도 한다. 이에 대한 심도 있는 논의로, Paul Davies, *The Mind of God: The Scientific Basis for a Rational World* (New York: Simon and Schuster, 1992) 제7장, "Why is the World the Way it is?" 참고할 것.

세계는 도대체 왜 이해, 가능해야 할까? 우리가 세계의 우연성을 넘어 그 근본 원인을 묻는 합리성을 고집하는 이유는 도대체 무엇일까? 이에 대한 답은 아이러니다. 세계의 존재와 근본 성격에 대한 궁극적 설명이 과학으로는 불가능하지만 그럼에도 우리가 세계의 우연성 뒤 혹은 그 너머로 그 '이유' 혹은 근거로서 신을 거론한다는 것이야말로 궁극적이고 극단적인 합리주의(rationalism)일지도 모른다. 우리가 극한 질문들을 통해 최종적 합리성을 구하면서 우주를 초월하는, 적어도 우주의 일부분이 아닌 신을 거론할 수밖에 없다면, 이는 실로 하나의 커다란 아이러니가 아닐 수 없다.22 그야말로 과학적 합리주의를 초월하는 극단적인 합리주의라고 해야 하지 않을까?

만약 우리가 세계와의 관계를 떠나서 군이 신 자체에 대해 말하고자 한다면, 신은 우리의 모든 이해와 개념을 초월하는 신비라고밖에는 말할 수 없을 것 같다.23 『도덕경』의 유명한 첫 구절처럼 "도는 말로 할 수 있으면 늘 그러한 도가 아니기 때문이고,"24 '무지(無知)의 지'(docta ignorantia, 학식 있는 무지)라는 니콜라스 쿠자누스의 역설적 표현대로 신에 대해서는 침묵 아니면 모른다고 하는 것이 최고의 앎일지도 모르기 때문이다. 예부터 동서를 막론하고 위대한 신학자들이나 신비주의자들이 신 자체에 대해 말하고자 할 때는 부정신학(theologia negativa) 또는 부정의 길(via negativa)에 따라 차전적(遮詮的) 언사에 많이 의존한 것도 이 때문이다. 토마스 아퀴나스의 예를 보자.

---

22 이러한 궁극적 합리성의 추구에 대한 논의는 이 책 제3장 3절 "극한 질문들: 세속화된 근대 이성을 넘어"에서 제2항의 논의를 다시 한번 참고할 것.

23 마이스터 에크하르트는 이 감추어진 신을 신성(Gottheit)이라고 부르며, 때로는 삼위일체의 신과 확연히 구별하기도 하고, 때로는 성부 하느님, 즉 창조주 하느님과 혼용하기도 한다. 에크하르트 사상의 핵심적 요소가 되는 이에 대한 전반적 논의는 길희성,『마이스터 에크하르트의 영성 사상』(동연, 2021) 참고.

24 道可道 非常道.

신에 대한 어떤 진술도 신이 정말로 무엇인지를 우리에게 말해 줄 수 없다. 신을 그의 모든 진리에서 지각하기 위해서는 우리는 그에 관해 안다고 생각하는 모든 것을 거부해야 한다: "신이 존재한다"는 말은 신이 무엇인지를 나타내지 않고, 그가 끝이 없고 한정이 없는 실체의 바다라는 것만을 드러낸다. 따라서 우리가 만약 부정의 길을 통해서 하느님께 나아간다면 우리는 먼저 그가 물질적이라는 것을 부정하고, 다음에는 그가 어떤 지성적이고 정신적이라는 것—적어도 이런 요소들이 생명체들에 있는 것과 같다는 점에서 예컨대 친절, 지혜 등—을 부정하고, 그리고 나면 우리의 이해에 남는 것은 단지 신이 존재한다는 관념뿐이고 더 이상 아무것도 없다. 마지막으로 우리는 이 '존재'라는 관념마저 없앤다. 적어도 생명체들에 있는 존재라는 관념과 같은 의미라면 말이다. 그러면 신은 무지의 어두운 밤에 머물고, 위 디오니시우스(Pseudo Dionysius)의 말처럼 이 무지야말로 우리가 현세에서 신에게 가장 가깝게 가는 것이다.[25]

우리가 논하고 있는 신의 두 가지 본성, 즉 로고스와 물질적 창조력이라는 개념 역시 신 자체에 관한 한 유비적(analogical)이고 상징적인 표현임은 부정하지 못한다. 이 둘의 구별은 우리가 세계의 존재와 근본 성격을 이해하기 위해 불가피하지만 신 자신에게는 하나일지도 모른다. 신 자체에 관한 한, 우리의 모든 개념과 표현은 절대화되는 순간 '우상'으로 전락할 수밖에 없다. 모든 신관은 이런 점에서 부단한 자기 성찰과 자기 부정의 겸손을 요구한다.

그렇다고 부정적 언사만이 언제나 능사는 아니다. 신에 대한 부정

---

25 Erich Frank, *Philosophical Understanding and Religious Truth* (New York: Oxford University Press, 1966), 54로부터 재인용.

적 언사도 따지고 보면 신에 대한 모종의 긍정적 관념—비록 직관적일지라도—을 전제하고 있기 때문이다. 그렇지 않다면 우리는 신이 어떠어떠하지 않다는 부정적 언사조차 사용할 수 없을 것이다. 결국 우리는 세계와 인간의 성격이나 구조로부터 일련의 가장 추상적이고 포괄적인 개념들을 취해서 신에 대해 말하는 표전적(表詮的) 언사를 피할 수 없다.26 가령 신은 존재 자체라든지 일자(一者)라든지 선 자체, 순수 지성, 또는 그 본성이 존재하는 행위(actus essendi)인 필연유(necessary being), 스스로가 원인인(causa sui) 실재라는 표현 같은 것들이다.27 또 인도의 고전 우파니샤드는 브라만(Brahman) 또는 아트만(Ātman)을 "이것도 아니고 저것도 아니다"(neti-neti)라는 부정적 언사를 통해 표현하지만 동시에 '순수 존재'(Sat), '순수 의식·정신(Cit), 순수 기쁨(Ānanda) 이라고 말하기도 한다. 『도덕경』에서는 모든 유(有)의 근원인 무(無), 성리학에서는 무극(無極)으로서의 태극(太極)을 말한다. 나는 이러한 개념들도 인간의 언어인 한, 결국은 유비적이고 상징적인 표현일 수밖에 없다고 생각한다. 신에 대한 언어의 상징성을 누구보다도 강조하는 틸리히는 "신은 존재 자체 혹은 절대자다. 그러나 이 말 이후로는 상징이 아닌 다른 어떤 말도 신 자체에 대해 말해질 수 없다"고 주장한다.

---

26 '차전'(遮詮), '표전'(表詮)은 당나라 종밀(宗密) 선사(禪師)가 사용한 개념으로서 그는 전자에 따른 불성(佛性)에 대한 담론 방식을 모든 언사를 부정하고 차단하는 '전간문'(全揀門), 후자에 따른 담론 방식을 모든 언사를 긍정하고 수용하는 '전수문'(全收門)이라고 부른다. 이에 대해서 길희성, 『지눌의 선 사상』(동연, 2021), 115-144(심성론), 특히 141-143 참고. 긍정적 언사는 영어로 'kataphatic discourse,' 부정적 언사는 'apophatic discourse'라고 한다.

27 존재의 토대(Ground of Being) 또는 존재 자체(esse ipsum)라는 개념 역시 '존재', '토대'라는 개념에 의거한 것이기 때문에 우리는 유비적으로 또는 메타포로 취할 수밖에 없다. 그밖에 선(bonum), 진리(verum), 지성(intellectus) 같은 개념들이 신에 대한 초월범주들(transcendentalia)로 자주 사용되지만, 모두 우리가 아는 세계나 인간에 준해서 사용하는 유비적 개념들일 수밖에 없다.

존재 자체(Being-itself)라는 말만은 상징어 이상이라는 것이다.[28] 과연 그럴까? 존재의 유비(analogia entis)를 강조하는 토마스 아퀴나스도 '존재'라는 말을 하나의 유비로 보았지 않은가?

신에 대한 모든 표전적(表詮的) 언사가 유비적이고 메타포적이라 해도 우리는 메타포가 신의 실재(Reality)와 무관하다고 생각해서는 안 된다. 유비든 상징이든 메타포든 문자적 진리는 아니지만, 실재에 대해 무언가를 드러내 주는 어떤 인식적 기능이 가치가 있기 때문이다.[29] 우리는 특히 신에 대해 사용하고 있는 유비, 상징, 메타포들의 배후에는 신의 실재를 누구보다도 더 직접적으로 접한 예언자들, 신비가들, 성인들, 종교적 천재들의 오랜 수행과 경험—직관 또는 통찰, 절대적이고 무한한 것에 대한 느낌과 감각(sense), 혹은 어떤 특이한 의식(consciousness) 같은 것—이 있고, 권위 있는 경전들, 장구한 세월에 걸쳐 수많은 사람에게 영감을 고취하고 감동을 주어 온 풍부한 종교적 전통이 있다는 사실을 결코 무시해서는 안 된다. 유비나 상징들은 결코 단지 철학적 사변이나 추상적인 사변의 산물이 아니라는 것이다.

사실 신앙과 이성의 문제를 논할 때, 신앙을 가지기 위해서 이성적 고찰을 하는 것 못지않게 이성적 이해를 위해서도 신앙이 필요하고 전제된다는 사실을 나 자신도 인정하면서 위와 같은 신론을 시도하고 있다. 안셀무스(Anselmus)의 유명한 말, '이해를 구하는 신앙'(fides quae-

---

28 Paul Tillich, *Systematic Theology* vol. One, 238-239. 위에서 밝힌 대로 나는 물론 이 견해마저도 찬동하기 어렵다. '존재 자체' 혹은 '존재의 근거'(Ground of Being)라는 말도 일종의 상징어라고 생각하기 때문이다. '존재'라는 말 자체가 유비적(analogical) 개념이기 때문이다.

29 나는 이 점에서 신에 대한 언어가 그 자체의 특성을 지닌 일종의 언어 게임(language game)이며, 언어의 의미는 세계나 실재를 가리키는(refer) 것이 아니라는 식의 언어관을 수용하지 않는다. 나는 이 문제에 관한 한 비판적 실재론(critical realism)을 따른다. Hick, *An Interpretation of Religion*, 제3부의 논의를 참고할 것.

rens intellectum)은 비단 안셀무스만의 태도가 아니라 신론을 시도하는 모든 신학자·철학자에게 요구되는 겸손한 자세다.[30] 인간의 이성으로 신에 대해 다 알 수 있다는 망상을 가지고 있는 사람이라면 모르지만, 신은 하늘에 계시고 우리 인간은 땅에 거하는 존재라는 진리는 신에 대한 담론을 전개하는 사람이라면 누구든 명심하지 않으면 안 되는 진리다.

내가 아는 한, 실재와 현상계를 연결시키려는 철학적 시도들 가운데 가장 철저하고 정교한 이론은 현대 인도의 베단타 사상가 스리 오로빈도(Sri Aurobindo)의 이론이다. 그는 인도의 수론(數論, Sāmkhya) 철학, 특히 물질세계가 전개되는 과정에 대한 정교한 이론(轉變說, parināma-vāda)을 계승하고 현대의 진화론적 사고를 수용하면서 인도 철학의 주류인 베단타(Vedānta) 사상을 새롭게 해석한 존재론을 수립했다. 채터지(Chatterjee)는 힌두교 전통에 따라 우주 만물의 궁극적 실재인 브라만(Brahman)을 삿칫아난다(Satcitānanda), 즉 순수 존재(Sat), 순수 의식(Cit), 순수 기쁨(Ānanda)으로 보면서 이 실재와 현상계의 관계에 관한 오로빈도의 사상을 다음과 같이 요약한다.

오로빈도의 통전적 관념론의 중심적이고 근본적인 관념은 "이 모든 것은 브라만이다"라는 것이다. 무소부재의 실재인 브라만은 끈질긴 환상들의 전능한 원인이 아니다.[31] 브라만은 무소부재이기 때문에 크든 작든, 정신적이든

---

30 나는 이 점에서 틸리히가 그의 유명한 논문, "종교철학의 두 유형"에서 강조하는 것만큼 성 아우구스티누스와 그의 전통을 따르는 안셀무스가 신에 대한 진리를 추구하는 방식과 성 토마스 아퀴나스의 방법론 사이에 차이가 있다고 생각하지는 않는다.

31 S. Chatterjee, "Mind and Supermind in Sri Aurobindo's Integralism," in *The Integral Philosophy of Sri Aurobindo: A Commemorative Symposium*, ed. by Haridas Chaudhuri and Frederic Spiegelberg (Geoerge Allen and Unwin, London: 1960), 37-41.

물리적이든, 영적이든 물질적이든 모든 것이 브라만 안에 있고 브라만을 나타내며 브라만이다. 오로빈도는 이러한 무소부재의 실재라는 관념에서부터 시작한다. … 이 무소부재의 실재는 절대적이든 상대적이든, 신체가 있든 없든, 혼이 있든 없든, 지성이 있든 없든, 모든 생명과 존재의 진리(sat)·실재다. 실재는 무한히 변화하면서 서로 충돌하기도 하는 자기표현들임에도 불구하고 하나다. 그것으로부터 모든 변이(변형, 변화, variations)가 시작되며, 변이들은 그것으로 되어 있고 그것으로 되돌아간다. 실재, 혹은 브라만은 모든 존재의 알파와 오메가이며, 그 밖에는 아무것도 존재하지 않는 일자(One)다. 그 안에서는 모든 긍정이 부정되지만, 더 넓은 긍정으로 이어지고, 모든 반대가 충돌하지만 그럼에도 하나의 진리로 인식되고 포용된다. 이것이야말로 '참된 일원론, 참된 불이론(不二論, Advaita)'이라고 오로빈도는 말한다. … 세계 속에서 이 실재에 대한 최고의 경험은 그것이 단지 의식이 있는 실재(Sat)일 뿐 아니라 지고의 의식(Cit, Intelligence)이고 힘(Force)이며 자존하는 희열(Ānanda)임을 보여 준다. … 그렇다면 우리에게는 두 가지 근본적인 사실과 실재가 있다. 우리는 이 이중적 사실을 받아들이고 쉬바(Siva)와 칼리(Kālī), 움직임이 없는 것과 움직임이 있는 것을 인정하면서 그 관계를 이해하려고 노력해야만 한다. 이 보편적 에너지(Kālī, Mother, Sakti, Prakrti, Māyā)[32]가 지성이 결여된 어떤 힘, 즉 의식이 없는 어떤 기계적 힘인지 아니면 의식을 지닌 힘, 즉 지성이 있는 힘인지에 대한 오로빈도의 답은 "그것은 실은 창조적인 자기의식의 본성을 지닌 순수의식

---

32 이 괄호 속 용어들은 오로빈도에게 모두 동일한 실재, 즉 우주의 창조적 에너지(energy, force)를 가리키는 다양한 표현들이다. 신은 한편으로는 세계, 즉 현상계의 변화하는 다양성을 산출하는 창조적 힘이자 원천으로서 '속성을 지닌 브라만'(saguna-Brahman)이지만, 동시에 그 자체로서는 일체의 '속성을 초월하여 불변하는 브라만'(nirguna-Brahman)이다. 오로빈도를 포함하여 베단타 사상 일반에서 여신은 전자에 속한다.

(Cit)의 힘이다"라고 한다. 순수하고 절대적인 존재에 내재하는 이 의식의 힘—세계라는 과정의 뿌리에 있는 역동적인 원리—은 칼리 여신이다. 우리가 주위 어디서든 볼 수 있는 우주적 에너지의 배후에는 따라서 우주적 의식이 있고, 우주적 에너지는 거기로부터 나오는 유출이고 현현이다. … 오로빈도의 베단타 해석에서는 실재와 현상 사이에 관계가 있다. 현상의 배후에 있는 진리와 그 표면적 관념들인(관념들의 산물인) 현상들과의 관계로서 이 관계는 단순히 대립적 관계가 아니다. 오로빈도에게는 창조라는 관념은 실재하는 관념이다. 즉, 그것은 실존하는(real) 존재들을 표현하는 신적 의식 (Cit)의 힘으로서 실재로부터 생기고 그 본성에 참여한다. 세계는 따라서 보편적인(만물을 산출하는) 마음속에 있는 어떤 관념적 허구가 아니라 마음을 넘어서는 실재가 의식적으로(의식을 통해서) 자신의 형상들을 낳은 것이다. 의식이 있는 실재가 이 형상들을 지탱하고 있으며 그것들 속에서 자신을 표현한다. 그리고 이렇게 표출된 진리에 상응하는 지식(앎)이 (일상적) 마음을 넘어서는(supramental) 진리의식(rtacit)으로서 [세계를] 다스린다. 오로빈도는 이 진리의식을 '초정신'(Supermind)이라고 부른다. 초정신은 삿칫아난다와 유한한 [사물들, 현상들의] 세계 사이를 연결하는 고리다. 세계는 이렇게 [모든 것을] 예견하는 진리를 표현하고, 모든 것을 예정하는 의지에 순종하며, [만물을] 형성하는 [신의] 원초적인 자기 자신의 비전을 실현한다. 세계는 점점 자라나고 있는 신의 창조를 반영하는 이미지다.[33]

인용문이 다소 길고 난해한 면이 있지만, 오로빈도는 요컨대 현상계를 순전히 우리 마음이 만들어 낸 환상(māyā)으로 간주하는 샹카라의 불이론적 베단타 사상은 거부하면서도 우리의 무지가 실재의 현현

---

33 Chatterji, 37-40.

인 다양한 현상계의 진실을 가리는 면이 있음은 인정한다. 따라서 우리는 먼저 [존재들의] 낮은 단계에서 우리 마음이 만들어 내는 마야(幻想, māyā)를 포용한 후 초월해야만 한다. 왜냐하면 마야란 신이 [현상계의] 분열과 한계, 다툼과 고통을 가지고 노는 유희(līlā)이기 때문이다. 우리는 다른 더 높은 단계의 마야도 포용한 후 넘어서야만 한다. 왜냐하면 이 더 높은 마야 역시 한없이 많고 다양한 존재들과 노는 신의 놀이 혹은 유희(līlā)이며, 그의 의식의 빛들이고 사랑의 황홀경들이기 때문이다. 처음에는 신 자신에서 발산했던 신의 에너지가 결국 다시 자신을 완성하는 바로 그 지점이다.[34]

오로빈도 사상의 핵심은 현상계를 마야(māyā, prakṛti, Shakti, Devī, Mother)로 간주하지만 바로 이 마야 자체가 단지 환상이 아니라 진화의 단계들을 가지고 있기 때문에 우리는 이 단계들을 포용하면서 초월하여—포월(抱越)하여— 마침내 궁극적 실재인 브라만 자체로 복귀할 수 있다는 것이다. 다시 말해서 마야를 발판으로 해서 혹은 매개로 삼아 세계와 인간 영혼의 여정을 파악하고 따라야 한다는 것이다. 오로빈도는 이러한 진리와 현상계의 관계를 정확하게 파악하는 인간의 정신적 능력의 정점—그 자체도 물질계 혹은 현상계의 진화 과정의 일부이긴 하지만—에서 진리 자체인 삿칫아난다인 브라만을 알고 그것과 일치를 이루는 인간 능력의 최고점을 '초정신'(Supermind, Overmind, the Mind of Light)이라고 부른다. 그리스도교 신학의 로고스에 해당하는 개념이다. 초정신은 앞서 언급한 바 있는 러시아의 사상가 솔로비요프의 소피아에 상응하는 개념이라는 생각도 든다.

여하튼 우리는 결론적으로 오로빈도가 실재와 현상계를 매개해 주는 원리 자체를 신의 정신 혹은 의식(Cit)에 의해 현상계의 진화 과정에

---

34 같은 책, 40.

심어진—그가 신의 '하강'(descent)이라고 부르는— 동력으로 간주한다. 따라서 우리는 신의 유희처럼 펼쳐지는 세계 만물과 현상계가 전개되는 진화의 최고점인 초정신에 이르는 운동을 통해서 신으로 상승(ascent) 복귀하는 것이야말로 인생의 궁극적 목적이다.[35]

물질계·현상계의 진화 과정을 신의 정신에 의해 인도되는 목적과 의미가 있는 과정이면서도 동시에 신의 유희로 파악하는 오로빈도의 형이상학 역시 왜 영원하고 완벽한 신에게 이러한 피조물을 산출하는 창조성이 있는지에 대한 속 시원한 답은 되지 못한다. 다만 다양성의 세계가 신의 '놀이'(līlā)라는 힌두교 특유의 사고는 신이 세계와 관여하는 방식에 대해서 '왜' 혹은 '어째서' 그러하냐 하는 우리의 끈질긴 합리적 물음에 허를 찌르는 듯한 기상천외의 발상이다. 우리의 표현으로 하면 창조는 아무 이유가 없는 신의 창조적 본성에 속하는 필연이라는 점을 암시한다. '놀이'라는 말은 결국 신의 창조 행위가 에크하르트의 '비등'(bullitio, ebullitio)처럼 어떤 이유가 있는 신의 의도적 행위라기보다는 단지 그의 넘쳐흐르는 에너지의 발로일 뿐이라는 것이다. 우리가 더 이상 물어 들어갈 수 없고, 그럴 필요도 없는 순전한 사실로 수용할 수밖에 없다는 말이다. 신의 궁극적 신비이고 신의 본성이라고밖에는 달리 더 이상의 말을 하거나 묻지 말라는 것이나 다름없다.

우리가 단지 감각기관들을 통해 잡히는 세계가 그 다양성에도 불구하고 만물이 서로 조화를 이루면서 공존한다는 명백한 사실은 어떤 궁극적 통일성 내지 일치에 대한 직관적 통찰을 가지고 있는 한, 초시간적인 신에게도 다양성의 현상계를 산출하는 무한한 창조적 에너지와 함께 피조세계의 시간성을 향한 충동을 본성적으로 가지고 있다는 결

---

35 하강(하강, descending)과 상승(상승, ascending) 개념은 오로빈도 사상에서 핵심적인 축이지만, 본래 신플라톤주의의 플로티누스가 사용한 개념이다.

론은 당연하고 자연스럽다는 말이다. 오로빈도에 따르면 "실재는 '삿칫아난다'이지만, 단순히 그 자체의 순수하고 무한한 의식 안에 머물지 않고, 그 원초적 평형 상태에서 출원하여 에너지의 다양한 형태들이자 우주 창조의 과정인 운동 속으로 '하강'했다가 만물을 수렴하면서 상승 복귀한다. 하강(descent)과 상승(asent)의 끊임없는 반복은 신의 동선이자 우리가 따라 움직여야 하는 동선이기도 하다. 오로빈도에게 신이라는 역동적 움직임의 시발점과 종착점은 동일하다. 하강의 움직임이 신 자체에서 왔고, 신으로 복귀하는 인간 영혼의 상승도 신의 하강과 회귀적 운동이 선행하기 때문에 가능한 것이다.[36]

시간과 공간을 초월하는 진리 자체인 삿칫아난다가 시간과 다양성의 세계로 전개되는 운동의 최고점을 오로빈도는 '초정신'라고 부른다. 그에게 삿칫아난다인 브라만(Brahman)과 초정신(Supermind)은 신의 영원성과 창조성이라는 신의 두 양태를 지칭하는 개념이나 다름없다. 진화의 정점인 초정신은 신과 인간의 세계를 매개해 주는 상승 과정의 최고점이다. 여하튼 신의 양면성은 오로빈도에게도 우리가 더 이상 그 이유를 물어 들어갈 수 없는 신비로운 '사실'로 수용할 수밖에 없다.[37]

오로빈도의 사상은 한편으로는 불이론적 베단타 사상에서처럼 일체의 속성을 초월하는 브라만과 다양한 속성을 갖춘 브라만을 엄정하게 구별하면서도 동시에 양자를 동일시함으로써 현상계가 단지 무가치하고 무의미한 허구나 환상이 아님을 말한다. 그뿐 아니라 오로빈도에게는 현상계 자체가 신으로 상승하는 디딤돌이 된다. 이는 신과 세계를 매개하려는 라마누자(Rāmānuja) 이래의 베단타학파들 일반의 입

---

36 같은 글, 42.
37 같은 책. 38.

장을 반영하는 이론으로 보인다.[38] 두 가지 브라만을 구별하면서도 동일시하는 오로빈도의 사상은 신성(Gottheit)과 삼위일체의 하느님(Trinity)을 구별하는 마이스터 에크하르트, 혹은 신의 본질(divine essence)과 신의 에너지(divine energy)를 구별하는 동방 정교회의 신학과 유사한 면이 있지만, 오로빈도는 이 구별을 넘어서 물질계와 인간 정신의 진화 내지 전개(인도 철학의 용어로는 pariṇāma, 轉變) 과정을 상세히 논하는 것이 차이라면 차이다. 마이스터 에크하르트가 초탈의 극치인 돌파에 이르는 존재론적 과정과 단계에 대해서 자기 부정과 비움을 통한 초탈(Abgeschiedenheit, Gelassenheit) 외에는 달리 말을 하지 않는 것과 대조적이다.

시간의 세계를 완전히 초월하는 초시간적 영원(timeless eternity)의 하느님이 어째서 시간의 세계를 창조하고 관심을 가지고 관여하는지, 도대체 왜 그리고 어떻게 신과 세계 사이에 유비적이지만 '인과적' 관계가 성립하는지, 그래서 우리가 끊임없이 변하는 피조물과 시간의 세계에서 불변하고 영원한 신에 대해 무언가를 알고 말을 할 수 있는지 하는 문제는 종교철학의 가장 근본적인 문제다. 성 아우구스티누스도 신의 인식 활동이나 창조 행위가 신의 입장에서 보면 흐르는 시간의 지배 아래 있는 우리의 삶이나 행동, 지식이나 지혜와 달리 분절된 시간을 초월하여 모든 것을 동시적으로(all at once) 이루는 것이라면, 영원한 신이 어떻게 자신의 불변성에 훼손을 가하지 않으면서 시간의 세계에 관여할 수 있는지 그리고 무슨 이유로 시간의 세계에 관여하시는지에 대한 답은 우리 인간의 인식과 사변을 넘어서는 신비이기에 모른다고 할 수밖에 없다고 고백한다.[39] 물론 성 아우구스티누스의 신학은

---

38 이러한 다양한 베단타학파들의 형이상학적 입장에 대해서는 길희성, 『인도 철학사』 (동연, 2022), 18, 19, 20장을 참고.

39 선한용, 『시간과 영원』, 68. 이 문제는 시간과 영원의 질적 차이를 성 아우구스티누스처럼

단지 인간 존재의 유한성, 시간성을 분석하는 데 머물지 않고, 인간이 무상한 시간 경험을 매개로 하여 영원한 하느님을 갈망하고 향하도록 하는 데 궁극의 목표가 있다. 이런 점에서 그에게 시간과 영원 사이의 존재론적 매개는 불가능하다 해도 영적, 심리적 그리고 수행을 통한 매개는 가능하다. 그리고 이러한 영적 매개는 비단 그리스도교에 국한된 것이 아니라 세 유일신 신앙의 종교 모두에 공통된 현상이다. 아니, 시간으로부터 영원으로의 영적 여행은 동·서양 세계를 통틀어 인류의 공통된 염원이 아닐까 한다.

지나치게 강조하는 데서 오는 어려움에서 유래하지만, 피조물의 세계에 갇혀서 생각할 수밖에 없는 우리의 사고의 본질적 한계일 것 같다.

V. 창조와 구원
― 보편적 성육신의 관점에서 본

신은 영원한 침묵 속에 거하지 않고, 끊임없이 세계를 산출하면서 스스로를 드러낸다. 이런 점에서 신은 역동적 창조력을 지닌 '살아 계신 하느님'(living God)이다. 그렇지 않다면 신과 피조물 사이에는 영원한 단절과 침묵만 있을 뿐, 신학적 언사의 기초가 되는 유비적(analogical) 표현이나 상징적 언사조차 불가능할 것이다. 하지만 신은 모든 존재자로 하여금 존재하게 하는 존재의 힘이고 존재 그 자체다.

나는 신이 자신의 존재와 생명을 나누어 주는 진화적 창조 과정 자체가 신의 보편적 현현이고 자기 계시이며 보편적 육화, 즉 신이 자신의 존재와 본성을 모든 피조물에 나누어 주고 피조물들이 신의 존재와 본성에 참여하는 보편적 성육신(universal incarnation)이라고 본다. 성육신은 예수 그리스도라는 하느님의 아들에게만 일어난 유일회적 사건이 아니라 우주 만물이 신의 존재와 본성에 참여하는 보편적 사건이고 과정이다. 이런 시각으로 보면 그리스도교 신학의 양대 요소인 창조(creation)와 구원(rdemptioin, salvation)은 별개의 과정이나 사건이 아니라 하나의 과정이다.

보편적 성육신은 모든 인간을 하느님의 자녀로 본 예수 그리스도 자신의 가르침에 부합하는 진리다. 보편적 성육신은 신이 인간에게 가까이 다가오는 과정으로 전통적 교리에서 보듯이 오직 예수에게만 일어난 예외적이고 일회적인 사건, 처음이자 마지막 사건이 아니라 신의 지속적인 진화적 창조(creatio continua)의 과정이다. 지속적 창조가 신의 보편적 성육신의 과정이라는 말은 인간의 영혼을 위시해서 신에서 출현한 모든 사람과 유한한 사물이 범주별 차이에도 불구하고 각기 신의 존재와 본성에 참여하는 성스러운 존재들이라는 것을 뜻한다. 신의 로고스와 물질적 창조력에서 출현한 우주 만물은 모두 다양한 신현(神顯, theophany)의 존재들이고 신의 자식 또는 분신과도 같은 존재들이다. 혹은 신의 연장(extension)들이라고까지 우리는 말할 수 있다. 신과 세계는 원천과 산물(혹은 스피노자의 '산출하는 자연'과 '산출된 자연'), 어머니 같은 만물의 출산자와 그 자식들, 무한과 유한, 절대와 상대, 영원과 시간, 전체와 부분이라는 존재론적 위상의 차이에도 불구하고 둘 사이에는 존재론적 단절이란 있을 수 없다. 세계를 산출하는 신의 창조성은 신의 본성이기에 신과 세계, 무한과 유한, 영원과 시간을 매개하고 연결해 주는 원리가 신의 창조적 본성 자체에 있는 것이다. 신의 지속적 창조이자 보편적 성육신은 세계 도처에서 다양한 형태를 띠면서 신과 인간, 신과 세계를 매개해 준다. 이 매개는 모두 신의 하강(descent)으로서 신의 은총의 수단(means of grace)이 될 수 있고, 거룩한 성사들(sacraments)이다. 신의 본성이 지닌 로고스와 원초적인 물질적 창조력은 보편적 성육신을 통해서 물질세계를 성화하고 구원의 풍부하고 다채로운 통로가 된다는 말이다. 예수 그리스도의 피와 살을 비롯해서 아름다운 신전, 신상(神象), 교회당, 절, 전례, 동방 교회의 이콘(icon) 등이 모두 천상과 지상, 신과 인간을 이어 주는 신의 보편적 성육신의 다양한 형태들이다. 석영중은 러시아 정교회의 이콘(icon)에 대해 아래와 같이 말한다.

이콘을 우상으로 간주하는 것은 사실상 말씀의 육화, 물질에 대한 정교회의
입장을 전면적으로 부정하는 것이다. 말씀이 육을 취하여 사람이 되신 만큼
정교회는 물질과 육의 세상을 거부하지 않는다. 물질은 신이 창조하신 것으
로 인간은 그것을 불순하고 부정한 것으로 치부할 것이 아니라 그것을 아름
답게 변화시키는 데 노력을 기울여야 하는 것이다. 인간이 이콘을 보며 공경
하는 것은 이미지(image)가 아니라 그 이미지의 근원인 신성이다. 부활전
야 예배에서 정교회가 "보아라, 강생하신 그리스도의 이콘을 통해 교회는 지
상의 모든 것을 능가하는 아름다움에 휩싸였도다"라고 노래하는 것은 결국
말씀의 육화를 통한 신앙의 승리를 확인해 준다.[1]

우리는 이와 같은 러시아 정교회의 이콘에 대한 생각을 그대로 힌
두교의 신상(神像, arcā)에도 적용할 수 있다. 개신교 교회의 최대 문제
는 천상과 지상, 하느님과 인간을 매개해 주는 이콘이나 신상과 같은
다양한 매개체나 상징물을 전부 '우상'으로 치부하면서 쓸어버리고,
구원의 통로를 '오직 믿음'(sola fides), 오직 은총(sola gratia), 오직 성경
(sola scriptura)으로 협소하게 만든 배타적이고 빈약한 종교성에 있다.
우리는 서구 개신교가 그리스도교뿐 아니라 현대 세계와 문명 일반의
세속화(secularization)에 절대적으로 기여했다는 사실을 간과해서는 안
된다. 보편적 성육신 사상은 이 모든 잘못된 과정을 뒤엎고 구원의 다
양한 통로를 다시 열어 주고, 물질세계와 자연의 신성성을 회복해 주
는 신학적 기반을 제공한다. 이것은 또 현대 문명에 주어진 절체절명

---

1 석영중, 『러시아 정교』, 233.

의 과제라는 인식 아래, 창조를 신의 유출로 보는 창조론이 지닌 의미를 '보편적 성육신' 사상 내지 세계관으로 확대 해석해야 한다는 것이 나의 신관이 함축하고 있는 진리다.

성육신은 유독 2,000년 전에 탄생한 아기 예수에게서 처음이자 마지막으로 일어난 유일회적인 사건이 아니라 진화적 창조라는 매우 오랜 기간에 걸쳐 진행된 사건들 가운데 하나이다. 그리스도의 성육신 사건은 어디까지나 이러한 보편적 맥락 속에서 이해되어야 한다. 신의 보편적 육화 가운데서 하느님의 모상으로 출현한 호모 사피엔스(homo sapiens)의 출현이 신의 육화 과정이 도달한 첫 번째 정점이라면, 그리스도교 신앙의 관점에서는 하느님의 모상을 흠 없이 구현한 예수 그리스도야말로 인간성을 가장 완벽하게 구현한 육화의 두 번째 정점이고 목적이고 의미다.[2] 그에게서 참 인간과 참 하느님이 진정으로 일치했기 때문이다.

하지만 우리가 간과해서는 안 될 점은 만약 호모 사피엔스의 출현이 선행하지 않았다면 예수 그리스도의 성육신 역시 불가능했으리라는 자명한 사실이다. 전통적인 성육신 개념은 이러한 신인합일을 하느님 편에서 일방적으로 주어진 기적적 사건으로 간주한다. 하지만 인간 편에서 오랜 세월에 걸친 진화의 과정과 기도나 금욕 등의 노력이 없었다면 신인합일은 지극히 추상적이고 공허하기 짝이 없는 일로 간주되기 쉽다. 사실, 신이 주도하는 일방적 성격이 강한 전통적 성육신 사상은 바로 이러한 이유로 무척 추상적이고 공허한 교리처럼 들리는 것이 사실이다.[3] 현대 성육신 사상은 첫째, 오랜 진화 과정을 통한 인간

---

2 이러한 관점에서 길희성, "하나님은 왜 인간이 되셨나," 『아직도 교회 다니십니까』 (동연, 2021)를 볼 것.

3 같은 글, 나는 또 이러한 시각을 『종교에서 영성으로』라는 글 모음집 (동연, 2021)에서도 밝히고 있다.

다운 인간인 호모 사피엔스의 출현, 둘째, 신성의 수용을 위한 인간 예수의 영적 자각과 수행을 간과해서는 안 된다.

우리는 시야를 더 확대해서 이스라엘의 역사뿐 아니라 전 인류의 종교사, 예수 이야기를 중심으로 하는 그리스도교뿐 아니라 힌두교, 불교, 유교 그리고 이슬람 등 인류의 종교사를 이끈 모든 선각자나 성인들의 이야기와 가르침, 더 나아가서 호모 사피엔스의 출현에 이르는 우주 138억 년의 진화 과정 전체를 하느님의 육화와 계시 그리고 인류 구원의 역사로 간주할 수 있다. 신의 로고스와 물질적 창조력은 모든 피조물에 내재하는 존재와 생명의 원리이고 힘이기 때문이다. 만물이 신을 드러내는 다양한 신의 얼굴이고 계시이고 육화이기 때문이다. 로고스와 물질적 창조력이라는 신의 본성이 아니었다면 우리가 아는 세계 창조는 없었을 것이고, 자유로운 존재인 인간 호모 사피엔스(homo sapiens)의 출현, 특히 자신의 유한성을 자각하고 영원한 신을 찾고 만나는 종교적 인간(homo religiosus)의 출현도 불가능했을 것이다. 또 가장 인간다운 인간, 하느님을 빼닮은 모상 중의 모상(골 1:15-16)인 예수 그리스도의 출현도 불가능했을 것이다.

보편적 육화와 보편적 계시는 같이 간다. 전자는 후자일 수밖에 없고, 후자 역시 전자 때문에 가능하다. 이러한 보편적 성육신(육화)과 보편적 계시의 개념이 터무니없다고 생각하면 우리는 요한복음의 로고스 사상에 다시 한번 주목할 필요가 있다: "모든 것이 그로 말미암아 창조되었으니, 그가 없이 창조된 것은 하나도 없다. 창조된 것은 그에게서 생명을 얻었으니, 그 생명은 사람의 빛이었다." 여기서는 로고스가 '그'라고 불리는 예수라는 한 역사적 존재와 동일시되고 있지만, 로고스는 분명히 피조물 전체의 산출에 관여된 신의 우주적 힘─생명, 빛─이다. 잉게(W. R. Inge)는 그리스 정교회의 최고 신학자 가운데 하

나로 추앙받는 닛사의 그레고리(Gregory of Nyssa, 4세기 후반)의 사상을
논하면서 다음과 같이 말하고 있다.

> 그는 또 다른 곳에서 논하기를 다른 모든 영적 존재들에게도 그들의 종에 따
> 른 그리스도의 육화가 있었음에 틀림없을 것이라고 주장한다. 이 교리는 후
> 에 정죄되었지만, 로고스 사상에서 필연적으로 따라 나오는 결론처럼 보인
> 다. 이런 논증들은 그리스 신학자들에게는 그리스도가 세계에 내재하는, 그
> 러나 거기에 제한되지는 않는 우주적 원리임을 보여주고 있다. 그리고 [하느
> 님의] 구원의 계획이 성육신 사건에 드러난 것과 똑같은 힘[로고스]에 의해
> 서 생명을 얻고 유지되는 우주가 지닌 성격의 일부로 간주된다는 점을 아주
> 명백하게 보여주고 있다.[4]

그레고리의 통찰은 실로 심오하다. 그리스도는 한 역사적 존재일
뿐 아니라 우주적 그리스도(Cosmic Christ)라는 생각은 신약성경에 탄
탄한 기반을 가지고 있는 사상이다. 동방 교회나 서방 교회를 막론하
고 신학에 지대한 영향을 끼쳐 온 사상이다. 로고스의 성육신은 유독
한 인간에서만 이루어진 유일회적이고 예외적인 사건이 아니라, 수많
은 로고스들(logoi)이 모든 인간에서 다양한 형태로 이루어지고 있다.
신의 로고스는 당연히 창조 세계 전체에서 작용하는 힘이라는 데 이의
가 있을 수 없다. 다만 우리의 신관은 이러한 성서적 기반을 가진 개념
을 더욱 명확하게 진술하고 철저하게 밀고 나갔을 뿐이다. 보편적 성
육신 사상은 진화적 창조론의 입장에서는 우주적 그리스도론의 논리
적 귀결과도 같다. 잉게는 계속해서 말한다.

---

4 W. R. Inge, *Christian Mysticism* (New York: Meridian Books, 1956), 100-101.

특히 고백자 막시무스(Maximus)의 저술은 이러한 우주론을 상세하게 천명하고 있다. 막시무스는 하느님의 로고스를 단지 예수라는 한 인격체뿐 아니라 모든 예언자의 말에서 그리고 태초부터 모든 피조물의 로고스들(logoi) ─그 기저에 있는 원리들이라는 의미의─에서도 본다. 막시무스는 신의 로고스 경륜에 대한 이러한 이해에 따라서 성육신을 단순히 하나의 역사적 사건으로만 보지 않는다. … 오히려 그의 사고는 거의 '점차적 성육신'을 전제로 한다. 이러한 이해에서는 예수의 인격이 지닌 신적인 측면은 본질적으로 자연 세계와 이질적이 아니라, 오히려 처음부터 그 안에 현존해 있던 것이 풍성하게 된다는 것을 뜻한다.[5]

우리는 단지 이러한 오래된 우주적 그리스도(Cosmic Christ) 개념─탄탄한 성서적 배경을 지닌 (요한복음 1장, 골로새서 1:15-20)─을 현대의 진화적 창조 개념과 접맥시켜 우주 만물이 신의 로고스와 원초적인 물질적 창조력의 산물이고, 신의 보편적 자기 계시이자 육화임을 말하고 있을 뿐이다.

여기에 제시되는 보편적 성육신 사상은 전통적인 그리스도교의 성육신 사상과 세 가지 면에서 현저한 차이가 있다. 첫째는 전통적 성육신은 오직 로고스의 육화만을 강조하고 있지만, 보편적 성육신은 누차 말한 대로 신의 로고스와 더불어 신의 원초적인 물질적 창조력의 육화를 말한다. 둘째 차이점은 우리가 위에서 본 대로 전통적 그리스도론이 우주적 그리스도 개념을 무시하지는 않지만, 성육신은 한 역사의

---

5 Christopher C. Knight, "Theistic Naturalism and the Word Made Flesh," in *In Whom We Live and Move and Have Our Being: Panentheistic Reflection on God's Presence in a Scientific World*, eds. Philip Clayton and Arthur Peacocke (Grand Rapids, Michigan: William B. Eerdmans, 2004), 57-58.

V. 창조와 구원 ─ 보편적 성육신의 관점에서 본 • 421

예수, 한 유대인에서만 이루어졌다고 보는 배타적 성육신 이해가 주종을 이루어 온 것이 사실이다. 보편적 성육신 이해는 이러한 편협성과 배타성을 과감히 돌파한다. 셋째 차이는 성육신을 신의 일방적인 은총의 행위가 아니라 그것을 수용하는 인간 편의 조건과 태도, 즉 자유로운 존재인 인간의 능동적인 노력, 영적 본성과 수행을 강조한다는 점이다.

신의 보편적 성육신을 인정한다 해서 우리는 진화적 창조라는 신의 보편적 육화 과정에서 발생하는 모든 사건, 모든 사물이 균질적이고 등가적인 신의 계시나 육화로 간주할 필요는 없다. 모든 사람, 모든 존재를 동일하게 신의 육화로 간주할 필요도 없다. 만물 가운데 인간이야말로 신의 최고의 육화다. 인간은 진화적 창조의 정점이고, 그 이전의 진화 단계들을 모두 수렴한다는 점에서 진화의 전 과정을 대표한다. 인간은 이런 점에서 소우주(microcosmos)다. 무엇보다도 인간은 자신이 신의 육화임을 의식하고 자각할 수 있는 존재다. 맥쿼리는 에리우게나(Eriugena)의 신현(神顯, theophany) 개념을 논하면서 다음과 같이 말한다.

신현은 신이 그의 작품 속에 남긴 어떤 수동적 흔적, 그것에서 우리가 신의 존재를 추론할 수 있는 흔적이 아니다. 신은 오히려 그의 말씀(로고스)을 통해 창조의 세계로 하강했고, 거기서 신을 만나기 위해 상승할 수 있는―때로는 신화(神化, deification)라고 부르는― 존재들에게 자신을 전달한다. … 그렇다면 자연 전체가 적어도 신현의 수단이 될 수 있다. 그리고 이 수단들은 실제로 신의 자기 전달을 통해 발생하기 때문에, 자연신학과 계시신학의 경계선은 얄팍하다. 가장 높은 것에서부터 가장 낮은 것에 이르기까지 창조된 세계의 질서에 있는 모든 존재가 신현의 계기가 될 수 있다. 그러나 분명히 지성을 가지고 있고 영적 존재들, 천사들과 인간들이 특별한 지위를 점한다. … 인간은 신현을 수용할 수 있는 존재로서 인간 안에서 신현이 발생하고 인간 자신도 신현이다. 다시 말해 인간도 신이 유한의 차원에서 현현한 존재다.[6]

나는 인간이 '하느님의 모상'이라는 말을 이런 뜻으로 이해한다. 진화적 창조의 정점에서 이성·지성·영성을 지닌 신현으로 출현해서 신을 찾고 신과 소통하고 교제하다가 마침내 신과 하나가 될 수 있는 도덕적·영적 능력을 갖춘 존재가 인간이다. 모든 인간이 신의 현현이고 육화이지만, 그 가운데서도 신과 세계와 인간에 대해 각별한 영적 자각과 통찰을 할 수 있는 종교의 창시자들이나 성인들은 신의 육화 중의 육화다. 그들이 하느님의 '초자연적' 은총을 받아 하느님의 모상을 완전히 구현했든 아니면 깨달음과 수행을 통해서 구현했든 상관없다. 중요한 것은 그들이 인간으로서 타고난 본성과 본래적 가능성을 가장 완벽하게 구현했고 보여주었다는 사실이다. 이를 통해서 성인들은 인간이 추구하고 실현해야 할 인생의 목적과 의미를 가장 분명하게 자각하고 제시한 존재들이다. 이런 의미에서 그들은 신의 특별한 육화이고 계시다.

신에서 출원하여 시간의 세계에 잠시 모습을 드러내는 만물은 이미 신 안에 가능태로 존재하다가 시간과 함께 점차적으로 현실화된다. 신의 영원성은 시간의 세계에 모습을 드러낸 피조물들의 시간을 경험하고 품는 영원성이다. 생명의 하느님이 누리는 영원성은 시간을 포함하고 있는 풍부한 영원성이다. 틸리히의 말에 의하면,

신의 생명은 시간성을 포함하지만, 시간성에 종속되지는 않는다. 신의 영원

---

6 John Macquarrie, *In Search of Deity*, 94.

성은 시간을 포함하고 초월한다. 신적 생명의 시간은 피조물의 시간이 지닌 부정적 요소의 규정을 받지 않고 오직 현재로서만 규정된다. 우리의 시간처럼 '더 이상 아니다'[과거]와 '아직 아니다'[미래]의 규정을 받지 않는다. 비존재의 규정을 받는 우리의 시간은 실존(existence)의 시간이다. 이 시간은 본질에서 유리된 실존을 전제로 하며, 신의 생명 속에서 하나로 통일되어 있는 시간의 순간들이 실존적으로 분열되는 것을 전제로 한다.[7]

그렇다고 신이 경험하는 시간이 우리의 경험과 완전히 차원이 달라서 우리의 시간적 경험이 신과 무관하다거나 신에게 무의미하다는 말은 아니다. 적어도 창조 세계와 관련된 신의 영원성은 시간을 완전히 초월하는 초시간성(timelessness)이나 끝없는 시간의 연장(endless time)도 아니다. 신이 경험하는 영원은 '상대적 영원'(relative eternity)으로서 '항구적 시간'(everlasting time)이다.[8]

히브리어 올림(olim)과 그리스어 아이오네스(aiones)는 초시간성을 의미하기보다는 시간의 모든 계기들을 포용하는 것을 뜻한다. 시간은 신적 생명의 근저에서 창조되기 때문에 신은 시간과 본질적 관계를 가진다. 시간의 특정한 순간들이 서로 분리되지는 않지만, 영원은 그 안에 시간적인 것을 가지고 있다. 영원은 실존적 시간의 분절된 순간들을 초월하는 통일성이다.[9]

우리는 따라서 신이 경험하는 시간, 하늘의 시간을 '영원 속의 시간', 혹은 '시간 속의 영원'으로 표현할 수 있다. 말하자면 '상대적 영원'이다. 그러나 신만 그런 경험을 하는 것은 아니다. 우리 인간도 때로는 시간 속에서 영원에 비견될 만한 특이한 경험을 할 때가 있다. 성 아우구스

---

7 Paul Tillich, *Systematic Theology* vol. One, 257.

8 같은 곳.

9 같은 책, 274.

티누스적인 전통을 따르는 틸리히에 따르면 우리가 시간의 세계에서 찾을 수 있는 신의 영원성에 대한 유일한 유비는 현존하는(present) 현재(now)라는 의식의 순간에 경험하는 '영원한 현재,' 혹은 '정지된 현재'(nunc stans)이다.10 아마도 부활 후에 변화된 세계에서 신앙인들이 누리는 하늘의 시간, 항구적 시간(everlasting time)도 그런 영생이 아닐까 생각해 본다.

인간이 현세에서 경험할 수 있는 영원한 현재는 물론 시간 자체를 초월하는 신의 초시간적 영원(timeless eternity), 절대적 영원은 아니다. 과거가 기억을 통해 현재화되는 과거, 미래가 기대 속에서 현재화된 미래 그리고 현재는 직관을 통해 현존하는 현재이다. 신이 경험하는 영원은 우리가 마음·영혼에서 경험하는 시간의 계기들을 포용하면서도 초월하는 포월적 영원이다. 또 우리가 하늘에서 누리는 영원한 현재 역시 오자마자 사라지는 허무한 현재와 달리 순간에서 영원을 맛보는 현재, 영원의 시각에서 경험하는 현재, 부분에서 전체를 관조하는 현재 같은 것일 것 같다. 하느님의 영원한 현재를 닮은, 말하자면 '상대적 영원' 같은 것이 아닐까 추측해 본다.11 영원한 현재를 살면서 시간의 세계를 경험하는 사람에 대해 러시아 문학 연구가 석영중은 다음과 같이 아름답게 묘사하고 있다.

시간을 하느님의 시간으로 체험하는 사람에게 시간은 언제나 제 속도로 흐르고 언제나 넉넉하다. 그는 과거와 미래를 영원한 현재로 들여온다. 과거의 상처는 현재에 치유되고 미래의 불안은 희망으로 대체된다. 엄밀히 말해서 이 시간 속에서는 과거에서 현재로, 현재에서 미래로 흐르는 선적인[직선

10 같은 곳.
11 같은 곳.

적인] 행진은 존재하지 않는다. 아우구스티누스(St. Augustine)가 말했듯이 과거, 현재, 미래가 영혼 속에 공존한다: "이제 미래의 시간과 과거의 시간도 없다는 것이 명백하고 명료하나이다. … 아마도 세 가지 시간이 있다고, 즉 과거 사물들의 현재 시간, 현재 사물들의 현재 시간, 미래 사물들의 현재 시간이 있다고 말하면 옳을 것이옵니다. 이는 이 셋이 영혼 안에서 공존함이옵니다. 그렇지 않으면 내가 그것들은 볼 수 없기 때문이옵니다. 과거 사물들의 현재 시간은 기억이오며, 현재 사물들의 현재 시간은 직적접인 의식이오며, 미래 사물들의 현재 시간은 기대이옵니다."[12]

신 자신은 시간을 초월하지만 피조세계와의 관계 속에서는 신도 과거, 현재, 미래라는 시간의 계기들에 동시적으로(contemporarily) 현존하는 시간의 세계를 경험한다. 그러나 신이 시간의 계기들을 경험하는 양식은 우리가 시간의 경과를 통과하는 경험과 달리 '영원의 모습으로'(sub specie aeternitatis) 모든 것을 한꺼번에(all at once) 보는 '관조적'(contemplative) 경험 같은 것이 아닐까 한다. 어떤 특정한 목적이나 의도를 가지고 개별적 사물이나 사안에 관여하고 집착하는 인간들의 경험과는 다른 경험일 것이다. 신이 세계에 관여하는 방식은 일차적으로 피조세계 전체에 관여하는 방식으로 하는 것이 아닐까?

우리는 여기서 아인슈타인의 일반상대성원리 이후로 현대 과학에서 논의되고 있는 시간관과 신의 영원성에 대해 잠시 논할 수밖에 없다. 나 자신의 지식을 훨씬 능가하는 일이지만, 현대 신학은 더 이상 이 문제를 도외시할 수 없기 때문에 무지를 무릅쓰고 일단 논의의 물

---

12 석영중, 『자유: 도스토예프스키에게 배운다』 (예담, 2015), 305.

꼬를 트는 차원에서 생각해 본다. 우선 우리는 아인슈타인의 일반상대
성원리 이후로 뉴턴(Newton)이 상정했던 획일적이고 절대적인 시간과
공간의 개념 그리고 고전적인 중력 이론이 무너지고, 새롭게 이해되고
있다는 사실에 주목할 필요가 있다. 아인슈타인이 이미 100여 년 전에
예견했던 '중력파'의 존재가 검증됨에 따라 전 세계 물리학계는 흥분
의 도가니에 빠졌다는 매스컴의 보도도 있었다. 이에 따라 사물의 운
동과 변화와 더불어 균일하게 흐르는 시간, 우리 의식에 '잡히는' 과거,
현재, 미래로 분절되는 시간이 사실은 주변 사물의 질량과 시간을 경
험하는 사람의 위치에 따라 달라진다는 놀라운 사실이 드러났다. 시간
은 중력파 · 중력장으로 인해 공간과 함께 뒤섞이면서 휘어지고 각기
다른 질량을 지닌 주위 사물들과 관찰자의 위치에 따라 다르게 흐른다
는 사실이 드러난 것이다.

　　이제 성 아우구스티누스 이래 베르그송, 후설, 초기 하이데거 철학
에 이르기까지 그동안 서구 철학에서 논의된 심리적 경험에 의거한 철
학적 시간론—우리 마음 혹은 의식에 잡히는 시간—은 낡은 이론이
되고 말았다.[13] 시간은 더 이상 모든 곳에서 동일하게 흐르는 하나의
균질적인 것이 아니라는 사실이 드러났기 때문이다. 그렇다면 우리가
과거, 현재, 미래로 분절된 것으로 경험하는 시간이 환상이란 말인가?
이런 맥락에서 아인슈타인이 절친했던 친구가 죽자 그의 아내에게 한
위로의 말이 자주 인용되곤 한다. "물리학을 믿는 우리 같은 사람들은
과거와 현재, 미래의 구분은 집요하게 계속되는 착시일 뿐이라는 것을
안다." 시간의 흐름을 부정하는 듯한 이 말은 이른바 '블록 우주'(block
universe)라고 부르는 시간관을 나타내는 말로 이해된다. 또 이러한 맥

---

13 이 의식의 철학에 속하는 시간론에 대한 전반적 소개는 소광희, "시간과 시간성," 「학술원
　논문집: 인문 · 사회과학편」 제58집 1호(2019) 참조. 대한민국학술원, 2019.

락에서 아인슈타인이 친구 부인에게 한 위로의 말, "이제 그(친구)는 나보다 조금 앞서 세상을 떠났다. 그것은 아무 의미도 없다"도 거론되고 있다.[14]

하지만 이 말이 아인슈타인의 시간관 자체를 대표하는 말은 아니라는 로베리의 지적은 타당하다고 본다. 로베리에 따르면 시간은 측정하는 사람의 위치와 물체들의 질량에 따라 달리 흐른다는 것, 따라서 어디서나 균일하게 흐르는 보편적이고 통일적인 '절대시간' 같은 것은 존재하지 않는다는 것이다. 한 특정한 환경이나 맥락 속에서 흐르는 시간만 존재하지 뉴턴이 생각했던 절대시간 같은 것은 존재하지 않는 환상이라는 것이다.[15] 흐르는 시간 자체는 엄연히 실재한다(real). 다만 시간을 의식하고 측정하는 자의 위치에 따라 달리 흐르는 구체적인 '시간들'만 있지, 언제 어디서나 균일하게 흐르는 보편적이고 추상적인 시간은 존재하지 않는다는 것이다.[16] 오컴의 유명론적 사고가 이제 시간관에도 적용된 듯하다. '사과'라는 보편자는 실재하지 않고 서로 다르게 생긴 '이 사과', '저 사과'만 실재한다는 사고가 이제 시간에도 타당하게 된 것 같다.

하지만 중요한 사실은 실제 우리가 처한 특정 맥락 속에서 경험하고 측정하는 시간의 흐름들은 아주 구체적으로 존재한다는 사실이다. 시간 자체가 '환상'이기는커녕 오히려 이전에 우리가 생각했던 것보다 훨씬 더 리얼하다고 볼 수 있다. 우리가 종전에 잘못 생각했던 절대적

---

14 이 두 인용문은 이탈리아의 물리학자 카를로 로베리(Robelli, C.)/이종원 옮김, 『시간은 흐르지 않는다』(*The Order of Time*) (쌤앤파커스, 2019), 117-123에서 재인용.

15 같은 책, 116-23 참고.

16 이 점에서 로베리의 책을 "시간은 흐르지 않는다"고 번역하는 것은 명백한 오역이라고 나는 생각한다. 저자는 그의 책 어디에도 그런 말을 하지 않는다. 내가 이해하기는 로베리는 시간이 어디서나 동일하게 균질적으로 흐른다는 사실을 부정하지, "시간은 흐르지 않는다"고 말하지는 않는다.

시간은 환상일지라도 우리가 또는 내가 지금 여기서 경험하는 특정한 시간의 흐름은 리얼하다. 이런 점에서 우리는 시간의 상대성을 말할 수 있다. 그리고 이러한 상대적 시간들(복수에 주의할 것!)은 우리의 의식에 잡히든 잡히지 않든, 엄연히 존재하는 것이 아닐까? 이렇게 시간이란 것이 그것을 경험하는 사람이 처한 위치에 따라 다른 속도로 흐르는 구체화된 시간들이기에 공간과 주위 여건들에 얽힌 매우 복잡한 현상이지만, 성 아우구스티누스이래 시간을 주로 심리적·의식 내의 현상으로 파악한 과거 기라성 같은 철학자들의 견해보다도 오히려 훨씬 더 리얼하게 존재한다고도 말할 수 있을 것 같다.[17]

또 닫힌 체계(system)에 있는 물질은 시간의 흐름과 더불어 점점 질서에서 무질서로 변해간다는 열역학 제2법칙, 이른바 '엔트로피'(entropy) 증가의 법칙은 적어도 우리가 의식하고 측정하는 시간이 공간과 더불어 불가역적인 질서로 실재하는 것임을 증언해 준다. 시간은 어디서든 결코 거꾸로 흐르는 법은 없다. 우리는 모두 이 시간의 지배하에 살고 있다. 모두가 태어나서 성장한 후 노쇠해지고 죽는다는 사실을 모르는 사람은 없다. 흐르는 시간의 신비를 의식하면서 그 심리적 주관성을 가장 일찍 간파한 성 아우구스티누스도—그의 유명한 말, "오 영혼아, 나는 네 안에서 나의 시간을 재노라"가 표현하듯이— 시간이 모든 피조물의 운명과도 같은 '객관성'을 띤 것임을 부인하지 않았다.[18] 아우구스티누스에게 시간도 하느님의 피조물이다. 하느님은 시

---

17 성 아우구스티누스, 베르그송, 후설, 하이데거 등의 철학적 시간관에 대한 정교한 논의는 소광희, "시간과 시간성,"「학술원논문집: 인문·사회과학편」 제59집 1권(2019). 하이데거는 베르그송이나 후설과 달리 생활세계(Lebenswelt)를 사는 현존재(Dasein)의 시간성을 다루고 있지만, 여전히 시간을 인간의 의식과 결부시켜 파악하는 시각은 크게 다르지 않다. 더 이상 과거화되지 않는 '정지된 현재'(nunc stans), 즉 영원한 현재, 혹은 '살아 있는 현재', '항구한 지금'의 의식작용에 대한 후설의 현상학적 분석에 대한 논의가 매우 흥미롭다.

간 안에서(in time) 세계를 창조하신 것이 아니라, 시간과 함께(with time) 세계를 창조하셨다는 그의 유명한 말은 이를 뜻한다.

더 나아가서 우리가 기억과 기대와 직관 속에서 의식하고 경험하는 심리적 현상으로서의 시간이 아인슈타인 이후의 우주물리학자들이 말하는 시간의 정체성과는 다르지만, 그것이 여전히 우리의 삶을 지배하고 있다는 엄연한 사실은 누구도 부정할 수 없다. 아무리 천재 물리학자라 해도 이러한 엄연한 사실을 무시하고 살 수 있는 사람은 아무도 없다. "과학을 믿는 우리 같은 사람들"이라는 단서를 붙인 아인슈타인의 말도 이를 암시하는 듯하다.

그러나 적어도 신 자신의 영원성은 시간 자체를 완전히 초월하는 (timeless eternity) 영원으로서 항구적 시간(everlasting time) 같은 시간의 끝없는 연장이 아니라는 점은 확실하다. 신의 영원성은 문자 그대로 시간 자체를 초월하는 초(무)시간적 영원이겠지만, 신에게도 시간의 경험이 있다면 그것은 우리의 경험과는 달리 이미 지나간 것의 기억 (memory) 속에 있는 시간이나 아직 오지 않은 것의 기대 (expectation) 속에 있는 시간이 아니라 모든 일·사건·사태가 동시적으로 한꺼번에 (all at once) 경험되는 '시간 아닌 시간'일 것 같다. 우리는 이러한 시간을 '상대적 영원'이라고 불렀다. 신에게는 이 모든 것을 오직 '현재적'으로 경험하는, 그야말로 '영원의 모습 혹은 시각에서' 관조하는 '경험 아닌 경험' 혹은 '상대적 영원' 같은 시간일 것 같다는 말이다.[19] 신비주의 영성가들이 말하는 이른바 '정지된 현재'(nunc stans) 혹은 '영원한 현재'(eternal now)의 경험 같은 것이 아닐까 생각한다.

우주물리학자들 가운데는 우주의 팽창이 언젠가는 멈추고 시간과

---

18 선한용, 『시간과 영원』, 82-83. 제5장(시간과 하나님의 영원성)을 참고.

19 본래 스피노자가 사용한 용어. 시간의 모든 계기들을 포함하는 이 '상대적 영원'을 틸리히는 히브리인들의 시간관에 따라 '올림 olim' 혹은 '아이오네스 aiones'라는 말로 표현한다.

물질계가 결국 다 소멸한다고 보는 견해가 있는가 하면, 다른 한편에서는 우주는 해체된 후 다시 수축하기 시작해서 엄청난 질량을 가진 특이점(singularity)으로 압축되었다가, 또다시 빅뱅을 통해 우주가 전개될 것이라고 본다. 어느 쪽이든 인간과 모든 생명체는 언젠가는 "불에 타 죽든지 아니면 얼어 죽든지"(fry or freeze) 둘 중의 하나가 될 것이라고 반우스갯소리로 우주물리학을 하는 사람들은 말하기도 한다. 나는 힌두교의 오랜 순환적(cyclical) 세계관에 따라 후자의 가능성을 수용하는 편이다. 우주 만물이 해체되어 망망대해에 잠겼다가 정해진 때가 오면 다시 형성되는 과정을 밟을 것이라는 견해다. 힌두교 일각의 사상에 따르면 가령 비쉬누 푸라나(Visnu-Purāna)에 나오는 신화나 라마누자(Rāmānuja, 1137년 사망) 같은 비쉬누파 신학자·철학자에 따르면 세계가 전개되었다가 해체되어 다시 신 안으로 흡수되면 '우주의 밤'(cosmic night, 일종의 블랙홀?)이 온다. 그렇게 되면 우주는 신의 원인적 상태(causal state)로 흡수된다. 우주는 온통 물바다로 변하고, 비쉬누는 망망대해에서 거대한 뱀(쉐샤Sesa라는 이름의, Ananta) 위에서 편안히 잠을 잔다. 세계의 원인적 상태인 신 안에는 시간(kāla), 분화되기 전의 원초적 물질(prakrti) 그리고 인간의 영원한 개별 영혼들(purusa, ātman, 영혼 혹은 자아들)이 내재하다가 우주의 밤이 지나 비쉬누의 배꼽에서 연꽃이 피어나면 창조의 신 브라마(Brahmā)가 출현하여 다시 시간의 경과와 함께 우주가 전개된다. '브라마의 하룻밤'과 같은 길이의 '브라마의 한 낮'에 해당하는 기간이다. 인간 영혼들도 지은 업에 따라 다시 나고 죽는 윤회를 계속한다.[20]

---

20 샹카라의 불이론적 베단타학파에서는 아트만(Ātman)은 우주의 궁극적 실재인 브라만(Brahman)과 조금도 다름없이 하나지만, 비쉬누파 교파 신학자이며 철학자인 라마누자의 한정불이론적 베단타(Visista-advaita Vedānta) 사상에서는 아트만은 인격신 비쉬누를 신앙의 대상으로 믿고 관계하는 개인 영혼이다.

신이 이렇게 자신 안에 시간을 품고 있다면, 신의 영원성은 필경 단순한 무시간적·초시간적 영원이 아니라 그 자체에 시간의 세계를 가능태로 품고 있는 영원성, 일종의 '상대적 영원성'일지 모른다. 여하튼 나는 힌두교의 순환적(cyclical) 세계관에 따라 우주가 팽창과 수축, 해체(pralaya)와 전개(sarga, 방출, 혹은 전개 unfolding, 전변 pariṇāma)를 반복할 것이라고 생각한다.[21]

다시 우리의 신관에 대한 논의를 계속하자면 신은 자신에서 출현한 만물에 항시 현존하면서 만물과 내적 관계를 가진다. 지성 자체인 신은 당연히 존재하는 모든 사물과 발생하는 모든 사건에 동시적으로 현존하고 모든 것을 내적으로 경험하면서—악과 고통까지 포함하여—만물과 교감한다. 고전적 그리스도교 신관은 신의 무감성(無感性, apathy)을 주장하기도 했지만, 성서적 신관은 물론이고 현대 신관은 대체로 이를 배격한다. 아무리 신의 경험이 우리의 경험과 달리 초월적이라 해도 신은 자기 자식과도 같은 존재들의 고락에 무관심한 분이 아니다. 맥쿼리의 말대로 "신은 자기 자신을 투입한 세계의 운명에 깊은 관심을 가질 것이며, 어떤 식으로든 세계의 고통도 경험할 것이다. 자기 피조물의 고통에 무감한 신에게 우리가 탄복하고 숭배할 만한 것은 별로 없을 것이다."[22]

---

21 해체기는 창조신 브라마(Brahmā)의 하루에 해당하는 우주의 밤(cosmic night)이 될 것이며, 우주의 낮은 브라마의 한 낮에 해당한다. 힌두교의 순환적 세계관에 대한 좀 더 자세한 소개는 길희성, 『인도 철학사』(동연, 2022), 261-275(제18장: 한정불이론적 베단타 철학), 113-131(제7장: 상키야 철학과 요가 철학), Heinrich Zimmer, *Myth and Symbols in Indian Art and Civilization*, ed. Joseph Campell (New York: Harper Torchbooks, 1962); Van Buitenen, trans. *Classical Hindu Mythology: A Reader in Sanskrit Purānas* (Temple University Press, Pennsylvania, 1978) 제2장(Viṣnu) 참고.
22 *In Search of Deity*, 180.

하지만 신이 경험하는 고통은 인간이 경험하는 고통과는 질적으로 차이가 있을 것이다. 맥쿼리의 지적대로 세계에 내재하는 신은 인간과 함께 세계의 고통을 느끼고 만물의 고통을 무한히 흡수하지만, 우리처럼 고통에 압도당하거나 무너지는 일은 없을 것이다. 더 나아가서 신은 그리스도의 십자가와 부활이 보여주듯이 궁극적으로 고통을 기쁨으로 변화시키는 구원의 힘이라고 그리스도교 신앙은 믿는다.23

모든 사물과 사건에 동시적으로 현존하는 신에게는 모든 것을 동시적으로 '아는' 전지성(omniscience)이 있다. 신의 앎은 우리의 앎과 달리 부분에서 전체로 나아가는 시간적 과정을 요하는 점차적 앎이 아니라 모든 것을 동시적으로 의식하고 아는, 그야말로 대번에 모든 것을 직관적으로 파악하는 것과 같은 것이 아닐까 생각해 본다.

하지만 신의 전지성이 아직 발생하지 않은 미래의 사건, 특히 자유로운 존재인 인간이 취할 미래의 결정과 행동까지도 사전에 다 알 수 있을지는 추가적 논의를 필요로 하는 어려운 문제이다. 전통적인 신의 전지성 개념은 신은 자유로운 존재인 인간의 미래까지도 안다는 입장이지만, 얼핏 생각하면 인간의 자유가 진정한 자유인 한, 신도 인간의 미래는 알 수 없을 것이라는 생각을 할 수 있다. 세계가 그 안에서 발생하는 모든 사건이 연역적으로 추론될 수 있는 결정론적이고 닫힌 체계가 아니라, 인간의 자유로운 선택이 실제로 가능하고 누구도 예측할 수 없는 우발적 사건이 끊임없이 발생하는 열린 시스템인 한, 아직 일어나지도 않은 일들을 모조리 아는 지식은 신에게도 없을 것 같다는 생각이 들기 때문이다. 만약 신이 우리가 취한 미래의 결정과 행동을 미리 다 안다면—사실 이것이 신의 섭리 'providence'라는 말이 지닌 어원적 의미, 즉 '미리 본다'는 뜻이다— 신의 앎은 오류가 없을 것이니

23 같은 책, 181.

까 신이 아는 미래는 반드시 일어날 수밖에 없을 것으로 생각할 수 있다. 만약 알 수 있다면, 인간의 자유는 결국 허구라는 말이 되고, 세상사는 자유로운 의사나 결정 없이 모두 신의 뜻대로 움직일 것이다. 세계는 결국 닫힌 결정론적 또는 운명론적 체계라는 말이 된다.

하지만 하느님이 인간사의 미래를 미리 나 안다는 것이 반드시 인간의 자유와 모순되지는 않는다는 견해도 있다. 반드시 결정론이나 예정설(predestination)을 함축하지는 않는다는 견해다. 시간 자체를 초월하는 신에게 미래라는 시간을 과거와 현재로부터 분리하는 것 자체가 무의미하겠지만, 신이 사물을 아는 방식과 양태가 우리 인간이 인식하는 방식과는 다를 수밖에 없을 것이다. 신의 앎이 과거, 현재, 미래라는 시간의 분절 없이 모든 현상, 모든 사건을 일시에 다 아는 지식이라면, 굳이 우리가 취할 미래의 결정과 행위만 신의 전지성에서 제외할 필요는 없을 것 같다. 예를 들어 바둑이나 장기 게임을 예로 들면서 인간의 자유와 신의 전지성이 양립할 수 있다고 주장한다. 바둑의 고수는 하수가 둘 다음 몇 수를 미리 내다보지만, 하수의 결정을 강요하지는 않는다. 하수는 언제나 자신의 생각대로 바둑을 두지만, 결과는 언제나 고수의 뜻대로 이루어지는 것과 마찬가지라는 비유다. 마치 칼뱅의 예정설을 둘러싼 논쟁을 상기시킨다.

여하튼 진화적 창조가 신의 보편적 육화이고 보편적 계시라면, 우리는 종래 그리스도교 신학의 양대 주제인 창조(creation)와 구원(redemption)을 별개로 볼 것이 아니라 하나의 연속적 과정으로 보아야 한다는 중대한 시각의 변화를 함축한다. 신이 만물을 산출하고 자신의 존재와 생명을 나누어 주는 지속적인 창조 자체가 이미 사랑과 구원의 행위이며, 구원은 신에서 출현한 만물이 신으로 복귀함으로써 신과 완전한 일치를 이루는 만물의 귀향 같은 것이고 진화적 창조의 완성일 것이다. 더 나아가서 이 보편적 구원의 과정에서 발생하는 사건들은 모두 신의 육화이기에 전부 귀하고 한 부모로부터 한 피를 받은 가족과도 같아서 온 우주가 종국에는 가족 같은 사랑의 공동체, 영화로운 세계로 변모할 것이라고 그리스도교의 종말론적 희망의 신앙이다. 우리가 현세에서 경험하는 악은 모두 하느님의 찬란한 빛으로 영화될 (glorified) 것이라고 믿는다. 우리가 현세를 살면서 취하는 선한 의지의 행위든 악한 의지의 결정이든, 결국은 모두 선 자체이신 하느님 안으로 수렴되고 수용되면서 하느님의 창조 세계는 신의 뜻이 온전히 실현되는 하느님의 나라로 변모할 것이다.

기(氣) 철학을 기저에 깔고 있는 중국 사상가 장재(張載)는 일찍이 이 같은 진리를 매우 웅변적으로 증언한 바 있다. 존재하는 모든 사물은 원초적 기인 태허(太虛)로 이루어져 있기에 우주 만물의 변화는 태허의 자기 전개 과정이다. 태허는 무한한 우주 자체로서 말하자면 커다란 비움이다. 이 비움만이 우주를 가득 채울 수 있기 때문이다. 태허가 산출한 가장 큰 산물은 음기와 양기를 가득 품은 하늘과 땅(天地)이다. 천지는 태허가 낳은 자식과도 같은 존재로서 천지는 다시 인간을 포함하여 무수한 만물을 산출하고 품는다. 천지는 인간의 부모와 같고, 만물은 결국 우주 만물의 어미 같은 태허가 자기를 비워 자신의 피와 살을 나누어 주는 자기희생과 자기 비움의 과정인 셈이다. 장재는 『서명』(西銘)에서 다음과 같이 말한다.

하늘을 나의 아버지라 부르고, 땅을 어머니라 부른다. 나의 이 조그만 몸이 그 가운데 뒤섞여 있도다. 그러므로 천지 사이에 가득한 것이 나의 형체가 되었고, 천지를 이끄는 것이 나의 본성이 되었다. 백성은 나의 동포요 사물은 나와 함께 있는 무리다. … 성인은 천지와 덕을 합한 사람이요, 현인은 빼어난 사람이다. 천하의 파리하고 병든 사람, 고아와 자식 없는 노인, 홀아비와 과부가 모두 다 내 형제 가운데서 어려움을 당해 호소할 데 없는 자들이다."[24]

실로 감동적인 선언이고, 어쩌면 여기에 나의 신론이 말하고자 하는 모든 생각과 실천이 담겨 있다 해도 과언이 아닐 정도라는 생각마저 든다. 그리스도교 전통에서 곧잘 '이신론'으로 폄하하곤 하는 것이 이렇게 풍부하고 대담한 영성과 넓고 깊은 사랑의 메시지를 가질 수 있다는 사실이 놀랍기만 하다. 현대 그리스도교 신학은 이러한 사실에 주목할 필요가 있다. 우리는 장재와 매우 유사한 진리의 통찰을 동학(東學)의 제2대 지도자 해월 신사(海月神師)의 가르침에서도 그대로 볼 수 있다. 그는 말하기를 "천지는 곧 부모요 부모는 곧 천지이니 천지부모는 일체니라. 부모의 포태(胞胎)가 곧 천지의 포태(胞胎)니 지금 사람들은 다만 부모 포태의 이치만 알고 천지 포태의 이치와 기운을 알지 못하느니라."[25] 이 말은 천지가 우리의 부모라는 점만 언급하고 있지만, 경천(敬天), 경인(敬人), 경물(敬物)을 강조하는 삼경(三敬) 사상을 비롯한 해월의 전 사상과 진보적인 실천윤리가 다 들어 있다 해도 좋을 정도다.[26]

그리스도교 신학, 특히 개신교 신학은 전통적으로 구약성경의 창세기에 나오는 창조 이야기를 주로 아담의 타락에 초점을 맞추면서 이른바 구원사(Heilsgeschichte)가 전개되는 배경 정도로 간주하는 경향이

---

24 이황, 『성학십도』, 이광호 옮김(홍익출판사, 2001), 53-55. 번역문에 약간의 수정을 가해 인용했다. 장재의 사상 일반에 대하여는 Ira E. Kasoff, *The Thought of Chang Tsai (1020~1077)* (Cambridge University Press, 1984) 참고.

25 해월 신사 법설, 『동경대전』 (천도교경전, 천도교중앙총부), 249-250.

26 Hee-sung Keel, *op. cit.* "Asian naturalism: an old vision for a new world," 참고.

강했다. 그러나 진화적 창조론에서는 창조가 모든 것이라 해도 과언이 아닐 정도다. 구원론이 창조론 안으로 수렴된다고까지 말할 수 있다. 성경에 기록된 구원의 드라마를 장식하는 사건들의 이야기는 모두 진화적 창조라는 단 하나의 일관된 과정으로 수렴된다. 구원사적 사건들이 모두 그 일환으로 이루어진다고 보기 때문이다. 하늘과 땅을 창조하고 인간을 지은 행위, 이스라엘 족장들의 삶의 이야기들, 모세의 영도 아래 이집트를 탈출한 이스라엘 민족의 이야기, 사무엘을 왕으로 세운 후로 전개되는 왕국의 역사와 솔로몬과 다윗 왕 이야기, 이스라엘 민족의 바빌론 포로기와 해방 이야기, 예언자들의 출현과 활동 그리고 예수의 탄생과 죽음과 부활 이야기 등 성경이 특기하고 있는 사건들이 모두 하느님의 진화적 창조라는 하나의 일관된 일반 섭리에 따라 전개되는 과정에서 발생하는 일련의 특수하고 특별한 사건들이다.[27]

나는 신의 일반계시(general revelation)와 특별계시(special revelation)의 구별 자체는 인정하지만 둘이 완전히 차원이 다르다거나 '자연'과 '초자연'의 확연한 구별이 있다고 생각하지 않는다. 특별계시는 어디까지나 일반계시를 전제로 하며, 그 일환으로 발생한다고 생각하기 때문이다. 이런 점에서 나는 하느님의 특별한 계시(성경에 기록된)에 입각한 '계시신학'과 인간의 보편적 이성에 근거한 '자연신학' 사이의 차이나 간격이 그리 크다고 생각하지 않는다. 이런 입장은 '자연적 은총'(natural grace)은 안중에 없고 초자연적 은총만을 강조하는 경향이 큰 개신교 전통보다는 "은총은 자연(이성)을 파괴하지 않고 완성한다"고 보는 성 토마스 아퀴나스의 사상을 좇는 가톨릭 신학의 입장에 더 가깝다.[28] 그러나 가톨릭 전통도 초자연적 은총과 자연적 이성을 차등

---

27 그리스도교 신학자들 가운데서 이런 식으로 대담하게 사고한 거의 유일한 신학자는 2세기에 활동한 이레네우스(Irenaeus)다. 이에 대한 간단한 논의로, R. Ruether, *Gaia and God*, 235-237 참고.

적으로 구별하기는 매한가지이고, 이성이 은총으로 완성된다고 본다는 점에서 그리스도교 진리의 독점적 우위성을 고수하는 것은 마찬가지다. 보편적 성육신 사상은 신의 특별한 은총이나 계시가 그리스도교만의 전유물이라는 배타적 입장 자체를 거부한다. 인류 종교사는 물론이고 진화적 창조의 전 역사가 신의 보편적인 은총과 계시, 신의 일반적 섭리가 펼쳐지는 과정이라고 보기 때문이다.

나는 신의 보편적 육화 가운데서 자연과 인간을 구별한다. 인간은 물론 신의 보편적 육화의 정점이지만, 자유로운 존재 인간이 연출하는 역사의 세계는 자연의 세계와 달리 인간의 죄악으로 왜곡되고 얼룩진 세계라는 점에서 무조건 그 전체를 신의 육화로 간주하면 곤란하다. 이 점에서 나는 이른바 '범신론'의 위험성은 마땅히 경계해야 한다고 생각한다. 만물이 신이 낳은 자식과도 같고, 그 가운데서 인간이 특별한 위치를 점하지만 자유로운 존재인 인간은 스스로 만든 세계에 대해 책임을 져야 하는 존재다. 자연은 죄를 모르고 신성하기까지 하지만 인간이 만들어 내는 역사는 반드시 그렇지 않기 때문이다. 역사는 성과 속, 선과 악이 혼재하는 모호한 세계다. 역사의 세계에는 신과 세계 사이에 항상 거리와 긴장이 있기 마련이기에 역사의 세계 전체를 무차별적으로 신의 육화로 성화(聖化)하는 것은 금물이다.

---

28 은총(신앙)은 자연(이성)을 전제로 하며 그 완성이라는 말은 토마스의 철학과 신학, 특히 이성과 계시에 대한 그의 사상을 가장 명료하게 말해 준다. 그는 『신학대전』에서 "은총이 이성을 전제로 하듯이 신앙은 자연(이성)을 전제로 한다"고 진술한다. St. Thomas Aquinas, *Theological Texts*, selected and trans. by Thomas Gilby (Oxford: Oxford University Press, 1955), 6. 하지만 이러한 가톨릭의 입장도 은총과 자연을 일단 확연히 구별한 후 둘을 계층적으로 이해하기는 마찬가지다. 토마스의 신학·철학 사상에 대한 간략한 논의는 이 책 제2부, 제2장 "신앙과 이성의 종합"을 참고할 것.

VI. 무(無)로부터의 창조?

    우리는 이미 '무로부터의 창조'(creatio ex nihilo)를 말하는 그리스도교의 전통적 창조론과 달리 유출설에서는 세계가 신 자신으로부터의 창조(creatio ex deo)임을 보았다. 우리는 또 신의 자기 전개 과정인 세계의 창발적 진화 과정에 발생하는 혼돈과 무질서는 하느님 자신의 원초적인 물질적 창조력에 기인한다는 것도 보았다. 이러한 관점에서 나는 무로부터의 창조 개념과 신으로부터의 창조 개념을 조화시키면서 악의 문제, 특히 자연악(natural evil)의 문제를 새롭게 조명해 볼 수 있다고 생각한다. 선하신 하느님이 창조한 세계에 악은 도대체 어디서 오는가?

    물질도 하느님의 피조물이기에 하느님으로부터 왔다는 견해는 그리스도교의 정통 사상이다. 이것은 또 존재하는 모든 것이 일자로부터 유출한 것이기에 그 자체는 선하다(good, bonum)고 보는 신플라톤주의의 존재론과도 일치한다. 그리고 힌두교, 도교, 유교의 성리학이나 양명학도 물질 자체나 인간의 육체적 욕망 자체를 악으로 간주하지 않는다. 다만 힌두교 일각에서 인간의 육체를 해탈의 장애로 간주하고 벗어나야 할 대상으로 보는 경향이 강한 것은 사실이고, 상좌(上座, Theravāda) 불교는 생사윤회의 세계와 열반을 이원적 대립의 관계로 보면서 탐욕이 지배하는 물질과 육체 자체를 부정적으로 보는 것이 사실이다. 하지만 그리스도교 전통에 따르면 물질은 결코 신을 떠나 존재할 수 있는 어떤 독립적 실재가 아니고 그 자체가 악은 더욱 아니다.

나는 우선 "아무것도 없는 데서는 아무것도 나올 수 없다"는 존재론적 원리를 움직일 수 없는 진리로 받아들인다.[1] 우파니샤드의 철인 웃달라카가 남긴 유명한 질문, "어떻게 무로부터 유가 나올 수 있겠는가?"[2]라는 물음은 무로부터의 창조라는 개념이 일단 상식에 위배된다는 사실을 암시한다. '무로부터의 창조'라는 개념은 하느님의 창조 행위는 인간의 창조 행위와 달리 기존의 어떤 질료 같은 것을 사용하거나 그 제약 아래서 이루어지는 것이 아니라, 문자 그대로 아무것도 존재하지 않는 비존재(nihil, nonbeing)의 상태에서 존재를 부여하는 하느님의 행위임을 뜻한다. 창조는 곧 무에다 유를 수여(dare esse)하는 행위다.

이러한 사상의 배후에는 하느님의 절대적 자유와 주권과 초월성을 보호하려는 신학적 동기 그리고 물질을 악한 것으로 보아 하느님과 무관한 것, 혹은 하느님과 적대적 관계에 있는 것으로 보는 일련의 사상들—영지주의(Gnosticism), 마니(Mani)교 그리고 세계를 창조한 구약의 창조주 하느님을 악한 존재로 간주함으로써 그리스도교에서 이단으로 정죄된 마르시온(Marcion, A. D. 160년경) 같은 사람의 사상—에 대한 거부가 있었다. 무로부터의 창조 개념은 하느님이 정신뿐 아니라 물질도, 영혼뿐 아니라 육체도 창조하신 분이고, 하느님이 창조한 것은 무엇이든 근본적으로 선하다는 긍정적 사고를 반영한다. 나는 일단 이것이 그리스도교 신앙이 포기할 수 없는 진리라고 여기며 그리스도교의

---

1 "Nothing comes from nothing."(*ex nihilo nihil fit*).

2 *Chandogya Upaniṣad*, VI. 1-2. "How could being be produced from non-being?"(*katham asataḥ saj jāyeta*).

값진 사상적 유산 가운데 하나라고 본다.

무로부터의 창조는 또 세계가 스스로를 설명할 수 없다는 사실, 세계는 존재하지 않을 수도 있었다는 세계의 우연성(contingency)[3]을 말해 준다. 존재하는 것은 모두 존재 자체이자 필연적 존재이고 선 자체인 하느님으로부터 왔다. 나는 무로부터의 창조 개념에 대한 이러한 전통적 이해를 기본적으로 수용하는 동시에 창세기의 창조 신화를 전통적 해석과는 다른 각도에서 이해한다. 나는 '무로부터'에서 '무'(nihil)를 단순한 비존재가 아니라 일체의 규정성과 특성과 형상(모습, 꼴, form)이 결여된 원초적 질료(質料) 혹은 혼돈(chaos)으로 간주한다. 고대 세계에 널리 퍼져 있던 사고방식대로, 창세기 설화에 나오는 대로 창조는 이러한 원초적 물질의 혼돈 상태에서 질서 있는 코스모스를 형성하는 신의 행위라고 본다. 하지만 나는 이와 동시에 무로서의 원초적 물질이 고대 그리스 철학이나 우주발생론적 신화들에서 보듯이 창조 이전부터 혹은 창조와 별도로 존재하는 어떤 독자적 실재 내지 원리이기보다는 하느님 자신의 본성의 일면이라고 본다.

사실, 창세기의 창조 신화에는 엄밀한 의미에서 '무로부터의 창조' 개념은 존재하지 않는다. 창세기 신화는 하느님이 세계를 창조하실 때 어떤 한계성을 띤 구체적 사물, 즉 특정한 형태나 꼴을 갖춘 것은 아무것도 존재하지 않았다는 말이지, 그야말로 아무것도 존재하지 않는 단적인 비존재 상태였다고 하는 것은 아니다. 질서가 형성되기 전의 원초적 혼돈 상태인 무는 결코 단순한 비존재(nonbeing, non-existence)가

---

3 이러한 개념을 배경으로 해서 "왜 도대체 애당초 아무것도 없지 않고 무언가가 존재하는가?"(Why is there something rather than nothing?), 혹은 "세계는 왜 존재하는가?"와 같은 극단적 질문이 그리스도교가 지배하는 문화 풍토에서 발생할 수 있었다. 철학자 하이데거는 『형이상학이란 무엇인가』(*Was ist Metaphysik?*) (Frankfurt: Vittorio Klostermann Frankfurt A. M., 1960)이라는 그의 프라이부르크 대학 교수취임 강연에서 라이프니츠가 제기하는 이 질문을 근거로 해서 무(das Nichts)의 문제를 다루고 있다.

아니다. 존재하는 사물은 예외 없이 모두 어떤 일정한 형태·꼴을 지닌 다는 점에서 형태를 갖추기 전의 상태란 사실상 비존재와 다름없다. 하지만 이 비존재는 모든 존재를 낳는 무한한 가능성을 가지고 있다는 점에서 단순한 비존재는 아니다. 『도덕경』이 말하는 것처럼 무한한 창조력을 지닌 무(無), 즉 모든 유(有)를 낳는 무이다. 이런 이유로 플라톤을 위시해서 고대 그리스 사상가들은 단순한 비존재(ouk on)로서의 무와 무한한 존재 가능성으로서의 무(mē on)를 구별했다. 나는 창세기 신화도 결코 이러한 사고에 예외가 아니라고 본다.

신화는 "태초에 하나님이 천지를 창조하셨다. 땅이 혼돈하고 공허하며, 어둠이 깊음 위에 있고, 하느님의 영은 물 위에 움직이고 계셨다"(창 1:1)라고 말하고 있다. 여기서 '혼돈', '공허', '어둠', '깊음', '물'은 도대체 무엇을 가리키는 것일까? 그것이 무엇이든 한 가지 분명한 사실은 하느님의 창조 행위에 앞서 비록 어떤 구체적 형태를 띠지는 않았지만 '무언가'가 이미 존재하고 있었다고 창세기 기자는 생각했다는 것이다. 나는 한 걸음 더 나아가서 그것이 고대 세계의 우주 발생 신화들에서처럼 물질이 구체적 형태를 갖추기 전의 원초적인 혼돈 내지 질료, 즉 신의 '원초적인 물질적 창조력'(primordial material creativity)을 가리킨다고 본다. 고대 세계의 우주 발생(cosmogony) 신화들은 하나같이 창조를 태초의 혼돈(primeval chaos)에서 질서 있는 코스모스(cosmos)를 형성하는 것을 신들의 창조 행위로 보고 있다. 플라톤 이래 그리스 철학자들도 일반적으로 그렇게 생각했다. 창세기 신화 역시 이 점에서 예외가 아니라고 나는 생각한다.[4]

---

4 이러한 해석에 대해서는 과정신학자 David Ray Griffin, "Creation out of Nothing, Creation out of Chaos, and the Problem of Evil," in *Encountering Evil: Live Options in Theodicy*, ed. Stephen T. David (Louisville: Westminster John Knox Press, 2001); 또 그의 "Panentheism: a Post-modern Revelation," in *In Whom We Live and Move*

그러나 고대 그리스도교 신학은 영(spirit)과 육(물질, matter)의 이원론에 입각한 영지주의(Gnosticism)와 그 영향으로 물질 자체를 악으로 간주하고, 물질을 창조한 하느님을 구약성경과 함께 거부한 마르시온(Marcion) 등을 비판하는 과정에서 순전히 아무것도 존재하지 않는 '무로부터의 창조'를 주장하게 되었다. 즉, 하느님과 물질을 이원론적 대립 관계로 보는 대신, 하느님이 물질을 포함해서 존재하는 모든 것을 순전한 무에서 창조했다는 것이다. 그리고 이렇게 무로부터 창조된 것은 모두 본성이 선하다고 여긴다. 그리스도교가 이렇게 무로부터의 창조 개념에 따라 물질 자체를 악으로 간주하는 사상을 거부한 것은 인류 문명사적 관점에서 매우 중대한 의미를 지닌다. 하지만 그 대신 치러야 했던 대가 또한 만만치 않았다. 존재하는 모든 것이 하느님의 창조이고 선이라면 악은 도대체 어디서 오는 것일까, 혹시 악도 하느님이 만든 것은 아닌가 하는 근본적 의문이 피할 수 없이 제기되기 때문이다.

이 문제는 오늘날까지도 그리스도교 신앙을 괴롭히는 곤혹스러운 문제로 남아 있게 되었다. 성 아우구스티누스는 이 문제에 대해 한편으로는 악은 독자적 실체성이 없고 단지 선의 결핍(privatio boni)에 지나지 않는다고 주장했다. 그러면서 다른 한편으로는 도덕악(moral evil)을 인간의 잘못된 자유의지의 행사에서 온다는 이론으로 대처했다. 둘 다 매우 중요한 통찰이지만, 악의 엄청난 힘, 특히 수많은 생명에 고통을 안겨 주는 자연악(natural evil)을 설명하기에는 미흡했다. 나는 따라서 한편으로는 물질과 하느님을 이원적 대립 관계로 보는 견해를 거부하면서 존재하는 모든 것이 하느님으로부터 온다는 근본 원칙은 수용

and Have Our Being, 36-39 참고. 이와 대조적으로 전통적인 신학적 입장을 대변하는 '무로부터의 창조'에 대한 논의로 선한용, 『시간과 영원: 성 어거스틴에 있어서』(대한기독교서회, 1998), 특히, 36-50(제3장, 시간과 무로부터의 창조)를 참고할 것.

하지만 다른 한편으로는 무로부터의 창조가 아니라 하느님 자신으로부터의 창조라는 유출설의 입장에서 자연악의 기원이 하느님 자신의 원초적인 물질적 창조력에 기인한다는 견해를 제시한다. 그리고 인간이 저지르는 도덕악은 인간이 자유를 오용한 데 기인한다고 보는 성 아우구스티누스 이래의 고전적 입장을 따른다. 전통적 그리스도교 신학의 관점에서는 매우 파격적으로 들리겠지만, 나는 이것이 이해할 수 없는 자연악의 문제를 하느님에 대한 신앙과 조화시키는 솔직한 견해라고 생각한다.

우주 만물의 근원인 하느님의 창조력을 로고스로만 보는 것은 일방적이다. 로고스는 창조 세계의 질서와 조화의 원리로서 진화적 창조의 방향을 추동하고 인도하는 힘이지만, 신의 로고스도 언제나 신의 물질적 창조력의 제약 아래 있다고 본다. 만약 로고스가 진화적 창조 과정을 완벽하게 지배한다면 세계는 그야말로 동일한 것만 한없이 반복되는 숨 막히는 기계론적 체계가 되고 말 것이고, 자연재해 같은 무질서와 자연악은 발생하지 않겠지만, 다양한 생명체들의 진화에 필수적인 돌연변이 같은 우연도 존재하지 않을 것이다. 따라서 창발적(emergent) 진화는 불가능할 것이고, 종의 다양성이 풍부한 생명계도 형성되지 못했을 것이다. 무엇보다도 진화의 정점이자 자유로운 존재인 인간의 출현 자체가 불가능했을 것이다.

나는 과정신학이 무로부터의 창조 개념에서 무를 비존재의 절대적 무가 아니라 상대적 무로 보는 견해는 찬성하지만, 무·혼돈·물질을 창조에 선행하는 어떤 영원하고 독자적인 원리로 보는 견해는 수용하지 않는다. 무 역시 하느님 자신이 지닌 본성의 일면이라고 보기 때문이다. 이 점에서 나의 신관은 우주 만물의 궁극적 실재가 '하나'임을 믿는 유일신 신앙과 동·서양의 일원론적 형이상학(monistic metaphysics)의 전통을 따른다.

원초적인 혼돈이나 질료와 같은 '무 아닌 무'가 하느님 자신에서 온다는 견해는 일부 동방 교회 신학자들 가운데서도 발견된다. 그들은 무를 하느님 안에 있는 깊이를 모를 에너지의 근저 내지 심연으로 본다. 도가의 무(無) 개념처럼 구체적이고 유한한 형태는 없지만 만물(有)이 거기서 출현하는 유 이전의 무다.5 원초적 물질을 하느님 자체에 기인하는 것으로 보는 견해는 또 힌두교의 비쉬누파 베단타(Vedānta) 신학자인 라마누자(Rāmanuja)의 입장이기도 하다. 그에 따르면 세계가 해체기를 맞으면 원초적 물질(prakṛti)은 시간과 개인 영혼들과 함께 하느님으로 흡수되어 잠재적 상태(causal state, 원인적 상태)에 있다가 다시 창조가 시작되면 신(브라마, Brahmā)으로부터 전개되어 나와 우주 만물(결과적 상태)을 형성한다.6 이런 잠재적 가능태로서의 유(有)는 사실 유라고 할 수 없고, 그렇다고 아무것도 아닌 무라고도 할 수 없는 '어떤 것'이다. 단순한 없음(비존재)으로서의 무가 아니라 존재들의 가능성으로 충만한 무, 『도덕경』에서 말하는 원초적인 혼돈, 또는 유를 낳는 무이기 때문이다.

물질적 창조력을 본성으로 지닌 하느님은 모든 피조물의 유한성과 허무성의 원천이자 세계에서 발생하는 일시적 혼돈과 무질서와 우연성의 근원이기도 하다. 원초적 무와 혼돈이 하느님의 물질적 창조력이라면 '무로부터의 창조'는 하느님 자신으로부터의 창조이기 때문에 우리는 자연계의 일시적 무질서 역시 하느님의 본성의 일면에서 오는 불

---

5 Philip Sherrard, *Christianity: Lineaments of a Sacred Tradition* (Edinburgh: T & T Clarke, 1998), 238-239. 또 Christopher C. Knight, "Theistic Naturalism and the Word Made Flesh, in *In Whom We Live and Move and Have our Being*, 59-60의 간단한 논의를 참고할 것.

6 라마누자의 신학에 대해서 길희성, 『인도 철학사』(동연, 2022), 제18장(限定不二論的 베단타 철학) 참고.

가피한 현상으로 받아들일 수밖에 없다. 하느님은 우주의 질서와 무질서, 아름다움과 혼란 모두의 궁극적 원천이다. 로고스 하느님은 혼돈 속의 물질에 일정한 형태(form)와 본질(essence)들을 부여하는 사물들의 범주별 차이와 조화 그리고 통일성의 원리다. 이 원리는 진화적 창조를 일정한 방향과 목적으로 인도하는 힘이지만, 로고스 역시 신의 물질적 창조력의 제약 아래 있기 때문에 자연계에서 발생하는 일시적 무질서와 혼돈 역시 궁극적으로 하느님 자신, 즉 그의 원초적인 물질적 창조력에 기인한다고 나는 본다. 하느님은 유(有)와 무(無), 이(理)와 기(氣), 질료와 형상, 본질과 실존, 질서와 혼돈, 합리적 필연성과 비합리적 우연성, 물질과 정신, 객체와 주체, 사물과 인격체 모두의 궁극적 원천이고 귀착지다. 신은 우주 만물의 알파와 오메가다.

위에 언급한 일련의 이항(二項) 개념의 쌍들은 모두 일자(一者) 하느님의 본성이 지닌 양극적 본성(bipolar nature)을 반영하며, 음과 양처럼 상호 보완적(complementary)이다. 신은 이 양면을 포괄하는 실재로서 '아버지' 하느님이자 '어머니' 하느님이고 정신과 물질의 원천이다. 스피노자식으로 말하면 정신과 물질은 유일 실체인 신이 지닌 두 속성 내지 양태다. 우리는 하느님(God)이라는 단어 말고 이 두 측면을 아우르는 실재를 가리키는 더 적합한 단어를 찾기 어렵다. 하느님을 태극(太極)이나 도(道)로 지칭할 수도 있겠지만, 태극의 경우는 기(氣)보다는 이(理)의 성격이 강하고, 도가의 도는 이(理)보다 원기(元氣)의 성격이 강하다. 또 힌두교의 브라만(Brahman)은 아트만(Ātman)처럼 정신(spirit)의 성격이 강하다. 비록 브라만이 물질계도 산출하는 현상계의 궁극적 원천이지만, 만물의 질서와 인간 이성의 존재론적 원천인 로고스적인 성격은 약하다는 문제점이 있다. 나는 로고스를 정신(Spirit, Geist)과 동일시하면서 역사의 전 과정을 정신의 변증법적 운동을 통한 자기 전개로 파악하는 헤겔(Hegel)식 범논리주의는 찬성하지 않는다. 나는 헤겔 철학처럼 신의 자유와 무한성을 인간 이성의 논리적 체계 속에 가두고, 기의 움직임을 완전히 로고스의 지배 아래 두는 그의 사변적 철학은 설득력이 약하다고 본다.7

모든 존재의 근원이고 귀착지인 하느님은 위에서 언급한 일련의 이항적 구별이나 대립 이전의, 혹은 초월하는 궁극적 실재이며, 무엇이라고 규정하기 어려운 '존재 아닌 존재', 굳이 말하자면 일자(一者) 혹은 '하나'(unum)라고 부를 수밖에 없는 실재다. 숫자로서의 하나가 아니라 모든 숫자의 근원이 되는 하나이며8 모든 것이 사라져 버린 심연과도 같지만, 동시에 모든 것을 가능성으로 품고 있는 원천이다.

이와 같은 신관과 창조론은 악의 문제와 관련해서 중대한 의미를 지닌다. 개체들의 유한성과 우연성과 무상성이라는 이른바 형이상학적 악(metaphysical evil)은 물론이고, 창조 세계가 로고스적인 질서임에도 불구하고 일시적 혼돈이나 무질서가 발생하는 것은 신의 원초적인 물질적 창조력에 기인한다. 그러나 우리는 신의 물질적 창조력이 자연계에 끊임없이 새로운 것을 출현시킴으로써 창발적 진화를 가능하게 한다는 사실, 우연성과 불확정성과 돌연변이를 가능하게 한다는 사실 그리고 도덕적 선과 악의 구별을 의미 있고 가능하게 만드는 필수조건인 인간의 자유가 움직일 수 있는 '공간'의 존재론적 근거라는 사실을 알 필요가 있다. 이 모든 것이 하느님의 역동적인 물질적 창조력에서 온다. 신의 자유도 그의 물질적 본성의 발현이고, 신은 이런 점에서 우리가 예측할 수 없는 의외성과 놀라움의 원천이기도 하다.

---

7 헤겔 철학에 대한 간단한 논의는 John Macquarrie, *In Search of Deity*, 125-138 참고.
8 Paul Tillich, *A History of Christian Thought*, 51. 신플라톤주의의 강한 영향을 받은 에크하르트 신비주의의 하나(unum) 개념에 대해서 길희성, 『마이스터 에크하르트의 영성 사상』 (동연, 2021), 94-114 참고.

플라톤주의의 영향 아래 정신을 우위에 두고 물질을 폄하해 온 신학, 부정할 수 없는 끔찍한 자연악의 비극이 그치지 않는 세계를 목격하면서도 신의 선과 사랑만을 일방적으로 외쳐온 신학은 이제 극복되어야 한다. 그러기 위해서 우리는 우주 만물의 궁극적 실재인 하느님을 대담하게 물질과 정신, 선과 악을 모두 아우르는 포괄적이고 전일적인 실재로 이해할 필요가 있다. 하느님에는 질서와 혼돈, 선과 악(자연악)의 힘이 공존하며, 진화적 창조는 이 두 힘의 상호 견제 아래 전개되는 과정이다.

원초적 무와 물질에 대한 논의를 좀 더 계속해 보자. 플로티누스에 따르면 원초적 물질인 무 자체도 모든 존재와 선의 근원인 일자(to hen, 一者)로부터 흘러나왔지만, 일자와 가장 먼 대극에 있다. 플라톤에서처럼 무는 아무런 형상도 취하기 전의 순수 질료다. 일자로부터 흘러나오는 것은 일자에서 멀면 멀수록 존재와 선이 결핍되기 때문에, 무 혹은 순수 질료는 존재와 선의 극단적 결핍이다. 아무런 형태가 없기 때문에 구체적 모습을 띤 실증적 존재(positive entity)는 아니지만, 그렇다고 아무것도 아닌 순전한 비존재도 아니다. 무는 말하자면 '무 아닌 무'이고 '존재 아닌 존재'다. 존재 자체이고 선 자체인 일자에서 흘러나온 만물은 정도의 차이는 있지만 모두 일자의 존재와 선에 참여하며, 이와 동시에 존재와 선의 극단적 결핍이자 그 대극인 무의 영향 아래 있기 때문에 유한하다. 그러나 존재와 선이 완전히 결핍된 것은 존재할 수 없기 때문에, 그 어떤 존재자도 존재하는 한 악이 아니라 선이다.

플로티누스 사상에서 선의 대극에 있는 무와 원초적 질료가 순전히 부정적 실재인지 아니면 어떤 적극성을 띤 원리인지는 논란이 있다.[9] 그는 물질 자체를 악으로 간주하지는 않았지만, 그의 사상에 물질을

---

9 Hick, 40-43의 논의를 볼 것.

부정적으로 보는 경향이 있음은 부인하기 어렵다. 하지만 그가 무로서의 원초적 물질을 선의 극단적 결핍으로 간주하는 한 그리고 무와 순수 질료도 존재 자체이자 선 자체인 일자에 의존하고 있는 한, 무는 결코 독자적 실재는 아니다. 악 역시 독자적 원리일 수 없다. 이런 점에서 플로티누스는 결코 무와 원초적 물질을 악과 동일시하지 않았다고 보아야 한다.[10] 사실, 그는 말하기를 "무엇이든 그것이 할 수 있는 만큼 선에 참여하는 것은 어떤 것도 막을 수 없다. 이 진술은 물질에도 타당하다"고 한다.[11] 원초적 물질까지 포함하여 존재하는 것은 무엇이든 정도의 차이는 있을지언정 모두 선 자체이며 존재 자체인 일자에 참여하고 있기 때문이다.

여하튼 나는 창조론에 관한 한, 플로티누스의 일자와 하느님을 동일시하며,[12] 무로부터의 창조를 하느님 자신의 물질적 창조력의 유출로 이해한다. 하느님이 형상과 질료, 이(理)와 기(氣), 질서의 원리인 로고스와 물질적 창조력의 원천인 한, 이 둘은 근본적으로 선하고 상보적이다. 무는 발생하는 무질서의 원천이라는 점에서 자연악의 형이상학적 원천이다. 하느님은 존재와 무, 선과 악, 필연성과 우연성, 질서와 무질서, 밝은 면과 어두운 면 모두를 아우르는 궁극적 실재다. 하지만 신의 물질적 창조력이 신의 본성의 일면이고 피조물의 형이상학적 악(유한성)과 자연악의 원천인 한, 신은 선악의 대립을 초월하는 '절대

---

10 잉게는 플로티누스가 지키려 한 핵심적 진리 가운데 하나가 영지주의(Gnosticism)에 대항하는 세계의 통일성(unity)과 선(goodness)과 성스러움(sacredness)이라고 보면서 플로티누스 사상에 대한 이원론적 해석을 경계한다. R. Inge, *Mysticism in Religion* (London: Rider and Company, 1969), 138-158을 볼 것.

11 *The Essential Plotinus*, tr. Elmer O'Brien, S. J. (Indianapolis: Hackett Publishing Co., 1964), 68.

12 플로티누스 자신은 일자가 하느님이 아니라고 말한다. 이에 대한 논의로 John Macquarrie, *Two Worlds are Ours: An Introduction to Christian Mysticism* (Minneapolis: Fortress Press, 2005), 75-81를 참고할 것.

선'이라고도 할 수 있다.

이런 점에서 우리는 융(C. G. Jung)이 구약성경의 욥기를 해석하면
서 도덕악도 하느님의 일면으로 포함시키는 과감한 시도까지 찬동할
필요는 없다[13] 도덕악의 문제에 관한 한, 우리는 인간의 자유에 돌리
는 아우구스티누스 이래의 전통적 입장을 따른다는 점을 이미 천명한
바 있다. 하지만 나는 피조물 일반이 지니는 유한성이라는 형이상학적
악과 자연계에 발생하는 각종 자연재해가 생명체들에게 가져다 주는
고통은 신의 본성인 물질적 창조력에서 오는 것이기 때문에 신이 어떤
더 높고 깊은 의도로 자연악을 '허용'한 것이라고 생각하지 않는다. 우
리는 때때로 이해하기 어려운 신의 어두운 본성에서 오는 자연악을 그
저 담담하게 수용할 수밖에 없다. 그러나 형이상학적 악과 자연악에도
불구하고 세계와 인생은 물질까지 포함하여 모든 것이 근본적으로 선
하다. 더군다나 신적 무로 인해 물질계에 새로운 것의 출현을 가능하
게 하는 우연성의 '공간'이 열림에 따라 '창발적 진화'가 가능했다는 사
실, 따라서 놀랍도록 다채롭고 풍요로운 생명의 세계가 가능했다는 사
실 그리고 자유로운 존재인 인간의 출현도 가능했다는 사실 등을 감안
할 때, 우리는 무와 자연악을 포함해서 존재하는 모든 것에 감사하는
절대 긍정의 마음을 가져야 한다. 물질이든 자연악이든 선이 완전히
결핍된 것은 아무것도 존재할 수 없기 때문이다.

창발적 진화를 가능하게 하는 우연성은 신의 로고스적인 질서의 원
리에 완전히 종속되지 않는 신의 원초적인 물질적 창조력에 기인한다.

---

13 Carl Jung, *Answer to Job* (Princeton: Princeton University Press, 1973. Bollingen
   Paperback Edition). 융은 악을 하느님의 '어두운 측면'(dark side)이라고 부른다.
   이에 대한 논의로, Wallace B. Clift, *Jung and Christianity: the Challenge of Reconcilia-
   tion* (New York: The Crossroad Publishing Company, 1994), 129-139(Evil as
   the "Dark Side" of God) 참고.

원초적 무 혹은 혼돈에 기인한다는 말이다. 이 우연성이 하느님의 로고스적인 합리성에 의해 인도되면서 세계는 법칙적 안정성에도 불구하고 끊임없이 새로운 것들이 산출되는 창발적 진화가 가능하게 된 것이다. 성 아우구스티누스는 사물의 무상성과 가변성은 하느님이 만물을 무에서 창조했기 때문이라고 한다. 모든 피조물은 그 때문에 허무의 가능성과 그림자를 안고 존재한다. 따라서 피조물은 모두 불안정하고 불완전할 수밖에 없다고 성 아우구스티누스는 본다. 피조물은 하느님과 무 사이에서 일시적으로 존재를 유지하고 있기 때문이다.

아우구스티누스는 특히 인간 존재의 불안정성을 강조한다. 인간도 무에서 왔기 때문에 언제나 존재 자체인 하느님으로부터 떨어져 나갈 가능성을 안고 산다. 인간의 본성은 하느님으로부터 왔지만, 하느님으로부터 떨어져 나갈 수 있는 것은 인간도 무에서 창조되었기 때문이라고 아우구스티누스는 말한다.[14] 그는 이 말에서 하느님의 뜻을 어기는 도덕악을 인간의 자유의지에 돌릴 뿐 아니라 무가 하느님으로부터 떨어져 나갈 수 있는 인간의 자유와 도덕악의 존재론적 근거 내지 원천임을 암시하는 듯하다는 생각마저 들게 한다.

이런 맥락에서 우리는 러시아 철학자 베르쟈에프(N. Berdyaev)가 주장하는 '무적 자유'(meontic freedom) 개념에 주목할 필요가 있다. 그가 말하는 무는 단순한 비존재로서의 무(nonbeing, ouk on)가 아니라 원초적 혼돈으로서의 무(mē on)이다. 그에 따르면 인간의 자유는 하느님의 피조물이 아니다. 하느님은 인간을 자유로운 존재로 창조한 다음 인간이 자유를 오용했다는 이유로 가혹한 벌을 내리는 무자비한 폭군 같은 존재가 아니다. 자유는 어떤 창조되지 않은(uncreated) 것이고 창조 이

---

14 Hick, 46. 힉은 여기서 무가 플로티누스 철학에서와 마찬가지로 원초적 물질을 가리키는 것 같다고 지적한다.

전, 즉 창조주 하느님과 인간의 구별 이전의 더 깊고 신비한 신성(Gottheit)이다. 하느님의 '근저 아닌 근저'(Ungrund) 혹은 신적 무(Divine Nothing)에 근거한다.15 베르쟈에프는 이러한 자유를 무적 자유라고 부른다. 세계는 이 무적 자유에서 창조되었기 때문에 하느님도 자신의 자유는 어찌할 수 없고 인간의 자유도 어찌할 수 없다고 한다.16 무는 베르쟈에프에게 자유의 존재론적 원천이고 어떤 궁극적 원리 내지 힘인 셈이다. 하느님은 인간의 본성은 창조했지만, 이 근원적 자유를 창조한 것은 아니라고 베르쟈에프는 말한다.17

베르쟈에프의 무적 자유 개념에서 무와 자유가 구체적으로 어떻게 연결되는지는 명확하지 않지만, 나는 그가 말하는 신적인 무가 하느님의 신성 혹은 '근저 아닌 근저'라기보다는 우리가 지금까지 논해 온 하느님의 원초적인 물질적 창조력으로서의 무, 즉 원초적 혼돈을 가리키는 말이 아닌가 생각한다. 따라서 나는 인간의 무적 자유도 당연히 하느님의 본성이 지닌 일면인 물질적 창조력 내지 원초적 혼돈에 근거한다고 생각한다. 만약 자유가 신의 본성인 물질적 창조력의 산물이라면 나는 무적 자유가 '창조되지 않은 어떤 것'이라는 베르쟈에프의 견해에 찬성할 수 없다.

우리는 일단 존재론적 자유와 인간의 인격적 자유를 구별할 필요가 있다. 존재론적 자유는 의식과 이성을 지닌 인간, 하느님의 모상으로 출현한 인간이 본래적 성품으로 지니고 있는 자유와 달리 인격적 자유가 행사될 수 있는 물질계의 열린 '공간'을 제공해 주는 자연의 개방성, 우연성, 비결정성을 가리킨다. 반면에 인격적 자유는 하느님의 모상

---

15 Nicolai Berdyaev, *The Destiny of Man* (New York: Harper and Row, 1960), 25. 'Gottheit'는 Meister Eckhart, 'Ungrund'는 Jacob Böhme의 개념이다.

16 같은 곳.

17 같은 책, 27.

으로 출현한 인간의 본성적 자유로서 신의 물질적 창조력보다는 로고스적인 성격이 더 강하다. 그러나 물론 이 인격적 자유도 신의 진화적 창조의 산물인 한, 신의 물질적 창조력, 즉 신과 인간의 존재론적 자유의 공간을 기반으로 해서 가능하다. 다시 말해 인간의 자유 역시 신의 물질적 창조력과 원초적 혼돈이 허용한 존재론적 자유의 공간을 배경으로 해서 출현할 수 있었다는 말이다. 인간의 자유 역시 피조된 것이기에 베르쟈에프가 생각하는 것처럼 절대적일 수 없다고 나는 생각한다.

이미 밝힌 대로 나는 한 걸음 더 나아가서 신의 물질적 창조력인 원초적인 무 내지 혼돈이 인간의 자유뿐 아니라 인격적 실재인 신 자신이 가지고 있는 자유의 '공간'이라고 본다. 자유로운 인간을 내신 하느님도 비록 유비적이지만 당연히 '자유'라는 인격성이 있다. 따라서 하느님의 자유도 인간의 자유와 유사하게 물질적 창조력이라는 그의 본성에 기인하는 자유의 공간에서 행사된다. 다시 말해서 신 자신의 본성인 물질적 창조력의 무적(無的) 혼돈은 인간의 자유뿐 아니라 하느님 자신에게도 자유의 '공간'이 된다는 말이다. 원초적 혼돈에서 출현하여 지속적으로 그 영향 아래 있는 세계는 결코 한 치의 오차도 없이 작동하는 물리적 인과(因果)의 질서가 철저히 지배하는 결정론적 체계가 아니다. 세계는 하느님과 인간의 자유로운 '행위'(act)와 상호작용이 가능한 '여백'을 지닌 열린 세계다. 물질적 창조력이 하느님 자신의 속성인 한, 하느님은 본래부터 자신의 물질적 창조력이라는 성품 속에 자신과 인간의 자유로운 활동의 공간을 가지고 있다.

하지만 나는 하느님의 자유도 인간의 자유와 마찬가지로 무제약적이지는 않고, 자신의 로고스적 본성의 제약 아래 행사된다고 본다. 나는 이런 점에서 유일신 신앙인들이 흔히 말하는 '무소불위'의 하느님, 절대적이고 무제약적인 권능(potentia absoluta)을 자의적으로 행사하는 신을 인정하지 않는다. 하느님의 본성과 자유의 관계를 인간의 본성과 자유의 관계에 준해서 말한다면, 인간의 자유가 그의 본성을 어기지 않듯이 하느님의 자유 또한 그의 로고스적인 본성을 거스르지 않는다. 또 인간의 본성이 그의 자유를 구속하지 않듯이 신의 로고스적인 본성 역시 신의 자유를 구속하지 않는다. 신의 자유든 인간의 자유든 신의 물질적 창조력이라는 본성이 열어 주는 공간 안에서 로고스의 제약 아래 행사되기 때문이다.

여하튼 신적 무와 원초적 물질에서 유래하는 유한한 존재들은 늘 허무의 위협을 안고 존재한다. 신은 자신의 물질적 창조력을 로고스로 제어하고 인도하면서 만물의 창발적 진화 과정을 주도한다. 만물의 무상성이 신적 무에서 왔고, 세계에 존재하는 우연성과 불확정성과 일시적 무질서 그리고 인간과 하느님의 자유가 움직일 수 있는 '공간' 역시 이 세계가 신적 무에서 왔기 때문에 가능하다.

신학자 칼 바르트는 혼돈에서 아름답고 선한 질서의 세계를 창조하는 하느님의 행위는 필연적으로 그것이 상대하는 대칭적 실재로서 혼돈을 존재하게 한다고 말한다. 바르트에 의하면 이 상대적 실재는 따라서 적극적(positive) 실재가 아니라 부정적(negative) 실재다. 혼돈은 하느님이 선택한 선과 존재가 아니라 하느님이 선을 선택함으로써 배제된 악이며 존재 아닌 존재라는 것이다. 혼돈은 하느님이 원해서 존재하는 것이 아니라 원치 않음으로 해서 배제된 부정적 실재이다. 성 아우구스티누스의 견해, 즉 선은 악의 결핍이라는 견해를 생각나게 한다. 창조가 하느님의 바른 손이 하는 일이라면 이 배제된 악은 하느님의 '왼손이 하는 일'(opus alienum)이라고 바르트는 표현한다. 바르트는 그것을 '허무적인 것'(das Nichtige)이라고 부르며, 창세기 1장에 나오는 흑암의 혼돈이 이를 가리킨다고 본다.[18] 그러나 이 허무의 힘은 결코 하느님의 맞수가 될 수 없고, 예수 그리스도의 십자가와 부활을 통해서 이미 결정적으로 무력화되었지만, 세계의 종말이 올 때까지 여전히 하느님에 대해 적대적 힘을 발휘한다. 이 허무적인 것의 힘은 구체적으로 인간이 범하는 죄의 형태로 나타나며, 죄를 수반하는 고통과 악을 만들어 낸다. 그리고 자연에서 발생하는 고통이나 죽음을 피조물의 자연스러운 현상 이상의 '악'으로 경험하게 만든다.

바르트는 이 부정적 실재인 '허무적인 것'의 정체를 명시적으로 밝히고 있지는 않다. 하느님과 이원론적 대립적 구도를 형성할 정도의 근원적 실재는 아니지만, 그렇다고 하느님이 어떤 선을 이루기 위해 의도적으로 허락한 것도 아니다. 나는 이 '허무적인 것'을 하느님 자신의 물질적 창조력으로 간주하기 때문에 근본적으로 선하다고 생각한다. 신적 무는 피조물의 유한성이라는 형이상학적 악과 자연의 일시적 무질서에서 오는 자연악의 근원으로서 창조의 불가피한 측면이지만, 동시에 피조물의 우연성과 인간의 자유의 원천이기도 하다. 무가 창조의 필연적 측면이라는 점에서는 나는 바르트와 견해를 같이하지만, 신적 무가 하느님의 창조 행위가 배제한 어떤 부정적 힘이라기보다는 하느님 자신의 본성의 일면, 즉 그의 원초적인 물질적 창조력이라고 본다는 점에서 바르트와 생각을 달리한다. 신적 무는 자연계의 창발적 진화와 인간과 하느님 자신의 자유로운 행위를 가능하게 하는 원천이기 때문이다.

틸리히는 무(無, Nichts)를 존재 자체인 하느님 자신에 두는 '변증법적 무' 또는 '변증법적 부정성'에 다음과 같이 주목하고 있다.

만약 하느님이 살아 계신 하느님으로 불린다면, 만약 그가 생명의 창조적 과

---

18 바르트의 이 개념에 대해서는 Hick, *Evil and the God of Love*, 126-144에 의거했다.

정들의 근거이고 역사가 그에게 의미 있는 것이라면 그리고 악과 죄를 설명할 수 있는 어떤 부정적 원리가 하느님과 별도로 존재하는 것이 아니라면, 우리가 어떻게 하느님 자신의 변증법적 부정성을 상정하지 않을 수 있겠는가? 이러한 의문들이 신학자들로 하여금 무를 변증법적으로 존재 자체와 따라서 하느님과 관계시키도록 만든 것이다. 야콥 뵈메의 '근저 아닌 근저'(Ungrund), 셸링의 '최초의 힘'(First Potency), 헤겔의 '반명제'(antithesis), 최근 유신론에서 말하는 '우연적인 것'과 '주어진 것', 베르쟈에프의 '무적 자유', 이 모든 것이 그리스도교 신론에서 변증법적 무가 행사하는 문제에 대한 예들이다.[19]

나는 이 일련의 개념들이 지칭하는 것은 한 마디로 신의 물질적 창조력이라고 보며 신의 비합리적인 측면이라고 본다. 로고스가 신의 밝고 합리적인 본성이라면 물질적 창조력은 신의 어둡고 비합리적인 본성이다. 나는 틸리히가 말하는 대로 신을 '살아계신 하느님'으로 만드는 이 '무 아닌 무'를 하느님이 배제한 어떤 것이기보다는 하느님의 본성의 한 측면이라고 생각한다. 틸리히가 말하는 대로 하느님의 '변증법적 본성'의 한 측면이라고 해도 무방하다. 하느님을 역동적 실재가되게 하는 하느님 자신에게 속한 어떤 힘이기 때문이다. 나의 신관이 줄곧 언급해 온 신의 본성이 지닌 어두운 힘인 태초의 물질적 창조력으로서 '무 아닌 무', 힌두교 개념이 지칭하는 신의 창조력 내지 출산력이고, 신의 신비로운 여성적 측면, 즉 여신이다. 스피노자의 용어로 말하자면 '산출하는 자연' 개념에 해당한다.

나는 이 무가 '악과 죄'를 설명하는 부정적 원리, 혹은 신을 역동적

---

19 *Tillich, Systematic Theology* vol. One, 188-189.

이게끔 하는 변증법적 측면 이상이라고 생각한다.[20] 틸리히 자신이 인정하는 대로 이 부정적 원리가 하느님 자신에 내재하는 한 그리고 하느님의 물질적 창조력이 창발적 진화를 가능하게 하는 힘인 한, 사실 나는 무를 틸리히가 생각하는 신의 변증법적 본성의 한 측면보다 더 긍정적으로 볼 수도 있다고 본다. 무는 하느님과 이원적 대립을 형성하는 별도의 존재론적 원리가 아니고, 음과 양의 관계처럼 신의 로고스와 상보적 이원성(complementary duality)을 이루는 신의 본성에 속한다고 보기 때문이다. 하느님의 진화적 창조에 필수적인 힘이며, 하느님은 부단히 이 무의 힘을 통해 피조물을 낳고 기른다(生育).[21]

틸리히는 신정론의 문제에 대한 '최종적인 답'을 창조의 근거·근원인 하느님에서 찾으면서 피조물의 무와 부정성을 '존재 자체인 하느님'(God as being-itself)이 아니라 '창조적 생명의 하느님'(God as creative life)에게 돌린다. 존재 자체인 하느님은 무를 완전히 초월하지만, 창조적 생명의 하느님은 자신 안에 유한한 것들과 무를 포괄하며, 이 무는 신의 생명의 무한성 속에서 영원히 극복되고 유한한 것들이 재결합된다고 틸리히는 말한다.[22] 그러나 나는 존재 자체인 하느님과 창조적 생명의 하느님을 틸리히처럼 구별하기보다는 양자 모두를 신의 원초적인 물질적 창조력으로 간주한다.[23] 오히려 물질적 창조력으로서의

---

20 무로부터의 창조 개념과 무에 대한 틸리히의 논의는 위의 책, 179-180과 186-189를 볼 것.

21 Schilling, 235-48 참고. 쉴링은 여기서 셸링(F. Schelling), 베르쟈에프(N. Berdyaev), 차노프(R. A. Tsanoff), 브라이트만(S. Brightman), 베르토치(P. A. Bertocci) 등의 신관을 다루고 있다.

22 *Tillich, Systematic Theology* vol. One, 270.

23 나에게는 '존재 자체'라는 말도 '창조적 생명'과 마찬가지로 우리 인간의 인식을 초월하는 신 자체를 표현하는 말이 아니라—틸리히는 '존재 자체'(Being-itself)는 신에 대한 유일한 비상징적 표현이라고 본다— 우리가 세계에 대해 사용하고 있는 언어에 준한 하나의 고차적인 유비(an analogy)일 뿐이다.

하느님이야말로 우주 만물에 존재를 수여하는 존재 자체, 생명 자체로서 존재와 생명의 무한한 힘이고 원천이라고 본다. 신에게 존재와 힘과 생명은 동일하다. 신의 무와 원초적 물질과 태초의 혼돈 그리고 끊임없이 존재자들을 산출하는 존재 자체(esse ipsum)이자 신성(Gottheit)의 어두움은 역동적 하느님의 본성적 측면이다.[24] 그의 로고스적인 본성과 함께 세계를 창조하고 유지하고 변화시켜 가는 신의 감추어진 근원적 힘이다. 이런 힘이 없다면 신은 단지 이신론의 무력한 신이 되고말 것이다.

그렇다면 자연계의 일시적 무질서와 자연악은 하느님이 어떤 목적을 위해 의도적으로 '허용'하는 것이 아니라 그의 본성인 물질적 창조력에 기인하는 불가피한 현상이다. 우리는 단지 이러한 사실을 하느님과 세계의 본래적 모습으로 인식하고 수용할 수밖에 없다. 이 물질적 창조력은 피조물들에 영향을 줄 뿐 아니라 그들을 존재하게 하고, 하느님 자신도 그것으로 인해 끊임없이 활동하는 역동적 힘이다. 만약 하느님이 변화와 운동을 모르는 부동의 실재, 끝없이 동일성만 유지하는 정적 실재라면 그는 끊임없이 새로운 것을 출현시키는 진화적 창조의 하느님은 아닐 것이다. 하느님의 창조적 역동성은 하느님 자신이 지닌 본성의 일면인 그의 원초적인 물질적 창조력, 즉 신의 무적, 원초적 혼돈의 힘에서 온다.

신적 무로 인해 출현한 피조물은 항시 죽음의 그림자를 안고 존재하며, 세계는 신뢰할 만한 질서에도 불구하고 종종 뭇 생명에 엄청난

---

24 이 점에서 나는 마이스터 에크하르트가 말하는 신성, 즉 삼위일체 하느님의 속성을 완전히 벗어 버린 신의 깊고 감추어진 신비를 가리킨다는 점은 수용하면서도 이 신비를 인간의 로고스가 결코 침투하거나 측량할 수 없는 신의 원초적인 물질적 창조력을 가리키는 것으로 본다. 에크하르트는 이 창조력을 신성의 내적 '끓어오름'(bullitio)이라는 비유적 표현을 사용해서 가리키고 있다.

고통을 안겨 주는 무질서가 발생한다. 따라서 하느님은 때로는 우리에게 무섭고 끔찍한 얼굴로 나타나기도 한다. 하지만 바로 이 원초적 혼돈의 힘이 다른 한편으로는 피조물들의 창발적 진화를 가능하게 하고 세계를 그토록 생산적이고 아름답게 만든다는 사실에 우리는 주목해야 한다. 바로 이러한 신의 창조성과 생산성이 로고스의 힘과 더불어 물질계에서 생명의 출현을 가능하게 했고, 급기야 인간의 출현으로 귀결된 것이다. 피조물 가운데 로고스적인 의식을 지닌 인간만이 자신의 피조성과 유한성을 자각하고 허무의 위협을 느끼면서 불안한 삶을 산다. 그러나 바로 이러한 인간 존재의 특성이 인간으로 하여금 자기 존재의 뿌리인 '무한한 존재의 힘'을 갈망하게 만들고, 하느님을 향한 신앙에서 오는 '존재의 용기'로 삶을 긍정하도록 하는 것이다.[25]

현대 신학에서 무로부터의 창조에 대해 가장 독특한 해석을 시도한 사람은 몰트만(J. Moltmann)이다.[26] 그는 16세기 유대교 사상가 아이작 루리아(Isaak Luria)의 '침줌'(zimzum) 개념을 차용하여 창조가 하느님의 자기 밖을 향한 행위(opera ad extra)이기에 앞서 자기 자신에 가하는 자기 제한(Selbstbeschränkung) 또는 자기 비움(kenosis) 내지 퇴거(退去, withdrawal)라고 한다. 창조는 무한하고 무소부재의 하느님이 자신을 비워 피조물들을 위한 '자리' 내지 '공간'을 내어줌으로써 가능하게 되었다는 것이다. 무(nihil)는 무한한 하느님이 시간과 공간을 비롯해서 유한한 사물들을 창조하기 위해 자신의 현존을 스스로 거두어들임으로 인해 열리게 된 원초적 '공간'이라는 것이다.

무한하신 하느님은 자기 '밖으로' 세계를 창조하기 위해서 먼저 자신 안에 유

---

25 'The infinite power of being,' 'the infinite ground of courage.' 같은 책, 64.

26 Jürgen Moltmann, *Trinität und Reich Gottes*, 123-127; *Gott in Schöpfung: Ökologische Schöpfungslehre*, 98-105.

한을 위한 공간을 비워 놓아야만 한다. 하느님이 자기 자신 속으로 퇴거함으로써 비로소 그 안으로 창조 행위를 할 수 있는 공간을 열 수 있는 것이다.[27]

무는 하느님의 부재(Nichtsein)를 뜻하지만, 이 부재는 창조를 위해 하느님 자신이 만든 빈 공간이며, 하느님의 창조는 스스로 비워 놓은 이 공간 '안으로' 이루어진다고 몰트만은 말한다. 창조는 무의 공간을 피조물로 채우지만, 모든 피조물은 불가피하게 무의 영향 아래 놓인다. 하느님의 창조 행위도 스스로 자리를 비워 준 무를 상대하고 제어하는 가운데 이루어지기 때문에 무의 제약 아래 이루어진다. 무의 완전한 제어는 창조의 미래, 특히 종말(eschaton)에야 가능하다고 몰트만은 말한다. 종말은 하느님이 무로부터 피조물을 몰아내고 다시 그 자리를 차지하는 것이 아니라, 하느님이 그의 영(Geist)으로 만물에 내주(內住, Einwohnung)하는 세계의 영광스러운 변화(Verklärung)라고 몰트만을 생각한다. 종말은 하느님이 '모든 것 안에 모든 것'(all in all)이 되는 만물의 구원이고 우주의 구원이다. 하느님이 그의 '집'에 편하게 거하는 안식이다.[28]

나는 창조가 무의 제약 아래 이루어진다는 몰트만의 견해와 창조의 완성을 향한 그의 종말론적 희망은 공유하지만 무는 하느님 자신의 물질적 창조력이기에 하느님의 자기 부정으로 생긴 피조물을 위한 '공간'이라는 몰트만의 의인적(擬人的)이고 사변적인 해석에는 동의하지 않는다. 이보다는 차라리 틸리히가 말하는 신의 변증법적 본성에 의거하는 편이 더 설득력이 있다고 생각한다. 무를 단지 부정적으로만 보지 않고 하느님 자신의 창조 행위와 연결시키는 몰트만의 통찰은 탁월하

---

27 Moltmann, *Gott in der Schöpfung*, 99.
28 같은 책, 98-101.

지만 나는 창조가 하느님의 본성적 필연이라는 점에서 '자기 비움'과 '자기 제한'이라는 '인격적' 메타포가 필요하지 않고 수용하지도 않는다. 창조는 하느님의 자발적 의지의 행위가 아니라 물질적 창조력이라는 그의 자연스러운 본성의 발로이기 때문이다. '어머니' 하느님은 인간 어머니들이 자궁이라는 자식을 위한 내적 공간을 본래적으로 가지고 있듯이 자기 자신 안에 이미 창조 세계를 위한 무한한 무의 공간인 물질적 창조력을 가지고 있다. 하느님은 거기로부터 끊임없이 피조물들을 산출한다. 창조력은 신의 본래적인 여성성이다.

이렇게 하느님으로부터 출현한 유한한 사물들은 지속적으로 하느님께 의존해서 존재하며, 하느님도 자기 자식과도 같은 피조물들을 지속적으로 품고 키우고 인도한다. 창조는 따라서 물질적 창조력이라는 신의 무적 본성에 따라 이루어지며, 세계도 신을 떠나서 신 '밖에' 존재하지 않고 신과의 지속적인 관계 속에서 존재한다. 신은 무한하기 때문에 어떤 유한자도 무한 '밖'에 있을 수 없다. 신의 유출로 이해되는 창조에서는 무한과 유한이 결코 배타적일 수 없다. 무한은 유한을 어머니처럼 품고 감싸고 먹이며, 유한은 무한 안에서 존재와 생명을 누린다. 피조물은 하느님과 존재론적 차원이 다르다는 점에서는 여전히 하느님 '밖에' 있다고 할 수 있지만, 하느님 '밖의' 피조물도 여전히 존재의 원천인 하느님 안에서 "살고 움직이며 존재한다"(행17: 28). 무한한 하느님에게 '안'이니 '밖'이니 하는 구별이 있을 리 만무하다. 그런 표현들은 어디까지나 하느님과 세계의 관계를 이해하기 위한 공간적 메타포일 뿐이다. 이 메타포가 나타내고자 하는 진리는 무한과 유한, 하느님과 세계가 구별은 되지만 불가분적 관계 속에 있다는 진리다. 하느님은 언제나 '세계 안에' 있으면서도 세계를 감싸고 초월하며, 세계 또한 언제나 하느님께 의존하고 '하느님 안에' 거한다. 나의 신관은 이런 점에서 최근 신학계에서 많이 회자되는 범재신론(panentheism)에 근접하는 신관이고 세계관이다. 마이스터 에크하르트는 이러한 신과 인간의 관계를, 피조물들은 항시 하느님을 '먹고' 살면서도 항시 하느님을 '배고파'한다고 멋지게 표현한다.

> 신은 존재 [자체]이기 때문에 만물의 가장 안에 있고, 모든 존재는 따라서 신을 먹고 산다. 신은 또 가장 밖에 있다. 왜냐하면 모든 것을 초월하며, 따라서 모든 것 밖에 있기 때문이다. 만물은 신을 먹고 산다. 신은 가장 안에 있기 때문이다. 만물은 신에 굶주려 있다. 신은 가장 밖에 있기 때문이다. 신은 모든 것 안에 있기 때문에 모든 것이 신을 먹고 산다. 모든 것 밖에 있기 때문에 모든 것은 신에 굶주려 있다.[29]

몰트만은 이러한 범재신론의 진리가 세계의 종말에 가서야 온전히 실현된다고 본다. 하느님이 만물 안에 완전히 내주함으로써 만물이 하느님의 빛과 영광으로 가득 차고 변화되어 하느님이 '모든 것 안에 모든 것'이 되는 종말론적 세계다. 나도 하느님과 세계가 종말의 변화된 세계에서 막힘과 소외 없어 완전하게 내주하는 날을 희망 가운데 기다리지만, 볼 수 있는 눈을 가진 자들에게는 악으로 왜곡되고 더럽혀진 현재 세계에서도 하느님은 여전히 '안'에 계시고, 세계 역시 존재 자체인 하느님 안에서 "살고 움직이고 존재한다." 그뿐 아니라 현대 우주물리학이 말해 주는 우주의 물리적 종말과—그것이 태양의 생명이 다하는 때이든, 아니면 그야말로 빅뱅으로 시작된 우주가 재수축을 통해 다시 특이점(singularity, black hole?)으로 되돌아가는 순간이든— 성경이 말하는 종말론적 신앙이 기다리는 종말이 일치하는 지점일 가능성

---

29 길희성, 『마이스터 에크하르트의 영성 사상』, 86-87.

도 우리는 배제할 수 없다고 본다.

　참고로 몰트만 자신은 언급하지 않지만 우리는 유대교 신비주의 (Kabbalah) 사상에서 발견되는 또 하나의 관념을 차용하여 창조 개념을 현대 우주물리학의 빅뱅(Big Bang) 이론과 접맥시켜 이해해 볼 수도 있다. 유대교 신비주의의 창조론에 따르면 무한한 실재(Ein Sof)가 스스로를 제한하고 압축시킴으로써 하나의 미세한 점과 같이 되어 폭발한 후, 만물이 여러 단계를 거쳐 전개되어 나오면서 세계를 형성하게 된다고 한다. 빅뱅 이론과 매우 흡사하다. 무한자가 스스로를 한 점으로 압축하고 비워서 생긴 무의 공간에서 대폭발을 통해 창조가 이루어진다는 것이다.[30]

　나는 이미 이 '무의 공간'이 신의 자기 비움의 결과가 아니라 모든 존재의 가능성을 품고 있는 신적 무, 즉 신의 원초적인 물질적 창조력임을 지적했다. 우리가 이러한 견해를 빅뱅 이론과 연계하여 유출식 창조 개념에 적용하면 우리는 극히 사변적이지만 다음과 같이 생각해 볼 수도 있을 것 같다. 빅뱅은 곧 신이 자신이 지닌 본성의 한 축인 '물질적 창조력'이 고도로 압축된 상태에서 대폭발을 통해 세계를 산출하기 시작한 최초 순간일 수도 있다. 마이스터 에크하르트식으로 말하면 신성 혹은 삼위일체의 하느님의 외적 창조 행위, 즉 '밖을 향한 끓어오름'(ebullitio)이다. 빅뱅은 신이 만물을 출산하는 방식일 수도 있다는 말이다. 물론 신의 영원한 로고스도 우주가 시작하는 특이점에 이미 개재되어 있다. 그렇지 않다면 빅뱅과 더불어 작용하기 시작한 우주의 법칙적 질서가 도대체 어디서 오는지 이해하기 어렵기 때문이다. 빅뱅이 제아무리 특이한(singular) 사건이라 해도 어디까지나 로고스의 제

---

30 이에 관해서는 구약성경 학자 Richard Elliott Friedmann, "Big Bang and Kabbalah," in *The Hidden Face of God* (New York: HarperSanFrancisco, 1995)을 볼 것.

약과 인도 아래 발생한다. 이런 점에서 우리는 우주물리학자 와인버그가 그의 책을 끝맺으면서 하는 말에 동의하지 않아도 될 것 같다: "우주가 이해할 수 있을 것 같이 보이면 보일수록, 우주는 또 맹목적인 것처럼 보인다."[31] 하지만 나는 이 말을 과감하게 뒤집어서 "우주는 우리가 이해하면 할수록 신비롭고, 신의 존재와 섭리를 증언하는 것처럼 보인다"고 말하고 싶다.

현대 양자역학은 우리가 사는 세계가 더 이상 과학적 인과성이 철저하게 지배하는 결정론적인 체계가 아니라는 사실을 말해 주고 있다. 이를 유신론적 언어로 바꾸어 말하면, 세계는 전지전능한 하느님이 빈틈없이 짜놓은 프로그램에 따라 움직이는 기계적 시스템이 아니라고, 하느님의 물질적 창조력이 아무런 우연이나 우발성 없이 필연적으로 전개되어 가는 결정론적 과정도 아니라고 할 수 있다. 하느님은 모든 것을 미리 다 알고 계획함으로써 완벽하게 세계를 지배하는 우주의 전제군주가 아니다. 나는 그런 신이 존재한다고 생각할 수 없고, 존재한다 해도 믿고 싶은 마음도 없다. 나는 창조가 하느님의 본성에 따른 자연스러운 현상이라고 생각하기 때문에 창조에 관한 한, 신의 '계획'이나 '의도' 같은 의인적 표현을 가능한 한 피한다. 창조의 세계는 하느님이 모든 것을 완벽하게 계획하고 '디자인'한 체계가 아니고, 하느님이 모든 일을 철저하게 장악하고 통제하는 세계도 아니다. 무수한 우연들이 발생하고 피조물의 능동성이 가능한 세계, 무엇보다도 자유로운 존재인 인간이 신과 힘을 공유하는 세계라고 믿는다. 인간뿐 아니라 모든 피조물이 새로운 미래를 경험할 수 있고 창출할 수 있는 능동성이 가능한 곳이다.[32] 완벽하게 닫힌 세계는 존재하지 않는다. 로고

---

31 Steven Weinberg, *The First Three Minutes* (New York: Basic Books, 1997): "The more the universe seem comprehensible, the more it also seems pointless."
32 폴킹혼은 인간의 자유를 비롯한 피조물들의 능동성을 하느님의 창조 행위와 마찬가지로

464 · 4장 _ 내가 믿는 하느님

스적 본성과 물질적 창조력을 본성으로 지닌 하느님으로부터 흘러나온 세계는 결코 그런 폐쇄적인 체계가 아니기 때문이다.

신의 자발적인 '전능성의 자기 제한' 혹은 '전능성의 자기 비움'(kenosis of omnipotence)의 결과로 간주한다. John Polkinghorne, *Science and Creation*, 74-77; *Faith, Science & Understanding* (New Haven: Yale University Press, 2000), 126-27. John Haught, *God after Darwin: A Theology of Evolution* (Boulder, Colorado: Westview Press, 2000)의 진화론적 신관도 같은 관점에 서 있다. 이러한 견해는 앞에서 논한 몰트만의 창조론에 영향을 받고 있다. 둘 다 전통적인 인격적 하느님의 전능성 개념을 전제로 해서 세계를 창조하고 섭리하는 하느님의 자발적인 자기 비움과 제한의 겸비와 사랑을 말하고 있다. 나는 물론 하느님의 진화적 창조가 하느님의 선택적 의지의 산물이 아니라 본성에 따른 '자연적'이고 필연적인 결과라고 생각하기 때문에 이러한 의인적 표현들이 전하는 견해들과는 근본적으로 시각을 달리한다.

VII. 도덕악과 신의 섭리

악은 자연에서 때때로 발생하는 재앙이 초래하는 자연악(natural evil)과 인간이 행하는 악행인 도덕악(moral evil)으로 대별된다. 우리는 앞에서 자연악이 어디서 오는지에 대해 존재론적인 관점에서 고찰했다. 자연악은 신의 원초적인 물질적 창조력에 기인한다는 것이다. 그렇지만 자연악은 인간이나 신이 의도한 것이 아니기 때문에 누군가가 책임을 질 문제가 아니다. 하지만 도덕악은 문제가 다르다. 이 문제가 제기하는 신의 섭리의 문제는 매우 심각하다.

악이 하느님 자신이 창조한 것이 아닌 한, 우리는 악이 선의 결핍이라는 성 아우구스티누스의 견해에 동의할 수밖에 없다. 적어도 악이 그 자체의 독자적 실체성이 없는 것이라는 입장이다. 어둠이 빛에 의존하고—빛의 입자(광자, photon)는 있지만 암흑의 입자는 없다!—거짓이 참에 의존하듯 악은 창조의 질서에 본래적인 것이 아니라 선에 의존하는 부차적이고 비본래적인 것이라는 말이다. 비록 자연악이 신적 무, 즉 그의 로고스에 의해 완벽하게 통제되지 않는 신의 원초적인 물질적 창조력에 뿌리를 두고 있다고 해도 우리는 신의 물질적 창조력은 물론이고 물질 자체를 결코 악으로 간주해서는 안 된다. 우리 자신을 비롯해서 우주 만물이 모두 물질에서 왔기 때문이다. 신의 본성뿐 아니라 이 본성에서 출현하는 것 가운데 그 자체로 악한 것은 하나도 없다는 것이 그리스도교 신앙의 관점이다. 물질이나 인간의 몸은 결코 악이 아니고, 환상(māyā)은 더욱 아니다.

우리가 성 아우구스티누스의 사상적 여정에서 주목할 점 가운데 하나는 그가 그리스도교로 개종하기 전 9년간이나 물질과 정신을 이원적으로 보고 물질을 악의 근원으로 간주하는 마니(Mani)교의 추종자였다는 사실이다. 그러나 회심과 함께 그는 그리스도교의 창조론에 따라 물질 자체를 악의 기원으로 보는 마니교의 가르침을 버렸다. 무로부터의 창조를 말하는 그리스도교의 전통적 창조론이든, 혹은 일원론적 형이상학의 유출설이든, 존재하는 모든 것은 물질을 포함해서 존재와 선의 원천인 신에서 온다는 점에서 근본적으로 선하다는 관점을 그는 개종과 더불어 받아들였기 때문이다. "만물의 본성은 선하다"는 아우구스티누스의 말은 이런 진리를 표현한다. 현대 환경생태 운동에서 즐겨 사용하는 개념으로 말하면 만물은 모두 각기 고유의 선, 즉 본유적 가치(intrinsic value)를 가지고 있다는 것이다. 신은 만물이 범주별로 추구하고 실현하고자 하는 고유의 선과 행복의 원천이고 토대다. 악의 문제를 고찰할 때 우리는 일단, 이와 같은 근본적 사실에 대한 인식에서부터 출발해야만 한다. 여하튼 창조론과 악의 실재를 조화시키기 위해 아우구스티누스가 택한 길은 한편으로는 도덕악을 인간의 자유에 돌리고, 다른 한편으로는 악의 독자적 실체성을 부정하는 길이었다. 따라서 그는 악을 '선의 결핍'(privatio boni)으로 여겼다. 다시 말해서 악은 그 자체의 본질이 없이 단지 선에 기생해서만 존재한다는 견해다.

우리는 이러한 만물의 근본적 선에 대한 통찰과 함께 자연악이든 도덕악이든 악의 존재가 창조 세계의 구조와 성격상 큰 문제가 되지 않는다는 근본적인 통찰에 우선 유의할 필요가 있다. 자연악의 경우,

우리는 우선 고통과 즐거움이 동전의 양면처럼 항시 같이 간다는 사실에 주목해야 한다. 고통이 없으면 즐거움도 없다. 항시 날씨가 좋은 곳에서는 날씨가 좋다는 것을 실감하지 못하고 별 의미도 없다. 그렇다고 우리는 고통과 즐거움을 느낄 수 있는 생명체가 아예 존재하지 않는 세계가 우리가 사는 이 세계보다 더 좋다고 말할 수 있을까? 그런 세계는 이 방대한 우주에 얼마든지 있다!

문제는 우리가 감당하기 어려운 아주 극심한 자연악의 경우다. 수만 명의 목숨을 대번에 앗아가는 끔찍한 천재지변이나 전염병 같은 것이다. 이런 현상을 목격하면서 우리는 세계가 선하신 하느님으로부터 온 것이라는 사실을 납득하기 어려울 때가 많다. 하지만 자연악이 신의 물질적 창조력에서 온다면 그것은 신의 의도와 뜻 같은 것과는 무관하다. 자연악은 누군가가 의도한 것이 아니기 때문이다. 지진이나 홍수 같은 것도 결국은 자연이 균형을 찾아가는 과정의 일환이기에 우리는 일시적 고통에도 불구하고 불가피한 현상으로 받아들일 수밖에 없다. 이 점에서 우리는 자연악은 '악'의 범주에서 제외해야 할지도 모른다.

하지만 자유로운 존재인 인간이 저지르는 도덕악은 자연악과 문제와 성격이 전혀 다르다. 성 아우구스티누스에 따르면 도덕악은 인간의 자유의 오용, 즉 잘못된 선택에서 온다. 우리는 여기서도 우선 인간에게 악을 행할 수 있는 자유가 없다면, 선도 행할 수 없다는 근본적인 사실을 먼저 인식할 필요가 있다. 자유가 없으면 선도 악도 성립되지 않기 때문이다. 도덕의 세계 자체가 성립할 수 없다는 말이다. 우리가 동물이나 갓난아이를 두고 선악을 논하지 않고, 책임을 거론하지 않는 이유가 바로 여기에 있다. 선행은 악행을 할 수 있는 '자유'가 있을 경우에만 '선행'이 되고 의미가 있다. 악행 역시 선을 행할 수 있는 자유가 있는 경우에만 책임을 물을 수 있는 악행이 된다. 도덕은 자유를 전제로 한다. 강요된 선은 선이 아니고, 강요된 악도 악이 아니다. 이렇게 보면 악행은 인간의 자유가 치러야 할 대가와도 같다고 할 수 있다.

하지만 인간의 자유가 치러야 할 대가가 때로는 너무나 크고 끔찍하기에 우리는 자유가 정말 그럴 만한 가치가 있는지 회의가 들 때도 있다. 자유와 함께 가는 도덕악의 문제가 그만큼 심각할 수 있기 때문이다. 그렇다고 우리는 하느님이 인간을 도대체 왜 자유로운 존재로 창조했냐고 항의라도 해야 할 것인가? 이것은 하느님이 왜 인간을 인간으로 창조했냐는 물음과 마찬가지다. 우리는 자유가 없으면 선이든 악이든 도덕 자체가 성립되지 않는다는 사실을 인식해야만 한다. 우리는 하느님이 인간으로 하여금 선만 행하고 악은 행하지 못하도록 창조하실 수는 없는지 묻고 싶은 유혹을 느낄 때도 있지만, 이 역시 아무리 '전능하신' 하느님이라도 불가능하다. 악을 행할 수 없게 만들면, 혹은 악을 행할 수 있는 자유가 없다면 선도 불가능하기 때문이다. 그렇다고 우리는 자유로운 존재인 인간이 아예 존재하지도 않는 세계, 선도 악도 불가능한 세계가 선악의 구별이 가능한 세계보다 더 좋다고 말할 수 있을까?

자유가 없다면 인간은 하느님을 자발적으로 사랑할 수도 없다. 오직 강요된 사랑만 있을 것이고, 강요된 사랑은 참다운 사랑이 아니다. 우리도 자식으로부터 자발적 효도를 바라지 않는가? 강요된 효도는 마음에서 우러나는 진정한 효도가 아니기 때문이다. 한 걸음 더 나아가서 우리는 선이 항상 보상받고 악이 어김없이 징벌받는 세계를 가상으로 생각해 볼 수 있지만, 그런 세계에서도 순수한 도덕은 불가능하다는 역설이 성립된다. 보상을 바라는 순수하지 못한 선 아닌 선, 징벌이 두려워서 피하려는 악만 존재할 것이기 때문이다.

우리는 또 자연재해가 자연이 스스로 균형을 잡아가는 과정에 필연적 현상이라는 사실을 알아도 그 고통이 때로는 너무나 크고 끔찍하기 때문에 전지전능하신 신이 적어도 선인과 악인을 구별해서 말하자면 그들이 행한 선행과 악행에 비례해서 고통과 행복을 배분해서 경험하도록 할 수는 없을지 상상해 보기도 한다. 하지만 다 부질없는 상상일 뿐이다. 만약 실제로 그렇게 된다면, 그런 세계에서도 역시 도덕적 행위는 오직 벌에 대한 두려움 때문에 행해질 뿐, 자발적이고 순수한 덕행은 불가능하게 될 것이다.

악이 제기하는 문제의 상당 부분은 하느님이 모든 것을 미리 알고 섭리(providence)하시는 분이고, 무엇이든지 마음만 먹으면 할 수 있는 '전지전능한' 존재라는 전통적 신관을 전제하기 때문에 발생한다. 특히 신의 섭리가 세계 전체를 위할 뿐 아니라 개인들이나 집단들의 운명을 일일이 관장하는 하느님이라는 신관을 전제로 하기 때문에 발생한다. 이러한 신을 믿는 신앙인들은 감당하기 어려운 악을 경험하게 되면 자연히 신을 원망하거나 신에게 항의하기도 하고 절망하기도 한다. 이런 식의 전지전능한 하느님은 우리가 무슨 논리, 무슨 궤변을 동원해서 변호한다 해도 결국 악에 대해 궁극적 책임을 면할 수 없다고 나는 생각한다.

이런 점에서 우리는 우선 악의 문제를 보는 우리의 시각에 대해서 몇 가지 기본적 원칙을 확인해 둘 필요가 있다.

1) 신은 무엇이든 가능한 전지전능한 분이라는 생각을 대폭 수정할 수밖에 없다는 생각이다.

2) 우리가 이미 본 대로 자연악은 신이 우리가 알지 못하는 어떤

이유로 '허용'하는 것이 아니라 신의 본성인 신적 무(無) 혹은 창조성에서 오는 필연적 현상이라는 점에서 신의 책임은 물을 수 없고 물을 필요도 없다는 점이다. 오히려 책임을 물어야 할 존재가 있다면, 신이 아니라 자기 탐욕과 안락을 위해 자연을 과도하게 이용하고 착취하는 현대인들이다.

3) 나는 세계 전체를 위한 신의 일반 섭리(general providence)를 믿으며, 진화적 창조 자체가 신의 일반 섭리라고 생각한다는 점이다.

4) 나는 이와 관련해서 신의 섭리를 신의 '행위'와 연결시켜 보는 일에 대해 신중을 기해야 한다는 입장이다. 악이 만약 신의 자유로운 뜻에 따라 '허용'되는 것이라면 무슨 설명을 하고 무슨 궤변을 동원해도 신의 책임은 궁극적으로 피할 길이 없다. 적어도 나는 그런 '잔인한' 신은 믿을 수도 없고, 믿고 싶은 마음도 없다. 나는 신의 인격성을 제한된 범위 내에서 수용하지만, 신이 우리 인간처럼 사건 하나하나를 어떤 의도나 목적 같은 것을 가지고 일으킨다는 통상적인 생각을 거부한다.

5) 우리가 굳이 신의 특별 섭리, 즉 한 개인이나 집단을 위해 베푸는 신의 특별한 섭리나 배려의 '행위'를 한다면 우리는 그것을 우선 신의 일반 섭리의 테두리 내에서 이루어지는 것으로 이해해야만 한다는 것이다. 특정한 개인이나 집단을 위한 특별 섭리는 인류 전체를 향한 신의 일반 섭리의 일환으로 일어나는 부분적 현상으로 이해해야 한다는 원칙이다.

6) 나는 '특별 섭리'의 가능성 자체를 부정하지 않지만, 어떤 사건이

신의 특별한 행위나 개입에 의한 것인지에 대한 판단은 매우 신중해야 한다고 생각한다. 어떤 구체적 사건이 하느님이 하신 섭리라고 입증할 길은 우리에게 없을 뿐 아니라 입증할 필요도 없고, 입증해서도 안 된다는 신앙주의(fideism)의 입장을 나는 견지한다. "우리 만남은 우연이 아니야"라는 노랫말도 있지만, 이것은 사랑하는 연인들의 사랑의 고백이지만, '우연이 아니야'를 입증할 길은 없고 입증할 필요도 없고 해서도 안 된다는 것이 신앙주의의 입장이다. 특히 내가 개진하고 있는 진화적 창조 개념이 물질계 내지 생명계에 발생하는 무수한 우발적인 (chance) 돌연변이(mutation)들이 신의 또 다른 본성인 로고스의 인도 아래 진화의 과정을 일정한 목적과 의미가 있는 방향으로 인도한다고 생각한다면 신의 섭리는 개별적 사물 · 사건 · 현상에도 작용할 수밖에 없다. 그렇지 않으면 진화 과정 전체가 유물론적 무신론이 주장하듯이 맹목적이고 무의미한 것이 되고 말 것이다. 다만 여기서도 우리가 봉착할 수밖에 없는 문제는 진화 과정 전체를 섭리하시는 신의 일반 섭리가 과연 어떻게 어떤 경로를 거쳐 무수한 차이를 지닌 개별 사건과 현상들에 영향을 미치는지, 그 구체적 사항은 우리의 지식과 이해의 범위를 초월하는 신의 신비로 남겨둘 수밖에 없다는 것이다. 이러한 태도와 입장이 신앙주의다.

7) 우리의 진정한 사랑과 신앙에는 키르케고르가 말하는 '믿음의 비약'(leap of faith)이라는 것이 따른다는 사실이다. 심지어 중요한 상업적 계약을 하는 경우도 마찬가지다. 우리는 계약 전까지는 요리조리 잘 따지고 살펴보지만, 결국은 상대방의 인격을 신뢰(trust)하고 계약서에 사인할 수밖에 없다. 모험이 따른다. 남녀 간의 사랑도 마찬가지다. 나는 특별 섭리에 대한 믿음과 신앙고백도 마찬가지라고 생각한

다. 신을 향한 것이든 인간을 향한 것이든 보이지 않는 것에 대한 판단
은 신뢰의 '모험'과 '비약' 없이는 불가능하다.

이상과 같은 기본 입장을 천명하면서 도덕악과 신의 섭리 문제에
대한 우리의 논의를 계속해보자. 우선 신의 무한한 물질적 창조력에서
오는 만물은 그 자체에 유한성이라는 '형이상학적 악'을 지니고 있다.
시간의 세계에 생겨난 것들은 모두 사라질 수밖에 없는 운명을 안고
있다는 것은 정한 이치다. 이 점에서 우리는 만물의 무상(anitya)함과
회자정리(會者定離)를 말하는 불교의 가르침에서 배워야 할 점이 많다.
우리는 한 걸음 더 나아가서 천차만별의 개물이 지니고 있는 상대적
불완전성이나 개인들이 경험하는 상이한 불행에 대해서도 함부로 신
을 원망하거나 항의해서는 안 된다. 이미 밝힌 대로 무수한 개체나 개
인 간의 차이는 신이 '의도'한 것이 아니라, 그의 로고스의 완벽한 지배
를 벗어나는 원초적인 물질적 창조력이라는 본성에서 오는 우발적 현
상이기 때문이다. 자연의 세계는 스피노자나 뉴턴 물리학이 생각했듯
이 완벽한 물리적 인과율이 지배하는 결정론적 체계가 아니고, 라이프
니츠가 생각했듯이 전지전능하고 완벽한 신이 세계를 구성하고 있는
부분들의 운명까지 미리 전부 계산해서 짜놓은 '가능한 최상의 세계'
도 아니다.[1] 세계 역사는 또 헤겔의 역사철학이 말하는 대로 발생하는
모든 일이 합리성과 이성이 실현되는 과정도 아니다.

나는 신이 세계에 발생하는 사건 하나하나를 미리 다 알고 주관하
면서 자신의 뜻을 이루는 분이라고 생각하지 않는다. 그러한 신관에서
는 신은 더 큰 선을 위해 이런저런 악을 의도적으로 허용하거나 사용
한다는 식의 신정론(神正論, 辯神論, theodicy)을 피할 수 없다. 아무리 좋

---

1 'the best possible world.' (Leibniz).

은 결과를 위해서라 해도 끔찍한 악을 의도적으로 허용하고 사용하는 '잔인한' 신을 우리가 어떻게 믿을 수 있겠는가? 도스토옙스키는 이반 카라마조프가 경건한 동생 알로샤에게 던지는 질문을 통해 한 어린아이가 겪는 무고한 고통이 제기하는 문제를 다음과 같이 묘사한다.

"대답해 봐. 그러니까 만일 네가 결국에 가서는 사람들을 행복하게 만들고 궁극적으로 그들에게 평화와 안정을 주기 위한 목적으로 네 손으로 직접 인간 운명의 건물을 지어 올린다면, 그러나 이 일을 위해 어쩔 수 없이 단 하나의 조막만 한 피조물, 예컨대 작은 주먹으로 자신의 가슴을 치던 이 어린애와 같은 피조물을 괴롭히지 않으면 안 되게 생겼고 그 아이의 복수 받지 못한 눈물 위에 그 건물을 지을 상황이라면, 너라면 그런 조건하에서 건축주가 되는 것에 동의할 수 있겠는지, 거짓 없이 솔직하게 말해 봐!" "아니, 동의하지 않을 거야." 알로샤가 조용히 말했다.[2]

신이 아무리 궁극적으로 원대한 인류 구원의 계획과 섭리를 가지고 있다 한들, 그것을 성취하기 위해 단 한 명의 무고한 어린아이의 억울한 희생이라도 '허용'한다면, 그런 것이 인생이라면 솔직히 반납하고 싶다는 이반의 항변이 이해가 간다. 이반은 신을 못 믿는다기보다는 신이 창조하고 섭리한다는 부조리하고 잔인하기 짝이 없는 세계와 인생을 수용할 수 없다고 하는 것이다. 이반이 보고 싶은 것은 이 어린아

---

2 도스토예프스키/김연경 역,『카라마조프 가의 형제들』(민음사, 2017), 517. 이 구절은 유명한 〈대심문관 편〉 직전에 작가가 이반의 입을 빌려 하는 어떤 '고사집'(古事集)이라는 이야기 모음집에 나오는 것이다. 여덟 살쯤 난 소년에 가해진 잔혹하기 짝이 없는 처사에 대한 이야기다. 번역문에서 '창조물'을 '피조물'로 바꾸었다. 도스토옙스키는 한 무고한 어린아이가 받는 극심한 고통에 대한 이 이야기를 통해서 인생의 도덕적 부조리의 문제를 날카롭게 제기하고 있다.

이가 당하는 억울한 고통에 대한 즉각적 보복이고 정의이지, 다른 어떤 궁극적인 미래의 선이나 고차적 행복의 약속 같은 것이 아니다. 아무리 위대한 선을 달성하기 위한다 해도 그것을 위해 무고한 한 아이가 겪는 악을 허용하거나 '이용한다'는 식의 잔인한 변신론은 현대인들은 더 이상 수용하지 않는다.

나는 한 걸음 더 나아가서 신이 모든 사건을 일일이 계획하고 관장한다는 식의 신관 자체를 거부하거나 수정하지 않는 한, 변신론의 문제는 결코 풀리지 않는다고 생각한다. 나는 신이 악에도 '불구하고' 선을 이루지 악을 '통해서' 선을 이룬다거나 더 큰 선을 '위해서' 어떤 악을 의도적으로 '허용한다'는 식의 변신론을 수용할 수 없다. 또 그 반대로 신이 어떤 선택받는 특정 개인이나 집단에게 특별 섭리의 배려, 말하자면 어떤 차별적 '특혜' 같은 것을 베푼다는 식의 사고도 경계하며, 그런 식의 '얌체 같은' 생각을 눈 하나 깜짝 않고 '신앙 간증'이랍시고 하는 사람들을 이해할 수 없다. 그런 신앙고백이나 생각은 악으로 고통받는 사람에게는 더욱 용납하기 어려운 논리며, 신에게도 모독이 된다는 생각이 들기 때문이다. 그래도 도저히 이해할 수 없는 악이 타인들을 위한 희생이라는 생각 없이는 그나마 그 고통은 전적으로 무의미한 고통이라는 생각을 금하기 어렵다. 김상봉 교수는 어린 전태일이 겪은 고통에 대해 말하고 있는데, 공감이 간다.

그 순결한 영혼이 타락한 세상에서 겪어야 했던 절망적인 괴로움과 그의 배고픔은 육신의 배고픔만은 아니었다. 그것은 육신의 배고픔 이상으로 의에 주리고 목마른 자의 배고픔이요 괴로움이었다. 그 절망적인 괴로움을 생각할 때마다 나도 반역의 누명을 쓰고 형장의 이슬로 사라진 보에티우스 (Boethius)처럼 묻고 싶어진다.[3] 신이 존재한다면, 어떻게 죄 없는 어린 소년을 그렇게도 비참한 고통 속에 빠트릴 수 있단 말인가? 하지만 신이 존재하지 않는다면, 그 가난한 소년의 마음속에 기적처럼 뿌리내린 그 무한한 사랑의 씨앗은 또 어디서 왔는가? 그 측량할 수 없는 존재의 신비를 나는 모른다. 까닭이 무엇이든, 신은 자기의 아들을 영원히 꺼지지 않는 세상의 빛으로 밝히기 위해 17년 동안 그를 고통과 절망의 용광로 속에서 정화시켰다. 그리고 때가 찼을 때, 하늘의 아버지는 땅의 아들을 동대문 평화시장으로 인도했다. 그의 나이 열일곱이 되던 해 가을이었다.[4]

기본적으로 나는 자연악은 신의 로고스의 완벽한 지배를 벗어나는 그의 물질적 창조력으로 인해 발생하는 반면에 인간이 행하는 도덕악은 인간의 자유의지에 근거한다고 생각한다. 자연악은 기본적으로 신적 무 또는 신의 물질적 창조력에 뿌리를 두고 있지만, 도덕악은 신의 로고스를 닮아 자유롭고 이성적인 존재 인간이 자신의 의지에 따라 저지르는 행위다. 그러나 우리가 이미 누차 강조한 대로 인간의 자유 역시 신적인 무, 곧 신의 물질적 창조력에 기인하는 물질계의 우연성과 개방성에 의해 열린 '공간'이기에 가능하다. 하지만 자연계에 발생하는 부분적 무질서가 신의 로고스가 주도하는 전체의 조화와 질서를 파괴할 수 없듯이 인간이 저지르는 도덕악이 아무리 크기로서니 결코 세

---

3 보에티우스는 서양 중세 스콜라 철학자로서 감옥에서 그의 유명한 저서 『철학의 위안』을 저술한 사람이다.

4 「한겨레신문」 2019년 12일자에 실린 김상봉 전남대 철학과 교수의 글, "대구사람 전태일, 기독청년 전태일"에서 인용. 나는 그러나 어떠한 경우든, 스스로 자기 목숨을 취하는 행위에는 찬동하지 않는다. 나는 의로운 자의 고통을 '그럼에도 불구하고'(in spite of)의 시각에서 이해한다는 생각과 함께, 예수 그리스도가 받은 십자가상의 의로운 고통을 인류의 '대속', 즉 죄의 용서를 위한 고난이기보다는 '대고'(代苦, vicarious suffering), 즉 자기 잘못 때문이 아니라 남은 자들을 위해 대신 받는 숭고한 고통으로 보는 견해를 밝힌 바 있다. 길희성, "두 가지 복음," 『아직도 교회 다니십니까』(동연, 2021)를 볼 것.

계와 인생의 도덕적 질서 자체를 파괴할 수는 없다. 만약 신의 로고스가 신의 원초적인 물질적 창조력을 완벽히 규제한다면 어떤 자연악도 발생하지 않겠지만, 인간의 자유는 출현할 수 없었을 것이다. 인간의 자유가 없다면 도덕악도 존재하지 않을 것이고, 무의미한 개념이 되고 만다. 우리가 그런 세계를 원해야 할까?

이러한 통찰 외에도 우리가 제시하고 있는 진화적 창조론은 악의 문제에 대해 전통적 창조론과는 전혀 다른 시각과 통찰을 제공해 준다. 진화적 창조론은 창조가 처음부터 완결된 '사건'이 아니라 오랜 시간에 걸쳐 점차적으로 이루어진 '과정'임을 말한다. 따라서 진화적 창조론은 창조와 종말 사이에 발생하는 무수한 진화 과정상의 '시행착오'처럼 보이는 현상들이나 우여곡절들에 대해, 다시 말해서 진화 과정에 발생하는 무수한 생명의 희생과 고통과 시련에 대해 종말의 새로운 창조(New Creation)를 기다리는 신앙과 희망을 품도록 한다. 호트(J. Haught)의 말대로,

우주가 아직 끝나지 않았다면 우리는 그것이 지금 여기서 이미 완성된 상태로 있어야 한다고 주장할 수 없다. 그리고 우주가 완벽하지 않다면—다윈 과학이 묘사한 고통과 투쟁을 포함해서— 악이 왜 존재해야 하는가 하는 문제도 이해할 수 있다. 악과 고통은 지속적으로 창조되어 가는 세계의 어두운 부분으로 이해될 수 있다. 물론 고통이 진화하는 우주에 필연적으로 있을 수밖에 없는 것이라 해도 그것이 견딜만하다고 말하는 것은 아니다. 바로 이런 이유로 신앙과 신학은 새로운 창조를 통한 창조의 완성을 갈망하고 울부짖는다. 이로 인해 우리는 진화하고 있는 우주에서 종말이 지닌 의미에 대해 질문을 던지지 않을 수 없다.5

호트는 따라서 하느님을 '저 위에 계신'(up above) 분이 아니라 '저 앞에 계신'(up ahead) 분으로 이해하는 성서적 신앙의 특징에 따라[6] 창조의 완성 내지 새로운 창조에 대한 그리스도교의 종말론적 희망에 대해 말하기를 "우주는 그 자체로 움직이고 있는 것, 즉 비록 느리지만 움직이고 있는 것으로 이해된다. 따라서 인간의 기대의 지평 역시 우주와 전 진화 과정을 포함하는 미래로 바뀐다. … 사도 바울이 무척 감동적으로 표현했듯이 모든 피조물이 궁극적 완성을 향해 '신음하고 있다'는 고대의 종교적 직관을 확장할 수 있는 큰 기회를 제공한다"고 한다.[7]

간단히 말해 진화적 창조론은 세계가 아직 불완전하다는 사실을 솔직히 인정한다는 말이다. 이와 아울러 진화적 창조론은 그리스도교의 종말론적 신앙에 따라 악의 문제를 해결하기 위해서 하느님의 미래를 기다리는 입장을 취한다. 우리는 이미 창조로부터 종말에 이르는 진화적 창조의 전 과정을 '지속적 창조'(creatio continua)로 보았다는 점을 지적한 바 있다. 호트는 말하기를 "진화 과정은 데이비드 헐(David Hull)의 말처럼 우연, 우발성, 믿을 수 없는 낭비, 죽음, 고통과 두려움으로 가득 차 있다"[8]고 한다. 따라서 이런 혼란을 내려다보고 있는 하느님은 헐에 따르면 "아무도 기도하고 싶지 않은 그런 종류의 하느님이다."[9] 호트는 그러나 다음과 같은 의미 있는 질문을 던진다: "우리가 하느님을 '질서'나 '설계'라는 좁은 인간적 관점에서만 생각할 때, 많은 진화론자의 '무신론'은 옳은 것으로 보인다. 진화는 '질서'라는 의식을 뒤집어

---

5 『다윈 이후의 하느님』, 72.

6 Jürgen Moltmann, *The Experiment of Hope* (Philadelphia: Fortress Press, 1975).

7 호트, 같은 책, 73에서 인용.

8 같은 곳.

9 David Hull, "The God of Galapagos," *Nature* 352 (August 8, 1992), 486.

478 • 4장 _ 내가 믿는 하느님

버린다. 만일 하느님이 그저 '질서의 원천'을 뜻하기만 한다면 가장 기본적인 화석에 대한 정밀 연구만으로도 그런 낡은 사상은 의심스럽게 된다. 하지만 만일 하느님이 질서의 기원자가 아니라 새로움(novelty)이라는 혼란의 원천이라면 어떻게 될까?[10]

우리가 지금까지 논해 온 진화적 창조론의 신관은 바로 이러한 물음에 대해 가장 직접적인 답을 제시한다. 즉, 로고스와 더불어 하느님이 지닌 본성의 또 한 축인 신의 원초적인 물질적 창조력은 진화에 필수적인 무수한 우연이나 새로움과 함께 인간이 누리는 자유의 존재론적 원천이고, 또 엄청난 자연악의 원천이기도 하다. 물론 그렇다고 장구한 진화 과정 속에서 피조물들이 겪는 끔찍한 악들이 모두 정당화되는 것은 아니다. 다만 우리는 이 악을 하느님이 우리가 알지 못하는 어떤 이유로 '허락'했다느니, 혹은 어떤 더 코고 궁극적인 선을 이루기 위해 '사용'한다는 식으로 안이하게 신을 변호하려 해서는 안 된다는 점을 지적할 따름이다. 자연악을 두고서 신의 섭리 같은 것을 함부로 말하지 말자는 것이다. 자연악이 신의 물질적 본성에서 오는 '필연적' 현상이라는 우리가 제시하는 신관은 악에 대한 안이하고 '궤변'처럼 들리는 사고를 경계한다. 그런 궤변은 설득력이 없을 뿐 아니라 고통을 당하는 당사자들에게 위로는커녕 도저히 수용할 수 없는 잔인하기 짝이 없는 조롱으로 모욕으로 들리며, 그들의 고통을 오히려 증가시킬 뿐이다. 우리는 장구한 세월에 걸쳐 전개되는 자연계의 진화 과정이나 역사의 세계에서 불가피하게 경험하는 악을 성서적 신앙의 통찰에 따라 '하느님의 미래'를 기다리는 종말론적 신앙 속에서 기대와 희망 가운데 참고 견딜 수밖에 없다. 우리에게 필요한 것은 진화적 창조의 장구한 드라마를 신비와 경탄의 마음으로 보면서 담담하게 수용하는 지

---

10 호트, 21.

혜가 아닐까 한다.

　다시 한번 강조하지만 악이 신의 원초적인 물질적 창조력에 기인한
다 해도 우리가 살고 있는 세계를 구성하고 있는 물질 자체는 결코 악
이 아니다. 또 악이 두려워서 엄연히 존재하는 악이 존재하지도 않는
허구라고 부정해도 안 된다. 물질세계가 환상에 지나지 않는다고 도피
적 사고를 한다 해서 문제가 해결되는 것도 아니기 때문이다. 물질도
신 또는 일자로부터 흘러나온 것인 한, 선이 완전히 결핍된 것은 아니
다. 이런 의미에서 신의 창조의 세계는 좋고 선하다고 우리는 감히 말
할 수 있다. 또 자연계나 물질계에 발생하는 끔찍한 재앙이 피조물에
게 엄청난 고통을 안겨 준다 해도, 신의 또 다른 본성인 로고스의 인도
없이 일어나는 물리적 사건은 있을 수 없다는 사실 또한 우리에게 위
로가 된다. 이런 점에서 나는 오히려 플로티누스의 물질 개념에 대한
다음과 같은 맥쿼리의 긍정적 해석에 공감한다.

> 우리는 그가 존재론적 원리들의 이원론을 말하는 영지주의나 물질이 본래
> 적으로 악하다는 사상을 거부했다는 것을 보았다. 물질은 무(無) 다음이고
> 악이 아니다. 사실 물질은 필요한 것이다. 악은 물질 그 자체에 속하는 것이
> 아니라, 낮은 것을 높은 것보다 선호하는 데서 온다. 플로티누스는 때때로
> 이 세계가 가능한 세계들 가운데서 최선의 것이라는 것, 악조차도 신의 섭리
> 가운데서 궁극적으로 선에 도움이 된다는 것을 암시하는 것 같기도 하다. 플
> 로티누스는 말하기를 "아마도 못한 것들도 전체 속에서 기여하는 가치가 있
> 다. … 아마도 모든 것이 선할 필요가 없을지도 모른다. … 물질은 계속해서
> 더 좋은 것을 향해 극복되고 있다"고 한다. 그는 심지어 "모든 것이 우주에서
> 자기에게 아주 적합한 위치를 점하고 있다는 점에서 옳고 선하다. 사물들이
> 있는 그대로 좋듯이 모두가 다 좋다"고 말한다.[11]

그러나 인간이 저지르는 악이 현실적으로 동료 인간과 뭇 생명들에게 너무나도 끔찍한 고통을 안겨 주기 때문에 우리는 악에 대한 지나친 낙관주의는 경계해야 한다. 위에서 본 플로티누스의 생각이나 사사무애(事事無碍)를 말하는 불교 화엄 철학의 비전을 우리가 현실 세계, 특히 '역사의 세계'에 그대로 적용하는 데 주저할 수밖에 없는 이유도 여기에 있다. 아름다운 종말의 비전은 물론 현재도 극소수의 깨달은 인간들에게는 이미 실현된 진리일 수도 있다. 플로티누스 역시 이와 유사하게 우리가 만약 사물을 그 참된 본성과 관계들 속에서 볼 수만 있다면, 모든 것이 있는 그대로 다 좋다는 것을 깨닫게 될 것이라고 했다.[12]

하지만 이러한 깨달음은 대다수 사람에게는 요원하다. 그러한 깨달음의 진리는 아직 대다수 사람은 믿음의 눈으로 볼 수밖에 없다. 또 본다 해도 바로 우리 눈앞에서 자행되고 있는 불의와 악을 정당화해 주지 않는다. 도덕악이든 자연악이든 우리가 할 수 있는 일은 종종 극히 제한적일 수밖에 없다. 그러기에 우리는 악에도 불구하고 미래의 종말에 다가올 희망의 세상, 즉 '하느님의 미래'를 신앙으로 기다릴 수밖에 없다. 다시 말하지만 그렇다고 물론 종말의 완성까지 수많은 생명이 경험해야 하는 악과 고통이 정당화된다는 말은 아니다. 팔짱 끼고 구경만 하자는 말은 더욱 아니다. 다만 "진화라는 과학적 서사는 인간의 희망이 확장되어 전 우주를 품도록, 그럼으로써 우리가 자주 잊어버리곤 하는 성경의 지혜 문서와 사도 바울, 성 이레네우스 그리고 구원이 전 우주를 포함한다고 하는 다른 많은 종교 사상가들의 사상을 회복하도록 우리를 초대한다."[13]

---

11 John Macquarrie, *In Search of Deity*, 70-71.
12 같은 책, 136.

신은 세계와 역사의 고통 저편에 계시는 분이 아니다. 자신에서 출현한 모든 사물·사건에 언제나 현존하며 만물과 내적 관계를 가지고 있다. 부분이 없는 신은 자신의 전체로(in toto) 세계의 모든 부분에 내재한다. 신은 또 우리 인간과 달리 만물을 내적으로 경험하며—악과 고통까지— 만물과 교감하고 영향을 주고받는다. 신은 그러나 개별자들의 고통을 모두 동시적으로 경험하지, 인간처럼 순차적으로 혹은 개별자 하나만의 고통으로 경험하는 법은 없다고 나는 생각한다.

13 같은 책, 72-73.

VIII. 특별 섭리와 신의 행위의 문제

이와 같은 신관은 흔히 신이 특정 인간, 특정 사건에 특별한 관심을 가지고 개입하는 분이라는 대중적 신앙과 신관—성경으로 하여금 과학적 상식 속에 살고 있는 현대인들을 곤혹스럽게 만드는—의 근본적인 수정 내지 새로운 이해를 요한다. 나는 신의 특별 섭리(special providence) 자체를 부정하지 않지만, 문제는 우리가 특별 섭리를 어떻게 이해하는가에 있다. 우선 나는 특별 섭리는 어디까지나 일반 섭리(general providence)의 일환으로, 혹은 그 테두리 내에서 발생한다는 점을 이미 지적한 바 있다. 따라서 특별 섭리에 대한 우리의 이해도 이런 시각에서 해야 한다고 본다. 우리가 신의 특별 섭리를 신이 어떤 특정한 개인이나 집단만을 위해 국지적이고 임시적으로 그리고 예외적으로 어떤 사건이나 사태의 추이에 직접 개입하는 행위로 이해한다면, 우선 우리는 그런 행위는 아무리 신이라 해도 사물의 질서상 불가능하다는 사실에 유념할 필요가 있다. 하나의 국지적 사건이 발생하기 위해서는 그 사건을 둘러싼 수많은 무수한 주변 여건이 모두 바뀌지 않고는 가능하지 않기 때문이다. 더군다나 전체에 영향을 미치지 않고, 개별 사건이나 사안 하나만을 바꾸기 위해 신이 국지적이고 예외적으로 즉각 개입할 수 있다는 생각은 인간의 관점에서도 그리 바람직하지 않다. 특별 섭리에 대한 믿음은 무엇보다도 그런 믿음을 가지고 있는 사람들에게 배타주의적인 선민의식이나 특권의식, 독선과 교만, 무지와 편견의 원천이 될 가능성이 매우 크기 때문이다.

이런 점에서 우리는 우선 신의 특별 섭리의 문제에 대해 불교의 연기(緣起)설이 지니는 의미에 주목할 필요가 있다. 연기설에 따르면 존재하는 모든 사물과 사건은 서로 원인이 되고 결과가 되면서 얽혀 있다. 따라서 한 개체나 개인은 결코 독자적이고 독립적인 실체가 아니라 타에 의존하는 의타적(依他的) 존재다. 한 사건이 발생하려면 그 사건을 둘러싼 전후좌우의 모든 조건(緣)이 먼저, 아니면 적어도 동시에 변해야 한다. 한 개인이 겪는 모든 일에는 원인이 있고, 이 원인과 결과는 그의 오랜 과거로 소급되고, 또 반드시 어떤 식으로는 미래의 과보를 초래하게 되어 있다고 불교의 연기 사상은 본다. 그뿐만 아니라 한 개인이 겪는 불행의 원인도 순전히 개인의 책임만으로 간주하기에는 인연의 그물망이 너무 촘촘하고 넓게 얽혀 있다. 개인의 선행도 개인의 공로로만 간주될 수 없는 이유도 마찬가지다. 순전한 '우연'으로 보이는 어떤 불행한 사건이 개인의 삶에 발생하면 그 원인은 사건을 둘러싼 전후좌우의 무수한 요인들로 소급된다. 그 결과도 역시 공간적으로나 시간적으로 그 사건을 둘러싼 수많은 존재로 파급된다. 이러한 연기적 존재론은 우리가 경험하는 모든 일을 신의 뜻으로 돌리고 체념하는 신앙 태도와 유사하게 자칫하면 숙명론적 사고와 삶의 태도를 낳을 수 있지만, 동시에 한 개인이 겪는 어쩔 수 없는 불행에 대해 과잉 반응이나 지나치게 민감한 반응을 자제하도록 하는 지혜를 준다. 한 사건이나 사태를 둘러싼 시야와 이해의 폭을 넓혀 주기 때문이다. 전생에 대한 믿음은 삶에 대한 우리의 시야를 확대해 주고 내세에 대한 믿음은 미래의 보다 나은 삶에 대한 희망을 낳는다. 자신이 경험하는 행복도 자기 자신만이 잘해서 얻는 것이 아니기에 당연시하거나 교만하지 않고, 주변의 모든 사람과 여건의 도움에 감사하는 마음을 가지게 만든다.

연기설이 지니는 신학적 의미는 세상에 고립된 개체나 개인이란 존재하지 않는다는 진리, 따라서 하느님의 특별한 섭리가 작용하기 위해서는 유독 한 개인이나 개체만을 위한 신의 초자연적 개입(supernatural intervention)으로 이해되는 기적이 될 수 없고, 그 개체를 둘러싸고 있는 전체의 변화를 필연적임으로 전제하고 수반한다는 엄연할 사실을 우리에게 인식하도록 한다. 따라서 특별 섭리와 일반 섭리는 불가분적일 수밖에 없다. 제아무리 특별한 섭리의 사건이라 해도 결국은 언제나 일반 섭리의 일환으로 이해될 수밖에 없다는 진리를 불교의 연기론은 우리에게 일깨워 준다.

사실 우리는 사물을 인식할 때 결코 한 사물이나 현상만을 따로 떼어놓고 이해하지 않는다. 우리는 보통 그것을 둘러싼 전후좌우의 맥락이나 원인들을 따져보면서 보다 넓은 시야와 안목에서 이해하고 해석한다. 우리의 인생 이해는 두말할 필요도 없다. 우리는 지나간 삶을 돌이켜 보고 그 의미를 되새겨볼 때, 종종 이러한 진리를 절실히 깨달을 때가 많다. 인생에는 우연처럼 보이는 사건들이 빈발하지만, 훗날 우리가 자신이 산 삶 전체를 되돌아보면 그 일이 결코 단지 우연만이 아니었다는 생각이 드는 경우가 종종 있는 것이다. 한 사건이나 집단이 경험하는 어떤 사건의 의미는 결국 그 경험을 둘러싼 전체적 맥락 속에서 비로소 더 잘 드러나기 때문이다. 전체의 의미는 시간이 지난 후에야 드러나는 법이다. 시간이 많이 경과한 후에 드러나는 전체적 맥락에서 해석되는—종종 '회고적'(retrospective) 차원에서— 새로운 의미가 있음을 우리는 종종 깨닫게 된다.

한 부분적 사건이 하느님의 섭리 때문이든 혹은 연기적 관계에서 발생하든, 결국 '우연'이란 존재하지 않고, 모든 것이 필연이라는 느낌이 들기도 한다. 내가 한 일이 내가 한 것이 아니고 내가 산 것도 내가 산 것이 아님을 고백하게 된다. 결국 어떤 특정 사건이 지닌 참다운 의미의 이해, 즉 '특별' 섭리에 대한 이해는 전체적 맥락 속에서 다시 말해서 일반 섭리의 일환으로 주어진다는 말이 된다. 개인적 삶의 의미나 한 집단이 겪는 사건의 의미는 일반적으로 '회고적 시각'에서 또는 전체적 모습이 어느 정도 드러나는 시점에서 반추해볼 때 비로소 깨닫게 되는 것이다.

성경에 대한 현대의 역사 · 비평적 연구는 성경에 나오는 '역사의 하느님' 이야기들, 즉 특별 섭리의 이야기들이 한 개인의 이야기든 이스라엘이라는 민족의 이야기든 후세의 편집자들이 회고적 시각에서 하는 신앙 고백적 차원에서 편집된 기록임을 잘 보여주고 있다. 하지만 우리는 굳이 현대의 역사 · 비평적 성경 연구를 들먹일 필요도 없다. 이는 개인적이든 집단적이든 어떤 사건이나 경험을 이해하는 일반적인 현상이기 때문이다. 따라서 특별 섭리에 대한 이야기들은 회고적 시각에서 느끼고 깨닫게 되는 해석과 고백의 언어이며, 이런 점에서 나는 특별 섭리를 신앙주의(fideism)의 입장을 지지하며, 그런 시각에서 이해하고 수용한다는 점을 이미 밝힌 바 있다.[1]

그리스도교 신앙은 성경에 기록된 특별 섭리의 이야기들을 기반으로 하여 형성되어왔다. 바로 이 점이 그리스도교 신앙이 지니는 매력

---

1 '신앙주의'란 어떤 특정한 사건이 신의 특별한 배려와 섭리로 이루어졌다는 것을 우리 인간으로서는 결코 입증할 수 없고, 입증하려고 할 필요도 없고, 해서도 안 된다는 종교철학적 입장이다. 나는 개인적으로 이러한 입장에서 나 자신이 겪은 삶의 경험에 대해서 '고백'은 할 수 있지만, 한 번도 공개된 장소에서 '신앙 간증'이라는 이름으로 말한 적은 없다. 하느님의 특별한 섭리를 부정하거나 의심하기 때문이 아니라, 신앙 간증이란 것이 종종 자기중심적이고 아전인수 격인 말로 들리기 때문이다.

가운데 하나지만, 동시에 어느 특정 인물과 민족을 중심으로 하는 성경에 기록된 '역사의 하느님' 이야기들을 일반인들에게, 특히 보편적 진리를 추구하는 지성인들에게 큰 지적 부담을 줄 뿐 아니라, 이야기들이 사실이라고 해도 혹은 억지로라도 믿는다 쳐도 자신들과는 무관하고 무의미하게 보이게 하는 가장 중요한 원인이다. 자신과 무관하게 보이는 특정 개인이나 집단이 경험한 '역사적 사건'을 하느님의 계시로 믿어야 한다는 주장은 지성에 큰 부담을 주기 마련이다.

우주 만물을 창조한 신이 어떤 특정 개인이나 집단에 '특별한' 배려와 섭리로 개입하고 인도한다는 생각은 진리의 보편성을 강조하는 이성에 반하는 일로 보이고, 한편으로는 특별 섭리를 믿는 신자들에게는 일종의 '선민'의식이나 특권의식을 조장하기 쉽다. 다른 한편으로는 그 이야기를 공유하지 않는 집단이나 타종교에 대해서 배타성과 독선과 편견을 조장하기 쉬운 '얌체' 같은 이야기라는 인상을 주기 쉽다. 아마도 바로 이런 점이 양식 있는 세계의 수많은 지식인, 지성인으로 하여금 성서적 신앙, 특히 이스라엘 민족을 중심으로 하여 전개되는 구약성경의 이야기들에 등을 돌리게 하는 가장 중요한 원인이 아닐까 하는 생각이 든다.

나는 신이 자신의 무한한 창조력에 의해서 출현한 무수한 개별자들의 운명 하나하나에 어떤 의도나 섭리 같은 것을 가지고 '관여'한다는 생각을 쉽게 수용하지 않는다. '전능하신' 하느님도 전체를 움직이거나 영향을 주지 않고 부분만을 움직일 수 없다고 생각하기 때문이다. 아니 할 수 있다 해도 그렇게 하지 않는 편이 더 바람직할지도 모른다는 생각이 든다. 가령 신이 어떤 구체적 사안 하나에 영향을 미치려면 미리부터 그 사건과 관련된 그 이전의 사건들에서부터 시작해서 그 사건이 발생하도록 관여하고 인도해야 하며, 더 나아가서는 그 사건이

미래에 대해 미칠 영향과 파장까지 미리 다 내다보고 고려해야만 한다. 그뿐만 아니라 공간적으로 보아도 한 사건을 둘러싼 무수히 많은 여건이 어디까지 소급되어야 할지 아무도 모른다. 신은 이 모든 것을 미리 내다보고 섭리한다는 말이 되는데, 그런 일이 신에게 가능하다 해도 과연 바람직한 일일지 우리는 숙고해 볼 필요가 있다. 과연 그런 특별 섭리의 사건이 일어나기를 믿고 바라는 것이 특별 섭리에 대한 바른 이해인지, 그런 일이 일어나기를 간절히 바라는 것이 깊은 '신앙'인지, 행여 지극히 자기중심적이고 이기적이고 얌체 같은 생각은 아닐지 하는 물음을 우리는 피할 수 없고, 또 피하지도 말아야 한다고 나는 본다. 세상만사가 모두 자신을 위해 존재한다거나 혹은 자기 위주로 돌아간다고 착각하지 않는 한, 우리가 과연 양심적으로 그런 식으로 신의 특별한 개입을 원하는 청원 기도를 편안한 마음으로 드릴 수 있을지 의문이다.

나는 신에게도 전체에 대한 관심과 배려가 부분에 대한 관심에 우선한다고 믿는다. 따라서 신의 특별 섭리로 간주되는 사건이 발생할 수 있다 해도 어디까지나 만물과 만인을 위한 일반 섭리에 종속되며, 그 테두리 내에서 그 일환으로 일어난다고 생각할 수밖에 없다. 신은 자기 자식과도 같은 존재자들의 운명 하나하나에 무관심하거나 무지한 분은 아닐 것이다. 하지만 우주를 창조하고 천지 만물을 내신 하느님이 한 특정한 개인이나 개체만을 위해 전체를 움직인다거나 희생한다고, 또는 하느님이 자신이 제정한 자연의 질서를 일시적으로나마 어기거나 정지시키면서 예외적 행위를 행한다고는 생각하기 어렵다. 아니, 해서도 안 될지 모른다. 만물과 만인을 내신 신은 공평하신 분이기에 신에게나 우리에게나 일반 섭리가 특별 섭리에 우선한다고 믿기 때문이다.

우리가 굳이 신의 특별 섭리에 대해서 말하려 한다면 우리는 인간의 행위에 준하는 신의 '행위'를 거론하지 않을 수 없다. 특별 섭리라는 개념은 주로 신이 특정 사건 내지 현상에 '직접적'이고 '국소적'으로 '예외적'인 영향력을 행사한다는 뜻으로 이해된다. 성경에는 이러한 의미로 하느님의 특별 섭리라고 부를 만한 이야기가 허다하다. 문제는 신이 어떤 식으로 이러한 영향을 미치는가 하는 것이다. 성서적 신앙은 이 신의 '영향'을 우리 인간의 행위에 준해서, 즉 어떤 사건에 영향을 미치려고 개입하는(intervene) 의도적 행위(act)에 준해서—신학적으로는 유비적(analogical) 의미로— 이해한다. 신도 인간과 유사하게 인간의 개인적 역사든 집단적 역사든 역사에 지대한 관심을 가지고 필요할 때마다 의도적으로 개입하고 영향력을 행사함으로써 역사 전체의 방향을 이끄는 행위의 주체(agent)라고 성서적 신앙은 믿기 때문이다.

하지만 과학적 사고가 상식화된 현대인들은 이러한 행위의 주체로 간주되는 '역사의 하느님' 신앙을 이해하는 데 많은 어려움을 겪고 있다. 우리는 이미 '진화적 창조'의 시각에서 창조와 구원을 하나의 일관된 과정으로 이해해야 한다는 점을 강조한 바 있다. 이런 시각에서 보면 성서적 신앙의 기반이 되고 있는 구원사(Heilsgeschichte, salvation history)를 구성하고 있는 이야기들은 우선 신의 '간헐적' 특별 섭리의 행위와 특별한 은총의 이야기들이기보다는 창조에서 구원에 이르는 신의 일관된 일반 섭리와 경륜 가운데 발생하는 일련의 사건들이라고 보아야 한다. 구원사의 사건들은 신이 특별 섭리의 행위를 통해 사건의 추이에 간헐적으로 '개입'하는 행위이기보다는 세계 역사 전체를 그리고 나의 삶 전체를 인도하는 신의 일반적 섭리가 실현되는 과정에서 발생하는 특수한 현상들로 이해해야 한다는 말이다. 어디까지나 인류 전체를 위한 보편적 섭리와 진리의 차원에서 이해하고 해석해야만 한다는 것이다.

신학자 카우프만(G. Kaufman)은 창조에서 종말에 이르는 과정이 신의 수많은 부차적 행위들(subacts)뿐 아니라 단 하나의 통일된 목적을 지닌 주(主) 행위(master act)의 지배를 받는다고 말한다.2 나는 "신의 행위라는 관념이 세계 안에서 일어나는 특수한 사건들보다는 세계 전체와의 관련 속에서 일차적으로 사용되어야 한다"는 신학자 와일스(M. Wiles)의 견해에도 일단 동의한다.3 와일스는 또 말하기를 "우리는 세계의 점차적 출현을 신의 단 하나의 행위로 보아야 한다. 다른 말로 하면 그것은 목적이 있는 현상이고, 그것을 구성하는 개별적 모습들은 통일된 의도로 묶여 있다"고 지적한다.4

카우프만이나 와일스 그리고 길키(L. Gilkey) 같은 신학자들은 신의 특별 섭리에 '행위'(act)라는 개념을 적용할 때, 신의 창조 개념을 여전히 성서적인 제작자 모델의 인격신관에 따라 사용하고 이해한다. 그들은 창조론에 따른 긴 안목의 주 행위를 말하지만, 유출설과는 다른 전통적인 창조 개념을 여전히 전제로 하고 있다. 내가 말하는 진화적 창조론은 창조의 시작에서 완성에 이르는 전 과정을 긴 안목에서 신의 주 행위로 보는 그들의 시각과 일치하지만, 창조의 개념이 아주 차이가 있다는 사실에 주목할 필요가 있다. 신의 '행위'라 해도 성경에서 말하는 제작 행위 모델의 창조 개념에 따라 하는 말이 아니다. 즉, 어떤

---

2 Gordon Kaufman, *God the Problem*, 제6장, "On the Meaning of Act of God"을 볼 것. 신의 주 행위(master act) 개념은 이미 인용한 바 있는 길키(Langdon Gilkey)의 글 "On the Meaning of 'Act of God'"에서도 논의되고 있다. 카우프만이나 길키 모두 신의 '행위' 개념의 철학적 배경으로서 신과 인간을 모두 행위의 주체(agent), 즉 인격(person)으로 보는 시각을 따르고 있다. 필자도 근본적으로는 이러한 시각을 갖고 있다. 하지만 나는 신의 행위를 의도적 행위보다는 도가적 무위(無爲) 개념의 시각에서 이해하고자 한다.

3 Maurice Wiles, *God's Action in the World* (London: SCM, 1986), 28.

4 같은 책, 54.

특정한 사태 내지 일련의 사건을 일으키기 위해서 하는 행위 개념이 아니라는 것이다. 이러한 행위 개념을 중심으로 해서 길키와 카우프만은 신의 주 행위를 논하지만 '진화적 창조론'의 시각에서는 신은 이미 만물의 생성과 운동 가운데 내재하기 때문에 신의 행위를 굳이 어떤 사건이나 사물 밖에서 영향력을 행사하는 외적(ad extra) 행위로 이해할 필요가 없다. 길키나 카우프만이 말하는 신의 주 행위는 창조 때부터 품었던 신의 일관된 의지를 실현해가는 과정이라는 점에서 여전히 전통적인 제작 모델의 창조관에 기초하고 있다는 점이 나의 견해와 결정적으로 차이가 있다. 예컨대 길키는 말하기를 "아직 완결되지 않은 신의 주 행위는 그가 의도했던 창조의 본래 목적의 실현을 향한 시간적 움직임이다"라고 한다.5

내가 보는 신의 주 행위는 신의 물질적 창조력이 물질의 움직임과 함께 자연스럽게 움직이는 신의 역동적 힘이다. 신의 창조 행위는 어떤 목적과 의도를 가진 '행위'이기보다는 그의 본성에 따른 자연스럽고 필연적인 '행위', 말하자면 '행위 아닌 행위', 도가(道家)에서 말하듯이 아무런 행함도 없지만 모든 일을 이루는 고차적 행위로 이해해야 한다는 말이다.6 신에게는 이렇게 세계 전체, 인류 전체를 위한 단 하나의 주 행위, 즉 진화적 창조 하나만 있고, 이 행위는 수많은 부차적 행위들에 우선한다. 그렇다면 진화적 창조라는 주 행위의 과정에서 발행하는 무수한 개별적 사건이나 현상들은 모두 신의 '부차적 행위'(sub-acts)가 되는 셈이다. 여하튼 신의 주 행위와 부차적 행위 개념은 사실 토마스 아퀴나스가 말하는 두 가지 원인, 즉 신은 모든 현상의 일차적 원인(primary cause)이고, 여타 피조물들을 이차적 원인(secondary cause)

---

5 Gilkey, 142, 45.

6 無爲而無不爲 (『도덕경』).

으로 삼아 세계를 섭리한다는 생각과 별로 다르지 않다.

이미 누차 강조한 대로 진화적 창조에는 신의 본성인 로고스에 따른 확실한 질서와 방향, 목적과 의미가 존재한다. 이런 점에서 나는 '진화적 창조' 자체에 대해서는 '목적론적'(teleological) 사고를 견지한다. 다만 나는 이 목적이 생명체에 심어져 있는 유전자 정보처럼 창조 세계 내에 심어진 '내재적' 목적이라고 생각하며, 이런 뜻에서 진화적 창조를 인도하는 전체적 목적과 의미는 우주 만물에 내재적이고 '자연적'이라고 본다. 이른바 '내재적 목적론', '자연적 목적론', '자연적 초자연주의'의 신관이고 세계관이다. 그리고 신의 무수한 특별 섭리의 행위들이 지닌 의미를 읽어내는 우리의 안목은 어디까지나 진화적 창조라는 단 하나의 '주 행위'에 담긴 목적과 의미가 실현되는 과정의 일환으로, 즉 인류 전체를 위한 신의 일반 섭리가 실현되는 일관된 과정의 일환으로 이해한다. 나는 창조에서 종말에 이르는 신의 주 행위가 어떤 목적이 실현되는 과정이라고 생각하지만, 이 과정은 동시에 신의 본성에 따라 '자연스럽게' 펼쳐지는 신의 '행위 아닌 행위'와도 같다. 하지만 이 말은 신에게는 우리 인간들이 하는 행위, 곧 자유로운 의사에 따른 의도적 행위 같은 것이 전혀 없다거나 불가능하다는 것을 뜻하지는 않는다.

신에게는 자신의 존재를 나누어 주는 지속적인 진화적 창조라는 단하나의 주 행위가 있고, 나머지 현상들은 모두 이 주 행위가 전개되는 과정 속에서 발생한다. 우리에게는 이 두 가지 행위가 어떻게 연결되는지, 다시 말해서 신의 주 행위가 무수한 부차적 행위들 하나하나에 어떻게 작용하고 어떤 영향을 미치는지 세부적으로 알 길이 없다. 따라서 우리는 이에 대해 함부로 속단해서는 안 된다. 어떤 사건이 신의 특별 섭리의 행위에 해당하는지는 어디까지나 사후(事後)에 회고적 시각으로 하는 '신앙고백'(confession of faith)의 차원에서 하는 말임을 의식하면서 매우 조심스럽게 임해야 한다.

창조 자체가 구원의 과정이고 구원은 창조의 완성이다. 진화적 창조의 전 과정이 우주 만물에 내재하는 신의 뜻과 목적이 실현되는 과정이라는 점에서 우리는 그것을 하나의 일관되고 지속적인 신의 주 '행위'라고 부를 수 있다. 이 행위는 어미가 자식을 출산하고 돌보는 행위와 유사하게 의식적이기보다는 무의식적이고, 의도적이기보다는 자연스럽고 필연적인 행위다. 만물을 출산하는 창조와 보살핌은 신에게 선택의 문제가 아니라 그의 본성에 따른 필연이다. 존재하는 것이 신의 본질이고 본성이듯이 자신의 존재와 생명을 나누어 주는 것역시 신이 지닌 사랑의 본성이다.

성경에 나오는 신의 특별 섭리의 행위로 간주되는 사건들은 모두 신의 보편적 자기 나눔, 자기 계시, 자기 육화 과정을 관통하는 그의 일반 섭리의 일환으로 이해되어야 한다. 신의 특별 섭리의 행위들로 간주되어 온 사건들은 어디까지나 전체가 부분에 우선한다는 뜻에서 일반 섭리의 관점에서 넓은 안목으로 이해되어야 한다는 말이다. 다만 우리는 사건들이 발생하는 과정을 이해할 때, 다음과 같은 일반적인 원칙을 염두에 두어야 한다. 우선 사건들이 발생하는 데는 부분들이 전체에 영향을 미치는 '상향적 인과성'뿐 아니라 전체가 부분들에 영향을 미치는 '하향적 인과성'도 동시에 작용한다는 사실이다. 부분이 바뀌면 전체가 바뀌고, 전체가 바뀌면 부분도 영향을 받아 바뀔 수밖에 없기 때문이다.

이러한 쌍방향적 인과성의 가장 좋은 예는 신체라는 유기체에서 볼수 있는 전체와 부분의 관계이다. 신체라는 하나의 체계(system)를 볼 때, 개별 장기들이 신체라는 전체 체계에, 세포들이 개별 장기에 그리고 분자들이 하나의 세포에, 원자들이 분자에 영향을 미친다는 것은 확실한 사실이다. 그러나 이 영향은 단지 기계적이고 양적인 영향 이상이다. 왜냐하면 전체는 부분들의 총합 이상이기 때문이다. 전체 속에는 부분들에서는 볼 수 없는 새로운 속성들이 나타난다. 또 전체가 지닌 새로운 속성과 기능은 전체를 구성하는 부분들 모두에도 역으로 영향을 미친다. 특히 유기체적 현상들에서는 부분들이 전체를 위해 존재한다 해도 과언이 아니 정도로 부분들은 전체를 떠나서는 존재조차 하지 못할 정도로 전체의 지배를 받는다. 유기체들은 이런 의미에서 부분들이 전체에 미치는 상향적(bottom-up) 인과성 못지않게 전체에서 부분들로 작용하는 하향적(top-down) 인과성도 작용하는 목적론적 질서와 구조와 의미를 반영하고 있다.

유기체의 이러한 쌍방향적 인과성이 신의 일반 섭리와 특별 섭리의 관계에 대해서도 타당하다면 우리가 특별 섭리를 이해하는 방식도 달라질 수밖에 없다. 우선 우리는 제아무리 특별한 사건이라 해도 피조물 전체의 선을 실현하기 위한 하느님의 일반 섭리, 즉 그 사건을 둘러싼 전체적 맥락에서 넓고 깊은 안목으로 이해해야만 한다. 우리는 전체를 위한 신의 일반 섭리가 특별 섭리로 간주되는 부분들이나 개체들 하나하나의 운명에도 영향을 미친다는 점은 일반적 진리로 인정하지만, 구체적으로 어떤 영향을 어떻게 미치는지에 대해서는 우리의 지식이 알 수 있는 선을 넘는다. 이 말은 아퀴나스가 말하는 일차적 원인과 이차적 원인 개념에도 마찬가지로 타당하다. 신이 모든 사건이나 현상의 일차적 원인이라 해도 그리고 이 일차적 원인이 여타 피조물이라는 이차적 원인들을 매개로 해서 작용한다 해도 우리는 그 구체적인 인과관계의 내용을 알 수가 없기는 마찬가지다. 우리 인간에게는 어떤 일이 신의 특별한 개입에 의해서 일어난 사건이고, 어떤 일이 그렇지 않은 일인지를 확실하게 식별할 능력이 없다. 우리에게는 신의 일차적 원인이 어떤 식으로, 어떤 경로로 수많은 이차적 원인들에 영향을 주어 한 사건을 야기하는지, 또 그 반대의 경로 역시 구체적으로 알 길이 없다. 따라서 우리는 특별 섭리에 대해 말할 때는 확실한 지식이나 사실처럼 단언하기보다는 신중을 기하거나 차라리 침묵을 지키는 편이 낫다. 굳이 말을 해야 한다면 '신앙주의'(fideism)적인 관점에서 겸손한 신앙고백의 언어를 사용하는 편이 더 적합하고 현명하지 않을까?

여하튼 우리는 성경의 이야기든 일반적인 역사 이야기든, 혹은 특정한 개인이나 집단이 삶에서 경험하는 일이든, 그것이 곧바로 신의 '뜻'이라거나 신이 '의도'했다고 단순하게 생각하는 것은 곤란하다. 이 점에서 우리는 하느님의 이름을 함부로 부르지 말라는 계명을 특별히 기억할 만하다. 특별 섭리에 대한 모든 이야기와 증언은 어디까지나 신앙의 눈으로 본 그리고 전체적 안목에서 본 해석이라는 사실을 기억하자. 실제로 '전화위복'이라는 말이 있듯이 우리는 흔히 한 사건의 의미를 그 결과를 보게 될 때야 비로소 깨닫게 되는 것을 종종 경험한다. 마찬가지로 우리가 특별 섭리로 간주되는 사건을 이해하려면 우리는 그 사건을 둘러싼 더 넓은 맥락을 고려하지 않을 수 없다. 그리고 이 맥락의 범위는 한정 짓기 어렵다. 결국 부분을 위한 신의 특별 섭리에 대한 믿음은 비록 제한적 범위 내라 할지라도 한 사건을 둘러싼 보다 더 넓고 큰 전체를 위한 일반 섭리의 차원에서 이루어지는 회고적 (retrospective) 이해, 특히 그 공동체적 이해와 고백의 언어일 수밖에 없다.

한 개인의 삶에 대한 사회적 평가도 그의 삶이 완결된 후, 그가 산 삶 전체의 모습이 드러나는 시점에서야 비로소 제대로 이루어질 수 있는 법이다. 한 개인의 자기 삶에 대한 신앙적 이해 역시 어느 찬송가 가사처럼 그의 삶이 거의 끝나갈 무렵 "이제까지 지내 온 것 주의 크신

은혜"라고 고백하는 것이 자연스럽다. 어떤 구체적 사안이나 사건 하나하나를 두고 신의 뜻이나 섭리를 함부로 들먹이기보다는 "모든 것이 주님의 은혜다"라고 하면서 자기 삶 전체를 통해서 보이지 않는 하느님의 손길이 있었음을 고백하는 것이 오히려 참된 신앙의 자세가 아닐까?[7] 민족의 역사든 한 개인의 삶이든 신앙의 증언은 결과론적 해석일 수밖에 없다. "믿는 자에게는 모든 것이 협력해서 선을 이룬다"(롬 8:28)는 바울 사도의 말 역시 나는 이런 시각에서 이해한다.

　재차 강조하지만 나는 하느님이 더 큰 선을 실현하기 위해서 악을 '이용'하거나 '허용'한다는 식의 논리나 인격적 언어를 배격한다. 그 어떤 위대한 선도 끊임없이 발생하는 세상의 끔찍한 악들을 정당화할 수 없다. 나는 하느님이 부분적 악에도 '불구하고'(in spite of) 선을 이루지, 악을 '통해서'(through) 선을 이룬다고 생각하지는 않는다. 또 그 역으로 개인에게 주어지는 행복 역시 함부로 하느님의 뜻이나 축복으로 간주해서도 곤란하다. 좋은 일이든 궂은일이든 부분을 위한 신의 뜻을 함부로 들먹이는 것은 자칫 아전인수식 논리가 되기 쉽고, 신을 다분히 '자기편'이고 편파적인 존재로 둔갑시킬 위험성이 크기 때문이다. 틸리히의 경고대로 역사든 개인의 삶이든 신의 섭리에 대한 믿음은 역설적 측면이 있다.

　　역사적 섭리의 역설적 성격이 망각될 때마다, 역사적 섭리가 종교적 술어든 세속적 술어든 어떤 특정한 사건들이나 특별한 기대들과 연계될 때마다 개인의 삶에서와 마찬가지로 실망이 따르는 것은 피할 수 없다. 역사의 완성을 역사 자체에서 찾는 역사적 섭리에 대한 그릇된 이해는 유토피아적이다. 한

---

7 나는 이러한 고백의 좋은 예를 가톨릭 신앙의 배경을 지닌 일본의 유명한 작가 엔도 슈사쿠의 자전적 이야기를 담고 있는 책, 『나에게 신이란?』 (광문사문고, 1988)에서 읽은 적이 있다.

개인의 삶의 완성이 그를 초월하듯이 역사를 완성하는 것도 역사를 초월한다. 섭리에 대한 믿음은 역설적이다. 그것은 하나의 '불구하고'의 믿음이다. 이것을 이해하지 못하면, 섭리에 대한 믿음은 붕괴되며, 이와 함께 하느님에 대한 믿음과 삶과 역사에 대한 믿음도 붕괴된다.[8]

사실 나는 신이 자연과 역사의 전 과정을 선으로 이끄는 가운데 발생하는 무수한 부분의 악에 대해서는 신도 어찌할 수 없을 것 같다는 생각이 들 때가 많다. 나는 개별적 사건 하나하나를 두고 하느님의 뜻을 운운하면서 신을 원망하고 탓하는 행위, 혹은 그 반대로 어떤 특정 사건을 신의 특별한 은총이라고 여겨 떠벌이며 감사하는 행위는 둘 다 성숙한 신앙적 자세는 못 된다고 생각한다. 진정한 신앙은 오히려 세계와 인류 전체를 향한 신의 일반적 섭리와 궁극적 선과 사랑을 믿으면서 좋은 일이든 궂은일이든 개인과 집단에 발생하는 피할 수 없는 모든 일을 조용히 지켜보고 감내하는 자세일 것이다. 우리가 부분적 악의 원인이 무엇인지를 확실히 알고 우리의 노력으로 대처할 수 있다면 모르지만, 우리는 하느님이 마치 어떤 악을 의도하기라도 했다는 듯 신을 원망하거나 호소하기보다는 차라리 천명(天命)으로 여기는 동양의 숙명론적인 지혜나 관조적 자세가 오히려 더 성숙한 신앙적 자세가 아닐까 생각한다.

자연의 전 과정이 신의 자기 현시·현현인 한, 신과 자연악은 분리될 수 없고, 신 자신도 이 모든 과정을 내재적으로 '경험'하는 한, 뭇 생명체의 고통을 함께 느낀다. 하지만 나는 신이 개별 현상들 하나하나에 책임을 져야 할 정도로 만사를 주관하거나 관여한다고 생각하지는 않는다. 신은 만물의 움직임 하나하나를 철저하게 지배하는 세계의

---

8 Tillich, *Systematic Theology* vol. One, 268-269.

절대군주 같은 통치자가 아니다. 이 세계는 개별적 사건의 우연성을 허락하지 않을 정도로 신의 섭리의 그물망이 촘촘하게 짜여 있는 체계가 아니다. 나는 그런 신, 그런 세계는 존재하지 않는다고 생각한다.

전지전능한 신이 세상사를 일일이 완벽하게 주관할 정도로 그의 특별 섭리의 그물망이 촘촘하게 짜여 있다고 믿는 생각이나 세계가 엄격한 물리적 인과관계의 지배 아래 있다고 생각하는 근대 과학의 사고나 '결정론적'이기는 매한가지다. 나는 후자도 안 믿지만 전자도 믿지 않는다. 모든 일에 책임을 져야 할 정도로 만사를 주관하는 신은 존재하지 않지만, 존재한다 해도 그런 신이 과연 우리의 믿음과 사랑의 대상이 될 수 있을지 의심이 든다. 인간은 허수아비가 아니다. 악에 대해 책임질 일이 있으면 마땅히 책임을 져야 하고, 어떤 악이든 우리는 우선 합리적으로 그 직접적 원인들을 분석하고 따지고 대처해야 한다. 누구의 기도는 들어주고 누구의 기도는 외면하는 자의적인 신은 결코 악의 문제를 해결하는 데 도움이 되지 않는다. 오히려 문제를 더 악화시킨다. 나는 그런 신은 존재하지 않는다고 생각한다.

신의 특별 섭리의 문제는 역사의 하느님, 자유로운 행위를 하는 인격신을 믿는 성서적·그리스도교적 신앙이 제기하는 가장 현실적이고 어려운 문제이다. 자신의 삶과 함께하는 하느님에 대한 신앙은 그리스도교 신앙이 지닌 매력이자 동시에 걸림돌이다. 신의 자유로운 행위가 어떻게 가능하고 어떻게 작용하는가 하는 이론적 문제는 차치하고, 신앙인들이 삶에서 경험하는 악의 문제, 매일같이 드리는 간절한 청원 기도, 인간의 자유와 책임의 한계 혹은 운명의 문제 등 그리스도인들이 삶에서 경험하는 수많은 문제가 걸려 있기 때문이다.

신의 특별 섭리를 믿는 신앙이 제기하는 가장 심각한 문제는 신의 보편적 사랑과 섭리 대신 자칫하면 아전인수식 논리를 동원해서 지극히 자기중심적이고 이기적인 신앙을 정당화할 위험성이 매우 크다는 데 있다. 이것은 이스라엘 민족 중심의 이야기가 주종을 이루고 있는 구약성경의 하느님이 세계 지성인들의 눈에 어떻게 비치는지를 생각해 보면 곧 알 수 있다. 특정한 이야기 중심의 성서적 신앙이 지닌 대중적 힘과 약점, 매력과 취약성, 아니 그 위험성이 모두 '역사의 하느님, '행위하는 하느님' 신앙 그리고 특별 섭리에 대한 믿음에서 온다 해도 과언이 아니다. 그리스도교 신앙이 풀어야 할 영원한 숙제가 아닐까 한다.

글을 쓰다 보니 미국의 유명한 대중가수 프랑크 시나트라가 부르는 〈My way〉라는 노래가 생각난다. 나도 한때 이 노래를 무척 좋아했지만, 지금은 아니다. 미국적 개인주의의 극치라는 생각이 들기 때문이다. 세상에 죽음이 머지않다고 느껴질 때, 자신의 삶을 되돌아보면서 '나의 식대로' 후회 없는 삶을 살았다고 큰 소리로 노래할 수 있는 사람이 몇이나 될까? 노래 가사에는 물론 삶의 시련과 도전, 후회도 없지 않았다고 하지만 모든 것을 다 이겨내고 자기식으로 살았다고 세상을 향해 당당하게 노래한다. 나는 삶을 마감하는 시점이 다가올수록 '나의 식대로' 살았다고 하기보다는 내 주변의 모든 사람 덕분에 살았노라고 감사하는 마음으로 세상을 하직하고 싶다. 내 식대로 살았노라고 (I did it my way!) 하기보다는 "그분의 뜻에 따라 살았노라"고(I did it in His way) 고백할 수 있다면 얼마나 좋을까 하는 생각을 해 본다. 만약 죽음이 임박한 나에게 노래할 수 있는 힘이 조금이라도 남아있다면, 아니 어느 가수가 부르는 노래라도 들을 수 있는 한 가닥의 정신 줄이라도 있다면, 시나트라의 〈My way〉보다는 차라리 〈Amazing grace〉 같은 노래를 들으면서 조용히 눈을 감고 싶다(I was lost, but now am found; I was blind, but now I see). 그리고 "이제껏 내가 산 것도 주님의 은혜라"고 속으로 읊조리면서 세상을 하직하고 싶다.

이상과 같은 신의 특별 섭리와 행위에 대한 조심스러운 논의에도 불구하고 여전히 무언가 미진한 부분이 있다는 느낌이 든다. 신의 행위와 섭리에는 전체에서 부분으로 향하는 하향적 인과성과 부분이나 개체 혹은 개별집단의 역사를 중심으로 한 부분의 변화를 통해서 역사 전체에 영향을 미치는 상향적 인과성이 모두 작용한다고 하지만 아무래도 특별 섭리에 대한 믿음이 성서적 신앙에서는 너무나 중요하기 때문에 좀 더 긍정적이고 적극적인 논의를 필요로 한다는 생각이 든다. 하느님을 믿는 신앙인에게 특별 섭리에 대한 믿음은 무엇보다도 신의 은총의 손길이 한 개인의 삶에까지 영향을 미친다는 강한 믿음이다. 자신의 삶을 인도해 주시는 하느님의 각별한 섭리에 대한 믿음은 신을 믿는 신자들의 신앙생활에서 거의 전부를 차지한다고 할 수 있을 정도로 중요하다.

특별 섭리의 행위를 행하는 신을 믿는 것은 우리 인간이 자신의 자유로운 의지에 따라 행동할 수 있듯이 신도 자유로운 존재로서 그런 행동이 가능하다는 전제를 깔고 있다. 또 우리의 자유로운 행위가 사물의 일반적인 인과 질서 내에서 이루어지듯이 신의 행위도 자신이 만든 자연의 질서를 어기거나 일시적으로 정지시킬 필요 없이 이루어질 수 있을 것이다. 자연계와 세계가 인간의 자유로운 행위가 불가능할 정도로 엄격하고 촘촘한 인과의 그물로 엮여 있는 것은 아니라고 생각하기 때문이다. 신도 자신이 만든 법칙적 질서나 거기에 따른 예측 내지 예상을 뛰어넘는 자유로운 행위를 할 수 없다는 법이 없다. 인간이든 신이든 자유와 법칙적 질서는 반드시 모순적이 아니다.

우리는 신의 로고스적인 본성이 사물의 조화와 질서, 특히 사물의 범주별 차이와 본질(essentia)들의 질서를 설명해 주는 원리임에 비해 천차만별인 사물의 개체·개물·개인 간의 무수한 차이는 신의 물질적 창조력에서 오는 것임을 누차 언명한 바 있다. 하지만 이것이 개별자들의 운명이 신의 섭리 밖에 있다는 것을 뜻하지는 않는다. 신의 일반 섭리가 특별 섭리에 우선하지만, 신이 개별자들의 운명에 무관심한 분이 아니고 우리의 기쁨과 슬픔을 다 아시고 함께하시는 분인 한, 세계 전체의 운명은 물론이고 개인들이 겪는 행복과 불행에 대해서도 어떤 식으로든 영향을 미칠 것이다. 한 사람의 생명이 온 천하보다 귀하다고 하지 않았던가? 서양의 중세 철학자들은 신이 개별자·개체·개인 한 사람 한 사람의 사정을 다 인식하는지, 아니면 플라톤적인 이데아들 같은 보편자들에게만 신의 인식이 국한된 것인지 하는 문제가 논쟁의 대상으로 부상한 적이 있었지만, 이 문제에 관한 성서적 신앙의 입장은 의심의 여지가 없다. 신은 세상의 모든 일, 모든 개인의 사정을 아시는 분이라고 그리스도교 신앙은 믿는다. 한 사람 한 사람이 모두 하느님의 모상인 한, 개인의 존엄성과 권리는 성스럽고 신의 관심을 벗어나지 않을 것이다.

누차 강조하지만 우리는 신이 세계 전체를 위한 일반 섭리를 주관하면서 무수한 개인이나 개체들의 운명에 어떠한 영향을 어떻게 미치는지에 대해 구체적 내용을 세세히 알 수는 없다. 따라서 우리는 이에 대해 함부로 왈가왈부하기보다는 신앙주의의 입장에서 차라리 침묵 가운데 인내하고 하느님의 섭리의 신비에 자신을 맡기는 성숙한 믿음이 필요하다. 죽음의 문턱을 아슬아슬하게 넘어 본 사람은 누구나 인명재천(人命在天)이라는 말을 실감하게 된다. 다른 사람들은 모두 죽었는데, 나만 홀로 '기적적'으로 살아남는 일도 종종 발생하기 때문이다. 모든 우연은 우연인 한 필연이라는 말도 있다. 기막힌 우연을 경험한 사람은 그것이 도저히 단순히 우연이라는 생각이 들지 않는다. 그러한 경험이 그의 삶을 송두리째 바꾸어 놓는 일도 종종 있다. 그렇다고 이러한 경험을 두고서 함부로 나를 위한 신의 특별한 섭리와 도움의 손길이 있었다고 떠들어대는 일이 얼마나 위험하고 불경스러운 일인지 의식하지 못하는 신앙인은 그야말로 철이 없는 사람일 것이다. 전화위복이라는 말이 암시하듯이 한 치 앞도 못 보는 것이 우리 인간이다. 우리는 다만 앞으로 우리 앞에 무슨 일이 닥치든 "죽든지 살든지 주 뜻대로 하소서"라는 믿음을 다지면서 매일을 살아갈 수밖에 없다. 자기가 겪은 경험을 두고 하느님과 이웃에 감사함을 느끼지 못하는 사람도 철이 없기는 매한가지라는 생각이 든다. 가장 성숙한 신앙은 "죽든지 살든지, 뜻대로 하소서"라고 하면서 하느님께 모든 것을 맡기는 신앙이 아닐까? 나는 신이 악을 '통해서' 더 큰 선을 이루기보다는 악에도 '불구하고' 선을 이루는 분이라고 믿는다. 신에게 '절대악'은 존재하지 않는다. 신앙인들에게도 마찬가지다. 하느님을 믿는 신앙인들에게 요구되는 것은 "모든 것이 합동하여 선을 이룬다"는 신뢰 속에서 죽는 순간까지 하느님의 미래를 담담한 마음으로 기다리는 믿음의 지혜와 용기가 아닐까 한다.

IX. 부활 신앙과 부활 사건

　그리스도교 신앙에서 신의 특별 섭리로 간주되는 사건들 가운데서 가장 대표적이고 중요한 것을 꼽으라면 단연 부활이다. 우리는 세계의 진화적 창조 과정에 발생하는 무수한 개별 현상이 모두 균등하고 균질적이라고 생각할 필요는 없다. 그 가운데 어떤 현상은 매우 특출한 의미를 가질 수 있다. 그리스도교 신앙의 관점에서는 예수 그리스도 사건이 그런 특별한 의미를 지닌 사건이다. 특히 그의 부활(resurrection)은 기적 중의 기적으로 간주되며 그리스도교 신앙 전체의 명운이 걸린 특별 섭리의 '사건'이다. 특별 섭리를 이성과 상식에 반한다 해서 무조건 부정하는 것은 자칫하면 성서적 신앙의 특수성과 매력을 도외시하고 모든 기적의 가능성을 원천적으로 배제함으로써, 그리스도교 신앙을 합리화하고 그야말로 '물 탄' 싱거운 신앙으로 만들기 쉽다.

　성서적 신앙의 힘이 지닌 전형적인 예는 이집트 제국에서 노예살이를 하던 이스라엘 민족이 하느님의 특별한 은총의 도움으로 이집트를 탈출하는 기적 같은 해방의 사건이다. 이집트 탈출 사건은 이스라엘의 민족적 정체성을 구성할 만큼 결정적인 사건이었고, 이스라엘 민족의 신앙, 특별한 사건을 통해 자신을 드러내는 '역사의 하느님' 신앙의 형성에 결정적인 사건이 되었다. 신약성경에 기록된 하느님의 특별 섭리의 사건은 무엇보다도 예수의 부활 사건이다. 출(出) 이집트 사건이나 부활 사건으로 대표되는 특별 섭리의 사건이 지닌 특성은 인간으로서 기대할 수 있는 모든 가능성이 소진되었을 때 발생하는 사건, 그야말로 '현실'의 논리나 체제의 논리로 볼 때는 아무 탈출구도 안 보이는 암담한 상황에서 하느님의 백성이 경험하는 특별한 은총의 사건이다. 더 이상 현실이나 체제의 논리가 통하지 않는 절망 속에서 인간의 가능성이 소진된 듯 보이는 절망적 상황에서 모두의 예상을 뒤엎는 하느님의 특별한 섭리와 은총을 경험하는 사건이다. 너무나 특이하기 때문에 일반적 사건 중 하나가 아니라 시간과 역사 자체의 종말을 알리는 '종말론적'(eschatological) 의미를 지닌 사건, 죄악의 악순환을 끊고 전혀 새로운 세계, 하느님 나라의 도래를 알리는 신호탄과 같은 '사건 아닌 사건'이 부활이다.

하지만 우리는 앞에서 성경이 증언하는 하느님의 특별 섭리의 사건들이 제아무리 특별한 사건이라 해도 그런 사건들 역시 어디까지나 역사 전체를 향한 하느님의 일반적 섭리 안에서 그 일환으로 일어나는 것으로 이해해야만 한다는 점을 강조했다. 이런 점에서 나는 "신의 활동 가운데서 특정 부분이 특별한 의미가 있는 것이라는 점은 정당하게 말할 수 있지만, 이 점을 구체적으로 확인하고 입증할 수 있는 신의 행위인지는 말할 수 없다"는 와일스의 신중한 견해에 찬동한다.[1] 진화적 창조라는 신의 일관된 '행위' 가운데 발생하는 무수한 사건들 속에서 어떤 것은 한 개인의 체험이나 신앙공동체의 축적된 경험에 따라 전체적 맥락에서, 즉 신의 일반 섭리의 관점에서 여타 사건들보다 더 특별한 의미와 결정적인 중요성을 띨 수 있다. 그러나 이를 확인하거나 입증할 방법은 우리에게 없다. 이런 점에서 나는 특별 섭리에 관한

---

1 Tillich, *Systematic Theology* vol. One, 93.

한 신앙주의의 입장을 견지한다는 점을 누차 밝혔다. 어떤 사건이 신의 특별 섭리에 의한 것이라고 입증할 방법이 없고, 그럴 필요도 없고, 그래서도 안 된다는 입장이다.

하지만 신앙은 기적에 의존해서는 안 된다. 순수한 신앙은 오히려 '증거'가 없음에도 불구하고 세계 전체를 선으로 인도하고 섭리하는 신의 일반 섭리를 믿는 가운데 어떤 특별한 사건을 하느님의 특별한 은총으로 여기면서 자신의 신앙을 고백하고 증언할 수 있다. 하지만 섣부른 고백이나 증언보다는 하느님의 자유와 주권의 영역으로 섭리의 신비로 남겨 두고 침묵하는 편이 더 낫다고 나는 생각한다. 이와 같은 우리의 입장은 무엇보다도 부활 신앙과 사건에도 타당하다. 다만 부활에 대한 흔한 오해를 불식하기 위해서 몇 가지 사항을 여기서 언급해 두고자 한다.

우선 이와 관련해서 필자 자신의 경험을 소개하는 것으로 논의를 시작하는 것도 좋을 것 같다. 필자가 1968년 외국에서 신학 공부를 시작할 시절, 부활에 대해 가졌던 가장 심각한 문제의식 가운데 하나는 부활 '신앙'이 모종의 부활 '사건' 없이 가능했을까 하는 문제였다. 그리스도교라는 종교는 부활 신앙이 없다면 무너질 뿐 아니라 아예 존재하지도 않았을 것이라는 생각이었고 이 생각은 지금도 변함없지만, 만약 부활이 단지 제자들의 내면에 일어난 심리적 사건이 아니라 어떤 '객관성'을 띤 사건이 아니라면, 그리스도교의 진리는 무너지고 만다는 생각이 들 정도로 부활에 대한 나의 고민은 매우 컸다. 우선 복음서라는 것이 역사의 예수에 대한 전기와 같은 사실적 기록이 아니라 그의 십자가 처형 이후 부활 신앙의 빛에서 해석되고 채색된 예수 이야기들을 담고 있는 기록이라는 사실은 분명하다. 복음서들은 예수가 인류를 구원하는 하느님의 아들이며 메시아, 즉 그리스도라는 신앙을 반영하는 초기 그리스도교 공동체들의 신앙 이야기들을 담고 있다. 만약 예수의 부활에 대한 신앙이 없었다면 예수에 대한 기억은 사라지고 말았을 것이고, 그를 그리스도로 고백하는 신앙이나 복음서들은 만들어지지도 않았을 것이다. 그리스도교라는 종교가 생기지도 않았을 것이다. 그리고 지금 내가 이러한 문제를 가지고 글을 쓰고 있는 일도 없었을 것은 거의 확실하다.

둘째, 따라서 부활 신앙에 대한 가장 확실한 '간접적' 증거는 교회가 초기의 무서운 박해를 견디고 존재한다는 사실이다. 그리스도교라는 종교가 2,000년 이상 존재해 왔다는 사실은 애당초 부활 신앙이 없었다면 불가능한 일이다. 온몸으로 하느님 나라 운동을 펼치다가 억울하게 십자가에 처형당한 예수를, 베드로를 비롯한 비겁한 제자들은 내버려 두고 갈릴리로 도망치거나 뿔뿔이 흩어져버렸다. 하지만 부활하신 예수가 여기저기 제자들과 여인들에게 나타났고, 그들이 부활하신 예수를 목격했다는 현현 이야기들이 돌기 시작하면서 그를 따르고 흠모하던 사람들은 다시 용기를 내어 당시 권력의 중심지였던 예루살렘으로 모이게 되었다는 사실 그리고 십자가에 무력하게 처형당한 예수가 곧 인간의 구원을 위해 하느님께서 보내 주신 그의 아들이고 세상을 구원할 메시아, 즉 그리스도라는 복음을 담대하게 선포하게 된 놀라운 반전은 부활 신앙을 떠나서는 결코 설명하기 어려운 사건이라고 나는 생각했고, 지금도 이 생각에는 변함이 없다.

또 십자가에서 '죄수'로 낙인찍혀 처형당해 하느님께 버림받았다고 생각되었던 예수가 자기 민족을 구원하는 메시아라는 터무니없는 이야기를, 공공연히 전파하던 신앙인들을 박해하던 일에 앞장섰던 경건한 유대인 바울에게 일어난 드라마틱한 회심 사건 역시 그가 부활한 예수를 만났다는 확신 없이는 있을 수 없는 일이었다. 하지만 신학생이었던 시절부터 지금까지도 나를 곤혹스럽게 하는 문제는 부활이라는 모종의 '사건' 없이 과연 부활 '신앙'이 가능했을까 하는 의문이다. 부활 신앙이 없었다면 기독교라는 종교, 교회라는 공동체가 형성되지도 못했을 것이라는 데는 의심의 여지가 없지만, 부활 사건 없이 어떻게 부활 신앙이 생겨났을까 하는 문제는 여전히 중요한 문제로 남아 있다.

나는 물론 예수의 부활 이야기들이 죽은 예수를 무척 그리워하던 제자들이나 여인들이 꾸며낸 이야기일지도 모른다는 생각, 부활한 예수가 시간과 공간을 초월하여 여기저기 나타나셨다는 그의 현현사화나 빈 무덤의 이야기 같은 것은 부활을 의심하는 사람들을 믿게 하려고 누군가가 꾸며낸 이야기, 아니면 스승을 너무나도 그리워한 나머지 제자들이나 여인들 몇이 본 환상일 수도 있다는 생각도 해 보았다. 하지만 그리스도교 2,000년의 역사가 하나의 위대한 허구에 기초할지도 모른다는 것은 부활 사건 자체보다도 더 믿기 어렵다는 생각을 떨치기 어려웠다. 차라리 부활을 부정할지언정 나는 부활을 이런 식으로 제자들의 마음속에 일어난 심리적 변화, 즉 어떤 '심적' 사건으로 해석하는 모든 종류의 이론을 믿을 수 없었다. '모종'의 부활 사건을 인정하지 않고, 부활 신앙만을 논하는 유의 신학은 결국 문제를 회피할 뿐 아니라 무수한 그리스도교 신자들의 신앙을 몇몇 사람의 주관적 환상이나 생각이 만들어 낸 결과 정도로 보는, 혹은 제자들이 지닌 끈질긴 희망의 투사 정도로 보는 견해는 부활 사건을 믿지 못하는 일부 신학자들의 이론은 될지언정 그다지 설득력이 있다고 생각하지는 않았다. 어떻게 그 수많은 신앙인이 그런 허약하기 짝이 없는 이론에 자신들의 전 존재와 삶을 맡기고 엄청난 탄압을 견디면서 신앙생활을 했단 말인가?

바울은 "부활이 없다면, 우리의 선포도 헛되고 여러분의 믿음도 헛

될 것"이라고 단호하게 말했다(고전 15:14). 그는 또 "만일 그리스도 안에서 우리가 바라는 것이 이생뿐이라면 우리는 모든 사람 가운데서 가장 불쌍한 인간들일 것"이라고도 했다. 나에게는 지금도 가슴을 울릴 정도로 힘 있는 말이다. 바울은 드라마틱한 회심 이후 그의 삶과 인생관과 가치관이 180도 바뀌게 되었고, 온갖 위험을 무릅쓰고 지중해 일대를 돌아다니며 복음을 전파한 위대한 전도자가 되었다. 사실상 기독교의 창시자나 다름없다고 할 정도로 그는 중요한 인물이 되었다. 엄격히 말해서 부활하신 예수를 만났다는 바울의 체험은 어디까지나 그의 주관적 경험이기 때문에 부활의 객관적 사실성을 입증할 수는 없다. 하지만 그의 회심 사건은 예수의 부활에 대한 확신 그리고 모든 죽은 자들의 보편적 부활에 대한 믿음이 없었다면 이해가 되지 않는다. 그는 자기가 무엇 때문에 엄청난 고난을 자취하는 어려운 삶을 살겠는가 반문한다.

더욱이 그는 고린도전서 15장의 말씀을 통해 부활에 대해 매우 강력한 논증을 펼치고 있는데, 이 글은 복음서들보다도 훨씬 더 먼저(적어도 몇십 년 정도) 쓰인 부활에 관한 가장 이른 글이고 가장 중요한 자료다. 아래의 논의는 이에 근거한 부활에 대한 나 자신의 생각을 정리한 것이다.

'부활 신앙' 전에 모종의 '부활 사건'이 있었을 것이라고 해서 우리는 부활 사건이 우리가 아는 여느 사건들과 마찬가지로 하나의 '객관적' 사건이었다고 주장하는 것은 아니다. 부활 사건이 만인의 부활을 믿는 그리스도교의 부활 신앙을 입증해 준다고 주장하는 것은 더욱 아니다. 예수의 부활 자체를 목격한 사람은 아무도 없고, 설령 몇몇이 부활하신 주님을 보았다고 주장해도 그것이 부활이 객관적 사실임을 보장해 주지 못한다. 다만, 모종의 부활 사건이 없었다면 예수에 대한 부활 신앙이 생기지 않았을 것이라는 추론은 지극히 상식적이고 합리적이라는 생각이 든다. 다만 그 부활 사건이 과연 어떤 종류와 성격의 사건인지에 대해서 말하는 것은 불가능에 가까울 정도로 어려운 일이라는 것이 문제라면 문제다.

부활이 없고 내세가 없고 사후의 심판도 없다면, 그리하여 선하게 산 사람이나 악하게 산 사람이나 죽음으로 맞는 최후의 운명이 매한가지로 허무뿐이고, 억울하게 생을 마감한 무수한 사람이 영구히 잊히는 것이 인생이라면, 인생에 정말 도덕적 질서와 의미가 있을지 심각한 회의가 드는 것을 막을 수 없다고 나는 생각한다. 이른바 프랑크푸르트학파라 불리는 그룹에 속한 철학자들이 주도한 비판이론(Critical Theory)의 주요 인물 가운데 한 사람인 유대계 철학자 호르크하이머 (M. Horkheimer)의 말대로 "가해자가 피해자에게 영원히 승리하는 일"은 있을 수 없어야 한다는 것이다.[2] 몰트만은 바로 이러한 생각이 전후 독일 신학계에 '정치신학'(political theology)이라는 것을 낳은 배경이 되었다고 한다.

이러한 경험들이 전후 독일에서 정치신학의 출현으로 이어진 것이다. 우리는 아우슈비츠(Auschwitz)의 긴 그림자들을 보았고, 침묵을 강요받았던 자들의 절규를 들었다. 우리는 홀로코스트(Holocaust) 희생자들과 함께 행동하고 그들의 현존 속에서 살아야 한다는 것을 의식하게 되었다. 여기서 고전적인 문제는 프랑크푸르트학파의 비판이론에 의해 제기된 문제였다. 희생자들에 대한 살인자들의 승리는 되돌릴 수 없는 것일까? 그들의 죽음은 끝이란 말인가? "신학은 불의가 마지막 말이 아닐 것이라는… 희망이다"라고 당시 막스 호르크하이머는 말했다. 그것은 우리 모두 공통의 갈망이었다. 살인자가 무고한 희생자에

---

2 인용된 말은 본래 문학 평론가 발터 벤야민(Walter Benjamin)이 한 말이다.

게 승리해서는 안 된다는 갈망이었다.3

복음서들은 예수의 제자들이나 그를 따르던 여인들이 목격한 혹은 전해 들은 사건에 대한 사실적 기록들이라기보다는 그들의 종말론적 믿음과 희망, 부활의 기대와 흥분 속에서 회고적으로 해석되고 수집되고 편집된 스승 예수의 언행을 담은 문서들이다. 사실 우리도 현세를 살면서 이와 유사한 경험을 한다.

〈내 맘의 강물〉이라는 감동적인 한국 가곡이 있는데, 노래가 워낙 좋아서 그런지, 많은 성악가가 불렀다. 내 생각으로는 그중에 팽재유 선생이 제자들이 마련해 준 팔순 잔치에서 시원한 목소리로 여유 있게 부른 노래가 단연 압권이다. 누구나 인생을 살다 보면 후회스럽고 뼈 아픈 과거의 기억을 안고 살게 된다. 노랫말은 "비바람 모진 된 서리 지나간 자욱마다 맘 아파도"라고 표현하고 있다. 하지만 아무리 아픈 기억도 세월이 지나고 나면 "알알이 맺힌 고운 진주알처럼 아롱아롱 더욱 빛나게" 되면서 마음의 강물로 끝없이 흐른다. 노래를 들으면서 비교적 간단한 노래지만 예술이 지닌 위대한 치유의 힘이 바로 이런 것이구나 하는 느낌도 갖게 된다. 여하튼 핵심은 아무리 괴로웠던 경험이라 해도 지나고 나서 회고적 시각에서 돌이켜 보면 아름답게 채색되어 추억의 강물로 끝없이 흐르는 것을 우리는 보게 된다. 철학자 키르케고르의 말대로 우리는 인생을 사는 것은 앞을 향해 살지만, 삶의 이해는 거꾸로 회고적으로 한다. 부활도 마찬가지가 아닐까 한다. 예수의 부활을 믿은 제자들과 여인들에게는 예수가 들려준 말씀과 보여준 행위 하나하나가 그의 부활 이후로는 새로운 의미로 다가왔다. 복음서들은 예수의 언행에 대한 사실적 기록이나 전기 같은 것이 아니라

---

3 Jürgen Moltmann, *The Coming of God: Christian Eschatology* (Minneapolis, Fortress Press, 1996), 107.

그의 사후 상당한 세월이 지난 후 제자들의 기억 속에 새로운 의미로 다가와서 '고운 진주알로 변해서 마음의 강물'로 흐르게 되던 이야기들이 기억되고 수집되고 편집되어 기록된 문헌들이다. 우리는 복음서뿐 아니라 많은 이야기를 담고 있는 성경 전체를 이런 시각에서 이해할 수 있다. 하지만 아무리 우리가 이러한 시각에서 부활 신앙을 이해한다 해도 모종의 부활 사건이 있었을 것이라는 추측은 여전히 가능하다. 우리는 알고 싶다. 과연 부활 신앙이 모종의 부활 사건이 없었다면 가능했을까 하는 합리적인 물음이다.

만약 우리가 부활과 사후 심판과 영생을 믿는 신앙인이라면 현세의 의미는 완전히 달라질 것이다. 역설적이지만, 영생이라는 것이 존재한다면 현세는 일순간에 지나지 않으니까 우리가 현세에서 가지고 사는 모든 욕망과 꿈이 그야말로 헛된 일장춘몽에 지나지 않는다는 일종의 허무주의를 낳을 수도 있다. 하지만 이와는 정반대로 죽음 이후에 우리를 기다리는 것이 부활이고 하늘나라의 영생이라면 현세의 삶은 영생의 빛에 조명되고 채색되면서 새로운 의미를 지니게 될 것이다. 무엇보다도 죽음이란 것이 모든 것의 종말이 아니라 영생으로 이어지는 관문이기에 그다지 두렵지 않을 것이고, 인생을 긴 안목으로 보면서 한층 더 여유 있고 의미 있게 살 수 있을 것 같다.

바울 당시에도 사람은 죽으면 끝이지 어떻게 죽은 사람이 다시 살아날 수 있냐고 의심하는 사람들이 많았다. 유대교 내에도 바리사이파들은 예수 자신과 마찬가지로 부활을 믿었지만, 부유한 사두가이파 사람들은 부활을 믿지 않았다. 사실 구약성경에는 본래 부활 사상이나 신앙이 없었다. 부활 신앙은 구약시대 말기에 와서야 민중 속에 퍼지기 시작했고, 그 후로 유대교, 기독교, 이슬람 모두의 공통 신앙이 되었다. 고린도전서 15장은 부활을 부정하는 사람들의 생각에 대한 사도 바울의 강력한 논박이다.

우선 우리는 부활이라는 말이 일시적 소생(resuscitation)을 뜻하지 않는다는 점을 인식할 필요가 있다. 부활은 죽어서 썩어 문드러진 몸이 갑자기 되살아나는 물리적 사건이 아니라는 것이다. 많은 신자가 부활을 그렇게 단순하게 생각하지만 완전한 오해다. 많은 사람이 이 간단한 사실을 무시하고 부활을 마치 우리가 잠을 자다가 갑자기 벌떡 일어나는 것처럼 생각한다. 부활은 일시적 육체의 소생과 달리 다시는 죽음이 없는 하느님의 영생으로 옮겨진다는 것을 뜻한다. 시간과 역사의 세계를 완전히 벗어나 하늘나라의 영생의 세계로 옮겨지는 것을 의미한다.

따라서 바울은 증언하기를 부활의 몸은 지금 우리가 가지고 있는 물리적 육체(soma physikon)가 아니라 '영적인 몸'(soma pneumatikon, 영의 몸)으로 변화된 몸이라는 점을 강조한다. 지상에서 시간의 세계를 살다가 죽고 무덤에서 부패해 버리는 몸이 아니라 다시는 죽음을 모르는 몸, 썩지 않는 몸(incorruptible body), 하느님의 영의 힘으로 변화된 영의 몸, 혹은 그리스도를 죽음에서 건져낸 '부활의 영'으로 변화된 '영광스러운 몸'(glorified body)이 될 것이라고 바울 사도는 강조한다. 흙으로 된 지상의 몸이 하늘의 영광스러운 몸, 그리스도를 닮은 영의 몸으로 변화된다는 것이다. 부활의 몸은 천사와 같이 빛나는 몸—예수께서 부활에 대해 하신 몇 안 되는 말씀 가운데 하나—, 하늘의 영광스러운 몸이다. 부활의 몸은 최초 인간 아담의 물리적인 몸과 달리 이 세상 종말에 하느님의 권능으로 일으켜 세워진 영의 몸이며, 생명을 주시는 그리스도의 영, '부활의 영'으로 변화된 몸, 영광의 몸이라는 것이 바울(바울)의 증언이다. 첫째 아담이 흙에서 온 몸이듯 부활의 몸은 그리스도와 같이 그의 형상을 지닌 '하늘'로부터 온 몸일 것이라고 한다. 그러면서 바울은 "살과 피는 하느님의 나라를 유산으로 받지 못하고, 썩지 않는 것을 유산으로 받지 못한다"고 확언한다.

부활은 특정한 역사적 맥락에서 생긴 신앙이라는 사실을 아는 일은 부활의 의미 이해에 매우 중요하다. 부활 신앙은 현세의 불의한 세계와 역사가 종말을 고하고, 하느님이 친히 다스리는 하느님의 나라가 곧 올 것이라고 믿는 종말론적 신앙의 기대와 희망의 기다림이 팽배했던 구약시대 말기의 시대적 환경을 배경으로 해서 탄생한 '종말론적' 신앙이라는 이해가 필수적이다. 역사의 종말과 최후 심판의 사상은 이스라엘 민족의 비극적 역사가 계속되는 가운데 외부 세계로부터 유대교로 유입된 사상이었다. 하느님께서 억울하게 죽은 자, 의로운 자들의 죽음을 끝까지 외면하시지는 않고, 역사가 끝나는 날 죽은 자들을 모두 다시 살리고 심판하실 거라는 생각이 널리 퍼지게 된 것이다. 초기 그리스도인들에게 예수의 부활은 이러한 종말론적 기대가 실제로 현실화되기 시작했다는 결정적인 사건, 말하자면 그 '신호탄' 같은 사건으로 간주된 것이다. 부활은 이러한 배경 속에서 일어난 사건이었다. 불의한 지상의 역사가 완전히 종말을 고하고, 하느님 자신이 직접 통치하시는 의로운 세상, 곧 하느님 나라의 도래를 기다리는 민중의 간절한 염원과 기대—종말론적 희망—가 이루어지기 시작했다는 결정적 신호탄으로 받아들여진 것이다. 부활은 하느님의 정의가 실현되고 억울하게 죽은 자들의 복권이 이루어지는 세계가 곧 온다는 대중적 기대와 열망이 실현되기 시작했음을 알리는 결정적 사건이었다. 그래서 성경은 부활한 예수를 '죽은 자들 가운데 첫 열매'라고 표현하고 만물의 구원을 경험하기 시작한 믿는 자들의 '맏형'(맏아들)이라고 하는 것이다(롬 8:30).

예수 자신도 그러한 종말 신앙을 가지고 살았다. 그는 "하느님의 뜻이 하늘에서 이루어진 것처럼 이 땅에서도 이루어지기를" 기도했다. 그 역시 분명히 하늘의 뜻이 이루어지는 어떤 초월적 세계 내지 영역, 말하자면 하느님의 초월적 '공간'과 같은 '하늘'에 대한 믿음을 가지고 지상의 활동을 했다.4 예수는 물론 '당신의 나라가 이 땅에' 임하기를, 하늘 아버지의 뜻이 '땅에서도 이루어지기를' 기도했다. 따라서 그는 하느님 나라가 실현되는 새로운 세상, 새로운 시대가 바로 현세에서 곧 실현된다고 믿었고, 거기에 자신의 온몸을 바쳤다.

그리스도교 신학과 신앙은 하느님의 나라에 대해 이 두 가지 태도를 균형 있게 취해야만 한다고 나는 본다. 만약 '하늘에서 이루어진 것같이'라는 말을 간과하거나 무시하면, 오늘의 진보적 그리스도교는 일종의 시민운동처럼 되기 쉬운 반면, '땅에서도 이루어지기'를 바라지 않고 사후의 내세만 바라는 신앙은 현세를 무시하는 중세적 세계 부정 내지 도피적 영성에 빠지고 만다. 종교는 '민중의 아편'이라는 칼 마르크스의 비판은 당연한 말로 여겨질 것이다. 도도하게 굴러가는 역사의 수레바퀴에 끼여 죽은 무수한 억울한 인생의 복권은 영원히 없을 것이며 "가해자가 피해자에게 영원히 승리하는" 부조리한 세계가 전부일 것이다.

예수는 인간의 노력이나 결과에 상관없이 시간을 초월하여 존재하는 '하늘 아버지'의 세계, '하늘'(Heaven)이라는 상징이 가리키는 초시

---

4 하느님이 거하시는 '하늘'의 의미에 대해서는 Moltmann, *Gott in der Schöpfung* (Chr. Kaiser, 1985). VII장 (Himmel und Erde)을 참고할 것. 특히 제5절, "Gottes Herrlichkeit 'im Himmel wie auf Erden'"을 볼 것. 189-92. 몰트만은 현대 사상에서 '하늘'의 실종을 비판하면서 하늘이라는 말이 가리키는 것은 하느님의 무한한 창조력, 그의 권능과 가능성의 영역이라고 해석한다. '하늘'은 세계가 닫힌 체계가 아니라 신을 향해 열린 개방된 세계임을 뜻한다고 몰트만을 본다. '하늘과 땅' 모두 신의 피조물이지만 하늘은 '땅의 상대적 초월성, 땅은 하늘의 상대적 내재성'을 가리킨다고 한다. 171-172; 182.

간적 영역, 영원한 하느님의 영역을 믿었다. 따라서 그리스도인들에게는 현세에서 벌이는 하느님의 나라 운동도 중요하지만, 하느님 나라, 즉 천국(the Kingdom of Heaven)이 인간의 노력이나 성공 여부와 상관없이 이미 어딘가에 하느님의 영원하고 초월적인 영역으로 실재한다는 것을 믿음으로 받아들이는 일도 매우 중요하다. 물론 이때의 '영원'은 하느님 자신만 경험하는 무시간적·초시간적 영원(timeless eternity)이기보다는 우리 인간도 함께 경험하고 누리는 '상대적 영원'으로서 '항구적 시간'(everlasting time)일 것이다. 부활과 영생이라는 종말적 사건은 세계의 창조와 마찬가지로 시간의 세계 '안'에서 발생하는 여느 시간적 사건들(temporal events) 가운데 하나가 아니라 역사의 종말을 알리는 시간의 세계를 초월하는 사건, 말하자면 '사건 아닌 사건'과도 같다. 부활은 우리를 하늘의 영생으로 인도하는 지상의 시간과 하늘의 영원이 만나는 매우 특이한 사건이라는 말이다.

우리는 이미 신관에서 인간의 로고스는 신의 로고스로부터 온 신성한 것임을 말했지만, 이와 동시에 인간의 로고스가 결코 신의 로고스와 전적으로 동일하지는 않다는 사실도 지적했다. 다시 말해서 신의 로고스는 인간의 마음으로 완전히 헤아리거나 예측할 수 없는 초월성 내지 의외성을 지닐 수 있다는 것이다. 나는 그것이 '뜻이 하늘에서 이루어진 것처럼'이라는 주님의 기도 속에 나오는 '하늘'이라는 상징어가 가리키는 것이라고 본다. 신학자 몰트만은 지적하기를 포이어바흐, 마르크스, 프로이트 등 현대 무신론자들은 하나 같이 '하늘'만 공격해서 무너트리면 하늘을 '팔아' 존속해 온 그리스도교가 끝장을 고할 것이라고 생각했다고 한다. 이들 세속주의 사상가들은 하나 같이 현세만을 삶이라고 여겼고, 하느님의 나라라는 하느님의 미래가 지닌 현실 개혁적 성격을 간과했다. 정의가 지금 당장 현세에서 이루어져야만 한다는 일종의 '강박관념'에 몰려 수단 방법 가리지 않고, 사회와 국가를 총동원하려는 전체주의의 유혹을 물리치지 못하고 무리수를 마다하지 않게 된 것이다. 그들은 그리스도교 신앙의 종말론적 성격, 하느님의 미래를 향해 열린 세계관을 외면하고 폐쇄적인 현실 의식과 역사의식에만 관심의 초점을 맞추었다. 비판의 칼날은 수로 내세 지향적 성격이 강한 전통적인 그리스도교 신앙이 갈구하던 '하늘'을 겨냥했다.

하지만 일부 현대 신학자들이나 성직자들이 보이는 현세주의 역시 세속적 현세주의 못지않게 '하늘'로 상징되는 신의 주권과 초월적 영역에 대한 믿음을 포기하고 오로지 현세와 역사의 세계에만 매달리는 문제를 안고 있다. 좀 심하게 말하면 전통적 그리스도교의 관점에서는 '신앙'이기를 포기한 것이나 다름없다. 세속주의에 백기 투항한 것이나 다름없고, 신의 초월성과 신비성, 우리가 아직 알지 못하는 '하느님의 미래'에 대한 믿음을 완전히 포기하거나 무시한 '신앙 아닌 신앙'이나 다름없다. 이들의 현세주의는 자칫하면 종교라기보다는 일종의 시민운동 내지 정치 운동으로 변질되기 쉽다.5 개혁이 혁명보다 어렵다는 말이 있지만, 그래도 별수 없이 한 발 한 발 나아가는 지속적인 개혁이 정답이 아닐까 생각한다.

종말론적 사건으로서의 부활을 믿는 신앙은 그리스도인들에게는 역사적 경험이 번번이 안겨 주는 실망의 연속에 종지부를 찍는 희망을 주는 사건이다. 인간의 가능성 그리고 이 불의한 세상이 제공할 수 있는 가능성이 모두 소진되었다고 여길 때, 신앙인들에게 마지막 희망을 주는 그야말로 '초자연적'인 하느님의 권능으로 인한 사건이다. 역사의 마지막 말은 우리 인간에게 있는 것이 아니라 세상을 창조하고 주

---

5 Moltmann, *Gott in der Schöpfung* (Chr. Kaiser, 1985). VII장(Himmel und Erde), 171, 172. '하늘과 땅' 모두 신의 피조물이지만 하늘은 "땅의 상대적 초월성, 땅은 하늘의 상대적 내재성"을 가리킨다고 몰트만은 해석한다.

관하는 하느님께 있다는 믿음의 발로다.

현실에 안주하지 않고 항시 어딘가를 향해 길을 가는 '나그네 인간'(homo viator)에 대해 가브리엘 마르셀(Gabriel Marcel)은 그의 책 『나그네 인간』6의 첫 부분에서 "아마도 안정된 질서가 이 땅에 이루어지는 것은 오직 사람들이 항시 자신을 날카롭게 '나그네'로 의식할 때만 이루어질 수 있을 것이다"라고 말한다. 종말론적 희망은 단지 환상이나 현실 도피가 아니라 인간 영혼의 본질이며, 안정된 삶의 질서를 갈망하는 우리의 욕구에 결코 반하는 것이 아님을 강조하는 말이다. 희망은 "의지와 지식의 온갖 대가를 치르면서 초월적 행위를 성취하는 사람, 공동체적 경험 속으로 친밀하게 들어가 본 사람, 초월적 행위를 성취한 영혼이 있을 때, 본질적으로 가능하다. 이 초월적 행위는 공동체적 경험이 약속하고 그 첫 열매인 새로운 삶을 이룩하는 행위다."7 나는 희망의 철학자 마르셀의 이 말이 그리스도교의 종말론적 희망에 대해서도 그대로 타당하다고 본다.

부활 신앙은 이런 점에서 '하늘에 계신 아버지'에 대한 신앙의 마지막 남은 보루와도 같다. 부활은 하느님의 미래를 갈망하는 신앙으로서 부활은 세계 창조에 비견되는 '사건 아닌 사건', '시간 아닌 시간'과도 같다. 그래서 그리스도교 신앙은 부활을 두 번째 창조, 즉 '새 하늘과 새 땅'이 열리는 새로운 창조(new creation)라고 보는 것이다. 창조와 부활은 둘 다 하느님의 영원과 지상의 시간이 맞닿는 경계선상의 일이다. 성경은 따라서 부활과 함께 이전의 세상과는 전혀 다른 새로운 세계가 펼쳐질 것이라고 말한다. 새 하늘과 새 땅이 열리기 시작한다. 현대 우주물리학에서 말하는 빅뱅(Big Bang)이 단순히 하나의 시간적 사

---

6 Gabriel Marcel, *Homo Viator* (Harper & Row, 1962).
7 같은 책, 10.

건이 아니라 시간과 공간, 물질과 정신 모든 것이 비롯되는 '특이점'이 듯이, 성 아우구스티누스의 말대로 세계 창조는 시간 '안에서' 일어난 하나의 사건이 아니라 시간과 '더불어' 이루어진 사건 아닌 사건이듯 이 하느님의 영원과 지상의 시간이 접하는 부활 역시 시간과 공간 자체가 변하고 새롭게 시작되는 세계일 것이다. 이미 어디엔가 존재하는 하느님의 영원한 세계 ('뜻이 하늘에서 이루어진 것'이라고 기도할 때의 하늘)가 이 땅과 만나는 '사건 아닌 사건'이다.

따라서 우리가 부활과 더불어 누릴 하늘 혹은 천국 영생 역시 현재 우리가 지상에서 경험하는 것과 같이 덧없이 흘러가는 시간의 무한한 지속이 아니라 하느님의 영원과 지상의 시간이 만나는 특별한 시간, 즉 '상대적 영원'이라고 밖에는 표현할 수 없는 것이 아닐까 생각한다. 과거, 현재, 미래로 분절되어 경험되는 지상의 무상한 시간의 계기들이 하느님의 영원한 현재(eternal now), 정지된 지금(nunc stans)으로 수렴되고 승화되는 삶의 경험일 것 같다.

우리의 물질적 몸이 변화하여 영의 몸이 된다는 것은 동시에 물질세계 자체가 변화하고 영화된다(spiritualized)는 것을 뜻한다. 물질 자체가 변하고 시간과 공간도 변화된다. 예수의 부활이 증언하는 하늘나라의 영생은 우리의 몸, 물질, 시간, 공간 등 모든 것이 하느님의 영으로 새로워지고 하느님의 영광으로 충만한 영화(榮華)로운 세계(glorified world)로 변화될 것이다. 그리스도교 신학은 이러한 변화를 영화(榮化, glorification)라고 부른다. 우리의 썩어질 몸이 썩지 않을 영의 몸으로 변화되어 영화로운 하늘의 세계에서 하느님과 더불어 영생을 누리게 되는 것이 성서적 신앙이 증언하고 약속하는 사후의 축복이다.

어쩌면 바로 이러한 모습이 부활하신 예수가 시간과 공간의 제약을 초월하여 여기저기 나타나셨다는 성경이 전하는 그의 현현사화들이 암시하는 진리일지도 모른다. 복음서나 바울 서신이 전하는 예수의 현현(epiphany) 이야기들은 부활을 믿지 못하는 사람들을 설득하기 위해 누군가가 꾸며낸 이야기가 아니고, 스승의 감화를 받았던 제자들이 스승을 너무나 간절하게 사모한 나머지 본 환상도 아니다. 부활하신 예수의 영광스러운 몸, 영의 몸이 시간과 공간의 제약을 벗어나 여기저기 모습을 드러냄으로써 우리가 장차 영의 몸으로 하늘나라의 영화된 시간과 공간 속에서 누릴 모습을 예시해 주는(prefigure) 사건들로 이해해도 좋을지 모른다.

부활과 영생은 종말론적 사건이지만, 이 종말론적 사건은 우리가 지금 여기서 '이미' 새로운 존재로 사는 영적 부활(spiritual resurrection)의 삶이기도 하다. 지금 여기서 전개되는 나의 삶에서 낡고 부패한 '겉사람'은 죽고 '속사람'으로 거듭난 자들이 누릴 수 있는 영적 삶이다. 낡은 자아, 사회적 자아, 시간 속에서 사라져 가는 자아가 날마다 죽고 날마다 새롭게 태어나는 새로운 존재(new being)의 삶이다. 자기를 비우고 또 비움으로써 내 안의 그리스도의 영, '내 안의 그리스도'(Christ in me)가 나의 삶을 주도하는 새로운 삶이 부활의 영생이다. 바울 사도의 표현대로 "우리의 겉 사람은 죽고 속사람은 날로 새로워진다."

사실 우리가 이렇게 지금 여기서 이미 영적 부활의 삶을 맛보지 못한다면 아마도 내세에서 주어지는 영생도 누리지 못할지 모른다. 바울은 그리스도의 영이 없는 사람은 그리스도인이 아니라고 확언한다. 부활은 그리스도의 영(pneuma)을 받아 변화된 새로운 몸과 마음으로 이미 지금 여기서 새로운 존재로 누리는 삶이며, 영생 또한 내세에서만 누리는 것이 아니라 지금 여기서 매 순간 누릴 수 있는 복된 삶이다. 예수께서 지상에서 가르치고 온몸으로 증언하신 삶의 영향을 받은 제자들과 여인들은 예수의 부활 사건의 유무를 떠나 일종의 영적 공동체를 이루었을 수도 있다는 가능성을 우리는 배제할 수 없다. 물론 앞서 밝힌 대로 나는 개인적으로 그리스도교 교회 공동체의 형성에 대한 이러한 심리적 설명 내지 부활에 대한 영적 이해에 전적으로 만족하지는 않다. 누구도 직접 목격하지는 못했지만, 모종이 부활 사건이 있었으리라는 추론은 여전히 유효하다.

여하튼, 부활과 영생은 단지 우리가 죽어서 어떻게 될까, 어떤 운명이 우리를 기다릴까 하는 '사후 세계'에 관한 문제만이 아니다. 지금 현세에서 우리가 어떤 삶을 사느냐에 결정적인 의미를 지닌 문제다. 이미 '비판이론'의 철학자들에 대한 논의에서 언급했듯이 부활은 지금 우리가 어떤 태도로 삶을 살 것인가에 대해 직접적인 의미를 지닌 문제다. 그리스도인들은 현세에서 예수 그리스도를 만나 그의 생명의 영, 부활의 영을 알고, 이를 통해 몸과 마음이 새로워진 존재로 사는 사람들이다. 아마도 이것이 나사로의 죽음을 두고 예수가 마르다에게 한 수수께끼 같은 말, "나는 부활이요 생명이니 나를 믿는 사람은 죽어도 살고 살아서 믿는 사람은 영원히 죽지 않을 것이다"라는 말, 또 "하느님은 죽은 자의 하느님이 아니라 산 자의 하느님"이라는 말의 의미가 아닐까 생각한다. 바울은 내 안의 그리스도, 부활의 영에 따라 사는 새로운 존재의 영생에 대해 "이제는 내가 사는 것이 아니라 내 안의 그리스도가 산다"고 고백했다.

러시아 문학 연구가 석영중은 다음과 같은 말로 과거와 현재라는 거역할 수 없는 시간의 흐름을 초월하여 '하느님의 시간'을 '영원한 현재'로 사는 사람의 아름다운 삶을 다음과 같이 묘사하고 있다.

시간을 하느님의 시간으로 체험하는 사람에게 시간은 언제나 제 속도로 흐르고 언제나 넉넉하다. 그는 과거와 미래를 영원한 현재로 들여온다. 과거의 상처는 현재에 치유되고 미래의 불안은 희망으로 대체된다. 엄밀히 말해서 이 시간 속에서는 과거에서 현재로, 현재에서 미래로 흐르는 선적인[직선적인] 행진은 존재하지 않는다. 아우구스티누스(St. Augustine)가 말했듯이 과거, 현재, 미래가 영혼 속에 공존한다: "이제 미래의 시간과 과거의 시간도 없다는 것이 명백하고 명료하나이다. … 아마도 세 가지 시간이 있다고, 즉 과거 사물들의 현재 시간, 현재 사물들의 현재 시간, 미래 사물들의 현재 시간이 있다고 말하면 옳을 것이옵니다. 이는 이 셋이 영혼 안에서 공존함이옵니다. 그렇지 않으면 내가 그것들은 볼 수 없기 때문이옵니다. 과거 사물들의 현재 시간은 기억이오며, 현재 사물들의 현재 시간은 직접적인 의식이오며, 미래 사물들의 현재 시간은 기대이옵니다."

석영중은 이어서 하늘의 시간, '하느님의 시간'을 이미 현세에서 '영원한 현재'로 경험하며 사는 '진정한 자유의 시간'에 대해 다음과 같이 말한다.

이 영혼 속에 공존하는 영원한 현재만이 인간의 삶을 풍요롭게 한다. 일단 인간이 이 현재를 느끼게 되면 그는 엔트로피[8]에서 해방되고 진정한 자유를 향유하게 된다. 이 시간 속에서는 죽음도 노화도 저주가 아닌 축복이며, 인간은 온전히 시간의 속도와 양에서 벗어난다. 이 시간을 알고 느끼는 사람, 이 시간의 흐름에 올라탄 사람, 이 시간과 함께 춤을 추는 사람에게 시간은 언제나 넉넉하고 현재는 언제나 영원이 된다. 이때의 영원은 아주 긴 시간,

---

8 엔트로피(entropy) 법칙은 열역학 제2법칙이라 불리는 것으로 제1법칙은 세상에 존재하는 에너지의 총량은 불변한다는 에너지 불변의 법칙, 제2법칙은 에너지는 시간이 지나면서 더운 데서 찬 데로 전달되며, 응집과 질서에서 해체와 무질서로 불가역적으로 변한다는 이론이다.

혹은 아주 많은 시간, 혹은 무한히 계속되는 시간이 아니라 채워진 시간이다. 그것은 질적으로 완전히 다른 차원의 시간이다. 다시 아우구스티누스를 인용하자: "주님의 연대는 불과 한 날이며 주님의 날은 되풀이되지 않고 언제나 오늘이옵니다. 주님의 오늘은 내일에게 양보하지 않고 어제를 뒤쫓지 않나이다. 주님의 '오늘'은 영원이옵니다."[9]

영원한 현재를 살면서 우리에게 큰 깨우침을 베풀다 가신 도인 다석(多夕) 유영모 선생이 '오늘'이라는 말의 뜻을 '오! 늘'이라고 풀이하신 말을 생각나게 한다.

마지막으로 생각해 볼 문제가 하나 더 있다. 부활은 최후 심판(Last Judgment)을 수반한다는 것이 성경과 교회의 가르침이다. 그렇다면 지옥은 존재하는가? 나는 지옥의 존재를 믿는다. 최근 교황님은 "지옥은 없다"고 대담하게 선언하셨고 몸과 영혼이 완전히 소멸해 버리는 죽음 자체가 지옥이라고 보는 일부 현대 가톨릭 신학자들의 견해를 말씀하시기도 했지만, 나는 이러한 견해에 찬동할 수 없다. 사후에 지옥은 있겠지만, '영원한' 지옥은 아닐 것이라고 생각한다. 우리가 현세에서 짓는 죄악이 아무리 크기로서니 지옥의 영원한 벌을 받을 만한 악은 없기 때문이다. 또 그러한 영원한 지옥의 고통(永罰)을 주는 하느님은 결코 정의의 하느님이 아닐 것이고 사랑의 하느님도 아닐 것이다. 지옥은 또 악하게 사는 사람들의 악행을 하느님이 하늘에서 지켜보시다가 사후에 그들을 심판해서 가두고 벌을 주기 위해 어디엔가 만들어 놓은 특별한 공간이 아니다. 그런 유치한 생각은 옛날 무지했던 시절에나 통했다.

---

9 석영중, 『자유: 도스토예프스키에게 배운다』(예담, 2015), 305-307.

나는 우리가 사후에 받는 심판이 완전한 '자업자득'의 질서일 것이라고 생각한다. 나는 이것을 불교와 힌두교의 업보 사상에서 배웠다. 나는 우리가 사후에 받는 벌은 각자 자신이 지은 죄악에 합당하게 자동적으로 받는, 응분의 자기 처벌(self-punishment)일 것이라고 생각한다. 하느님을 대면하는 순간에 이루어지는 자기 처벌이다. 지옥은 악하게 살다가 간 어둠의 자식들이 하느님의 빛의 현존을 감당하지 못해 혹은 하느님의 빛을 견디지 못해 스스로 도망치고 괴로워하는 과정일 것이고, 자기가 산 지상의 삶 전체를 회고하면서 참회의 눈물도 흘리고 아파하는 과정일 것이라고 생각한다. 하지만 이 과정은 영원한 벌이 아니라 잘못된 삶이 참회를 통해 거듭나는 절차일 것이라고 나는 생각한다. 마치 망한 기업이 회생절차를 밟아 또 하나의 기회가 주어지듯이 지옥은 악인들에게 사후에 주어지는 회개와 회생의 기회가 될 것이라고 생각한다.

이것을 다른 말로 하면 아무리 악하게 산 사람일지라도 지옥이 그의 마지막 운명은 아닐 것이라는 말이다. 단테의 『신곡』 지옥 편 입구에는 "여기 들어오는 자들이여, 더 이상 희망을 갖지 말지어다"라고 쓰여 있는데, 전형적인 중세적 사고다. 나는 지옥이 있기 때문에 절망이 있는 게 아니라, 희망이 없는 것 자체가 지옥이라고 생각한다. 누구의 인생이든 더 이상 품을 꿈이 없고 바라는 희망도 없는 삶, 모든 희망의 끈이 끊어져 버린 것이야말로 참으로 비참한 삶이고 인생일 것이다. 내가 이해하는 그리스도교 신앙은 그런 인생은 누구에게도 없다고 한다. 아무리 악한 삶을 살고 지옥에 떨어진다 해도 지옥이 그의 최종 운명이 되는 사람은 없을 것이라는 믿음이다. 적어도 사랑의 하느님이 우주와 인생의 주인인 한 그렇다. 누구의 인생에서든 만약 지옥이 그의 최종 운명이 된다면 그것은 그 사람 인생의 패배를 넘어 사랑의 하느님 자신의 패배를 의미할 것이다. 우주 만물과 인생의 마지막 말은 사랑의 하느님께 속할 것이라는 것이 내가 이해하는 그리스도교 신앙이다. 이런 점에서 나는 만인·만물 구원론(universal salvation)을 믿는다. 하느님의 사랑이 끝내 승리할 것이라고 믿기 때문이다. 하느님의 무한한 사랑이 악인의 죄를 이길 것이고, 악을 선으로 바꿀 것이라고 믿기 때문이다. 이것이 예수 그리스도를 통해서 내가 아는 사랑의 하느님이 다스리는 세계의 최종 모습일 것이다.

지옥과 달리 우리가 사후에 하느님과 함께 누리는 천국 영생의 지복은 우선 하느님 자신을 대하는 그리고 그리스도인들이 그토록 보기 원하던 그의 아들 예수의 얼굴을 대하는 삶일 것이다. 이렇게 하느님의 얼굴을 직접 대하여 보는 것(visio dei), 바울 사도의 표현대로 "지금은 우리가 거울 속에서 희미하게 보지만 그때에는 하느님을 얼굴과 얼굴을 맞대고(face to face) 볼 것이며", 그때는 우리가 지상에서 가졌던 모든 의심의 안개가 말끔히 걷히고 하느님의 현존을 즐기게 될 것이다. 이것이 그리스도교 신앙이 약속하는 사후의 지복이다. 축복 제1호다. 이와 더불어 우리가 지상에서 경험했던 괴롭고 슬펐던 기억들은 하느님의 찬란한 빛으로 채색되어 아름다운 기억으로 승화될 것이라고 나는 생각한다. 마치 우리가 젊은 시절에 경험했던 고생스럽던 삶의 기억이 아름다운 추억으로 변하듯, 지상에서 우리가 경험했던 무상한 시간의 계기들은 천국의 '영원한 현재'로 수렴되어 승화될 것이다. 영생의 삶에서는 지상의 삶을 특징짓는 선과 악의 치열한 대립은 상대화되고 극복될 것이며, 고통과 즐거움 모두 참 선과 행복의 근원이신 하느님의 현존 속에서 힘을 잃고 하느님이 발하는 찬란한 빛으로 채색되어 아름다움으로 전환될 것이다.

잘 알지도 못하는 것에 대해 너무 많은 말을 한 것 같다.

X. 진화적 창조의 의미

　신은 우주 만물의 알파와 오메가다. 신으로부터 세계가 출원하는 하강(descent)의 과정은 신플라톤주의의 통찰에 따라 정신계, 생명계, 물질계의 순으로 이루어지지만, 만물이 신으로 복귀하는 상승(ascent)의 과정은 그 역으로 진행된다. 물질을 바탕으로 생명이 출현하고 생명을 바탕으로 의식·마음·영혼 그리고 우리 모두가 예수 그리스도처럼 하느님과 완전한 일치를 이루는(神化, deified) 존재가 될 것이라고 그리스도교 신앙은 말한다. 오로빈도의 용어로는 초정신(supermind)의 출현으로 완성된다는 것이다. 인간(homo sapiens)의 출현은 진화의 이전 단계들을 모두 수렴하면서 새로운 통일을 이루는 진화의 일차적 꼭짓점이다.[1] 신의 자기 현시, 자기 계시 그리고 자기 비움과 나눔인 진화적 창조의 과정은 어미가 자식을 낳은 출산과도 같다. 우주의 어미와도 같은 신의 물질적 창조력에 의해 만물이 출현하는 전 과정은 맹목적 과정이 아니라 신의 로고스에 의해 인도되는 의미 있는 목적론

---

[1] 신으로부터 만물의 출현(exitus)과 신으로의 복귀(reditus)를 하강과 상승으로 이해하는 것은 인도의 저명한 철학자 스리 오로빈도(Sri Aurobindo, 1872~1950)의 통찰에 따른 것이다. 앞서 논한 오로빈도의 형이상학에 대한 논의 참고. 하지만 오로빈도의 사상 역시 신플라톤주의 철학에 뿌리를 두고 있다는 사실을 기억하자. 마이스터 에크하르트의 신학과 영성 사상의 기본 구도와 일치한다. 길희성, 『마이스터 에크하르트의 영성 사상』(동연, 2021) 참고.

적 과정이다. 진화에는 물질에서 생명이 출현하고, 생명에서 의식이 출현하는 확실한 방향성과 목적성이 보이기 때문이다. 이 목적론적 질서는 초자연적 신의 디자인에 의한 것이기보다는 신의 로고스에 의해 만물에 심어진 유전자 같은 것이 발현되어 가는 내재적이고 점진적인 과정이다.[2] 출원에서 복귀에 이르기까지 전 과정은 만물에 내재하는 신의 로고스에 의해 추동되는 과정이다. 우주 만물과 인간의 정신 속에 심어져 있는 신의 로고스는 인간을 포함하여 우주 만물로 하여금 끊임없이 자기들의 본향이자 귀착지인 신을 갈망하는 형이상학적·존재론적 에로스를 부추기면서 자기 초월과 신화(神化)를 향해 나아가도록 추동한다.

앞으로 제시될 우리의 새로운 신관이나 세계관이 과학과 종교, 자연과 초자연이 만나는 새로운 신관과 세계관이라면 과학과 종교는 관심과 질문의 방향의 차이에도 불구하고―흔히 말하기를 과학은 어떻게(how) 묻고, 종교 혹은 신학은 왜(why), 즉 '어째서' 그런가를 묻는다는― 둘은 동일한 현상, 동일한 세계를 각기 다른 관심과 시각에서 보고 설명하는 방식의 차이일지도 모른다. 오늘날은 개방된 과학자들과 신학자들은 이런 시각으로 만나서 새로운 영적 세계를 탐구하면서 대화한다.[3] 오늘날 신과학 운동을 주도하는 사상가 가운데 한 사람인 프

---

2 최근에 출간된 박찬국의 『내재적 목적론』이 매우 흥미롭다. 지금까지 니체, 하이데거 그리고 불교 연구에 관심을 기울여 온 학자가 이런 저서를 낸 것이 특이하다. 한국 철학계에 목적론에 대한 관심을 불러일으킬 수 있는 주목할 만한 저서다.

3 『신과학과 영성의 시대』는 한 예다. 김재희 역(영문 원본, Fritijof Capra and David Steindl Rast, *Belonging to the Universe: Explorations on the Frontiers of Science and Spirituality*, 1991). 범양사 출판부, 1997. 이 책에 나오는 세 명의 대화는 심오한 면이 있다. 둘은 영적 경험의 핵을 '우주에의 귀속'으로 표현한다. 종교적 경험은 나라는 좁은 존재가 보다 넓고 큰 실재, '우주'에 속하는 궁극적인 귀속감(belonging)으로서 '아, 바로 이거구나!' 하는 탄성이 표현하는 느낌, 오랜 방황 끝에 고향에 돌아온 느낌, 편안히 집(home)에 머물면서 쉬는 평화로운 느낌 같은 것이라고 한다. 같은 책, 31-36. 다만, 이 책의 문제점은

리초프는 다음과 같이 말한다.

무엇보다도 확실히 말씀드릴 수 있는 것은 이들 두 분야(과학과 신학)가 모두 인간의 경험을 토대로 하는 연구란 점입니다. … 과학은 '어떻게'를 따지고 신학은 '왜'를 따진다. 저도 이 말에 동의합니다. 하지만 '어떻게'라는 질문과 '왜'라는 질문이 늘 그렇게 명확하게 구분되지는 않습니다. 그래요. 과학은 '어떻게'를 따집니다. 더 상세히 말하자면 어느 특정한 현상은 다른 현상 모두와 서로 어떻게 연결되는지를 살핍니다. 다른 현상들과의 관계를 조금씩 더 확장시키며 밝혀가다 보면 결국은 전체적인 맥락이 드러납니다. 그러면 거기서 '왜'라는 질문이 시작합니다. '왜'라는 질문 그것은 곧 전체적인 맥락에서 '의미'를 찾는 질문입니다. … 저는 감히 단연하건대 오늘날 과학자가 활동하는 영역은 상당한 가치 기준에 따라 결정됩니다. 이런 식의 과학을 하느냐 저런 식의 과학을 하느냐 혹은 어느 쪽 과학 분야에서 일을 하느냐 그리고 어떤 종교의 연구를 하느냐 이 모든 결정은 과학자의 가치관에 크게 좌우됩니다. 내가 더 좋아하고 나한테 더 관심이 있는 분야의 일을 하게 마련이거든요. 돈을 더 많이 버는 쪽이냐 출세하는 데 더 유리한 쪽이냐? 이런 것이 다 과학자 개인의 가치 기준에 달려 있는 것입니다.

가치 기준에는 사람에 따라 종교적인 영성이 포함될 수도 있고, 아무런 상관이 없을 수도 있습니다. 상관이 있을 경우, 이는 중요한 역할을 합니다. 과학이 당장 신학으로 바뀌는 것은 아니지만, 상당한 영향을 주고, 그 사람이 하는 과학에는 영성이 담깁니다. 영성이란 우주 만물에 대한 깊은 귀속감과 이

대화를 주도하는 카프라의 그리스도교 이해가 상식적인 수준을 넘지 못한다는 점이며, 그와 대담하는 두 그리스도교 신학자들의 새로운 대안적 그리스도교 신앙이 아직은 뚜렷하게 정리되지 않았고, 애매한 암시 수준에 머물고 있다는 점이다. 우리가 이 책에서 제시하는 대담한 신학적 모험과는 많이 다르다.

에 따르는 온갖 가치를 마련해 주기 때문에 영성을 느끼는 과학자라면 예를 들어 오늘날 무기 만드는 일과 관련한 연구 따위는 동참할 수가 없는 것입니다.[4]

의미와 '왜'를 묻는 목적론적 사고와 세계관은 결코 철 지난 인간 중심주의적 사고가 아니다. 인간의 욕망과 희망 사항을 물질세계로 투사한 망상도 아니다. 138억 년의 장기간에 걸친 우주와 생명의 진화 과정은 단순히 무수한 우연의 연속이 아니라 어떤 일정한 방향이 있고, 목적과 의미가 실현되어 가는 과정이라는 목적론적 사고는 사물의 물리적 인과관계에만 치중하는 기계론적 사고에는 이질적이고 사변적인 생각으로 보일지 모른다. 하지만 '왜'(why)냐는 물음에는 관심이 없고, 단지 '어떻게'(how)만 묻는 현대 과학이 보는 세계는 본래부터 인간적 관심의 대상이 되는 목적이나 의미 같은 것은 안중에 없는 세계일 수밖에 없다.

"우리는 왜 이 방대하기 짝이 없는 우주에 존재하고 있나?" 수많은 별의 향연이 펼쳐지는 찬란한 밤하늘을 올려보면서 누구든 이런 질문을 한 번쯤 해 보지 않는 사람은 없을 것 같다. 도대체 나는 왜, 무슨 이유로 바로 '지금' '여기서' 이렇게 무수한 별들이 잔치를 벌이는 밤하늘을 우러러보면서 이런 생각을 하고 있을까? 태양 주위를 돌고 있는 이 지구라는 위성은 태양으로부터 너무 멀지도 않고 너무 가깝지도 않아 생명이 탄생하고 인간이라는 '생각하는 갈대'가 출현할 수 있게 되었다는데, 이러한 사실이 순전히 우연일까? 아무래도 그럴 것 같지 않다는 생각이 든다. 의미나 목적 같은 문제에 관심을 가지고 물음을 던지는 존재는 방대한 세계에 오직 인간뿐이다. 우주 역사의 장구한 과

---

4 같은 책, 42-43.

정이 이 과정 전체를 파악하고, 그 의미와 목적을 묻고 이해하려는 인간이라는 놀라운 존재를 낳았다면, 이러한 인간의 행위는 우주 자체의 성격과 무관한 것이 아닐 것 같다는 생각이 든다. 이것을 우리는 단지 인간의 공상이나 맹목적 욕망의 투사(投射, projection)로 치부해버릴 수 있을까? 그렇게 생각하기에는 무언가 석연치 않은 느낌이 든다. 서양 중세 철학 연구의 대가 질송(E. Gilson)의 반문은 여전히 의미가 있다.

> 자연의 일부분인 인간을 통해 목적성은 아주 확실하게 자연의 일부가 되었다. 그렇다면 조직화(organization, 질서)가 있는 곳에는 언제나 목적이라는 것이 존재한다는 사실을 [우리가] 내적 [경험을 통해] 아는 터에, 조직이 있는 곳에 언제나 목적이라는 것이 있다고 결론짓는 것이 어째서 자의적인가? … 생명의 진화를 근거로 해서 우주에 목적이 있다고 추론하는 것이 어째서 오류란 말인가?[5]

로고스의 추동에 의해 오랜 진화 과정 끝에 출현한 호모 사피엔스가 진화의 일차적 꼭짓점이라면, 호모 사피엔스가 자신의 본성이자 자신을 출현시킨 신의 로고스를 알고, 신과 하나가 되는 지점에서 진화적 창조가 이차적 꼭짓점을 찍었다고 볼 수 있다. 신에서 출원한 물질이 생명과 의식을 거쳐 마침내 초정신(supermind)으로 진화해서 신적 정신으로 상승하고 복귀하는 과정이 일단 완결된 것이다. 하지만 극소수의 성자(saint)들이나 영성의 대가들만이 달성한 이 영적 경지가 진화의 2차적 정점은 될지 몰라도 그 끝은 아니다. 이들 영적 엘리트뿐 아니라 신의 형상으로 태어난 모든 인간이 자신의 신성을 실현하는 진화적 창조의 최종 꼭짓점이 아직 남아 있기 때문이다. 성자(聖人)들과

---

5 Etienne Gilson, *God and Philosophy*, 134.

영성의 대가들은 모두 좁은 이기적 개인(個我, individual self)이나 사회적 자아의 탈을 벗어 버리고 인간의 도덕적, 영적 가능성을 최고도로 실현한 참사람(眞人)들이다.6 이들은 모두 신의 빛을 그대로 반사하는 초정신, 초의식적이고 초인격체적인 인간들로서 우리의 사표(師表)가 되는 참사람(眞人)들이며, 그들의 뒤를 따라 행진하던 여타 인간들도 모두 신에서 출원한 존재들이기에 언젠가는 신으로 복귀하여 신화되는 날이 올 것이다. 그때에야 비로소 진화의 전 과정은 종결될 것이다.

그리스도교의 종말론적(eschatological) 희망의 신앙은 인간의 영적 가능성을 이미 완전하게 실현한 극소수의 성인뿐 아니라 하느님의 모상(imago dei)으로 창조된 인간 모두가 신화되어 신과 보편적 화해와 우주적 사랑의 공동체를 형성하는 아름다운 '종말'(eschaton)의 비전을 바라보고 있다. 일체중생(一切衆生) 실유불성(悉有佛性)을 말하는 불교 역시 모든 인간이 부처가 될 수 있는 성품(佛性)을 지닌 존재들이기에 결국은 모두가 성불할 것이라는 믿음을 가지고 있다. 이렇게 물질에서 초정신에 이르기까지 진화가 가능한 것은 물질이 본래부터 신에서 출원(exitus)했고, 신의 하강(下降, descent)이 선행했기 때문이고, 물질계에 내재하는 신의 로고스가 지속적으로 진화의 전 과정을 추동하기 때문이다. 신에서 출원하여 하강한 만물은 신을 향한 갈망 속에서 귀향을 서두르는 복귀(reditus)와 상승(ascent) 운동을 한다. 진화에 대한 이러한 이해는 유물론적·무신론적 진화론과 유신론적 진화론을 가르는 결정적 차이다. 진화의 전 과정은 무의미하고 무수한 우연의 연속이 아니라 지향하는 방향과 일정한 목적과 의미가 있는 과정이라는 것,

---

6 진인(眞人)이라는 말은 장자(莊子)에 처음 등장하며, 임제(臨濟) 선사(禪師)는 무위진인(無位眞人)이라는 말로써 벌거벗은 순수한 인간, '맨 사람' 인간을 지칭한다. 마이스터 에크하르트도 참사람(ein wahrer Mensch)이라는 표현을 사용하며, 바울이 말하는 '새로운 존재'나 '속사람'도 유사한 뜻으로 나는 이해한다.

진화적 창조의 시작과 끝이 모두 신 자신이라는 것은 유신론과 무신론을 가르는 결정적인 차이다. 유물론적 무신론은 어떻게 죽은 물질에서 그리고 왜, 진화가 가능하고 시작되었는지 설명하지 못한다. 모든 것이 그저 우연일 뿐이라고 보는 과학자도 많다. 단지 오랜 시간만 주어진다면 진화는 충분히 가능할 것이라고 어떤 사람은 막연한 가정을 한다.

유물론적 무신론과 달리 나는 신이 창조 때부터 물질에 잠재적 생명을 그리고 생명에 잠재적 정신을 부여했다는 철학자 요나스(H. Jonas)의 견해에 찬동한다.[7] 로고스로서의 신이 애초부터 물질과 생명으로 하여금 정신을 지향하도록 그리고 영적 삶을 살도록 하는 충동을 그 안에 심어주지 않았다면 물질에서 생명과 정신으로의 진화는 설명하기 어렵다고 나는 본다. 요나스는 이 에로스를 '우주발생론적 에로스'(kosmogonischer Eros)라고 부른다.[8] 물질에서 의식에 이르는 진화적 창조의 과정은 새로운 것이 계속해서 출현하는 창발적 진화 과정으로서 물질의 구조가 점점 더 복잡화되면서 물질에 내면성과 능동성과 자유가 증대되어 가는 과정이다. 신은 이러한 창발적 진화의 원동력이며 진화의 전 과정을 내재적으로 이끄는 힘이다.[9] 이렇게 물질계에서 정신과 생명의 잠재성을 읽어내는 요나스의 사고방식은 원시 애니미즘(animism)적 세계관이나 신인동형론적 사고의 존재론적 복권이라고도 할 수 있다.[10]

인간의 정신보다 질적으로 열등한 것이 인간 정신의 원인일 수 없

---

7 한스 요나스/김종국·소병철 역,『물질, 정신, 창조』(철학과현실사, 2007). 김종국의 '역자 서문'은 요나스 사상에 대한 간략한 소개이다.

8 같은 책, 49.

9 한스 요나스/김종국·소병철 역,『물질, 정신, 창조』(철학과현실사, 2007). 김종국의 '역자 서문'은 요나스의 사상에 대한 간략한 소개를 하고 있다.

10 같은 책, 77-79; 141.

다면[11] 신은 당연히 정신적 실재일 것이고, 우리는 영(Spirit)으로서의 신이 그의 영을 공유하는 영적 인간을 낳았다고 생각할 수밖에 없다. 어떤 우주적인 인격적 실재가 우리와 같은 인격체들을 낳았다고밖에는 생각할 수 없다. 로고스적 정신·영(pneuma)으로서의 신이 애초부터 물질과 생명으로 하여금 신의 정신을 지향하도록 에로스를 그 안에 심어주지 않았다면 물질에서 생명으로, 생명에서 정신으로의 진화는 설명하기 어려울 것이다. 요나스는 바로 이 에로스를 '우주발생론적인 에로스'라고 부르는 것이다.[12] 물질에서 의식에 이르는 진화적 창조의 과정은 이 에로스의 힘으로 인해 새로운 현상이 계속해서 출현하는 '창발적' 과정이 된다. 물질의 구조가 점점 더 복잡화되면서 물질에 내면성의 깊이와 능동성과 자유가 증대되어 가는 창발적 과정으로 만든다. 신은 이러한 진화적 창조의 원동력이고 진화 과정을 내재적으로 이끄는 힘이다.

영적 세계관과 인간관은 태초부터 신의 하강, 즉 보편적 육화가 없었다면 상승을 위한 영적 충동과 움직임도 불가능했을 것이다. 이러한 생각은 대다수 유물론적 도그마에 갇힌 과학자들의 사고에는 일고의 가치도 없는 사변일 뿐이지만, 영적 안목을 갖춘 사람들에게 진화는 신의 자기 전개이자 육화 과정이고, 진화적 창조는 처음부터 신의 로고스의 인도 아래 진화의 전 과정을 일정한 방향과 목적을 향해 진행되는 의미 있는 과정이다. 이 방향은 불가역적이어서 나중 출현한 것은 결코 먼저 출현한 것으로 완전히 환원(reduce)될 수 없다. 유물론적 세계관과 달리 물질은 단지 물질이 아니다. 요나스의 주장대로 물질에는 이미 생명이 출현할 가능성 내지 성향이 내재하며, 생명 역시 정신

---

11 같은 책, 16.
12 같은 책, 49.

이 출현할 가능성을 이미 품고 있다. 물질은 아직 생명이 되지 못한 잠재적 생명이고, 생명은 아직 깨어나지 않은 정신이라는 것이다.[13] 오로빈도(Sri Aurobindo)의 표현으로는 "물질은 베일에 가린 생명이고, 생명은 베일에 가린 의식이다."[14]

진화 과정에 발생하는 무수한 돌연변이 같은 우연은 처음부터 물질에 내재하는 이러한 신의 로고스적 성향이 생명체들과 자의식을 지닌 인간의 출현으로 현실화되는 창발적 진화에 필수적이다.[15] 만약 자연의 물리적 법칙만이 모든 현상을 엄격하게 지배한다면 자연계에는 동일한 것만 기계적으로 반복될 뿐, 새로운 것(novelty)들이 출현하는 창발적(emergent) 진화는 불가능했을 것이다. 물리학자 폴 데이비스의 말대로 "[자연계에] 복잡성(complexity)이 발달하는 것은 단지 자연법칙들이 자체적으로 해 내는 것이 아니라 바로 이러한 법칙들에 의해 허용되지만 결정되지는 않는 급격한 우연 같은 것에 의존한다."[16]

자의식, 특히 자신의 의식을 다시 의식할 수 있는 인간 존재의 출현은 신의 육화 과정인 진화적 창조가 일단락되는 지점이다. 선과 악을 식별할 수 있고 도덕적 성찰이 가능하고, 이에 따라 행동할 수 있는 자유가 있고, 신을 갈망하고 찾고 만나려는 영적 충동을 느끼면서 영적 삶이 가능한 존재인 종교적 존재(homo religiosus)가 출현하는 시점이기 때문이다. 하지만 대다수 인간은 현실적으로 주어진 자유를 남용함으로써 선과 악이 혼재하는 삶을 살며, 신을 향해 살기도 하고 신을

---

13 요나스의 형이상학에 대한 간단한 논의는 김종국, "창조된 자유: 한스 요나스의 철학적 신학," 「철학」(2009, 여름), 149-173 참고.

14 Keith Ward, *Religion and Creation*, 90에서 재인용.

15 A. Peacocke, *Theology for a Scientific Age*, 115-121.

16 Paul Davies, "Teleology without Teleology: Purpose through Emergent Complexity," in *In Whom We Live and Move and Have Our Being*, 95.

등지고 살기도 하는 불완전한 삶을 산다. 진화적 창조의 최종 목적은 따라서 악을 행할 수 있는 자유로운 존재이지만 악을 거부하고 선을 행하는 흠 없는 인간, 즉 하느님의 모상인 인간의 영적 성향을 완전하게 실현함으로써 신 혹은 하늘(天)이 부여한 본성을 완전히 구현한 붓다나 예수 같은 성인의 출현에 있다. 호모 사피엔스의 출현이 진화적 창조의 첫 번째 정점이라면 하느님의 모상으로 출현하여 인간의 본성을 완전하게 구현함으로써 신과 일치를 이룬 참사람 또는 '새로운 존재'인 성자들이야말로 인간 출현의 목적과 의미이고, 진화적 창조의 두 번째 꼭짓점이라고 할 수 있다.

나는 한 걸음 더 나아가서 모든 인간이 그리스도와 같이 하느님의 모상으로 출현한 자신의 인간성을 완전하게 실현하여 신과 일치를 이루게 되는 신화(神化)의 날에 진화적 창조는 그 최종 목적지에 이를 것이라고 본다. 그리스도교는 이것을 하느님의 뜻이 온전히 이루어지는 '하느님의 나라'(the Kingdom of God)라고 부른다. 현재 우리가 경험하는 세계가 질적으로 변화되는 종말(eschaton)의 희망과 꿈이 실현되는 세계다. 진화적 창조의 목적이 실현되고 인간 모두의 진정한 자기실현이자 신인합일이 실현되는 인류의 보편적 구원이 실현되는 진화의 종점이다. 신학자이자 고생물학자였던 떼이아르 드 샤르댕 신부가 꿈꾸었던 대로 세계 만물이 영화되고(spiritualized) 그리스도화·로고스화 되는 지점, 곧 오메가 포인트(Omega Point)이다.

나는 '몸의 부활'을 말하는 그리스도교 신앙에 따라 하느님 나라가 순전히 영적(정신적) 실재이기보다는 우주적 사랑의 공동체이며, 물질과 더불어 시간과 공간까지 변화되는 '새로운 창조'의 세계가 되리라 추측한다. 하느님과 인간, 하느님과 자연, 인간과 자연, 인간과 인간 그리고 물질과 정신 사이에 막힘없는 소통이 이루어지는 우주적 사랑과 화해의 공동체이며, 온 인류가 꿈꾸던 하느님의 나라가 실현되는 날일 것이다. 바울 사도는 이러한 하느님의 현존으로 변화된 세계를 "하느님이 모든 것에서 모든 것"이 되는 세계로 표현했다.17 여기서 첫 번째 '모든 것'이라는 말이 개체·개인들을 지칭한다면 바울은 하느님과 일치를 이루는 하느님의 나라는 개체들의 완전한 소멸이나 흡수보다는 만물·만인이 신의 찬란한 빛으로 충만한 세계라고 본 것이다.18

성서적 신앙은 '새 하늘과 새 땅'이 열리는 종말을 '새로운 창조'(new creation)라고 표현하지만 나는 이 새로운 창조가 곧 진화적 창조의 완성이라고 보기 때문에 '세계로부터의 구원'이나 '세계 안에서의 구원'보다는 '세계 자체의 구원'이 이루어지는 것이라고 본다.19 구원은 창조의 완성이다. 신이 자신으로부터 출현한 만물과 만인에 현존하여 찬란한 빛을 발하면서 만물이 변모되는 아름다운 세계이다. 샤르댕 신부는 생을 마칠 무렵에 품었던 '하느님이 모든 것에서 모든 것이 되는' 종말의 희망에 대해 다음과 같이 아름답게, 그러나 신중하게 말하고 있다.

그러면 이 유기적 복합체는 신으로 이루어질 것이며, 이 세계는 신으로 충만

---

17 "All in all"; *"in omnibus omnia Deus"*(라틴어); "En pasi panta Theos"(그리스어 원문, 고전 15:28).

18 RSV 영문 성경은 "everything to everyone"이라고 확실하게 개인의 영생을 뜻하는 쪽으로 번역하고 있다.

19 이러한 멋진 구별은 신학자 몰트만의 통찰에 따른 것이다. 그는 세계 종교들이 말하는 구원(redemption)/해방을 '세계로부터의 구원/해방'(redemption from the world), '세계 속에서의 구원'(redemption in the world) 그리고 '세계의 구원'(redemption of the world)이라는 세 전치사를 중심으로 세 가지 유형으로 간단히 정리한다. 몰트만은 물론 그리스도교 신학자로서 셋째 유형의 구원/해방을 선호한다. J. Moltmann, *In the End ―the Beginning* (Minneapolis: Fortress Press, 2004), 제3부, "오, 끝이 없는 시작이여"를 볼 것.

한(Pleroma) 신비로운 세계가 될 것이다. 단순히 신이 된다고 말하는 것보다 더 나은 표현 방법은 없겠지만, [그렇게 말하면] 신이 비록 세계를 없이 할 수 있다 할지라도 우리는 이 세계를 완전히 [없어도 될] 부속물 정도로 간주하게 될 것이며, 창조는 이해 못 할 일이 되고, 그리스도의 수난도 무의미한 것이 될 것이고, 우리의 노력도 아무런 관심사가 되지 못하게 될 수밖에 없다. 그래서 이렇게 말하는 것이다. 그때가 종말이 될 것이다. 존재(Being)가 떨고 있는 모든 존재자를 거대한 조류처럼 삼켜버릴 것이고, 세계라는 특별한 모험이 고요한 대양의 한복판에서 끝나 버리겠지만, 대양의 모든 물방울은 여전히 자기 자신을 의식할 것이다. 모든 신비주의자가 꿈꾸던 그 고유한 꿈이 완전히 실현될 것이다. 신이 모든 것에서 모든 것이 될 것이다.[20]

실로 샤르댕 신부가 품었던 감동적이고 아름다운 비전이다. 나는 그의 사상 전체를 수용하지는 않고 그의 지나친 낙관주의를 경계하는 편이지만, 인간에 대한 그의 불굴의 믿음에는 공감한다. 우주의 전 진화적 창조 과정을 수렴한 인류가 정신적·영적·종교적으로 진화의 마지막 단계에 이르러 새로운 도약을 할지, 아니면 자멸해 버릴 것인지, 중대한 선택의 기로에 서 있다는 점에서도 나는 그와 견해를 같이한다.[21] 만약 샤르댕 신부가 오늘 살아계셔서 지금 막 본격적인 사물, 인터넷 시대로 진입하려고 하는 세계를 목격한다면 과연 무엇이라고 말할지 무척 궁금하다. 그러나 다른 한편으로는 두렵고 불안한 마음도 든다. 모든 것이 정보화되고 연결되어 한 '손'—그것이 누구 손인지는 잘 모르겠지만—에 의한 통제가 가능한 세계가 된다면, 과연 인류는

---

20 Pierre Teilhard de Chardin, *The Future of Man* (New York and Evanston: Harper & Row, Publishers, 1964), tr. Norman Denny, 308.

21 위의 책, 제11장, "Faith in Man"을 볼 것.

더 행복해질까 하는 의문이 들기 때문이다.

나는 우주 만물이 그 출발점이자 고향인 신에 복귀함으로써 신이 '모든 것 안에 모든 것이 되는' 상태가, 우주 만물이 신 안으로 완전히 '흡수되어' 소멸해 버림으로써 무의미하게 되기보다는 신으로 수렴된 상태일 것이라고 보는 샤르댕 신부의 비전에 공감한다. 몰트만은 이 세계를 우리가 최고선인 신을 관조하면서 몰입과 경이 속에서 자신을 망각하고 신을 닮아 신화(神化)되는 세계로 본다. 신의 영원성에 참여하여 '상대적 영원'을 누리는 경지다.[22]

틸리히에 따르면 신의 영원성은 시간의 양태인 과거와 미래를 흡수해 버리지 않고 포함한다.[23] 신과 함께 인간이 누리는 하늘의 영원성은 상대적 영원성으로서 우리가 지상에서 경험하는 시간처럼 과거, 현재, 미래가 서로 밀어내는 시간이 아니라, 시간의 계기들이 '영원한 현재' 속에 수렴되고 통합되고 승화되는 것이다. [24]

---

22 피조물이 경험하는 영원을 몰트만은 '상대적 영원'이라고 부른다. 하느님과의 친교 속에서 부활한 사람들이 하늘나라에서 경험하는 영원한 시간은 신의 무시간적, 초시간적 영원이 (timeless eternity) 아니라 상대적 영원으로서 우리가 경험하는 덧없이 흐르는 연대기적 시간(chronological time)과도 질적으로 다른 '항구한 시간'(aeonic time, ever-lasting time)이다. op. cit., 159. 틸리히도 '상대적 영원'이라는 개념을 사용한다.

23 Tillich, *Systematic Theology* vol. One, 276

24 같은 곳.

XI. 신인동형론의 문제
: 철학적 신관과 성경의 인격신관

신의 자유, 목적, 경험, 행위 등 우리가 신에 적용하는 개념들이 비록 그리스도교의 성서적 인격신관을 반영하지만, 여전히 우리의 '인간 중심적'(anthropocentric) 사고의 발로가 아닌가 하는 의문이 들 수 있다.

나는 유출설에 입각해서 우주 만물이 하느님으로부터 출현한 하느님의 현현·계시·육화의 과정임을 줄곧 강조해 왔다. 하지만 이것이 우주 만물이 모두 등가적이고 균일한 신의 육화임을 뜻할 필요가 없다는 점도 지적했다. 사물들 사이에는 엄연한 범주별 차이와 차등이 절대적이지는 않지만 존재하며 이 차이는 만물이 신의 존재와 두 가지 본성적 측면에 참여하는 정도의 차이에 기인한다. 그리고 우리는 또 범주들 사이에도 계층적 위계질서가 존재한다는 사실을 언급했다. 장구한 세월에 걸쳐 형성된 이 위계질서에서 계층과 계층 사이에는 연속성과 불연속성이 공존하며, 세계는 통일성 속에 다양성을 지닌 하나의 거대한 유기체를 형성하고 있다.[1]

생물의 모든 종이 신성하고 선하고 아름답지만, 나는 일부 생태주

---

1 Rosemary R. Ruether, *Gaia and Earth: An Ecofeminist Theology of Earth Healing* (HarperSanFranisco, 1992).

의자들이 주장하는 종 평등주의(species egalitarianism)에는 찬성하지 않는다. 계층적 위계질서에서 이성과 자유, 도덕성과 영성을 지닌 인간이야말로 최고의 위치를 점한다고 생각할 수밖에 없기 때문이다. 종 평등성을 주장하는 것도 바로 우리가 인간이기 때문에 할 수 있는 일이다. 자연을 파괴하는 것도 인간이고 자연을 배려하고 살릴 수 있는 것도 인간이다. 심지어 인권을 넘어서 동물권(animal right)까지 공론화시킬 수 있는 것도 바로 우리가 인간이기 때문에 가능하다.

신의 자기 전개, 자기 현시, 자기 계시와 육화 과정에서 자신의 존재가 신의 육화임을 자각할 수 있는 존재, 신을 인식하고 신과 하나가 되는 신인합일 또는 신비적 합일을 이룰 수 있는 도덕성과 영성을 갖춘 존재는 인간뿐이다. 인간의 출현이야말로 자연과 역사, 뭇 생명과 인간을 아우르는 진화적 창조가 도달한 꼭짓점이다. 이러한 호모 사피엔스의 출현이 없었더라면 예수 그리스도의 육화도 없었을 것이라는 사실은 자명하다. 13세기 이슬람의 유명한 사상가 이븐 아라비(Ibn al-Arabi, 1165~1240)는 인간 출현의 의미를 말하기를 "우리 자신이 하느님을 묘사하는 속성이고, 우리의 존재는 그분의 존재가 객체화된 것이다. 우리에게는 존재하기 위해서 하느님이 필요한 반면, 하느님에게는 당신을 드러내기 위해서 우리가 필요하다"고 했다.[2]

이미 논한 바가 있지만 나는 우주가 처음부터 인간이 출현하도록 기본조건들을 갖추고 있었다는 인간 출현의 원리(anthropic principle)가 무시할 수 없는 통찰을 담고 있다고 본다. 인간이 출현하기까지의 과정은 온갖 우연과 우여곡절의 연속이고, 그 구체적 과정에 대해서는 이론이 있을 수 있겠지만, 빅뱅 이후로 전개된 물리적, 생물학적 과정 전체가 이 모든 과정을 이해하고 파악할 수 있는 인간 존재의 출현으

---

2 안네마리 쉼멜/김영경 옮김, 『이슬람의 이해』(분도출판사, 1999), 168.

로 귀결되었다는 놀라운 사실만은 누구도 부정하지 못할 것 같다. 나는 이 놀라운 과정이 어떤 우주적 지성 혹은 이성(logos, cosmic intellect, reason)이 자신을 닮은 인간이라는 정신적·영적 존재를 낳은 것이라고 생각한다. 따라서 나는 이 진화 과정 전체가 신이라는 보이지 않는 손에 의해 어떤 일정한 방향을 향해 나아가도록 인도되고 추동되는 의미있는 목적론적인(teleological) 과정이라고 본다. 이러한 견해는 시대착오적인 인간 중심주의적 사고나 단순히 아전인수식 논리로 쉽게 치부하기는 어렵다고 나는 본다. 설령 인간의 행동을 결정하고 지배하는 것이 철저히 맹목적인 '이기적 유전자'(DNA)라 해도, 이 유전자의 '비밀'을 밝힐 수 있는 인간이라는 존재를 출현시켰다는 사실 자체는 신기하기 짝이 없다. 그 자체가 이미 인간의 초월성을 말해 주는 하나의 엄청난 아이러니가 아닐까 한다. 이렇게 유전자의 정체를 밝힐 수 있는 유전자를 출현시키는 것도 유전자 가운데 하나라는 사실은 하나의 커다란 아이러니이고 역설의 극치라는 생각을 금치하기 어렵다.

이 방대하기 그지없는 우주에서 바다의 모래알 하나의 크기도 못되는 지구라는 행성이 형성되어 우주 138억 년의 '역사'를 파악하고 논할 수 있는 인간이라는 존재를 출현시켰다는 놀라운 사실을 어떻게 단지 엄청난 '우연'의 연속에 돌릴 수 있겠는가? 아무래도 그럴 것 같지 않다는 생각이 든다. 이런 모든 사실을 순전히 엄청난 우연에 돌리는 것은 과학을 빙자한 신종 '우주적 허무주의'(cosmic nihilism)는 될지언정, 상식과 직관에 반한다는 생각을 떨치기 어렵다. 나는 우주론적 허무주의나 유전자 결정론적 허무주의나 심각한 이론적 결론이 되지는 못한다고 생각한다. 인간의 존재와 삶이 맹목적이고 아무것도 아닌 우연이라는 생각 그리고 허무하다는 생각 역시 바로 우리가 인간이기 때문에 할 수 있는 독특한 생각이라는 역설은 변하지 않는다. 여전히

'우연' 이상의 설명을 요하는 현상이다.

나는 현대 사상에서 유행처럼 번지고 있는 사상, 인간의 죽음 혹은 '주체의 실종'을 무슨 인간 해방의 복음이나 되는 것처럼 떠들어 대는 온갖 종류의 반휴머니즘적(antihumanistic) 사상을 단호히 거부한다. 설령 인간이 별것 아니고 인문학이라는 것이 별 필요 없는 학문으로 무시된다 해도 그렇게 떠들어 대는 것 역시 우리가 사람이고 인문적 사고를 하는 존재이기 때문에 할 수 있는 행동이다. 반휴머니즘적 주장이나 사상 역시 인간이 자신을 의식하는 초월적 존재라는 부정하기 어려운 인간 존재의 특성을 반영한다. 나는 진화적 창조를 통해 그 일차적 정점에서 인간 존재를 출현시킨 신이 당연히 인간보다 못한 실재일 수는 없다는 관점에 따라 신에게도 인간에 준하는 어떤 인격적 속성들이 있을 것이라고 추론한다. 우선 지성, 이성, 정신, 로고스, 말씀, 모상 등은 모두 질서 있는 세계와 정신적 존재인 인간을 출현시킨 신의 당연한 속성들일 것 같다. 비록 신에 대한 모든 언어가 상징적이고 유비적일 수밖에 없다지만, 하느님의 모상으로 출현한 인간에 준한 유비적 (analogical) 언어는 신에 대한 언어에서 특별한 가치와 의미를 지닌다. 인간은 신의 로고스를 분점하고 있는 신의 모상(imago dei)이고 육화들 (logoi)이며, 존엄하고 성스러운 존재들이라고 생각하기 때문이다. 우리는 위의 표현들 가운데서 특히 '하느님의 모상' 개념의 의미에 대해 잠시 더 생각해 볼 필요가 있다.

나는 우선 하느님의 모상 개념이 인간의 어떤 속성 내지 특성을 가리키는 말이기에 앞서 신과 인간의 불가분적 '관계', 특히 인간에 대한 언급이기에 앞서 신 자신에 대한 언급이라는 신학자 몰트만의 해석에 공감한다.[3] 그럼에도 나는 우선 인간이 '하느님의 모상'이라는 말이,

---

3 이 개념에 대한 폭넓은 논의는, Moltmann, *Gott in der Schöpfung* (Chr. Kaiser, 1985),

하느님이 인간을 내실 때 인간을 자신을 닮은 고귀한 존재로 내셨다는 뜻이지, 하느님이 종종 추한 모습을 보이는 우리 현실적 인간들의 모습을 닮았다는 말은 결코 아니라는 점을 지적하고 싶다.

우리나라 개신교 신자들은 하느님이 마치 온갖 욕망을 지닌 자신들의 모습을 닮았다는 듯, 자기가 하고 싶은 말을 설교라는 이름으로 혹은 기도 중에 마구 쏟아낸다. 자신의 부질없는 생각과 욕망을 하느님께 아무 거리낌 없이 투사해서 말하는 모습을 목격하면서 나는 마음에 불편함을 느낀다. 어떤 신자들은 '기도'라기보다는 마치 하느님을 '협박'이나 '훈계'하듯 하는가 하면, 또 어떤 신자들은 기도 중, 마치 자신의 학식을 자랑하듯이 혹은 다른 신자들에게 타이르듯 장광설을 늘어놓는 기도를 한다. 과연 그런 기도가 하느님이 바라는 기도일지 한 번쯤 깊이 생각해 볼 만도 한데, 내가 원하는 것이 곧 나를 닮은 하느님이 원하는 것이라고 굳게 믿는지, 마구 쏟아낸다. 인격신관이 지닌 가장 심각한 부작용 가운데 하나가 바로 이러한 현상에 있다 해도 과언이 아니다. 나는 이것이 한국 그리스도교, 특히 개신교를 '저질화'하는 주범이라는 생각이 든다. 인간이 하느님을 닮은 것이 아니라 하느님이 인간의 추한 모습을 너무나 닮았기 때문이다.

하느님을 아버지 하느님, '아빠'라고 불러도 유사한 문제를 낳는다. 예수께서 가르쳐 주신 하느님을 우리 인간 아버지가 본받아야 할 분으로 생각하는 대신 목사, 장로라는 신앙인들은 흔히 편견으로 가득 찬 권위적인 아버지, 엄한 가부장적 아버지 상을 보이기 일쑤다. 목에 힘을 주고 교인들을 가르치고 행세하려 든다. 하느님을 '왕'이라고 부르는 것도 마찬가지다. 독재 군주 같은 제왕의 모습을 하느님께 마구 투사하다 보니 백성을 사랑하고 돌보는 하느님이 아니라 명령하고 군림

제9장, "Gottes Bild in der Schöphung: Die Menschen"를 참고할 것.

하는 존재, 사람을 차별 없이 사랑하고 섬기는 겸손한 성직자의 모습보다는 신자들 위에 군림하고 때로는 '갑질'까지 일삼는 사람이 우리가 흔히 접하는 한국 교회의 지도자상이다. 그럴 바에야 이슬람처럼 하느님에 대해 아예 아버지나 왕이라는 호칭을 사용하지 않는 편이 더나을 것 같다는 생각도 든다.

둘째, 인간이 하느님을 닮은 모상이라면 신은 인간을 포기하는 일이 없을 것이며, 인간도 항시 자신의 원형인 신을 갈구하고 찾기 마련이다. 무엇보다도 하느님의 모상 중의 모상인 예수를 하느님을 꼭 빼닮은 '하느님의 아들'이라고 부르는 것도 합당하다. 또 예수가 우리 모두를 하느님의 아들딸이라고 부르면서 초대한 것, 아니 예수가 지상의 삶에서 보여 준 모든 행위와 말씀을 하느님의 모상의 구체적 모습으로 간주하는 것은 당연하다. 좀 더 일반적으로 말해 우리가 하느님에 대해 사용하고 있는 신인동형론적인 언어가 때로는 매우 조잡하다 해도 신에 대한 유비적이고 상징적인 언어인 한, 어느 정도의 타당성을 지니고 있다고 볼 수 있다.

사람은 누구나 자기만의 신(이해, 신관)을 가지고 산다. 인간이 신에 대해 가지는 관념들을 우리가 인간의 속성에 따라 말하고 표현하는 현상이 모두 어느 정도의 정당성을 가지고 있음을 우리는 인정할 수 있다. 신인동형적 사고와 언어의 가장 단순하고 근본적인 신학적 근거는 인간의 다른 어떤 속성을 말하기 전에 인간은 언어를 사용하는 특성을 지닌 존재라는 사실 그리고 무엇보다도 로고스(말씀 자체이신) 하느님이 인간 예수로 육화되었다는 성육신 사건에 있다. 로고스 하느님이 사람이 되셔서 우리가 사용하는 인간의 언어로 하느님을 '하늘에 계신 우리 아버지', '아빠'라고 부르는 것에 따라 우리도 하느님을 그렇게 부르는 것은 자연스럽다. 더 나아가서 모든 사람이 본질적으로 하느님의 자녀임을 믿고 행동하는 것 또한 당연하다. 인간은 모두 하느님의 아들딸이며, 하느님이 말씀 자체이신 예수 그리스도를 통해 우리에게 먼저 말씀을 건네 오셨다는 사실, 보이지 않는 자신의 모습을 그의 아들 예수를 통해 가장 확실하게 보여 주셨다는 믿음으로 그리스도인들은 예수 자신이 하신 말씀과 보여 주신 모습을 우리가 하느님에 대해 사용하는 모든 언어, 우리가 가지고 있는 신에 대한 모든 관념의 규범으로 삼는 것이다. 기도든 설교든 하느님에 대해 아무 말이나 막 하는 것이 결코 신앙이 아님을 알 수 있다. 무엇보다도 그리스도교 신앙은 예수 그리스도야말로 하느님의 모습을 가장 분명하게 보여 주신 하느님의 모상 중의 모상이라고 믿기 때문이다. 따라서 우리가 하느님에 대해 사용하는 언어는 당연히 예수 그리스도교의 말씀과 정신에 부합해야 한다. 그래야만 우리가 하느님에 대해 사용하는 인간의 언어와 표현들이—흔히 신인동형론적 신관(anthropomorphism)으로 폄하되는 — 신학적 정당성을 가지게 되는 것이다.

그리스도교 신학에서는 '상징'이라는 말 대신 '유비'(類比, analogy. analogia)라는 개념을 잘 사용한다. 상징은 상징되는 실재와 상징 사이에 모종의 닮음 내지 유사성이 있기 때문에 가능하다. 이 유사성을 신학적으로 '유비'라고 부른다. 가령 '곰'이라는 표현은 상징으로서 어떤 사람의 행동과 곰의 행동 사이에 뭔가 닮은 점, 무언가 유사한 것, 즉 유비적 관계가 있다고 보기 때문에 그런 표현을 한다. 우리는 이와 같은 유비적 관계가 앞서 말한 표현들, 가령 '하느님의 아들', '하느님의 말씀', 무엇보다도 '하느님의 모상'이라는 상징적 표현들에 존재한다는 사실을 기억할 필요가 있다. '말씀', '아들', '모상'은 모두 그리스도교 신학에서 핵심적인 상징어들이고 유비어들이기 때문이다. 이러한 유비 개념을 자신의 신학적 사고의 중추로 삼은 사람은 가톨릭 신학의 초석을 놓은 성 토마스 아퀴나스(Thomas Aquinas, 대략 1225~1274)다.[4] 아무리 강조해도 지나침이 없을 정도로 중요한 유비적 관계가 신과 인간 사이에, 더 나아가서 창조주와 피조물 일반 사이에 존재한다고 보는 이유는 창조주 하느님과 피조물, 특히 하느님의 모상(imago dei)으로 창조된 인간 사이에는 모종의 닮음이 있다고 그리스도교 신앙은 믿기 때문이다. 이렇게 볼 때, 성경의 인격적 언어가 가능하고 신학적 언어와 사고가 가능한 신학적 근거는 명백하다. 신에 대한 성경의 인격적 언어가 유치한 '신인동형론적' 사고라고 종종 폄하되지만, 그것이 상징이고 유비라고 이해하면 신에 대한 성경의 인격적 언어가 기본적으로 탄탄한 신학적 근거와 기반을 가지고 있다는 사실을 우리는 알게 된다.

우리가 '하느님의 아들', '하느님의 말씀', '하느님의 모상'이라는 말을 이렇게 상징으로 이해한다면 그리스도교 신앙과 신학 전체가 이 상징어들에 담겨 있다 해도 결코 과장이 아니다. 하느님에 대한 인격적 언어의 상징성은 하느님과 인간 사이에 닮음이 있고, 언어를 통한 소통이 가능하다는 전제를 나타내며, 유비적 관계가 성립된다는 말이다. 하느님과 인간은 '소통'을 하는 존재라는 점에서 유사성이 있다. 성경은 소통(communication)을 매우 강조한다. 소통을 한다는 것은 깨어지고 망가진 하느님과 인간 그리고 인간 상호의 관계가 회복되고 화해됨을 뜻한다. 소통은 또 이해, 용서, 사랑, 치유, 구원을 뜻한다.

특히 인간이 '하느님의 모상'이라는 인간관과 신관은 그리스도교 신학에서 매우 중요한 사상이다. 하느님과 인간 사이에 모종의 닮음, 유사성이 있다는 사실을 표현하는 말인데, 무엇이 닮았다는 말인가?

---

4 아퀴나스의 유비론에 대한 소개로는, F, Copleston, *A History of Philosophy* vol. 2, part II (Image Books, New York, 1962), 66-81 참고.

이와 관련해서 나는 세 가지 점을 지적하고 싶다. 우리가 하느님의 모상 개념에 대해 명심해야 할 세 가지 사항이다.

우선 나는 어떤 단어나 표현이 '상징적'이라고 할 때, 이 말을 결코 가볍게 여겨서는 안 된다는 점을 강조하고 싶다. 가령 태극기는 우리나라의 상징이다. 어떤 외국인이 태극기가 단지 상징일 뿐이라고 하면서 태극기를 함부로 찢거나 발로 밟으면 한국인들은 심한 모욕감을 느끼고 항의할 것이다. 그만큼 상징이 때로는 실재(reality) 자체를 대표할 정도로 무게를 가진다. 우리는 가끔 상징이나 메타포(metaphor)를 일상적으로 사용하면서 우리의 의사를 표현한다. 특히 시인들의 언어는 상징이나 메타포(은유) 없이는 거의 불가능할 정도라는 사실을 우리는 잘 알고 있다.

나는 종교 언어의 오용을 방지하기 위해서 그리고 인간의 소외를 방지하기 위해서 무엇보다도 맹목적인 경전 숭배와 문자주의(흔히 '근본주의'라고 불리는) 신앙을 극복하는 일이 가장 중요하고 시급하다고 본다. 그러기 위해서 우리는 종교의 언어가 인격체적인 표현이든 교리의 언어이든 모두 상징임을 아는 것이 가장 시급하다. 선불교에서 말하는 대로 부처님의 말씀과 교설을 담은 경전은 모두 달을 가리키는 손가락에 지나지 않는다는 것이다. 불교, 특히 선불교에서는 부처님의 말씀 자체가 목적이 아니라는 사실을 잘 알고 있다. 오죽하면 '교외별전'이라고 해서 부처님의 마음은 그의 언어를 통한 가르침(敎), 즉 경전의 말이나 가르침 밖에서 따로 마음에서 마음으로 전해진다고(以心傳心) 하겠는가? 모든 중생의 본심이 부처의 마음과 조금도 다르지 않고, 부처의 본성이 우리의 본성이라고(心卽佛) 말하겠는가? 역설적이지만 경전을 진정으로 살리는 길, 경전의 참 의미를 깨닫는 길은 오히려 우리에게서 경전의 절대화, 경전의 문자에 사로잡혀 숭배하는 태도가 사라질 때, 다시 말해서 경전의 말씀에서 자유로워질 때, 비로소 가능하다.

우리는 일상의 대화에서도 상징적 표현을 흔히 사용한다. 가령 "시냇물이 속삭인다"라고 할 때, 아무도 시냇물이 마치 사람처럼 속삭인다고 문자적으로 이해하지 않는다. '속삭인다'라는 말이 상징적 표현이고 메타포라는 사실이 너무나 명백하기 때문이다. 또 다른 예를 들면 '저 친구 곰이야'라고 할 때, 그 사람이 정말 문자적으로 동물 곰이라고 생각하는 사람은 없다. 그럼에도 우리는 그 사람에 대해 '곰'보다 더 적절한 단어를 찾을 수 없기에 '곰'이라고 표현한다. 이 한 단어 말고 그 사람의 성격과 행동을 문자적으로 묘사하려면 아마도 종이 몇 장을 가득 채우고도 모자랄 것이다. 이것이 상징의 힘이다.

어느 성탄절에 본 영화 이야기가 생각난다. 어느 작은 도시에서 산타 할아버지가 실재하는 존재냐 아니냐를 놓고 두 백화점 사이에 소송전까지 벌어졌고, 변호사들마저 논쟁하는 우스꽝스러운 일이 벌어졌다. 나는 이 영화를 보면서 기독교 신자들이 믿는 '하늘에 계신 아버지'라는 말이 생각났다. 그리고 기독교 신자들이 믿는 하느님이 '하늘의 산타' 같은 분이 아니냐 하는 생각이 번뜩 뇌리를 스쳐갔다. 곰곰이 생각해 보니 그렇게 말해도 신앙에 큰 문제가 없다는 생각이 들었다. 신앙에 대한, 하느님에 대한 큰 모독이 아닐지도 모른다는 생각이 없지는 않았지만, 문자적으로 '하늘'을 이해하는 것보다는 훨씬 낫다는 생각이 들었다. 또 '아버지'라는 표현도 마찬가지다. 하느님을 나 같은 인간 아버지처럼 생각하면 그렇지 않아도 아버지 노릇을 제대로 하지 못한 것이 후회스러운데 하느님까지 욕되게 할 것 같다는 생각이 드니 좋을 것이 별로 없을 것 같다는 생각이 든다. 적어도 산타를 상징으로 이해하듯이 하느님에 대한 언어나 표현들을 상징이라고 생각하는 것이 훨씬 더 좋다는 데는 별 이의가 없을 것 같다. 누가 기독교 신자들이 매일 같이 하느님을 부르는 말, "하늘에 계신 우리 아버지"라는 주기도문의 첫 구절을 문자 그대로 취한다면 신자들은 오히려 적극적으로 말릴 것이다. 누가 그리스도교 신자들이 매일 같이 하느님을 부르는 "하늘에 계신 우리 아버지"라는 주기도문의 첫 구절을 문자 그대로 하느님이 '하늘'이라는 어떤 공간을 차지하고 계신 분이라고 생각한다면, 그런 문자적 이해는 당연히 거부해야만 한다. 바로 그러한 생각을 프로이트(Freud) 같은 심리학자이며 사상가는 주장하기를 그리스도교 신앙은 신을 어린아이들의 아버지에 집착의 산물이라고, 어리석은 인간 욕망의 투사(projection)라고 비판하게 한 것이다. 그에게 '하늘 아버지'에 대한 신앙은 근본적으로 허구이며 환상일 뿐이다. 그 말이 상징이라 해도 그에게는 이 비판은 여전히 진리다.

다음 생각은 산타가 상징이라면 그는 도대체 무엇을 상징하는 말일까 하는 문제였다. 여러 대답이 있을 수 있으나 좀 막연하지만, 일반적으로 말해 '크리스마스의 정신' 같은 것을 상징할 것이다. 그러면 크리스마스의 정신은 또 무엇일까? 있는 자들이 그날 하루라도 자신을 낮추어 없는 사람들을 생각하고 봉사하는 것, 자기가 가진 것을 가난한 사람들과 나누는 것, 공짜로 베푸는 하느님의 은혜 같은 것, 무엇보다도 예수 자신이 온몸과 마음으로 보여 준 사랑과 희생의 정신이 크리스마스의 정신 아닐까 하는 생각에 이르게 되었다. 이렇게 생각하면 산타를 상징이라고 해서 누가 뭐라 하겠는가? 대단한 상징이고 크리스마스가 그저 먹고 마시고 즐기는 날이 아니라 바로 예수 그리스도가 보여 준 하느님의 사랑을 우리가 한 번이라도 본받고 흉내 내보는 날이 아닌가 한다. 산타가 상징이라고 해서 결코 우습게 여길 일이 아니다. 굉장한 진리를 담고 있는 상징이기 때문이다. 바로 예수 그리스도의 전 생애와 행동과 가르침과 정신을 상기시키는 상징이기 때문이다.

마찬가지로 우리는 성경에 나오는 하느님에 대한 여러 말과 표현들을 상징으로 읽으면 좋겠다는 생각이 든다. 가령, 하느님은 우리의 '반석', '피난처', '목자'라는 표현 같은 것들이다. 더 나아가서 하느님은 우리의 생명, 행복, 구원, 아니 우리의 '존재'라고까지 말하는 철학자도 있을 것이다. 하느님은 우리가 추구하는 궁극적 선이고 행복이다. 사랑이다. 존재 자체라는 철학적 개념까지 얼마든지 상징으로 사용할 수 있을 것이다.

또 예수 그리스도는 '하느님의 아들'이라는 엄청난 상징어는 어떠한가? 누구도 하느님이 우리 인간처럼 아들을 낳았다고 생각하지는 않겠지만, 예수가 하느님의 아들이라고 하는 말을 상징으로 생각한다고 하면 필시 성경 문자주의 신앙에 사로잡힌 신자들은 거세게 항의하는 사람도 있을지 모른다. 우리는 또 '하느님의 말씀', '하느님의 모상'이라는 상징어를 통해서 하느님과 인간 사이에 존재하는 어떤 중요한 관계를 잘 표현한다는 사실에 주목할 필요가 있다. 이것은 사실 그리스도교 신학의 사활이 달린 문제다. 그리스도교는 '말씀'이라는 표현을 통해 하느님은 인간과 '소통'이라는 것을 하고, 자신의 뜻을 '계시'(reveal)하는 분이라는 매우 중요한 생각을 표현하기 때문이다. 성경은 하느님과 인간 사이의 소통(communication)을 강조한다. 하느님은 말씀, 계시, 대화, 행동을 통해 인간과 소통하는 분이다. 특히 예수 그리스도의 말과 행동, 삶과 죽음과 부활은 이 소통 가운데 소통, 그야말로 소통의 핵심이라는 것이 그리스도교 신앙의 진리다. 이 핵심적 진리를 잘 나타내 주는 말이 예수 그리스도는 '하느님의 아들'이라는 하나의 상징어다.

인간은 여타 피조물과는 달리 하느님을 닮은 '하느님의 모상'(imago dei)으로 창조되었다는 진리도 그리스도교의 핵심 사상인데, 이 역시

'하느님의 아들'이라는 말처럼 눈에 보이지 않는 하느님에 대해 중요한 진리를 나타내는 상징어다. 성경은 예수 그리스도가 하느님의 모상 가운데 모상이라고 본다. 아들은 아버지를 꼭 빼어 닮기 때문이다.

나는 이 모상 개념에 대해 우리가 명심해야 할 세 가지 점을 지적하고 싶다. 첫째, 이 말은 하느님이 인간을 닮았다는 말이 아니라 우리 인간이 하느님을 닮은 존엄한 존재라는 뜻으로 이해해야 한다는 것이다. 둘째, 우리는 이 말이 하느님의 '모상 중의 모상'이신 예수 그리스도, 하느님을 너무나 닮았기에 '하느님의 아들'이라고 부를 수밖에 없었던 분 예수 그리스도에게 가장 적절한 그야말로 꼭 맞는 표현이라는 점이다. 따라서 우리가 하느님을 닮은 모상으로서 살려면 무엇보다도 우리는 예수 그리스도의 언행, 그의 삶과 죽음을 본받으며 살아야 한다는 것이 된다. 셋째, 하느님과 인간은 언어를 통해서 소통하는 존재라는 점에서 상통한다. 따라서 우리가 사용하는 언어, 특히 인간에 준해서 말하는 성경의 인간적인 언사나 표현들, 가령 하느님의 뜻이나 의지, 사랑과 용서라는 말, 인간의 이성과 합리성(Logos) 등이 모두 '하느님의 말씀'이신 예수 그리스도의 몸에 육화(incarnate)되었다는 신학적 근거를 가지게 된다. 로고스(logos)는 말·말씀이라는 뜻과 함께 이성, 합리적 사고라는 뜻도 가지고 있다. 말을 한다는 것은 합리적 사고를 한다는 뜻이다. 따라서 우리가 신에 대해 인간의 언어를 사용하여 말을 하는 행위는 결코 단순히 유치한 신인동형론적(anthropomorphic) 사고가 아니라 상당한 신학적 근거를 가지고 있다. 합리적 사고는 많은 신앙인이 오해하듯이 결코 신앙의 반대가 아니다. 오히려 우리 인간들보다 먼저 로고스 하느님께 잘 어울리는 것임을 기억할 필요가 있다. 하느님에 대해서 우리가 인격적 언어와 표현을 사용하는 것이 가능한 것은 말씀(Logos) 자체이신 하느님이 예수라는 한 인간이 되셨다는 신앙적·신학적 진리에—성육신(Incarnation)이라는 핵심 진리에— 근거하고 있다. 말씀 자체이신 하느님이 스스로를 드러내신 계시인 인간 예수를 통해서 하느님 편에서 먼저 우리 인간들을 찾아오셨고 말을 걸어오셨기 때문이다. 우리가 신에 대해 사용하는 인격적 언어는 이러한 신학적 정당성을 가지고 있다.

물론 우리가 신에 대해 아무 말이나 막 해도 된다는 것이 아니라 하느님을 꼭 닮은 그의 아들, 하느님의 모상 가운데 모상이고 말씀의 육화(성육신)이신 예수처럼 그의 영에 따라 그의 뜻에 부합되게 말해야한다. 이런 점에서 신학자 송기득의 말은 경청할 만하다: "사람답게 살려는 사람만 하느님을 인격화해서 말한다."[5]

여하튼 우리는 '하느님의 말씀', '하느님의 모상' 같은 상징적 개념들이 얼마나 중요한 진리를 담고 있는지, 얼마나 크고 중대한 의미를 지닌 상징인지 알 수 있다. 상징이라고 우습게 볼 일이 결코 아니다. 그리스도교 신학은 상징을 다른 말로 유비(analogy)라고 부른다. 신과 인간 사이에는 모종의 공통점, 유사한 면이 있다는 믿음에 근거한 신학적 언어는 전부 유비적(analogical) 언어다. 그 가운데서도 특히 '하느님의 아들', '하느님의 말씀', '하느님의 모상'은 실로 그리스도 신앙과 신학의 모든 것이 달려 있다 해도 과언이 아닐 정도로 중요한 상징어들이고 유비적 표현들이다.

그리스도교 신앙은 창조주와 피조물, 신과 인간 사이에 엄청난 질적 차이와 '무한한 질적 거리'(K. Barth)가 존재한다고 생각하면서도 동시에 하느님은 예수 그리스도에서 인간의 몸이 되셨다는 진리에 따라 인간과 불가분적 관계를 맺고 대화의 파트너라고 생각한다. 심지어 인간은 하느님과 언약(covenant), 즉 계약을 맺을 정도로 고귀한 존재라

---

5 양명수, "송기득 교수, 사람다움의 신학자,"「기독교사상」(2019, 12), 24에서 재인용.

고 생각한다. 사실, 세 유일신 신앙의 종교들 모두 개인이든 집단이든 인간은 신과 계약(언약)을 맺을 수 있을 정도로 존엄한 존재이고, 때로는 신과 다투기도 하고 투쟁도 하고 거세게 항의하고 원망도 할 수 있는 존재들임을 보여 준다. 인간은 신과 맺은 계약에서 신의를 지켜야 하는 존재로서 신앙은 기본적으로 신의(信義, fiducia)다. 성경에 따르면 인간은 이 신의를 지키지 못하고 번번이 계약을 어기고 신을 배신하지만, 신은 끝까지 신의를 지키고 인간을 버리지 않고 용서하고 인내하는 분이다. 비록 이 계약의 내용과 성격이 그리스도교, 이슬람, 유대교에 따라 차이가 있고, 신관과 인간관도 차이가 있지만, 신에게 인격적 언어를 사용하는 한, 인간의 존엄성에 대한 믿음은 포기해서는 안 될 진리다.[6]

하느님이 예수에게서 인간성을 취하여 한 인간이 되셨다는 육화 혹은 성육신 사상과 교리는 두말할 필요 없이 그리스도교의 핵심 진리다. 성육신 사상은 비단 하느님에 대한 성경의 인격적 언어뿐 아니라 더 나아가서 언어 일반과 인간의 이성, 종교와 문화 그리고 영성도 모두 신학적 근거를 획득한다. 심지어 인간이 '신화'(deification)될 수 있는 가능성의 근거가 되며, 인간이 하는 모든 일이 성사(聖事, sacrament)의 차원으로 고양될 수 있는 가능성을 지니게 된다.[7] 적어도 육체와

---

6 바로 성육신 하느님을 믿는 그리스도교 신앙이 유대교나 이슬람과 결정적인 신학적 차이를 가지는 이유다.

7 주목할 만한 사실은 하느님의 초월성과 인간 사이의 '무한한 거리'를 강조하는 신학 사상으로 유명한 개신교 신학자 칼 바르트가 1956년에 발표한 『하느님의 인간성』(Karl Barth, *The Humanity of God*, John Knox Press, Richmond, 1968)이라는 강연에서 자신의 종전의 입장을 완화하고 보완하는 차원에서 하느님이 인간이 되셨다는 정통 교리가 함축하는 의미를 '하느님의 인간성'이라는 시각에서 해석하고 있다는 사실이다. 이러한 성육신의 진리를 바탕으로 해서 바르트는 인간의 활동과 문화의 성사적(sacramental) 가치를 보다 긍정적 시각에서 논하고 있다. 그뿐 아니라, 우리는 그리스도교의 영성 전통은 물론이고, 불교 등 동양 종교나 문화에서 그리스도교가 배울 수 있는 영성 사상이나 수행법 등을

이성과 영성을 갖춘 한 구체적 인간 예수의 일상적 행위와 말이 모두 신성한 것일 수 있다는 것은 두말할 필요도 없다. 예수에게서 신성(divinity)과 인성(humanity, humanitas)이 하나가 되었기 때문이다. 성육신 사건은 신의 자기 비하이자 동시에 인간과 문화의 격상을 뜻한다. 우리는 이러한 긍정적인 시각을 하느님의 말씀(말씀, Logos)이 참 인간, 하느님의 모상 중의 모상인 인간의 몸이 되었다는 예수의 성육신(成肉身, Incarnation) 사건에서 가장 확실하게 본다. 이에 따라 우리가 신에 대해 사용하는 언어가 신학적 타당성을 지닐 뿐 아니라, 인간의 이성과 문화, 모든 종교와 영성 등이 신학적 정당성을 되찾게 된다.

예수 그리스도는 사랑의 하느님 모습을 가장 명확하게 보여 주신 하느님의 아들이라고 그리스도교 신앙은 믿는다. 그는 모든 사람을 하느님의 모상으로 보면서 그대로 실천한 분이다. 그리스도가 탄생한 크리스마스는 이 진리를 상징하는 날이고, 산타 역시 이 진리를 상징하는 존재다. 가공의 인물인지 실재했던 인물인지 따질 일이 아니고 따질 필요도 없다. 산타가 상징하는 것이 무엇인지를 아는 것이 무엇보다 중요하다. 그리스도인들은 예수를 사랑의 하느님의 모습을 가장 확실하게 보여 주신 분, 참 하느님의 모상, 참 인간이며 참 '하느님의 아들'이라고 믿는다. 예수는 모든 사람이 하느님을 닮은 하느님의 아들이고 딸이라고 여겼다. 이것은 예수가 선포하고 실천한 가장 핵심적인 진리다. 그는 말하기를 "누구든지 하늘 아버지의 뜻을 행하는 사람은 모두 하느님의 아들딸들이고 형제자매다"고 선언했다. 바울 사도 역시 "누구든 그리스도 예수 안에 있으면 남자와 여자, 헬라인과 히브리인, 노예와 주인의 차별이 없다"고 선언했다. '없다'는 말은 '무의미하다', '중요하지 않다'는 뜻이다. '그리스도 안에 있다'는 말은 그리스도

성육신이라는 신학적 진리와 성사적 가치라는 면에서 긍정적 시각으로 볼 수 있다.

의 영(pneuma) 안에 있고, 그 영에 따라 사는 새로운 존재라는 말이다. 그래서 바울은 같은 진리를 "누구든지 그리스도 안에 있으면 새로운 피조물이다"라고 선언했다. 예수는 이 새로운 존재를 '하느님의 자녀, 즉 아들과 딸'이라고 부른 것이다. 예수와 바울 모두 이 진리야말로 우리가 인생에서 알아야 할 가장 중요한 진리로 보았다.

성경 언어의 상징적인 이해가 얼마나 중요한지를 우리는 새삼 깨닫게 된다. 아무리 강조해도 지나침이 없을 정도로 중요하다. 성경 문자주의나 숭배를 벗어나 성경 언어의 상징적 성격을 제대로 이해하면 종교의 우상화, 종살이는 물론이고, 성경의 깊은 뜻을 이해하는 영적 세계가 열린다. 성경 문자주의에 빠지면 문자 하나하나를 놓고 쓸데없는 질문이 꼬리에 꼬리를 물고 일어난다. 온갖 말과 생각을 동원해서 성경의 메시지를 설명하고 합리화하려고 하지만 조금이라도 양식이 있는 사람들에게는 다 부질없는 궤변으로 들릴 뿐이다. 도무지 확신이 가지 않는다. 인간의 상식과 지성을 마비시키고 억지로 믿을 것을 강요하다 보니 '묻지마 신앙'을 강조하게 되고, 그렇다 보니 한국 교회에는 묻지마 신앙이라는 괴물이 판을 치고 있다.

우리는 하느님에 대한 성경의 인간적 상징어들과 표현들, 특히 인간이 '하느님의 모상'이라는 말에 대해 다음 세 가지 점을 유의해야 한다.

첫째, 이 말은 하느님이 인간을 닮았다는 말이 아니라 우리 인간이 하느님을 닮은 존엄한 존재라는 뜻이다. 다시 말해서 우리가 하느님에 대해 사용하고 있는 모든 인격적 표현이 뜻하는 것은 그러한 속성들이 하느님께는 완전하게 존재하고, 피조물들과 우리 인간에게는 불완전하게 존재한다는 생각을 전제로 한다. 가령, 하느님을 '아버지'—주기도에 나오는 '하늘에 계신 우리 아버지'(Our father in Heaven)—에서 하느님이 아버지 됨의 표준이고 규범이라는 말이지, 하느님이 결코 우리 인간 아버지의 현실적인 불완전한 모습들을 닮았다고 생각해서는 안 된다는 뜻을 담고 있다.

둘째, 우리는 이 말이 우선 하느님의 '모상 중의 모상'이신 '보이지 않는 하느님의 형상이신' 예수 그리스도(골 1:15-17), 하느님을 너무나 닮았기에 '하느님의 아들'이라고 부를 수밖에 없었던 분 예수 그리스도에게 가장 적합한 말, 그야말로 꼭 맞는 표현이라고 생각해야 한다. 그래서 그를 믿는 신앙인들은 그를 '하느님의 아들'이라고 부른 것이다.

셋째, 하느님과 인간은 언어를 통해서 소통하는 존재라는 점에서 인간은 하느님을 닮은 존재, 모상이라는 것이다. 따라서 우리가 사용하는 언어, 특히 인간에 준해서 사용하는 성경의 인간적 표현들, 가령 뜻이나 의지, 사랑과 용서, 인간의 이성과 합리성 등이 모두 '하느님의 말씀'(logos)이신 인간 예수의 몸에서 육화되었다는 신학적 근거를 지니게 된다. 로고스는 말·말씀이라는 뜻과 함께 이성, 합리적 사고라는 뜻도 가지고 있다. 말을 한다는 것은 합리적 사고를 한다는 뜻이기도 하다. 따라서 우리가 신에 대해 인간의 언어를 사용하는 것은 결코 유치하고 저급한 일이 아니라 근본적인 신학적 근거를 가지고 있다. 합리적 사고는 많은 신앙인이 오해하듯이 결코 신을 믿는 신앙의 반대가 아니다. 오히려 신에게 먼저 적합하다는 사실을 우리는 기억할 필요가 있다. 하느님에 대한 우리의 인격적 언어와 표현이 가능한 것은 말씀(Logos) 자체이신 하느님이 예수라는 한 인간이 되셨다(성육신, Incarnation)는 탄탄한 신앙적·신학적 진리를 가지고 있다. 말씀 자체이신 로고스 하느님이 먼저 스스로를 드러내는 계시인 예수 그리스도를 통해서 자기 자신을 부정하고 비하하고 낮춤으로써 우리 인간과 소통하기 위해 '낮고 천한' 우리를 찾아오시고, 우리에게 먼저 말을 건네셨다고 그리스도교 신앙은 믿는다. 우리가 신에 대해 사용하는 인격적 언어는 이러한 신학적 근거와 정당성을 가진다. 그리고 우리가 하는 모든 말과 행동이 하느님의 아들이고 형상이신 예수 그리스도의 말과 행동에 부합해야만 한다는 사실을 우리는 먼저 인식할 필요가 있다. 그렇지 않으면 신학적 근거와 정당성이 결여된 그야말로 자기가 원하는 것을 하느님께 마구 투사하는 우를 범하게 된다.

신앙인들은 때때로 신 앞에 단독자로 외로이 서서 고뇌에 찬 실존적 결단을 내려야만 할 때가 있다. 사회적 상식으로는 도저히 이해가 안 되는 신의 뜻 앞에서 깊은 죄의식을 느끼고 참회를 계속해야 하며, 외면할 수 없이 또렷이 들리는 자기 고발의 소리에 한없이 괴로워하는 존재다. 양심의 소리는 하느님을 믿는 신자라면 누구나 듣고 살아야 하는 짐이다. 유일신 인격신을 믿는 신앙이 지불해야 하는 값비싼 대가일지도 모른다는 생각이 들 정도다. 홀로 골방이나 굴속에서 하느님께 기도하는 영혼을 생각해 보라. 무거운 침묵 속에서 하느님과의 일치를 추구하면서 수행하는 사람, 하잘것없이 느껴지는 언어를 통해 우주 만물의 주인이신 하느님께 기도를 드리고 소통하는 경건한 사람, 세상의 길을 좇느냐 신의 뜻을 따르느냐를 두고 고심에 고심을 거듭하는 사람에게는 세상의 그 무엇에도 비견할 수 없는 그 사람만의 존엄이 있다.

나는 종교에서 이른바 '자력'(自力)의 오만이 설 자리는 없다고 생각한다. 자력 수행과 타력 신앙을 극심한 대립 관계로 보는 시각은 양자 모두에 대한 올바른 이해가 아니다. 불교에서는 자력이든 타력 신앙이든 모두 무아(無我)의 경지로 들어가는 것이 궁극적 목표다. 즉, 자기로부터의 해방이다. 여기서는 자신의 노력과 수행으로 해탈을 성취했다는 자가 설 자리는 없다. 유일신 신앙의 종교, 특히 개신교 신앙에서는 신의 은총과 인간의 노력을 배타적 관계로 보는 극단적인 시각이 강하지만 이것은 은총과 수행 모두를 왜곡시키는 그릇된 견해라고 나는 생각한다. 참다운 수행은 자신의 존재와 신의 은총에 대한 감사의 마음에 기초한 노력일 뿐, 결코 자신의 공로나 공덕을 내세울 일은 없다. 또 진지한 수행의 노력을 수반하지 않는 은총은 값싼 은총으로 변질되기 쉽고 허위의식을 조장하기 쉽다.

유일신 신앙의 종교들은 무엇보다도 하느님과 인간의 관계를 사랑의 관계로 본다. 이슬람처럼 하느님의 초월성과 전지전능성을 강조하는 종교는 인간이 하느님을 사랑의 대상 혹은 파트너로 여기는 데 한동안 불편함을 느꼈던 것 같다. 우리는 이 사실을 이슬람의 신비주의 전통인 수피즘(Sufism)의 문헌들을 통해 알 수 있다. 수피들이 초기의 금욕주의적 영성을 넘어 초월적인 하느님을 사랑의 대상으로 여기고 이 사랑의 비밀을 공공연히 선포하게 되기까지는 비교적 오랜 세월이 걸렸다. 쿠란(Quran)은 물론 하느님은 무서운 심판의 주기도 하지만 자비와 용서 그리고 사랑을 베푸는 하느님이라는 것도 거듭거듭 강조한다. 하지만 하느님의 '종'(abd)과 같은 인간이 감히 하느님을 사랑할 수 있다는 생각은 초기 이슬람 신비주의에서도 일종의 금기로 여겨졌을 가능성이 있었던 것 같다.[8] 진정한 사랑은 상대방을 자신과 대등한 인격으로 여기고 존중하는 태도가 필요한데, 신의 초월성을 강조하는 이슬람의 초기 신앙은 이런 면에서 어려움을 느꼈던 것 같다. 그리스도교에서는 인간이 신을 사랑한다는 관념은 처음부터 당연시되는 경향이 있었지만, 이슬람에서는 인간이 감히 신을 사랑할 수 있다는 생각은 당연시될 일이 아니었다. 하지만 수피 영성가들은 초기의 심한 금욕과 자기 부정의 영성을 넘어서 신에 대한 사랑을 대담하게 고백하고 선포하게 되었다. 신을 애인이나 친구로 여기는 영적 경지로까지

---

8 안네마리 쉼멜/김영경 역, 『이슬람의 이해』(분도출판사, 1999), 147-159.

나아간 것이다. 대표적 인물이 유명한 수피 영성가이자 시인인 루미 (Rumi J, 1207~1273)이다. 그의 시가 오히려 그만큼 우리에게 감동을 주는 것도 바로 이 때문이 아닐까 나는 생각한다.9

인간은 우주 만물 가운데 가장 복잡한 구조와 깊고 풍부한 내면성을 지닌 존재다. 따라서 인간의 깊고 풍부한 경험을 반영하는 인격적 언어를 배제하고 신에 대해 말을 한다는 것은 어리석은 일이다. 사랑과 자비, 갈등과 화해 그리고 참회(회개)와 용서 등 유일신 신앙의 인간적 표현들은 신과 인간이 펼치는 감동의 드라마를 연출한다. 물론 신에 대한 인간의 언어—그것이 경전이든 교리의 언어이든—가 지닌 한계를 우리는 언제나 의식하고 인정하는 지혜와 겸손이 필요하다. 신에 대해 인간의 언어를 사용하는 일은 하느님 자신의 자기 비하에 근거하고 있고, 동시에 인간 언어의 신학적 격상을 뜻한다. 다만 우리는 가능한 한 우리의 언어가 로고스 하느님의 성육신 아들인 예수 그리스도의 말씀과 가르침, 삶과 행위가 보여 준 그의 언어에 부합할 때, 그 성사적인(sacramental) 가치가 더욱 돋보인다는 사실을 항시 염두에 두어야만 한다.

유일신 신앙의 종교들에서는 인간은 신의 준엄한 윤리적 명령과 심판을 의식하면서 홀로 자신의 삶과 행동에 책임을 져야 하는 존엄한 존재다. 신 앞에서 인간은 한없이 초라하고 갈 데 없는 '죄인'이지만, 그럼에도 우주와 인생의 주인이신 그를 나의 '영원한 아버지'(eternal father)라고 부를 수 있다는 사실, 모든 것이면서 아무것도 아닌 '없이 계시는 분'(유영모) 앞에 서면 "두렵고 떨리지만 그래도 가까이 다가가고 싶도록 매혹적인" 모순과 신비(Otto)의 하느님이라는 사실을10 한 번

---

9 Nicholson, Reynold A. trans, *Rumi: Poet and Mystic* (New York: Samuel Weiser Inc, 1974).

10 'Mysterium tremendum et fascinans'. 종교학자이며 신학자인 오토(Rudolf Otto)가

도 의식하거나 전혀 알지 못하는 사람—속된 말로 전혀 '감'이 안 오는 사람—은 필시 유일신 신앙의 문턱에도 가보지 못한 사람일 가능성이 크다.

그리스도교, 유대교, 이슬람, 아브라함(Abraham)을 공통적으로 신 앙의 원조로 삼는 이 세 유일신 신앙의 종교는 신을 인간에 빗대어 생 각하는 인격신을 믿는 신앙의 종교들이다. 어떤 형이상학적 실재나 고 원한 철학적 개념으로 표상되는 절대적 실재를 추구하는 종교이기보 다는 그야말로 '살아계신 하느님'(Living God)을 절대자로 믿고 사랑하 며, 그의 뜻에 순종하고 헌신하는 종교들이다. 이러한 인격신을 믿는 유일신 신앙에는 역설적인 면이 있다. 한편으로는 신이 인간을 너무나 닮아 인간에게 무척 친근한 분, 일상적인 말을 주고받을 정도로 친근 한 분이지만, 때로는 신이 너무나도 저급하고 유치한 존재로 여겨질 가능성도 크다. 때로는 신이 인간의 상식이나 이성으로는 도저히 이해 하거나 용납하기 어려운 요구를 하는 분으로 경험되기도 한다. 바로 이러한 면이 형이상학적 · 철학적 지혜와 통찰을 중심으로 하는 동양 종교들이 수용하기 어려운 면이다. 하지만 윤리적 유일신 신앙(ethical monotheism)의 종교들에서는 하느님을 믿는다는 것은 곧 하느님의 정 의와 평화를 실천하는 것과 불가분적이다. 철학적 지혜를 강조하는 동 양 종교들의 시각에서는 도덕적 선악 시비를 가리는 일이 곧 신을 섬 기는 사람의 당연한 의무라는 생각은 쉽게 이해하기 어렵다. 그런 생 각은 아직도 세상사에 대한 집착과 관심을 벗어나지 못한 어리석은 사 람들의 생각 정도로 치부되는 경향이 강하기 때문이다.

여하튼 유일신 신앙은 인간에게 절대적 신뢰와 충성을 요구하고 일

누멘(numen)적 경험을 묘사하는 유명한 표현이다. 그의 『성스러움의 의미』(*Das Heilige*), 길희성 역 (분도출판사, 1984) 참고.

체의 우상숭배(idolatry)를 거부하도록 명한다. 어떤 피조물도 하느님처럼 섬겨서는 안 되고, 인간이 만든 그 어떤 제도나 권위에도 무릎을 꿇어서는 안 된다. 따라서 신앙인들은 때로는 거세게 세상의 질서에 저항하는 신앙을 보이기도 한다. 이러한 신앙의 입장에서는 철학자들의 신은 지나치게 세계·세상에 내재적이고(immanent) 친화적이고, 너무나 안이하게 어떤 피조물이나 제도, 특히 영적 구루(guru)나 종교 지도자를 절대화하는 '우상숭배'를 범하기 쉽다. 또 세상의 정치권력과 쉽게 타협하고 손을 잡는 경향이 강하다는 비판을 받기도 한다. 여하튼 유일신 신앙의 소박하고 단순하면서도 강력한 신앙을 이해하지 못하는 사람은 결코 유일신 신앙의 힘과 매력을 이해하기 쉽지 않은 것이 사실이다.

나는 개인적으로 이 두 가지 유형의 종교, 즉 유일신 신앙의 인격 신관과 철학적·형이상학적인 탈(초)인격체적 신관의 장점을 살리는 방향으로 새로운 신관을 모색하고 있다.[11] 이 문제는 사실 비교 종교학, 종교철학 그리고 신학에서도 가장 중요하고 어려운 문제 가운데 하나다. 우선 우리는 이 문제가 힌두교에서 가장 이른 시기에 대두되었다는 사실에 주목할 필요가 있다. 신을 일체의 속성을 초월하는 실재, 즉 어떤 이름(nāma)이나 형상(rūpa)도 발붙일 수 없는 브라만(nirguna-Brahman)으로 간주하는 초교파적 사상이 있는가 하면—이

---

11 내가 아는 한, 현재 이 문제에 대한 가장 설득력 있는 철학적 접근은 John Hick, *An Interpretation of Religion An Interpretation of Religion* (London: Macmillan, 1989)이다. 그는 물 자체(Ding an sich)는 우리가 인식할 수 없다는 칸트 철학의 인식론적 통찰을 세계 종교계의 최대 문제라고 할 수 있는 신의 인격성과 탈(초)인격성 문제에 적용하고 있다. 하지만 그는 이 문제에 대한 해결책을 문화적 차이에서 찾기 때문에 결국 그는 문화상대주의를 극복하지 못했다는 비판을 면하기 어려울 것으로 보인다. 나 자신도 그 이상의 대안을 제시하기 어렵다는 생각이지만, 그래도 여러 각도에서 이 문제를 조명하고 논하는 중이다.

러한 점을 강조하는 철학자·신학자는 인도 최고의 사상가로 추앙받는 샹카라(Sankara, 8세기경의 인물)와 그의 불이론적 베단타(Advaita Vedānta) 사상을 좇는 사람들— 다른 한편으로는 샹카라 이후에 출현한 라마누자(Rāmānuja, 11세기경의 인물)를 비롯한 일군의 베단타 철학자·신학자들은 하나 같이 샹카라의 초교파적 신학 내지 철학을 비판하면서 자기들이 속한 교파에서 믿는 인격신, 가령 비쉬누(Visnu)나 쉬바(Siva)처럼 이름과 형상과 신화를 지니고 신상을 제작할 수 있는 신, 다시 말해서 풍성한 속성과 이야기들을 지닌 브라만(saguna-Brahman)으로 간주하고 섬긴다. 그들은 이런 입장에서 자기들의 교파신학(sectarian theology)을 전개하고 옹호했다.

이 두 가지 신 개념 가운데 어느 것이 우월한가를 논하는 일은 부적절하다. 다만 우리가 말할 수 있는 것은 현상(appearance)과 실재(reality)를 구별하는 철학적 문제의식에 비추어 보면, 아무래도 현상은 실재가 아니고 어디까지나 우리 인간에 의해서 경험되고 파악되는 것이기 때문에 인격신이 우리에게 훨씬 더 친숙하게 느껴지는 것은 부인하기 어렵다. 이와 대조적으로 만물의 궁극적 실재인 형이상학적 신, 즉 일체의 이름과 형상과 속성을 여읜 신은 우리의 경험이나 인식을 벗어난 깊은 신비에 싸인 신이라고 할 수 있다. 하지만 실재 없이는 현상이 나타나지 않고, 현상으로 나타나지 않는 실재는 우리로부터 먼 추상적인 신이라는 사실도 명백하다. 현상과 실재는 결코 둘이 아니라 동일한 것의 두 측면이라는 점을 우리는 늘 염두에 두면서 신관을 세워나가야만 한다고 나는 본다.[12] 하나는 신에 대해 부정신학(negative

---

12 사실, 우리는 속성을 초월한 브라만을 강조하는 샹카라(Sankara) 자신도 쉬바(Siva) 신을 찬양하는 시를 지을 정도로 깊은 신앙인이었음에 주목할 필요가 있다. 그리고 동양 종교들에서도 가령 불교나 도교에서도 절대적 실재를 상을 만들고 인격화해서 숭배하는 것도 잘 알려진 사실이다.

theology)의 차전적(遮詮的) 담론(apophatic discourse)을 선호하고, 다른 하나는 신에 대한 표전적(表詮的) 담론(kataphatic discourse)을 선호한다고 할 수 있다. 신에 대한 이 두 가지 관념과 담론 사이의 우열은 함부로 논할 성질의 문제가 아니다. 현재 세계 종교계의 가장 두드러진 문제 가운데 하나로서 많은 종교 철학자들과 신학자들의 관심의 대상이다.13

나의 판단으로는 '오직 성경'을 외치는 한국 개신교 신학의 최대 문제는 중세 스콜라 철학을 배경으로 가지고 있는 가톨릭 신학과 달리 신에 대한 형이상학적이고 탈(초)인격적인 언어를 구사할 줄 모른다거나 무시하는 데 있다. 한국 개신교 지도자들은 대체로 성경문자주의 신앙에 길들여져서 거기에 갇혀 있다. 이런 현상에 길들여진 신자들은 신에 대한 문자적으로 이해되는 '저급한' 인격적 언사를 마구 쏟아낼수록 신앙이 깊고 열렬한 사람으로 간주되기 일쑤다.

이와 대조적으로 우리는 철학적 성격이 강한 불교나 유교, 도가 사상에 심취한 지성인들 가운데는 절대적 실재에 대한 인격적 언어가 불편하게 느껴져서 한편으로는 자기들이 가지고 있는 철학적 신관은 종교가 아니라고 생각하거나 자신들과는 무관하다고 생각하는 신자들이 제법 많다. 그들 가운데는 가령 유교는 종교가 아니고 단지 도덕과 윤리일 뿐이라고 간단히 치부해 버리는 경향을 우리는 흔히 본다. 하지만 다른 한편으로는 정작 자신들이 생각하는 '동양 철학'에서는 신앙의 역동성이나 정서적 만족을 얻지 못하고 허전함을 느끼는 사람도 있다. 이러지도 저러지도 못하다 보니 정작 그들의 삶을 지배하는 것은 어떤 특정 종교의 가르침이나 신앙보다는 세상의 풍조를 따르는 삶을 살기 쉽다. 특히 일반 대중은 부처는 신이 아니라고 말해도 여전히

---

13 이 문제를 중심 과제로 다루는 가장 전형적인 연구서는, John Hick, *An Interpretation of Religion*이다.

부처님을 신처럼 생각하며 기도 생활에 열심인데도 불교에 심취한 백인 불자들이나 불교학자들 가운데는 불교는 신을 믿지 않아도 되는 무신론이고, 심지어 '종교'가 아니라 철학이라고 강변한다. 대다수 불자가 부처님을 신처럼 여기고 기도 생활을 한다는 엄연한 사실을 무시하거나 묵과해 버리는 것이다. 입시철만 되면 교회나 사찰에 몰려드는 불교나 그리스도교 신자들을 보면서 좀 배웠다는 사람들은 그게 불교냐, 당신이 믿는 하느님이 고작 그런 정도냐고 힐난하는 사람도 있지만, 그런 사람은 극소수이고, 이러지도 못하고 저러지도 못하고 지켜보기만 하는 것이 더 일반적이다. 그나마 나는 평생 배우고 공부한 것이 종교학이라는 학문이다 보니 사람들과 종교 이야기를 종종 나누면서 이러한 대중적 신앙을 비판하고 한탄하기도 하지만 그때뿐이고 나로서도 어쩔 수 없다고 체념해 버리기 일쑤다. 여하튼 대중적 종교는 인격신을 섬기는 신앙의 종교들이고, 기복신앙과 기적 신앙을 떠나서는 그들의 종교를 논하기 어렵다는 사실은 누구도 부정할 수 없는 사실이다.

그리스도교 신자들이 정작 그리스도교를 모르고 불자들이 불교를 모르는 것이 한국 종교계의 가장 심각한 문제라고 나는 종종 비판한다. 백번 맞는 말이지만, 종교를 가리지 않고 기복신앙이 판을 치고 있는 우리 사회에서 그게 대중이 원하는 것이니까 하는 수 없다는 무력감과 함께 체념해 버리는 것이 우리 종교계의 일반적인 관행이고 문제라면 문제다. 나는 개인적으로 그야말로 '뱃속 신자'로서 줄곧 그리스도교 신앙을 배경으로 성장한 사람이고 신학도 공부한 사람이지만, 현대 세계에서 유일신 신앙 종교들은 모두 큰 위기에 봉착했다는 생각을 금할 수 없다. 따라서 신앙을 아예 포기하든지, 아니면 새로운 신관을 모색하든지 양자택일하지 않으면 안 되게 되었다. 나는 후자를 선택했고, 지금 '자연적 초자연주의'(natural supernaturalism)라는 이름으로 새로운 신관을 모색하고 있는 중이다. 자연세계와 친밀한 내재적 초월의 영성, 그러나 동시에 세계를 감싸고 뛰어넘은 '포월적' 영성과 신앙을 추구하는 신관이다. 이런 새로운 신관을 제시하기 위해서 나는 한편으로는 동·서양의 오랜 형이상학적 일원론(monism)의 통찰과 현대과학이 말해 주는 우주론과 진화론을 비롯한 다양한 사상과 통찰을 가능한 한 과감히 수용하는 한편, 다른 한편으로는 성서적 인격신관이 지닌 문제점과 한계를 창조적으로 극복하는 신관을 모색하면서 지금 이렇게 글을 쓰고 있다.

흔히 오해하듯이 철학적 신관과 성경의 인격신관이 전혀 이질적인 것은 아니다. 우리는 세계의 구조와 성격으로부터 신의 존재뿐 아니라 신의 인격적 속성과 성격에 대해서도 어느 정도 타당한 추론을 할 수 있다. 세계의 합리적 구조와 질서로부터, 특히 이성을 가진 인간 존재의 출현으로부터 우리는 진리의 원천인 로고스 하느님의 우주적 지성과 지혜를 그리고 사물들 간의 조화와 세계의 아름다움으로부터는 미(美)와 선(善)의 원천이신 신의 아름다움과 선함 그리고 그의 사랑과 은총까지 읽어낼 수 있다. 생명으로 충만한 역동적인 세계로부터는 살아계신 생명의 하느님(living God) 그리고 이질적인 것들로 보이는 사물들 사이의 소통과 조화로부터 신은 궁극적으로 하나(一者, unum)이고 사랑임을 말할 수 있다. 다만 우리는 신에 대한 인격적 언어가 지닌 '위험성' 때문에, 제한적으로 그리고 신중하게 유비적으로 적용할 수밖에 없다는 사실을 늘 의식해야만 한다. 여기서 우리는 다시 한번 성 토마스의 유비론의 의미를 상기할 필요가 있다:

모든 유비적 속성은 피조물과 신 사이에 실제로 존재하는 어떤 관계와 유사성에 근거하고 있다. … 그러나 한 가지 성 토마스의 근본적 원칙은 피조물이 지닌 속성들의 완전성은 창조주 안에 있는 신의 무한성과 영성에 어울리는 더할 나위 없는 뛰어난 방식으로 존재한다는 것이다. 예를 들어 신이 지성적 존재들을 창조했다면 신도 지성을 가질 밖에 없고, 우리 신이 지성보다 못하다고 생각할 수는 없다.[14]

나에게 신은 존재와 생명과 가치들의 원천이다. 인간을 비롯해서 만물을 신의 현현(神顯, theophany)으로 간주하는 9세기 아일랜드 신학자 에리우게나(Eriugena)는 신의 존재론적 사랑(ontological love)에 대해 다음과 같이 말한다.

사랑은 만물 전체를 말로 할 수 없는 우정과 해체될 수 없는 일치로 묶고 있는 유대 또는 사슬이다. … 따라서 하느님을 사랑이라고 부르는 것은 옳다. 그는 모든 사랑의 원인으로서 만물 속에 확산되어 있고 만물을 하나로 모으고, 말로 할 수 없는 만물의 복귀를 통해 자신 속에 말아 넣고 피조물 전체의 사랑의 움직임을 그치게 만들기 때문이다.[15]

하느님과 인간은 인격적 주체로서 서로 사랑하고 대화할 수 있다. 부버(M. Buber)의 표현대로 신과 인간은 '나와 당신'(I and Thou)으로서 서로 말을 건네고 귀를 기울인다. 실은, 로고스 하느님 편에서 먼저 스

---

14 F. Copleston, *A History of Philosophy* vol. 2, part II (Image Books, New York, 1962), 76.

15 같은 책, 96에서 재인용. '회귀'는 신에서 출현한(exitus) 피조물이 신에게 복귀함을 뜻한다. 신으로의 복귀(reditus)를 갈망하는 피조물들의 사랑의 움직임은 만물이 신 안으로 '말려 들어가는' 복귀를 통해서 종결된다. 만물이 도(道)에서 나와 도로 복귀한다는 사상은 노장 『도덕경』(道德經)에 누차 등장하는 중요한 사상이다.

스로를 낮추어 인간의 몸으로 육화됨으로써 인간이 되었기 때문에 인간도 하느님과 대화하고 하나가 될 수 있는 존재로 격상되었다는 것이 그리스도교 신앙의 핵심이다. 인간은 하느님을 영원한 당신(Eternal Thou)으로 부를 수 있게 되었고, 하느님과 기도로 대화할 수 있게 된 것이다.

기도는 신앙인들이 하느님과 대화하는 언어로서 침묵의 기도는 하느님과 뜻과 의지의 일치(Willenseinheit)를 넘어 존재의 일치(Seinseinheit)로까지 나아갈 수 있는 길이 되기도 한다. 사실 기도는 우리가 먼저 말하는 기도이기에 앞서 침묵 가운데 경청하는 기도이어야 하며, 자신의 뜻과 바람을 아뢰는 청원 기도에 앞서 하느님의 뜻을 헤아리고 청종(聽從)하는 기도이어야 한다. 신의 뜻과 섭리 앞에 자기 뜻을 내려놓고 모든 것을 하느님께 맡기는 겸손한 기도, 자기 자신이나 자기 집단의 이익을 앞세우는 이기적 기도가 아니라 이웃과 세계의 복리를 위해 하느님의 보편적 섭리에 주목하고 순종하는 기도이어야 한다. 기도의 궁극적인 목표는 우리를 존재와 가치의 원천인 하느님과 일치시키는 데 있다. 기도를 통해 자신을 비우면 비울수록 하느님으로 가득 차게 된다고 마이스터 에크하르트는 말한다.

하느님의 말씀은 때로는 우리 안에 내재하는 도덕성과 양심의 소리를 통해서도 우리에게 또렷이 들려온다. 자연의 법칙 못지않게 부정할 수 없는 보편성을 지닌 도덕 법칙(moral law)의 존재, 이 법칙에 따라 선악 시비를 가릴 수 있는 인간 이성의 도덕적 능력 그리고 외면할 수 없이 들려오는 우리 내면의 양심의 소리는 신의 존재와 인격성을 가리키는 중요한 징표들이다. "내가 더 자주 그리고 더 지속적으로 숙고하면 할수록 언제나 새롭고 더 큰 경탄과 경외감으로 나를 채우는 것이 두 가지 있으니, 별이 총총한 내 위의 하늘 그리고 내 안의 도덕률이다"

라는 철학자 칸트의 유명한 말은 이를 암시한다.16 하지만 칸트에게 도덕률은 물론 신의 어떤 구체적 행동의 지침을 주는 계시나 지시가 아니라 우리의 실천이성(practical reason)이 명하는 자율적 의무다. 신학적으로 말하면 양심의 소리는 우리 마음에 들리는 하느님의 도덕적 명령과도 같다. 성리학(性理學)에서 말하는 대로 인륜(人倫)이 천륜(天倫)이고, 인심(人心, 仁)이 천심(天心)이며, 『중용』(中庸)에서 말하듯이 인성(人性)이 곧 하늘이 명한 천성(天性)이라는 것이다.17 맹자와 왕양명(王陽明)은 이를 일컬어 양심(良心), 양지(良知)라고 했다. 동·서양을 막론하고 예로부터 민중의 소리(vox populi)가 하느님의 소리(vox dei)로 간주되는 것도 이 때문이다.

다시 한번 강조하지만 우리는 하느님에 대한 모든 인격적 언어와 행위를 어디까지나 유비적으로 또는 은유나 상징적 언어로 이해해야만 한다. 하느님은 결코 우리와 같은 하나의 인격체(a person)가 아니며, 어마어마한 권능을 지닌 초인격체(superperson)나 최고 인격체(supreme person)도 아니다. 우주 만물의 근원·근거인 신은 인격 아닌 인격, 인격을 초월하는 '초인격체적(transpersonal) 인격'이다. 인격신에 대한 틸리히의 다음과 같은 지적은 경청할 만하다.

'인격적 신'은 신이 한 인격체라는 뜻이 아니라 신이 모든 인격적인 것의 토대라는 것과 신이 자신 안에 인격성의 존재론적 힘을 지니고 있음을 뜻한다. 신은 인격체가 아니지만 그렇다고 인격 이하도 아니다. 우리는 고전 신학이 '페르소나'(인격)라는 말을 삼위(三位)에는 적용했지만 신 자신에게는 적용

---

16 칸트의 『실천이성비판』 결어에 나오는 유명한 구절. Immanuel Kant, *Kritik der praktischen Vernunft*, Kant Werke (Wiesbaden: Insel-Verlag, 1956) IV, 290.

17 天命之謂性(하늘이 명하는 것을 성품이라 일컫는다).

하지 않았다는 사실을 기억할 필요가 있다. 신이 '인격'이 된 것은 19세기에 이르러서부터인데, 칸트가 물질적 법칙에 의해 지배되는 자연을 도덕적 법칙에 의해 지배되는 인격으로부터 분리한 것과 관련이 있다. 대중적 유신론은 신을 세계와 인간 위 하늘에 거하는 완전한 인격체로 만들어 버렸다. 그러한 최고 인격체에 대한 무신론의 항의는 옳다. 그런 신은 존재한다는 증거가 없고, 그런 신은 궁극적 관심이 될 수도 없다. 우주 만물이 참여하지 않는 신은 신이 아니다.[18]

우주의 탄생부터 인간의 출현에 이르기까지 신의 자기 전개, 자기 현시, 자기 계시, 자기 비움과 육화의 과정 가운데서도 인류의 종교사는 역사의 온갖 우여곡절과 모호성(도덕적, 영적)에도 불구하고 하느님의 보편적 계시의 역사라는 사실을 증언해 주고 있다. 그리고 하느님에 대한 근원적 체험과 비전을 제시하고 구현한 종교의 창시자들이나 성자들은 인류 역사의 꽃이며 진화적 창조의 궁극적 목적이고 열매다. 이들은 모두 신의 로고스에 잠재해 있는 인성의 영원한 원형과 본질을 역사적 실존으로 완벽하게 구현한 존재들이며, 하느님의 모상으로 출현한 '종교적 인간'의 영적 가능성을 완전하게 실현한 '하느님의 아들'들이다. 이런 시각에서 보면 하느님의 진화적 창조의 전 과정은 결국 하느님이 자신의 아들(딸)을 낳는 진통의 과정이 아니겠는가? 이것이야말로 창조의 완성이고 목적일 것이다. 이슬람에는 하느님은 무함마드가 아니었다면 이 세계를 창조하시지 않으셨을 것이라는 말이 있다. 이슬람의 유명한 수피 시인 루미(Rumi)의 대담한 말을 들어보자.

---

18 Tillich, *Systematic Theology* vol. One, 245.

별처럼 빛나는 순수한 영혼들로부터

하늘의 별들은 언제나 기운을 받고 있다.

외견상으로는 우리가 별들의 지배를 받고 있지만

우리의 내적 본성은 하늘의 통치자가 되었다.

그러므로 우리의 겉모습은 소우주이지만

실상은 그대가 대우주이다.

겉으로는 가지가 열매의 근원이지만

내적으로는 가지는 열매를 맺기 위해 존재하게 되었다.

열매를 바라는 희망이 없었다면, 정원사가 나무를 심었겠는가?

그러므로 열매가 나무에 의해 산출되는 것처럼 보이지만

실상은 나무가 열매에서 태어나는 것이다.

그래서 무함마드는 "아담과 모든 예언자가

내 뒤에서 나의 깃발 아래 행진한다"라고 말씀하신 것이다.[19]

나는 이와 같은 목적론적 사고를 부처와 예수를 비롯한 세계 종교
들의 근원적 비전을 제시하고 체현한 창시자들과 성자들 모두에게 적
용해도 좋다고 본다.[20] 정원사 하느님은 진화적 창조의 꽃인 인간과
성자들을 출현시키기 위해 물질세계와 의식을 지닌 인간이라는 나무

---

19 Reynold A. Nicholson, trans., *Rūmī: Poet and Mystic* (New York: Samuel Weiser
   Inc, 1974), 124.

20 '목적론적 사고'(teleological thinking)는 기계론적 사고와 달리 앞의 것이 나중 것에
   영향을 주거나 지배하는 것이 아니라 나중 것이 앞의 것을 추동하는 역인과관계에 따라
   생각하는 것을 말한다. 지금 루미의 시는 바로 그러한 예로서 나무와 열매의 관계를
   들고 있다. 즉, 기계론적 사고로는 나무가 열매보다 먼저 있어야 하지만 목적론적 사고에
   따르면 나무는 어디까지나 열매를 맺기 위해서 존재한다는 사고방식이다. 서구 철학에서
   목적론적 사고를 중시한 철학자는 아리스토텔레스로서 중세 신학과 사상에 많은 영향을
   끼쳤다.

들을 심었다. 그리고 마침내 자신을 닮은 아들딸들을 출현하도록 이끌었다. 하느님과 완벽한 일치를 성취한 성자들은 하느님의 창조 행위, 즉 보편적 성육신 과정이 피운 아름다운 꽃이고 열매다. 그들에게서 그리고 그들을 통해서 인간과 인간, 인간과 자연 그리고 인간과 하느님의 완벽한 일치가 이루어졌기 때문이다.

나는 인간이 '하느님의 모상'으로 창조되었다는 그리스도교의 전통적 인간관을 신의 보편적 성육신 과정의 일환으로 이해한다는 점을 밝힌 바 있다. 인간은 두 가지 의미에서 하느님의 모상이다. 첫째는 호모 사피엔스로서 타고난 인간의 성품과 본성이라는 뜻에서 그렇다. 인간은 의식과 자의식, 이성과 자유를 지닌 특별한 존재다. 무엇보다도 하느님의 거룩한 영(pneuma)이 내주(內住)하는 존재다. 인간은 장구한 세월에 걸쳐 이루어진 생명의 진화 과정을 통해 하느님의 물질적 창조력과 로고스의 정수를 품수 받아 태어난 존재이다. 인간이 신의 '모상'이라 함은 우선 인간이 자유 가운데 신을 갈망하고 찾는 마음의 성향, 신을 닮고 신과 하나가 될 수 있는 '가능성'을 가지고 태어난 존재라는 뜻으로 나는 이해한다.[21] 잉게의 말과 같이 "우리는 비록 하느님의 모상으로 창조되었지만, 하느님과 같이 되는 것은 단지 가능성으로만 존재한다."[22]

---

21 하느님의 모상 개념을 이러한 가능성의 차원으로 이해하는 견해로 John Macquarrie, *Principles of Christian Theology*, 213-214를 볼 것. 교부들 가운데서 이레네우스(Irenaeus)나 오리게네스(Origenes)는 하느님의 모상(imago)과 닮음(similitudo, likeness)을 구별하면서 전자를 신과 같이 될 수 있는 모든 사람의 자연적(natural) 가능성(potentiality)으로 이해했다. 2세기 교부 이레네우스가 창세기에 나오는 모상과 닮음의 개념을 구별하면서 그리스도교 신학은 전자를 모든 인간이 타고난 자연적 성품과 능력, 후자를 이러한 가능성에 신의 초자연적 은총이 더해짐으로써 현실화되는 새로운 존재의 모습을 가리키는 말로 구별했다. 틸리히의 간단한 논의를 볼 것. *Sytematic Theology*, I, 258-259. 하지만 나는 이런 어휘상의 구별이나 자연과 초자연적 은총의 구별을 떠나 존 힉(John Hick)의 통찰에 따라서 '모상' 개념을 위에서 논한 대로 모든 사람이 지닌 영적 가능성 정도로 이해한다.

하느님의 모상이라는 말의 둘째 의미는 이러한 성향과 가능성으로서의 능력을 최고도로 현실화시킴으로써 인간의 본질·본성과 실존을 완벽하게 일치시킨 성자·성인(聖子, 聖人, saint)을 가리키는 말이다. 곧 새로운 존재, 참사람이 된 인간이다. 가능성으로서의 모상을 넘어 가능성을 실존으로 현실화시킨 존재들, 실제로 하느님을 '닮은' 모상이고, 사람들에게 하느님의 모습을 보여 주는 존재들이다. '사람의 아들'로서 '하느님의 아들'이라 불리게 된 예수 그리스도와 인류 종교사가 낳은 붓다와 공자 같은 성현들이다. 참사람은 신의 자기 비움(kenosis)과 나눔의 과정인 진화적 창조의 정점에 출현한 인간이 다시금 자기 비움을 통해서 신(天)과 완전한 일치(神人合一, 天人合一, divine-human unity)를 이루고 신화(神化, theosis)되어 모든 피조물과 사랑의 일치를 이룬 아름다운 존재들이다.

신의 진화적 창조 과정이 신의 보편적 성육신의 과정이라면 인간이면 누구나 이러한 신인합일을 이룰 가능성을 가지고 태어난다는 것이 그리스도교에서도 타당한 진리다. 모든 사람을 하느님의 자녀로 본 예수는 바로 이러한 진리를 깊이 자각하고 체현한 존재였고, 이 진리를 자신의 삶과 가르침으로 증언하고 실천하다가 십자가의 처형을 받은 진정한 '사람의 아들'이었다. 그럼으로써 그는 진정한 '하느님의 아들'이었다. 하느님의 모상으로 출현한 인간이 모두 소문자로 표기되는 작은 성육신들이라면 자기 비움을 통해 인간성을 완전하게 구현한 예수 그리스도와 성자들은 대문자로 표기되는 큰 성육신(Incarnation)이다.[23]

예수 그리스도는 참으로 신(vere deus)이며 참으로 사람(vere homo)이라는 칼케돈 공의회에서 제정된 그리스도론은 바로 예수 그리스도

---

22 W. R. Inge, 7.

23 이와 같은 성육신 이해에 대한 좀 더 상세한 논의는 길희성, "하느님은 왜 인간이 되셨나," 『아직도 교회 다니십니까』 (동연, 2021) 참고할 것.

에서 이루어진 완벽한 신인합일의 진리를 표현한다. 이 간단명료하면서도 심오한 진리를 오직 예수 한 사람에게만 국한하는 그리스도교의 배타적 교리는 수정되어야 마땅하다. 그 이유는 무엇보다도 모든 사람을 하느님의 자녀로 본 예수 자신의 가르침에 위배되기 때문이다. 신인합일은 비단 예수 한 사람에게서만 '실현된' 사건이 아니라 하느님의 모상으로 창조된 모든 인간에게서 '실현되어야 할' 진리라고 예수는 생각했다.[24] 그리스도교의 교부들과 신학자들은 "하느님은 왜 인간이 되셨는가?"(cur deus homo)라는 성육신 사건의 의미를 묻는 고전적 질문에 "인간이 신이 되게 하기 위함"이라고 대담하게 답했다. 우리는 이 신화(神化, deification, theosis) 개념이 죄의식을 지나치게 강조하는 경향이 있는 서방 교회와는 달리 오랜 전통을 지닌 동방 정교회 신학과 영성의 중심을 이루어왔다는 사실에 주목할 필요가 있다.

그리스도교 신앙은 이에서 한 걸음 더 나아가서 하느님으로부터 출현한 모든 인간과 만물이 하느님께 복귀하여 하느님과 하나가 되는 세계를 종말의 희망(eschatological hope)에 대한 믿음으로 간직한다. 하느님이 인간이 되신 것은 인간이 하느님이 되기 위함이라는 전통적 성육신의 진리가 모든 사람에게서 보편적으로 실현되는 '새로운 창조'에 대한 종말론적 희망의 비전이다. 사실 이 진리는 비단 인간뿐 아니라 모든 피조물에서도 실현되기를 바라는 것이 그리스도교의 종말론적 신앙이다. 바울 사도의 염원대로 "우리는 모든 피조물이 오늘날까지 함께 신음하며 함께 해산의 고통을 겪고 있다는 것을 알고"(롬 8: 22) 있기 때문이다. 인간뿐 아니라 하느님으로부터 출현한 모든 피조물이 하느님의 찬란한 빛을 발하며 인간과 더불어 보편적 화해와 사랑의 공동체

---

24 하지만 예수 자신은 이러한 구별을 하지 않았다. 그는 'we are'(is)와 'we ought to be'(ought)를 명확하게 구별하는 신학자가 아니었다!

를 이루는 날을 고대하는 아름다운 종말론적 비전이다.

결론적으로, 나에게 신은 우리가 한시도 떠날 수 없는 만물의 '존재' 와 '생명' 그리고 '진리' 그 자체이다. 그리고 선과 아름다움 같은 모든 '가치'들의 근원·토대이고 완성이다. 우리가 존재하고 생명을 누린다는 사실 자체만으로도 우리는 이미 신의 무한한 존재와 영원한 생명에 참여하고 있고, 로고스 이성을 통해서 하느님의 빛인 진리의 빛 아래 살고 있다. 선과 아름다움을 사랑하고 정의, 사랑, 평화 같은 성스러운 가치들을 추구하는 삶을 통해서 우리는 이미 모든 가치의 원천인 하느님의 영원한 생명에 참여하는 삶을 살고 있는 것이다. 신은 가치를 추구하는 삶의 선험적이고 무조건적인(unconditional) 차원이며, 그 전제이고 완성이다. 우리는 늘 현실의 벽에 부딪혀 좌절하고 가치와 이상의 완전한 실현을 보지 못하고 삶을 마감하지만 신은 그럼에도 우리가 추구하는 모든 가치의 무너지지 않는 토대이고 영원한 '의미'의 보루이다. 그리고 언젠가는 우리 모두가 만물과 함께 그분께 되돌아가는 때가 올 것이라는 희망을 안고 산다.[25]

---

25 전에도 이미 밝힌 바 있는 이러한 나의 신관은 신학자 틸리히의 영향을 반영한다. 신은 신의 문제에 대한 결론이 아니라 전제라는 그의 종교철학적 입장, 신의 존재를 피조세계의 존재와 성격으로부터 미루어 논증하려는 토마스 아퀴나스적인 종교철학이 아니라 '아우구스티누스적' 유형의 종교철학이다. 하지만 나는 이 두 입장이 상호 배타적일 필요는 없다고 보는 입장도 표명한 바 있다.

XII. 신론 후기

　누구든 신에 관해 논할 때 제일 먼저 의식해야 하는 점은 신은 영원한 신비이며 수수께끼라는 점이다. 이런 점에서 지금까지 내가 신에 대해 너무 많은 것을 너무 안이하게 논하지 않았는지 성찰하게 되면서 자괴감마저 느낀다. 하지만 누군가는 적어도 신에 대해서는 함부로 지껄여서는 안 되는 신비라는 것, 적어도 자기가 지금까지 품었던 신에 대한 생각과 이해가 얼마나 유치하고 천박했던지 사람들로 하여금 자각할 수 있도록 진술해야 되겠다는 어쭙잖은 생각에 무모한 도전인 줄 뻔히 알면서도 감행하기에 이르렀다. 지금까지 신과 영성 그리고 영적 휴머니즘에 대해 많은 말을 했지만, 그것은 내가 무슨 대단한 영적 '체험'에서 우러나서 하는 말이 아님은 나 자신이 잘 알고 있다. 나는 영성과 이성(지성, 정신 등)을 명확하게 구별하기 어려울 때가 많다는 점을 의식하면서도 둘을 반드시 구별해야 한다는 입장을 견지한다. 그래야만 철저히 개인과 집단의 이기적 목적을 달성하는 데 사용되고 있는 현대인의 '도구화된 이성'이 다시 그 폭과 깊이를 회복할 수 있을 것이고, 기독교 신자들이 하느님의 특별한 선물로 독점하면서 자신들의 이기적 욕망을 성취하는 기복신앙을 부추기는 데 악용하고 있는 성령도 진정으로 인간을 변화시킬 수 있게 될 것으로 생각한다.

지금까지 제시된 신관을 개진하는 언어 자체는 물론 하나의 이성적 담론이지만, 그것이 지향하는 것은 이성보다는 영성에 관한 것이다. 일종의 모순이지만, 종교나 영성에 관한 모든 담론이 피하기 어려운 모순이다. 본래 신학이라는 것도 그런 것이다. 아무리 신이 우리의 이성을 초월하는 신비라 해도 이성적 담론은 불가피할 뿐 아니라 반드시 필요하다. 그렇지 않다면 모든 영성가나 성자·성인들은 하나같이 설교나 설법이란 것을 피하고 영원히 침묵을 고수했을 것이며, 그들의 영적 메시지 또한 우리에게 도달하지도 못했을 것이다. 적어도 언어를 넘어서는 실재가 존재한다는 점만은 그리고 언어나 이성으로는 파악되지 않는 영성의 세계가 있다는 사실만은 이성적 담론으로 논할 수밖에 없다. 다시 한번, 선가에서 말하는 달과 손가락의 비유를 피할 수 없다. 우리의 담론이 손가락으로 달을 보도록 가리키는 상징임은 누군가가 말로 해 주어야 한다. 우리가 신과 영성에 대해 사용하는 언어가 달을 가리키기 위한 손가락이고 상징이라는 사실만은 언어로 말해야 하기에 이성적 담론을 필요로 한다. 지금까지 개진된 신론은 이러한 사실을 늘 의식하면서 했다는 사실만은 여기서 밝히고 싶다. 결코 형식적이고 관행적인 겸양의 말이 아니다. 저자가 칠순의 나이를 훌쩍 넘길 때까지 신학과 종교의 세계를 떠나지 않고 배운 것이 하나 있다면 바로 이 점이다. 지금까지 논한 신론과 인간의 영성에 대한 담론은 저자가 평생 고심하고 고민해 왔던 것을 앞으로 나에게 남은 날들이 그리 많지 않을 것이라는 생각에 한번 속 시원히 털어놓아야 하겠다는 심정으로 한 것이다.

　　동·서양의 일원론적 형이상학의 유출설과 현대의 진화론적 시각을 결합한 '진화적 창조론'을 주축으로 해서 전개된 나의 신관을 한 마디로 지칭한다면 '자연적 초자연주의'(natural supernaturalism)라고 부를 수 있다.[1] 내가 이러한 대안적 신관을 모색하게 된 가장 중요한 이유는 창조주 하느님과 피조세계를 날카롭게 구별해 온 그리스도교의 전통적인 초자연주의적인 신관이 서구 사상사에서 무신론적 자연주의를 낳은 장본인 격이라는 역설적인 통찰 때문이다. 무신론적 자연주의는 중세까지만 해도 초자연적 신관을 몰아내지 못했다. 그러나 근대 과학의 대두와 더불어 상황이 역전되기 시작하더니 결국 무신론적 자연주의의 완승으로 귀결되었다. 이에 따른 심각한 부산물 가운데 하나는 과학이 신앙의 적이라는 통상적인 생각이다. 서구에서 지성인들을 신앙에서 소외시키는 성경의 문자주의적인 이해와 근본주의 신앙을 낳은 근본 원인을 제공한 것도 초자연주의 신앙이다. 초자연주의적인 사고를 극복하지 않는 한, 서구 세계에서 그리스도교의 미래는 밝지 않다고 나는 생각하게 되었다.

새로운 신관은 물론 새로운 세계관과 인간관을 수반할 수밖에 없다. 지금까지 개진된 나의 신관 역시 마찬가지다. 세상에 존재하는 것 가운데 신과 관계되지 않은 것은 하나도 없다는 대전제 때문이다. 나는 신의 세계 창조를 신으로부터의 창조(creatio ex deo)라는 유출론적 시각에 따라 세계를 신의 '보편적 성육신'으로 간주하면서 그리스도교 신학의 양대 주제인 '창조'와 '구원'을 통합적으로 이해하고자 했다. 나는 개인적으로 성서적 신앙의 유산인 '역사의 하느님' 신앙을 중시하며, 신의 초자연적 계시 자체를 부정하지 않는다. 적어도 신이 자연의 일부가 아니라는 사실만 인정해도 그리스도교 신앙에서 '초자연적'이라는 말을 완전히 제거하기는 어렵다. 하지만 나는 특별 섭리의 이야기들을 중심으로 해서 전개되는 성경의 '구원사적 드라마'를 주관하는

---

1 Abrams가 낭만주의 문학과 철학에 대해 사용하는 표현. M. H. Abrams, *Natural Supernaturalism: Tradition and Revolution in Romantic Literature* (New York: W. W. Norton and Company, 1971).

신관을 과감하게 지양하면서 하느님의 특별 섭리의 사건과 이야기들을 신앙주의(fideism)의 관점에서 수용하고자 했다. 나는 이와 더불어 신의 특별 섭리를 '진화적 창조'라는 세계 전체를 향한 하느님의 일반 섭리의 일환으로 이해하는 견해를 제시했다. 나의 신관은 또 성령에 대한 초자연주의적인 관념, 유독 기독인들에게만—그것도 일부 신앙인에게만 선별적으로 주어진다는—하느님의 특별한 은총의 선물로 간주되는 폐쇄적이고 배타적인 성령 이해를 과감히 지양하고, 하느님의 거룩한 영이 모든 인간에 내재하는 영성의 근본이고 원천이라는 보편주의적인 성령 이해를 주장한다. 나는 성령을 과감하게 모든 인간의 인간성의 제3의 요소로 편입하는 '영적 인간관'의 한 측면으로 간주하는 보편적인 성령론을 주장한다. 한 마디로 나는 삼분법적(tripartite) 인간관에 따라 성령의 인간학적 이해(anthropological understanding)를 주장한다.

이 책에 전개된 신관이 신을 완전히 세계 내적 혹은 자연의 일부로 이해하지 않는 한 그리고 '자연적 초자연주의' 신관이라는 말이 여전히 '초자연'이라는 개념을 사용하고 있다는 사실에서도 보이듯이, 내가 신의 특별 섭리를 부정하지 않는다는 사실은 의심의 여지가 없을 것이다. 나는 특히 부활 신앙과 '사건'이 그리스도교 신앙의 사활이 달린 문제라는 관점 아래 부활 이야기들이 한편으로는 예수의 가르침과 삶에 감화받은 제자들의 공동체적인 영적 경험에 근거한 것이라는 관점을 수용하면서도, 다른 한편으로는 바울 사도의 증언에 따라 지나치다고 할 정도로 '부활 사건'의 가능성에 대해서 고찰했다. 나는 부활 신앙의 배후에 모종의 '사건'이 있었을 것이라는 합리적 추정 아래 부활을 하느님 자신의 권능에 의한 특별 섭리의 '사건'으로 이해하는 전통적인 견해를 신중하게 검토하는 자세로 부활에 대한 논의에 임했다.

부활은 '사건 아닌 사건'인 종말론적 사건이라는 것이 나의 견해다. 나는 신앙주의(fideism)의 입장에서 우리가 개인적으로나 공동체적으로 경험하는 어떤 특정한 사건을 신의 결정적 계시로 회고적 시각에서 이해하고 고백할 수 있다는 관점 아래 부활 신앙과 사건에 대해 논했지만, 부활 신앙은 이러한 회고적 차원의 고백을 넘어 하느님의 미래를 기다리는 포기할 수 없는 초기 그리스도교 공동체가 품었던 종말론적 희망의 신앙이라고 본다.

진화적 창조론에 따른 신관, 세계관, 인간관을 전개하는 과정에서 나는 서방 교회와 동방 교회의 신학은 물론이고, 동·서양의 일원론적 형이상학들, 새로운 형태의 이신론(理神論, deism)과 현대 자연신학(natural theology) 그리고 범신론 또는 현대 신학계의 범재신론(panentheism), 과정신학, 에코페미니즘은 물론이고 샤르댕, 틸리히, 맥쿼리, 몰트만, 카우프만, 류터(R. Ruether) 등 굴지의 현대 신학자들과 과정신학의 통찰도 부분적으로 반영했다. 그뿐 아니라 현대 인도를 대표하다시피 하는 힌두교 철학자 스리 오로빈도(Sri Aurobindo)의 사상, 영국의 과학자이며 신학자인 폴킹혼과 피콕 그리고 호주의 폴 데이비스, 또 한스 요나스나 존 호트 등 오늘날 과학과 신학을 매개하면서 자연신학의 새로운 가능성과 지평을 열고 있는 사람들의 통찰도 반영하는 신관을 제시하고자 했다.

창조와 구원, 일반 섭리와 특별 섭리, 계시와 이성, 초자연과 자연, 성서적 인격신관과 철학적 신관을 구별하면서도 조화시키고 통합하는 신관 그리고 동·서양의 오랜 일원론적 형이상학의 전통들을 현대 진화론과 하나의 일관된 관점에서 융합하는 나의 신관을—차라리 '내가 믿고 싶은 하느님'이라고 해야 더 적합할지 모를 제목의— 제시하고자 했다.[2] 크게 말해 일종의 철학적·형이상학적 신관이지만, 동시에 '최소주의적인 인격신관'이라고 해도 좋다.3 신의 특별 섭리를 일반 섭리에 종속시켜 이해하는 신관, 그러면서도 인간 존재의 초월성과 위대성을 인정하고 인간의 도덕성과 양심, 내면성과 영성을 신과 하나가 되는(神人合一) 길로 제시하는 동·서양의 철학 전통과 신비주의 전통을 중시하는 신관이다.

신관과 세계관, 신관과 인간관 그리고 신관과 현대 문명이 해결해야 할 과제들은 떼려야 뗄 수 없는 관계에 있다. 전통적이고 대중적인 그리스도교 신관, 간단히 말해서 전지전능한 초자연적 존재로서 세계를 창조하고 일련의 간헐적인 구원사적 행위와 특별 섭리의 사건들을 통해 역사에 개입하고 자신을 계시하며, 종말에 가서는 인류를 심판하고 구원하는 하느님에 대한 신앙이 제아무리 오랜 전통과 권위를 자랑한다 해도, 아무리 그리스도교 신앙인들에게 친숙하다 해도 현대인들의 사고방식이나 세계관 그리고 문제의식이 크게 달라진 마당에 전통적 신관을 맹목적으로 고수할 수는 없다. 달라진 세계는 달라진 신관을 요구한다. 신 자체는 불변하겠지만, 신에 대한 우리의 생각과 이해는 시대의 변화와 더불어 달라질 수밖에 없고, 달라져야만 한다. 그뿐아니라 신관이 문화마다 종교마다 다르다는 것은 비교종교학을 전공한 필자로서는 하나의 상식이다. 이러한 사실이 제기하는 문제는 평생을 신의 문제를 가지고 고심해 온 필자의 관심을 한 번도 떠난 적이

---

2 이에 따라 이 책 후반부의 주제를 이루는 나의 신관은 학계의 관행인 좀 더 겸양적인 학계 일반을 염두에 둔 '우리'라는 말 대신 '나'라는 일인칭을 사용한다. 가령 "나는 생각한다", "나는 본다" 등의 표현이다. 이것은 이제부터 개진할 신관이 아무런 논증이 결여된 순전히 나의 자의적인 주관적 의견에 지나지 않는다는 뜻이 아니라, 그리스도교의 일반적인 신관과 많은 차이가 있음을 의식하는 저자의 생각을 반영한다. 이 점은 이미 한 번 언급한 바 있지만, 재차 강조한다.

3 'Minimal personalist theism'. Clayton의 표현, *The Problem of God in Modern Thought*, 424.

없다. 신은 결코 그리스도교가 독점할 수 없고, 해서도 안 된다는 생각 때문이다.

신관에 대한 논의를 마치는 시점에서 우리가 개진한 신관을 관통하는 몇 가지 지배적 관심사 내지 문제의식을 다시 한번 간략히 정리해 보는 것은 의미 있는 일이다.

우선 성서적 신관이 제기하는 네 가지 문제를 늘 의식하면서 나의 신관을 개진했다는 점이다. 첫째, 신과 인간 역사의 관계에 대한 문제로서 신의 '행위'(act of God)를 어떻게 이해해야 하며, 신이 어떻게 인간 역사에 영향을 미치는가 하는 문제다. 둘째는 예로부터 무수한 신앙인들을 괴롭혀 온 악과 고통 그리고 도덕적 부조리의 문제다. 셋째는 신을 마치 우리 인간처럼 하나의 유한한 '존재'로 생각하게 만드는 유치한 신인동형론(神人同形論)적 사고를 어떻게 극복할까 하는 문제의식이다. 이 역시 예로부터 수많은 지성인을 괴롭혀 온 문제로서 특히 동양의 철학적 종교들이 성서적 인격신관을 저급한 것으로 간주하게끔 하는 주된 원인 가운데 하나다. 나는 이 사실을 늘 의식하면서 신앙생활을 해 왔고, 지금 하나의 새로운 신관을 모색하는 '무모한' 도전을 감행하기에 이르렀다. 넷째, 성서적인 '역사의 하느님' 신앙, 특정한 역사적 사건을 통해 주어지는 신의 특별 섭리와 특별계시를 믿는 그리스도교 신앙이 지닌 힘과 매력을 무시하지 않으면서도 그 편협한 배타성을 극복할 수 있는 신관, 이성의 보편적 진리를 추구하는 그리스도교 신학 전통은 물론이고 동·서양의 전통적인 철학 사상과 지혜를 과감하게 반영하는 '종교다원적인' 신관을 모색했다.4

나는 이상과 같은 문제의식에서 한편으로는 동·서양의 일원론적

---

4 나는 '종교다원적 신학'과 '종교다원주의'를 구별한다. 전자는 '신학적' 입장이고 후자는 '철학적' 입장이다.

형이상학의 전통을 과감히 수용하고, 다른 한편으로는 현대 진화론이나 우주물리학 등 현대 과학이 제공하는 통찰들을 반영하는 새로운 형태의 철학적 신관을 제기하고자 했다. 동시에 나는 성서적 인격신관에서 포기해서는 안 될 긍정적인 요소들을 신앙주의의 고백적 차원에서 수용하면서 나의 신관에 조심스럽게 반영하고자 했다. 나는 위에 언급한 전통적인 성서적 신관이 제기하는 네 가지 근본적 문제점을 피하지 않고 과감히 해결하는 길은 대중적인 그리스도교의 초자연주의적인 신관의 과감한 수정 없이는 불가능하다는 결론에 이르게 되었다. 여기에 제시된 철학적 신관은 이러한 판단의 결과다.

나는 결코 성서적 인격신관이 지닌 장점과 힘을 무시할 생각이 없다. 오히려 나는 성서적 신관을 나의 철학적 신관에 가능한 한 반영하고자 노력했다. 신은 무한한 실체(substance)이지만 동시에 자유로운 인격이고 '살아계신 하느님'이다. 따라서 나는 성경의 인격적 언어를 제한된 범위 내에서 그 유비적 성격을 감안하면서 조심스럽게 수용하고자 했다. 나의 편견일지 모르지만, 오늘날 한국 그리스도교가 노정하고 있는 거의 모든 문제의 근본이 성경의 인격적 언어를 문자적으로 이해하는 성경 문자주의 신앙과 이에 따른 조잡한 신인동형론적인 사고에 있다 해도 과언이 아니라고 생각한다.

성서적 신관이 제기하는 문제들 외에 나의 신관을 지배하는 둘째 관심사는 환경생태계의 위기라는 현대 문명이 직면한 심각한 전대미문의 문제의식이다. 이 문제를 근본적으로 극복하기 위해서는 무엇보다도 자연의 신성성을 회복하지 않으면 안 된다는 것이 많은 현대 사상가들과 신학자들의 공통된 견해다. 나는 이 점을 의식하면서 보편적 성육신 개념에 근거하여 탈성화된 자연과 만물의 신성성을 되찾고 자연 속에서 신의 현존을 느낄 수 있는 길을 모색하는 '자연적 초자연주의' 신관을 천명했다. 이러한 신관이 '범신론' 내지 범재신론에 근접하고 있는 것으로 보일지 모르는 것도 바로 이러한 문제의식을 반영하고 있기 때문이다.

셋째 관심은 현대 우주물리학과 진화론 등이 제시하고 있는 과학적 세계관과 사고방식이 전통적 신관, 특히 그리스도교의 초자연주의적인 신관에 대해 제기하는 문제로서 과학과 신앙 사이에 어떤 식으로든 조화와 화해를 꾀하는 것은 현대 신론의 피할 수 없는 과제라고 나는 본다. 나는 물론 신학과 과학이 서로 다른 관심사를 반영하며, 신학은 주로 '의미'의 문제, 과학은 물질세계와 '사실'의 문제를 다룬다는 시각을 가지고 있지만, 이러한 생각이 너무 도식화되면 자칫 문제를 회피하는 구실이 될 수 있다는 생각도 한다. 이러한 위험을 피하기 위해서 나는 본격적으로 '진화적 창조론'과 '보편적 성육신론'을 새로운 신론의 기본적 틀로 삼았다.

넷째 관심은 근대 서구적 이성이 초래한 근대 문명의 문제와 극복이다. 철저히 세속화되고 도구화된 근현대의 기술적 이성은 과학기술과 전 지구적 자본주의의 막강한 힘의 공범자 내지 하수인으로 전락해 버리고 말았다. 이성의 본래적인 존재론적 차원, 우주적인 성스럽고 신적인 차원과 비판적 성격을 상실한 근대 이성은 결과적으로 인간과 인간, 인간과 자연, 인간과 신의 대립과 소외를 가속화시키고 있고, 현대 문명의 문제점들은 한계점에 도달했다. 나는 이 책을 통해서 그 사상적 뿌리가 적어도 간접적으로는 그리스도교의 성서적 초자연주의 신관 자체에 있다는 사실을 강조했다. 서구에서 무신론적 자연주의는 초자연주의 신관이 낳은 원치 않은 사생아와 같다. 지나친 단순화를 무릅쓰고 나는 이 둘의 대립이 오늘날 우리가 목격하고 있는 전 세계 문명의 위기를 가져온 직간접적인 사상적 원천이라고 본다. 철학적으로는 '인간은 이성적 동물'(rational animal)이라는 아리스토텔레스 이래의 고전적 인간관, 인간은 몸과 마음(body and mind)으로 구성되고, 세계는 물질과 정신으로 구성된다는 데카르트적인 이원론적 사고—신관, 인간관, 세계관, 사고방식—를 넘어서는 '자연적 초자연주의' 신관과 영적 휴머니즘의 인간관이야말로 현대 세계가 요구하는 사상이라고 생각하기에 이르렀다.

지금까지 제시한 나의 신관은 이러한 이원적 대립의 구도를 극복하기 위해 신앙과 이성이 다시 화해하고 초월을 향해 개방된 이성, 삶과 세계의 신비와 깊은 차원의 문제들을 의식하고 대응할 수 있는 이성으로 심화하고 확장하는 대안적 신관이 될 수 있다고 본다. 근대 서구 사상이 낳은 무신론적이고 유물론적인 자연주의와 그리스도교의 초자연주의적인 신관의 대립과 불행한 선택을 피하기 위해서 우리는 한편으로는 진화적 창조론과 성육신론을 통해 초자연주의 신관을 대폭 수정하고, 동·서양의 전통적인 형이상학적 신관을 새로운 신학적 사고에 과감하게 수용하는 길을 선택했다. 다른 한편으로는 현대 세계에 만연한 유물론적 사고와 생물학적 인간관의 한계 그리고 철저히 도구화되어 버린 서양 근대의 도구적·기술적 이성의 지배, 세계의 운명을 손에 쥐다시피 한 자본의 횡포 그리고 위기로 치닫고 있는 말기 산업 문명의 공범이 되어 버린 근대 이성과 공허한 구호로 전락해 버린 현대 '세속적 휴머니즘'의 문제점을 지적하면서 '자연적 초자연주의'라고 부르는 하나의 새로운 신관, 세계관 그리고 인간관에 바탕을 둔 '영적 휴머니즘'(spiritual humanism)을 대안으로 제시하고자 했다.

성서적 인격신관은 환경·생태계 위기가 전 지구적 차원의 문제로 부상한 오늘의 세계에서 근본적 한계를 노출하고 있다. 오늘날 우리가 목격하고 있는 환경·생태계의 위기는 사상과 이념, 문화와 종교의 차이를 넘어 전 인류가 합심해서 극복해야 할 절체절명의 문제라는 데이의를 제기할 사람은 많지 않을 것이다. 이 위기를 극복하기 위해서는 단순히 자원을 절약하고 효율적으로 관리하는 기술적 차원의 대응을 넘어 세계를 보고 대하는 인간의 태도, 신과 세계를 새로운 시각으로 보는 우리의 사고방식과 삶의 방식에 근본적인 변화가 있어야 한다는 심층 생태학의 통찰에 나는 동의한다. 이를 위해서 나는 새로운 형태의 신관과 거기에 바탕을 둔 새로운 영성이 절실하게 요구된다는 에코페미니즘(ecofeminism) 등 현대 신학 일반의 생각에도 공감한다.

그러나 나는 무비판적 범신론이나 기(氣) 개념 하나로 존재하는 모든 것을 설명하는 현대판 주기론(主氣論)이나 자연 숭배 내지 여신 숭배—힌두교의 샥티(Shakti) 혹은 어머니 대지(Gaia) 등—그리고 종 평등주의 같은 단순하고 극단적인 입장이 환경·생태계의 위기를 해결하는 길이라고 생각하지 않는다. 이 이념들은 오히려 창조 세계의 합리적 질서를 확고하게 믿는 이신론적 신관이 지닌 장점을 전적으로 도외시하는 우를 범한다. 더 나아가서 자연계에서 인간이 차지하는 독특한 위상과 서양 근대가 어렵게 쟁취한 인간의 자유와 존엄성 그리고 인권과 도덕적 책임의 문제를 간과하거나 안이하게 대할 위험성을 안고 있다는 것이 나의 판단이다. 현대판 여성 숭배나 대지 숭배, 혹은 현대판 다신 숭배는 어디까지나 유일신 신앙의 종교들이 겪은 과정을 건너뛸 수 없다고 나는 본다. 유일신 신앙의 장단점을 수용하면서도 극복하는 변증법적인 길을 모색해야 한다고 본다.

그런가 하면 역사의 부조리와 악의 문제를 정면에서 다루는 대신 물질계나 인간의 육체와 개인적 자아 자체를 순전히 환상으로 돌리는 힌두교의 불이론적(不二論的) 베단타(Advaita Vedānta) 사상이나 물질 자체를 악으로 간주하는 고대(古代) 영지주의(Gnosticism)나 현대판 영지주의 역시 문제의 근본적인 해결책은 되지 못한다고 나는 본다. 좁은 자아에 대한 집착이 대립과 갈등을 낳는 근본 원인이라고 해서 자아와 개인 인격체를 아예 존재하지도 않는 환상으로 치부하면서 오로지 '참나'의 실현에만 매달리는 인도의 베단타 철학자 샹카라(Sankara)나 라마나 마하르쉬(Ramana Maharsi) 유(類)의 영성에도 나는 동의할 수 없다. 현실과 역사의 세계를 지나치게 중시하는 사상도 문제지만, 현실 세계의 존재 자체를 부정해 버리거나 도외시하는 무책임한 도피주의 역시 문제를 해결하기는커녕 오히려 문제를 더 악화시킬 위험이 다분히 있다고 생각하기 때문이다.

다섯째, 나는 대승불교의 화엄적인 세계관이 제시하는 아름다운 비전, 즉 이사무애(理事無礙)와 사사무애(事事無礙)의 진리를 현실 역사의 세계에 그대로 적용하면 일종의 허위의식을 조장할 위험이 다분히 있다고 본다. 따라서 나는 화엄 철학의 근본진리를 '새 하늘과 새 땅'이 열리는 새로운 창조, 즉 그리스도교의 종말론적 희망의 신앙이 고대하고 있는 천국 또는 하느님의 나라에서 실현될 '하느님의 미래로' 남겨두는 신앙적 입장을 취한다. 역사의 경험은 우리의 기대와 희망을 번번이 배신하지만, 역사를 주관하는 하느님의 정의와 평화가 끝내 이루어질 것이라는 희망의 믿음 없이, 우리가 역사의 시련과 실망을 견딜 수 있을지 심각한 의문이 들 때가 많다. 하느님의 뜻이 '하늘에서 이루어진 것 같이, 땅에서도 이루어지기'를 바라는 날이 올 것이라는 종말론적 희망의 믿음 없이, 역사의 세계를 포기하지 않고 직시하면서 살 용기가 과연 나에게 끝까지 남아 있을 수 있을지 확신이 없기 때문이다. 우리 인간은 신과 맺은 계약을 번번이 배반하지만, 하느님은 신의를 끝까지 지키는 분이며 결코 자기가 낳은 자식과도 같은 세계와 인간을 버리지 않을 것이라는 종말론적 믿음 없이, 나는 개인적으로 나 자신의 죽음은 물론이고 인류 역사의 미래에 대한 낙관적 믿음을 견지할 수 있을지 솔직히 의문이 들 때가 많기 때문이다. 때로는 역사의 세계를 아예 허망한 것으로 포기해 버리고 싶은 유혹에 빠지곤 한다. 그러면서 다른 한편으로는 수많은 신앙인이 '하느님의 미래'를 믿고 기다리는 신앙 속에서 인고의 세월을 살다가 갔다는 사실이 새삼 절실한 의미로 다가오기도 한다. 정의가 현세에서 이루어진다면 더할 나위 없이 좋겠지만, 억울한 인생을 살다 간 무수한 인간들의 복권이 이루어지는 일이 영영 없다면, 역사의 마지막 발언권이 우리 인간이 아니라 창조주 하느님께 있다는 믿음이 없다면, 역사의 세계를 직시하면서 살 용기가 나지 않는다. 요즈음 나는 이런 심정이 들기 때문에 그리스도교의 종말론적 희망의 여백을 나의 마음 한구석에 소중히 간직하면서 살고 싶다.

오늘의 세계가 요구하는 새로운 신관은 신과 세계를 엄격하게 구별하고 분리함으로써 기계론적 세계관과 무신론적 자연주의를 낳는 데 직간접적으로 길을 깔아 준 그리스도교의 초자연주의 신관을 극복하고, 탈성화된 세계의 성스러움을 되찾고, 인간의 영성을 계발하도록 하는 신관이어야 한다.[5] 나는 현대 문명이 직면한 도전이 바로 여기에 있다고 본다. 현대 신관은 따라서 지금까지 개진된 '자연적 초자연주의' 신관을 요구한다고 나는 믿는다. 기계론적 세계관을 넘고, 전통적 신관에 대한 맹목적인 고수를 고취하는 신앙을 넘는 제3의 길이다. 신과 인간과 만물이 유기체적 공동체를 형성하고, 막힘없이 소통하는 신관·인간관·세계관이다. 현대 영성은 이런 유기체적인 우주적 공동체의 비전을 배경으로 하여 만물에 내재하는 신을 만나고, 인간 존재의

---

5 과정신학자 그리핀(David R. Griffin)은 이를 '세계의 재주술화'(reenchantment of the world)라고 부른다.

깊이에서 신의 현존을 자각하고, 만인과 만물을 품는 영성이어야 한다.

　오랫동안 우리에게 친숙해졌던 전통적 신관을 극복하는 대안을 제시하는 일은 결코 쉬운 일이 아니라는 것을 나 자신도 잘 알고 있다. 특히 인간의 작은 두뇌로 신에 대해 논한다는 것 자체가 부질없는 짓이라는 사실도 늘 의식하고 있다. 하지만 무모한 도전인 줄 알면서도 이렇게 새로운 신관을 모색하는 것은 21세기의 문명이 새로운 신관을 절실히 요구하고 있다는 판단 때문이다. 특히 오늘의 한국 개신교가 처한 위기의 가장 근본적인 원인도 그리스도교 신학을 떠받쳐 온 위대한 형이상학적·철학적 전통을 깡그리 무시한 채 조잡하기 이를 데 없고 유치한 문자주의적인 성경 숭배(Bible worship, bibliolatry)의 종교로 전락했기 때문이라는 판단 때문이다. 한국 개신교 신자의 절대다수가 이런 조잡하기 짝이 없는 저급한 형태의 인격신관을 벗어나지 못한 채 신앙생활을 하고 있다. 인격신관은 인간의 이기심을 부추기고 악용되기에 매우 편리한 신관이다. 자연인의 욕망을 충족시키기 위한 수단으로 사용되기에 매우 편리한 신관이다. 이런 무비판적인 기복신앙과 기적 신앙이 우리 종교계를 지배하고 있는 한, 우리나라 사람 대다수가 그리스도교 신자나 불교 신자가 된다 한들, 우리의 삶과 사회는 조금도 나아지지 않을 것이라고 나는 확신한다.

　나는 성서적 유일신 신앙의 포기할 수 없는 유산은 역시 윤리적 유일신 신앙과 예언자 정신에 있다고 본다. 예수 자신도 이러한 정신을 계승하고 심화한 사람이다. 유일신 신앙에서는 하느님을 믿는다는 것은 정의, 평화, 사랑이 하느님의 뜻임을 믿고 실천하는 삶과 분리될 수 없다. 또 하느님의 모상으로 창조된 인간의 존엄성에 대한 믿음 그리고 물질계를 포함하여 하느님이 창조한 세계와 인생이 근본적으로 좋은 것이라는 긍정적 세계관도 결코 포기할 수 없는 성서적 신앙의 유산이다. 더 나아가서 역사의 세계를 허망하게 보거나 도피하지 않고 의미 있는 세계로 보는 시각도 '역사의 하느님'에 대한 성서적 신앙의 소중한 유산이다. 특히 '하느님의 미래'에 대한 종말론적 희망과 믿음이 주는 세계와 역사에 대한 긍정적이고 개방적인 태도는 그리스도교와 성서적 신앙이 결코 포기할 수 없는 유산이라고 나는 믿는다. 이 점에서 나는 또 미륵(彌勒)불의 정토를 기다리는 불교의 미륵 하생(下生) 신앙—비록 현재는 거의 힘을 잃다시피 했지만—도 중시하며, 아울러서 일본의 신란(親鸞) 상인(上人)이 보여 주는 철저한 죄의식과 타력(他力) 신앙에 입각한 정토 사상도 중시한다. 죽음 너머의 삶에 대한 믿음을 고취할 수 없는 종교는 종교이기를 포기한 셈이다. 그렇지만 말로는 죄악 세상을 개탄하지만 실제로는 현세의 물질적인 복에만 매달리는 기복신앙과 기적 신앙에 사로잡히다시피 한 한국 기독교는 사실상 현세를 천국처럼 생각하는 천박한 종교가 되어 버렸다. 안이하게 지상천국을 약속하는 사이비 종교들과 별 차이가 없어 보인다. 현세적 가치를 숭배하는 우상숭배나 다름없다. 또 불교의 화엄 사상이 아름다운 세계관이기는 하지만 현실을 호도하기 쉬운 함정을 무시한다면 천박하고 무책임한 낙관주의에 빠지기 쉽다는 사실을 기억해야 한다고 나는 생각한다.

마지막으로 하고 싶은 말은 한 개인의 삶과 특정 집단의 역사에 지대한 관심을 가지고 인도하는 하느님에 대한 믿음이 개인이나 집단에서 가지는 힘을 무시하기 어렵다는 사실을 나 자신도 익히 알고 있다. 하지만 그리스도교가 이제는 그러한 자기중심적이고 편협한 신관과 신앙을 과감하게 벗어날 때가 되었다는 사실 또한 명백하다. 이런 점에서 나는 성서적 인격신관과 역사의 하느님 신앙이 동·서양의 오랜 형이상학적 신관으로부터 그리고 현대 과학계의 새로운 움직임으로부터 배울 점이 많다고 생각한다. 현대 그리스도교 신앙은 이 형이상학적 전통을 현대적 안목에서 새롭게 해석하고 살려 나갈 필요가 있다. 이를 위해서는 '역사'의 세계에 대한 관심과 '형이상학적' 관심을 대립적으로 보는 시각을 과감히 벗어날 필요가 있다. 특히 조잡하고 유치한 인격신관과 신앙 이해를 벗어나지 못하고 있는 한국 기독교 신자들의 대중적 신앙은 형이상학적 신관과 영성에 의해서 한 단계 업그레이드될 필요가 절실하다고 나는 생각한다. 이제 한국 기독교 신자들은 인간의 이기심에 호소하는 기복신앙을 과감히 벗어날 때가 되었다. 성숙한 자기 성찰과 자기 비움의 영성으로 나아가야만 한다. 한국 기독교 신자들은 이제 먹고사는 생활에 별 도움을 주지 못하기에 아무 '소용' 없는 '무익한' 신을 모시고 살 때가 되었다. 편리하고 유익한 신에 길들여졌던 마음이 얼마 동안은 허전하고 불안하겠지만, 더 깊은 위로와 평안을 얻기 위해서다.

우리나라 종교계는 전통적인 유일신 신앙의 시대가 종말을 고하고 —'신의 죽음'이 대중의 입에 회자될 정도로—그리스도교 신앙이 서구 세계에서 거의 고사 상태에 빠진 지 이미 오래되었다는 사실을 직시해야만 한다. 서양 근대사는 이러한 신이 떠난 빈자리를 인간 이성의 기획으로 메우려는 노력의 연속이었지만, 그 혁혁한 성과 못지않게 새로운 문제들, 새로운 '지옥'을 연출했다. 전통적 초자연주의 신관에 따른 신의 죽음은 물론이고, 그 원치 않은 사생아와 같은 유물론과 생물학적 인간관, 전투적인 무신론적 자연주의 그리고 도구적이고 기술적인 이성의 무제약적 지배가 현대인들의 새로운 우상으로 등장한 문명, 그러면서도 다른 한편으로는 세계를 부정하고 도피하는 영성이 유행하고 있는 현대 세계의 모습은 이제 근본적인 해결을 요구하고 있다고 본다. 이제는 무책임하고 공허하게 된 세속적 휴머니즘이나 초월적 실재나 세계를 무시하거나 부정해 버리는 근대 서구의 세속주의적인 이성도 이미 시대적 소명과 역할을 다했다고 나는 본다. 이제는 동·서양 모두가 새로운 신을 모셔 들일 때가 되었다. 나는 이 새로운 신, 신 아닌 신, '신 너머의 신'(God beyond God)을 한편으로는 동·서양의 고전적인 존재론적·형이상학적 전통들에서 되찾고자 했다. 한편으로는 역사의 하느님에 대한 성서적 신앙과 전통적인 초자연주의적 신관의 문제점을 극복하고, 다른 한편으로는 근대 세속주의 문명을 주도해 온 서구식 근대화나 계몽주의 사상에 대한 맹신과 무신론적 자연주의를 창조적으로 극복하는 제3의 길, 곧 자연에서 초자연을 만나는 '자연주의적 초자연주의'의 내재적이고 포월적인 영성을 위한 지도를 그리려 했다. 이 책에 제시된 신관은 그 근본 방향을 모색하고 윤곽을 그려보는 소략한 논의에 지나지 않는다.

5장

새로운 영성: 영적 휴머니즘의 길

새로운 신관은 새로운 영성을 요구하고 준비하게 한다. 영성이란 곧 신을 향한 갈망이며 신과의 일치를 위한 노력이고, 종교의 존재 이유이자 목적이다. 종교는 현대 문명에서 없어질지 모르지만, 영성은 결코 사라지지 않을 것이다. 인간은 영적 존재이기 때문이다. 아무리 세상·세간에 매몰된 채 평생을 산 사람이라도 살면서 영적 관심을 철저히 외면하거나 배제하고 사는 사람은 없다. 적어도 누구든 죽음은 피할 수 없고, 죽음을 앞둔 사람은 자연히 자기 인생을 한 번쯤 깊게 성찰해 보기 마련이기 때문이다. 이게 인생이냐, 이렇게 살다가 가려고 내가 그렇게 노심초사 뛰어다녔던 말인가? 도대체 무엇을 위해 나는 그 많은 노력과 시간을 바쳤다는 말인가 하고 자신의 삶을 되돌아보게 된다. 신을 외면하며 살았던 사람도 한 번쯤, 신의 존재를 생각하게 되며, 죽음 이후의 운명에 대해 관심을 가지기 마련이다.

　지금까지 제시된 나의 신관은 진화적 창조론의 입장에서 동·서양의 전통적인 일원론적 형이상학과 그리스도교의 성서적 유일신 신앙에서 포기할 수 없는 면을 결합한 형태의 신관이다. 이 마지막 장에서는 이런 신관이 요구하고 추구하는 영성에 대해 두 가지 관점에서 논하고자 한다. 하나는 형이상학적 영성의 길이고, 다른 하나는 영성과 이성이 새롭게 화해하는 길과 그 전망에 대해 가늠해 보는 일이다. 영

성과 이성의 문제는 이 책 전체를 관통하는 나의 관심사이지만, 먼저
영적 휴머니즘과 세속적 휴머니즘이라는 주제에 초점을 맞추면서 영
성과 이성의 관계에 대해 논한 다음, 형이상학적 영성에 대해 논할 것
이다.

I. 영적 휴머니즘과 세속적 휴머니즘

나는 이 책에서 인간은 몸과 마음, 물질과 정신이라는 두 가지 요소로 구성된 존재라는 일반적 인간관을 넘어 인간을 인간답게 만드는 제3의 요소로서 영적 본성이 존재한다는 입장에서 신관, 세계관, 인간관을 논했다. 이 영적 본성이 곧 인간을 종교적 존재(homo religiosus)로, 영적 존재(spiritual being)로 만들고 인간을 인간답게 만든다. 나는 이러한 견해를 영적 휴머니즘(spiritual humanism)이라고 불렀다. 영적 본성의 온전한 실현이야말로 종교의 근본 목적이고 세계와 인생의 궁극적 의미다. 결론부터 말하면 참다운 인간과 참다운 신은 하나라는 것이다. 나는 이것이야말로 인간이 도달할 수 있는 최고의 영적 경지이고 인간성의 완성이라고 본다. 영성의 대가들은 이러한 경지를 신인합일(divine-human unity) 또는 천인합일(天人合一)이라고 부르며, 신비적 합일(unio mystica)이라고 부르기도 한다.

그리스도교 신앙의 핵심은 하느님의 아들 예수 그리스도라는 한 인간에서 신과 인간의 완전한 일치가 이루어졌다는 진리에 있다. 니케아 공의회에서 제정된 삼위일체(Trinity) 신론이나 칼케돈 공의회에서 제정된 예수의 정체성을 규정하는 그리스도론(Christology)의 핵심은 이 진리를 말하는 데 있다. 그리스도교 2,000년 역사를 이끌어 온 교리

(doctrine)라 해도 전혀 과언이 아니다.

　인간에게는 물론 몸이라는 물질적 측면과 동물적 욕망이 있다는 것은 상식이다. 더 나아가서 인간에게는 이성(reason, ratio) 혹은 지성, 마음 혹은 정신(spirit)도 있기에 인간은 제2의 본성이라고 할 수 있는 문화와 문명이라는 것을 건설하고 산다. 이성과 영성은 결코 대립되지 않고, 오히려 서로를 완성해 준다. 불행하게도 서구 사상사는 영성이 그리스도교의 성서적 신앙과 교리적 도그마에 매어 있다 보니 이성과 신앙이 대립하는 역사를 연출해 왔다. 이 대립의 역사는 이성의 완승으로 끝난 셈이고, 그 결과 서구 지성사에서는 이성이 그리스도교 신앙의 관장에서 해방되어 철저한 세속화(secularization)의 길을 걷게 되었고, 반그리스도교적이고 무신론적이고 유물론적인 지성을 낳는 결과를 초래했다.

　세속화된 지성이라고 무조건 폄하할 일은 아니다. 적어도 18세기 계몽주의(Enlightenment) 시대만 해도 서구 문명을 주도한 근대 이성은 인간을 종교적 권위주의와 편견 그리고 전 근대적인 전통 사회의 온갖 질곡에서 인간을 해방시키는 혁혁한 공헌을 했다. 인간의 보편적 존엄성과 인권, 자유와 평등의 이념을 전 세계로 전파하는 데 앞장섰고, 이러한 보편적 가치들을 수호하기 위해 '순교'도 마다하지 않는 사람도 배출했다. 세속화된 이성은 또 민주주의라는 정치 체제를 통해 이러한 근대적 가치들을 제도적으로 보장하는 위대한 업적도 달성했다. 근대 과학과 연합하여 인간을 극심한 육체노동의 질곡에서 해방시키고 각종 질병을 극복하고 인간의 행복을 증진하는 데 큰 공헌을 한 것은 부인하기 어려운 사실이다. 하지만 이러한 공헌에도 불구하고 다른 한편으로는 20세기 인류의 역사가 세속화된 서구 문명의 이성이 초래한 비극과 함께 인류 문명을 총체적 파국의 가능성에 직면하게 했다는 사실도 현대인들은 깨닫게 되었다. 현대인들은 문명의 온갖 혜택을 누리면서도 마치 파국을 향해 미친 듯이 치닫고 있는 열차를 정지시키지도 못하고 계속 타고 달리지도 못하는 딜레마에 빠져 어찌할 줄 모르게 되었다.

한국이라는 지구의 한 변방에서 태어나 어린 시절을 보내고 대학 교육까지 받을 때까지만 해도 나는 서구 문명을 동경하며 살았지만, 장기간의 미국 유학을 통해서 서구 철학, 신학, 비교종교학 등 다양한 서구 학문과 사상, 삶의 방식과 사고방식을 접하면서 서구 문명이 산출한 결과에 대해 비판적 안목을 키우기도 했다. 내가 이러한 비판적 안목을 형성하게 된 데는 내가 배운 서구 근대 학문은 물론이고, 기라성 같은 서구 현대 사상을 주도한 여러 사상가의 영향도 적지 않았다.

이에 더해서 나의 삶을 돌아볼 때, 내가 개인적으로 겪은 기독교 신앙의 위기를 거론하지 않을 수 없다. 현대는 탈종교 시대라고 하지만 나는 이른바 '모태 신앙'을 타고나 보수적인 기독교 신앙의 집안 분위기 속에서 자라났다. 하지만 인생의 황혼기를 맞은 나이임에도 불구하고 아직도 신앙의 위기에서 완전히 벗어났다고 장담할 수 없을 정도로, 그리스도교 신앙은 나에게 적지 않은 지적 고민과 부담을 안겨 주었다. 나는 이 문제를 해결하기 위해서 철학, 신학, 비교종교학 등 여러 학문을 공부하는 가운데 하나의 중대한 결론에 이르게 되었다. 그것은 기독교 신앙의 위기와 서구 문명이 주도해 온 현대 문명의 위기가 동일한 뿌리를 가지고 있다는 생각이다. 아울러서 나는 이 위기가 신앙과 이성의 새로운 화해 없이는 극복하기 어렵다는 결론에 이르게 되었다.

위기의 핵심은 그리스도교 신앙과 이성의 대립을 조장하고,

그 근본 원인을 제공한 그리스도교의 전통적인 초자연주의적인 (supernaturalistic) 신관과 신앙이라는 것이다. 나는 이러한 시각 아래 신앙과 이성의 새로운 화해를 모색하게 되었고, 이 책은 이러한 나의 문제의식과 개인적인 신앙적 동기의 결과물이나 다름없다. 그리스도교 신앙의 위기와 서구 문명이 주도한 현대 문명의 위기는 같이 간다는 생각은 자연히 나로 하여금 둘이 화해하도록 하는 새로운 길을 모색하게 만들었고, 이 새로운 길을 나는 '자연적 초자연주의'(natural su-pernaturalism)라고 부를 수 있는 새로운 신관과 거기에 바탕을 둔 영성에 있다고 생각하게 된 것이다.[1]

새로운 신관의 모색이라는 엄청난 지적 작업을 감당하기에 나의 역량이 턱없이 부족한 줄을 뻔히 알면서도 감행하게 된 것은 솔직히 말해서 나의 학문 인생을 한 번 총정리해 보아야 하겠다는 개인적 욕심도 작용했다. 이제까지 남의 이야기만 공부하면서 산 셈이지만, 이제는 나도 한 번 나 자신의 생각을 작은 목소리로라도 내야겠다는 생각을 하게 되었다. 내가 바라기는 독자들이 아무리 전통적인 신관과 신앙에 친숙하고 길들여진 신앙인이라 할지라도, 문제의 진단과 해결을 위해서는 새롭고 과감한 대안적 신관에 열린 정직한 지성과 용기가 필수적이라는 사실을 염두에 두고 읽어주었으면 하는 마음이다.

나는 인간의 지성과 상식을 무시하는 신앙, 이성을 거부하는 '묻지마 신앙'은 인간의 영적 생활에 도움이 되기는커녕 장애만 될 뿐이라고 보며, 차라리 없는 것만도 못하다고 생각한다. 나는 서구 계몽주의가 이룩한 혁혁한 성과를 싸잡아 부정할 생각은 없다. 서구 문명의 단

---

1 이미 이 책의 각주 여러 곳에서 수차 밝힌 바 있지만, 나는 이 용어를 Abrams라는 영문학자가 영국 시인 윌리엄 워즈워스(W. Wordsworth)의 낭만주의 문학을 연구하는 저서의 그 철학적 기반을 논하는 데서 힌트를 얻었다. 나는 이 개념을 확대해석하여 새로운 신관을 모색하는 작업의 근본 성격과 방향을 가늠하는 초석으로 삼았다.

점과 문제가 무엇이든 나는 일단 인류가 어렵게 쟁취한 계몽주의의 긍정적 유산, 특히 인간을 노예 같은 육체노동의 무거운 짐에서 자유롭게 하고, 질병의 고통에서 해방시킨 의학의 발달과 성과 그리고 민주주의를 통해 인간의 보편적 인권과 자유를 확보하는 데도 지대한 공헌을 했다는 사실만 보아도 계몽주의가 전 인류를 위한 소중한 공헌을 했다는 사실은 누구도 부인하지 못한다고 생각한다. 근대화가 곧 서구화라는 등식은 더 이상 통하지도 않고 선진국과 후진국의 구별 역시 예전처럼 명확하지는 않지만, 나는 적어도 근대화가 전통적인 종교의 질곡에서 인간을 해방시킨 세속화 과정은(secularization) 어느 사회, 어느 문화에도 필수적이라고 확신한다. 현대 종교는 세속화 과정을 통해서 얻는 자유—어느 정도의 혼란과 방황은 필연적인—의 기반 위에서 새롭게 역할과 사명, 위상과 사상을 정립해야 한다고 본다. 나는 이것을 '종교에서 영성으로'라는 구호에 담았다. 아직도 지구상에는 근대화라는 문명의 혜택과 민주주의라는 정치 체제의 혜택을 누리지 못하고 사는 무수한 사람이 존재한다는 사실, 이른바 '선진국'이라 불리는 나라들 가운데도 자유와 정의, 성장과 복지의 균형을 맞추고 대다수 국민이 인간다운 삶을 살만한 필수조건을 갖춘 사회는 불과 몇 안 된다는 사실을 감안할 때, 합리적 사회 건설을 위한 노력은 아직 갈 길이 멀고 험하다. 지금, 이 순간에도 민주사회의 건설과 인권을 위한 목숨 건 투쟁이 세계 곳곳에서 진행되고 있다는 사실을 우리는 잠시도 잊을 수 없다.

이 책에 제시된 새로운 신관도 세속화와 민주주의에 대한 범세계적인 열망이나 헌신과 무관하지 않다. 현대 세계에서는 종교의 시대가 거의 종말에 이르렀고 영성의 시대가 도래했다는 징표가 지성인들은 물론이고 일반 대중 사이에서도 퍼지고 있다. 영성의 핵이라고 할 수 있는 페르소나의 탈을 과감히 벗어 던지고 보편적 자아, 심층적 자아, 이른바 '참나'(my true self)의 존재를 자각하고, 거기에 따라 사는 단순하고 소박한 삶이 참으로 행복한 삶이라는 의식이 많은 사람에게서 자리를 잡아가고 있다. 이러한 움직임을 뒷받침해 주고 있는 것이 영적 인간관이고, 인류의 오랜 고전적인 형이상학적 전통의 재발견은 이러한 영적 인간관을 뒷받침해 주는 데 필수적인 작업이라고 나는 생각한다.

　종교적 배경을 지닌 영적 인간관과 이에 바탕을 둔 영적 휴머니즘 (spiritual humanism)은 근대 세속화된 인간관에 기초한 세속적 휴머니즘(secular humanism)과 더불어 현대 세계를 이끄는 두 가지 형태의 휴머니즘이라고 나는 본다. 이 둘은 많은 사람이 오해하듯이 결코 상반된 이념이 아니고 오히려 상보적이고, 또 그래야만 한다. 어떤 형태의 휴머니즘이든 대전제는 인간은 단지 인간이라는 이유 하나만으로 모두가 인권을 존중받아야 한다는 생각이 기본이다. 지금까지 그리고 현재도 인간에 대한 각종 편견과 차별을 조장하고 있는 인간관이 우리의 의식과 삶을 지배하고 있는 현실을 우리는 부정하기 어렵지만, 사람 사이의 편견과 소외를 조장하는 각종 차별적 요소들—가령 성별의 차이, 신분의 고하, 빈부의 격차, 연령의 차이나 직업의 귀천, 지연이나 학연 혹은 생김새의 차이 같은 것 등—은 모두 인간의 정체성을 구성하는 본질적인 요소가 아니라 우연적인 차이에 불과하다는 철저한 인식은 두 종류의 휴머니즘에 공통적이다. 다시 말해서 이러한 추상적 인간관이 모든 휴머니즘의 대전제라는 말이다. 세속적 휴머니즘이든 영적 휴머니즘이든, 추상적인 '보편인'(universal man)의 개념을 바탕으로 하고 있기는 매한가지다. 차이는 세속적 휴머니즘이 보편인의 이름으로 만인의 자유, 평등 그리고 인권을 민주주의라는 정치 체제와 법을 통해 보호하려는 제도적 장치에 힘을 기울인다면, 영적 휴머니즘은 그러한 노력에 배치되지는 않지만, 지금까지는 종교 전통과 문화에 얽매이다 보니 비교적 그러한 노력을 소홀히 하고, 대체로 사회발전에 장애가 되는 역할을 해 온 것은 부정할 수 없는 사실이다. 그럼에도 둘 다 매우 추상적이고 성숙한 인간관에 기초하고 있다.

세속적 휴머니즘이 오늘의 세계에서 현실적으로 자유민주주의라는 이름 아래 자본주의 시장경제 시스템과 손을 잡고 있지만, 자본주의와 시장경제를 향해 쏟아지는 비판에도 불구하고 한 가지 분명한 사실이 있다. 그것은 자본주의가 퍼지는 사회에서는 경제 논리가 막강한 영향력을 발휘하면서 의도하든 안 하든 인간을 차별하는 온갖 관습과 편견을 부수는 데 엄청난 역할을 하고 있다는 사실이다. 자본주의가 가는 곳마다 경제 논리 앞에서 사람을 차별하는 지연, 혈연, 학연 등 모든 불합리한 편견이 여지없이 무력화된다. 세상에 돈 만큼 위력이 있는 것이 어디 있냐고 말할 정도다. 돈은 인간에 대한 온갖 편견과 차별에서 자유롭다. 물론 돈이 가진 자와 못 가진 자 사이에 하나의 공고한 차이와 장벽을 형성해서 새로운 고통과 불행을 만들어 내는 것이 엄연한 사실이지만, 역설적으로 돈 만큼 모든 사람에게 평등한 것도 없다는 생각이 든다. 돈만 있으면 출신이나 가문을 불문하고 누구든 출세할 수 있는 것이 자본의 논리가 지배하는 사회의 모습이다. 종교, 문화, 심지어 영성도 돈 앞에서는 무력화되어 '문화 상품'이라는 이름으로 돈벌이 수단으로 둔갑해 버린다. 세속적 휴머니즘이든 영적 휴머니즘이든 자본주의가 지배하는 곳에서는 무력하기 짝이 없다. 모든 것이 돈벌이 수단으로 변질되어 버리기 때문이다.

영적 휴머니즘 또한 비록 자본주의 사회의 세속적 휴머니즘과는 다른 이유로 인간의 차별을 금기시한다. 영적 휴머니즘을 뒷받침해 주는 영적 휴머니즘 역시 세속적 휴머니즘 못지않게 '보편인'의 이념을 표방하고 가르치기 때문이다. 자본주의 사회에서 무력화된 세속적 휴머니즘이 돈이 있는 자와 없는 자의 차별을 묵인한다면, 영적 휴머니즘은 아직도 계몽주의의 세계를 받지 못한 사회들, 현실적으로 종교 전통들의 지배를 벗어나지 못한 사회들에서 사람의 종교적 정체성에 따른 차별과 편견을 정당화하고 조장하는 데 일조를 한다는 것은 부정할 수 없는 사실이다. 그럼에도 나는 영적 휴머니즘이야말로 인류의 미래이고 희망이라는 생각을 버리지 못한다. 그것을 버리는 순간, 대안이 없다고 생각하기 때문이다. 공허한 구호로 전락해 버린 것과 같은 세속적 휴머니즘은 그 서구 문화적, 그리스도교 제약은 별개의 문제라쳐도 진정한 대안은 못 된다고 생각하기 때문이다.

두 휴머니즘 사이에는 또 하나의 차이점이 있다. 인간의 자연스러운 동물적 욕망이나 감각적 쾌락과 즐거움을 대하는 태도의 차이다. 종교 전통 속에서 오랫동안 배양되어 온 영적 휴머니즘은 인간의 자연적 욕구에 대해 금욕주의적인 태도를 보이는 것이 부정할 수 없는 사실인 반면, 모든 종교적 전통과 권위로부터 자유와 해방을 주창하고 나선 세속적 휴머니즘은 종교들의 금욕주의적 도덕에서 비교적 자유롭다. 세속적 휴머니즘은 오히려 사람은 모두 자연적 욕망과 행복을 추구하고 누릴 권리가 있다고 본다. 오히려 그러한 자연적 욕구가 충족되지 않는 데서 오는 심각한 부작용을 세속적 휴머니즘은 경고하기도 할 정도다.

두 휴머니즘에서 우리가 볼 수 있는 또 하나의 근본적 차이는 영적 휴머니즘이 모든 사람을 차별 없이 평등하게 대하고 인권을 존중해야 하는 이유를 종교적·영적 인간관에서 찾는다면, 세속적 휴머니즘은 인간의 존엄성과 평등성의 명확한 이유를 제시하지 않고 당연시하는 경향이 강하다는 것이다. 세속적 휴머니즘은 인간이 왜 존엄한 존재인지, 어째서 모든 사람을 평등하게 여기고 대해야 하는지 그 사상적 근거를 망각할 정도로 당연시하는 반면, 영적 휴머니즘을 대표하는 영성가들은 그 종교적 근거를 영적 인간관에 기초하여 명확히 제시하고 사람들에게 일깨워 주려고 한다. 나는 서구 사회에서 본격적으로 등장한 세속적 휴머니즘이 본래는 그리스도교적 배경과 기초를 가지고 있었지만, 오랜 '세속화'(secularization) 과정을 겪으면서 점차 망각하게 되었다고 본다. 그럼으로써 세속적 휴머니즘의 가치들은 서양인들 가운데서 당연시되는 경향이 강하지만 바로 이런 이유로 형식적이고 공허한 구호로 전락해 버렸다는 인상을 준다. 나는 그리스도교가 서양 세계에서 비록 제도적으로 고사 상태에 있다는 사실은 부인하지 않지만, 한국인들 가운데는 그 의미에 대해서는 종종 오해하는 사람이 많다고 생각한다. 사실, 나는 바로 이러한 오해를 불식하려고 의도적으로 '세속적 휴머니즘'이라는 표현을 사용하고 있다. 서구 사회의 세속적 휴머니스트들은 그리스도교의 인간관에서 오는 열매는 따 먹으면서도 정작 그 근원이고 근거가 되는 그리스도교적 배경에 대해서는 무지하거나 무시하는 경향이 크다. 이러한 현상은 한국 지식인들이 종종 유교에 대해 보이는 편견과 유사하다고 할 수 있다. 가령, 그들 가운데는 유교는 종교가 아니라는 말을 아무렇지 않은 듯, 마치 당연한 듯 말하는 사람이 많다. 무지인지 무시인지는 모르지만, 이러한 현상은 한국 사회와 문화를 접하는 외국인들의 눈에는 한국은 갈데없는 유교 사회, 유교 문화가 지배하는 사회이며, 한국인들은 기독교 신자, 불교 신자 가릴 것 없이 모두 유교 신자라고 할 정도로 유교적 사고와 삶의 방식이 한국인들의 삶과 의식 속에 깊이 배어 있다는 사실을 너무나 잘 알고 있다는 현상과 매우 유사하다. 루마니아 출신 세계적 종교학자 엘리아데(Mircea Eliade)의 지적, 현대인은 갈데없이 종교가 지배하던 전

근대적 시대와 문화의 후예라는 말이 생각난다. 여하튼 나는 세속적 휴머니즘이 지닌 장점을 살리기 위해서라도 잃어버린 종교적, 영적 뿌리를 되찾아야 한다는 생각이다. 이를 위해서는 그리스도교 전통뿐 아니라 동·서양의 영적 인간관과 오랜 형이상학적 전통도 제대로 이해할 필요가 있고, 거기서 새로운 힘을 충전 받을 수 있기 때문이다.

한 사회나 문화에 속해 살 수밖에 없는 사람들이 인간의 구체적 정체성을 형성하는 요소들, 가령 남녀노소의 차이나 사회적 지위나 신분의 차이 그리고 빈부의 차이나 두뇌의 능력과 생김새의 차이 등에 따른 인간관이 매우 현실적인 인간관이지만, 개인을 묶고 있는 각종 인연의 끈과 촘촘한 사회적 관계의 그물로 짜인 구체적이고 현실적인 인간의 정체성을 초월하는 인간관은 매우 추상적이고 성숙한 인간관이다. 실제로 그러한 인간관에 따라 산다는 것은 결코 쉽지 않다. 가령 학교 교사의 경우를 생각해 보자. 교사는 모름지기 자기가 맡고 있는 학급 학생들을 모두 편견 없이 평등하게 대해야 하지만 성인군자가 아닌 선생님이 실제로 그렇게 처신하기는 여간 어려운 일이 아님을 우리는 잘 안다. 그러기 때문에 현실 생활에서 우리는 사람을 대하고 평가하는 데 어느 정도의 이중 잣대나 타협이 불가피하다는 사실도 잘 알고 있다. 특히 계몽주의 사상을 제일 먼저 그리고 제일 오랫동안 키워 오면서 현대 세계의 문명을 선도하고 있는 서구 '선진국'들이 정치적으로나 경제적으로 그리고 개인 인격적으로도 말과 행동이 다른 '위선'을 보인다는 사실을 보면서 동양의 '후진국' 출신 지식인들은 크게 실망하는 경우도 많다.

진정한 휴머니즘의 정신으로 산다는 일이 얼마나 어려운 일인지 우리 모두는 실감하면서 살고 있다. 세속적 휴머니즘은 영적 휴머니즘 못지않게 그리고 그것을 뒷받침해 주는 민주주의라는 정치 체제와 함께 아직도 미완의 꿈임을 누구도 간과할 수 없다. 그럼에도 현대인들은 이러한 추상적 인간관이 보편화되고 상식화된 사회에서 일상을 살아야만 하는 것 또한 마찬가지로 불가피한 현실이다.

내가 아는 한, 어떠한 영성의 대가도 인간의 상식적인 욕망 자체를 악으로 간주하지 않는다. 하지만 영성가들이 인간의 자연적 욕망의 충족에서 오는 행복에 대해서는 양가적 태도 내지 모호한 입장을 보이는 것 또한 엄연한 사실이다. 영성은 물론이고 도덕적 삶도 어느 정도의 금욕적 정신과 삶의 태도 없이는 불가능하다는 사실을 우리 모두가 잘 알고 있다. 하지만 나는 금욕과 금욕주의는 구별되어야 한다고 본다. 나는 영성이 육체의 혐오나 학대로까지 갈 필요는 없다고 본다. 우리는 이 점을 세속적 휴머니즘으로부터 배워야 한다. 금욕주의는 전통적으로 물질이나 신체의 욕망 자체를 악으로 간주하는 경향이 강했기 때문이다. 이와 대조적으로 세속적 휴머니즘은 중세 영성의 특징 가운데 하나인 극단적 형태의 금욕주의적 행위(ascetic practices)로부터의 자유를, 힘든 투쟁을 통해 쟁취한 결과 때문인지 휴머니즘에 비해서 세상·세간적 행복을 긍정적인 시각으로 본다. 단지 긍정적으로 볼 뿐 아니라 모든 인간이 자연스러운 욕망의 충족에서 오는 행복을 당연히 누릴 '인권'이라고 여길 정도다. 르네상스 이래 이러한 현실긍정의 정신은 갈수록 당연시되고 있다. 이 같은 경향이 지나쳐서 심지어 인간을 철저히 동물의 차원으로 끌어내려 파악하는 환원주의적(reductionistic)인 생물학적 인간관을 마치 무슨 인간 해방의 복음이나 되는 듯 노골적으로 외치는 현대 '인문학자'들이나 사상가도 제법 있다.

나는 인간의 존엄성을 이야기하지 않는 인문학은 갈 데까지 다 갔다고 생각한다. 나는 그런 인문학적 사고에는 결코 동조할 수 없다. 인간을 동물적 차원으로 끌어내리는 각종 환원주의적인 과학자들이나 인문학자들 가운데는 자신들의 사상적 입장에도 불구하고 자신을 마치 휴머니스트로 자처하는 모순을 범하는 사람도 있다.[2]

이런 사실을 감안할 때, 현대 세계에서 영적 휴머니즘이 어느 선에서 중세적 세계 부정의 유산인 금욕주의적 영성을 따라야 하는지가 중대한 문제로 남아 있다. 영적 휴머니즘을 주장하는 사람은 이 문제에 대해 솔직하게 자신의 입장을 천명할 필요가 있다. 이 문제를 외면하면서 영성만 강조하는 것은 위선을 조장하기 쉽다는 사실을 영적 휴머니즘을 주장하는 오늘의 영성가들은 확실하게 인식하고 자신의 입장을 천명할 필요가 있다. 한 걸음 더 나아가서 현대 영적 휴머니즘은 세속적 휴머니즘을 대변하는 사상가들의 사상과 특히 그들의 종교 비판의 소리에 귀를 기울이면서 인정할 점은 주저 없이 인정하고 수용해야만 한다. 현대 영성은 결코 이에 대해 인색해서는 안 된다. 지나친 금욕주의나 엄격한 도덕적 잣대로 사람을 평가하는 일은 오히려 부작용만 낳는다는 현대 심리학 일반의 상식화된 통찰은 이제 누구도 무시할 수 없는 면이 있기 때문이다. 나는 세속적 휴머니즘의 상식을 무시하는 영적 휴머니즘은 현대 세계에서 살아남기 어렵다고 본다. 더욱이 그리스도교 교권의 강력한 지지와 보호를 받던 그리스도교 영성은 더

---

2 나는 이미 그 대표적 예로서 『이기적 유전자』의 저자로 유명한 리차드 도킨스를 언급한 적이 있다. 최근에는 우리나라에 유발 하라리라는 이스라엘 사람의 저서가 인기를 타고 있지만, 그의 생각에 대한 정확한 이해와 평가가 없는 것 같아서 개인적으로는 유감이다. 나의 개인적 의견이지만, 나는 그런 사람을 진지한 사상가라기보다는 이런저런 이론을 적당히 끼워 맞춘 절충주의적인(좀 더 심하게 말하면 '얼치기') 학자 정도로 간주한다. 결코 도킨스급의 학자와는 비견할 수 있는 인물이 아니라고 나는 본다. 우리나라에도 얼마든지 있을 법한 학자인데도, 마치 그가 무슨 세계적인 석학이나 사상가처럼 우리 사회와 언론의 대접을 받고 있다는 사실이 나의 심기를 좀 불편하게 만든다. 오해의 위험에도 불구하고 이 기회를 통해서 내가 평소 안타깝게 여겨왔던 점을 여기서 솔직하게 털어놓는다. 내가 그에 대해 본격적으론 연구한 사람도 아니고, 그럴만한 가치가 있는 사상가라고 생각하지 않기 때문에 이렇게 개인적 의견을 표하는 것이 적절하지 못하다는 생각이 드는 것이 사실이다. 독자들의 너그러운 이해를 바랄 뿐이다.

이상 그런 보호를 기대하기 어렵게 되었기 때문이다. 성직자 독신 문제도 그 가운데 하나다.3

이성과 상식에 반하는 영성은 현대인들에게 금물이다. 영성을 몇몇 특출한 사람만의 영역으로 보며, 일부 종교인들만 추구할 수 있는 것으로 간주하게 만드는 것은 영성의 왜곡이다. 종교인이든 성직자이든 영성의 전문가를 자처하는 사람이든 오늘날은 사람이 가진 자연적 욕구의 문제에 대해서 명확한 입장을 정리하고 밝혀야만 한다. 애매모호한 태도나 단순히 개인적 선택의 문제로 치부하는 것—가령 성직자의 독신 문제 같은—은 더 이상 책임 있는 자세가 아니라고 나는 생각한다. 종교개혁자들이 주장하는 만인사제론도 현실적인 어려움이 많지만, 성직자나 수도자들의 독신이 반드시 필요한 것인지 역시 확실한 제도적 입장을 천명할 때가 되었다고 나는 현대 불교계와 가톨릭교회에 지적하고 싶다. 재가와 출가, 평신도와 성직자에게 별도의 도덕적 기준이 있다는 이중 도덕론(double moral standard)은 중세나 통했지, 오늘날은 더 이상 통하지 않는다. 우리는 지금 중세 시대에 살고 있는 것이 아니다!

영성은 인간성에 반하고 폭력을 가하는 것이 아니라 인간성을 완성한다는 긍정적 인간관과 시각, 나는 영적 휴머니즘이 세속적 휴머니즘을 배척하지 않고 완성한다고 보는 가톨릭 신학의 기본입장이 이 문제에 대해서도 타당하다고 본다. 현대 영성은 세속적 휴머니즘의 지혜와 통찰을 수용하는 데 인색할 필요가 없다. 오히려 종교 비판의 소리도 과감하게 수용하고, 영성 수련에 도움이 되는 세속주의자들의 사회와

---

3 현대 가톨릭교회가 이 문제를 앞으로 어떻게 해결해 나갈지 그 귀추가 주목된다. 한국 불교계 역시 마찬가지다. 오랜 비구 대처의 갈등의 불행한 역사는 물론이고, 승려의 결혼을 공개적으로 주창한 한용운에 대한 평가에서도 현 조계종단은 애매한 양가적 입장을 보이고 있는 것 같다.

인간에 대한 날카로운 통찰도 과감하게 도입할 필요가 있다. 이런 점에서 세속적 휴머니즘과 영적 휴머니즘은 상호 적대적이거나 배타적 선택의 대상이 아니라 상보적이라는 인식과 실천이 필요하다.

재차 강조하지만 나는 종교를 포함한 전통 사회의 부조리한 사회제도와 관습으로부터 수많은 사람을 해방시켜 준 계몽주의의 혁혁한 공로와 긍정적 유산을 결코 무시할 수 없다고 본다. 이 점에서 나는 현대에 유행처럼 번지고 있는 이른바 '주체의 실종'을 말하는 '포스트모더니즘적' 철학이나 사상적 경향은 경계해야만 한다고 본다. 나는 과거의 풍부한 영적 유산과 전통을 존중하고, 거기서 새로운 영적 생수를 길어 올려야 한다고 생각하되, 우리는 결코 전통 사회의 윤리로 회귀할 수 없고, 회귀해서도 안 된다. 현대 종교와 영성은 더 이상 전통의 권위에 기대서는 안 된다. 전통에 대한 존중을 넘어 전통을 '숭배'하는 태도는 더욱 금물이다. 현대 영성은 이제 정치권력의 보호를 기대하기 어렵기 때문에 홀로서기의 모험을 감행해야만 한다. 그럴 능력이 없는 종교나 영성은 더 이상 존재할 가치가 없다. 현대 종교와 영성은 합리성과 상식을 넘어서야지, 그 아래서 밑돌아서는 안 된다는 사실을 직시해야만 한다. 전통을 자랑하고 미화하면서 전통에 기대려는 생각은 더 이상 용납되지 않는 세계에서 우리는 살고 있다는 사실을 현대 영성은 철저히 인식할 필요가 있다. 제아무리 위대한 영성가라 해도 이성과 상식에 반하는 말을 함부로 하거나 타인의 인격과 인권을 무시하는 발언을 거침없이 내뱉는다면, 오늘날처럼 만인이 자유와 인권을 누리며 사는 시대에 누가 그런 사람을 존경하고 그들의 말을 경청하겠는가? 근대화가 곧 서구화라는 등식은 이미 폐기된 지 오래다. 또 '선진국'과 '후진국'의 차이도 이제는 새로운 눈으로 보고 평가할 때가 되었다. 하지만 근대화는 종교의 권력과 장악력을 상실해 버린 세계에서 종교들이 화려했던 지난날의 전통에 기대거나 향수를 자극하면서 생존전략을 도모하려는 유혹을 단호히 물리쳐야만 한다는 사실을 말해주고 있다. 이 점에서 우리는 근대화(modernization)는 곧 세속화(secularization)를 의미한다고 확언해도 좋을 것이다. 서구 문명이 주도해 온 세속화와 민주주의는 아직도 세계 곳곳에서 미완성의 꿈으로 남아 있고, 지금도 곳곳에서 수난을 겪고 있지만 역사의 대세는 어느 사회, 어느 문화도 피할 수 없을 것이다.

하지만 우리는 이런 종교와 영성 전통에 대한 문제의식과 함께 근현대 서구 문명이 인류에게 새로운 불행의 씨앗이 되고 있다는 엄연한 사실 또한 간과할 수 없다. 이 불행은 종전의 다른 어떤 불행과도 비교할 수 없을 정도로 심각하며, 사회나 문화의 경계를 넘어 세계 전체와 인류 전체의 재앙을 예고하고 있다. 만인의 자유, 평등을 힘차게 외치면서 출발한 프랑스 혁명이 얼마 지나지 않아 심각한 공포정치를 낳게 되었다는 것은 잘 알려진 사실이고, 서구 '선진국'들의 번영이 잔인하고 폭압적인 식민 통치와 가혹한 착취를 대가로 이루어진 번영이라는 것도 잘 알려진 사실이다. 더 가슴 아픈 일은 이러한 역사의 진실을 인정하지도 않고 반성하기는커녕 호도하고 외면하는 선진국들의 양심 없는 지성인들이 아직도 수두룩하다는 사실이다. 이런 현상을 지켜보는 후진국 출신 지식인들의 분노는 끝이 없다. 정말 우리는 힘이 정의라는 말 이상의 진리는 없다고 생각해야 하는 것일지 깊은 회의가 든다. 진정한 사과도 힘이 있어야 받아낼 수 있다는 냉소적 진실이라고 느낄 때가 너무나 많기 때문이다. 계몽주의 사상이 아무리 숭고하다 해도 세계 1, 2차 대전을 통해 수백만의 목숨을 앗아간 비극의 현대사—히틀러의 나치즘과 홀로코스트, 스탈린의 전체주의와 폭압 정치 그리고 그 후 전개된 오랜 동서 냉전과 대결의 역사—를 보면서 인간이 과연 계몽될 수 있는 합리적 존재인지, 역사에 과연 진보라는 것이 있을까 하는 회의적 질문이 심각하게 제기된다. 세속적 휴머니스트들과 계몽주의 사상가들이 그렇게 열정적으로 외치던 인간의 존엄성과 자유는 다 어디 갔단 말인가? 현대인들에게는 이제 '신의 죽음'을 선포하는 말보다는 '인간의 죽음'을 외치는 절규가 더 실감이 난다. 이 비극적 현대사를 알고 있는 사람들은 차라리 인간과 역사의 세계에 대한 기대를 아예 접어 버리고, 힌두교 사상 일각에서 말하듯 세계와 역사가 아예 허망한 환상(maya)이었으면 하는 마음마저 든다.

지금 이 글을 쓰고 있는 순간에도 온 세계가 코로나19의 창궐로 고통을 당하고 있다. 혹자는 이로 인해 세계 역사와 문명의 패러다임이 변화할 것이라고 조심스러운 전망을 하는 사람도 있지만, 아무래도 막강한 달러와 군사력에 기반한 미국의 패권주의 질서는 당분간 좀처럼 바뀔 것 같지 않다는 것이 더 현실적인 전망일 것 같다.

과학기술의 발달이 현대인의 삶의 질을 향상시켰다는 사실은 누구도 무시하지 못하지만, 점점 더 악화 일로를 걷고 있는 빈부의 격차, 지구 전체를 파괴하고도 남을 끔찍한 핵전쟁의 위험에 더해 화학무기를 동원한 끔찍한 전쟁의 가능성을 생각해 볼 때 과거의 전쟁은 그야말로 '낭만적' 수준의 전쟁이라는 생각마저 든다. 특히 레이저 무기를 동원한 전자전, 로봇을 동원한 대리전 등 전에는 상상조차 하지 못했던 새로운 유형의 전쟁이 인류의 미래에 어두운 그림자를 드리우고 있다.

생각이 있고 양식이 있는 현대인들은 깨어지기 쉽고 망가지기 쉬운 세계에서 나날을 살고 있다. 그러면서도 한편으로는 이러한 문명의 지속적인 발전 신화를 방증이라도 하듯 날로 시장에 선을 보이는 새로운 제품들이 현대인의 눈을 현혹하고 있는가 하면, 날로 벌어지는 빈부의 격차는 안중에 없고 매년 엄청난 군사비를 증액하고 새로운 무기를 개발하는 데 나라들은 혈안이 되어 있다. 그런가 하면 언제 닥칠지 모를 위험을 애써 외면이라도 하듯 현대인들은 순간의 행복에 자신을 맡기면서 살고 있다. 그리고 날로 현실화되고 있는 환경·생태계 재앙의 시각은 매 순간 가차 없이 다가오고 있는 줄 뻔히 알면서도 현대인들은 아무런 본질적 대책 없이 어떻게 되겠지 하는 막연한 기대 속에서 어쩔 수 없다는 듯 가는 데까지 갈 수밖에 없지 않은가 하며 포기하는 심정으로 살고 있다. 위기는 뻔히 보이지만 탈출구는 보이지 않으니 우리 모두가 미치지 않았다고 누가 과연 말할 수 있을까?

이에 더해 현대 사회에 만연한 도를 넘는 개인주의는 새로운 정신적 병폐를 양산하고 있다. 현대인은 유례없는 무제약적인 개인의 자유를 누리지만 아무런 보호막 없이 전 세계를 상대로 치열한 생존경쟁을 벌여야 하는 가혹한 상황으로 내몰리고 있다. 일등만 살아남는 비정한 세계에서 모두가 불확실한 미래를 안고 살아야만 한다. 삶의 방향과 전망을 모르고 의미를 상실한 채 방황하는 수많은 사람을 현대 사회는 양산하고 있다. 적어도 자유민주주의 사회에 사는 현대인들은 일체의 구속에서 벗어나 타인에 해를 가하는 행동만 삼가면 무엇이든 허용되는 유례없는 자유를 누리며 살지만, 이러한 무제약적 자유가 도리어 새로운 구속이 되는 역설을 경험한다. 현대인이 누리는 자유는 개인을 제약하고 억압하던 각종 비합리적이고 부당한 압력이나 관습에서 풀려난 자유(freedom-from)지만, 이 자유가 과연 무엇을 위한 자유인지(free-for), 어디에 필요한 자유인지는 모르는 이름뿐인 공허한 자유 속에서 현대인들은 갈 곳을 모르고 방황하기 일쑤다. 현대인들이 느끼는 삶의 무의미성(meaninglessness)의 문제는 대체로 이러한 무의미하고 공허한 자유에서 연유하는 것이 아닐까 한다. 서구 계몽주의가 인간을 오랜 전통의 굴레에서 해방시켰다고 큰소리치지만, 돈에 따라 움직이는 노예를 양산했으니 현대인들이 누리는 자유가 정말 자유일지 우리는 되묻게 된다.

현대 세계에서 개인이 누리는 자율성(autonomy)의 대가 또한 만만치 않다. 현대를 사는 대다수 사람은 일체의 사회·문화적 보호망 없이 인생의 각종 문제에 노출된 채, 홀로 중요한 결단을 내리면서 인생의 파고를 넘어야 한다. 그리고 홀로 그 결과에 책임을 져야 한다. 그야말로 '나 홀로' 고독한 삶을 살 수밖에 없다. 개인이 혼자서 감당하기에는 자유가 너무나 힘들고 버거운 짐이 된다. 말로는 누구든 전 세계 어디든 연락이 되는 인터넷망으로 연결된 지구촌에서 사는 개인들이 자신의 능력을 마음껏 발휘하는 창조적 삶을 살 수 있다고 떠들지만, 실제로 그런 삶을 살 수 있는 사람이 과연 얼마나 될까? 대다수 사람에게는 그림의 떡처럼 공허하기 짝이 없는 약속이고, 좀 더 심하게 말하면 일종의 속임수이고 '사기'다. 누구나 무엇이든 할 수 있다는 것은 결코 사실이 아니다. 누구나 자기가 참으로 잘 할 수 있는 것이 무엇인지 자신의 개성만 잘 알고 살리면 '성공'할 수 있다는 공허한 성공 신화는 환상에 지나지 않는다는 사실을 깨닫기까지는 그리 많은 시간이 필요하지 않다. 자기가 원하는 삶을 살 수 있는 경제적 여건을 갖추기가 결코 만만치 않고, 거기에 필요한 창의적이고 지구적인 시야(global perspective)와 정신적 역량을 갖추기가 여간 어려운 일이 아니기 때문이다. 이런 상황에서 수많은 사람이 사이비 종교와 교주의 속임수에 넘어가 헤어나지 못하고 있다. 일거에 모든 문제를 해결해 주는 듯한 쉽고 빠른 길의 유혹이라 물리치기가 쉽지 않다. 지금 이 글을 쓰고 있는 순간에도 이 땅의 수많은 젊은이가 사이비 종교에 속아 소중한 인생을 몽땅 바치고 있으니 누구를 탓할 수 있단 말인가?

직장이든 친족이든 전통 사회가 제공하던 보호막이 가차 없이 무너진 세계에서 홀로 자기 삶을 꾸려나가야만 하는 냉혹한 현실에 내동댕이쳐진 개인들이 져야만 하는 부담—경제적 부담이든 정신적 부담이든—은 실로 어마어마하다. 인류 역사상 대다수 인간이 이런 사회, 이런 문화, 이런 인생을 살아야만 했던 적이 과연 있기나 했는지 의문이 들 정도다. 전통 사회들과 달리 현대 사회는 각 개인이나 회사가 전 세계를 상대로 '무한경쟁'을 벌여야만 하는 비정한 현실을 경험하며 살 수밖에 없는데, 무슨 수로 사람이 행복할 수 있겠는가? 그야말로 '만인이 만인을 상대로 늑대'처럼 될 수밖에 없는 치열하고 냉혹한 생존경쟁의 마당에서 각자 신기루 같은 허황된 행복의 약속에 속아 사는 것이 현대인들 대다수가 처한 처지가 아니라고 누가 말할 수 있겠는가? 현대인들의 행복지수가 옛날 원시시대에 살았던 사람들에 비해, 가령 지금도 아마존 열대 우림 속에 살고 있는 원시인들보다 높다고 할 수 있을까? 도대체 문명의 발전, 진보란 것이 무엇인지, 근본적인 회의가 든다. 옛 그리스 현인들 이래 많은 사상가의 통찰대로 행복이 인생의 궁극적 선(bonum, 좋음)이고 목적이라면 무엇이 과연 인간의 참 행복인지 우리는 새삼 묻게 된다.

이제 우리는 현대 서구가 이룩하고 주도해 온 그리고 현재도 주도하고 있는 문명의 본질을 새로운 눈으로 볼 수밖에 없다. 이에 따라 전통 사회와 문화 그리고 사상을 이해하는 현대인들의 시각도 달라지지 않으면 안 되게 되었다. 이런 사실은 '전근대적' 유산을 안고 사는 전통 사회의 지도자들과 지식인들도 자각하기 시작한 지 이미 오래다. 지금 우리가 이 책에서 논하고 있는 주제, 즉 신앙과 이성의 문제 그리고 새로운 신관의 모색과 영성의 성격과 방향에 대한 모색도 이러한 제반 문제들을 의식하고 해결하는 데 필수적인 사상적 도전이고 과제다. 전통에 대한 과도한 기대도 금물이고, 서구 문명이 주도해 온 근대화에 대한 과신과 과도한 평가도 문제다. 우리는 이 양극단을 피하면서 현대 문명과 종교, 인간과 영성이 지향해야 할 새로운 방향을 진지하게 모색하는 일 외에 다른 뾰족한 대안은 없다는 생각이 든다.

나는 자신의 역량의 부족을 절감하면서도 이 엄청난 지적 도전을 피하지 않고 응답해야 한다는 '무모한' 결단을 하게 되었다. 그 핵심 과제는 당연히 '자연적 초자연주의' 신관·신앙·영성의 모색과 제시에 있다. 신의 죽음은 잘못된 신관 때문이지, 신 자체가 죽고 사는 것은 아니라는 생각으로 새로운 도전에 나섰다. 이러한 새로운 신관을 모색하는 데는 우선 세속화된 서구 근대 이성의 철저한 자기 성찰과 반성이 급선무다. 신의 죽음과 함께 인간의 죽음도 동시에 이루어졌다는 의식, 인간의 부활 없이는 신의 부활도 없고, 신의 부활 없이는 인간의 부활도 없다는 의식이 절실하다.

지금까지 제시된 나의 신관은 일종의 철학적 신관이고 넓은 의미의 자연신학의 범주에 속하는 신관이다. 이 신관이 종래 신학자들이 제시한 신관과 다른 점이 있다면, 그것은 무엇보다도 그리스도교 외의 종교 사상과 전통에도 열린, 말하자면 '종교다원적 신학'이라는 점이다.[4] 나는 이 새로운 신관이 현대 문명이 처한 위기를 극복할 수 있는 신관 그리고 특정 종교의 울타리를 넘어 세계인이 관심을 가지고 공감할 수 있는 보편적 영성(global spirituality)을 위한 신관이라고 믿는다. 그러면 이러한 새로운 신관이 함축하는 새로운 영성의 모습은 어떠할까?

---

4 나는 이미 종교다원적 신학과 철학적 종교다원주의를 구별한 적이 있음을 독자들에게 상기시키고 싶다. 둘은 물론 밀접하게 연관되지만, 구별해야만 한다. 철학적 종교다원주의는 종교다원적 신학과 신앙과 영성에 친화적이고 수반할 수도 있지만, 종교다원적 신학자가 반드시 철학적 종교다원주의자는 아니고, 그럴 필요도 없다.

II. 형이상학적 영성의 재발견

진화적 창조론과 형이상학적 일원론을 결합한 새로운 신관은 무엇보다도 동·서양의 전통적인 형이상학적 영성의 복원을 요한다. 존재와 생명의 뿌리이며 우리가 추구하는 모든 가치의 원천으로 만물에 내재하는 신성은 우주 만물의 성스러운 깊이의 차원이다. 인간을 비롯하여 천지 만물이 모두 신성하다. 하지만 인간과 천지 만물의 차이는 인간은 자신의 존재와 생명의 뿌리인 신성을 자각할 수 있는 존재임에 비해 여타 동물은 그렇지 않다는 데 있다. 바로 이러한 능력 자체가 신성(神性)의 일면이라는 것, 더 정확히 말해 인간에 내재하는 신성 내지 신의 현존, 신의 빛이라는 것이 동서고금의 모든 영성의 대가들이 공통적으로 증언하는 영적 인간관(spiritual anthropology)이다. 세계는 인간이라는 존재를 통해서 신을 알게 되고, 신은 인간을 통해 자신을 아는 '아들'(딸)을 낳는다. 이 같은 사실을 깨닫고 의식하는 것이야말로 인간이 도달할 수 있는 최고의 영적 경지이고 행복이라는 것이 영성의 대가들이 하나같이 증언하는 진리다. 이러한 형이상학적 영성을 대표하는 가장 오래된 고전적 표현은 우리가 이미 인용한 바 있는 힌두교 경전 우파니샤드에 나오는 짤막한 기도문이다: "비실재(the unreal, asat)로부터 실재(the real, sat)로, 어둠에서 빛으로, 죽음에서 영생으로 나를 인도하소서."[1]

　그리스도교에서는 이러한 영적 경지를 실현한 사람을 하느님의 육화(Incarnation)로 간주한다. 누구보다도 예수 그리스도에서 이루어진 완벽한 신인합일(神人合一, divine-human unity)의 진리를 모든 그리스도인이 추구하는 구원의 초석으로 간주한다. 하지만 그리스도교는 이러한 신인합일을 오직 '참으로 사람'(vere homo)이자 '참으로 신'(vere deus)으로 간주되는 오직 예수 그리스도 한 분에게서만 실현된 것으로 보는 경향이 강하다. 하지만 그리스 동방 교회나 러시아 정교회 전통에서는 하느님이 인간이 되신 이유는 인간이 신이 되기 위함이라는 전통적인 그리스도교의 가르침에 충실하게 신화(神化, deification, theosis) 개념, 즉 신인합일을 모든 인간이 추구해야 할 신앙의 목표로 간주한다. 나는 이러한 정신에 따라 신인합일 혹은 신비적 합일―비단 뜻과 의지의 일치(Willenseinheit)가 아니라 존재와 본성의 일치(Seinseinheit)―을 그리스도교와 기타 모든 주요한 동양 종교들의 영성이 추구하는 궁극 목표라고 생각한다. 지금까지 진술한 나의 신론은 결국 이러한 영적 진리를 뒷받침하기 위한 다양한 논의라고 해도 좋다.[2]

　신화(神化)와 신인합일이 신의 초자연적 은총으로 이루어지는지 혹은 인간의 영적 노력과 수행으로 이루어지는지는 전통에 따라 강조의 차이가 있지만, 나는 이 차이가 본질적인 것은 아니라고 본다. 은총이든 수행의 노력이든 모두 신에서 온다고 말하는 마이스터 에크하르트의 견해에 나는 동의한다. 더욱이 그리스도교는 은총의 종교, 동양 종교들은 수행의 종교라고 극단적인 대립적 시각으로 보는 일부 개신교

---

1 *Brhadāranyaka Upanisad* I, 3, 28. 또 임제 선사의 '무위진인'이 곧 불성을 가리킨다.
2 원어는 '참으로' 신(verily God), '참으로' 인간(verily man)이지만, 나는 라틴어 원문의 'vere'를 부사가 아니라 의도적으로 형용사로 취하여 참 신(true God), 참 인간(true Man)으로 이해한다.

신학의 입장은 지독한 편견이고 독선이라고 나는 본다.

여하튼 위와 같은 영성의 진리에 대한 인류 최초의 명확한 인식은 내가 아는 한 힌두교 경전 베다(Veda)의 끝부분에 나오는 우파니샤드라는 문헌에서 보인다. 우파니샤드는 인간의 내면 깊이에 내재하는 존재와 생명의 뿌리를 아트만(Ātman)이라 부르며 이 인간의 깊은 자아, 곧 참 자아가 바로 우주 만물의 정수인 브라만(Brahman) 자체라고 선언한다. 이러한 범아일여(梵我一如)의 진리는 인도에서 가장 영향력 있는 불이론적 베단타(Advaita Vedānta)학파의 핵심 진리로서 수천 년의 세월을 버텨온 가르침이다. 나는 이 신인합일의 진리, 신비적 합일의 진리야말로 인간이 도달할 수 있는 최고의 경지라고 본다. 이 경지는 우리의 개인 인격들 사이의 끝없는 갈등과 대립을 야기하는 개인의식이나 정신을 초월하는 바다같이 넓고 깊은 초인격체적인(transpersonal) 의식, 순수 의식(Cit)의 세계이다. 그리스도교에서는 이러한 인간의 보편적 이성·정신을 신의 우주적 이성·정신인 로고스(Logos)라고 부르며, 하느님의 모상으로 출현한 모든 인간의 본성이라고 본다. 힌두교 우파니샤드의 아트만 사상은 결국 동아시아 대승불교의 불성(佛性), 특히 선불교 사상에 스며든 것이라고 나는 본다. 불교에서는 불성(佛性) 혹은 진심(眞心)이라고 부르며, 임제(臨濟) 선사는 무위진인(無位眞人)이라고 부른다.3 지눌(知訥) 선사가 말하는 공적영지의 마음(空寂靈知之心), 플로티누스의 누스(nous), 성 아우구스티누스가 말하는 신

---

3 임제의 '무위진인'이 곧 불성을 가리킨다는 점 그리고 불성 사상은 인도 우파니샤드의 아트만 사상이 결국 동아시아 대승불교, 특히 선불교 사상에 스며든 결과라는 것이 일본의 뛰어난 불교학자로서 비판불교 운동을 주도한 사람 가운데 하나인 고마자와(駒澤) 대학의 마츠모토 시로(松本史郎) 교수의 연구에 의해 의심의 여지없이 밝혀졌다. 다만, 마츠모토가 이것을 불교의 타락 내지 왜곡으로 비판적으로 보는 반면, 나는 그런 견해에 동의하지 않는다. 여하튼 길희성·정경일·류제동,『비판불교 연구』(동연, 2020), 제4장, "비판불교의 대승불교 사상 비판(II)". 마츠모토 시로,『선사상의 비판적 연구』(동경, 1994) 참고.

을 향하는 '고등 이성'(ratio superior), 마이스터 에크하르트가 지성(intel-
lectus) 혹은 참사람(ein wahrer Mensch)이라고 부르는 것, 인도 성자 라
마나 마하르시가 말하는 '나의 나'(I-I)다. 퀘이커교에서는 '인간 안에
있는 신의 그것'이라고 부르며,4 성리학에서는 하늘로부터 품수 받은
인간의 영명(靈明)한 본성(本然之性), 맹자와 왕양명은 양지(良知)라고
불렀다.5 나는 이 모든 단어가 비록 표현은 다르지만 대동소이하다고
보며, 궁극적으로 신의 빛(divine light)을 반사하는 인간 내면의 빛(inner
light) 혹은 그 조각(파편)과 같은 것이라고 본다.

신학자 틸리히의 말처럼 로고스는 지식·학문, 도덕, 예술을 낳는
마음의 원리이기도 하다. 이 모든 활동의 전제가 되는 어떤 신적인 것,
무조건적인 것이다. 로고스는 그리스도교의 삼위일체 신 가운데 성자
하느님의 자기 인식이며, 세계 창조의 원리이자 하느님의 모상인 인간
에 내재하는 도덕성과 영성의 원리다. 나는 위에 열거한 용어들과 하
느님의 모상이라는 개념이 인간의 영성과 도덕성의 선험적 측면을 가
리킨다고 본다. 인간이면 누구나 본래적으로, 또는 선험적 본성으로
가지고 있는 영성·도덕성이다. 앞 장에서 논한 대로 이 성품에는 두
가지 면이 있다. 하나는 신과의 합일을 지향하고 실현할 수 있는 가능
성으로서의 본성이고, 다른 하나는 영성의 자각과 수행 또는 신의 은
총으로 성자들의 인격과 삶에서 이미 현실화되고 있는 본성이다.

나는 우선 신학자 맥쿼리의 견해에 따라 인간의 영적 본성을 지칭

---

4 "That of God in man."

5 나는 양명학의 양지 개념과 그 영성에 대해서는 많이 언급하지 않았지만, 이에 대해서는
정인재의 『양명학의 정신』(세창출판사, 2014) 참고. 특히 양명학의 영성 사상에 대해서는
제11강 "양지의 종교적 특성"이 참고할 만하다. 왕양명은 양지에 대해 '영명'(靈明), '명각'
(明覺) 등의 표현을 사용하고 있다. 주자학에서는 이 인간의 영적 본성에 대해 '영지불매'(靈
知不昧), '허령'(虛靈) 등의 표현을 사용하는데, 모두 불교에서 불성, 불심, 진심을 표현하는
공적영지지심(空寂靈知之心)에 영향을 받은 것으로 보인다. 정인재, 380-383을 볼 것.

하는 위의 개념들이 후자, 즉 강한 결정론적 의미의 본성보다는 전자, 즉 인간이면 누구나 가지고 있는 영적 성향(inclination) 혹은 잠재적 가능성으로서의 본성을 가리킨다고 본다. 그의 말을 들어본다.

우리는 하느님의 모상을 어떤 고정된 천부적 재능이나 본성보다는 인간에게 그의 존재와 더불어 주어진 인간이 될 수 있는 잠재적 가능성으로 생각해야만 한다. 인간은 피조물이지만 '실존하는'(자기 초월적) 피조물이며, 밖으로 그리고 위로 움직일 수 있는 개방성을 지니고 있다. 사실, 존재들의 위계질서 전체는 각 단계마다 하느님을 닮으려는 경향이 점점 더 강하게 출현하는 개방적 시리즈다. 인간 실존의 단계에서 우리는 고정된 본질을 지닌 존재들의 단계를 넘어 실존적 존재의 단계로 넘어간다. 우리는 인간이 피조물이면서도 하느님의 '자손'이 될 수 있는, 또는 하느님의 아들로 '입양'될 수 있는, 그래서 어떤 식으로든 하느님의 생명에 참여할 수 있는 잠재적 가능성이 있다는 것을 이미 보았다. 거룩한 존재 속으로 받아들여질지도 모를 인간의 이러한 피조물성이 지닌 개방성을 고려할 때, 우리는 모든 상상을 초월하는 가능성을 지닌 창조(세계)에 대해 숨 막히는 광경을 목격할 수 있다. … 인간은 피조물이지만, 피조물의 선(善)에서 완성이나 행복을 발견하지 못한다. 인간은 하느님의 '자손'이 될 수 있는 잠재적 가능성을 지닌 체질로 태어난 존재이기 때문에 무한자에 대한 감각과 미각을 가지고 있고, 인간의 마음은 하느님 안에서 안식을 얻기까지 쉼을 모른다.[6]

이렇게 자신을 초월하여 신과 일치를 추구하는 영성의 원리는 인간 존재에 본성으로 내재하는 '종교적 선험성'(religious a priori)으로서 칸

6 John Macquarrie, *Principles of Christian Theology*, 213-214.

트가 말하는 인식이나 실천이성 또는 미적 판단의 선험성과는 구별된다. 그것은 우리로 하여금 자신의 존재와 생명의 근원·근거인 신을 찾고 알게 하는 인간 영혼의 선험적 능력이다. 가톨릭 신학자 칼 라너는 인간의 실존 자체에 뿌리박고 있는 하느님을 향한 이러한 선험적 능력과 성향을 '초자연적 실존범주'(supernatural existential)라고 부른다. 곧 하느님을 찾고 하느님의 초자연적 은총을 수용할 수 있도록 하느님(天)에 의해 부여된 인간 본성이다.[7]

하지만 나는 '초자연'과 '자연'의 낡은 구별을 피하고 '종교적 선험성'이라는 말을 선호한다. 인간에 내재하는 신성이지만 어디까지나 인간성이고 '자연적'이기 때문이다. 굳이 '초자연'이라는 말을 사용한다면 '초자연적 자연' 혹은 '자연적 초자연'이라고 해야 할 것이다.[8] 앞장에서 이미 밝혔듯이 나는 자연이든 인간이든 신을 떠나서 이해하는 세속주의적 인간관의 장단점을 선별적으로 수용한다. 나는 근본적으로 자연과 인간에 내재하는 신성을 인정하는 영적 자연주의(spiritual naturalism), 영적 휴머니즘(spiritual humanism)을 선호한다. 이것이야말로 파멸로 치닫고 있는 현대 문명을 구하고, 현대 종교들도 사는 길이라고 믿기 때문이다. 영적·종교적 인간관에 기초한 영적 휴머니즘, 영적·종교적 자연관에 근거한 영적 세계관이다.

서구 신학자로서 칸트 철학의 영향 아래 이러한 인간의 종교적 선험성을 가장 명시적으로 천명한 사람 가운데 하나는 개신교 신학자이자 종교철학자인 루돌프 오토(Rudolf Otto)다.[9] 그는 종교 특유의 범주인 성스러움(das Heilige)의 경험이 지닌 특성을 누멘적(numinous) 경험

---

7 Gerald A. McCool, ed. *A Rahner Reader* (New York: Seabury Press, 1975), 185-190.
8 M. H. Abrams의 *Natural supernaturalism*에서 빌려온 표현.
9 루돌프 옷토/길희성 역, 『성스러움의 의미』(왜관: 분도출판사, 1987).

이라고 부른다. 그에 따르면 이러한 경험은 세속의 다른 어떤 경험과
도 비교할 수 없는 특이한 감정으로서 '두렵고 매혹적인 신비'[10]의 감
정이다. 인간이면 누구나 이러한 경험을 할 수 있는 능력을 선험적으
로 갖추고 있지만, 이 능력이 현실화되는 것은 삶의 어느 특정한 순간
에 주어지는 어떤 구체적 계기를 통해 촉발되면서다.

　이와 유사하게 인간의 종교적 선험성을 강조한 또 하나의 서구 신
학자는 트뢸치(Ernst Troeltsch)였다. 그는 저명한 서구 신학자들 가운데
가장 먼저 그리스도교 신앙의 진리가 모든 사람에게 타당한 보편적인
것이 아니라 유럽과 서방세계의 문화에 국한된 것임을 공개적으로 천
명한 사람이다. 틸리히는 그의 종교철학에 대해 다음과 같이 말한다.

　그의 주요 관심은 인간의 정신 혹은 마음의 구조라는 맥락에서 종교의 의미
를 밝히는 것이었다. 트뢸치는 칸트의 세 가지 비판을 받아들여서 그를 따랐
다. 그러나 그는 인간 안에는 칸트가 그의 『순수이성비판』에서 밝혔듯이 단
지 이론적 선험, 즉 인식의 범주적 구조만 있는 것이 아니고, 또 칸트가 『실천
이성비판』에서 밝혔듯이 도덕적 선험성만 있는 것이 아니며, 『판단력비판』
에서 밝혔듯이 미적 선험만 존재하는 것도 아니다. 인간에게는 종교적·영적
선험성도 존재한다는 사실을 그는 밝혔다. 이것은 인간 마음의 구조에 속하
는 어떤 것이 있으며 거기로부터 종교가 생긴다는 것을 뜻한다. 그것은 본질
적으로 현존하지만 다른 세 가지 (선험적)구조들과 마찬가지로 언제나 잠재
적으로 현존한다. 그것이 시간과 공간 속에서 현실화될지의 여부는 또 다른
문제이지만, 만약 현실화된다면 그것은 다른 선험성과 마찬가지로 그 자체
만의 독특한 확실성을 가진다. '선험적'이라는 말을 시간적 의미로('선천적'

---

10 'Mysterium tremendum et fascinans'.

이라는 뜻으로) 이해해서는 안 된다. 마치 칸트가 말하는 모든 범주가 갓난 아이의 의식 속에 이미 분명하게 드러나기라도 하듯 말이다. … 나는 이 점에서 트뢸치가 중세의 위대한 프란시스코·아우구스티누스학파의 전통에 서 있다고 말하고자 한다. 인간이라는 구조 내에 무한한 것이 유한한 것과 만나거나 내재하지 않는다면, 도대체 우리가 어떻게 종교에 대해 철학적 이해에 이를 수 있을지 나로서는 알 수가 없다.[11]

나는 이 종교적 선험성이 종교 간의 차이를 넘어 인간 모두에 내재하는 영적 본성, 즉 영성이라고 본다. 영성은 인간에 내재하는 신의 본성이자 인간의 본성이며, 우리의 참 자아, 신의 빛을 반사하는 내면의 빛이다. 영성은 또 인간뿐 아니라 우주 만물에 내재하는 존재론적 근거·근원·토대로서 우주적 실재다. 영성은 현상 세계와 현상적 자아(phenomenal self) 그리고 다양한 모습으로 드러나는 신—다양한 모습(相, 像)과 이야기(神話)를 지닌 신, 피조물과 상대되는 창조주, 인간에 의해 대상화되는 신—을 초월하여 그 너머 혹은 그 근저에 있는 신성(Gottheit)이다. '하느님 너머의 하느님'(God beyond God)으로서 우주 만물이 거기서 출현해서 거기로 복귀하는 만물의 알파와 오메가다.

신은 결코 인간 밖에서 인간에게 군림하는 초월적 타자가 아니며, 만물 밖에서 만물을 무소불위의 권력으로 통치하다가 필요에 따라 간헐적으로 인간사에 개입하는 존재도 아니다. 신은 나 자신보다도 나에게 더 가까운 실재로서 신을 아는 것은 나 자신을 아는 것이고, 나 자신의 참된 인식이 곧 신에 대한 참된 인식이다. 유한자와 무한자, 인성과 신성이 완전히 하나가 되는 신인합일(神人合一), 범아일여, 또는 유교나 도가철학과 같은 동아시아 사상 전통에서 말하는 천인합일의 경지

---

11 Tillich, *A History of Christian Thought*, 527.

다. 맹자는 이러한 천인합일에 대해 "자신의 마음을 다하면 자신의 본성을 알고, 자신의 본성을 알면 하늘을 안다"[12]고 했다. 그는 또 말하기를 "마음을 보존하고 자기 성품을 기르는 것이 하늘을 섬기는 길이다"라고도 했다.[13] 이와 같은 동양 종교 일반에서 발견되는 인간의 영적 본성에 대한 깊은 신뢰와 긍정은 그리스도교에서는 서방 교회보다 동방 정교회의 신학 전통, 개신교보다는 가톨릭 신학에서 더 두드러진다. 인간의 타락과 죄를 지나치게 강조하는 경향이 강한 성 아우구스티누스 이래의 서방 교회 신학, 특히 신의 은총을 강조하는 그의 신학적 유산을 강하게 물려받은 개신교 신학의 현저한 특성 가운데 하나다.

나는 우주 만물의 이치(理) 혹은 하늘의 이치(天理)가 인간 본성에 내재한다는 사상이 동양 사상(인도나 중국 문화권의) 일반의 소중한 통찰이라고 생각한다. 나는 성리학에서 말하는 인간성이 곧 우주 만물의 이치라는 성즉리(性卽理)와 양명학의 심즉리(心卽理)가 크게 다르지 않다고 본다. 더 나아가서 인간의 본심은 부처의 마음이고 중생의 마음(맑고 투명한 본성, 진심)이 곧 부처의 성품이라는 불성(佛性) 사상도 마찬가지로 인간성의 신성을 증언하는 사상이라고 본다. 대승불교에서 심즉리라고 말할 때의 '심'은 곧 불성 내지 불성의 작용을 가리키는 말이지, 인간의 망심(妄心)이 그대로 본성이라는 말은 아니다. 양명의 양지(良知)는 선불교에서 말하는 인간의 본심(本心) 내지 진심(眞心), 특히 종밀과 지눌 선사가 말하는 공적영지(空寂靈知)의 마음과 다르지 않다. 이 모든 개념은 종교적 휴머니즘, 영적 휴머니즘을 뒷받침해 주는 개념들이다. 영적 휴머니즘에서는 인간성에 대한 믿음에 기초하여 인간이 자신의 본성을 자각하고 회복함으로써 참다운 인간이 되는 것이 곧

---

12 〈孟子〉 盡心章句: 盡其心者 知其性也 知其性卽 知天矣.

13 〈孟子〉 盡心章句: 存其心 養其性 所以事天.

신과 하나가 되는 길이다.

서구의 종교 전통에서 이러한 영적 인간관에 지대한 영향력을 행사한 사람은 3세기 초에 활약한 알렉산드리아 출신의 플로티누스(Plotinus, 205~270)라는 철학자다. 창조 개념을 세계가 신으로부터 흘러나왔다고 보는 유출설로 유명한 그의 사상은 유대교, 그리스도교, 이슬람이라는 세 유일신 종교의 철학과 신학, 특히 이 세 종교의 신비주의 사상에 지대한 영향을 끼쳤다. 아마도 플라톤 자신보다도 서구 지성사에서 실제상 더 큰 족적을 남긴 철학자일지도 모른다. 그에 따르면 인간만이 지닌 누스(nous)는 만물의 근원인 일자(一者) 혹은 선(善, the good) 자체로부터 제일 먼저 흘러나왔다. 따라서 인간은 일자와 가장 가까운 존재다. 흔히 '정신'(spirit)으로 번역되지만, 오늘날 일반적 의미로 사용하고 있는 정신, 마음, 영혼 개념과 달리 영적 존재인 인간만의 고유한 본성을 가리키는 말로서 차라리 그리스도교의 성령(pneuma)에 더 가깝다고 나는 생각한다. 일자와 거의 구별이 불가능할 정도로 일자에 가장 가까운 실재를 지칭하는 개념이다. 일자와 누스의 관계를 인도 철학에서 아트만 혹은 푸루사와 붇디(buddhi, 지성)의 관계와 유사하다.

인간에 내재하는 종교적 선험으로서의 영적 본성은 우리에게 어떤 특정한 계기를 통해 현실화되기 전부터 세속·세간에 묻혀 사는 우리로 하여금 끊임없이 우리 존재와 생명의 원천을 찾도록 마음을 부추기는 형이상학적 영감과 에로스의 원천이다. 우리는 이러한 영성에 대한 대표적 증언을 현대 개신교 신학의 아버지라 불리는 슐라이어마허(Schleiermacher, F.)의 낭만주의적 종교철학에서도 만난다. 다시 틸리히의 말을 들어 본다.

우주 안에서 신적인 것의 현존을 경험하기 위해서는… 우리는 먼저 우리 안에서 그 현존을 발견해야만 한다. 각자의 특별하고 독특한 [신의] 거울인 우리의 인간성이 우주를 [아는] 열쇠다. 우리 안에 우주를 가지고 있지 않고는 우리는 결코 우주를 이해하지 못할 것이다. 우주와 우리의 중심은 신이다. 우리는 우리 안에 있는 무한한 것의 현존을 통해 우리 안에 있는 무한한 것을 우주에서 다시 인식한다. 그렇다면 우리 안에서 이를 발견하는 열쇠는 무엇일까? 슐라이어마허는 사랑이라고 말한다. 그러나 아가페적 의미의 사랑, 즉 그리스도교적 사랑의 개념이 아니라 플라톤적 의미의 에로스적인 사랑이다. 에로스는 우리를 선한 것과 참된 것과 아름다운 것과 하나가 되게 하는 사랑이며, 우리로 하여금 유한한 것을 넘어 무한한 것으로 들어가도록 추동하는 사랑이다.[14]

나는 이 아름다운 구절에 형이상학적 영성의 모든 것이 담겨 있다 해도 과언이 아니라고 생각한다. 유한한 것들을 구하는 기복신앙과 달리 형이상학적 영성은 무한자 신을 갈망하는 영성이며, 모든 참되고 아름다운 것을 동경하는 순수한 사랑(형이상학적 에로스)이다. 절대적이고 무한하고 무조건적인 것에 대한 궁극적 관심과 헌신 그리고 자기를 포기하고 초월하도록 이끄는 형이상학적 갈망과 사랑이다.

사실 인간만 이런 형이상학적 에로스를 가지고 있는 것은 아니다. 인간을 비롯해서 모든 유한한 존재는 신에서 출원하는 순간 이미 새끼가 어미 품을 갈망하듯이 신을 향한 에로스의 충동을 느낀다. 마이스터 에크하르트는 이러한 형이상학적 갈증을 끝없는 배고픔으로 멋지게 표현했다. 인간은 한순간도 자기 존재의 근원인 하느님을 떠나 존

---

14 Tillich, 앞의 책, 397.

재할 수 없기에 항시 하느님을 먹고 살지만, 먹을수록 배고픔을 느낀다고 한다.[15] 이러한 무한한 실재에 대한 끝없는 갈망과 사랑인 형이상학적 에로스가 결여된 종교는 더 이상 진정한 종교가 아니다. 신을 통해 신 아닌 다른 것을 얻으려는 기복신앙은 구하는 것도 얻지 못하고 신도 잃어버리게 되지만, 오로지 신만을 원하는 사람은 신도 얻고 온 세상도 얻는다고 일찍이 마이스터 에크하르트는 경고한 바 있다.

인간은 자신의 유한성을 자각하는 순간부터 존재론적 불안(onto-logical anxiety)을 느끼게 되고 형이상학적 갈증·갈망에 사로잡히게 된다. 유한성의 자각 자체가 이미 무한자의 부름이고 손짓일지 모른다. 우리는 일상성에 매몰되어 때로는 이 부름과 손짓을 외면하거나 망각하지만 죽음에 직면하는 순간 누구나 인생의 유한성을 뼈저리게 자각하면서 신을 찾게 된다. 존재론적 불안을 안고 살 수밖에 없는 인간은 자기 존재의 근원을 찾아 헤매기 마련이고, 거기서 쉼을 얻기 전에는 끝없이 방황한다. "나의 영혼이 당신 안에서 안식을 얻기까지는 평안을 몰랐다"는 성 아우구스티누스의 『고백록』 첫머리에 나오는 유명한 고백 그대로다. 인간은 선 자체이며 모든 잡다한 선의 근원인 하느님을 만나기까지 이런저런 선에서 행복을 찾아 헤매지만, 인생의 참 행복은 선과 행복의 근원인 하느님을 만나 하느님과 하나가 되는 데서 비로소 얻을 수 있다는 것이 영성의 진리다.

하느님은 존재와 선과 참(진리)의 원천이고 토대다. 우리가 숨을 쉬고 존재한다는 사실만으로도 우리는 이미 존재 자체인 하느님에 참여하고 있다. 우리는 또 선을 사랑하고 정의를 구하고 진리와 아름다움을 추구하는 마음과 행위 속에서 그 선험적 원천이고 토대인, 그 전제이자 완성인 신의 영원성과 절대적 생명에 참여한다.

---

15 길희성, 『마이스터 에크하르트의 영성 사상』 (동연, 2021), 87-90 참고.

만물의 형이상학적 에로스의 원천은 만물의 창조적 근원인 신이 자신의 존재와 생명을 나누어 주는 진화적 창조 자체다. 무엇을 만드는 제작 행위로서의 창조이기보다는 만물을 낳는 어머니 같은 신의 출산 혹은 방출로 이해되는 창조다. 신의 편에서는 만물에 자신의 존재와 선을 나누고 자신을 내어 주는 사랑이지만, 유한한 존재들의 편에서는 신의 존재와 선에 참여하는 영생의 길이다. 신에 대한 만물의 사랑에는 그것을 가능하게 하는 신의 사랑이 선행한다. 성 토마스 아퀴나스는 신을 갈망하는 피조물들의 사랑을 신을 닮고자 하는 모방으로 표현했다. 만물은 본성적으로 신을 닮고자 한다는 것이다. 만물이 다른 존재들에 영향을 미치려는 것 자체도 신의 모방이라고 그는 본다. 피조물 가운데서 가장 영향력 있는 신의 창조적 행위를 모방할 뿐 아니라 신과 협동까지 할 수 있는 인간이야말로 가장 신을 닮은 존재라는 것이다.16 성리학적으로 말하자면, 인간은 천지의 화육(化育)을 도울 수 있는 존재다.

서구 사상에서 이러한 신의 존재론적 사랑 이해의 원조는 다름 아닌 플라톤이다. 다음은 대표적인 말이다.

창조주가 어째서 이 출산의 세계를 만들었는지 그대에게 말해 주겠노라. 그는 선했고, 선한 것은 어떤 것도 질투하지 않았다. 그리고 질투가 없기 때문에 그는 만물이 가능한 한 자기 자신을 닮기 원했다. 이것이 진정한 의미에서 세계 창조의 기원이다. 즉, 신은 가능한 한 만물이 좋기를(만물의 선[善]을) 원했고, 어떤 것도 나쁘지 않기를 원했다는 것이다.17

---

16 John Macquarrie, *Principles of Christian Theology*, 208.

17 Platon의 *Timaeus*편에 나오는 말로서 신(*Demiurgos*)의 창조 행위를 인간의 행위에 빗대는 의인적 표현이 많지만, 신의 존재론적 '사랑'을 표현하고 있다. Macquarrie, 209에서 재인용.

플라톤은 여기서 존재 자체이며 선 자체인 신의 창조 행위의 동기에 대해 의인적 표현들을 사용하고 있지만, 사실 플라톤은 창조를 신의 자유로운 선택적 행위(act)라기보다는 오히려 그의 본성적 필연으로 본다고 할 수 있다. 이런 점에서 창조를 신의 본성적 필연으로 보는 나의 신관이나 창조론과 일치하며, 궁극적으로 플로티누스의 신플라톤주의 유출론적인 창조 개념과 일치한다. 심지어 창조를 신의 자유로운 선택과 결정으로 보는 전통적 견해를 옹호하는 성 토마스 아퀴나스도 이 점에서는 창조의 원인을 논하면서는 창조를 넘치는 선 자체이신 신의 본성적 필연으로 보는 우리의 신관과 일치한다. 코플스톤은 창조의 원인을 논하는 토마스의 견해에 대해 말하기를 "신은 무엇을 얻기위해 창조하신 것이 아니라 주기 위해서 자신의 완전한 선을 전하고 확산시키기 위해 창조하셨다"고 한다.18 플로티누스 역시 만물의 근원인 일자(一者, to hen)의 존재론적 사랑을 다음과 같이 표현한다.

아무것도 구하지 않고, 아무것도 소유하지 않고, 아무 부족함 없는 일자는 완전하지만, 은유적으로 말해 넘쳐흘렀고, 그 충일함이 새로운 것들을 산출했다. 이 산물이 다시 자신을 낳은 자를 향했고, 가득 차게 되자 그것을 관조하는 자가 되었다.19

---

18 "intendit solum communicare suam perfectionem quae est bonitas." 비록 토마스가 '의도한다'는 동사를 사용해서 창조를 신의 행위라는 정통 교리에 준해서 말하고 있지만, 창조의 원인에 관한 토마스의 견해, 적어도 코플스톤의 해석에는 좀 애매한 면이 있다. 창조를 이유가 있는 선택적 행위와 본성적 필연 사이에서 다소 애매한 면이 있다. 여하튼 토마스에게도 창조는 어떤 명확한 이유가 있는 행위라기보다는 본성적 필연에 가깝다고 볼 여지가 있다. 이 문제에 대한 전문 연구가가 아닌 나로서는 이 문제를 더 논할 능력이 없기 때문에 이 정도 선에서 그칠 수밖에 없다. 창조의 원인에 관한 토마스의 견해에 대한 코플스톤의 논의는 F. Copleston, op. cit., 84-93 참조. 창조를 제작 모델과 출산 모델에 따라 이해하는 두 가지 견해에 대한 고찰은 이 책을 참조할 것.
19 John Macquarrie, In Search of Deity, 66에서 재인용.

자신의 존재와 선을 유한한 존재들과 아낌없이 나누는 신의 사랑 혹은 사랑의 신, 선의 원천인 신을 관조하면서 신을 사랑하고 신과 하나가 되려는 인간, 이 두 가지 사랑은 인간의 영성과 영적 삶의 기초이고 핵심이다.

18세기 서구 계몽주의가 품었던 인간 해방의 이상은 세계 어느 나라, 어느 사회에서든 완성을 기다리고 있다. 그러나 계몽주의가 남긴 불행한 유산인 인간과 신, 인간과 자연, 주체와 객체, 개인과 공동체 그리고 개인과 개인 사이의 연대성의 붕괴로 인한 소외와 대립은 반드시 치유되고 극복되어야 할 현대 문명의 근본 과제다. 이런 점에서 계몽주의의 편협한 합리주의를 극복하고자 했던 19세기 서구 낭만주의 사상가들이 품었던 꿈은 여전히 유효하다. 신과 자연과 인간이 화해하는 보편적 화해의 공동체를 꿈꾸는 비전이며, 나는 이것이 파국을 향해 치닫고 있는 현대 문명이 살길이라고 생각한다. 이를 위해 가장 필수적인 것은 인류의 고전적인 형이상학적 영성의 전통에서 다시 생명수를 길어 올리는 일이다. 그러기 위해서는 우선 현대 사상은 형이상학을 지식의 범주에서 추방해 버린 칸트와 현대 분석철학의 도그마에서 벗어나야만 한다. 계몽주의적 이성이 남긴 불행한 유산인 주체와 객체, 개인과 공동체, 인간과 자연, 신과 자연 그리고 인간과 신의 대립과 소외를 넘어 둘을 새롭게 통합하기 위해서 우리는 동·서양의 일원론적인 형이상학의 전통이 지닌 가치를 재발견하고, 거기에 기초한 영적 휴머니즘과 영적 자연주의의 비전을 설득력 있게 제시하는 일이 필수적이다.

인간에게 이성과 자유가 없다면 영성도 도덕성도 불가능하고 무의미하다. 자유가 없으면 자발성이 없고, 자발성이 없는 덕이나 영성은 불가능하고 무의미하다. 반면에 이성과 도덕이 영성에 뿌리를 두고 있지 않으면, 억압적이고 경직되기 쉽다. 현대 문명의 위기는 무엇보다도 이성이 그 본래적 토양인 종교적·영적·우주적 차원을 상실하고, 순전히 개인의 주체적 이성, 인간 중심주의적 이성, 도구적이고 기술적인 이성, 형식적이고 절차적인 합리성으로 전락해 버렸다는 데 기인한다. 영성은 본래 신과 인간, 우주와 인간을 묶어 주는 힘이다. 근대적 이성이 인간을 신체와 감정, 의식과 무의식, 개인과 공동체를 대립적인 관계로 파악하는 반면, 영성은 인간을 자연과 신을 대상화하는 합리적 주체(rational self, subject)가 아니라 신과 인간, 주체와 객체, 의식과 무의식, 인간과 자연, 정신과 물질의 대립을 초월하는 우주 만물의 근원적 실재로 이해한다.

우리는 이미 근대적 이성의 세속화에 대해 고찰했고, 세속화된 이성이 그 본래적 신성의 깊이와 넓이를 되찾기 전에는 현대 세계가 당면한 문제를 해결하기에 근본적 한계를 벗어나기 어렵다는 점도 지적했다. 사실 이성이 세속화되기 전까지는 이성과 영성은 결코 상반되거나 대척점에 있지 않았다. 틸리히는 근대 합리주의가 신비주의의 딸이라고까지 말한다.[20] '이성의 빛'이라는 개념은 사실 로고스라는 존재론적·형이상학적 기반과 배경을 가지고 있을 뿐 아니라 중세 아우구스티누스·프란시스코회 신학 전통이나 퀘이커교와 같은 개신교 교파에서도 강조하고 있는 인간 내면의 빛의 변형 내지 세속화라고 볼 수 있다는 것이다.[21] 사실, 중세 영성의 대가 마이스터 에크하르트는 그의 저술이나 설교 전반을 통해 그가 신성(Gottheit)의 거의 동의어로 간

---

20 Tillich, 315.

21 Tillich, 318-319. 틸리히는 내면의 빛을 "모든 인간이 하느님께 속한 존재이기 때문에 각기 자기 안에 가지고 있는 빛이며, 그것으로 인해 인간은 [하느님의] 말씀이 말해질 때 말씀을 자기 것으로 할 수 있는 빛"이라고 한다.

주하고 있는 지성(intellectus)을 이성(Vernunft)이나 정신(Geist)이라는 단어와 자주 혼용하고 있다. 하지만 그가 사용하고 있는 이성이나 정신이라는 단어가 데카르트 이후 오늘날 우리가 이해하는 세속화된 이성을 가리키는 말이 아니라는 사실을 우리는 유의해야 한다.

영성의 넓고 넉넉한 품을 모르고 그 뒷받침이 없는 이성은 편협해지기 쉽다. 이기적이고 독선적이고, 배타적이고 분열적인 그리고 억압적이고 지배적이고 폐쇄적인 이성이 되기 쉽다. 인간의 보편적 인권과 평등의 기치를 내걸고 출범한 계몽주의의 근대 이성이 독일의 나치즘이나 러시아 공산당의 스탈린 전체주의의 폭정으로 둔갑해 버린 현상은 이유야 어떻든 세속화된 현대 이성의 비참한 실패와 20세기 현대 문명의 뼈아픈 자기 고발이 아닐 수 없다. 영성은 개체화되고 고립된 근대적 이성, 삶의 더 큰 맥락과 관계망에서 소외된 주체, 개인이든 집단이든 자연이든 모든 것을 타자화하고 지배하고 착취하는 도구로 사용되는 서구적 근대 이성과 달리 만물에 내재하면서 만물을 품는 보편적 신성이며, 인간 모두의 참된 인성이다. 영성은 인간의 본성 내지 본래성으로서 개인과 개인, 개인과 공동체, 물질과 정신, 인간과 자연, 인간과 신을 하나로 묶어 주는 존재론적 토대다. 서양 근대의 세속화된 이성이 아니라 영성을 기반으로 하는 이성, 만인과 만물을 품는 넉넉한 우주적 이성, 쪼개고 대립하는 분석적 이성이 아니라 모든 것을 모으고 이어 주고 화해시키는 이성이다. 마르틴 부버의 유명한 표현을 빌려 말하면 서구 근대 이성이 주위 사물과 동료 인간을 차디찬 타자로 보는 'I-It'의 이성이라면 영성에 기반을 둔 이성은 '주위 사물이나 생명들을 "I and Thou"의 따뜻한 관계로 본다.

우리말 영성(靈性)은 영어 단어 'spirituality'의 번역어지만, 한 가지 중요한 점은 'spirit'이라는 단어의 의미를 바르게 이해하는 일이다. 우선 우리는 'spirit'(Geist, pneuma, spiritus, esprit)이라는 단어가 우리말로 마땅한 번역어를 찾기 어렵다는 사실에 유의할 필요가 있다. 그 가장 중요한 이유는 '정신', '영', '마음' 같은 번역어들이 데카르트적인 몸과 마음, 물질과 정신의 이원론적인 사고와 도식의 틀을 벗어나기 어렵다는 데 있다. 적어도 그리스어 'pneuma'나 라틴어 'spiritus'가 가지고 있는 몸과 마음, 물질과 정신, 자연과 인간 모두를 아우르는 포괄적이고 역동적인 의미를 담지하지 못한다. 프뉴마나 스피리투스는 우파니샤드의 아트만(Ātman)처럼 본래 '바람'을 뜻하는 말이다. 우주 만물에 내재하는 어떤 생동적인 힘 내지 생명의 정수를 가리키는 말이다. 요한복음의 로고스도 마찬가지다. 만물을 비추는 빛과 진리일 뿐 아니라 만물의 근원적 '생명'이고 창조적 힘이다. 우리가 '스피릿'(pneuma)을 어쩔 수 없이 '영'(spirit) 혹은 '정신'으로 번역하기는 하지만 적어도 사고 행위를 하는 마음(mind)이나 논리적으로 따지고 분석하는 이성(reason, ratio inferior), 또는 물질(matter)과 대립되는 의미의 '정신'(spirit)과는 다르다.[22] 차라리 동아시아인들이 즐겨 사용하는 기(氣)라는 개념에[23] 가까울 정도로 프뉴마나 스피리투스는 만물의 창조적 힘 내지

22 'Spirit'과 'pneuma'에 대한 논의는 이 책 "4장 _ 내가 믿는 하느님 II. 새로운 신관의 기본 구도", 317쪽 이하에서도 볼 수 있다. 나는 성령과 로고스를 날카롭게 구별하지 않듯이 로고스와 인간의 의식과 사고 능력들 사이의 구별도 언제나 명확하다고는 생각하지 않는다. 여하튼 나는 인간이 호모 사피엔스로서 여타 동물과 달리 의식과 자의식 그리고 사고 능력을 가지고 있는 것은 신의 로고스의 차별적(여타 동물들과 다른) 영향이라고 보며, 인간의 영성에 큰 역할을 한다고 본다. 하지만 나는 이미 소개한 삼분법적 인간관에 따라 인간에 내재하는 로고스가 무엇보다도 하느님의 모상으로 창조된 인간만의 특징이라고 생각한다는 점에서 로고스와 인간의 사유능력(conscioiusness, self-consciousness, mind, thinking 등) 일반을 구별한다. 결론적으로 나는 인간에 내재하는 로고스, 하느님의 모상(imago dei), 누스(nous), 영(pneuma), 성 아우구스티누스의 고등 이성(ratio superior), 마이스터 에크하르트의 지성(intellectus), 맹자와 왕양명의 양지 그리고 무엇보다도 우파니샤드 이래 힌두교 베단타 사상의 아트만이나 푸루사 등이 모두 대동소이한 개념들이라고 본다.
23 물질도 정신도 기(氣)의 만족할만한 번역어는 못 된다.

생명의 영, 혹은 만물의 정수 같은 깊고 풍부한 의미를 가지고 있는 단어다. 이런 포괄적 의미의 영, 신과 거의 동의어로 사용되는 영은 영어로 표기하자면 소문자 'spirit'이 아니라 대문자 'Spirit'으로 표기하는 편이 더 적합할 것이다. 여하튼 영성은 데카르트 이래 편협해지고 개인화된 도구적 '이성'이나 물질과 대조되는 정신과는 확실하게 구별되어야만 한다. 영성은 오늘날의 편협해진 이성으로 하여금 그 본래의 존재론적이고 포괄적인 의미, 신적이고 우주적인 차원을 회복할 수 있도록 하는 힘이 되어야만 한다고 나는 생각한다. 프뉴마(pneuma)로서의 영이 정신(spirit, espri, Geist)과 무관하다거나 대립적이라는 말이 아니다. 다만 세속화되고 편협해진 근대적 이성, 알게 모르게 유물론적 사고와 기계론적 세계관의 도구로 전락해 버린 이성, 개인을 더 크고 넓은 관계로부터 차단하고 고립시키는 서구 근현대의 개인주의적 이성, 더 나아가서는 전체주의 지배 체제를 효율적으로 관리하는 도구화된 이성으로 전락해 버린 이성이 몸과 마음, 물질과 정신이라는 데카르트적인 이원적 대립을 넘어서야만 한다는 점에 우리가 유념하지 않으면 안 된다는 뜻에서 하는 말이다.

물질과 정신, 주체와 객체, 인간과 자연을 화해시키려는 19세기 낭만주의 사상가들이 품었던 문제의식과 비전은 아직도 유효하다. 아니, 오히려 파국으로 치닫고 있는 위기에 처한 현대 문명에서 더욱더 절실한 사상적, 실천적 과제일지도 모른다. 젊은 셸링(Schelling, F. W. J.)의 자연철학이 품었던 이런 비전을 틸리히는 다음과 같이 서술한다.

스피노자의 영향 아래 그는 주체와 객체, 정신과 물질을 넘는 하나의 실체에 사로잡혔다. 그의 자연철학 전체는 자연의 모든 사물에 잠재적으로 내재하는 영을 보여 주고, 그것이 어떻게 인간에서 완성에 이르게 되는지를 보여

주려는 시도였다. 낭만주의의 자연철학은 니콜라스의 쿠자누스가 가졌던 유한 안에 현존하는 무한의 문제, 스피노자가 품었던 하나의 실체와 그 다양한 양태들의 문제 그리고 셸링 자신의 기획인 물질적인 것에 현존하는 정신적인 것의 문제를 풀려는 노력에 지나지 않는다. 따라서 셸링에게 자연철학은 자연에 내재하는 존재의 힘, 즉 물질과 정신의 분리를 넘어서는 존재의 힘을 직관하는 체계가 되는 것이다.[24]

틸리히의 이 말보다 더 명확하게 현대 문명과 사상이 해결해야 하는 근본적인 사상적 과제이자 도전을 암시하는 말을 나는 알지 못한다. 내가 추구하는 '자연적 초자연주의'의 세계관과 신관도 젊은 셸링의 자연철학이나 낭만주의 사상가들이 품었던 비전, 더 나아가서 스피노자나 마이스터 에크하르트가 품었던 신과 세계와 인간에 대한 비전 그리고 궁극적으로 동·서양 사상의 오랜 일원론적 형이상학적 사고와 비전을 되살려서 현대 문명과 종교에 생명력을 불어넣으려는 시도다. 이러한 비전에 대해 나는 몇 가지 점을 추가적으로 지적하고 싶다.

첫째, 이러한 종교적·철학적·사상적 비전이 동양과 서양을 막론하고 매우 오래된 전통이라는 사실이다. 이 전통이 비록 근대적 주체성의 자각과 확립 이전에 형성된 것이지만 오늘의 관점에서 우리가 재발견하여 현대 사상과 영성 운동으로 살려가야 할 전통이라고 나는 본다.

둘째, 19세기 낭만주의 사상가들이 직면했던 난제 가운데 하나도 여전히 해결을 요하는 중요한 과제로 남아 있다는 사실이다. 즉, 인류가 어렵게 쟁취한 개인의 인권과 자유, 합리적 주체로서 지닌 인격의 존엄성을 지키면서 아니, 더 높은 차원으로 승화시키면서 위에서 논한 일련의 이원적 대립과 갈등의 문제를 풀어가야 하는 과제가 우리를 기

---

24 Tillich, 441.

다리고 있다. 하지만 낭만주의는 사회와 역사를 개혁하는 비전을 확실하게 제시하지는 못했다. 주관적 감성에 호소하는 문학적 성격을 극복하지 못한 것이다. 낭만주의가 메마른 계몽주의적 합리주의 문화를 감성적 호소력을 통해 인간화하는 장점이 있다는 점은 부정하기 어렵지만, 낭만주의 운동은 독자적인 사회문화적 개혁 세력을 형성하지는 못했다. 독자적 사상 운동으로 세력화되지 못하였고 계몽주의의 취약점을 보완해 주는 보조적인 일시적 역할 정도에서 그쳤다는 인상을 지우기 어렵다.

동양 사상이 아무리 매력적이라 해도, 중세의 형이상학적 영성이 아무리 심오하다 해도 서구의 근대적 개인의 발견과 주체성의 확립은 현대 세계에서 어느 사회, 어느 문화든 결코 무시하거나 포기할 수 없는 인류 보편의 가치다. 이런 관점과 문제의식에서 볼 때, 19세기 낭만주의 운동이 지닌 한계는 명백하다. 따라서 나는 세속적 휴머니즘(secular humanism)이 제시한 사회적 · 정치적 비전을 변증법적으로 극복하는 영적 휴머니즘(spiritual humanism)의 정신을 대안으로 제시하고 있다.

셋째, 우리는 이러한 영적 휴머니즘의 대안적 비전을 이미 생활 속에서 몸으로 실천하고 있는 사람들과 소그룹들이 세계 도처에 존재한다는 사실에 주목할 필요가 있다. 누구도 벗어나기 힘든 자본주의의 마력과 유혹에도 불구하고 경제적 논리를 무시하고, 자연 친화적으로 살려는 소박하고 경건한 사람들, 각종 크고 작은 환경 · 생태계 운동과 평화운동에 참여하여 죽어가는 자연과 뭇 생명의 보금자리인 지구라는 행성을 살리고 보존하려고 안간힘을 쓰는 사람들 그리고 개별 종교의 울타리를 넘어 초종교적 영성 운동에 참여하는 사람들, 자발적 가난의 삶에 자족하면서 단순하고 소박한 삶(simple life)을 추구하는 지구상의 적지 않은 사람들의 삶에서 우리는 희망의 씨앗을 볼 수 있다.

필자가 이 글을 쓰고 있는 지금, 이 순간에도 코로나19 발생으로 많은 환자가 발생하여 고통을 받고 있는 대구로 전국 각지에서 수많은 작은 영웅들이 위험을 무릅쓰고 자원봉사자로 몰려가서 땀을 흘리고 있는 모습을 보면서 나 자신의 부끄러운 모습을 반성하게 된다. 그러면서도 "아, 아직은 우리나라가 살만한 곳이구나!" 하는 생각에 마음이 뿌듯해진다. 그러나 다른 한편, 전염병을 제어하기 위해 주야로 애를 쓰는 당국자들의 간절한 호소에도 불구하고 많은 사람이 주말 종교행사를 위해 집회를 감행하는 '광신도'들이 우리 사회에 그렇게 많다는 사실에 새삼 놀랄 뿐이다. 평생 종교를 논하는 일을 직업으로 삼고 살아온 사람으로서 내가 지금까지 무엇을 하며 살았는지 부끄러움과 분노, 자책과 회한이 교차하는 마음이다.

"처하는 곳마다 주인 노릇 하면 서 있는 곳이 모두 참되다"[25]는 임제 선사의 영적 주체성의 자각에 기초한 휴머니즘은 21세기 인류가 절실히 요구하고 있는 영적 휴머니즘의 영성이라고 나는 믿는다. 개체화되고 편협해진 근대의 자율적 이성이나 도구적 이성과 달리 진정한 영성은 개인과 개인, 개인과 공동체, 주체와 객체, 인간과 자연, 신과 인간의 대립적 구도를 넘어 양자를 연결해 주고 화해시키는 힘이 있다고 나는 믿는다. 하느님의 아들딸로서, 무위진인(無位眞人)으로서 사람답게 떳떳하게 사는 영성은 편협해지고 도구화된 이성으로 전락해 버린 근대 이성에 영적 깊이와 폭을 확장해 줄 수 있다고 믿기 때문이다. 신의 로고스를 분점하고 있는 영성은 인간뿐 아니라 만물의 근저에 있는 통일적 원리이며 근원적 실재라고 믿기 때문이다.

---

25 隨處作主 立處皆眞. 임제 선사의 휴머니즘적 사상에 대한 간단한 소개로는 길희성, 『보살 예수』 (동연, 2022), "참사람과 무위진인," 323-327 참고.

우리는 물론 근대적 이성을 무시하는 영성은 경계해야 한다. 이성의 비판적 성찰이 결여된 영성은 타락하기 쉽고 독단적이 되기 쉽다. 자칭 타칭 '영성의 대가'(spiritual master)로 불리는 인물들에서 흔히 목격할 수 있는, 일반인들의 상식과 도덕적 수준에도 못 미치고 정상적인 대화조차 나누지 못하면서 권위만 내세우는 사이비 영성가들의 행태는 주로 이성과 상식의 결핍에서 온다. 이성 없는 영성은 자신을 절대화하고 우상화하는 과대망상증이나 새로운 억압적 권위주의로 둔갑하기 쉽다.

나는 이성의 깊고 우주적이고 신적인 차원을 되찾는 영성의 회복이야말로 이성의 세속화를 극복하고, 현대 세계에서 종교뿐 아니라 현대 문명 전반에 생명력을 부을 수 있는 힘을 제공할 수 있다고 생각한다. 종교적 삶뿐 아니라 도덕적 삶도 영성에 바탕을 둘 때 참다운 인간성의 자연스러운 발로가 된다. 영성의 뒷받침 없는 도덕성은 경직된 율법주의나 메마른 도덕주의로 변질되기 쉽고, 영성에 기반하지 않는 이념은 편협한 이데올로기로 둔갑하기 쉽다. 깊고 풍부한 영성에 바탕을 둔 도덕성은 도덕적 삶을 넉넉하고 자유롭게 하며 우리를 도덕주의의 경직성과 독선에서 해방시킨다.

영적 인간관에 기초한 휴머니즘은 한편으로는 인간을 '이성적 동물'로 규정한 아리스토텔레스 이래 서구의 전통적 인간관이 지닌 인간 중심적 편협성을 극복하되, 다른 한편으로는 더 깊고 넓은 차원에서 인간의 존엄성과 자유를 살리는 사상이다.[26] 나는 이러한 영적 휴머니즘이야말로 종교적, 영적 기반을 상실한 현대 세속적 휴머니즘의 공허성을 극복하고, 성숙하고 진정성 있는 인간 해방의 힘이 될 수 있다고

---

26 이 문제에 대한 필자의 좀 더 자세한 논의는 길희성, "선과 민중해방: 임제 의현의 사상을 중심으로 하여," 『포스트모던 사회와 열린 종교 이야기』 (동연, 2023) 참고.

본다. 세속적 휴머니즘은 민주주의라는 정치적 체제를 통해 수많은 사람의 자유와 인권을 보호하고 인간을 전통과 종교의 굴레에서 해방시키는 지대한 공헌을 한 사실을 우리는 간과할 수 없다. 아직도 세속적 휴머니즘과 민주주의는 세계 도처에서 미완의 과제로 남아 있고, 가야 할 길이 멀고 험한 것도 사실이다. 그러나 다른 한편, 세속적 휴머니즘이 오늘날 자본주의의 짝이 되어 인간 해방은 고사하고 공허한 자유의 구호만 남발하면서 수많은 사람을 경제적 효율성과 무한경쟁의 희생물로 내모는 비인간화의 기제로 작용하고 있는 현실 또한 우리는 부정하기 어렵다. 그런가 하면 세속적 휴머니즘은 경제적 평등주의를 외면한 채 공허한 인권의 이름으로 국제정치판의 힘겨루기와 선전 수단으로 악용되기도 한다. 그 본래적인 정신적 기반을 상실하고 현실 개혁 의지를 상실해 버린 세속적 휴머니즘은 이제 영적 휴머니즘의 도움으로 그 깊이와 본래적 힘을 회복해야만 한다. 그러나 영적 휴머니즘이든 세속적 휴머니즘이든 한 가지 분명한 사실은 인간의 존엄성과 보편적 인권을 법과 제도로 보장해 주는 민주주의라는 정치 체제는 이제 세계 어느 사회, 어느 문화에서도 결코 타협하거나 포기할 수 없는 제도가 되어가고 있다는 사실이다.

영적 휴머니즘의 영성은 몸과 마음, 의식과 무의식, 물질과 정신, 개인과 개인, 인간과 자연, 신과 자연 그리고 신과 인간의 관계를 새로운 시각으로 보게 하고, 새로운 기초 위에 정립시킨다. 자연 현상과 인간사를 새로운 눈으로 보도록 하며, 모든 사물을 인간의 이기적인 동물적 욕망의 충족을 위해 수단화하는 그릇된 시각과 삶의 태도에서 우리를 자유롭게 한다. 사물을 분석하고 조작하고 닦달하고 이용하는 폭력적 이성을 관조적이고 성찰적이고 여유 있고 성숙한 이성으로 승화시킨다. 뭇 생명의 탄식에 귀 기울일 수 있는 여리고 부드러운 이성으로 순화한다. 육체와 영혼, 의식과 무의식, 이성과 감성, 주체와 객체, 인간과 자연, 신과 인간의 이분법적 대립과 소외를 넘어 만물이 한 뿌리에서 나온 것임을 깊이 깨닫고 이어 주며, 모든 생명을 품고 보듬는 평화의 영성이기 때문이다.

이 평화의 영성은 우주적 화해와 사랑의 공동체를 형성하는 힘이다. 잉게의 지적대로 "만물이 하나 됨은 신비주의의 근본 가르침이다. 하느님이 모든 것 안에 있고 모든 것이 하느님 안에 있다."[27] 영적인 사람에게는 "중심들만큼이나 원주가 많고, 중심은 어디든지 있지만 원주는 어디에도 없다. 하느님은 가장 작은 부분에도 전체로서 존재한다."[28] 이를 바탕으로 우리는 한 걸음 더 나아가 하느님과 만물 사이뿐 아니라 만물 사이에도 막힘없이 상즉상입(相卽相入)한다는 화엄 사상이 말하는 사사무애(事事無碍)의 비전까지 품을 수 있다. 이미 진행되고 있는 5세대 정보통신과 사물인터넷의 발달은 획일적인 정보의 일원화를 따른 전체주의적인 정보 통제로 악용될 위험성에도 불구하고 단절된 인간 집단으로 하여금 서로 소통하도록 묶어 주고, 전 지구를 하나의 소통의 네트워크로 연결해 주는 놀라운 수단이 될 가능성도 있다.

나는 현대 종교가 인류의 오래지만 참신한 영성의 전통을 오늘의 사회와 세계에서 새롭게 살림으로써 종교도 살고 도덕도 살며, 사회도 살고 자연도 사는 그리고 죽어가는 지구 자체도 살리고 이미 '죽은 신'마저 되살리는 새로운 계기를 마련해야 한다고 생각한다. 종교의 생명은 이러한 영성의 힘을 자각하고 실천하는 소수에 의해 유지되어 왔다. 역설적이지만, 현대와 같이 물질이 풍요롭고 세속화된 세계는 과거 소수 엘리트층의 전유물이었던 영성을 대중화하고 보편화시킬 수

---

27 Inge, *Christian Mysticism*, 28.
28 길희성, 『마이스터 에크하르트의 영성 사상』(동연, 2021), 111-112.

있는 공전의 기회를 대중에게 제공하고 있다는 사실을 우리는 주목할 필요가 있다.

그러나 '초인격체적' 영성의 가치에 대한 이 모든 기대와 찬사에도 불구하고 다른 한편으로 나는 근대적 자율성의 기초가 되는 이성을 무시한 영성의 위험을 다시 한번 상기시키면서 이 책을 마무리하고 싶다. 세속적 휴머니즘과 영적 휴머니즘은 상호 견제와 비판, 보완과 협력을 통해 심각한 위기에 직면한 현대 문명이 살길과 탈출구를 모색하고 나아갈 새로운 방향과 길을 제시하는 일에 앞장설 필요가 있다. 세속적 이성의 날카로운 비판을 통과하지 못한 영성은 존재 가치를 상실한 영성이나 다름없다. 근대적 역사의식을 외면하는 영성, 근대 세계의 역동성을 부정하는 전통에 대한 맹목적 집착과 향수는 경계해야 한다. 현실을 도피하는 무책임한 영성이 되기 쉽기 때문이다. 건강한 '사회적 자아'를 형성하지 못한 사람은 어쩌면 '참 자아' 혹은 '참나'를 논할 자격이 없을지도 모른다. 영성이 자칫 허위의식을 낳는 도구, 현실도피를 위한 구실로 둔갑하기 쉽기 때문이다. 영성은 그 자체가 목적은 아니다. 자체에 탐닉하는 영성을 위한 영성은 성숙하고 무르익은 영성이라고는 할 수 없다.

마지막으로 이 책을 마무리하면서 필자가 품고 있는 간절한 소망 하나를 피력하고 싶다. 현재 전 세계를 위기와 공포의 도가니로 몰아넣고 있는 전염병과 싸우느라 여념이 없는 많은 사람이 우리 주위에 있는 반면, 다른 한편에서는 당국자들의 거듭된 호소와 경고에도 불구하고 집단적 집회를 고집하는 '묻지마 신앙'으로 똘똘 뭉친 단체들이 사회의 공분과 걱정을 사고 있다. 이 책이 한국 종교계로 하여금 현대는 종교의 시대가 가고 영성의 시대가 도래하고 있다는 자각에 조금이라도 도움이 되었으면 좋겠다는 소망이다. 차제에 우리 사회가 종교

무용론 내지 종교 해악론을 외치는 사람들이 무슨 이유로 그러는지를 철저히 깨닫는 전화위복의 계기가 되었으면 하는 바람이다. 사람으로 하여금 자유롭고 책임 있는 사람이 되게 하는 진정한 영성이 무엇인지, 알게 모르게 비인간화를 조장하고 너무나 오랫동안 그 공범이나 마찬가지였던 종교의 종살이에서 인간을 해방시키는 영성, 만물과 만인을 차별 없이 포용하는 진정한 인간다운 영성이 무엇인지를 아는 데 조금이라도 도움이 되기를 간절히 바란다.

참고문헌

1. 외국어 문헌

Abrams, M. H. *Natural Supernaturalism: Tradition and Revolution in Romantic Literature*. New York: W. W. Norton and Company, 1971.

Allston, William, "Divine Action: Shadow or Substance." In *The God Who Acts: Philosophical and Theological Explorations*. Ed. Thomas F. Tracy. University Park, Pennsylvania: The Pennsylvania University Press, 1994.

Aquinas, Thomas. *Theological Texts*. Selected and translated by Thomas Gilby. London: Oxford University Press, 1955.

Arabi, Ibn. *The Bezels of Wisdom*. Routledge, London and New York, 2015. Trans. Binyamin Abrahamov, *An Annotated Translation of the Bezels of Wisdom* (Ibn al-Arabī's Fusus al Hikam). Routledge, London and New York, 2015,

Armstrong, Karen. *A History of God: The 4,000-year Quest of Judaism, Christianity and Islam*. New York: Ballantine Books, 1993.

Aurobindo. *Essays on the Gītā*. Calcutta, 1926-1944, 1950.

_____. *The Life Divine*. 3rd ed, 2 vols. Calcutta, 1947.

_____. *The Mind of Light*. Introduction by Robert A. McDermott. New York, 1971.

_____. *The Integral Yoga: The Concept of Harmonious and Creative Living*. London, 1965.

Augustinus, A. *De Libero arbitrio*. 성염 역.『자유의지론』. 분도출판사, 1998.

Barbour, Ian. G. *Religion and Science: Historical and Contemporary Issues*. New York: HarperCollins, 1997.

Barrow J. D & Tipler F. J. *The Anthropic Cosmological Principle*. New York: Oxford University Press, 1986.

Barth, Karl. *The Humanity of God*. John Knox Press, Richmond, 1968.

Berdyaev, Nicolai. *The Destiny of Man*. New York: Harper and Row, 1960.

Cobb John B. Jr. and David Ray Griffin. *Process Theology: An Introductory Exposition*.

Philadelphia: The Westminster Press, 1976.

Calvin, John. *Institute of the Christian Religion*. Ed. John T. McNeill. Philadelphia: Westminster Press, 1960.

Capra, Fritjof. *Belonging to the Universe: Explorations on the Frontiers of Science and Spirituality*. (김재희 옮김. 『신과학과 영성의 시대』. 범양사출판부, 1991.)

Caputo, John D. *Heidegger and Aquinas: An Essay Overcoming Metaphysics*. New York: Fordham University Press, 1982.

Chalmers, David J. *The Conscious Mind: in Search of a Fundamental Theory*. Oxford University Press, 1996.

Chang Tsai. *The Thought of Chang Tsai(1020-1077)*. Trans. Kasoff, Ira E. Cambridge University Press, 1984.

Chardin, Pierre Teillard De. *The Future of Man*. New York and Evanston: Harper & Row, Publishers, 1964. Trans. Norman Denny.

Chaudhuri, Haridas and Frederic Spielgelberg, eds. *The Integral Philosophy of Sri Aurobindo: A Commemorative Symposium*. George Allen & Unwin LTD, 1960.

Clayton, Philip. *The Problem of God in Modern Thought*. Grand Rapids, Michigan: William B. Eerdmans Publishing Company, 2000.

Collins, Francis S. *The Language of God*. New York: Free Press, 2006.

Cooper, John W. *Panentheism: The Other God of the Philosophers*. Grand Rapids, Michigan: Baker Academic, 2006.

Copleston, Frederick C. *A History of Philosophy*. vol 2, part I: Mediaeval Philosophy. *Augustine to Bonaventure*. Garden City, New York: Image Books Edition, 1962.

_____. *A History of Philosophy*, vol. 4. Modern Philosophy. *Descartes to Leibniz*. Image Books Edition, 1963.

_____. *A History of Philosophy*. vol. 2, part II: Mediaeval Philosophy. *Albert the Great to Duns Scotus*. Image Books Edition, 1962.

_____. *A History of Philosophy*. vol. 3, part I: Late Mediaeval and Renaissance Philosophy. *Ockham to the Speculative Mystics*. Image Books Edition, 1963.

_____. *Thomas Aquinas*. London: Penguin Books, 1955.

Craig, William Lane. "Hawking on God and Creation." In *Theism, Atheism and Big*

Bang Cosmology. Eds. William Lane Craig and Quentin Smith. Oxford: Clarendon Press, 1995.

Davies, Paul. *The Mind of God: the Scientific Basis for a Rational World*. New York: Simon & Schuster, 1992.

_____. "Teleology without Teleology: Purpose through Emergent Complexity." In *In Whom We Live and Move and Have Our Being: Panentheistic Reflections on God's Presence in a Scientific World*. Eds. Philip Clayton and Arthur Peacocke. Grand Rapids, Michigan: William B. Eerdmans, 2004.

_____. *The Fifth Miracle: The Search for the Origin and Meaning of Life*. New York: Simon & Schuster, 2000.

Dawkins, Richard. *The Selfish Gene*. Oxford University Press, 1976. (홍영남·이상인 역. 『이기적 유전자』. 을유문화사, 2010.)

Frank, Erich. *Philosophical Understanding and Religious Truth*. New York: Oxford University Press, 1966.

Frei, Hans W. *The Eclipse of Biblical Narrative: A Study of Eighteenth and Nineteenth Century Hermeneutics*. New Haven and London: Yale University Press, 1974.

Friedmann, Richard Elliott. "Big Bang and Kabbalah." In *The Hidden Face of God*. New York: Harper Sanfrancisco, 1995.

Fromm, Erich. *Psychoanalysis and Religion*. New Haven: Yale University Press, 1951.

Gilkey, Langdon. "On the Meaning of 'Act of God'," *Harvard Theological Review* (1968).

Gilson, Etienne. *God and Philosophy*. New Haven and London: Yale University Press, 1941.

_____. *Reason and Revelation in Middle Ages*. New York: Charles Scribner's Sons, 1954.

Gore, Charles. *Lux Mundi: A Series of Studies in the Religion of the Incarnation*, 1889.

Griffin, David. *The Reenchantment of Science: Postmodern Proposals* (SUNY series in Constructive Postmodern Thought). SUNY Press, 1988.

_____. "Panentheism: a Postmodern Revelation." In *In Whom We Live and Move and Have Our Being*. Grand Rapids, Michigan: William B. Eerdmans Publishing

Co., 2004.

Griffin, David Ray and John B. Cobb, Jr. *Process Theology: an Introductory Exposition*. The Westminster Press, Philadelphia, 1976.

_____. "Creation out of Nothing, Creation out of Chaos, and the Problem of Evil." In *Encountering Evil: Live Options in Theodicy*. Ed. Stephen T. David. Louisville: Westminster John Knox Press, 2001.

Hartshorn, Charles. *Beyond Humanism: Essays in the New Philosophy of Nature*. Lincoln, Nebraska: University of Nebraska Press, 1968.

Haught, John F. *God after Darwin: a Theology of Evolution*. Boulder, Colorado: Westview Press, 2000. (박만 역.『다윈 이후의 하느님: 진화의 신학』. 한국기독교 연구소, 2011.)

_____. *Is Nature Enough?: Meaning and Truth in the Age of Science*. Cambridge University Press, 2006.

Hawking, Stephen. *A Brief History of Time*. New York: Bantam Press, 1998.

Heidegger, M. *Was ist Metaphysik?* Frankfurt: Vittorio Klostermann Frankfurt A. M., 1960. Achte Auflage.

Hick, John. *An Interpretation of Religion*. London: Macmillan, 1989.

_____. *Death and Eternal Life*. New York: Harper and Row, Publishers: 1976.I

Inge, William R. *Christian Mysticism*. New York: Meridian Books, 1956.

_____. *Mysticism in Religion*. London: Rider and Company, 1969.

_____. *The Philosophy of Plotinus*. vol. I. London: Longmans, 1948.

Jantzen, Grace. *God's World, God's Body*. London: Darton, Longman and Todd, 1984.

Jung, Carl. G. *Answer to Job*. Princeton: Princeton University Press, 1973.

Kant, Immanuel. *Kritik der praktischen Vernunft*. Kant Werke IV. Wiesbaden: Insel-Verlag, 1956.

Kaufman, Gordon. *God the Problem*. Cambridge: Harvard University Press, 1972.

Keel, Hee Sung. *Meister Eckhart: An Asian Perspective*. Peeters Press, Louvain, W. B. Eerdmans. 2007.

Küng, Hans. *Global Responsibility: In Search of a New World Ethic*. London: SCM Press, 1991.

Lao Tzu. *The Way of Lao Tzu*. Trans. Wing-Tsit Chan. Indianapolis, New York: The Liberal Arts Press, Inc., 1963.

Leibniz, Gottfried Wilhelm. *Discourse on the Natural Theology of the Chinese*. Trans. with an Introduction, Notes and Commentary. Henry Rosemont, Jr. and Daniel J. Cook. Hawaii: The University Press of Hawaii, 1977.

Lovejoy, Arthur O. *The Great Chain of Being: A Study of the History of an Idea*. Cambridge: Harvard University Press, 1957.

MacIntyre, Alasdair. *After Virtue*. Notre Dame, Indiana. University of Notre Dame Press, 1984.

Macquarrie John. *Principles of Christian Theology*. New York: Charles Scribner's Sons, 1966.

_____. *In Search of Deity: An Essay in Dialectical Theism*. London: SCM Ltd, 1984.

_____. *Two Worlds are Ours: An Introduction to Christian Mysticism*. Minneapolis: Fortress Press, 2005.

McFague, Sallie. *Models of God: Theology for an Ecological, Nuclear Age*. Philadelphia: Fortress Press, 1987.

Marcel, Gabriel. *Homo Viator*. Harper and Row, 1962.

Matsumoto, Shirō(松本史朗).『禅思想の批判的研究』. 東京: 大蔵出版, 1993.

Meyendorff, John, *Byzantine Theology: Historical Trends and Doctrinal Themes*. (박노양 옮김.『비잔틴 신학: 역사적 변천과 주요 교리』. 정교회출판사, 2010.)

Moltmann, Jürgen. *In the End - the Beginning*. Minneapolis: Fortress Press, 2004.

_____. *Trinität und Reich Gottes*. Chr. Kaiser, 1980.

_____. *Gott in der Schöpfung: Ökologische Schöpfungslehre*, Chr. Kaiser, 1985.

_____. *Der Weg Jesu Christi*. Chr. Kaiser, 1989.

Morowitz, Harold J. *The Emergence of Everything: How the world became complex*. Oxford: Oxford University Press, 2002.

Nitter, Paul F. *No Other Name? A Critical Survey of Christian Attitudes Toward the World Religions*. Orbis Press, Maryknoll, New York, 1985. (변선환 역.『오직 예수 이름으로만?』. 한국신학연구소, 1987.)

Otto, Rudolf. *Das Heilige*. 길희성 역.『성스러움의 의미』. 분도출판사, 1987. (*The idea of the holy* 영역.)

Pascal, Blaise. *Pensées*. Trans. with Introduction by Krailscheimer. Baltimore: Penguin Books, 1966. (최현·이정림 역.『팡세』. 범우사, 1972.)

Peacocke, Arthur. *Theology for a Scientific Age: Being and Becoming - Natural, Divine, and Human*. Minneapolis: Fortress Press, 1993.

Plotinus. *The Essential Plotinus*. Trans. Elmer O'Brien. S. J. Indianapolis: Hackett Publishing Co., 1964.

Polkinghorne, John. *Science and Providence: God's interaction with the world*. Philadelphia: Templeton Foundation Press, 1989.

_____. *Science and Creation: The Search of Understanding*. Philadelphia and London: Templeton Foundation Press, 1988.

_____. *Faith, Science, and Understanding*. New Haven: Yale University Press, 2000.

Prigogine Ilya and Isabelle Stengers. *Order Out of Chaos*. London: Heinemann, 1984.

Rahner, Karl. *A Rahner Reader*. Ed. Gerald A. McCool. New York: Seabury Press, 1975.

Robelli, Carlo. *The Order of Time*. (이종원 옮김.『시간은 흐르지 않는다』. 쌤앤파커스, 2019.)

Rohrty, Richard. *Philosophy and the Mirror of Nature*. Princeton University Press, 1979.

Ruether, Rosemary R. *Gaia and God: An Ecofeminist Theology of Earth Healing*. New York: Harper SanFrancisco, 1994.

Rumi, Jalalul Din. *Rūmī: Poet and Mystic (1207~1273)*. Reynold Nicholson, trans. New York: Samuel Weiser, Inc., 1974.

Russell, Bertrand. *Mysticism and Logic*. London: Longmans, 1918.

Schilling, S. Paul. *God and Human Anguish*. Nashville: Abingdon, 1977.

Schimmel, Annemarie. *Islam: An Introduction*. State University of New York Press, 1992. (김영경 역.『이슬람의 이해』, 분도출판사, 1999.)

Sherrad, Philip. *Christianity: Lineaments of a Sacred Tradition*. Edinburgh: T & T Clarke, 1998.

Smith, Wilfred Cantwell. "The Christian in a religiously plural world." In *Religious*

Diversity: Essays by Wilfred Cantwell Smith. Ed. Wilfred G. Oxtoby. New York: Harper and Row Publishers, 1976.

Solovyov, Vladimir. *The Wisdom Writings of Vladimir Solovyov*. Trans. by Kornblatt. Cornell University Press, 2000.

Taylor, Charles. *Sources of the Self: The Making of the Modern Identity*. Cambridge, Mass: Harvard University Press, 1989.

Teilhard de Chardin, Pierre. *The Future of Man*. Trans. Norman Denny. New York and Evanston: Harper and Row Publishers, 1964.

Thomas Aquinas. *Theological Texts*. Trans. Thomas Gilby. London: Oxford University Press, 1955.

Tillich, Paul. *Systematic Theology* Vol. One: Reason and Revelation, Being and God. Chicago: The University of Chicago Press, 1951.

_____. "The Two Types of Philosophy of Religion." In *Theology of Culture*. New York: Oxford University Press, 1964.

_____. *A History of Christian Thought: From its Judaic and Hellenistic Origin to Existentialism*. Ed. Carl E. Braaten. New York: Simon and Schuster, 1967.

_____. *The Courage To Be*. New Haven & London: Yale University Press, 1952.

Torrance, Thomas. *Divine and Contingent Order*. Oxford: Oxford University Press, 1981.

Tracy, Thomas. F. ed., *The God Who Acts: Philosophical and Theological Explorations* (University Park, Pennsylvania: The Pennsylvania State University Press, 1994).

Van Buitenen, trans. *Classical Hindu Mythology*. A Reader in Sanskrit Purānas. Temple University Press, Pennsylvania, 1978.

Wallace B. Clift. *Jung and Christianity: the Challenge of Reconciliation*. New York: The Crossroad Publishing Company, 1994.

Ward, Keith. *Concepts of God: Images of the Divine in Five Religions*. Oxford: Oneworld Publications, 1987.

_____. *In Defense of the Soul*. Oxford: Oneworld, 1992

_____. *God, Chance and Necessity*. Oxford: Oneworld, 1996.

_____. *Religion and Creation*. Oxford: Clarendon Press, 1996.

Weinberg, Steven. *The First Tree Minutes: A Modern View of the Origin of the Universe*. New York: Basic Books, 1997.

Whitehead, Alfred North. *Science and the Modern World*. New York: Macmillan Company, 1926.

_____. *Process and Reality*. New York: Macmillan Company, 1929.

Wiles, Maurice. *God's Action in the World*. London: SCM Press, 1986.

Wittgenstein, Ludwig. *Tractatus Logico-philosophicus*. London, 1952. (이영철 역.『논리-철학 논구』. 책세상, 2006.)

_____. *Philosophische Untersuchungen*. Oxford, 1953. (이영철 역.『철학적 탐구』. 책세상, 2006.)

Yi Hwang/Michael C. Kalton. *To Become a Sage: The Ten Diagrans on Sage Learning*. Columbia University Press, 1988. (이광호 역.『성학십도』. 홍익출판사, 2012.)

Zimmer, Heinrich. *Myth and Symbols in Indian Art and Civilization*. ed. by Joseph Campell. New York: Harper Torchbooks, 1962.

2. 우리말 저술, 논문

길희성.『인도 철학사』. 동연, 2022.

_____.『보살예수』. 동연, 2022.

_____ 옮김.『바가바드기타』. 동연, 2022.

_____.『지눌의 선 사상』. 동연, 2021.

_____.『마이스터 에크하르트의 영성 사상』. 동연, 2021.

_____.『아직도 교회 다니십니까』. 동연, 2021.

_____.『종교에서 영성으로: 탈종교 시대의 열린 종교 이야기』. 동연, 2021.

_____ · 정경일 · 류제동 공저.『일본의 종교문화와 비판불교』. 동연, 2020.

_____. "Sympathy as the Foundation of Morality,"「학술원논문집: 인문 · 사회과학편」제57집 2호(2018). 대한민국학술원, 2018.

_____. "인문학과 가치중립성의 문제,"『인문의 길, 인간의 길』. 한길사, 2016.

_____.『신앙과 이성 사이에서』. 세창출판사, 2015.

_____. "반야에서 절대지로,"『마음과 철학: 불교편』. 서울대학교 출판문화원, 2013.

_____. "Asian Naturalism: an old vision for a new world," 「학술원논문집: 인문·사회과학편」 제49집(2010). 대한민국학술원, 2010.

_____. "동·서양의 영성 전통과 현대 영성의 과제," 「서강인문논총」 제21집(2007).

_____. "한국 사회와 유교적 최소주의: 유교 신앙의 회복을 기대하며," 「종교연구」 제31집(2003, 여름)

_____. "종교다원주의: 역사적 배경, 이론, 실천," 「종교연구」 제28집(2002, 가을).

_____. "불교와 그리스도교: 창조적 만남과 그 궁극적 일치를 위하여," 「종교연구」 제21집(2000, 가을).

_____. "현대윤리학의 위기와 상호의존의 윤리," 「서강인문논총」 제11집(2000).

_____. "존 힉의 철학적 종교다원주의론," 「종교연구」 제15집(1998, 봄).

_____. 『포스트모던 사회와 열린 종교』. 민음사, 1994.

_____ 옮김. 『종교의 의미와 목적』. 분도출판사, 1991.

_____. "민중불교, 선 그리고 사회윤리적 관심," 「종교연구」 제4집(1988, 11월)

_____ 옮김. 『성스러움의 의미. 분도출판사, 1987.

_____. "동양 철학 연구방법론의 일고찰: 철학적 해석학의 관점에서." 「철학」 제21집 (1984).

김상봉. "대구사람 전태일, 기독청년 전태일." 「한겨레신문」 2019년 12일.

김상용. "민법사상사: 로마법 발전에 영향을 미친 사람들." 「학술원논문집: 인문·사회과학편」 제53집(2014).

김운찬. "단테와 베아트리체." 서울대학교 중세르네상스사상 연구소 엮음. 『사랑, 중세에서 종교개혁기까지』. 도서출판 산처럼, 2019.

김종국. "창조된 자유: 한스 요나스의 철학적 신학." 「철학」 99(2009, 여름).

김주한. "마음근력 개념의 철학적 배경."미발표 논문, 2019.

박영은. "블라지미르 솔로비요프의 상승의 진화론." 「슬라브학보」 제19권(2004).

박정순. 『사회계약론적 윤리학과 합리적 선택: 홉스, 롤즈, 고티에』. 철학과현실사, 2019.

박종소. "블라지미르 솔로비요프의 소피아론." 『러시아 연구』 제6권(1996).

박찬국. 『내재적 목적론』. 세창출판사, 2012.

석영중. 『자유: 도스토예프스키에게 배운다』. 위즈덤 하우스, 2015.

_____. 『러시아정교: 역사, 신학, 예술』. 고려대학교출판부, 2005.

선한용. 『시간과 영원: 성 어거스틴에 있어서』. 대한기독교서회, 1988.

소광희. "시간과 시간성." 「학술원논문집: 인문·사회과학편」 제58집 1호(2019).

양명수. "송기득, 인간다움의 신학자." 「기독교사상」 2019년 12월.

엔도 슈사쿠/맹연선 역. 『나에게 있어서 하느님은』. 성바오로출판사, 2017.

이즈츠 도시히코/조영렬 역. 『이슬람 문화』. 에이케이커뮤니케이션즈, 2018.

이명현. "솔로비요프의 신인성에 대한 강의와 소피아론." 「노어노문학」 23(2011).

정인재. 『양명학의 정신』. 세창출판사, 2004.

최현근. 『신앙과 이성』. 쿰란출판사, 2007.

카를로 로벨리/이종원 옮김. 『시간은 흐르지 않는다』. 쌤앤파커스, 2019.

테드 피터스/김흡영 역. 『과학과 종교 — 새로운 공명』. 동연, 2002.

폴 니터/정경일·이창엽 옮김. 『붓다 없이 나는 그리스도인일 수 없었다』(*Without Buddha I could not be a Christian*). 클리어마인드, 2011.

표도르 도스토옙스키/김연경 역. 『카라마조프 가의 형제들』 전3권. 민음사, 2012.

한스 요나스/김종국·소병철 역. 『물질, 정신, 창조』. 철학과현실사, 2007.